海域世界の地域研究

京都大学
東南アジア研究所
地域研究叢書
24

海民と漁撈の
民族考古学

小野林太郎
著

京都大学
学術出版会

目　次

序章　海域世界とその研究方法 ――――――――――――― 1

1 ―― 問題の所在　3
　1.1　最初のフィールドワークから　3
　1.2　東南アジア海域世界のモデル　6
　1.3　ミクロな世界単位としてのセレベス海域　8
　1.4　海域世界研究への視座　12
　1.5　海民の定義　15

2 ―― セレベス海域　18
　2.1　セレベス海域とその特徴　18
　2.2　セレベス海域における考古学研究　24

3 ―― 方法論の模索　28
　3.1　地域研究としての民族考古学　28
　3.2　民族考古学とその方法論　31

4 ―― 各章の内容と主な流れについて　42

第1章　現代セレベス海域の自然と人 ―――――――――― 46

はじめに　49
1 ―― 気　候　49
2 ―― 植　生　50
3 ―― 動　物　57
4 ―― 海産資源　61

5——海民のモザイク——セレベス海域に暮らす人びと　65

第2章　セレベス海域の生業文化と人類史 ——— 76

はじめに　79

1——セレベス海域と人類の登場——更新世後期の生業文化　79

2——温暖化と海洋適応の促進——完新世前期の生業文化　95

3——農耕の出現と新たな植民の幕開け
　　　——新石器時代の生業文化　100

4——遅れた技術革新と周縁化——金属器時代の生業文化　121

5——小王国の出現と分業化——交易・植民地時代の生業文化　126

6——小　結　137

第3章　「沿岸漁撈システム」の形成
　　　——新石器時代のセレベス海民 ——— 140

はじめに　143

1——新石器時代遺跡の発掘——ブキットテンコラック遺跡　143

2——出土した考古遺物の紹介　149

3——魚の骨を調べる　159

　3.1　魚骨の出土状況　159

　3.2　魚骨と標本を比較する　160

　3.3　魚の実サイズを推測する　172

　3.4　出土魚骨の時間変化をみる　177

4——ブキットテンコラック遺跡における漁撈活動　180

　4.1　考古学資料からの検討方法　180

　4.2.　出土魚類の習性と生息分布　181

5——海民とフロンティア世界の出現　188

　5.1　セレベス海域内での漁撈と海産資源利用　188

　5.2　周辺世界における漁撈活動と漁撈戦略　191

5.3 「沿岸漁撈システム」の形成　196

第4章 「沿岸漁撈システムの発展」
 ──金属器〜植民地時代のセレベス海民────── 200

はじめに　203
1── 金属器時代遺跡の発掘──リアン・ブイダ遺跡　204
　1.1　リアン・ブイダ遺跡について　204
　1.2　出土した考古遺物の紹介　206
　　人工遺物　206
　　　A：土　器　206
　　　B：石製品　209
　　　C：鉄製品　211
　　　D：陶磁器片　211
　　　E：漁　具　211
　　自然遺物　214
　　　A：動物遺存体　214
　　　B：植物遺存体　216
　　　C：貝類遺存体　216
　1.3　金属器時代のタラウド諸島における漁撈活動　218
2── 植民地時代遺跡の発掘──ブキットティウィン遺跡　223
　2.1　ブキットティウィン遺跡について　223
　2.2　遺物の出土状況　224
　　人工遺物　224
　　　A：土　器　224
　　　B：石製品　225
　　　C：鉄製品　226
　　　D：陶磁器片　226
　　　E：その他の遺物群　226

自然遺物　227
　　　　A：動物遺存体　227
　　　　B：植物遺存体　229
　　　　C：貝類遺存体　229
　　2.3　ブキットティウィン遺跡での漁撈活動　231
　　2.4　金属器～植民地時代のタラウド諸島における漁撈活動　232
　3──文献資料からみられるセレベス海民と海洋文化　236
　　3.1　文献資料からみられるセレベス海域の漁撈と海洋文化　236
　　3.2　海洋文化にかかわる技術的発展　240
　　　（1）漁撈技術の発達　240
　　　（2）製塩技術の発展　242
　　　（3）造船技術の発展　243
　　3.3　海民の生業分化と専業漁民の出現　248
　4──周辺世界との比較　251
　　4.1　金属～植民地時代期の東南アジア海域世界　251
　　4.2　植民地時代以前のオセアニア海域世界　254
　　4.3　植民地時代以降の変化　258
　5──「沿岸漁撈システム」の発達
　　　　──金属器～植民地時代の漁撈戦略　262

第5章　現代サマの漁撈
　　　　──近代以降における漁撈戦略の様相────────── 270

はじめに　273
1──サマ集団とフィールドワーク　273
　1.1　サマについて　273
　1.2　フィールドワークについて　276
　1.3　調査村落の概容　278
2──サマによる伝統的な漁撈活動の枠組み　281

2.1　漁撈活動における特徴　281
　　2.2　漁具にみられる特徴　284
　　2.3　季節性とのかかわり　286
　　2.4　魚にかかわる嗜好性と文化的規制　288
　3——現代サマによる漁撈活動　292
　　3.1　漁撈をおこなう人びと　292
　　　Ａ：陸サマ世帯の状況　292
　　　Ｂ：海サマ世帯の状況　294
　　3.2　サマの漁撈活動　295
　　　Ａ：陸サマによる漁撈活動　296
　　　Ｂ：海サマによる漁撈活動　304
　　3.3　漁法と漁獲効率　308
　　　Ａ：陸サマ世帯　309
　　　Ｂ：海サマ世帯　311
　　3.4　漁法と漁獲される魚の種類　312
　　3.5　漁場とのかかわり　315
　4——漁獲物の消費から廃棄までのプロセス　317
　　4.1　サマによる漁獲物の利用パターン　317
　　4.2　漁獲物の自家消費　319
　　4.3　漁獲物の販売　322
　　4.4　漁獲の廃棄　325
　5——「近代」以降の漁撈戦略——ボルネオ島東岸域の様相　327
　　5.1　センポルナ郡におけるその他の漁業形態　327
　　5.2　現代サマの漁撈戦略　330

第6章　漁撈のインボリューション？
　　　——近現代のセレベス海民————————————— 336
　はじめに　339

1 ── 近現代のセレベス海民と漁撈活動　340
　1.1　深い海と低い島の事例 ── タラウド諸島の漁撈　340
　1.2　深い海と高い島の事例 ── サンギへ諸島の漁撈　349
　1.3　深い海と大きな島の事例 ── ミンダナオ島沿岸の漁撈　353
　1.4　浅い海と小さな島々の事例 ── スールー諸島の漁撈　356
2 ── 周辺海域における漁撈と海産資源利用　359
　2.1　ビサヤ以北のフィリピン海域　359
　2.2　インドネシア海域の状況　362
　2.3　オセアニア海域の状況　369
3 ──「近代」化にともなう漁撈と漁撈文化の変遷　372
　3.1　漁船にみられる変化と伝統性　372
　3.2　漁具や冷蔵技術の革新とその影響　374
　3.3　海産資源の乱獲と資源管理への動き　378
4 ── 漁撈のインボリューション？
　　　「近代」以降におけるセレベス海域の漁撈戦略　380

第7章　漁撈からみた東南アジア海域世界の海域像 ── 390

　はじめに　393
　1 ── 民族考古学的考察　394
　2 ── セレベス海域における海洋適応・漁撈技術・海産資源利用　404
　3 ── 漁撈からみたセレベス海域の生業文化　417
　4 ── 漁撈からみた東南アジア海域世界 ── その海域像　424
　5 ── 課題と展望　436

Appendix　441
あとがき　467
参考文献　475
索　　引　507

序章　海域世界とその研究方法

家船に暮らす海サマの家族
（写真：門田修氏撮影）

本書が向き合うのは，セレベス海域に生きる海民とも呼べる人びとであり，彼ら彼女らの暮らしの論理である．その手掛かりとして注目するのが漁撈活動，そして人びとによる海の利用だ．本書では，その歴史を「先史時代から現代」までという長期的，あるいは人類史的な視野から模索するというやや挑戦的な目標を掲げてみたい．

1　ムロアジを漁獲するタラウドの男たち

2　浜で魚を売るゴロンタロの男たち

3　塩干魚を売るサマの男たち

4　ナマコの加工に従事するサマの女性たち

5　土製焜炉を作るサマの女性

6　サマの結婚式と着飾った女性たち

（いずれも筆者撮影）

1 ❖ 問題の所在

1.1 最初のフィールドワークから

センポルナと海民たち

　1999年の夏，私はボルネオ島サバ州の東の果てに位置するセンポルナ半島の付け根にある，ブキットテンコラック（マレー語でガイコツの丘という意）の上に立っていた（写真1：1-2）．目の前には一面にセレベス海が広がっている．いっぽうこの標高約100 mの小高い丘の頂きには，これまで数名の考古学者によって発掘された大規模な新石器時代遺跡があった．丘の名前をとり，ブキットテンコラック遺跡と呼ばれる岩陰遺跡がそれである．

　学部で歴史学（東洋古代史／考古学）を学び，大学院で東南アジア地域研究を専攻していた当時の私は，考古学や歴史学を学んだバックグラウンドから地域研究へとアプローチする方向を模索しつつも，その具体的な方法や視点をまだ見出せていなかった．そんな私がフィールドではじめたのは，現地で獲れる魚をできる限り収集し，その骨を現生標本とすることだった．その背景には，過去におこなわれた先行研究でブキットテンコラック遺跡から大量の魚骨が出土したものの，当時のマレーシアにおける現生標本の欠如から，それらの詳細な同定分析がなされないままになっていた状況があった．

　つまり十分な現生標本を基により詳細な分析ができれば，新石器時代に遺跡を利用した人びとがどのような魚を食べていたかがわかると考えたわけである．さらに食べられていた魚の種類がわかれば，人びとがおもに利用していた漁場や漁法についても推察することがある程度は可能になるであろう．こうして私はセンポルナで，海辺にある魚市場や遺跡を往復する毎日を過ごすことになった．

　センポルナは小さい港町だが，市場を中心に人と活気で溢れる町でもあった．
　魚市場は隆起サンゴ島であるブンブン島が対岸に見える町の沿岸にあり，漁師たちの舟が入ってくる早朝5時頃から活気づく．ただセンポルナの魚市場では日中でも新たな魚がどんどん水揚げされる．その中には魚市場の店頭に並ぶ

ものもあるが，多くはその場で仲買人に買い取られ，サバ州内の各都市へとさらに輸出される．このために魚市場は魚を運んでくる漁師や仲買人，市場を拠点に魚を販売する人びとや仲買人，そして市場に買い物に来るセンポルナの人びとらによって占められ，まさに人と人とが行きかう街中でももっとも賑やかな場となるのである（写真1：3-8）．

またそのお隣には肉市場，野菜市場が続き，これらの市場へ足を運ぶ人びとをお客とした喫茶店や屋台も軒を連ねている．センポルナの周辺に立地する離島域から乗合船でやってくる人びとも少なくない（写真1：6-8）．魚市場を含むこれらの市場は，お隣にあるセンポルナのモスクからコーランが流れてくる日暮れ頃には営業が終わり，仲買人や魚売りも三々五々と帰宅していく．いっぽう日が暮れ出すと，市場やその周辺には焼き魚やソトと呼ばれるインドネシアで有名なスープ麺を路上で販売する屋台の数が増えはじめ，センポルナの沿岸一帯はまた別の活況を呈していくのである．

ところで，センポルナの町を含むセンポルナ地区における住民の8割強は，サバ州でサマやバジャウとよばれる人びとで占められている．しかし，センポルナで暮らす日々が長くなるにつれ，市場や町を活発に行き来する人びとの中にはサマ（バジャウ）人だけでなく，さまざまな出身地や言葉をもつ人びとが混在していることがわかってきた．耳をすませばマレー語やサマ（バジャウ）語の会話の横から，タガログ語のほか耳慣れない言葉がつぎつぎと聞こえてくる．センポルナの港町は言語や国籍を越えて，さまざまな人びとが交わるネットワークの場でもあったのだ．

当時の私は，そうした人びとのネットワークが成立している背景に，サマ（バジャウ）人らによって代表される海民としての文化や思考性の存在を漠然と意識していた．しかし，その文化や思考性が本質的にどのようなものなのか，あるいは何と表現すべきか掴み切れないでいた．実際に自分が目の当たりにしている人びとのことさえ十分に理解し，表現することができなかった私にとっては，自分が発掘した新石器時代の遺跡に暮らした人びとや，それ以後の長い時間にこの地に生き，死んでいったさまざまな人びとの精神や文化，日々の暮らしぶりや他者との交わりを推し量ることはさらに難しいハードルであった．そうした当時の私にとって，現在と過去をつなぐ研究への手がかりを与えてく

序章　海域世界とその研究方法　5

1　ブンブン島より眺めた遺跡の遠景

2　岩陰遺跡の形成される山頂付近

3　漁港のあるバジャウ島付近

4　漁港での水揚げ風景

5　魚市場の風景

6　魚市場の隣にある肉市場の風景

7　ブンブン島からの船着き場

8　離島からの船着き場

写真1　ブキットテンコラック遺跡とセンポルナ

れたのが，鶴見良行にはじまる東南アジア海域世界のモデル化についての論考である．

1.2 東南アジア海域世界のモデル

鶴見の「移動分散型社会論」

　東南アジアの海域世界をつぶさに歩いてきた先学の鶴見良行は，マングローブの沼地と多島海という生態環境からなるこの地域の社会を「移動分散型社会」と指摘してきた (e.g. 鶴見1987, 1990)．鶴見によれば「移動分散型社会」とは，焼畑のほか，漁民，海賊，商人など移動を生業の要因とし，政治的な権力の基盤が土地ではなく人間となる社会を意味する (鶴見1987：78)．こうした「移動分散型社会」論とその定義は，私が漠然と意識していた海民としての社会や思考性を考える上で大きなヒントを与えてくれた．

　しかし，鶴見は東南アジアにおける「移動分散型社会」がいつ頃，どのような過程で形成されたかについては明確に論じていない．彼の残した一連の論考から察するに，鶴見がその成立期を10世紀頃までさかのぼって想定していたことは想像できるが，それ以前については言及がない．その最大の要因として，15世紀以前にさかのぼる文字史料が東南アジアの海域世界にはほとんど残されていないという資料上の制約にあったことは確かであろう．これに対し，文字史料のない先史時代，あるいは無文字社会をも対象とする考古学を学んできた私は，15世紀以前の原史・先史時代を含めて「移動分散型社会」の形成過程について検討する必要性を強く感じた．

　同じく鶴見による「移動分散型社会」論には，「階段の踊り場」仮説という興味深いモデルがある (鶴見1990)．これは「移動分散型社会」に生きる人びとがある土地から，生態環境のかなり異なる他の土地へ移動や分散をおこなう際に，まず両地域の中間にあたる生態的な移行地へと移動するという時間・空間的に段階的な移動をおこなうというモデルである．鶴見によれば，東南アジアの海域世界にはこうした移動の前哨基地ともなった「階段の踊り場」的な土地が，とくに沿岸域に多く形成されたという．

田中の「フロンティア論」

　こうした鶴見によるモデルに対し，東南アジアの海域世界にみられる人びとの頻繁な移動や移住が組み込まれた社会システムを，農業開拓の視点から論じたものに，田中耕司による「フロンティア論」がある（田中 1991, 1993, 1999）．田中はスラウェシ南部を故郷とするブギス人のカリマンタンへの移動や移住の事例などから，その背景として十分な余裕のある土地収容力をもった人口希薄な地域の分布と，そこへの移動や移住を促すような外来のインパクトが常に作用している状況の存在を指摘し，東南アジアの海域世界を「フロンティア」世界として特徴づけた．また人口が希薄で，かつ人が住み着いて何らかの生業活動がおこなえる再生産が十分に期待できる土地として，東南アジアの海域世界に多くみられる生態系の遷移帯（エコトーン）の存在を指摘している（田中 1999）．

　田中のいう生態系の遷移帯とは，鶴見が指摘した生態的な移行地の概念とほぼ重なっている．それは具体的には海と陸をつなぐ空間や河口，濱海，船のさかのぼれる終点（立本 1996）といった異なる生態空間が接触し，さまざまな人びとの交差する土地を指す．このうち海と陸をつなぐ空間となるのが干潮湿地帯や汽水生湿地であり，後者はマングローブに代表される生態系ともいえる．田中（1990）は，現代におけるフロンティア空間として 20 世紀より本格化した南カリマンタン沿岸の湿地帯への人びとの移住と開拓を指摘しているし，鶴見（1984）はマングローブ湿地の存在こそが「移動分散型社会」の背景にあると強調した．

　しかし，鶴見による「移動分散型社会」論や「階段の踊り場」仮説，そして田中による「フロンティア」論にしても，そうしたモデルが東南アジアの海域世界にいつ頃から適応できるのかについては具体的な検討を控えており，いずれも 14 世紀以降から現代における時代を漠然と想定しているに留めている．その最大の要因も，やはりそれ以前の時代における史料・資料の不足や欠如であることは明白である．だが「史料・資料があまりない＝検討できない」としてしまい，そこで思考を止めてしまっては学問としての歩みも止まる．

　何よりも危惧されるのは，現代の東南アジア海域世界が 14 世紀頃より後の時代における歴史的枠組みでもって理解される，あるいは語られる方向へと収

斂されてしまう恐れである．もちろん，現代における東南アジアの海域世界を検討する上で，14世紀頃より拡大していく中国を中心とする海上交易ネットワークや，アラブ人らによるイスラムの進出，そして16世紀以降における西欧諸国の進出による植民地支配と近代化を無視することはできない．しかし同時に強調すべきことは，東南アジアの海域世界に生活してきた人びとの多くが，その遥か以前よりこの海域世界で生きてきたという当たり前の事実だ．

こうした東南アジアの海域世界に関する「移動分散型社会」論，「階段の踊り場」仮説，「フロンティア」論から受けた刺激と批判，そしてボルネオでのフィールドワークを経て生まれた問題意識に対する私なりの対応が，「それでは東南アジアの海域世界をオーストロネシア語族集団がこの地域に拡散してきた新石器時代にまでさかのぼって検討することは可能だろうか」というやや長期的な視点からの問題提起である．

1.3　ミクロな世界単位としてのセレベス海域

セレベス海域の概念

　この発想は2001年5月，私自身が最初の述べたブキットテンコラックの新石器時代遺跡を実際に発掘する過程でより強まることとなった．炎天下，約30日間に及んだ発掘調査では，さらに多くの魚骨が出土した．本書の第3章で詳しく紹介するそれらの分析を通じて，当初の私の単純な発想はさらに一歩踏み込み，鶴見や田中によって「移動分散型」や「フロンティア」と表現された東南アジア海域世界における特徴的な性格とは，そもそも新石器時代にその基本的なかたちが形成されたのではないか，という問題意識へと発展した．

　この仮説を検証するには，1つの遺跡だけでは明らかに不十分であり，ある程度にまとまった海域全体での分析が不可欠である．私にとっては，センポルナの目の前に広がるセレベス海を中心として広がる海域が，まさにそうしたひとまとまりの海域世界であるように思われた．

　私はそれを「セレベス海域」と呼ぶことにした．この地域空間は，実在するセレベス海を中心として，私がその生態・人類史・文化をおもな軸として独自に設定した空間領域である．

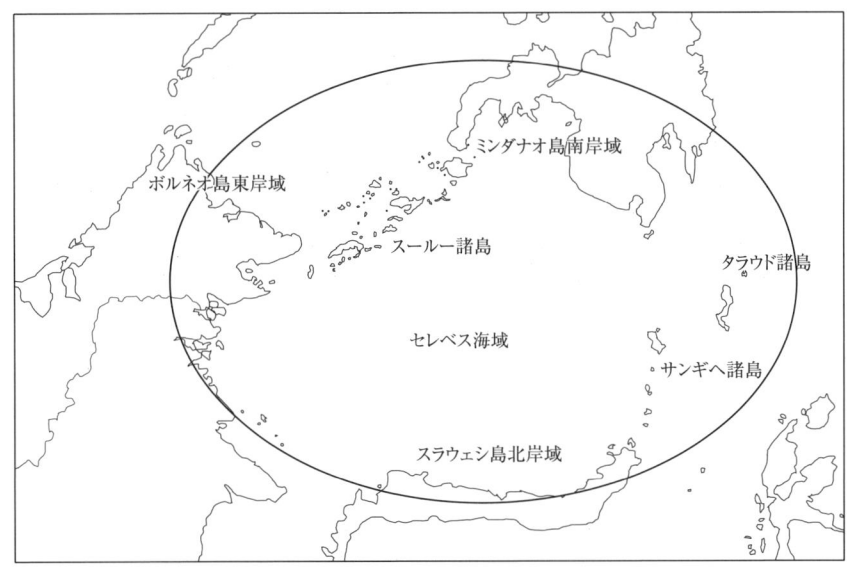

図1　セレベス海域とその仮想領域

　これを地図上で示せば，その範囲はセレベス海とそれを囲んで形成されるいくつかの島嶼群の沿岸域に限定される．これらの島嶼群には，フィリピン諸島のミンダナオ島南部沿岸域と，スールー諸島，ボルネオ島ないしはカリマンタン島の東岸域，そしてスラウェシ島北部沿岸域とサンギヘ・タラウド諸島が含まれる．このうち本書が直接の分析対象とするのが，その西部に位置するボルネオ島東岸域とその東部に位置するタラウド諸島である（図1）．
　セレベス海域の特徴については次節で改めて論じるが，この海域は東南アジア島嶼部を一つのマクロな海域世界と見立てた場合，その一部分を形成するミクロな「世界単位」（高谷1996）の一つととらえることができる．このように東南アジア海域世界というやや大きい世界単位（マクロ）に対して，それを構成している小さな世界単位（ミクロ）を設定し，それを人類史的な視点から詳細に検討することで，改めてマクロへとアプローチできないかという演繹的な思考の挑戦がここにはある．

人類史からみた「海域世界」

「東南アジアの海域世界をセレベス海域という一定の地域空間から，時間軸としては新石器時代から現代までを通して検討する」という本書の，かなり挑戦的でもある研究目的はこうして定まった．同時にここにはもう一つの意図がある．それは東南アジアの海域世界をオセアニアというもう一つの海域世界からもとらえることで，解体・相対化できないかというやや挑戦的な問題意識である．

たとえば東南アジアの海域世界に居住してきた人びと，彼ら彼女らのほとんどが使う言語は，言語学的にオーストロネシア語族に属している．人類史的視点からみた場合，このオーストロネシア語系の言語群とそれらを話す人びとがこの海域世界へと登場したのは今から4000年程前の新石器時代期だと考えられている．

さらにこのオーストロネシア語系の言葉とそれを話す人びとは，東南アジア海域世界の東に広がるオセアニアの海域世界へと拡散することにも成功した．その結果，ハワイやイースター島，ニュージーランドを含む広大なポリネシアや，グアムやパラオなどが含まれるミクロネシアの全域とニューギニア本島を除くメラネシアの多くの島々で，今日にいたるまで話されている言語群のほとんどもオーストロネシア語に属している．

こうした共通性は言葉だけには限らない．そもそも人類未踏の地であったポリネシアやミクロネシアでは，オーストロネシア語系の言葉を携えて植民した人びとの多くが，東南アジアの海域世界より船出した人びとであった可能性がきわめて高いといわれてきた．

いっぽうニューギニア島など，遅くとも約4万年前頃には人類の植民がおこなわれてきた島々があるメラネシアでは，古くから居住してきた人びとと新たに植民してきたオーストロネシア語系の人びととが混じりあって今日にいたると考えられている．とくに離島部の多くがオーストロネシア語圏となる．

したがって新石器時代にまでさかのぼった場合，両地域の文化・歴史的な距離はより近い．またその舞台となる生態環境においても，大きくはどちらも島と海から成る「海域世界」として認識することができよう．本書を「海域世界」の地域研究として掲げる理由の一つもここにある．ただし，これは単に両

地域が「海域世界」だからという単純な発想に基づいているからという理由からではない．ここには鶴見によっても指摘されてきた，アカデミズムにおける東南アジアとオセアニアの暗黙の境界線に対する批判がある．

東南アジア海域世界の相対化

　鶴見は東南アジアを専門とする研究者がオセアニアにあまり関心を払わない要因として，国家偏重主義的なアカデミズムのあり方を指摘した (鶴見 1990)．この批判に加え，私はさらに東南アジアの海域世界を 14 世紀以降の歴史的な枠組みでとらえがちであった，従来のアカデミズムにおける地域認識の歪みを感じている．そこには，この 14 世紀あたりを境として，東南アジアとオセアニアにおける海域世界の距離はさらに遠くなっていくという私自身の認識がある．ただし，その距離は為政者らによる地政学的な距離，あるいは鶴見の言葉を借りれば西欧列強による植民地主義的な視点での距離であり，必ずしもそこに住む人びとの視点に基づく距離とは一致していないかもしれない．

　いずれにせよ人類史というやや長期的な視点，および地理・生態学的な視点から見た場合，東南アジアからオセアニアへと続く「海域世界」を短絡的に，あるいは無批判に「東南アジア」と「オセアニア」に二分する傾向には抵抗を感じる．むしろ隣り合う「海域世界」として両地域に関心を払いつつ，両地域の歴史，文化，社会，そして生態的な相違を明らかにしていくような姿勢が，今後のアカデミズムに求められているのではなかろうか．同時にそのプロセスが，結果的には東南アジアの海域世界を再解体し，相対化する作業となることを指摘したい．

　とはいえ，こうした新たな視点に基づく研究を，従来的な既成ディシプリン（学問）の枠組みの中で実践するのは，きわめて困難な作業でもある．たとえば，先史時代における東南アジアの海域世界を論じるならば，考古学というディシプリンが不可欠となるが，歴史時代以降における変化や歴史をできるだけ詳細に検討するには考古学だけでは不十分であり，文献史学をはじめさまざまな学問分野における研究成果の蓄積を統合していく必要がある．しかし，そうした作業を一人の研究者が個人でおこなうには限界があるのも自明であろう．

　これに対し，地域研究の定義は個人によってもさまざまであろうが，既成学

問の枠組みを超えた学際的——inter-disciplinary——な研究，あるいは共同研究であるという理解は共通の前提となっているのではないだろうか．またここにこそ新たな知の枠組みとなる地域研究のもつ可能性があることを期待している．「海域世界」を対象とした本書も，既成学問の枠を超える可能性をもつ「地域研究」としてでなくては成立しないというのが私の主張である．そしてこのような問題意識を背景に，私が「海域世界」の地域研究をおこなう上で一つのミクロな世界単位として設定したのが，「セレベス海域」ということになる．

1.4 海域世界研究への視座

本書では海域世界を，「人びとの暮らしや文化のさまざまな核的な部分が何よりも海によって規定されると認められる地域圏」とまず定義してみたい．したがって海域世界研究とは，ある特定地域における人びとの歴史や社会，文化的な特徴をその周辺海域とのかかわりから検討しようとするアプローチに他ならない．

ブローデルの『地中海』にみられる視座

先行研究を紐解くならば，その本格的なはじまりはブローデルの金字塔ともいえる『地中海』(Broudel 1949/ ブローデル 1991, 1992, 1993, 1994, 1995) とその後のフランス・アナール学派による歴史研究をあげられる．ブローデルの博士論文ともなったこの長大な研究によって，ヨーロッパ，アジア，アフリカを包括する文明の総体としての「地中海世界」を，自然環境・社会現象・変転きわまりない政治という三つの側面からミクロ，およびマクロ的視点で描こうとする新たな歴史学，そして海域世界を対象とする研究が開始された．

ブローデルやアナール学派による研究群において特筆すべき点は，『地中海』をはじめとする研究の多くが，国民国家の概念に縛られた従来の国史的発想や西洋中心史観からの脱却をめざし，生態や社会といったまったく別の枠組みから歴史を語ろうとした姿勢にある．またその結果として，これらの研究は一握りの権力者を中心とする政治史よりも，当該社会の大多数を占める一般民衆，あるいは社会の周縁に位置する人びとを主人公とした歴史を語ることに成功

し，社会史という新たな領域が開拓された．こうした海域研究に内在する社会史，あるいは民衆史的な性格は，ブローデルやアナール学派からの影響を受け，同じく海や一般民衆への視座から日本史を語ろうとした網野善彦による一連の中世史研究 (e.g. 網野 1966, 1978, 1992, 1994, 1998) にも強くみられることは周知の通りであろう．

　こうした脱国家的な枠組みや，一般民衆や当該社会の中でももっとも底部に位置してきた人びとへの視座が，海域研究のもつ大きな特徴の一つである．その視座は国家の枠組みではなく，マクロ的には東南アジアの海域世界を，そしてミクロ的にはセレベス海域における一般民衆の生活とその歴史を対象とする本書にも共通している．

　また海域世界研究がブローデルや網野といった歴史学者たちによって，単に文献記録だけでなく，さまざまな情報を総合化した歴史学として試みられてきたこともその特徴の一つであろう．こうした時間軸を基礎とした歴史学的な視座も，新石器時代から現代までを分析対象とする本書のそれと合致している部分が少なくない．

立本による「移動ネットワーク社会論」

　ところで本書と同じく東南アジアの海域世界を対象とした日本人による先行研究には，「海域」を一つの地域圏や世界単位ととらえてきた立本成文による研究がある．立本はスラウェシのブギス人コミュニティやその親族ネットワークに着目しつつ，東南アジア海域世界の特徴として「移動ネットワーク社会」としての基本的性格を指摘した (立本 1996, 1998, 1999)．このネットワーク社会とは，より具体的には「(1) 複数の小規模な中心が離合集散の交差点あるいは結節点として表れ，(2) 交差点は必ずしも長期にわたって持続するものでもなく，交差点そのものも動きやすく，(3) そのような交差点を中心として，周辺のあいまいな圏を構成する社会」(立本 1999：207) となる．

　さらに立本は，東南アジア海域世界の特色のプロトタイプとして，「あいまいな中心，常に移動していく中心，複数の中心しか持たないネットワーク性」を指摘し，それを「関係の累積以外には積極的に社会を統合するものが存在しないネットワーク」(立本 1999：213) と表現した．

このような立本による理解は，鶴見が東南アジア海域世界を「移動分散型社会」（鶴見 1987）ととらえた視点とも共通しており，「東南アジアの政体は境界によってではなく，中心によって規程されてきた」というアンダーソンによる指摘（Anderson 1972）にも共通する．本書も立本や鶴見らによって指摘されてきた「移動ネットワーク性社会」や「移動分散型社会」といった要素が，東南アジア海域世界を特徴づける基本的な枠組みとなる理解に立っている．本書はこの基本的な枠組みが，さらに人類史的に新石器時代期にまでさかのぼって形成されてきた可能性について検討することを目的の一つとしている．

海域世界への多様な視座

いっぽう，『海域世界の民族誌』(2007) を著した関恒樹は，現代フィリピンのビサヤ海域を舞台として，この海域に住む人びとの生活世界の論理やアイデンティティ構築にかかわる微視的なエスノグラフィーを提示することで，ビサヤ海域に生きる漁民たちの日常的実践のプロセスから東南アジア海域世界における「移動ネットワーク性」のあり方を明らかにした．

また『海域イスラーム社会の歴史』(2003) を著した早瀬晋三は，フィリピン南部からスラウェシ北部における交易時代以降をおもな対象とし，文字資料の制約を系譜や伝承研究によって補うことでこの海域の歴史像を再構成している．早瀬が主な研究対象としている「海域」は，本書で論じるセレベス海域と大まかに重なっており，本書においても早瀬の研究成果によるところは少なくない．いっぽう関が対象としているビサヤ海域は，セレベス海域の北隣に広がる海域でもあり，人類史的にも生業文化的にも多くの共通性がみられる海域でもある．

これに対し，『海域からみた歴史：インド洋と地中海を結ぶ交流史』を著した家島彦一 (2006) は，具体的・実証的な個別研究である歴史研究をより広い視野から比較検討する際の新たな枠組みとして，従来の歴史研究で一般的な対象であった陸域（陸の領域国家）を超えたところに形成され，一つの全体世界として機能する歴史世界として「海域世界」を提唱している．さらに家島は海域の歴史をみる視点として大きく，(1) 陸から海をみる視点，(2) 陸と海との相互の関係をみる視点，(3) 海から陸をみる視点，(4) 海そのものを一つの歴史

的世界としてとらえたうえで，その世界のあり方や他との関係をみる視点など多様な視点があると分類した（家島 2006：15）．このうち家島は自分の研究が(4)の視点に基づくことを明記しているが，この視点はセレベス海域を一つの歴史的世界としてとらえ，その上でこの世界のあり方や隣接する他の海域世界との関係について検討することを目的とした本書の視座との共通性が高い．

ただし7世紀後半から17世紀末までの約1000年間におけるインド洋と地中海を対象とし，文献記録の新たな発掘とその膨大な分析結果に基づく家島の歴史研究に対し，新石器時代から現代までの約4000年間を対象とし，考古学や人類学による資料をおもな分析素材として東南アジアの海域世界を検討していく本書には相違点も多く，必ずしも一致するものではない．それでも「海域」を一つの歴史的世界とし，かつ文献だけでなくフィールドワークに代表される臨地研究の積み重ねから取り組もうとする家島の歴史研究にみられる視座は，本書がもつ海域世界研究への視座とも重なり合うのではないだろうか．

1.5 海民の定義

網野による「海民」概念との共通性

本書ではセレベス海域に生活する人びとを「海民」と呼びたい．

この言葉に耳慣れない人は，「海民」と聞くと海の民や海洋民といった人びと，あるいは漁撈のみを専業的におこなってきた人びとを想像されるかもしれない．しかし，本書における「海民」とは必ずしも海洋民や漁撈民を指しているわけではなく，概念的にはかつて網野善彦（e.g. 1998）が日本社会の歴史を論じた際に頻繁に用いた「海民」のイメージに近い．すなわち「海民」とは「海を舞台とするさまざまな活動を通じてその生活を営む人びと」（網野 1998：25）であり，漁撈以外にも，製塩や船の利用による交通や物資の運搬などを担当し，塩や海産物などの交易を起点として早くから商業活動に携わっていた人びととといったイメージだ．

網野はこうした諸活動が日本列島で本格的に分化し，専業化しはじめるのは14世紀以降であるとしながらも，それ以降の時代においても漁撈や製塩と商業・廻船を兼ねる人びと（百姓）は少なくなく，彼らを「漁民」と表現するの

は適切でないと指摘する．またこれに代わって「海民」という概念を用いた場合，日本列島においては約 4000 年前頃には専業性の強い漁撈民や土器製塩の活発化が関東や東北にみられることから，この時代までさかのぼって「海民」という言葉を用いることが可能であると論じている（網野 1998：25-26）．

　網野が論じた「海民」とその歴史的背景は，あくまで日本列島に居住してきた人びとを対象として表されたものだが，本書でこれから論じていくセレベス海域の人びとや，その生業文化にみられる歴史を改めて眺めると，彼らや彼女らの暮らしや生き方が，まさに網野の論じている「海民」のイメージにかなり近いのではないかという印象を強く受ける（その詳細については第 1 章・第 2 章を参照のこと）．

　さらに興味深いのは，そうしたセレベス海域における海民が，ボルネオ島のブキットテンコラック遺跡の調査が明らかにしてきたように，東南アジアの海域世界では 4000 年前頃にさかのぼる新石器時代以降に登場し，形成されていく可能性が高いことである（その詳細については第 3 章を参照のこと）．

　つまり，単純にその時間軸だけを比較するなら，セレベス海域における海民の登場は，日本列島における「海民」の登場とほぼ一致しており，同時代的現象としてもとらえられる可能性すらあるのである．

　もちろん，このことから東南アジアの海域世界と日本列島が歴史・文化的に共通であるとは断定することはできない．しかし，約 4000 年前頃に東アジアから東南アジアの沿岸や島嶼域にかけて，かなり広い範囲でこうした現象が起こった可能性があることは無視できない．こうした研究課題は本書のテーマを明らかに超えており，ここでこれ以上を論じることは難しいが，その歴史的背景はともかくとして，本書で用いる「海民」という呼称と，そのように呼ばれる人びとに対するイメージが網野のいう「海民」の概念に近いものであることは改めて強調しておきたい．

「海民」と多様な生業

　ただし，まったく共通するかというとそうでない不明瞭な部分もある．たとえば網野は日本列島における「海民」を「百姓」としても認識しているが（e.g. 網野 1998：45），日本における一般的な「百姓」のイメージである「農民」と

しての役割も担っていたかについてはあまり明確にしていない．しかし日本列島における「海民」が「百姓」でもある以上，時と場合によっては農耕に従事していたと考えるのは自然であろう．

　そしてセレベス海域における海民の暮らしにも，この農耕民としての側面が強くある．これがセレベス海域における海民のもう一つの大きな特徴といえるが，この点においては，網野による「海民」のイメージよりも，柳田国男（1961）や宮本常一（1964，1975），羽原又吉（1966）らによって指摘されてきた「海人」にみられる性格との共通性がより高い．

　たとえば宮本は日本列島における「海人」集団を（1）半農半漁型と（2）専業型の二つに分類する（宮本 1964：20）．このうち前者が「海岸に居住して漁撈を中心とした生活をたてつつ，一方では陸地にも土地をもって多少の農耕に従っていたもので，陸地の占有権も認められており，これにより郷や郡を形成した」のに対し，後者は，「海への依存度が高く，陸地に住居はもつものの郷や郡は形成しない」，漂海民的な要素の強い集団だった可能性を指摘した．本書の第1章で詳しく紹介するが，現代のセレベス海域に暮らす海民にもこの二つの性格が強くみられる．たとえば本書の第5章で検討する海サマや海バジャウと呼ばれる人びとは，宮本のいう漁業を専業とする「漂海民型」に認識することが可能である．

　実はこうした傾向はセレベス海域だけでなく，東南アジアの海域世界全域にみられる傾向でもある（後藤 2003，2010）．たとえば後藤明は，東南アジアの海域世界における海人を「沿岸域で移動を繰り返し，漁撈を中心とした生業に従事する」タイプと「沿岸域を含む陸上に拠点をおき，農業や漁撈に従事するかたわら，沿岸資源を利用した工芸と交易，海産物の販売などを目的として頻繁に移動もする」タイプの二つに分類した上で，後者のタイプとして農耕や漁撈に従事しながら，海上交易も積極的におこなってきたスラウェシ島のブギス人やマカッサル人をあげている（後藤 2003：37-39）．セレベス海域においては陸サマやタオスグ系の人びとなどが，こうした集団に分類できよう．

　このようにセレベス海民にみられる一つの側面として農耕民としての側面があることは明らかだ．ただし農耕民といっても，われわれがまず想定するような水田稲作農耕民というわけではない．むしろセレベス海域における農耕は，

かつてクリフォード・ギアーツがジャワ島以外の「外インドネシア」における農業として整理したように (Geertz 1963: 12-28)，タロやバナナなどの根菜類，ココヤシやサゴヤシなどのヤシ類の栽培を中心とした焼畑農耕が主流となる．
　もちろん水田稲作や陸稲の栽培も重要な要素ではあるが，これらは栽培に適した土地であれば近年は積極的におこなわれる傾向があるものの，歴史的にはきわめて限られた地域でしか見られないものであった（第1章を参照のこと）．いずれにせよ，セレベス海域における海民の姿には，農耕民としての一面もあることは無視できない．ただしここで重要なのは，海民と呼ばれる人びとは単なる農耕民ではなく，農耕もやりつつ漁撈もやる半農半漁的な性格を強く持つこと，さらには陸や海の産物を自ら運んで交易もおこなうような商人的な性格なども持ち合わせているところにある．
　またこうした海民の諸活動は，網野が論じた日本列島の場合と同じく，時代が新しくなるとともに分業化や専業化していく傾向がみられるものの（その詳細については第3章・第5章を参照のこと），分業化の領域はかなり曖昧で，必ずしも明確な線引きがなされているわけでもない．逆に職業間における線引きの曖昧さが，近代に入って「海民」やその要素が著しく薄れてしまった日本列島と異なり，セレベス海域に暮らす人びとが，現代においてもなお海民と呼べるような生活スタイルを維持し続けているとも考えられる．

2 ❖ セレベス海域

2.1　セレベス海域とその特徴

生態からみた特徴
　セレベス海域の生態的な特徴は，(1)「大きな島々」と「小さな島々」がモザイク状に散らばること，(2) スールー諸島を代表される「浅くて穏やかなサンゴ礁の海」と (3) サンギヘ・タラウド諸島に代表される「深くて荒い外洋の海」という二つの対極的な海洋環境をどちらも内在する点にある．
　たとえばセレベス海を囲むボルネオ島，ミンダナオ島，スラウェシ島は陸地

序章　海域世界とその研究方法

1-2：インドネシア・マドゥーラ島のシングル・アウトリガー舟

3-4：インドネシアのダブル・アウトリガー舟

写真2　シングル・アウトリガー舟とダブル・アウトリガー舟
(1, 2, 4 は門田修氏提供)

面積の広い「大きな島」と認識できる．これに対し，ミンダナオ島西岸とボルネオ島東岸域の中間に位置するスールー諸島には，陸地面積が狭い「小さな島々」が点在する．ミンダナオ島南岸とスラウェシ島北岸の間にも，「小さい島々」から成るサンギヘ・タラウド諸島が形成されている．こうしたセレベス海域にみられる生態的な特徴が，そこに暮らしてきた人びとの文化的特徴へと関連している可能性のある事例の一つとして，セレベス海域におけるアウトリガー舟（カヌー）の分布を指摘してみたい．

　アウトリガーとは舷外浮材のことで，アウトリガー舟はこの舷外浮材を浮きとして腕木によって取り付け，安定性をより高めた舟ということになる．このうち，アウトリガーを片方だけに取り付ける場合はシングル・アウトリガー舟（写真2：1-2），舷の両方に取り付けた船はダブル・アウトリガー舟（写真2：3-4）と呼ばれる．こうしたアウトリガー舟の分布域が，オーストロネシア語族

圏の分布範囲とほぼ重なることから，アウトリガー舟はオーストロネシア語族集団によって古くから利用されてきた船舶のタイプと認識されてきた．

　このうち，東南アジア海域世界でおもに分布しているのがダブル・アウトリガー舟であり，オセアニア海域世界で一般的なのがシングル・アウトリガー舟だ．これは，ダブル・アウトリガー舟が東南アジアに多くみられるような浅いサンゴ礁や，海流の穏やかな海域に適しており，シングル・アウトリガー舟がオセアニアに多くみられるような海流の激しい海域での利用に適しているためだとされてきた．

　さらにはオーストロネシア語族集団の拡散過程とリンクさせて，東南アジアの海域世界におけるダブル・アウトリガー舟から，オセアニア海域世界におけるシングル・アウトリガー舟へと進化した可能性も指摘されている (e.g. Anderson 2000; 後藤 2003)．しかし，東南アジアの海域世界においてもシングル・アウトリガー舟が積極的に活用されている海域がある．その最北端に位置するのがセレベス海域の南部域になる．これに対し，セレベス海域の北部やその北に広がるフィリピン海域ではダブル・アウトリガー舟が一般的だ．

　こうした分布の要因として，セレベス海域における生態的な特徴となる「浅くて穏やかな海」と，「深くて荒い海」の共存を指摘することができるかもしれない．さらにシングル・アウトリガー舟の北限がセレベス海域にあるということは，もし「ダブルからシングルへ」のアウトリガー舟へと段階的に発展したのだとすると，そうした変化が歴史的にこのセレベス海域周辺で起こったとする可能性も出てくる．

　もちろん，現在のセレベス海域でみられるシングル・アウトリガー舟の利用が，歴史的にどこまでさかのぼれるかは不明であり，これは仮説の域を超えていない．それでもアウトリガー舟の分布にみられる特徴は，セレベス海域における生態文化的な特徴の一つとして注目できるであろう．

地形学的な特徴

　いっぽう地形学的には，セレベス海域は氷河期で知られる更新世期にも大陸化せず，海域世界として存在していたことを，その特徴の一つとして指摘できよう．地質年代である更新世期とは，今から約 180 万年前から 12000 年前頃

までに相当する時代で，この間には10万年から15万年前後のスパンで気温が低下していく氷期と，その後に短期間で気温が上昇する間氷期が繰り返された．

このうち氷期には，気温の低下とともに高緯度地域で氷河や氷床が発達し，地球上の海水面が20mから最高期には150m近くまで下がり[1]，陸地面積が増加する現象が起こった(e.g. Chappell 1982; Chappell and Shackelton 1986)．その結果，水深が100m前後しかない南シナ海の海底に広がる大陸棚は完全に陸地化し，現在のボルネオ島やスマトラ島，ジャワ島などの島々とつながりスンダ大陸が形成された．つまり更新世期の大半を占める氷期には，現在みられるような東南アジアの海域世界は存在していなかったことになる．

同じくこの氷期には，ニューギニア島やアルー諸島がオーストラリア大陸と陸続きとなり，サフル大陸を形成していた．これに対し，スンダ大陸とサフル大陸の間に広がるスラウェシ島，ハルマヘラ島，マルク諸島などに代表される現在の多島海域は周辺の水深がかなり深いため，最終氷期にも陸地化して接続することがなく，更新世期を通して海域世界として存在した．

その結果，この多島海域では氷期における特殊な地理環境から，スンダ大陸やサフル大陸とは異なる生態系が形成されたが，その特殊性を陸生哺乳類の生息分布の違いから指摘したイギリスの生物学者ウォーレス[2]にちなみ，「ウォーラシア海域」とも呼ばれている．セレベス海域の約半分もこの「ウォーラシア

---

1) 更新世の前期にあたる170万年前から80万年前ころまでの海面低下は20～100mの幅で起こり，80万年以降における海面低下は100～150mの幅で起こったことが推測されている．たとえば13万年ま頃にはじまり，1万年前頃に終焉をむかえた最終氷期には最高で100～120mほど低下した(Chappell and Shackelton 1986; Prentice and Denton 1988)．

2) ウォーレスによるこの説は1859年に発表された．この論文において彼はインドネシア海域における陸生哺乳類の分布に注目し，これらがバリ島までは生息が確認できるものの，その隣のロンボク島では確認できなかったことを指摘し，バリ島とロンボク島を境に生物分布に相違がみられることを主張したものである(Wallace 1869, 1876)．その後，さらに哺乳類・鳥類・昆虫類の分布をも検討し，バリとロンボク間及びボルネオ島とスラウェシ島，そしてミンダナオ島とタラウド諸島との間に引かれた生物学的境界線が所謂ウォーレス線である．その後，このウォーレス線はLincolnによる鳥類の分布(Lincoln 1975)，Kitchenerらによる哺乳類の分布(Kitchener et al. 1990)などによる研究などにより修正がおこなわれている．

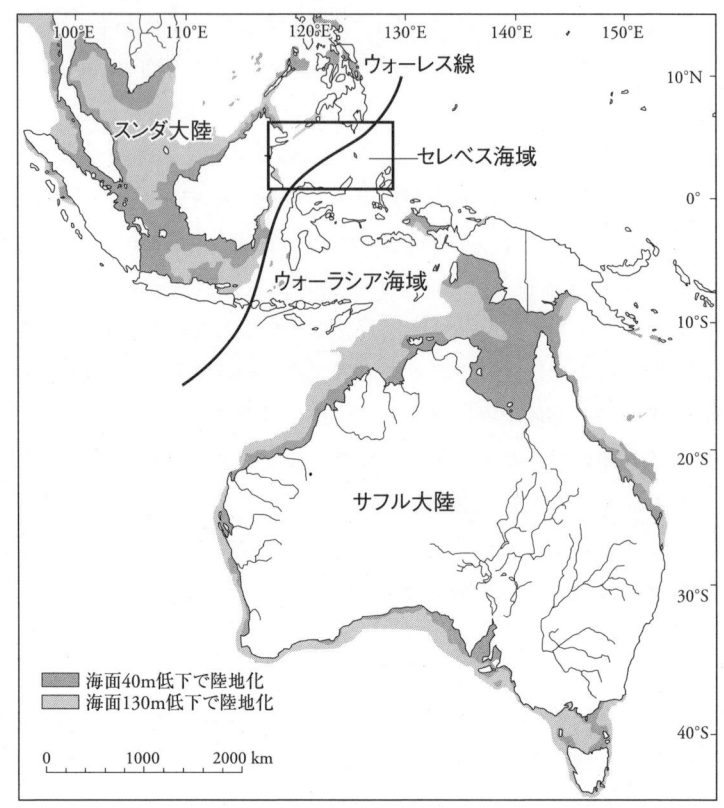

図2 スンダ・サフル大陸，ウォーラシア海域とセレベス海域の位置関係

海域」に含まれ，その北限を形成していることになる（図2）．

　ただしセレベス海域には「ウォーラシア海域」の外に位置するボルネオ島東岸やミンダナオ島南岸域なども含まれており，「ウォーラシア海域」とは完全には一致しない．むしろセレベス海域は，更新世期におけるスンダ大陸世界とウォーラシア海域世界という二つの生態圏が交わる海域世界して指摘できる．このためセレベス海域は，更新世期にスンダ大陸の一部として陸世界にあったジャワ海域世界などとも生態・地理史的にも異なっている．

　このように更新世期までさかのぼると，セレベス海域における独自の生態・地理的特性は，更新世後期よりこの海域に登場してくる人類の歴史や生業文化にも反映された可能性も無視できなくなるが，それについては第2章で詳しく

検討したい．

地政学的な特徴

　これに対し，現代におけるセレベス海域の地政学的な特徴とは，この海域がフィリピン，インドネシア，そしてマレーシアという三か国によって分断されている点にある．現代の東南アジア海域世界の大部分を占めるこれらの国々がいずれもその一部を領有している海というのは，広い東南アジアの海域世界においてもこのセレベス海以外に存在しない．つまり現在という視点でみた場合，セレベス海とその周囲からなるセレベス海域は，東南アジア海域世界の中でも「国境の海域」として認識することができよう．

　セレベス海域が「国境の海域」であることは，「国家」の視点から見た場合，中心に対する周縁世界という側面もみえてくる．実際，セレベス海域を形成するフィリピンのミンダナオ島やスールー諸島は，地政学的にもフィリピンの首都マニラからもっとも遠い周縁世界だ．これはマレー半島のクアラルンプールを首都にもつマレーシアや，ジャワ島のジャカルタを首都にもつインドネシアにおいても当てはまる．

　現在の東南アジアを語る際，肯定的であれ否定的な立場であれ，現実に存在する「国家」を無視することはできない．それにもかかわらず本書は「国家」という枠組みではなく，「海域」という生態・文化・歴史的な枠組みから地域をとらえようとしている．しかしこのことは本書が「国家」の存在を無視し，否定しようとしているわけではない．

　むしろ本書の意図は，あえて「海域」という枠組みを設置することで，「国家」をも解体し，相対化しようするところにある．その目的は鶴見によっても指摘されたように，何よりもアカデミズムにおける国家偏重主義的な視点を乗り越えようとする点にある．その際に，「国家」という枠組みの中で「周縁世界」となるセレベス海域は，「国家」の解体や相対化を目的とした作業を進める上で，まさに理想的な場ともなる．以上の理解にもとづき，本書はセレベス海域を分析対象の中心にすえながら，よりマクロで包括的な東南アジア海域世界，そして海域世界そのものについて思考を進めてみたい．

2.2 セレベス海域における考古学研究

　本書で試みる海域世界研究においてもう一つの骨子となるのが，東南アジア海域世界の人類史における大半を占める先史時代の海産資源利用や生業文化を検討する上で，有益な情報を提供してくれる考古学の成果だ．

　しかし，セレベス海域における考古学研究は1950年代以降にはじまり，その研究史もジャワやマレー半島といった他の東南アジア海域世界における考古学研究に比べ，まだ非常に短く，浅い．さらに前述したように，1950年代以降におけるセレベス海域は，マレーシア，フィリピン，インドネシアという新興国家の成立によって3つの領域に分割されて現在へといたっている．そのためセレベス海域での考古学研究も，これら3つの国家に属する研究機関を中心としておこなわれてきた経緯がある．

ボルネオの考古学史

　このうち，マレーシア・サバ州領内に位置するボルネオ島東岸域では，1960年代よりサバ博物館や当時のサラワク博物館館長であった英国人研究者トム・ハリソンらによって，いくつかの洞窟遺跡の踏査・発掘調査が実施されてきた (Harrison and Harrison 1970)．

　しかし，ハリソンらによる発掘調査は，層位に基づく発掘調査の概念が曖昧であり，報告書にも出土遺物がどの地点から，どれだけ出土したのかという考古学における基礎的なデータの提示が明確になされていない．それでも，1950年代以降に本格的に導入されたC14炭素年代測定を積極的に利用したハリソンらの発掘調査は，ボルネオ島東岸域に10000年以上におよぶ人類の痕跡があることを明らかにした．

　その後，1980年代に入るとオーストラリア国立大学のピーター・ベルウッドが，サバ博物館との共同調査を実施し (Bellwood 1988, 1989)，1960年代にハリソンらによって発見された遺跡群を含む，いくつかの洞窟・開地遺跡を発掘した．この一連の研究によって，約28000年前にまでさかのぼる旧石器時代遺跡の存在が確認されたほか，マダイ洞窟遺跡群やブキットテンコラック遺跡の発掘によって，遅くとも3000年前にはこの地域でも土器製作を伴う新石器

時代が幕を開けたことが確認された．とくにこれらの遺跡群から出土した土器群は，同じく 1960 年代以降に本格化したフィリピンやオセアニアにおける発掘調査で，新石器時代遺跡から出土した土器群に類似する，赤色スリップ式土器群によって占められることが明らかとなった．またマレーシア領に位置するボルネオ島東岸域では，1990 年代以降に入るとマレーシア科学大学を中心とするマレーシア人考古学者による発掘調査が，サバ博物館との共同調査という形で開始された．その結果，1980 年代にベルウッドらによって発掘された旧石器時代遺跡や，新石器時代に相当するブキットテンコラック遺跡の再発掘調査が実施されたほか，新たな旧石器時代遺跡の発見や発掘調査が展開されている（Chia 1997, 2001, 2005; Zuraina et al. 2002）．

タラウド諸島・スラウェシ北部の考古学史

インドネシア領に位置するスラウェシ島北部域や，サンギヘ・タラウド諸島で最初の発掘調査をおこなったのもピーター・ベルウッドである．この調査は，1970 年代にインドネシアチームとの共同調査として実施された（Bellwood 1976, 1980）．その結果，スラウェシ島とミンダナオ島の中間に位置するタラウド諸島から赤色スリップ式土器の出土が確認され，発掘された遺跡の形成年代は，得られた炭素年代値から 4000 年前の新石器時代期までさかのぼることが確認された．

こうしたタラウド諸島やボルネオ島東岸域における赤色スリップ式土器群の出土状況と，1970 年代頃よりさかんとなったオーストロネシア語族集団の拡散に関する言語学的研究の成果を比較したベルウッドは，セレベス海域を含む東南アジア島嶼部域やオセアニア島嶼域における新石器時代遺跡が，オーストロネシア語族集団の拡散によって形成された仮説を提出し，その起源地として台湾の可能性を指摘した（Bellwood 1985, 1988, 1989, 1997）．さらに，ベルウッドらによるボルネオ島およびタラウド諸島での発掘調査では，金属器時代と推定される甕棺土器群や，ガラス・金属器を伴う埋葬遺跡群もいくつか確認され，その遺物組成がフィリピン諸島のパラワン島（Fox 1970）や，ビサヤ諸島（Solheim 1964）から出土する遺物組成と類似する点も確認された．タラウド諸島やスラウェシ北部域でも，1990 年代以降にはインドネシア人考古学者によ

る発掘調査が実施されるようになった．このうちタラウド諸島では，オーストラリア国立大学のベルウッドの下で博士課程に在籍していたダウド・ダヌディルジョによる一連の発掘調査が実施され，約30000年前にさかのぼる旧石器時代遺跡の存在が確認されたほか，ベルウッドによって発掘された新石器時代遺跡の再発掘調査がおこなわれ，新たな知見が得られた (Tanudirjo 2001)．いっぽう，スラウェシ島北部域では1992年にマナド市にインドネシア考古学研究センターの支部が設立され，金属器時代以降に属する遺跡群を中心に，多くの遺跡が踏査・発掘されてきた (e.g. Balai Arkeologi Manado 1996, 1998, 1999, 2000, 2001, 2002, 2003)．

ミンダナオ・スールー諸島の考古学史

いっぽう，フィリピン領に位置するミンダナオ島やスールー諸島でも，1960年代以降よりマニラ国立博物館との共同調査を軸として，いくつかの考古学調査がおこなわれてきた．このうち1960年代末には，ハワイ大学のウェルヒルム・ソルハイムらとの共同調査がミンダナオ島南東部のダバオ湾域で実施され，おもに金属器時代以降に形成されたと推定される，甕棺土器群を伴う埋葬遺跡の発掘がおこなわれた (Solheim 1974; Soleheim at el. 1979)．

同じく1960年代末には，ハワイのビショップ博物館館長であったアレクサンダー・スポアとマニラの国立博物館が，スールー諸島とミンダナオ島西南部のサンボアンガ周辺域で新たな発掘調査を実施した．このうち，スールー諸島に位置するタウィタウィ島のバロボク洞窟遺跡では，約12000年前の完新世初期にまでさかのぼる人類の痕跡が確認され，新石器時代層と推定された上層域からは，赤色スリップ式の土器群が出土した (Spoehr 1973)．

このバロボク洞窟遺跡は，その後1980年代後半に日本人考古学者である安里嗣純や田中和彦らと国立博物館との共同調査として再発掘調査が実施され，炭素年代値を含むより豊富な考古学的データが得られている (安里ほか1993)．そのいっぽうで，ミンダナオ島やスールー諸島では，1980年代以降における政治状況や治安の悪化から，踏査・発掘を含む考古学調査が停止した状態のまま現在へといたっている．

このためミンダナオ島やスールー諸島では，少なくとも1990年代以降，本

格的な発掘調査が実施されていない状況にある．こうした考古学調査の希少性も反映し，ミンダナオ島においては現在まで本格的な新石器時代，および旧石器時代遺跡の発掘調査がなく，考古学研究の後進地となっている現状が指摘される．

先行研究の成果と課題

　ここでセレベス海域における先行研究のおもな流れをまとめると，この地域における考古学研究の歴史がまだ非常に浅く，その多くが1990年代以前においてはおもに欧米の研究機関に所属する考古学者を中心として実施されてきたのに対し，1990年代以降においては地元の考古学者を中心とした考古学研究へと移行しつつある傾向がまず指摘できる．また，その研究成果としては，セレベス海域における人類史の大まかなアウトラインを描ける最低限の考古学データが，少なくともボルネオ島東岸域やタラウド諸島においては収集されたと評価できる．

　ところが，これまで得られてきた考古学的データの多くは，あくまでも人類史における考古学的な文化史の構築を目標としており，そこで語られる歴史は伝播論的視点に基づく遺物群の比較や，解釈といった静態的な側面に終始し，遺跡を形成した人びとが実際にどのような活動を，どのような社会・経済・文化的土壌の中で実践していたのかという動態的な側面から理解する研究は試みられることがなかった．

　もちろんその背景として，考古学調査が比較的多く実施されてきたボルネオ島東岸域やタラウド諸島においてさえも，これまでの遺跡発掘数がけっして多くなく，さらにミンダナオ島やスールー諸島，サンギヘ諸島などにいたってはいまだに考古学的な空白地帯となっている現状が，何より指摘できる．

　こうした現状を踏まえ，現在のセレベス海域における考古学研究上の課題を整理するなら，そこで求められる課題の一つは，新たな遺跡の発掘による基礎的な考古学データのさらなる蓄積であり，二つ目に過去における人びとの動態的な活動内容や適応過程をも対象とした人類史の構築であろう．

　これらの課題に対し，本書では新たな発掘調査の成果を紹介するとともに，先行研究では試みられなかった動物遺存体の分析を中心とする考古学データの

検討をおこなう．さらに民族考古学的方法論を積極的に援用することで，考古学的情報のみでは検討が困難である人びとの漁撈活動とその背後にある漁撈戦略の実態に迫りたい．

3 ❖ 方法論の模索

3.1 地域研究としての民族考古学

地域研究と考古学

本書におけるもう一つの積極的かつ挑戦的な課題に，学際的研究である地域研究[3]における一つの専門領域として，考古学が担える役割と可能性の提示がある．日本のアカデミズムにおける考古学は，これまで歴史学における一つの学問分野とする，歴史研究として位置付けられてきた．これに対し，欧米のアカデミズムにおいては考古学が，人類学における一つの学問分野としても実践されてきたという考古学研究のもう一つの側面，もしくは方向性についても強調しておく必要がある．

いずれにせよ，これまで考古学という専門領域から，地域研究に直接的に関連した研究は実践されてこなかった．

その要因の一つには，歴史研究である考古学が，地域研究とは異なり，「あくまでも過去を対象とする学問であるという認識」が地域研究者の間で主流と

---

[3] 地域研究の定義は研究者によって多種多様であるが，私自身は，地域研究とは学際的研究として実践されることを大前提とするものと考えている (Hall 1947; Steward 1950; Wood 1968; 石澤 1987, 1989; 井門 1988; 小林 2002; 吉田 2002)．したがって，究極的には個人研究者による地域研究は存在しない．しかし，学際的研究としての性格を有する地域研究を実践する際に，まず求められるのは，それに参加する各研究者の専門研究レベルにおける問題意識や研究成果を，いかに他の学問領域とリンクさせていくのか，という研究者個人レベルでの適応作業が求められる．その意味では，地域研究としての最初の作業とは，各学問・専門領域内でも完結できる問題意識・研究成果を各研究者レベルでいかに広げ，他の学問領域との学際的研究の一環として広げる試みが求められるのではなかろうか．同時に，こうした作業を絶えず意識的に実践している研究者をもって，地域研究者と定義することができよう．

なってきた背景が指摘される．たとえば，日本における代表的な地域研究者の一人である坪内良博は，地域研究と考古学との関連性について以下のような見解を述べている．

「歴史学は過去の時代を研究対象とする点において，現代研究を志向する傾向が強い地域研究とは関心を異にしている．現代とはまったく無関係な歴史の研究はないという考え方が成り立つとしても，過去の一時期の地域の在り方の叙述に完結性を見出そうとする歴史学と地域研究との間には内在的な差が存在すると考えても良い……．そして歴史学の延長には考古学があり，そこまで来ると，現代との距離はさらに遠くなるのである．歴史学における研究方法が主として文献に依存してきたことも，地域研究との方法論上の対立をなしている．残存する史料を用いるのではなく，必要に応じて資料を掘り出していくことが地域研究に要請されるのである」(坪内 1991：53，傍線筆者)

こうした坪内による見解は，地域研究者による一般的な見解と批判を代表したものであろうが，とくに考古学に対する定義に関しては，やや正確ではない認識が見て取れる．たとえば，坪内は歴史学の延長（ここではおそらく研究対象となる時間的範囲として，ということであろう）に考古学があると定義する．

考古学研究の視座と可能性

しかし，考古学が対象としている時間的範囲は，おそらく坪内が無意識に認識しているような先史時代のみではなく，歴史時代も同様に含まれる．極論をいってしまえば，考古学自体が対象としている時間的範囲とは，歴史時代から現在までをも含んだ人類史のすべてであり（駒井 1972），実際に近現代を対象とした考古学研究も少なくない．この点においても，坪内が考古学をして現代との距離がさらに遠くなるとしている見解は正確ではない．考古学研究には，その対象とする時間的範囲や地域によっては，文献史学による歴史研究以上に，現代にまで視点を広げた上で実践されている研究も少なくないのである．

同時に，考古学研究の対象が人類史のすべてを包括している点は，坪内によるもう一つの指摘にも相反している．たとえば，坪内は歴史研究をして「過去の一時期の地域の在り方の叙述に完結性を見出そうとする」学問体系と定義している．坪内によって定義された歴史学の性格は，膨大な文字資料を扱う文献

史学の分野に対しては，確かにある程度は的を射ているかもしれない．しかし個人史や政治史ではなく，ある集団群における人間の行動・居住パターンや，技術形態の時間的変化，社会史的視点に基づく歴史の構築をめざす傾向がある考古学研究においては，坪内の指摘する方向性はより希薄となる．

ただし坪内による先の定義が一般的なものとして，地域研究者に（またその他の研究者の多くに）理解されているもう一つの根本的原因には，考古学者自身が研究の目的を人類史の再構築と掲げながらも，実際にはある特定の時代を対象とし，そこで完結する研究のみに終始してきてしまったという批判もまた可能であろう．すなわち，そこには考古学研究の多くが，その学問的成果を歴史研究や人類学研究として現代的問題意識へと再統合する試みを怠ってきたという，アカデミックなレベルでの問題を内在している．

また坪内が残存する史料を用いる歴史研究の方法論に，「必要に応じて資料を掘り出していくこと」が要請される地域研究と，方法論上の対立があるとする見解にも賛成することができない．坪内自身が認めているように，考古学も歴史研究の中に含まれるのであれば，むしろその方法論は，いみじくも坪内自身が地域研究の方法論として表現した「必要に応じて資料を掘り出していく」こととなんら対立していない．

もちろん，坪内が地域研究の方法論として表現した「資料の掘り出し」と，考古学における「資料の掘り出し」がまったく同一であるわけではない．考古学における「資料の掘り出し」とは比喩でも何でもなく，まさに「土を掘ること」によってのみ可能となるという点に方法論上の最大の特徴がある[4]．また，その特殊化した方法論ゆえに，考古学は文献史学以上に地質学・地理学・生態学・土壌学といった自然科学系の研究部門に隣接した歴史研究という性格が強い．考古学的な方法論が，同じ歴史研究にある文献史学とはその性格と方向性を異にするものであることは明らかであろう．

それでは「考古学」ならびに「歴史学」研究は，「地域研究」として実践は

4） 同時に人類学としての考古学が有する最大の武器となるのが発掘を用いる調査方法にある．この手法によってはじめて人類学は歴史時代のみならず先史時代をも含めた人類の過去における諸活動・文化・技術・社会・認知といったテーマについての考察が可能となるからである（Binford 1962; Longacre 1970）．

不可能なのであろうか？　これに対し，山口博一は石井米雄による論文「タイの近代化をめぐって」（石井 1987）を評価し，石井が「一見すると些細な出来事にみえる19世紀の歴史的事実から出発しながら，結局は，現代にまでつながる大きな問題への手がかりを得ようとしているもの」であり，「石井の問題提起は，歴史から出発はするが現代にも問題を投げかけるものである」（山口 1991：54）と言明している．

　ここからは，その問題意識とその視角が<u>現代をも対象に含めた上</u>で実践されている歴史研究であれば，それは「地域研究」としての可能性を内在する（小林 2002）という見解が成り立つ．さらにこうした見解とは別に，「地域研究」を実践する上での「歴史研究」の必要性を主張する地域研究者も少なくない（鈴木 1990；加藤 2000）．その背景には，地域を理解する際における「歴史的視点」からの理解に重きを置く認識が指摘できる．

　これらの議論を踏まえた上で，本書において試みるのが民族考古学によるアプローチからの地域研究である．そこで次節では，この民族考古学の方法論がもつ可能性について，研究史を踏まえながら批判的に検討したい．

3.2　民族考古学とその方法論

民族考古学の誕生と背景

　民族考古学とは，1960年代末のアメリカで誕生した考古学研究における新しい方法論の一つである[5]．

　その一般的な目的は，「考古学的視点に基づく民族学的調査の実施とそれによって得られた人間の行動や，組織・社会を中心とする民族誌的コンテキストと，物質文化を中心とする考古学的コンテキストの対比による考古学的解釈の可能性の拡大」（Gould 1978; Kramer 1979; Longacre 1991; Stiles 1977; Schiffer 1978）と集約することができる．より簡潔にいえば，民族考古学とは「考古学的な問題意識を出発点とし，人間の行動と物質的記録との関係性の検討を目的とした

---

[5]　ただし研究分野といっても，「民族考古学」は考古学者が調査を実施する際に用いる一つの実践的な戦略，ないしは視点を意味した名称に過ぎず，これ自体が確立された理論や分析手段を内包しているわけでない．

人類・民族学的フィールドワークの実践」を意味していた．

　蛇足ではあるが，新しい考古学運動の一環としてこの民族考古学が提唱された時期は，新しい研究の枠組みとして地域研究が誕生した1960年代末から1970年代という時期とほぼ一致している．さらに地域研究と民族考古学が分野こそ違うものの，いずれもアメリカのアカデミズムの中で誕生している点も指摘しておきたい．

　ただし，地域研究が当時のアメリカによる政治・軍事的な要請の下に誕生したとしばしば批判されるのに対し，民族考古学はむしろ当時のアメリカ考古学界を支配していた経験主義的で権威主義的な体制を一掃し，より科学的で実証主義的な考古学を主張する運動の中で誕生したという背景がある．これは1960年代にアメリカではじまった「ニューアケオロジー運動」と呼ばれる新たな考古学運動と連動した．

ニューアケオロジー運動と民族考古学

　ニューアケオロジー運動とは，アメリカで1962年に発表された1本の論文を契機としてはじまった新たな考古学研究の流れである．その契機となった論文が，ニューアケオロジー運動の推進者であり，後の「民族考古学」研究の開拓者ともなったアメリカ人考古学者ルイス・ビンフォードによって発表された「人類学としての考古学」(Binford 1962) であった．

　この論文が画期的だったのは，考古学的な物質文化論を展開する際に，単純に遺物群の相違を持って「文化」を語っていたそれまでの伝統的なアメリカ考古学を根本から批判・否定した点にあった．より具体的には，遺跡から出土した遺物群から伝播論的解釈を基礎とした，静的な「文化」を創出していた従来の考古学に対し，ビンフォードは生態学的認識を背景とした「技術面」からの解釈，人間集団における「社会変化」や「観念の変化」を前提として遺物群を総合的に分析することで，より「動態的な文化」を語ろうとした．

　こうしたビンフォードの主張と方法論は，文化史・経験主義的理解一辺倒であったそれまでの考古学研究に対し，1950年代辺りから米英の若手研究者を

中心として形成されてきた新たな批判的視点[6]や，パラダイムへの模索を表象する契機となった．その過程の中で，遺物の解釈をおこなう際に必要となる民族誌情報の収集を目的とし，考古学者自らが長期的な民族調査を実施する必要性を主張した民族考古学の方法論が登場したのである．

そして初期における民族考古学研究でさかんに試みられた方法論が，「民族誌的類推法」である．これは現代における製作物やその空間的分布のパターンと，先史時代の考古学的記録に現れた遺物・遺構やその遺跡内・遺跡間の分布パターンに観察される共通性（あるいは類似性）から，過去の人間行動に関する予測的なモデルの構築が可能であるという理解を前提にしていた．

しかし，「民族誌的類推法」の妥当性を強く主張した初期研究群（i.e. Deetz 1965; Hill 1968; Longacre 1968）の多くには，解釈に利用する民族誌事例の選択がかなり恣意的であるとする批判や，民族誌資料との対比によって過去に生きた人間の文化や精神面といった領域までをも明らかにできるとする過信があったことは否めない．

その結果，1970年代に入るとこれら初期の研究群には多くの批判が寄せられることとなった．これに対し，おもに旧石器時代の狩猟採集民による生業や居住パターンの復元という目的から民族考古学的な調査を実施し，民族誌的類推法に関する新たな視点と方法論を提出したのが，ニューアケオロジー運動の推進者でもあったビンフォードによるナノミウト・エスキモーの研究である．

ビンフォードによる新たなモデルと方法論

この研究は1969年から5年間，当時の民族考古学研究としてはもっとも長期にわたっておこなわれた研究でもあった．またその過程でビンフォードは，民族考古学の方法論が①セトルメント（居住）パターンの分析，②トナカイの

---

6) こうした旧来の考古学に対する批判的視点が生まれた背景には，新進化主義の立場からクローバーら歴史主義的な個別実証的方法を批判したジュリアン・スチュワードや，レスリー・ホワイトらによる一連の論考，ウォルター・テイラーの『考古学研究』(Taylor 1948)，英国のグラハム・クラークによる動植物遺存体の実証的分析に代表された生態学的文化研究 (Clark 1968) の存在が指摘できる．とくにホワイトの論考 (White 1949, 1959) は，彼自身がビンフォードの師であったことからもニューアケオロジーへの影響は少なくない．

移動を巡る季節性に特徴される生業スケジュールの把握，③集約的狩猟と加工処理・貯蔵などの活動例の克明な観察，④これらの生活様式が周年で生み出すことで形成される同時代的に形成された遺跡の分布や内部構造の観察，⑤動物遺存体の内容と廃棄地点や季節による相違の観察に基づく定量的データの収集という点などにおいて有効であることを実証的に記述・紹介した．

　ビンフォードがこの研究によって提出したこれらの試みは，いずれも居住・生業システムと遺跡形成にかかわる問題群に集約されており，社会組織や文化システムを対象とした初期の民族考古学研究とは一線を画している．

　これはビンフォードの目的が，狩猟採集民の社会構造や親族関係の復元などではなく，あくまで彼らの生業活動と遺跡から得られた考古学情報がどのように関係しているかを解明するところにあったことによる．その結果，彼の民族考古学的研究は，考古学的資料である出土遺物全体の解釈にかかわる新たな視点や方法論を提供することとなった．中でももっとも重要なのが，中範囲理論（ミドルレンジセオリー）としての民族誌類推法の積極的な利用だ．

　中範囲理論とは，「民族誌的類推法」を単純に考古学の遺跡や遺物の解釈に用いるのではなく，考古資料と物質文化から得られる情報をシステムとしてとらえることで，過去の人間による行動的脈絡との仮説を構築する橋渡しとなる「中範囲」の理論として利用することを主張したものである．したがって，その名称が示すように確立した理論と認識するよりも，民族誌的類推法の実践的な利用のあり方，ないしは方向性を明示した方法論の一つとしてとらえた方が，誤解が少ない．そして「民族誌類推法」による論証を可能にさせる大前提となるのが，斉一主義に基づく理解であった．

　斉一主義とは，現在観察されるプロセスは過去に起こったプロセスと根本的に同じであるとする地質学の理論を借用し，この法則を人間行動におけるプロセスにも認めるという考え方である．

　この斉一主義に基づき，その後のビンフォードが取り組んだ研究として，彼自身がおこなったヌナミウトの事例を含め，1970年代までに狩猟採集社会を対象としておこなわれた考古・民族考古学的研究の成果から，セトルメント・システムと生業活動および資源分布を一つのセットとしてとらえ，集落生業システムの理論化を試みた野心的な研究がある（Binford 1980）．この研究では，

彼は世界における狩猟採集社会が生態と資源分布との関係から大きく二つの集落生業システム，すなわちフォレージャー（採食者）・システムと，コレクター（採集者）・システムに分類している．その上で彼はこれら二つのシステムにおける生業パターンや遺跡形成パターンを論じ，狩猟採集民を対象とした当時の考古・人類学研究に大きなインパクトを与えた．

またビンフォードは斉一主義に基づき，当時マードックが狩猟採集民の移動性についてまとめた168例[7]を参考に，マードックのカテゴリーで「遊動」に分類される狩猟採集民の75％が赤道直下の環境に位置し，逆に「温帯」ではこうした「遊動」型の採集狩猟民の数が急激に減少するが，北極圏では急激に増加する傾向を指摘した．

この議論で彼が提示した斉一主義的な解釈が，太陽放射の合計量と年間分布を示すET値[8]が高ければその環境における生物の生産性は高くなるという理解である．その上で定住的・半定住的な採集狩猟民は温帯と亜寒帯に集中し，赤道付近と亜熱帯には少ないという経験則に導かれたパターンから，ビンフォードは採集狩猟民の移動性が，総体としての食料資源の豊富さではなく，むしろ特定資源（クリティカルソース）の分布状況によって決定され，この特定資源の時間的空間的な偏在性をもたらす要因が，太陽放射量の年間分布の変異（ET値）にあることを主張した．

こうした1970年代後半から1980年代初頭におけるビンフォードによる一連の論考は，①生態・進化論的視点，②システム論的見解，③演繹論的説明を特徴としている（安斎1994）．また彼による民族考古学研究は，動物遺存体研究における分析・解釈法の発展や，生業活動と居住集落をセットとして考える新たな視点に新たな可能性を開拓したほか，現在の狩猟採集民社会研究と過去における考古学資料とを繋ぐ分析法や，生態学的な概念を取り入れた新たな方向性へと導いたと評価できよう（David and Kramer 2001）[9]．

---

7) これは世界に分布する168例の狩猟採集民におけるレジデンシャル・ベースの移動性についてを文献資料より整理した論文である（Murdock 1967）．
8) これはベイリーによって提示された環境変異の尺度であり，その環境を特色づける太陽放射の合計量と年間分布との比較と通じて計算された度合いを意味する（Bailey 1960）．
9) ビンフォードと同じく生態学的な視点を取り入れて民族考古学を開拓した研究

ビンフォードによる研究への批判と課題

　しかし，こうした評価のいっぽうで彼の研究に向けられた批判点も少なくない．とくに本書において考慮すべきは，ビンフォードらによって提唱された民族誌的類推による方法論や，斉一主義に基づく分析への批判である．たとえば，ヌナミウトの民族考古学研究でビンフォードが試みようとした旧石器時代の適応行動は，そもそもライフルやスノーモービルなどの近代的な装備を有する現代のイヌイットや，エスキモーによる適応システムから演繹的に語れることができるのかという批判がある．

　この批判に対しては，ビンフォードがその対象としたのは，一定の時間単位での資源の獲得量や狩猟方法にかかわる情報ではなく，よりマクロな生態学的視点における狩猟の季節性や，よりミクロな解体場所での解体作業や廃棄にかかわる情報であり，その面では狩猟効率の変化や移動範囲と強く相関するであろうライフルやスノーモービルといった近代的な装備の有無は，大きなバイアスにはならないと反論することも可能であろう．

　しかしより致命的な批判点として，斉一主義に基づく民族誌的類推法を方法論的前提としてきたニューアケオロジー派の民族考古学研究に顕著な歴史的視座の欠如がある．この批判は，類推法を使用する際にどうしても無視できない空間や，とくに時間のバイアスをどのように解決するのか，という根本的な問題と深くかかわる．

　このうち空間によるバイアスに関しては，ビンフォードがその議論において環境の生産量をすべて太陽放射量の合計の問題へと過度に単純化してしまった点は，あまりにマクロ的でありすぎ，批判の余地を多く残している．たとえば，ET 値が高い赤道付近の諸環境が可食植物や動物資源という点で豊かで，ET 値が高くない温帯や亜寒帯の生産性が低いとする彼の見解は，熱帯雨林に居住する狩猟採集民のピグミーが，植物性食料のほとんどを農耕民に依存しているという報告（市川 1986；原子 1977；丹下 1984）や，熱帯雨林の生物量がきわめて豊富であるいっぽう，人間が利用可能な澱粉質を含む植物資源には乏しく，狩猟採集民は農耕民との依存関係が確立するまで，熱帯雨林に進出できな

に，北海道のアイヌによるエコシステムから縄文の階層化社会論や士俗考古学を主張した渡辺仁（1990）による研究がある．

かったというヘッドランドやグリフィンらの研究 (Headland 1986, 1987; Griffin 1984, 1985) によっても，容易に批判が可能であろう (e.g. 小川 2001)．むしろ近年における研究では，ET 値の低い温帯や亜寒帯のほうが，人間が利用可能な植物資源や海獣などの海産資源においてより豊富であるという見解の方が支配的でもある．

　また，「ヌナミウト中心主義」とも取れるほど，特定の民族誌から得られたモデルを，普遍的にすべての地域における考古資料や中範囲理論として利用しようとする傾向や，機能主義的な解釈のみに依存する傾向も批判の対象となってきた．たとえば彼はカラハリ砂漠に居住するサンの事例からフォレージャー・システムを論じているが (Binford 1980)，サンが居住する生態環境は，熱帯域でもやや乾燥の激しいサバンナ気候と草原に代表され，降雨量が多い熱帯雨林気候や熱帯雨林に居住するピグミーなどとは，その生態環境や獲得・採集の対象となる資源分布もかなり異なっている．したがって，サンの事例のみからフォレージャー・システムを論じてしまうのはやはり無理があろう．

　このように，ビンフォードによる研究に対する批判は探せばいくらでもある．しかし，結局のところその根本的な原因は，おそらくこうした批判を想定に入れながらも，ビンフォード自身があえてそれを無視し，もっともマクロな視点でのみ抽出される生業居住システム論のモデル化と，そこから提出される新たな分析の視点や概念の抽出を追究することを目的としていた点にあったように思われる．つまり，モデル化を阻む個別具体的な事例や歴史主義的解釈を意図的に省くことで，あえて議論のたたき台となる新たな発想や視点を提案するところにこそ，ビンフォードの目的はあったのではないだろうか．今日にいたるまでさまざまな批判を受けつつも，彼による一連の研究が，考古学および民族考古学の研究史の上で相変わらず大きな存在意義をもっているのもこの点に集約できる．

　セレベス海域における新石器時代から現代にいたる人びとの海産資源利用や，漁撈戦略を分析対象としている本書でも，ビンフォードによって提案された視点や方法論を積極的に援用している部分が少なくない．

　ただし，ここで指摘したようなビンフォードの研究に対する批判は，やはり乗り越えるべき課題であり，そのまま受け入れるわけにはいかない．同時にビ

ンフォードの研究を含めて,ニューアケオロジー運動の中でおこなわれてきた民族考古学研究に対する一連の批判を受け止め,その課題をいかに乗り越えるかを模索する思考と実践が,民族考古学研究には求められている.その必要性は,とくに1980年代以降においてより明確化した.その契機となったのが,1982年に発表されたイアン・ホダーによる研究である (Hodder 1982).

ホダーの登場と個別・歴史的な視点

　ホダーは遺跡や遺物の空間,地理的な配置はいかに客観的に記述・分析できるかという関心から民族考古学の方法論を利用し,異なる複数の民族集団が居住するケニア西部のバリンコ地区で,物質文化を構成するさまざまな物質 (item) の形態差や空間的分布の様相について検討した.その結果としてホダーは,これらの集団が中央集権のみられない長老制,父方居住一夫多妻制,族外婚による緩やかな氏族制,年齢階層などにおいて類似した社会組織を有している一方,各集団との境界を挟んだ分布に関しては,人びとの境界を越えた接触は頻繁だが,多くの物質文化がはっきりと排他的に分布することや,男性用と女性用の物質文化では男性用の方が境界を越えて遠方まで分布するという状況などを確認した.

　こうした物質文化に関して得られた経験則を,仮にニューアケオロジー的な「民族誌的類推法」として解釈した場合,遺物分布の明らかな相違からは,境界を超えた各集団の交流がなかったとする解釈や,男性に属する物質文化が境界を超えやすいという状況が母方居住に基づく男性の移動として解釈される可能性がある.ところが実際には,両集団はわずかな差異はあるものの,婚姻による交流も確認され,その居住環境と基本経済はかなり類似しており,言語的な違いも認められなかった.

　さらに研究対象となった社会は父方居住であり,結婚による移動はむしろ女性の方が大きいことも判明した.つまり現実には,女性の動きは物質文化の動きとまったく一致しておらず,交易上の不均衡もないことが確認されたのである.これらの事実を紹介した上で,ホダーはニューアケオロジー運動の中でおこなわれてきた民族誌的類推という方法の危険性を強調し,遺跡から出土する物質文化を安易に民族誌情報から解釈することを批判した.その上でホダーは,

物質文化に認められる境界線と実際の人間活動における境界線がまったく一致してないのは，物質文化が分布する要因が通婚や言語，経済活動によって規定されるのではなく，むしろ当該社会で利用されるさまざまな物質（アイテム）に象徴されている人びとの意思によって規定されていることを指摘する．

こうしてホダーは，それぞれの集団に属する物質文化の分布や組成が，ビンフォードらが主張するように環境や経済的背景が要因になるのではなく，むしろその集団における人びとの意思や心理状況によってこそ決定されるという側面を強調し，歴史・文化的脈絡の個別性を重視する必要性を説いた．またこうした人びとの意思や思いは普遍化できるものでなく，個別具体的で歴史的な記述と観察によってはじめて明らかにできることを主張した．

プロセス考古学とポストプロセス考古学の視点

考古学史においては，ビンフォードのように生態や経済的側面を強調し，普遍的で法則主義的な研究群を「プロセス考古学」とよび，ホダーのように個別具体的で，歴史主義的な研究群を「ポスト・プロセス考古学」と呼んできた．いずれにせよ，ホダーによる研究は 1960 年代にアメリカ人考古学者によってさかんに試みられた「民族誌的類推法」に基づく考古学的解釈の不可能性を，ある部分では実証する力をもっている．しかしホダーによる研究は，ビンフォードによって試みられたような，より生態的な要素が強い狩猟活動や採集活動，遺跡内での解体作業や廃棄の過程にかかわる民族誌情報の，考古学研究への適用にかかわる可能性までを否定してきれてはいない．

またホダーが主張するように，物質文化の組成や遺跡の形成過程のすべてが，人びとによる独自の意志や心理状況を反映したとする解釈もやや極端であり，容易には受け入れがたい．ただし，彼が同時に明らかにしたように，居住空間における廃棄の過程や物質文化が，その当事者である人びとの意思や文化とも密接にかかわっていることもまた事実であり，それを完全に無視しているビンフォードらによる研究もまた極端なものとなる．

そのいっぽうで，これら法則主義的なビンフォードらの研究群と，個人・歴史主義的なホダーらによる研究群には，民族考古学的研究が求めるべき方向性とその限界が如実に示されている．

すなわち民族考古学に求められているのは，つまるところ法則・普遍主義的な視点と個別・歴史主義的な視点の両方であり，その両者のバランスの中で可能な限り論理的で，かつ実証的な解釈を模索するほかないという限界である．だがこの限界は，決して民族考古学にのみに認められるものではない．より大局的には，直接的に観察することが不可能な歴史や文化事象を対象とする考古学や歴史学をはじめ，およそ人文科学の範疇に含まれる諸学問のすべてが，実際には同じ制約と限界を内在していることも事実である．

本書の新たな視点とアプローチ

そこで本書では，これまでの研究史を踏まえて確認できた二つの視点，すなわち個別・歴史主義的な視点と法則・普遍主義的な視点との両方から，民族考古学の方法論を援用する．このうち，前者の視点は臨地主義的アナロジーに集約できる地域研究の方向性と重なる部分が多い．すなわち，研究者の対象地域における物質文化理解は，同時にその土地の人びとの精神文化を理解することからはじまるという地域研究の姿勢と重なっている．したがって個別・歴史主義的な視点は，何よりも徹底的な臨地体験を通して，その土地に住む人びとがもつ視点からの理解をできる限りめざすものでもある．

これに対し，後者の法則・普遍主義的な視点は，より客観性を必要とする視点である．これは民族考古学の対象が，たとえ歴史・生態環境的に共通の系譜をもつ場合であれ，「現在」と「過去」という時間軸によって確実に乖離しているという必然的条件の存在ゆえに求められる視点でもあろう．

ただし，斉一主義的アナロジーによって客観化された民族誌情報にも，やはり現在と過去との乖離は存在している．たとえ類似した生態環境下における多様な民族誌情報からある普遍性を抽出できたとしても，その普遍性はこれらの民族誌が収集された近代以降における普遍性であって，必ずしもそれ以前の過去における普遍性とは一致していない可能性は残されている．こうした批判を克服するためにも，これからの民族考古学はその目的意識としては，まず対象とする個別・具体的な地域における特定領域の歴史構築をめざすものでなければならない．同時にその作業過程においては，他地域における民族誌事例から抽出される普遍性や特殊性を安易に利用するのではなく，あくまでも客観的な

視点として，個別・具体的データを対比する必要があろう．

　また過去を対象とした考古学資料の解釈として民族誌情報を利用する場合，そこで検討できる人間活動の範囲は，純粋に生態環境や技術的による制約を受け，それゆえにより普遍的側面が強いと考えられる生業活動の一部に限定されるであろうというのが私の現時点での認識である．これは先行研究によって明らかにされたように，考古学的な出土状況から過去における社会や精神文化の具体的な側面を解釈することが，どんなに多くの詳細な民族誌情報を用いても依然として困難であるという事実に基づいている．

　しかし，このことは私がセレベス海域に生きてきた人びとの精神文化や社会構造を軽視しているという意味ではない．実際，私は現代のセレベス海域やその周辺海域に生きる人びとの暮らしを対象としたフィールドワークにおいて，生業活動だけでなく，当該社会における家族構成や親族間のネットワークや物質文化の分布状況 (e.g. Ono 2006; 小野 2007)，周辺環境や生物に対する認知や分類形態 (Ono and Addison 2009) などについても研究してきた．

　その背景には，私がめざす新たな民族考古学の問題意識があった．これは民族考古学的を単に「現在をして過去を語る」という目的からおこなうものではなく，「過去をして現在を語る」ことを目的とした地域研究の方法論として実践するという逆転の発想だ．

　すなわち，対象地域における先史時代までを包括する「過去」にアプローチすることができ，同時に参与観察を中心とする綿密なフィールドワークの実施によって，「現在」における人びとの生活や文化，社会へと接することも可能な民族考古学的アプローチは，フィールドワーク（臨地研究）を大前提とする地域研究のアプローチとしても利用できるのではないかという発想である．

　人間による生業活動も，環境や技術的制約を受ける要素が強いとはいえ，文化・社会的制約の中でも実践されるものであり，「現在」における人びとの生業活動と文化・社会的側面の両方にアプローチできる民族考古学的アプローチのもつ可能性はやはり大きい．したがって本書は，こうした可能性をもつ民族考古学的アプローチからの地域研究という試みの最初の出発点として位置づけてみたい．

4 ❖ 各章の内容と主な流れについて

　最後に本書における各章の内容とその主な流れについて概略的に紹介する．
　まず第1章では，本書の対象地域となるセレベス海域の自然と人，とくに人間集団とその生業スタイルの多様性について描写したい．ついで第2章では，その中でももっとも重要で対象の中心にある人間について，セレベス海域の過去における人びとの歴史と資源利用の系譜を人類の移住・拡散といった視点からも検討を加え，それを時代別に整理する．この作業を通すことで，セレベス海域の基層文化を描写するとともに，本書がなぜ新石器時代以降の時代に焦点を当てているかをより明確化したいという意図がある．
　第3章では，私がボルネオ島東岸域で実施した新石器時代遺跡の発掘調査とその成果を紹介する．とくに本書で詳細に紹介する必要があるのは，出土した魚類遺存体の同定分析とその結果についてである．そしてここで提出される考古学的情報が，新石器時代期のセレベス海域における海産資源利用の一側面を照らし出す大きな鍵となる．
　しかし，ブキットテンコラック遺跡から得られた考古学的データのみをもって，セレベス海域全域における海産資源利用や漁撈戦略を語ることはできない．そこで後半では，セレベス海域に位置する他の新石器時代遺跡の他，その周辺に位置する東南アジアの海域世界や，同じく熱帯島嶼域となるオセアニアの海域世界における考古学研究の成果を総合的に検討したうえで，新石器時代におけるセレベス海域の海民像へとアプローチしたい．
　第4章では，新石器時代以後の時代となる金属器時代から植民地時代期におけるセレベス海域での漁撈活動や海産資源利用について検討する．ここでは，私がインドネシアのタラウド諸島において金属器時代から植民地時代の遺跡群を対象に実施してきた発掘調査とその成果を，第3章と同じように出土した魚類や貝類，動物遺存体の分析結果を中心に紹介する．またその後半部ではタラウド諸島以外における状況を検討するが，セレベス海域やその周辺域における金属器時代以降の考古学情報は，まだ非常に限られているという制約がある．いっぽう，植民地時代以降になると考古学情報以外に文字史料からの考察も可

能となる．そこでここでは，考古学的情報のほかにこれら文字資料から得られる情報を踏まえた上で，この時代のセレベス海域における漁撈戦略について論じていきたい．

　第5章では植民地時代を経た近代以降におけるセレベス海域の漁撈活動について，ボルネオ島東岸域に居住するサマ（あるいはバジャウ）の事例より検討する．ここでの「近代」とは1963年にボルネオ島東岸域がマレーシアという新興国家によって再編されて以降と定義した．したがって本書においては1963年以前を植民地時代として位置づけ，1963年以降におけるサマの漁撈活動の枠組みと，フィールドワークによって得られた現在のサマによる漁撈活動の民族誌的記録を記述し，さらなる検討を加える．

　同時にこのような作業と思考の積み重ねは，単なる考古・歴史研究や人類学研究ではなく，何よりも地域研究として完成されることをめざす本書にとって不可欠な作業過程でもある．とくにここでは，調査を実施したサマ村落の社会・経済的背景を中心に，現代サマによる海産資源の利用をめぐる基礎的背景について整理したうえで，サマによる漁撈活動の定量的データについて分析していく．

　ところで，こうしたサマの漁撈活動における季節性や漁法と獲得された魚種との相関性にかかわる定量的データは，時代は異なるもののほぼ類似した生態環境下にあったと推測される新石器時代ブキットテンコラック遺跡の利用時における人びとの漁撈活動を検討する際の有効な情報となる可能性がある．

　しかし，サマ人の漁撈活動やその背後にある生業戦略のみをもって，セレベス海域全域における資源利用や生業戦略とみなすことはできない．そこで第6章では，ボルネオ島東岸域以外における人びとの海産資源利用や漁撈活動の状況について総合的に論じる．とくにここでは，私がフィールドワークをおこなってきたタラウド諸島における事例のほか，セレベス海域やその周辺海域で収集されてきた民族誌的情報を総合的に検討しながら，近代以降における人びとの海産資源利用や漁撈にみられた変化とその結果として認識できる漁撈戦略のあり方について総合的に考察する．

　最終章となる第7章では，ブキットテンコラック遺跡周辺で得られたミクロかつ地域的な民族誌情報と，マクロで斉一的な民族誌情報から得られた海域世

界の生業モデルを，考古・生態史的モデルと比較・検討する．この作業を通して，改めて基層文化期のセレベス海域における人びとの生業戦略に迫り，その地域像へのアプローチが可能となる．同時に，これらのプロセスを通して確認された基層文化期のセレベス海域における生業戦略から，現代のセレベス海域を含む東南アジア海域世界における「移動分散型社会」や「フロンティア論」についてさらなる検討を加えたい．

　ただし断っておかねばならないのは，本書において試みる一連の作業が，セレベス海域における地域像の全貌を明らかにできるわけではないことである．依然として考古学情報や研究事例の不足は存在しており，新たな情報の収集と徹底したフィールドワークに基づく研究の必要性は明らかである．同じく本書をもって，セレベス海域を対象とした地域研究が完成するわけでもない．むしろ本書は，セレベス海域という東南アジアの海域世界に存在する一つの世界単位と，そこに居住してきた人びとを対象とした地域研究（学際的研究）を実践する上で，最初に試みられるべき基礎的作業の一つとしての役割を担うものとなることを，改めて強調しておきたい．

コラム1　東南アジア海域世界の船にみられる実用面と精神面

左：アウトリガーを装着したサマの家船（門田修氏提供）右：三角帆で走るサマの船

　本書に多くの写真を提供してくださった門田修さんが，その自著の中で船のもつ二つの面として実用面と精神面があることを指摘している（門田 1996）．海を眼の前にして暮らす人びとにとり，船は精神世界を具体的に表現するモノであり，同時に魚を獲ったり，交易や移動に必要な道具でもある．本章でも触れたように，東南アジアの海域世界におけるもっとも基本的な船にアウトリガー舟がある．セレベス海域ではダブル・アウトリガーが主流で，左写真のようにかつてはサマの家船にもアウトリガーの装着されたものが見られた．ところがアウトリガー舟の分布は東南アジアからオセアニアの海域世界に限られ，オーストロネシア語族による移住が行われたマダガスカル島等のインド洋域に飛び火的に認められるのみで，近代以前の台湾以北や日本を含む東アジア世界ではその利用が確認されていない．また現在の家船にアウトリガーが装着されることがないように，東南アジア海域世界の中でも船のスタイルや構造は状況に合わせて刻々と変化してきた．船本体だけでなく，帆や舵，碇といった船具にも時間・空間的に多様性や共通性が認められる．たとえば現在のサマは，右写真のように三角帆を使うが，一昔前は四角帆も一般的だった．いっぽう空間的には三角帆はオセアニアやインド洋でより一般的で，四角帆は東アジア方面に多かったりする．もっとも使いやすい形や流行，そして文化や精神世界の変化が，船や船具を通して見えてくる可能性はここにある．本書でも第4，5，6章でセレベス海域の船について改めて論じていきたい．

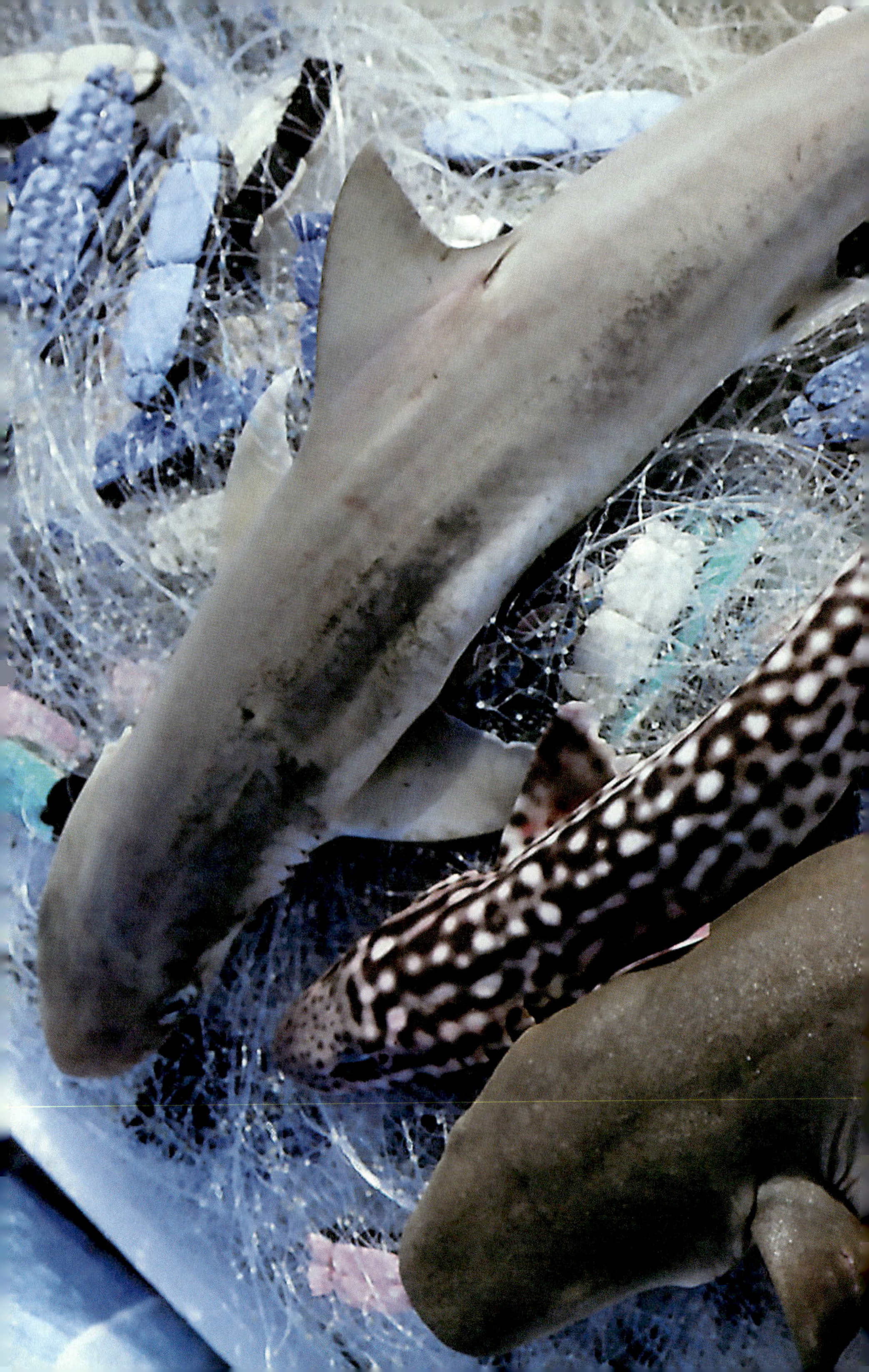

第1章 現代セレベス海域の自然と人

セレベス海域のサンゴ礁で漁獲
されたサメ類
（写真：門田修氏提供）

本章で紹介するのは，セレベス海域の自然と人びとである．このうち自然に関しては，とくに人びとが生きていく上で重要な植物や動物，海産物についてまとめてみたい．海産物一つとっても，食料として好まれている種もいれば，商品価値の高さから利用される種もあり，その関わりには多様性がある．同じくセレベス海域に暮らす人びととの暮らしも実に多様だ．ここでは海民とも呼べる彼ら彼女らが織りなす暮らしのモザイクを紙面の許すかぎり紹介する．

1-2 サンゴ礁の代表魚ともいえるブダイと天干しされるシャコガイの肉

3-4 サマが好んで食べるウニとボタンの材料として商品価値の高いクロチョウガイ

5-6 北スラウェシで漁に従事するサマ（バジョ）の男女

(いずれも門田修氏提供)

はじめに

　現代のセレベス海域には，どのような自然があり，どのような人びとが住んでいるのだろうか．そこでの漁撈活動や資源利用は，当然ながらセレベス海域のもつ生態環境と密接に結びついている．生態環境の定義はさまざまであろうが，ここでは，セレベス海域の地理的位置，気候，植生，動物，海産資源の種類や分布すべてを生態環境と位置づけたい．また，そこに住む人間集団の言語や生業の全体像を把握することで，海民とも呼べる，現代に生きるセレベス海域の人びとの暮らしを紹介することにしよう．

1 ❖ 気　候

セレベス海域と二つの季節風

　セレベス海域は赤道直下から北緯8度付近の（間）熱帯域に位置する．経度的には東経118度から128度にあり，ケッペンの気候区分では，熱帯雨林気候区（Af）に入る．セレベス海域の年間平均最低気温は23.2℃，最高気温は28.4℃で，月間平均の最高と最低気温の変動幅はかなり小さい（高谷1985）が，熱帯の常として，昼間と夜間における一日の気温較差が大きい．降雨量は年間を通して多いが，地域によって，かなりの幅がみられる．

　たとえば，セレベス海域の西部に位置するボルネオ島サバ州東海岸の年平均気温はほぼ26〜27℃であるが，北緯5度前後に位置するサンダカンでの月平均降雨量は255 mm，年降水量は3060 mmに及ぶのに対し，北緯4度前後に位置するタワウでの月別平均降雨量は146.3 mmと少なく，年間降雨量は1757 mmに過ぎない．平均すると，セレベス海域における年平均気温は26〜28℃，年降雨量は1500〜4000 mmの幅に収まるといえる．

　こうしたセレベス海域の降水量を支配しているのが季節風（モンスーン）だ．6月から10月にかけては南西季節風，11月から3月にかけて北東季節風が吹くが，降雨量もこれら季節風の時期により高くなる．ただし，北東季節風の時

期のほうが降雨量の多くなる地域と，南西季節風の時期に降雨量が多くなる地域とがあり，一様ではない．たとえばセレベス海域の東部にあたるスラウェシ島北部やサンギヘ・タラウド諸島では，一般的に9月前後から10月ごろの南西季節風期の終わりごろから，11月から3月頃にかけての北東季節風の時期に降雨量が高くなる．

　また，北緯8度付近までに位置するセレベス海域が，北緯10度より高緯度の海域で発生する台風の影響圏からほぼ完全に外れている点も強調しておく必要がある．これらの気候条件を総括するならば，セレベス海域における季節性は，気温の変化よりも季節風の影響による風の方向や強度と，降水量の変化によって認識されているといえよう．

2 ❖ 植　生

　植物相の分布は，まず気候によって決定され，また土壌や地質の影響も受けている．セレベス海域における地質学的な特徴は，火山活動による影響から豊富な鉱物資源を含む肥沃な土壌で覆われている点にある．たとえば，ミンダナオ島西海岸からボルネオ島東海岸に向かって連なるスールー諸島一帯は，スールー火山帯によって占められ，またミンダナオ島南海岸からスラウェシ島北部にかけての一帯も活発な火山帯に位置している．

天然種の分布
　熱帯雨林気候を特徴づけるのは，フタバガキ科に代表される内陸から海岸低地の熱帯雨林と，沿岸域に形成されるマングローブ林である．
　熱帯雨林を構成する植物種の種数はきわめて高く，多様である点に特徴がある．ボルネオ島東岸域のセピロック周辺域だけでフタバガキ科（Dipterocarpaceae）に属する種目が800種以上確認されているほか，マメ科（Leguminosae），トウダイグサ科（Euphorbiacea），アカネ科（Rubiacea）などを中心とする約350種が確認されている．この他に熱帯雨林に生息する植物種として人類においても重要な種としては，その果実が食されるドリアン

(Bombacaceae), カキノキ (Ebenaceae), クワ科 (*Moraceae Arctocarpus* sp.), ウルシ科 (*Anacardiaceae Mangifera* sp.) などの樹木があげられる.

しかし,これら内陸域における熱帯雨林はフィリピン諸島では 1960 年代から,またボルネオ島のサバ州においては 1970 年代より激化した伐採と開発により,急速にその生息面積を縮小した.特にミンダナオ島を含むフィリピン諸島では一次林(あるいは処女林)と認定できる熱帯雨林が 1970 年代までに完全に消滅している (Kummer 1992; FAO 1993). これに対し,マレーシア領ボルネオ島では 1986 年の段階でも,511,119 km^2 のフタバガキ林が確認されており,その残林率は約 68% という報告がある (MacKinnon and MacKinnon 1986; MacKinnon 1997).

スラウェシ島では,1966 年から 1974 年における直径 50 cm 以上のフタバガキ林占有面積が 4,033,000 m^3 だったのに対し,1990 年には 23,046,000 m^3 と約 6 倍に増加したとするデータもある (FAO 1993). 1970 年代以前におけるデータには不明確な点も多く,その信憑性も低い点は指摘できるが,それを差し引いてもその増加率はかなり高い.その要因として,これらがミンダナオ島と同様に植林による二次林の可能性を指摘できる[10].いずれにせよ,内陸生態圏を代表する熱帯雨林は伐採や開発を中心としたさまざまな人間活動によって,1950 年代以降,急速に減少する傾向はセレベス海全域において指摘できる.こうしたフタバガキ科を代表とする熱帯雨林の減少に対し,人間活動により逆にその占有面積を急速に拡大したのが,後述する栽培植物種である.

マングローブ林は,ヒルギ科をおもとするヤエヤマヒルギ (*Rhizophora mucronata*) やその亜種であるフタバナヒルギ (*Rhizophora. Apiculata*),コヒルギ (*Ceriops tagal*),アカバナヒルギモドキ (*Lumnitzera littorea*),ハマザクロ属のマヤプシギ (*Sonneratia* spp.),ヒルギダマシ科などによって構成される.このほかに沿岸域に分布する植物種としてヤシ科に属するニッパ (*Nypa fructitans*) や,ニボ

---

10) ただしインドネシアにおいてはボルネオ島の一部となるカリマンタンを含め多くの島で 1970 年代以前に比べ,1990 年におけるフタバガキ林の占有面積は大きく減少しており,唯一の例外としてスラウェシとイリヤンジャヤで激しく増加がみられている.これらを考慮すると,1970 年代以前におけるスラウェシのフタバガキ林占有面積のデータはかなり不正確である可能性が指摘される.

写真3 セレベス海域の沿岸域にみられる植物種
1 マングローブの森  　　2-3 サゴの木と幹からデンプンを取る作業
(2-3：門田修氏提供)

ン（*Oncosperma tigillarium*），サゴ（*Metroxylon* sp.）などがあげられる（写真3）．

ただしサゴはボルネオ島北東岸域にはあまり多くみられず，ボルネオ島ではむしろ西岸域や南岸域に多く自生する．同じくサゴは人間によって古くから栽培・管理されてきた栽培植物としての側面も持っており，現在におけるサゴの分布はむしろ過去における人間活動の結果をより反映している可能性も高い．マングローブ林も沿岸の潮間帯域であればどこにでも繁殖するわけではなく，その後背地から緩やかな流れをもつ河川の存在が重要となる．セレベス海域においてこれらマングローブ林が繁殖してきた地域としては，広大な低地が広がり，多くの緩やかな河川が海岸へと注ぎ込むボルネオ島沿岸域やミンダナオ島の南海岸が指摘できる．

栽培種の分布

現代のセレベス海域における栽培植物種は多種に及ぶが，食用目的で栽培されている植物種としては，ココヤシ（*Cocos nucifera*），バナナ（*Musa* sp.），サゴ（*Metroxylon* sp.），ヤム（*Dioscorea* sp.），タロ（*Colocasia esculenta, Cyrtosperma*），キャッサバ（*Manihot esculenta*），パンノキ（*Artocarpus altilis*），ビンロウ（*Areca catechu*），サトウキビ（*Saccharum officinarum*），カンラン（*Canarium* sp.），タコノキ（*Pandanus* sp.），サツマイモ（*Ipomoea batatas*），トウモロコシ（*Zea mays*），イネ（*Olyza sativa*）

のほか，多数の野菜・果樹類があげられる．果樹類として栽培されている植物種としては，マンゴ（*Mangifera* spp.），パパイヤ（*Caricapa paya*）が圧倒的に多く，ほかにライム，スターフルーツ，グアバなどがある．野菜類ではナス（*Solanum* sp.），トマト（*Lycopersicon* sp.），カボチャ（*Curcubita* sp.），トウガラシ（*Capcicum* sp.），ロングビーンズ（*Pisum* sp.），キャベツ（*Brassica* sp.），カンクン（*Ipomoea aquatica*），タマネギ（*Allium* sp.）などがおもに栽培されている．

　これらの植物種のうち，セレベス海域を含む東南アジアが原産地とされる植物種は，ココヤシ，バナナ，サゴ，タロ，パンノキ，カンラン，タコノキ，ビンロウ，マンゴなどである（写真4）．これに対し現代のセレベス海域においてもっとも重要な主食の一つであるイネは，陸稲と水稲が栽培されているが（写真5），その原産地はジャワを中心とする東南アジア島嶼部を起源とする亜種（ジャバニカ）や，中国やインドを起源とする亜種（インディカ/ジャポニカ）も存在するほか，アフリカにも異なる栽培種（*Olyza glaberrima*）が存在しており，いまだに原産地が特定されていない（渡部 1997）．

　現代のセレベス海域において稲作がおこなわれている地域は，ミンダナオ島西南部とスラウェシ島北部の一部であり，ボルネオ島東岸域では稲作はほとんどみられない．これに対してスールー諸島のホロ島やタラウド諸島のカラケラン島では，その一部で水田も存在するが（写真5：1），ベトナムやタイから安価なコメが輸入される現代においては，その利用は限られたものとなっている．かつては重要な主食の一つとされていたタロ，ヤム，バナナ，サゴ，パンノキといった栽培植物も，近年における安価な輸入米や小麦粉の到来により補完的に栽培されるに過ぎなくなっている．これら栽培植物のうち，サゴは手入れの手間などがほとんどないことから半栽培植物ともいわれるが，セレベス海域においてはボルネオ島東岸域やスールー諸島ではサゴの育成はあまりみられず，むしろサンギヘ諸島やスラウェシ島北部でさかんである．カンランも意図的な栽培というよりは自生している例が多く，これも半栽培植物に近い．

　それ以外の植物種は，外来から伝わった可能性が高い．現在はどこでも栽培されているキャッサバ（写真5：3-4），サツマイモ，トウモロコシ，パパイヤの原産地はアメリカ大陸であり，どんなに古くとも，これらの植物種がセレベス海域に紹介された時期が15世紀以前にさかのぼる可能性は低そうである．

1-2　タコノキ（パンダナス）の実（タコノキの実は非常食として食されるほか，その葉は細いひも状に切ってそろえられ，敷物やロープをはじめさまざまな製品の材料として利用されてきた）

3　ココヤシの実は食料や飲料としてもっとも重要な植物資源の一つであり，植物油の原料でもある．

4　また近代においてはコプラの原料として商品作物としても積極的に栽培されて，その葉はラッピング，繊維はロープ，花は宗教的な儀礼などにも利用されている．

5　タロイモは日本のサトイモと同じ仲間であり，東南アジアでは年中栽培が可能なため，コメの栽培や流通が本格化する以前は主食の代表でもあった．

6　バナナはニューギニアが原産の可能性が高いともいわれるが，セレベス海域においてもっとも普及している食物の一つである．

7-8　サゴは粉上に加工された後にケーキとして調理されるのが現在では一般的であり，その葉はかつては屋根や家の壁に利用されてきたが，現在ではサゴを利用した家は少ない．

写真4　東南アジアからニューギニアが原産とされるおもな栽培植物種

1 水田はタラウド諸島，スラウェシ北部における一部の沿岸域と内陸の湖水地帯に点在している．

2 陸稲の脱穀作業は季節になるとセレベス海域の各地でみられる．写真は陸サマの脱穀風景．

3-4 キャッサバは現在，もっとも広く栽培・利用されている根菜植物であり，サゴと同様に粉上に加工した上でさらに調理されることが多いが，そのまま茹でて食べることもできる．

写真5 現在のセレベス海域でみられるおもな栽培植物種
(1.2.4 筆者，3：門田修氏提供)

現在栽培されている野菜類の多くも，15世紀以降に外界より伝わった可能性が高い．これら東南アジアが原産ではない栽培種の多くは，キャッサバを除けばいずれも副食の一部として食される植物種であると同時に，コメと異なり長期の保存が難しい．このため，主食の多くが遠隔地より安価に輸入されるのに対し，果物や野菜類は遠隔地からの輸入量に制限がある．その結果として，これらの栽培種は地域内での需要が高く，現在でも換金植物としての価値があることから，むしろその栽培面積が増加する傾向にある．

1　ナツメグの木　　　　　　2　クローブの実を天日干しする風景

写真6　おもな換金植物種となるナツメグの木と日干し中のクローブ

換金作物となる植物種

　果樹類や野菜類と同じく，今日のセレベス海域で換金作物として積極的に栽培されている植物種には，ココア (*Theobroma cocoa*)，ゴム (*Haeva* sp.)，アブラヤシ (*Elaeis gunineensis*)，クローブ (*Syzygium aromaticum*)，ナツメグ (*Myristica fragrans*)，バニラ (*Vanilla planifolia*) などがある．これら換金作物は，基本的に栽培者自身によって食用とされる植物種ではなく，あくまでも商品として栽培される点に特徴がある．セレベス海域におけるこうした換金作物の栽培の歴史は，この海域がオランダ，スペイン，イギリスといった西欧諸国によって支配される16世紀以降，とくに19世紀以降[11]から本格化した (写真6:1-2)．

　また時代によって換金作物として栽培される植物種には変化があった．たとえば20世紀初頭のボルネオ島では，換金作物としておもにコーヒーやタバコが栽培されたが，1950年代以降はゴムやココアへの栽培へと一変した．さらに1980年代以降は，世界市場におけるゴム価格の低下に伴い，ゴムからアブ

11）　セレベス海域において16世紀から植民地支配を不完全にも実施したのは，スラウェシ北部やサンギヘ・タラウド諸島に進出したオランダのみである．これに対しスペインによるミンダナオやスールー諸島の植民地化は19世紀半，イギリスのボルネオ北部領有化も19世紀以降となる．

ラヤシ栽培へと激変しつつある[12]．またボルネオ島東岸域では，1970年代以降，内陸低地部の熱帯雨林の多くが伐採され，その跡地に急速な勢いでアブラヤシ農園が開発されつつある．一方，フィリピン領に位置するミンダナオ島南岸域では，20世紀初頭においては麻やタバコの栽培が主流であったが，現在では日本への輸出用となるバナナやサトウキビが換金作物としておもに栽培されている．

これに対し，インドネシア領に位置するサンギヘ・タラウド諸島や北スラウェシ域で20世紀初頭にさかんに栽培されたのは，コプラの生産を目的としたココヤシであった．ココヤシは，ボルネオ島東岸域においても20世紀中頃にかけてさかんに栽培されたが，その生産量は北スラウェシには及ばなかった（長津 2001）．しかし，このコプラも近年では価格が低下しており，サンギヘ・タラウド諸島ではココヤシに代わり，マルク諸島が原産といわれるクローブやナツメグの栽培や，バニラの栽培が主流となりつつある．

これらを総括すると，セレベス海域における換金作物となる植物種の栽培は，西欧諸国による植民地経済体制下の中で発展し，セレベス海域が1950年代以降においてフィリピン，マレーシア，インドネシアからなる国家によって分断されて以降は，それぞれの国家における経済体制と世界市場での価格変動と密接にかかわりながら継続されてきたといえる．

3 ❖ 動　物

植物種と異なり，動物種の生息・分布域は，より地域性を強く反映する傾向がある．とくにセレベス海域においてはこうした傾向が強い．

ボルネオ島とセレベス島を隔てるマカッサル海峡，ロンボク海峡の水深が深

---

[12]　たとえば，1993年のサバ州におけるゴムの栽培面積は92,184ヘクタールであるのに対し，1997年においては86,109ヘクタールへと減少している．ココアも1993年の175,259ヘクタールから1997年には94,331ヘクタールに半減した．これに対し，アブラヤシの栽培面積は1993年に499,711ヘクタールだったのに対し，1997年ではその2倍近い843,952ヘクタールへと急増している（Jabatan Perangkaan Malaysia 1999）．

く，氷河期にも陸橋が形成されなかったことから，これらの海峡を挟んで動物相が大きく異なっている．この地域の動物を研究した博物学者ウォーレスは，ダーウィンとは独立に進化論にたどり着いたといわれるが，これらの海峡には，彼の名前を記念した「ウォーレス線」が引かれており，動物分布の大きな境界線となっている（図 2-1 を参照のこと）．

ここではセレベス海域を形成する大きな島となるボルネオ島，ミンダナオ島，およびスラウェシ島における動物相の分布状況を軸に，人間による利用対象として重要度の高い哺乳類を中心に概観してみたい．

ボルネオの動物種

このうち島嶼面積がもっとも大きいボルネオ島の北部域に生息する動物相としては，221 種の哺乳類と 550 種の鳥類が確認されているが，爬虫類，両生類に関する正確な種数データはまだ得られていない．いっぽう 221 種が確認されているボルネオ島北部域の哺乳類のうち，92 種がコウモリ目（Chiroptera）に相当する．これに対し，ネズミ目（Rodentia）は 85 種，霊長目（Primates）が 10 種，偶蹄目（Artiodactyla）の仲間が 11 種，食肉目（Carnibora）は 25 種が確認されている．

これら哺乳類の中で，セレベス海域では現在のボルネオにのみ生息が確認されている種として，霊長目に属するオランウータン（*Pongo pygmaeus*）やギボン（*Hylobates muelleri*），偶蹄目に属するボルネオピグミーゾウ（*Elephas maximus borneensis*）[13]，スマトラサイ（*Dicerorhinus sumatrensis*），ジャワネズミジカ（*Tragulus javanicus*），ボルネオキョン（*Muntiacus atherodes*）がある．これらの哺乳類は近年における熱帯雨林の伐採や開発によって，その数がさらに激減している絶滅危惧種でもある．

スラウェシの動物種

これに対し，ルサ（*Cervus timorensis*），サンバーシカ（*Cervus unicolor*），バンテ

---

13) 近年における DNA 分析の結果，ボルネオに生息するゾウはこれまで人間によって後世に伝えられたアジアゾウではなく，歴史的にかなり古くまでさかのぼる可能性のある亜種であることが判明した（Fernando et al. 2003）．

ン (*Bos javanicus*), ネズミジカ (*Tragulus napu*), イノシシ (*Sus barbatus*) は, ボルネオ島の他にスラウェシ島にも生息する動物種となるが, 現在のミンダナオ島やスールー諸島, サンギヘ・タラウド諸島では生息が確認されていない. これら動物種の個体数も減少傾向にあるが, ブタやイノシシを食さないイスラム教徒が集中するボルネオ島沿岸域の一部では, 逆に野生イノシシの個体数が増加しつつある状況もみられる.

こうしたボルネオ島における動物相に対し, スラウェシ島に生息する哺乳類は127種, 鳥類は443種, 両生類は29種, 爬虫類は104種が確認されている. 驚くべき点は, これら動物相のうちスラウェシ島にのみ生息する動物種が実に多い点である. たとえば127種におよぶ哺乳類のうち, 実に全体の62％に相当する79種, 鳥類の27％に相当する102種, 両生類の76％に相当する19種, 爬虫類の32％に相当する29種がスラウェシ島に固有の動物種となる. このように固有種が多く生息する背景には, ウォーラシア海域の一部でもあった過去におけるスラウェシ島の特異な地理環境と形成史が大きく影響していることは明らかであろう.

したがって, スラウェシ島に生息する哺乳類の多くはスラウェシのみの固有種で, 人間活動とのかかわりから重要となる種には, 野生のイノシシ種となる *Sus celebensis* やシカの仲間となる *Cervus timorensis* がある. 前者はスラウェシ島のみならず, ハルマヘラ島, フローレス島, 西ティモール島, 小スンダ列島などに広く生息するが, 過去において人間によって運ばれた可能性が高い. 後者もジャワ, バリからマルク諸島を経てニューギニアまで生息するが, ボルネオやミンダナオには分布していない. また2種が存在する水牛の仲間であるアノア (*Bubalus depressiornis*) もスラウェシ島にのみ生息する動物種だ.

ミンダナオ, スールー諸島, サンギヘ・タラウド諸島の動物種

いっぽう, スールー諸島やミンダナオ島における動物の種数はそれほど多くない. フィリピン諸島全域で哺乳類は200種近くが確認されているが, ミンダナオ島周辺で確認されている哺乳類種は, 地域にもよるが全体で30種前後に過ぎない. このうちの多くがフルーツバットと呼ばれるコウモリの類で, ムササビの仲間となる Cynocephalidae は1種 (*Cynocephalus volans*) の生息が確認され

るのみである．同じくリス目は8種，霊長目もタルシウスの仲間が1種（*Tarsius syrichta*），オサガザルの仲間が1種（*Macaca fasciusularis*）の計2種が確認されているのみである．中・大型哺乳類としては，ヤマネコが1種（*Paradoxurus hermaphroditus*）とイノシシ（*Sus philippensis*）が1種のみ確認されている．このイノシシ種は，ミンダナオを含めたフィリピン諸島にのみ生息する固有種である．

　ミンダナオ島とスラウェシ島の間に位置するサンギヘ・タラウド諸島における動物種の数もきわめて少ないが，両諸島では動物種の分布にやや相違がみられる．たとえばサンギヘ諸島にはリス1種，タルシウス（*Tarsius spectrum*），オオネズミ（*Lenomys meyeri*）のほか，有袋類となるクスクスの仲間（*Strigocuscus celebensis*）が生息している．コウモリ目の多くはアジア起源種だが，このうち2種はマルク諸島を中心に生息するコウモリ（*Dobsonia crenulata, D. virdis*）となる．

　これに対してタラウド諸島では，有袋類が1種（*Ailurops ursinus*），ネズミ目，コウモリ目が生息するのみであり，リスもタルシウスも生息が確認されていない．ネズミ目ではメラネシアやオーストラリアに生息するメロミス（Melomys）属が多く，コウモリ種はフィリピン・アジア起源種が多い（Flannery 1995）．いずれにせよ，この諸島域には大型の野生哺乳類が生息していない．

家畜動物の種類

　セレベス海域における家畜動物の種類と量もそれほど多くない．おもな家畜種としては，ブタ（*Sus Scrofa*），ニワトリ（*Gallus gallus*），イヌ（*Canis* 属），ネコ（*Felis catus*），ヤギ（*Capra aegagrus*），ウシ（*Bos indicus*），スイギュウ（*Bubalus bubalis*）などがあげられる．ただし，ネコやイヌは家畜というよりも現在はペットとして飼育されており，厳密には家畜とは認識できない．

　セレベス海域において，新石器時代より家畜利用の可能性が指摘されてきたのはブタ，ニワトリ，イヌの3種のみである．しかしセレベス海域における新石器時代遺跡からは，これら3つの動物種が同じ遺跡からセットで発掘された事例はまだない．とくにニワトリやイヌと同定された遺存体の出土はきわめて少なく，現時点では言語学や周辺地域における考古学的状況といった間接的な資料から，これらがセレベス海域においても新石器時代期に利用されていた可

能性を想像するほかない[14].

　いっぽう，現在のセレベス海域における家畜動物の分布状況をみると，ムスリム人口が多いセレベス海域の北部域では，ブタやイヌの飼育がほとんどみられない代わりに，ニワトリやヤギ，ウシの飼育が目立つ．ニワトリは，食肉や卵の獲得する目的のほかに，闘鶏目的で飼育されるケースも少なくない．ヤギやウシの飼育も，ニワトリほどではないが一般的である．

　これに対し，キリスト教徒が多いスラウェシ北部やサンギヘ・タラウド諸島では，ブタ，イヌの飼育が目立ち，スラウェシ北部に居住するミナハサ系の住民はイヌ肉も好んで食する傾向がある．同じくスラウェシ北部ではヤギ，ウシ，スイギュウの飼育も，ブタやイヌほどではないが一般的だ．ニワトリの飼育も一般的で，これはセレベス海域全域で共通してみられる．その背景の一つに，ニワトリが宗教的な規制をまったく受けていない文化的な理由があげられる．

4 ❖ 海産資源

　セレベス海域に暮らす人びとにとって，もう一つの重要な食料資源となるのが海産資源だ．セレベス海域でもっとも頻繁に利用される海産資源には，魚類，貝類，ナマコなどの棘皮類，カニやエビなどの甲殻類，タコやイカなどの軟体類のほか，商品として栽培されるキリンサイ属などの海藻類がある．海洋性の哺乳類となるイルカやクジラ，ジュゴンの仲間もセレベス海域には生息しているが，現在ではこれらの海産哺乳類は一部をのぞきほとんど利用対象となっていない．海産の爬虫類となるウミガメ類の利用はより活発だが，かつてに比べると，かなり減少している．そこでここでは，人間による利用度の高い魚類，貝類，棘皮類，甲殻類の生息や利用状況について概略する．

---

14)　この問題については次章の3節において改めて論じる.

おもな魚貝類とその分布

　魚類は，大きく沿岸域に生息する魚種と外洋域を回遊する魚種とに大別できる．サンゴ礁が発達するセレベス海域に生息する魚種はかなり多く，総計で5000種以上の海産魚類が生息するといわれているが，具体的な種数は把握されていない．このうち，沿岸域を主な生息地とする硬骨魚類には，スズメダイ科 (Pomacentridae)，ブダイ科 (Scaridae)，ハタ科 (Serranidae)，ベラ科 (Labridae)，フエフキダイ科 (Lethrinidae)，フエダイ科 (Lutujanidae) などがあげられる．水深の浅い広大なサンゴ礁が広がるボルネオ東岸やスールー諸島では，活魚として商品価値の高いハタ科（写真7：1）やベラ科のナポレオンフィッシュ（写真7：2）といったサンゴ礁魚類の利用がさかんだ．

　いっぽう外洋域を回遊する硬骨魚類には，カツオやマグロ属を含むサバ科 (Scombridae) やカマス科 (Sphyraenidae)，アジ科 (Carangidae) などがあげられる．とくにサバ科のカツオ・マグロ属はスラウェシ北部で積極的に利用されており（写真7：3），日本と同じくカツオの一本釣り漁もおこなわれている．アジ科ではインドネシアの大衆魚でもあるムロアジ（写真7：4）などを対象とした漁業が，スラウェシ北部からタラウド諸島にかけてさかんだ．このほかに軟骨魚類となるエイ類 (Batoidea) やサメ類 (Selachil) も沿岸域から外洋域にかけてひろく生息している．このうちエイは食料資源として利用され，サメは鰭の部分は中国向けの特殊海産物（写真7：5-6），その他の部位は，スラウェシ北部やサンギヘ・タラウド諸島においては食料資源として利用されている．

　セレベス海域に生息する貝類も多種にわたる．魚類に比べ，種レベルでの生息範囲がより限定される貝類は，沿岸環境の違いをより反映するといわれており，水深の浅い海域ではシャコガイ科 (Tridacnidae)，スイショウガイ科 (Strombidae)，トウカムリガイ科 (Cassidae)，ミミガイ科 (Haliotidae)，アマオブネ科 (Neritidae)，イモガイ科 (Conidae) などの貝類が多くなる（写真8）．いっぽう，より水深の深い沿岸域ではリュウテン科 (Turbinidae) やニシキウズ科 (Trochidae) などの貝類が増える（第2章の写真15参照）．

特殊海産物となる海洋資源

　食用としてはそれほど重要でないが，商品価値が高い貝にはクロチョウガイ

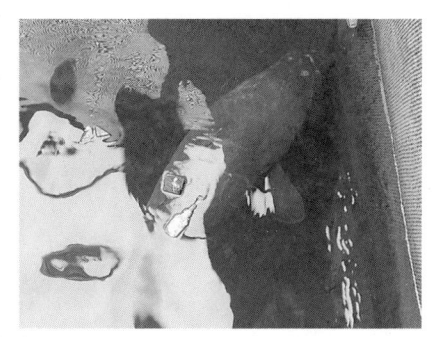

1-2　生簀で畜養されるハタとナポレオンフィッシュ

3　マナドの魚市場で競り中のカツオ 　　4　スラウェシでマラルギスと呼ばれるムロアジ

写真7　セレベス海域で頻繁に利用される沿岸魚種と外洋魚種

(*Pinctada margaritifera*) やシロチョウガイ (*Pinctada maxima*) があげられる (本章扉の写真4を参照). 同じく特殊海産物として利用されてきた貝類として, 食用としての利用度も高いリュウテン科のヤコウガイや, ニシキウズ科のサラサバティなどがある.

　ナマコ (Echinoidea) も特殊海産物としての利用度が高く (写真9：1-2), 種や成長段階によって, サンゴ礁の発達する浅瀬から水深のやや深い海域まで広く生息する. セレベス海域においてナマコを対象とした漁撈がもっとも活発な地域は, 水深の浅い海域が多いスールー諸島からボルネオ島沿岸にかけてだが, 他の地域でもナマコの利用は認められる. しかし, セレベス海域をふくむ東南アジア海域世界における現在のナマコ生産量は, 乱獲により低下しつつあるという報告も多い (e. g. 赤嶺1999, 2010).

1 スイショウガイ科(クモガイ)	2 トウカムリガイ科(トウカムリ)
3 ミミガイ科(ミミガイ)	4 イモガイ科(クロミナシ)

写真8 セレベス海域で頻繁に利用されるおもな沿岸貝種
(1:門田修氏提供, 2-4:鳥羽水族館提供)

　この他に人間に利用される棘皮動物にウニがある(本章扉の写真3を参照).食用としてのウニ利用は,セレベス海域ではスールー諸島からボルネオ島沿岸域で見られるが,現在のスラウェシ北岸やサンギヘ・タラウド諸島では利用の対象となっていない.甲殻類となるカニやエビの仲間では,沿岸域やマングローブ域に生息するノコギリガザミ(*Scylla serrata*),ヒメシオマネキ(*Uca vocans*),ブラックタイガー(*Penaeus monodon*)やイセエビの仲間(*Palinuridea sp.*)の利用度が高い.またコウイカやタコも商品価値が高く,好まれて食されている(写真9:3-4).とくに甲殻類の商品価値は高まる傾向があり,その漁獲量もここ数十年間で増加してきた.その反面,近年による乱獲により沿岸域における甲殻類の資源量が減少しつつあるとの報告も少なくない.またブラックタイガー種な

1：一晩に採集された加工前のナマコ
2：茹でた後に天日乾燥されたナマコ 
3：ノコギリガザミ（*Scylla serrata*） 
4：コウイカ 

写真9　商品価値の高い海産物

どを対象とした養殖が1970年代頃より増加している．

5 ❖ 海民のモザイク ── セレベス海域に暮らす人びと

　現在のセレベス海域に暮らす人びとは，人種的としてはモンゴロイドのグループに含まれ，その言語はいずれもオーストロネシア語族に属している．細かく分類すれば，セレベス海域だけでも100以上の言語集団に分類が可能だ．このうちボルネオ島北東岸域には約20の言語集団が存在し，スラウェシ島北部域で約30，またスールー諸島からミンダナオ南部および西部にかけても約50の言語集団が存在する．ただし，これらの言語集団は言語による違いから

のみ認識・分類されているのであり，実際の文化や歴史性，社会においては密接に結びついている場合も少なくない．そこで本書では，これらセレベス海域周辺に居住する言語集団をその生業文化を中心とするいくつかの類似性に基づき，改めてこれら海民と呼べる人びとを分類した上で紹介する．

スールー諸島からミンダナオに暮らす海民たち

　表 1-1 は，スールー諸島からミンダナオ島西部，および南部に分布する言語集団を整理したものである．これらの言語集団は，言語の類似性，生業文化にみられる特色，宗教の 3 つから大きく 9 つのグループに分類できる．

　これらは，スールー諸島の全域に居住している①サマ・バジャウ系集団，同じくスールー諸島のホロ島を中心として居住する②タオスグ系集団，スペイン語の影響を強く受けたクレオール語を話すミンダナオ北西岸域の③チャバカノ系集団，同じくミンダナオ島北西岸から内陸部にかけて居住する④スバノン系集団，ミンダナオ島西岸域から内陸部にかけて居住する⑤マラナオ・マギンダナオ系集団，ミンダナオ島中央部の山岳域に居住する⑥マノボ系集団，ミンダナオ島南西岸に居住する⑦ティライ・トゥボリ系集団や⑧ブラアン系集団，そしてミンダナオ島南西岸のバルト島やサランガニ島に居住するサンギル系集団となる．彼らの総人口数は約 370 万人を数える．

　これら 9 つのグループを明確に分けるのは，伝統的におこなわれてきた主要な生業活動だ．たとえば，①のサマ・バジャウ系集団の人びとは歴史的に漁業に従事してきた人びととして有名である（写真 10：1）．その理由の一つとして彼らの多くが，内陸面積が小さく，土壌の貧困度が高い隆起サンゴ礁島群を拠点とする点があげられる．唯一の例外として，バシラン島に居住しているヤカン集団は，言語学的にはサマ・バジャウ系集団に入るが，その生業形態は焼畑を中心とする陸稲などの農耕活動を基盤としている．いっぽうスールー諸島に居住するタオスグ系集団（写真 10：2）は，焼畑や水田稲作に従事する農耕民としての側面をもちつつも，歴史時代より海賊や海上交易の担い手としても名を馳せてきた人びとだ．彼らの言葉はフィリピン中央部のビサヤ系諸語により近く，13 世紀頃にビサヤ海域からスールー諸島へと移住してきた可能性が高い（Pallsen 1985）．

表1-1　スールー諸島からミンダナオ島に分布する言語集団

民族名	言語	人口（人）	主要な生業	宗教	統計年
中央サマ	サマ・バジャウ系	90,027	漁業・交易	イスラム教	2000
南サマ	サマ・バジャウ系	120,000	漁業・交易	イスラム教	2000
バランギンギ	サマ・バジャウ系	10,000	漁業・交易	イスラム教	2002
パングタラン　サマ	サマ・バジャウ系	35,171	漁業・交易	イスラム教	2000
ヤカン	サマ・バジャウ系	105,545	焼畑農耕	イスラム教	1990
タオスグ	ブトアン・タオスグ系	900,000	焼畑・稲作農耕	イスラム教	2000
チャバカノ	クレオール語	292,630	焼畑・稲作農耕	キリスト教・イスラム教	1990
コリブガン　スバノン	スバノン系	20,000	焼畑・稲作農耕	土着・イスラム教	1998
北スバノン	スバノン系	10,000	焼畑・稲作農耕	土着・キリスト教・イスラム教	1985
西スバノン	スバノン系	75,000	焼畑・稲作農耕	キリスト教	1997
中央スバノン	スバノン系	141,011	焼畑・稲作農耕	土着・キリスト教・イスラム教	2000
ラプヤン　スバノン	スバノン系	25,000	焼畑・稲作農耕	土着・キリスト教・イスラム教	1978
マラナオ	マラナオ・イラヌン系	776,169	水田稲作	イスラム教・キリスト教	1990
マギンダナオ	マラナオ・イラヌン系	1,000,000	水田稲作	イスラム教・キリスト教	1990
ビヌキッド	マノボ系	100,000	狩猟採集・焼畑	イスラム教・キリスト教	1987
アグスン　マノボ	マノボ系	60,000	狩猟採集・焼畑	土着・キリスト教	2002
シナミグイン　マノボ	マノボ系	60,000	狩猟採集・焼畑	土着・キリスト教	1973
デバババヲン　マノボ	マノボ系	10,000	狩猟採集・焼畑	土着・キリスト教	1978
アタ　マノボ	マノボ系	26,653	狩猟採集・焼畑	土着・キリスト教	2000
マティグサルグ　マノボ	マノボ系	30,000	狩猟採集・焼畑	土着・キリスト教	2002
西山岳マノボ	マノボ系	19,034	狩猟採集・焼畑	土着・キリスト教	2002
イリアネン　マノボ	マノボ系	14,609	狩猟採集・焼畑	土着・キリスト教・イスラム教	2000
オボ　マノボ	マノボ系	93,341	狩猟採集・焼畑	土着・キリスト教	2000
コタバト　マノボ	マノボ系	30,000	狩猟採集・焼畑	土着・キリスト教	2002
サランガニ　マノボ	マノボ系	35,000	狩猟採集・焼畑	土着・キリスト教	1987
ティルライ	ティルライ系	50,000	狩猟採集・焼畑	土着・キリスト教	2002
トゥボリ	トゥボリ系	95,323	狩猟採集・焼畑	土着・キリスト教	2000
コロナダル　ブラアン	ブラアン系	100,000	焼畑・稲作農耕	土着・キリスト教	1981
サランガニ　ブラアン	ブラアン系	90,754	焼畑・稲作農耕	土着・キリスト教	2000
サンギル	サンギル系	70,000	焼畑・稲作農耕	イスラム教・キリスト教	1990
合計		3,709,874			

Gordon 2005 より筆者作成

| 1 悪霊払いするサマのシャーマン | 2 海賊の取り締まりをするタオスグの男たち |

写真 10　スールー諸島からミンダナオに暮らす海民たち
(門田修氏提供)

　　ミンダナオ島西岸部から内陸部にかけては，大きく三つの異なる生業形態が確認できる．一つはミンダナオ島の北西岸から南西岸にかけて広くみられる焼畑・稲作農耕を中心とする生業形態であり，民族集団としてはチャバカノ集団，スバノン集団，ブラアン集団，サンギル集団がこの生業グループに入る．このうち，ミンダナオ南部のサランガニ島などに居住するサンギル集団は，現在はインドネシア領に位置するサンギヘ諸島より過去において移住してきた人びとであり，表1-2にもあるようにインドネシア側にも分布がみられる．
　　二つ目にあげられる生業形態は，マラナオ集団やマギンダナオ集団によって湖水地帯で集約的におこなわれる水田稲作農耕である．集約化が可能な水田農耕では，技術や科学の進展によって人口増加が起こりやすい．表を参照してもわかるように，マラナオ集団やマギンダナオ集団の人口も他集団と比べて非常に多い点に特徴がある．また，マギンダナオ集団はスールー王国が成立した16世紀頃に，同じくイスラム色の強いマギンダナオ王国を形成した人びとでもあり，歴史的にミンダナオ西岸域に大きな影響力をもっている．
　　三つ目にあげられる生業形態が，内陸の山岳地帯を中心に分布する狩猟採集と焼畑農耕である．民族集団としては，細かく多くの言語集団に分類されるマノボ集団や，沿岸域に分布しているティボリ・ティルライ集団があげられる．彼らは，かつては狩猟採集民として知られていたが，現在では焼畑農耕への依存度がより高い．

表 1-2 ボルネオ島北東岸域の民族集団

民族名	言語	人口（人）	主要な生業	宗教	統計年
カダサン・ラブック	ドゥスン系	20,583	焼畑・採集	土着・キリスト教	2000
カラバカン・ムルット	ムルット系	2,229	焼畑・採集	土着・キリスト教	2000
キナバタンガン	ドゥスン系	7,856	焼畑・採集	土着・キリスト教	2000
ミノコック	ドゥスン系	2,000	焼畑・採集	土着・キリスト教	2000
ティドン	ティドン系	9,800	焼畑・稲作農耕	イスラム教・土着	1982
イラヌン	マラナオ系	12,000	焼畑・漁業	イスラム教	2003
イダアン	イダアン系	6,000	焼畑・採集	土着・キリスト教	1987
ココス島民	ココス	5,443	換金作物栽培	イスラム教	2000
タオスグ	タオスグ系	11,000	焼畑・交易	イスラム教	1977
バラギンギ	サマ・バジャウ系	30,000	漁業・焼畑	イスラム教	1977
バジャウ	サマ・バジャウ系	103,000	漁業・焼畑	イスラム教	1991
ヤカン	サマ・バジャウ系	10,787	漁業・焼畑	イスラム教	2000
合計		220,698			

Gordon 2005 より筆者作成

北ボルネオに暮らす海民たち

　つぎに表 1-2 は，ボルネオ島の北東部域に分布する主な言語集団をまとめたものである．近年においてはサマ・バジャウ集団の人口が増加しつつある（写真 11：1-2）．これらサマ・バジャウ集団やタオスグ集団，イラヌン集団は，いずれも沿岸部から離島部に集中している．その伝統的な生業形態は，サマ・バジャウ集団の場合，漁業とココヤシなどの換金作物やキャッサバの栽培を目的とした焼畑・菜園農耕であった．これに対し，タオスグ集団やイラヌン集団は漁業も頻繁におこなうが，内陸地での農業や海上交易にも積極的に従事してきた．彼らはスールー王国時代における移動や拡散の歴史を背景に，ボルネオ島沿岸域に進出したイスラム系集団でもある．

　いっぽう，ボルネオ島内陸部には，キナバタンガン河周辺にドゥスン系集団が多く居住している（写真 11：3-4）．彼らの生業形態は，焼畑農耕と森林産物の採集であり，狩猟もおこなう．ドゥスン系集団は現在，ボルネオ島の西岸や中央部などにかけて広く居住しているが，彼らの本格的な移動と拡散は歴史的には比較的新しいという説もある．ボルネオ北東岸の内陸部には，カリマンタン域に出自をもつティドン集団や出自が不明のイダアン集団が暮らしている．

1　サンゴ礁の上に建てられた杭上家屋に暮らす海サマの夫婦(海藻アガルアガルと)

2　島の沿岸域に建てられた杭上家屋に暮らす陸サマの人びと

3　ボルネオに暮らすイバンの女性

4　儀礼をおこなうイバンの男性

写真11　ボルネオ東岸からスールー諸島にかけて暮らす人びと
(3-4：門田修氏提供)

ティドン集団は伝統的に焼畑や漁業を営み，イダアン集団は燕の巣などの森林産物の採集者として知られてきた．

　中国系の華僑集団も，植民地時代期に入植した集団として，サンダカンやタワウを中心に多数居住している．こうした華僑集団は，ボルネオのほかにミンダナオ西部やスラウェシ島北部にも分布しているが，全人口に対する比率が高いのはボルネオ北東岸である．たとえば，表1-2に整理されたオーストロネシア語族集団の総人口が約20万人であるのに対し，華僑集団の人口は約9万人に達しており (Department of Statistics Malaysia 1999)，実に全体の30％以上が

表1-3 スラウェシ島北部域の海民たち

民族名	言語	人口（人）	主要な生業	宗教	統計年
タラウド	サンギル系	60,000	焼畑・菜園・漁業	キリスト教	1981
サンギル	サンギル系	200,000	焼畑・菜園・交易	キリスト教・イスラム教	1985
ラタハン	サンギル系	30,000	水田・焼畑	キリスト教	1989
マナドマレー	マレー系	850,000	水田・焼畑・交易	キリスト教・イスラム教	2001
トンセア	ミナハサ系	90,000	水田・換金作物	キリスト教	1989
トンブル	ミナハサ系	60,000	水田・換金作物	キリスト教	1981
トンテンボアン	ミナハサ系	150,000	水田・換金作物	キリスト教	1990
トンサワン	ミナハサ系	20,000	水田・換金作物	キリスト教	1981
トンダノ	ミナハサ系	80,000	水田・換金作物	キリスト教	1999
モンゴンドウ	モンゴンドウ系	900,000	水田・換金作物	キリスト教・イスラム教	1989
スワワ	ゴロンタロ系	10,000	水田・換金作物	イスラム教	1981
ポノサカン	ゴロンタロ系	3,000	水田・換金作物	イスラム教	1981
ロラック	ゴロンタロ系	5,000	水田・換金作物	イスラム教	1983
ビンタウナ	ゴロンタロ系	6,000	水田・換金作物	イスラム教	1981
カイディパン	ゴロンタロ系	22,000	水田・換金作物	イスラム教	1981
ボランゴ	ゴロンタロ系	20,000	水田・換金作物	イスラム教	1981
ゴロンタロ	ゴロンタロ系	900,000	水田・換金作物	キリスト教・イスラム教	1989
ブオル	ゴロンタロ系	75,000	水田・換金作物	イスラム教	1989
トトリ	トミニ・トリトリ系	25,000	水田・換金作物	イスラム教	2001
ドンド	トミニ・トリトリ系	13,000	水田・換金作物	イスラム教	2001
ダンペラス	トミニ・トリトリ系	10,300	水田・換金作物	イスラム教	2001
ペンダウ	トミニ・トリトリ系	3,200	水田・換金作物	キリスト教・イスラム教	2001
ラウジャ	トミニ・トリトリ系	44,000	水田・換金作物	キリスト教・イスラム教・土着	2001
トミニ	トミニ・トリトリ系	30,000	水田・換金作物	イスラム教	2001
ボアノ	トミニ・トリトリ系	2,700	水田・換金作物	イスラム教	2001
合計		3,609,200			

Gordon 2005 より筆者作成

華僑集団によって占められていることになる．

北スラウェシからサンギへ・タラウド諸島に暮らす海民たち

　表1-3は，スラウェシ島北部域に分布する言語・民族集団についてまとめ

1 大サンギヘ島の土器村で土器を作るサンギル人の女性たち

2 ロンデと呼ばれるアウトリガーで釣り漁にむかうタラウドの男性

3 ゴロンタロ州の漁村に暮らす人びと

4 マナドの魚市場でカツオの競りに集まる人びと

写真12 サンギヘ・タラウド諸島からスラウェシ北部の人びと

たものである．これらの集団は大きくは6つに分類が可能である．これらは，スラウェシ島とミンダナオ島の中間に位置するサンギヘ・タラウド諸島に居住するサンギヘ系集団（写真12：1-2），ミナハサ半島に分布するミナハサ集団，その西隣に分布するモンゴンドウ集団，そして現在のゴロンタロ州に分布するゴロンタロ集団とスラウェシ島北西部沿岸域に分布するトミニ・トリトリ集団である．この他にミナハサ半島のマナド周辺には，新しく形成されたマレー系マナド人と称される都市住人が存在する（写真12：3-4）．

　これら比較的新しい都市系集団を除けば，スラウェシ北部域で伝統的におこなわれてきた生業形態は，各集団間でそれほど大きな相違はみられず，換金作物となるクローブやココヤシや主食となるサゴヤシやタロイモ，陸稲などをお

1　北スラウェシの沿岸に部分的に広がる水田とその後背地として目立つココヤシ林．山の中腹から山頂にまでココヤシが植えられていることも少なくない．

2　タラウド諸島で新たに開拓された水田

3　マナドの港風景

4　ゴロンタロ州の漁村風景

写真 13　サンギヘ・タラウド諸島からスラウェシ北部の風景

もに焼畑農耕によって栽培してきた．水田稲作も適した土地があれば営まれたが，山がちなスラウェシ北部には広大な穀倉地帯は存在しない．唯一の例外はミナハサ半島のラナオ湖周辺の湿地帯とモンゴウドウからゴロンタロにおける一部の沿岸域で（写真 13：1-2），ここでは古くから稲作がおこなわれてきたといわれている．深い海で囲まれた北スラウェシの沿岸域では漁村も多く，カツオやアジなどの回遊魚を対象とした漁業が営まれてきた．漁業人口の割合は，とくにサンギヘ・タラウド諸島民において高い．さらにサンギル人は，マルク諸島の香辛料をスールー王国に運ぶ交易活動にも従事してきた歴史をもち（早瀬 2002），現在でも国境を越えた密貿易に従事する人びとがいる．

スラウェシ北部域におけるもう一つの特徴に，キリスト教普及率の高さがある．その背景としてイスラム教がこの地域まではあまり伝わらなかったことや，オランダによる植民地統治を16世紀より受けたことが指摘できる．これに対し，ボルネオ島沿岸域やスールー諸島，ミンダナオ沿岸域では，12世紀頃よりイスラムが普及していった．これはボルネオやミンダナオ島といったセレベス海域の北方域が，比較的早い時期に中国やイスラム圏との国際交易ルートに組み込まれたためと考えられる．

セレベス海民と4つの生業文化

　最後に本書ではこれらセレベス海域に分布する人びとをまとめて海民とよぶが，これらの人びとをおもにその生業文化に基づいて改めて分類するなら，大きく4つのグループに分けることができよう．これらは，
　①漁業・交易を中心とする生業グループ：沿岸域・島嶼域にみられる．
　②焼畑・稲作・換金作物栽培を中心とする生業グループ：その後背地にみられ，ミンダナオ島のマギンダナオ集団などに分布する．
　③水田稲作栽培を中心とする生業グループ：より内陸から山地にみられる．
　④森林産物の採集・狩猟・焼畑を中心とする生業グループ：ボルネオやミンダナオ，スラウェシ島といった大きな島々の内陸にみられる．
　セレベス海域では，これらの生業グループが資源の交換を通して互いに密接につながりつつ，移動や交流を繰り返してきた．私がセンポルナで目撃したのは，実は現在までも続いている，その活発な交流や移動の姿だったのである．
　セレベス海域に暮らすこれらさまざまな人びとをもって海民と呼べる背景もここにある．すなわち，セレベス海域においては実際には内陸や山地に暮らす人びとも，積極的な移動や人的交流を通して隣接する沿岸域と密接につながっており，さらに沿岸部に暮らす人びとはセレベス海を越えた移動や人的交流を通してつながっている．もちろん，このような人間のネットワークはセレベス海域に限らず，おそらく世界中で無数に存在する，あるいはしてきた姿なのかもしれない．しかし，セレベス海域において特徴的なのは，こうした人びとのネットワークの中心にセレベス海が存在してきた可能性があることである．
　ただしこの可能性を追究するには，単に網羅的に現代における海民の暮らし

や生業文化を眺めるだけでなく，セレベス海域に暮らしてきた人びとの過去についても考えていく必要があろう．そこで次章においては，先史時代にまでさかのぼり，過去のセレベス海域における人びとの植民や生業史，そして海民の形成過程の大まかな流れについて確認する．

コラム2　サゴ焼き器にみる海民のネットワーク

左：サゴ焼き器（表と裏）　　右：乾燥中のサゴ焼き器，この後に焼成して完成

　本章でも紹介したサゴ利用で，サゴケーキを焼く道具がサゴ焼き器だ（写真左）．土器でもあり，現在では数少ない土器作り村でしか生産されていない（写真右）．私の知る限りでは，セレベス海域内ではサンギヘ諸島に1か所，スラウェシ島のミナハサ半島に数か所の土器作り村があるのみである．ところがこのサゴ焼き器，セレベス海域からそのお隣のマルク諸島にかけて，サゴ利用のみられる村々で頻繁に目にする．
　一体どこから仕入れているのか．村人に聞いたところ，サゴ焼き器を含む土器類を売りに来る人びとがいるという．実はこの人びと，数少ない土器作り村の男たちで土器を売るために村々を訪ねていた．その販売範囲は広く，マルク諸島からイリアンジャヤ（ニューギニア島）まで及ぶこともあるという．海を越えての販売にはもちろん船が使われ，土器を満載させて男たちは出航する．いっぽうサゴ焼き器を含めて土器を作っているのは女たちであることが多い．土器類は市場などでも販売されることがあるが，その場合の売り子も女たちであることが多い．海を越えての販売のみが男たちによる仕事なのである．
　同じような状況はスラウェシ島南部のマカッサルや，お隣のマルク諸島でも確認できる．マルク諸島にはマレ島という有名な土器作り村があるが，この村で調査した後藤明氏によれば，やはり女たちが土器を作り，男たちがそれらを船に積載し，マルク諸島の各地からイリアンジャヤ方面まで売りに行く（後藤1997）．こうして土器は海域内の各地へと流通していく．サゴ焼き器が置かれた台所の隅にも，海民たちの逞しい暮らしぶりと海を越えたネットワークの姿を認めることができるのである．

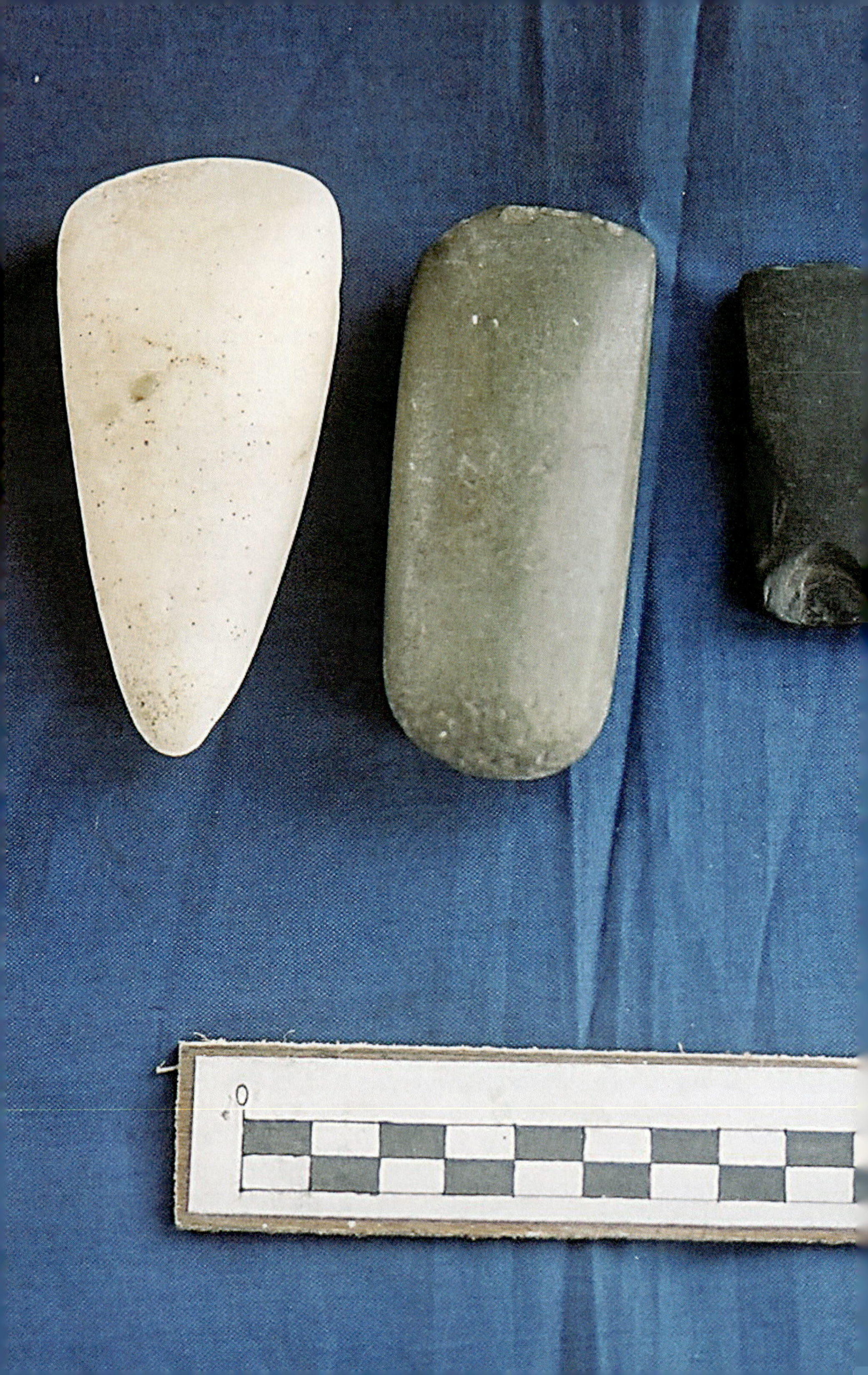
0

第2章 セレベス海域の生業文化と人類史

タラウド諸島で表採された石器や貝斧
（筆者撮影）

本章では，セレベス海域の人類史を約5万年前にさかのぼる更新世後期の時代から，約1万年前頃よりはじまる完新世期における気候や生態系の変化とのかかわりや，人びとの海洋適応という視点からまとめる．とくに本書で重要となる新石器時代の人類史上での特徴や生業変化について明らかにするほか，その後の時代の大まかな流れを概観したい．

1-2　ティモール島のジェリマライ遺跡より出土したサバ科の椎骨（約4万年前）とレネハラ遺跡出土の貝製単式釣り針（約1万年前）

3-4　メラネシアのラピタ遺跡群より出土した新石器時代の貝製単式釣り針と精巧な文様の入ったラピタ式土器（約3000年前）

5-6　ラピタ遺跡群より出土した新石器時代の石斧とシャコガイ製斧（約3000年前）

（1, 3-6：筆者撮影，2：オユナー氏提供）

はじめに

　前章では現代のセレベス海域における自然と人について，おもに海域の各地における人びとの基本的な生業文化に基づきながら紹介したが，本章では先史時代にまでさかのぼる過去のセレベス海域における人びとの登場から近代までの大まかな歴史を，その時間軸の中で人びとの生業文化の画期ごとに整理したい．これらの画期は，セレベス海域における人類の痕跡として現在のところもっとも古く，かつ気温が今よりも低い氷期に相当する (1) 更新世後期の時代，その後に続く気温が温暖化していく (2) 完新世前期の時代，(3) 完新世後期にはじまる新石器時代と，それ以降の (4) 金属器時代，そして (5) 中国を中心とする国際的な交易圏に参入し，やがてヨーロッパ人を中心とする新たな人間集団の移住と交流がはじまる交易・植民地時代の5つである．

　このようにセレベス海域へと移住し，暮らしてきた人びとの生業史を人類史的に整理する作業は，やや長期的な視野から海域研究を試みる本書にとって不可欠であり，また地域研究をおこなう上でもその程度の深さ（e.g. 検討する時間幅や記述の内容）は別にしても，研究の前提として求められるものでもあろう．とくにここでは，本書の対象となる新石器時代以降の人びとの暮らしや生業文化が，それ以前や以後と比べてどのような特色があるのか，その輪郭をより明らかにする狙いがある．

1 ❖ セレベス海域と人類の登場
—— 更新世後期の生業文化

　セレベス海域を含む東南アジアの海域世界において，現時点でもっとも古い人類の痕跡が残るのが更新世期である．この更新世期は，約12万年間のスパンで気温が低化する氷期と上昇する間氷期が繰り返された時代でもある．地質学的には，そのはじまりは今から約180万～170万年前とされ，現在からみて最後の氷期（以下：最終氷期）が終焉するのが約1万2000年前頃と推測されており，ここまでが更新世期とされている．したがって一口に更新世期といって

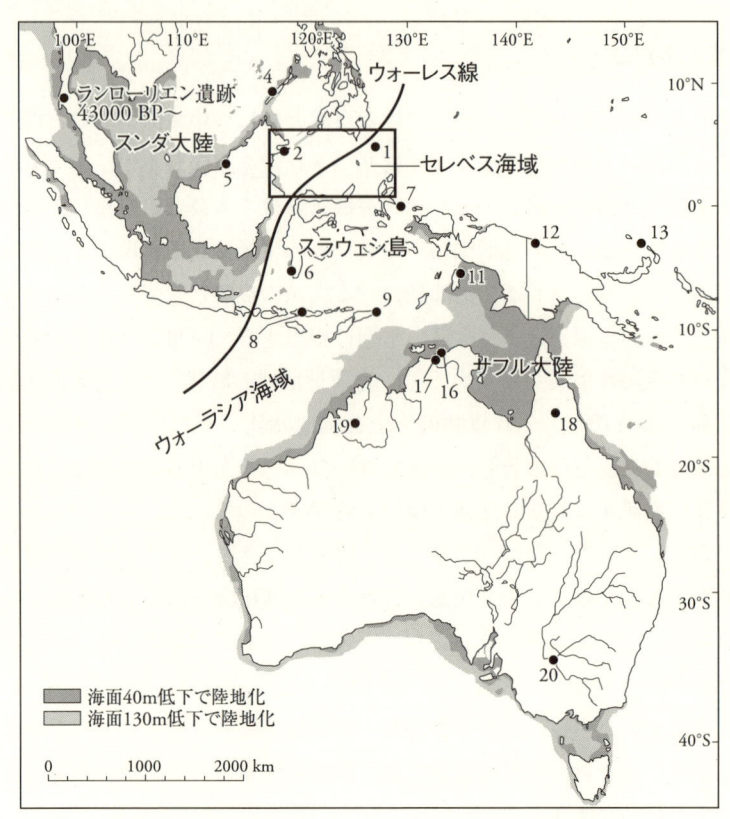

図 2-1　更新世後期のセレベス海域と周辺域の遺跡群
番号は表 2-1 に対応している．年代は C14 年代頃（Ono et al. 2010 より改変）

もその時間幅は非常に長いが，セレベス海域における人類の出現が認められるのは，その後期にあたる約 4 万年前頃である．その指標遺跡となるのが，タラウド諸島のサリバブ島東岸に位置するリアン・サル遺跡（約 35000〜8000 年前）とボルネオ島東岸から 15 km ほど内陸に位置するティンカユ遺跡（約 28000〜18000 年前）の 2 遺跡だ（表 2-1 / 図 2-1）．

　ところで更新世代の氷期には，気温の低下とともに高緯度地域で氷河や氷床が発達し，地球上の海水面が 20 m から最高期においては 150 m 近くまで下がり，陸地面積が増加する現象が起こった．その結果，水深が 100 m 前後しかない南シナ海の海底に広がる大陸棚は氷期には完全に陸地化し，現在のボルネオ

島やスマトラ島，ジャワ島などの島々とつながりスンダ大陸が形成されたことは序章でも述べたとおりである．

　セレベス海域で現在のところもっとも古い人類の痕跡が残っている4～3万年前も，時期的には気温の低い氷期に相当し，その周辺域にはスンダ大陸やサフル大陸が形成されていたわけである．これに対し気温が上昇する間氷期には再び海面が上昇し，結果としてスンダやサフル大陸は消滅し，現在あるような多島海域が出現した．

　人類の進化や拡散も，こうした地球レベルでの気候や気温変動，そして海面変動と直接・間接的に連動してきたことは間違いない．たとえば人類史的には，原人（*Homo erectus*）の登場が更新世の開始時期と，新人（*Homo sapiens*）の世界中への移動や拡散は最終氷期の開始時期とほぼ連動している可能性が高い．現在では原人も新人もアフリカで誕生し，やがて世界中（ただし原人はユーラシア大陸内のみ）へと拡散したとする単一起源説が有力であるが（e.g. 海部 2005），東南アジア海域世界ではジャワ島で原人の存在が確認されている．これがいわゆるジャワ原人であり，その出現期に関しては諸説があるが，全体としては180万年前から100万年前の間で推測されている（e.g. Gibbons 1996; Pope 1984; Bartstra 1983; Watanabe and Kadar 1985; Matsuura 1982）．

　したがって人類史的な視点から眺めた場合，東南アジアの海域世界は原人がその初期から前期に相当する段階において拡散と居住を成功させた可能性のある地域の一つであり，現時点ではアフリカについで古い人類の痕跡を残す地域でもある．ただし原人レベルの人類が現在のジャワへと拡散した時期は，ジャワがマレー半島やユーラシア大陸と陸橋でつながっていた氷期であったとの推測が現時点では主流である．その場合，ジャワ島は広大なスンダ大陸の一部であり，現在の東南アジア海域世界とはかなり異なる生態環境が広がっていたと考えられる．

　これに対し，セレベス海域はその大部分が更新世代においてもその周辺に広がるスンダ大陸やフィリピン諸島とつながることがなく，ほぼ現在と同じような地理的環境を保っていた．そのためか，セレベス海域ではまだ原人の痕跡が発見されておらず，セレベス海域の一部を形成し，氷期にスンダ大陸の一部となったボルネオ島においても原人の痕跡は確認されていない．同じような状況

はジャワ以外の東南アジア海域世界でも認められ，原人レベルの人類が拡散・居住していた痕跡を残す地域は，ジャワ以外には現時点でスラウェシ島南部とフローレス島のみしかない[15]．

　むしろセレベス海域を含む東南アジアの海域世界全体で，人類の痕跡が明確に出現してくるのは，最終氷河期の半ば頃に相当する5万年以降の更新世後期に入ってからとなる（図2-1）．したがって約3万5000年前のセレベス海域に足跡を残した人類は原人ではなく，われわれと同種となる新人であった可能性が高い．また東南アジアの海域世界で，新人によって残されたと推測される遺跡群の多くが5万年以降の年代値を示している考古学的状況は，20万年前頃にアフリカで誕生したと推測される新人による移動と拡散が，何らかの理由でこの頃より活発化した可能性を示唆している．最終氷期の半ばに相当するこの時代，現在のジャワ島やボルネオ島はスンダ大陸としてユーラシア大陸と陸続きであり，新人もこの頃に陸路によって新たにスンダ大陸へと移住してきたと考えられている．

　ところが5万年前頃にまでさかのぼる新人による拡散と居住の痕跡は，スンダ大陸とは海によって隔てられていたフローレス島やティモール島，さらには現在のニューギニアとオーストラリアからなるサフル大陸でも確認されている（e.g. Bailey 2004; Barker et al. 2001; Bowdler 1990; Mulvaney and Kamminga 1999; Morwood et al. 2004; Robert et al. 1990, 1994）．とくにサフル大陸へ到達するには，最短でも約80-100 km幅の海峡を渡る必要があることから，当時の人類はすでに80-100 km以上の海上移動を可能とする技術と知識を持っていた可能性

---

15) このうちスラウェシ島では，南部のチェベンジで50万年頃と推測される地層に多数の打製石器が混入している状況が確認されているのみで，原人レベルの人骨が発掘・発見された事例はまだない．これに対し，フローレス島では84万年前前後の年代値が得られた層から，ジャワ原人と同種と推定される人骨の一部が出土している（Morwood et al. 1997）．興味深いのは，スラウェシ島もフローレス島も氷期においてスンダ大陸とは陸続きとはならなかった地域であり，スラウェシ島の場合はスンダ大陸の東岸との間に約30 km，フローレス島の場合は同じくスンダ大陸とはつながっていなかったバリ島やスンダ列島を挟んで実に100 km，直近の島からも約30 kmが離れていることである．このことはすなわち，人類がすでに原人の段階で，30 km前後の距離であれば海を渡る技術と知識を所有していた可能性を示唆していることになる．

写真14　リアン・サル遺跡とその発掘

が高い．実はこうした更新世後期の新人による海洋適応と発達した航海技術の存在を伝える遺跡として注目されるのが，セレベス海域で現在のところもっとも古い年代値をもつタラウド諸島のリアン・サル遺跡である（写真14）．

　この遺跡はタラウド諸島のサリバブ島東岸からわずか400 mほど内陸に位置しており，遺跡の利用がはじまった3万5000年前頃においても当時の海岸線から2 kmほどしか離れておらず，海岸近くに立地していた (Tanujirdo 2001; Ono and Soegondho 2004; Ono et al. 2010; Soegondho 2004)．こうした立地環境を反映してか，遺跡からは大量のチャート製剥片石器と一緒に大量の貝類が出土した．この遺跡は1995年にインドネシア考古学者のダウド・タヌディルジョによって2 m^{2}が試掘調査され (Tanudirjo 2001, 2005)，その後2004年に私とマナド考古局のインドネシア人考古学者らによる共同調査でさらに6 m^{2}を発掘した（小野 2007b，2007d，Ono 2004; Ono and Soegondho 2004; Ono et al. 2010; Soegondho 2004)．これら2回の発掘調査で出土した剥片石器数は合計で14525点，貝類遺存体数は7552点におよぶ．

　われわれの発掘調査では，リアン・サル遺跡は人類による利用がはじまった3万5000年前から，完新世前期にあたる7000年前頃まで断続的に利用されてきたことが確認された[16]．ここでまず注目されるのは，最終氷期にあたる更新世後期においても他の島々と陸続きになることがなかったタラウド諸島で，

16)　その詳細と得られたすべての炭素年代値については別稿 (Ono et al. 2010) を参照のこと．

3万年以上も前にさかのぼる人類の痕跡が認められたことであろう．というのも，タラウド諸島は現在より海面が100m以上低かったとされる最終氷期においても，近隣のミンダナオ島やサンギへ諸島から直線距離にして約100kmは離れていた．そんなタラウド諸島から3万年以上前にさかのぼる遺跡が発見されたことは，すでにこの時代，セレベス海域を含む東南アジアの海域世界に進出していた新人集団が，100km近くを渡海する能力と技術を持っていたことを示唆している．

つぎに注目されるのは，遺跡が完新世期となる7000年前頃まで利用されていたものの，その利用が断続的だという点である．すなわちリアン・サル遺跡における利用の痕跡は数千年間のブランクが何度かあり，その間に遺跡を利用した人びとがどこかへ移動したのか，あるいは死滅してしまったのか，まだ謎が残されている．実際，タラウド諸島ではリアン・サル遺跡以外にまだ更新世後期までさかのぼる遺跡が見つかっていない．いずれにせよ，ここで指摘できるのはタラウド諸島へ到達した更新世後期の人びとが，継続して一か所に留まる生活戦略や技術を持ち合わせていなかった可能性が高いことだ．

考古学的な物質文化に基づく場合，更新世後期における人類の生業文化は狩猟採集を基本とし，剥片石器や骨器等を道具として動物や魚類を捕獲するか，植物や貝類を採集して必要な食料源を獲得していたと考えられている．ところが離島であり，かつ島嶼面積の限られているタラウド諸島には大型・中型哺乳類が生息していなかった可能性が高く，現在でも野生の哺乳類としてはコウモリの仲間（*Pteropus* spp.）と2種類のクスクス（*Ailurops ursinus*, *Strigocuscus celebensis*）が確認されている程度である（Riley 2002）．

したがってタラウド諸島では，人間が生きていく上で必要なタンパク源を提供してくれる陸産動物はきわめて限られ，これを補う上で貝類や魚類といった海産資源の重要性が高かったことは容易に想像できる．また人間は海産物だけで生き延びることは難しいため，やはり有用植物を含むある陸産資源もある程度は確保する必要がある．これに対し，リアン・サル遺跡が断続的にしか利用されなかった痕跡は，狩猟採集経済を基本としていたであろう更新世後期の人びとにとって，そうした多様な資源をタラウド諸島では持続的に獲得することが難しかったことを端的に示唆しているとも解釈できよう．

いっぽう，遺跡より大量に出土した貝類遺存体は，タヌディルジョによる調査では40種（Tanudirjo 2001, 2005），私たちによる調査においては53種（小野 2007d，2007b；Ono et al. 2010）が確認され，その多くが海産貝類で占められていた．その中でも出土数，出土重量において卓越していたのはサザエの仲間であるリュウテン科の貝類（*Turbo marmoratus* ヤコウガイ，*Turbo sparverius*, *Turbo stosus* マルダカサザエ）であり，ついでアマオブネ科の貝類（*Nerita lineate* イトマキアマガイ，*Nerita undata* アラスジアマガイ，*Thiostyra albicilla* アマオブネ）やニシキウズ科の貝類（*Trochus maculates* ニシキウズ，*Trochus niloticus* サラサバティ，*Trochus erythraeus*），ヒザラガイ科などが続く（写真15）．これらの貝類遺存体のほかに，遺跡からはパイプウニやカニの遺存体も出土しており，人びとがさまざまな海産資源を利用していたことが確認されたが，魚骨や動物骨は1点も出土しなかった．

すでに紹介したようにリアン・サル遺跡は，更新世後期から完新世前期にかけて断続的に利用された遺跡であるが，私とインドネシア人考古学者らによる貝類遺存体の分析結果は，その出土量や貝種が時期によって大きく変化していることを明らかにした．たとえば最終氷期においても比較的温暖であった約3万5000年前から2万8000年前頃にかけては，潮間帯や岩礁域に生息するアマオブネ科やリュウテン科のほか，ツタノハガイ科やヒザラガイ科の出土量が多く，より水深の深い沿岸外縁域などに生息するニシキウズ科の出土量は少ない．また陸生種となるオカミミガイ科のマダラシイノミガイの出土も目立ち，全体として沿岸の潮間帯での利用が集中している．

これに対し，最終氷期においてもっとも寒冷化が促進した約1万8000年前から，最終氷期が終焉しふたたび気温が温暖化していく7000年前頃にかけては，陸生種や沿岸域に生息するツタノハガイ科の貝種が減少するいっぽう，より多種に渡る貝種が出土し，その出土量も増加する．とくに寒冷化が強まった1万8000前頃には水深のやや深い沿岸の外縁域に生息するニシキウズ科のニシキウズやイトマキガイ科のナガサキニシキナなどの貝種の出土量が急増する結果がえられた．ところがこれらの貝種は，気温が温暖化する完新世前期にはその出土量がふたたび減少している．

こうした出土貝種の出土状況にみられる時間的な変化を，過去における気

1　リュウテン科の貝類，ヤコウガイとチョウセンサザエ

2　アマオブネ科の貝類，イトマキアマガイとアラスジアマガイ

3　ニシキウズ科の貝類，ニシキウズとサラサバティ

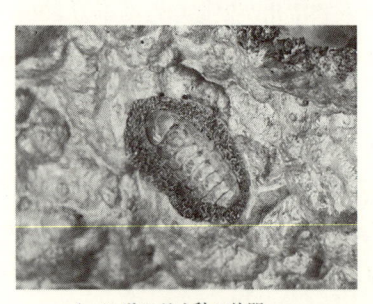

4　ヒザラガイ科の仲間

5　陸生の貝，マダラヒラシイノミガイ

写真 15　リアン・サル遺跡から出土したおもな貝類
(1-3, 5：鳥羽水族館提供)

温・海面変動とのかかわりから検討すると興味深い傾向が浮かび上がる．すなわち更新世後期においてもやや温暖であった2万8000年前頃には，遺跡から海岸線までの距離はより短く，人びとの沿岸域へのアクセスもより容易であったはずであるが，その資源利用範囲は沿岸の潮間帯か内陸に集中しており，それほど広範囲に貝類を採取した痕跡は残されていない．そのいっぽう，寒冷化が強まり海面がより低下したと推定される1万8000年頃には，遺跡から海岸線までの距離はより遠く，沿岸へのアクセスはより困難になったはずであるが，それにもかかわらず人びとの資源利用範囲はより水深の深い海域へと拡大した．ところが最終氷期が終焉し，ふたたび温暖化にむかう完新世初期の7000年前頃には，水深のより深い海域に生息するニシキウズなどがふたたび減少し，人びとの資源利用範囲も沿岸の潮間帯に集中している．

　一見するとこうした傾向は，海面変動による遺跡から海岸までの距離とは反比例的に連動している．しかし気候変動とのかかわりに注目するならば，気温が低下する時期により活発な貝利用がおこなわれ，気温が上昇する時期にはそれほど積極的な貝利用がおこなわれなくなるという相関性がみられる．その明確な要因は現時点では不明であるが，このような傾向が人びとの利用できる全体的な資源量と関係している可能性は高い．すなわち温暖な時期にはより多くの植物・動物資源の利用が可能であったのに対し，寒冷化する時期には利用できる資源量がより限られた結果，より広範囲な資源利用をおこなう必要が生じたとする解釈が可能であろう．

　こうしたタラウド諸島の状況に対し，セレベス海域に立地するもう一つの更新世遺跡であるボルネオ島のティンカユ遺跡は，遺跡利用が開始された2万8000年前頃には海岸線から50 kmほど離れていたと推測されている (Bellwood 1988)．

　こうした立地環境を反映してか，ティンカユ遺跡からは海産の貝類や魚類，動物類は1点も出土せず，遺跡からは大量のチャート製剝片石器のみが大量に出土した．しかし，ティンカユ遺跡を発掘したベルウッドらによれば (Bellwood 1988)，当時この遺跡が立地する渓谷一帯には大きな湖が存在し，遺跡はその湖畔に位置していたことが指摘されている．このことは，遺跡を利用した人びとが湖から得られる貝・魚類資源や水資源を積極的に利用する目的で，湖畔域

での生活を選択した可能性を示唆している.

　ボルネオ島東岸域では，最終氷期の寒冷化が強まる1万8000年前頃から完新世初期の1万年前頃にかけて形成されたハゴップビロ洞窟遺跡（図1-1）からも，当時の人間活動の一端を知ることができる．この遺跡からはチャート製剥片石器と一緒に多くの貝類遺存体が出土した．しかし，ティンカユ遺跡と同じく当時の海岸線から50km近く離れていたこの遺跡から出土した貝類はすべて淡水産であり，海産貝類は1点も出土していない（Bellwood 1988）．これらの状況からは，海岸線から遠くに立地する遺跡では気温の変化にかかわらず海産資源の利用がみられなかった可能性が高く，そのいっぽうでリアン・サル遺跡のように当時の海岸線から数に位置していた遺跡では，更新世後期にも活発な海産資源の利用があったと解釈できよう．

　類似した状況はセレベス海域の周辺世界でも認められる（表2-1）．たとえば5万年前ころから人間による利用がはじまったとされるボルネオ島西部のニア洞窟遺跡は，更新世後期には海岸線から約100km近く内陸に位置していたが，この時代の包含層からは海産遺物の出土は確認されていない．同じく約4万年前にまでさかのぼるパラワン島西部のタボン洞窟遺跡も，当時の海岸線からは70kmほど離れていたと推測され，やはり海産資源の利用にかかわる痕跡がない．またスラウェシ島南部に位置するリアン・ブルン遺跡は，3万5000年前より利用が開始されるが，この遺跡からは汽水産の貝類が出土した．遺跡はこの時代の海岸線から約30kmほど内陸に立地していたと推測されており，この圏内であれば沿岸に近い生態圏となる汽水域で捕獲された資源が人間によって運ばれ，利用されていたことを示唆している．

　これらの遺跡に対し，リアン・サル遺跡と同じく当時も沿岸域に立地していた遺跡群では，やはり活発な海産資源利用の痕跡が残されている．中でも顕著なのがティモール島の東岸に位置するジェリマライ遺跡で，約4万2000年前にまでさかのぼる文化層から大量の魚骨や貝類が出土した（O'Conner 2007）.

　これら出土した貝類の多くが海産種であり，魚類はすべてが海産種であることが確認されている（Ono and O'Conner 2009）．さらに驚いたのは，出土した魚骨の中に外洋魚であるマグロやカツオの仲間（サバ科）の骨がかなり混じっていたことだった．体長が大きくなるこれら外洋魚種の捕獲は釣り漁やトローリ

表 2-1 更新世後期におけるセレベス海域と周辺の遺跡群

番号	遺跡名	位置	提出年代	参考文献
セレベス海域				
1	リアン・サル遺跡	タラウド諸島	35000–8000 BP	Tanudirjo 2001; Ono et al. 2010
2	ティンカユ遺跡	ボルネオ島東岸	28000–18000 BP	Bellwood 1988
3	ハゴップビロ洞窟遺跡	ボルネオ島東岸	18000–10000 BP	Bellwood 1988
その他の東南アジア海域				
4	タボン洞窟遺跡	パラワン島西岸	40000–8000 BP	Fox 1970; Dizon 2003
5	ニア洞窟遺跡	ボルネオ島西岸	43000–2000 BP	Baker et al. 2002 ほか
6	リアン・ブルン遺跡	スラウェシ島南部	28000–10000 BP	Glover 1981
7	ゴロ洞窟遺跡	マルク諸島ゲベ島	35000–3000 BP	Bellwood et al. 1998
8	リアン・ブア遺跡	フローレス島	32000–12000 BP	Morwood et al. 2004
9	ジェリマライ遺跡	ティモール島東岸	42000–5500 BP	O'Connor 2007
10	レネハラ遺跡	ティモール島東岸	35000–10000 BP	O'Connor and Veth 2005
10	マトゥジャクル2遺跡	ティモール島東岸	32000–10000 BP	Veth et al. 2005
11	リアン・レンブドゥ遺跡	アルー諸島	28000–9000 BP	O'Connor et al. 2005
オセアニア海域				
12	ラチトゥ洞窟遺跡	ニューギニア島北岸	35000 BP 〜	O'Connor 2007
13	ブアンメラバク遺跡	ビスマルク諸島	31000–2000 BP	Rosenfeld 1997 ほか
14	マテンクブム遺跡	ビスマルク諸島	33000–2000 BP	Gosden and Robertson 1991
15	キル遺跡	ソロモン諸島ブカ島	28000 BP 〜	Wickler 1995
16	マラクナンジャ2遺跡	オーストラリア北岸	52000 BP 〜	Gosden and Robertson 1991
17	ナウワラビア1遺跡	オーストラリア北岸	57000 BP	Jones and Johnson 1985
18	ナラブルガン遺跡	オーストラリア北東岸	35000 BP	David et al. 1997
19	カーペンターギャップ遺跡	オーストラリア北西岸	42000 BP	O'Connor 1995
20	マンゴー湖遺跡	オーストラリア南部	41000 BP	Bowler et al. 1970 ほか

ング漁がもっとも適しており，ジェリマライ遺跡からこれら外洋魚種の骨が大量に出土したことは，更新世後期より中・大型の魚種を狙った釣り漁などの漁法が開発・利用されていた可能性を示唆している．ただし残念ながらそれを証明するような漁具はまだ出土していない．

ジェリマライ遺跡からは動物骨も出土しており，これらはクスクスの仲間など当時よりティモール島に生息していた陸産動物であった．ティモール島ではこのほかにもいくつかの更新世後期遺跡が発掘されており，沿岸域に立地している遺跡からは海産魚類や貝類の出土が確認されている (e.g. Glover 1986; O'Conner 2007)．同じくマルク諸島のゲベ島沿岸に立地するゴロ洞窟遺跡も，約3万5000年前より断続的に利用されてきた遺跡だ．この遺跡からも大量の海産貝類が出土しており (Bellwood et al. 1993; Szbado et al. 2007)，更新世後期も沿岸域では海産資源が活発に利用されていた．

こうした海産資源の利用に対し，陸産資源としては植物資源の利用が指摘できるが，東南アジアの海域世界で植物遺存体の出土が確認されている遺跡はかなり限られている．これは過去における発掘や研究の多くが，一般的に微少な植物遺存体の検出や同定までを対象としてこなかったことにもよる．

いずれにせよセレベス海域においてはまだ植物遺存体が検出された遺跡がない．しかし，人類史的には更新世後期の人びとは狩猟採集を基本とする生業形態にあったと考えられており，セレベス海域においても海産資源としての貝類の利用と同様に，陸産資源として多様な植物種や動物種を採集や狩猟によって獲得し，利用していた可能性は高い．たとえばセレベス海域からはややはずれるが，ボルネオ島西部のニア洞窟遺跡からは，5万年前頃にまでさかのぼる文化層から多数の植物遺存体が検出されており (e.g. Barker 2005)，ティモール島でも1万3000年前にさかのぼる文化層からククイノキ (*Aleurites moluccana*) やビンロウ (*Areca catechu*)，ニレ科植物 (*Celtis* sp.) などが出土している (Glover 1976, 1986)．

いっぽう動物種としては，ニア洞窟遺跡からはイノシシを中心として大セザンコウ，サイ，シカ，オランウータンなど合計12種におよぶ大・中型哺乳類が出土しており (e.g. Cranbook 1988a, Zuraina 1982)，人びとがすでに更新世後期にさまざまな動・植物資源を利用していたことが考古学的にも確認されてい

る．しかしながら，更新世後期から完新世前期にかけてのセレベス海域における人びとの資源利用や生業形態としてもっとも注目できるのは，やはり貝類を中心とする水産資源，とくに海産資源への依存度の高さであろう．

　ところでこの更新世後期に，セレベス海域へと到達した人びとがどんな人種グループだったのか検討しておく必要があるが，すでに記したように更新世後期は新人（Homo sapiens）の時代であり，上記の遺跡群を残した人びとがわれわれと同じ新人の仲間であった可能性はかなり高い．

　残念なことに，セレベス海域に位置するこれらの遺跡群からはまだ人骨の出土がなく，彼らが新人の中でもどのようなグループに属する人びとだったのかについては不明な点が多い．これに対し，東南アジアの海域世界に位置する遺跡群でこの時代にさかのぼる古人骨が出土しているのはパラワン島のタボン洞窟遺跡と，ボルネオ島のニア洞窟遺跡であり，どちらの古人骨も得られている年代値は4万年前頃である（e.g. Dizon 2003; Dizon et al. 2002; De'troit et al. 2004; Dizon and Pawlik 2009）．

　これら古人骨を対象とした近年の形質人類学による成果によれば，更新世後期から完新世初期にかけて出土してくる人骨の多くは，オーストラリアのアボリジニらとの共通性が高いオーストラロ—メラネシア系集団に属する人びとであった可能性が高い（Brothwell 1960; Macintosh 1978）．したがって，当時のセレベス海域に植民し，居住してきた人びとも，現在のアボリジニやニューギニア高地人の祖先となる人びとと同じか，かなり類似する人びとであったと推定することができよう．

　最後に技術に基づく当時の文化体系として，考古学的な指標とされてきた石器群について簡単に紹介しておくと，セレベス海域におけるこの時代の遺跡群から出土する石器群は，片面加工を基本とした小型のチャート製剥片石器が主流となる．タラウド諸島のリアン・サル遺跡から出土した石器群もほぼすべてがこのチャート製剥片石器であった（図2-2）．

　これらの剥片石器は定型のものがほとんどなく，一般的に「不定形剥片」と呼ばれてきた石器グループに属するものと認識できる．ただし「不定形」といっても，どれもがバラバラというわけではなく，その形状からブレード状，ドリル状，ナイフ状石器などに大まかに分類することは可能である．いっぽう，

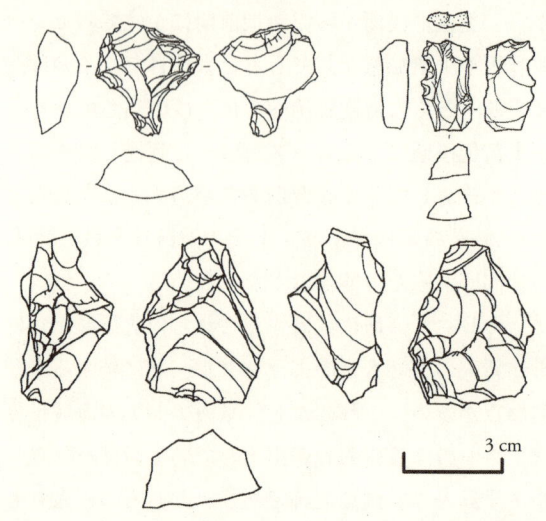

図 2-2　リアン・サル遺跡より出土したチャート製剥片石器群

　ボルネオ島のティンカユ遺跡では中から大型のチャート製剥片石器が出土しており，これらの中には両面加工された石器（図 2-3）も含まれていた（Bellwood 1989, 1997）．

　両面加工されたチャート製剥片石器は，フィリピンのルソン島北部に位置するアルボ遺跡からも出土しているが（Pawlik 2004, 2009; Dizon and Pawlik 2009），東南アジアの海域世界においては，こうしたやや大型の両面加工石器の出土はまだ限られており，全体的には小型の不定形剥片石器の占める割合が大きい．したがって遺跡で最終的に廃棄された石器のみに注目するなら，更新世後期のセレベス海域にはその周辺域と同じく二つの石器製作技術が同時に存在していたことになる．

　しかし，こうした違いは技術的な相違ではなく，単に石器の製作に利用できた石材の大きさと関係していた可能性も無視できない．たとえばリアン・サル遺跡から出土した剥片石器にも，比較的サイズの大きいものには刃部の加工はほとんどみられないものの，両面を加工した石器は存在する．また打撃痕の角度を計測したタヌディルジョは，リアン・サル出土の剥片石器群とティンカユ遺跡出土の剥片石器群との類似性が高いとの結論を出した（Tanudirjo 2005）．た

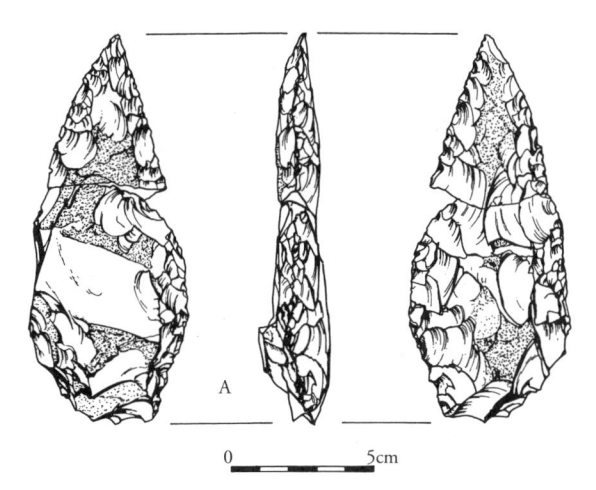

図 2-3　ティンカユ遺跡より出土した両面加工石器
（Bellwood 1988 より）

だし，フィリピンの事例に関しては両者の間には技術的な相違が存在するとした意見もある（Dizon and Pawlik 2009）．

問題は石器の製作において異なる技術が存在していたとして，それらの技術体系が単一の集団においてセットとして共存しており，人びとが製作する石器に合わせて使い分けていただけなのか，あるいは集団間で明確な使い分けがあったのかにあるが，現時点では事例数が少ないため，結論を出すのは時期尚早ということになる．

ただセレベス海域だけに着目し，単純にティンカユ石器群とリアン・サル石器群を比べるならば，両者の間にはそれほど大きな差はみられない印象を私自身は持っており，人びとが資源へのアクセスや状況（e.g. 入手できる石材の大きさや量など）に応じて利用する製作技術を使い分けていた可能性があることを指摘しておきたい[17]．

---

17) また石器利用の場合は，石材がリサイクルされた可能性についても考慮する必要がある．たとえば石材があまり入手できない場合，ある程度サイズの大きい石器が破損した場合，それをリサイクルすることでより小型の剥片石器を多数製作し，利用していた可能性は無視できない．もしこうした利用法が日常的におこなわれていた場

以上が更新世後期のセレベス海域やその周辺域おける考古学的状況となる．とはいえ，改めて表2-1を一見してもわかるように，約3万年間という長期におよぶ人間活動を検討するには発掘されている遺跡数，収集された考古学資料の量が非常に限られているのは明らかであろう．したがって現時点で検討できる状況はかなり限られてはいるが，それでも人間による資源利用や生業文化の観点からは，以下の点を指摘することが可能である．

(1) 更新世後期に利用された遺跡群は，いずれも海岸や河川流域，あるいは湖岸など水環境にアクセスしやすい立地環境に形成されている．

(2) 更新世後期の遺跡群から出土する遺存体は貝類・カニ類・ウニ類が主流であり，その出土状況は気候・海面変動と連動する可能性が高い．

(3) 利用対象となる資源の内容は，遺跡の立地環境と相関し，海岸近くに立地する遺跡群では海産資源の利用度が高くなる．

(4) 海産資源としてもっとも頻繁に利用された痕跡があるのは貝類であり，ついでカニ類やウニ類があげられるが，魚類やウミガメの利用にかかわる痕跡が残る遺跡は少なく，セレベス海域内ではまだない．東南アジアの海域世界全体では，ティモール島で4万年前にさかのぼる海産魚類の利用が残っている．

(5) 陸産資源としてもっとも頻繁に利用された考古学的な痕跡があるのは淡水産の貝類であり，動物に関しては，イノシシを中心にシカ，スイギュウ，サル，ネズミ，コウモリなどの哺乳類の利用がみられるようになる．

合，中・大型で両面を丁寧に加工した石器がそのまま遺跡から出土する率はきわめて小さくなる．実際，小型の石器が主流であったリアン・サル遺跡では，その周囲に石材産地がなく，人びとは河岸などで容易に採取できるサイズのそれほど大きくないチャート石を母岩として石器を製作していた可能性が高い．いっぽう，ボルネオ島のティンカユ遺跡ではその周囲にチャートの石材産地が存在しており，人びとは好きなだけチャート石を利用することができた．こうした石材産地へのアクセスの違いも，石器の利用や製作法に大きな影響を与えたであろう．

2 ❖ 温暖化と海洋適応の促進——完新世前期の生業文化

　人びとによる水産資源の利用がより多様化し，かつ明確になるのが，氷期が終わり温暖化とともに世界の海面が上昇していく完新世の時代である．ただし温暖化は完新世に入っていきなり起こったわけではなく，実際には更新世末期の1万8000年以降より緩やかに気温が温暖化していた．その結果として完新世初期とされている1万2000年前頃には，約2万2000年前頃の最寒冷期に比べ，約100m以上も世界の海水面が上昇し，スンダ大陸はジャワ島やスマトラ島，ボルネオ島，マレー半島へと海によって分断され，消滅した（図5）．同じくオセアニア海域のサフル大陸も，現在のようにニューギニア島とオーストラリア大陸に分断された．

　こうした世界的な海面上昇により，東南アジアの海域世界では沿岸域の距離や面積が激増し，人類がより頻繁に海とつきあうことになったことは容易に想像できる．たとえば当時の海岸線から約15km内陸に位置していたと推測されるマダイ洞窟遺跡群からは，淡水産貝類のほかにわずかながら沿岸のマングローブ域などに生息する汽水産の貝類，それに，動物遺存体としてオランウータン（*Pongo pygmaeus*），イノシシ（*Sus scrofa/Sus barbatus*），サンバーシカ（*Cervus umicolor*），スイギュウ（*Bos javaricus*），サル，ネズミ類の骨が出土した．しかし，マダイ洞窟遺跡群でも海産貝類の出土は確認されなかった（Cranbook 1988b）．

　セレベス海域の西部にあたるスールー諸島のタウィタウィ島沿岸に位置するバロボク洞窟遺跡（8810～5190年前）からも，44属・91種の貝・魚類，そして動物遺存体が出土している（Bautista 2002）．その詳細は報告されていないが，もっとも出土量が多かった動物種としてイノシシ類（*Sus scrofa*），魚種としてはブダイ科やハタ科などのサンゴ礁魚類，貝種としてはミミガイ科，ニシキウズガイ科，リュウテンサザエ科，アマオブネ科，シャコガイ科，クサズリガイ科といった沿岸・潮間帯域をおもな生息地とする海産・汽水種が卓越した．

　タラウド諸島の北に位置するナヌサ諸島のリアン・タフナ遺跡（10000～4000年前頃）でも，34種におよぶ海産貝類が出土した（Tanudirjo 2001）．中でもリュウテン科，アマオブネ科，クサズリガイ科などの沿岸・潮間帯域を主な生

表 2-2　完新世前期におけるセレベス海域と周辺域の遺跡群

番号	遺跡名	位置	提出年代	参考文献
セレベス海域				
1	リアン・サル遺跡	タラウド諸島	35000–8000 BP	Tanudirjo 2001; Ono et al. 2010
	リアン・トゥオ・マナエ遺跡	タラウド諸島	6000–500 BP	Tanudirjo 2001
2	リアン・タフナ遺跡	タラウド諸島	10000–4000 BP	Tanudirjo 2001
3	マダイ洞窟遺跡	ボルネオ島東岸	10000–4000 BP	Bellwood 1988
4	バロボク洞窟遺跡	スールー諸島	8810–5190 BP	Ronquillo 1993
5	パソ貝塚遺跡	スラウェシ島北部	8000–7000 BP	Bellwood 1976
その他の東南アジア海域				
6	タボン洞窟遺跡	パラワン島西岸	40000–8000 BP	Fox 1970; Dizon 2003
7	ニア洞窟遺跡	ボルネオ島西岸	43000–2000 BP	Baker et al. 2002 ほか
8	ランローリエン遺跡	マレー半島西岸	42000–2000 BP	Anderson 1996
9	ゴロ洞窟遺跡	マルク諸島ゲベ島	35000–3000 BP	Bellwood et al. 1998
10	タンジュンピナン遺跡	マルク諸島モロタイ島	14000–2000 BP	Bellwood et al. 1998
11	リアン・ブルン遺跡	スラウェシ島南部	28000–10000 BP	Glover 1981
12	ジェリマライ遺跡	ティモール島東岸	42000–5500 BP	O'Connor 2007
13	ウアイボボ窟遺跡	ティモール島東岸	13800–600 BP	Glover 1986
13	マトゥジャクル1遺跡	ティモール島東岸	13000–5000 BP	Veth et al. 2005
13	ブイセリウアト遺跡	ティモール島東岸	8000–750 BP	Glover 1986
14	リアン・ナブレイリサ遺跡	アルー諸島	13000–2500 BP	O'Connor et al. 2005

息地とする貝種と，リュウキュウマスオ科やシイノミガイ科といった陸産・汽水産種が卓越している．リアン・タフナ遺跡からは，このほかに数点の海産魚類とウミガメ，トリ，コウモリの骨がわずかながら出土した．

　これら完新世前期の遺跡群（表 2-2／図 2-4）にみられる傾向に，サンゴ礁やマングローブ域をおもな生息地とする貝種の多様化や出土数の増加がある．

　タラウド諸島のリアン・サル遺跡では，完新世期に入るとシャコガイ科やスイショウガイ科といった比較的浅い岩礁域に好んで生息する貝類の数が増加した．類似した傾向は完新世期より利用がはじまった東ティモールのマトジャクル1遺跡やウアイボボ遺跡でもみられ（Veth et al. 2005），更新世後期から断続

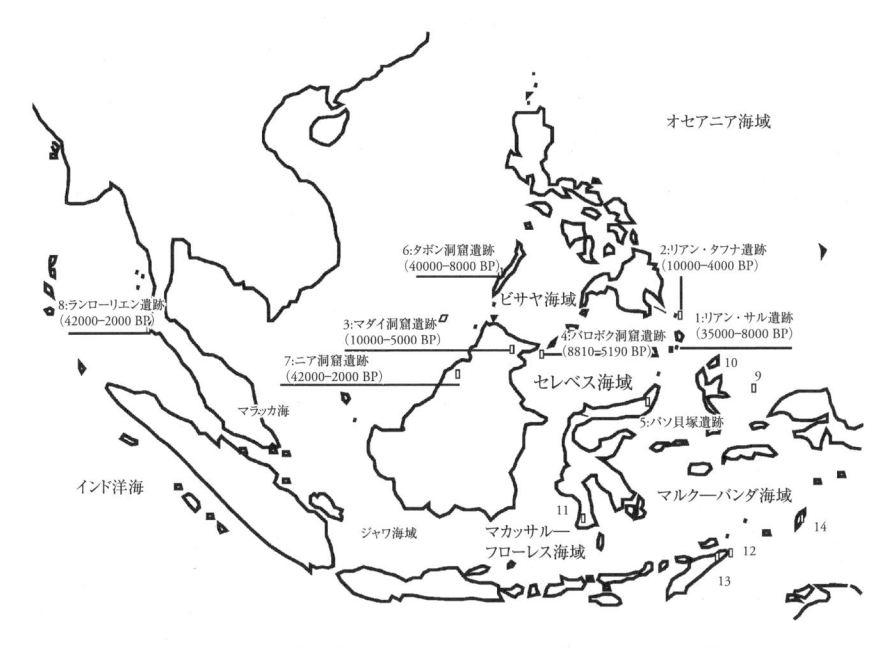

第 2 章　セレベス海域の生業文化と人類史

図 2-4　完新世前期におけるセレベス海域と周辺域の遺跡群

的に利用されてきたマルク諸島ゲベ島のゴロ洞窟遺跡でも確認されている（Szabo et al. 2007）．その背景として考えられるのは，温暖化にともなう沿岸域のマングローブやサンゴ礁域の面積が拡大で，こうした新たな沿岸生態系の形成は完新世前期に進んだ可能性が高い．

　また沿岸域に分布する完新世期の遺跡数が更新世後期に比べて増加するのは，この時代の沿岸域が現在のそれとほぼ一致していることにもよる．前節でも見てきたように，更新世後期においても沿岸域に立地していた遺跡群では活発な海産資源の利用がみられた．さらに気温が温暖化し，海水面が増加した完新世前期には，こうした沿岸域が各地で拡大した結果，人間が海や沿岸域を利用する機会が増加したことは間違いない．その結果として，かつては内陸に立地していた遺跡群でも完新世期に入ると海産資源の利用がみられるようになる．たとえばパラワン島のタボン洞窟遺跡は現在にいたる完新世期には沿岸に立地しており，完新世以降は多くの貝類や貝製品が出土している（Fox 1970）．

またこうした貝製品の登場も完新世前期における大きな特徴の一つであり，海産資源の利用がより一般的になり，かつ貝製品の加工にかかわる技術の進化が背景として指摘できる．中でも興味深いのは，セレベス海域からはやや離れるが，ティモール島の東岸に位置するジェリマライ遺跡やレネハラ遺跡で完新世前期の文化層より貝製の単式釣り針が出土している事実である（本章の口絵写真2を参照）．とくにレネハラ遺跡より出土した釣り針は古く，約1万年前までさかのぼる可能性が指摘されている（O' Connor and Vath 2002）．
　このほかに完新世前期の遺跡群より出土する貝製品としてシャコガイ製の手斧（貝斧）や貝製ビーズがある．このうちシャコガイ製斧（本章扉の写真や口絵写真6を参照）でもっとも古い年代値が得られているのは，マルク諸島ゲベ島のゴロ洞窟遺跡で，約1万年前の文化層より数点の貝斧が出土した（Bellwood 1997）．
　セレベス海域においてはやや新しくなるが，ナヌサ諸島のリアン・タフナ遺跡からも4000年前頃と推測されるシャコガイ製斧が出土している（Tanudirjo 2001）．つまり現時点では，完新世前期における貝の道具としての利用の痕跡は，セレベス海域もそのお隣のマルク諸島やティモール域でより活発にみられるが，これら新たな物質文化が完新世前期より開始されたのは確かであろう．
　こうした海産資源の利用に対し，動物や植物資源の利用においても変化があった．まず動物資源の利用においては，かつてのスンダ大陸に位置したボルネオ島のニア洞窟遺跡で更新世後期まで利用がみられた大型哺乳類の出土がなくなり，これらの動物種が完新世前期までに絶滅した可能性が指摘されている．
　その結果，中型哺乳類であるイノシシやシカ類が完新世期にもっとも頻繁に捕獲された動物種となった．類似する状況はセレベス海域内にあるボルネオ島のマダイ洞窟遺跡を含め，東南アジア海域世界の各地で確認されている．ただしこの時代に利用されたイノシシ類は野生種であったとされ，まだ家畜化によるイノシシ（ブタ）の利用は確認されていない．したがって完新世前期の動物利用は，狩猟による野生動物の捕獲を基本としていたと，現時点では考えるのが妥当であろう．
　植物資源の利用においても，更新世後期と同じく野生植物の採集がおもな獲得方法であったと考えられるが，同時代のニューギニア島の高地には9000年

前頃にさかのぼる灌漑施設の跡とされるクク遺跡がある．またニューギニア島の離島域からは，完新世前期の文化層よりニューギニア本島や東南アジア原産と考えられている有用植物種が多数出土しており，人間によって意図的に運ばれた可能性がある．この場合，意図的に運ばれた植物は人間によって新たな土地に植えられたことになり，何らかの萌芽的な栽培活動が開始されていた可能性がある．さらにニューギニア島で発見された灌漑施設跡は，農耕と呼べるようなより発達した栽培技術がすでに存在していた可能性も示唆している．

しかしこれらの痕跡は，現時点ではニューギニア以東のオセアニア海域で確認されているのみであり，残念ながら東南アジア海域世界ではその考古学的な痕跡が発見されていない．このためセレベス海域を含め，当時の東南アジア海域世界における状況はまだきわめて不明瞭だが，ニア洞窟遺跡からこの時代にさかのぼりタロイモを含むいくつかの有用植物種が出土していることを考慮するなら，萌芽的な栽培活動はすでに開始されていた可能性は高い．

ところで人びとの植民や移住においては，完新世期に入ると新たに中国を中心とするアジアの大陸部から南方モンゴロイド系の人間集団の移動・拡散が起こり，その結果として東南アジア海域世界ではそれ以前のオーストラロイド系集団と新たに入ってきたモンゴロイド系集団とが混在して居住していた可能性が指摘されつつある（e.g. Coon 1962; Jacob 1967; Shutler et al. 1994; Widianto and Handini 2002）．

この時期における複数の人間集団による混在，あるいは混血の痕跡をもっとも強く残していると考えられるのが，近年にいたるまで狩猟採集的な生業形態を継続してきたフィリピン諸島のアエタ（ネグリト）やマレー半島のセマンなどで，かつては「プロト・マレー」として認識されていた人間集団だ[18]．同

---

18) たとえばフィリピンネグリトのDNAを分析した尾本惠一は，長期的なモンゴロイド系フィリピン人との遺伝的類似性が認められた結果を提出し（Omoto 1981, 1987），同じくDNA分析をおこなった埴原らは，フィリピンネグリトのDNA遺伝型が現代ポリネシア人や南方モンゴロイド系集団と同様に，9列のミトコンドリア配列から成る結果を提出した（e.g. Haniwara 1990, 1993）．これに対し，おもに頭蓋骨の形態に基づく分析をおこなってきたブレイスらは，東南アジアのネグリト集団が頭蓋骨の形態上もっとも類似するのがオーストラリアのアボリジニ集団やメラネシア人であると主張する（Brace et al. 1991）．一方，ネグリト集団が完新世期に進出してきた南方

じような状況が，セレベス海域においても起こっていた可能性は十分に考えられるが，残念ながらこの時期に相当する人骨が出土した例はまだなく，その具体的な様子はまだ明らかになっていない．

これに対し，新たにモンゴロイド系集団の特徴をもつ人間集団が，中国を中心とするアジアの大陸部からふたたび移住した可能性があるのが，次節で検討する新石器時代である．

3 ❖ 農耕の出現と新たな植民の幕開け
―― 新石器時代の生業文化

物質文化に基づく考古学的な観点からみた新石器時代は，磨製石器や土器の出現によって認識されてきた[19]．

セレベス海域を含む東南アジア海域世界の考古学研究においても，磨製石斧や土器が出土し，かつ青銅製品や鉄製品などの金属器や陶磁器などが出土してこない遺跡や文化層を新石器時代期として認識してきた．その理解に基づくなら，セレベス海域における新石器時代の幕開けは，現時点では3500年前頃までさかのぼる．これに対し東南アジア海域世界における新石器時代の幕開けは，

モンゴロイド集団と間接的に文化・言語接触を繰り返してきたとしても，遺伝的には高いレベルで独自性を保っているという主張もある（Reid 1987; Headland and Reid 1989）．またネグリト集団に特徴的な肌の黒さや低い身長（平均 145 〜 155 cm）についても，これらがニューギニア高地に住むニューギニアピグミー族や，アフリカの熱帯雨林に住むピグミー族らと同様に，摂取カロリーが平均的に低くなる傾向の高い熱帯の山岳地帯に適応したネグリト集団の地域的な独自進化であるとする説も提出されている（Cavelli-Sforza 1986; Gates 1961; Gajdusek 1970; Howells 1973）．このようにネグリト集団に関する形質人類学的見解は多様であり，一致した見解にはいたっていない．

19) 学史的には「新石器」という言葉にも表現されるように，磨製石器が何よりもその指標とされてきた．現在ではこれらに加え，人間によって栽培された痕跡のある植物遺存体や家畜として飼育された痕跡のある動物遺存体の存在なども新石器時代を認識するうえで重要な指標の一つとなる場合がある．土器もその指標の一つであるが，東南アジアの場合，現在では土器の出現をもって「新石器時代」とするのが一般的である．約12000年前頃よりはじまる日本の縄文時代も磨製石斧と土器が出土する点において「新石器時代」と認識できよう．

その北方に位置するフィリピン諸島でもっとも早いが，それでも 4500〜4000 年前頃までしかさかのぼれない．

ところで人類史における新石器時代の最大の革新は，人類による農耕や家畜化の開始といわれており，その初期的な萌芽期は完新世がはじまる約 1 万 2000 年前頃にまでさかのぼる．すなわちそれは，人間が自然に介入し，そこから得られる資源（生産）を意図的にコントロールする知識や技術を発見したことを意味している．新石器時代に登場したこの新たな生業形態が人類史にとっていかに革新的であったかは，新石器時代以降から現代にいたるまで継続的に続いてきた高い人口増加率や，約 1 万 2000 年間という人類史的には非常に短い間に，現代の大型旅客機やコンピュータ，宇宙飛行船の発明や利用へといたるさまざまな技術革新を人類が生み出す契機となったことからも明らかであろう．

セレベス海域における新石器時代化は，東南アジア海域世界全体におけるそれとほぼ同時期であり，世界的な人類史の中ではかなり遅い時期になって新石器時代が開始されたことになる．そしてセレベス海域を含む東南アジア海域世界へ土器や磨製石斧の製作技術や利用文化を新たに持ち込んだと考えられているのが，中国を中心とするアジアの大陸部より新たに移住・拡散してきたモンゴロイド系集団である．

ただし，近年における形質人類学や遺伝学による研究成果では，東南アジア海域世界の新石器時代以降における遺跡群から出土した人骨（とくに頭蓋骨や顎骨）は，いずれもモンゴロイド的特徴が強いものの，これらの多くは新たに北方から移住してきたモンゴロイド集団よりも，それ以前の完新世期に移住してきた古いモンゴロイド集団（南方モンゴロイド）の特徴をより強く示している（e.g. Bulbeck 1982; Hanihara 1993; Storm 1995; Turner 1987, 1990; Rayner and Bulbeck 2001; Oppenheimer 2003, 2004）．このため，新石器時代期に新たに拡散してきたモンゴロイド集団の移住は，人間の形質や遺伝的特性を残すほど大規模な人口移住ではなかった可能性は高い．

これに対し，言語学の分野では新石器時代に新たに登場してくる初期の言語群を「原オーストロネシア語」と呼び，この言語群が東南アジア海域世界を経てオセアニア海域世界のほぼ全域へと拡散し，最終的に「オーストロネシア語

群」と呼ばれる一大言語群を形成したとする説が定説化しつつある．

さらに近年における比較言語学の成果によれば，その起源地としては中国南部の沿岸域が指摘されており，6000年前頃の完新世前期に「原オーストロネシア語群」を話すモンゴロイド系集団が台湾へ移住し，やがて5000年前頃には台湾から東南アジア海域世界の北部に位置するフィリピン諸島へと広がり，その後かなり短期間のうちに東南アジア海域世界の全域，さらにはオセアニア海域世界への移住と拡散に成功したというシナリオが強く主張されてきた（e.g. Blust 1985; Bellwood 1997; Diamond and Bellwood 2003）．

こうした言語学研究に強く基づくシナリオに対し，現時点での考古学資料から復元できるモンゴロイド系集団の移住・拡散史は，形質人類学の場合と同じくそれほど明解ではなく，実際の移住年代も明瞭ではない．

たとえば東南アジア海域世界への初期移住年代にしても，考古学的に確認されているのは4500年前頃までであり（表2-3），この年代は言語学的に指摘されている拡散年代よりもやや新しい．また物質文化的には，台湾の新石器時代遺跡から出土する遺物群と，フィリピン以南における東南アジア海域世界の新石器時代遺跡から出土する遺物群には共通しないものも少なくない．このような考古学的状況から，「原オーストロネシア語群」やその文化的要素の形成は南中国や台湾ではなく，むしろ東南アジア海域世界で起こり，それが逆に北方の台湾のほか各方面へと波及したとする仮説も提出されてきた（e.g. Terrell 1986; Solheim 1975, 1996, 1997, 2006）．

したがって現時点では，「原オーストロネシア語」とその文化要素がいつ，どこで生成されたのかといった起源論に関しては不明瞭な部分も多く，その言葉の担い手であるモンゴロイド系集団が中国や台湾などの北方起源であるという明確な証拠もない．

しかし新石器時代の考古学的な指標となる磨製石器や土器といった物質文化が中国や台湾といった北方より到来したことは確かであり，これらの出土年代は南中国や台湾において確実に古い．とはいえ「原オーストロネシア語」や，あるいはそれに付随する文化要素のすべてが南中国や台湾において生成されたとは考えられず，それを証明するだけの言語・考古・形質人類学的資料も存在していない．むしろ言語や生業文化的な要素は，古くは完新世前期頃より東南

アジア海域世界へと進出したモンゴロイド系集団が，この海域世界で移住と拡散を繰り返していく過程の中で段階的に生成された結果，新石器時代にその基本的な要素が揃ったと考えるのが妥当であろう．

　本節では以上のような理解に基づき，考古学的資料にみられるセレベス海域の新石器時代期における生業形態の特徴について，その周辺域との比較を踏まえながら検討する．まず図 2-5 は，セレベス海域とその周辺地域における主要な新石器時代遺跡，表 2-3 はその形成年代をまとめたものである．これらによれば新石器時代の開始時期が北方の台湾でもっとも早くなるのに対し，東南アジアの海域世界における開始時期はほとんど横一線で，古いところで約 4000 年前頃[20]までには土器が出現したことを物語っている．

　いっぽう，その隣のオセアニア海域では，ミクロネシアに位置するマリアナ諸島とメラネシアに位置するビスマルク諸島でほぼ同時期となる 3500 年前頃までには土器が出現しており，これら出土する土器片には技術的な共通性が高いことが近年の研究でわかってきた．またミクロネシアではやや遅れてパラオ諸島でも 3000 年前までには土器の出現が確認されている．ミクロネシアでは新石器時代以前には人類の痕跡が得られていないので，土器の出現は同時に人類による新たな植民の痕跡ともなっている．

　このうちマリアナ諸島における初期の新石器時代遺跡群から出土する土器と，ラピタ式土器として知られるビスマルク諸島の遺跡群から出土する土器にみられる技術的な共通性は，「赤色スリップ」と呼ばれる，土器の口縁部に磨きを入れた赤色の土器である点にある．さらに文様を入れる場合には，歯状文様 (dentate-stamp) と呼ばれる細かい刺突文や円形の押し型文を装飾した上で，これらの紋様の中に石灰を詰めて白を強調させる手法があげられる (写真 16)．

　興味深いことに，これらとまったく共通する技術を用いて製作されたと考えられる土器片が，近年におこなわれたルソン島北部に位置するナグサバラン遺

---

20) フィリピンではルソン島北部の洞窟遺跡からやや古い土器の出土年代が得られているが，これら古い年代が得られている層からの土器片の出土数は限られており，また得られている年代値もかなり限られているため，これらの年代が本当に土器の包含層に相当するものか，まだ不明な点が多い．このためルソン島北部で現時点において確実とされている土器の出土年代は 4000 年前頃ということになる．

表2-3 台湾・東南アジア・オセアニアの海域世界における新石器時代遺跡の年代値

番号	遺跡名	位置	年代値	参考文献
1	タペンケン遺跡	台湾北部	6300–4200 BP*	Chang 1969, 1970, 1986; Liu 1997; Chu 2003
2	ユアンシャン貝塚遺跡	台湾北部	4000–2500 BP	Chang 1970
3	ペンフー遺跡	蘭嶼島	3800–2500 BP	Tsang 1992, 1995
4	ナンカンリー遺跡	台湾西部	4600–4000 BP	Tsang et al. 2004
4	フェン・ビトゥ遺跡	台湾西南部	4000–2500 BP	Chiang 1969
5	ケンティン遺跡	台湾南部	4000–2500 BP	K-C Li 1985
6	ウーロンビー遺跡	台湾南部	4000–2500 BP	K-C Li 1983
7	チンシャンイェン遺跡	台湾北部	4000–3500 BP	Wang 1984
8	ペイナン遺跡	台湾東部	3000–2800 BP	Lien 1989, 1991, 1993
9	トロンガン洞窟遺跡	バタネス諸島	3800–3200 BP	Bellwood and Dizon 2008
	サビドゥン遺跡		2800–2400 BP	Bellwood and Dizon 2008
	アラノ遺跡		2700–1300 BP	Bellwood and Dizon 2008
	サンゲット遺跡		?	Kumamoto Univ 1983
10	アンダラヤン遺跡	ルソン島北部	3500 BP〜	Snow et al. 1986
	ラベル洞窟遺跡		4800 BP?〜	Spriggs 1989
	ピントゥ岩陰遺跡		3700–2000 BP	Peterson 1974
	ムサン洞窟遺跡		5200–4000 BP	Thiel 1986
11	ナグサバラン遺跡	ルソン島北岸	3700–1300 BP	Hung 2008; Tsang 2007
	ラロ貝塚遺跡群		3800–500 BP	Thiel 1989, Ogawa 2000
	マガピット貝塚遺跡		2800 BP〜	Aoyagi 1983, 青柳ほか 1991
	ディモリト遺跡		4500–3500 BP	Peterson 1974
12	マスバテ遺跡	ビサヤ海域	2800 BP〜	Solheom 1968
13	ブアド遺跡		?	Scheans et al. 1972
14	ドゥヨン洞窟遺跡	パラワン島西岸	4500 BP?〜	Fox 1970
	ニペット・ダルダック遺跡		?	Fox 1970
	エルニド洞窟遺跡		?	Fox 1970
	マヌングル洞窟遺跡		2800 BP〜	Fox 1970
15	ブキットテンコラック遺跡	セレベス海域	3300–2000 BP	Chia 1997, 2001; Ono 2003
16	バロボク洞窟遺跡		4500 BP?〜	Ronquillo et al. 1993
17	リアン・タフナ遺跡		4500 BP?〜	Tanudirjo 2001
18	リアン・トゥオ・マナエ遺跡		4000 BP〜	Tanudirjo 2001
19	パソ貝塚遺跡		?	Bellwood 1976
20	マダイ洞窟遺跡		2500–2000 BP	Bellwood 1988
21	オロフタ遺跡		?	Soegondho 2008
22	ニア洞窟遺跡	ボルネオ西部	3600–3000 BP	Barker 2005
	グアシリ遺跡			
23	ウルリアン洞窟遺跡	スラウェシ南部	4000 BP〜	Glover 1976
	バトゥエジャ洞窟遺跡		?	Mulvaney and Soejono 1971

24	カルンパン遺跡	スラウェシ中部	3000 BP? ～	
25	ウアタマディ遺跡	マルク海域	3300–2900 BP	Bellwood et al. 1998
26	ゴロ洞窟遺跡		3100–2700 BP	Bellwood et al. 1998
27	タンジュンピナン遺跡		3400–3000 BP	Bellwood et al. 1998
28	ブイセイウアト遺跡	ティモール島	3700 BP ～	Glover 1986
	レネハラ遺跡		3800–3600 BP ～	Spriggs 2007; O'Connor and Veth 2005
	マトジャクル 2 遺跡		3300–2900 BP	Spriggs 2007
	ウアイボボ遺跡		3700 BP ～	Glover 1986
	リエシリ遺跡		4000–3500 BP	Glover 1986
29	マリアナ諸島の遺跡群			
	ウナイバポット遺跡	サイパン島	3500–1000 BP	Carson 2008
	チャランピアオ遺跡	サイパン島	3500 BP ～	Amesbury et al. 1996
	パポット 1 遺跡	サイパン島	3400–1300 BP	Clark 2010
	ラウラウ遺跡	サイパン島	3200–3000 BP	Marck 1978
	ウナイチュチュ遺跡	テニアン島	3500 BP ～	Craib 1993
	ナートンビーチ遺跡	グアム島	2970–2740 BP	Defant 2008
	モーチョン・ラッテ遺跡		2500 BP ～	Takayama and Intoh 1976
30	パラオ諸島の遺跡群			
	ウーロン遺跡	ロックアイランド	3000–500 BP	Clark 2005; Ono and Clark in press
	チェレコルラ・オラック遺跡	ロックアイランド	3000 BP	Fitzpatrick 2003, Fitzpatrick and Nelson 2008
31	ビスマルク諸島のラピタ遺跡群			
	エタパケガロアサ遺跡	ムサウ島	3500–2400 BP*	Kirch 2001
	エタコサライ遺跡	ムサウ島	3500–3300 BP*	Kirch 2001
	タレパケマライ遺跡	ムサウ島	3550–2770 BP*	Kirch 2001
	タムアラワイ遺跡	エミラウ島	3300–2800 BP	Summerhayes et al. 2010
	マゲクル遺跡	アラウェ島	3240–2750 BP	Summerhayes 2001
	アパロ遺跡	アラウェ島	3200–2520 BP	Summerhayes 2001
	アラングロングロモ遺跡	カンドリアン島	3060–2750 BP	Summerhayes et al. 2000
	スコリアピット遺跡	ガルア島	3060–2750 BP	Torrence and Stevenson 2000
	ポイミッション遺跡	コンベ島	3000–2700 BP	Lilley 1991
	バロフ 2 洞窟遺跡	ニューアイルランド島	3820–2800 BP	Specht and Gosden 1997
	カンゴット遺跡	アニール島	3200–2900 BP	Summerhayes 2001
	コヒン洞窟遺跡	マヌス島	3900–2450 BP	Kennedy 1981

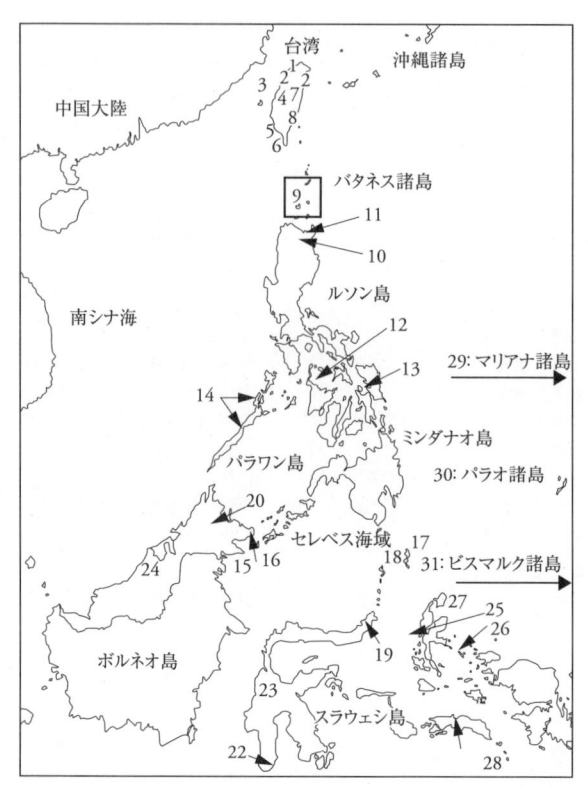

図2-5　セレベス海域と周辺域の新石器時代遺跡群＊(＊番号は表2-3に対応)

1-2　ヴァヌアツの博物館に展示されているラピタ式土器

写真16　歯状文様(dentate-stamp)の施された土器の例

跡の下層より出土し (Tsang 2007)，その年代値も両地域より古い 3700 年前にまでさかのぼることから，土器の製作技術という点においては，フィリピン北部域がオセアニア海域における初期の土器文化に現時点でもっとも近い．

こうした周辺世界の状況に対し，セレベス海域において利用年代が提出されている新石器時代遺跡は，スールー諸島のバロボク洞窟遺跡 (Ronquillo et al. 1993)，タラウド諸島のリアン・タフナ遺跡 (Tanudirjo 2001) とリアン・トゥオ・マナエ遺跡 (Bellwood 1976; Tanudirjo 2001)，ボルネオ島のアゴップアタス洞窟遺跡 (Bellwood 1988)，そして本書の第3章で詳しく検討するブキットテンコラック遺跡 (Bellwood 1989; Chia 1999, 2001, 2005; Ono 2003, 2004) の5遺跡で，その出現年代は古くて 4000 年前頃とするのが妥当である．

バロボク洞窟遺跡とリアン・タフナ遺跡では，その利用年代として 5000～4500 年前とするやや古い炭素年代値が提出されているが，これらの遺跡群から得られている炭素年代は1点のみで，実際には提出されている年代値よりも新しい可能性が高い (e.g. Spirggs 1991a)[21]．リアン・トゥオ・マナエ遺跡やブキットテンコラック遺跡でも，過去の調査では 4000 年以上前にさかのぼる年代値が1点のみ得られていたが，その後の調査でより多くの年代値が得られた結果，いずれも 3500 年前頃が新石器時代期における利用の上限となる可能性が高まっている (e.g. Tanudirjo 2001; Ono 2003, 2004)[22]．つまり，セレベス海域で確実に土器が出現してくる年代は，隣のオセアニア海域世界で土器が出現する年代とほぼ並行しており，フィリピンのルソン島北部域やバタネス諸島よりもやや遅いことになる．

ところで表 2-4 は，台湾から東南アジアの海域世界を経て，メラネシアやミクロネシアを含むオセアニアの海域世界における新石器時代遺跡群から出土した石製品，表 2-5 は貝製品を含むその他の人工遺物群の出土状況を整理したものである．

---

21) これらの年代値に関してさらに指摘できるのは，これらの年代値が海産貝類を資料として得られたものである点で，一般的に海産貝類を利用した年代値は海洋リザーブの影響を受けるため，炭化物から得られる年代値に比べ，300 年前後の幅で古くなる傾向がある．

22) ブキットテンコラック遺跡に関するこの議論については本書の第3章で改めて論じる．

表 2-4　新石器時代セレベス海域と周辺地域における石製品の出土状況

番号	遺跡名	位置	おもな石器	石斧	樹皮叩き	石包丁	翡翠製品
1	タペンケン遺跡	台湾北部	磨製尖頭器	I 型・II 型			
2	ユアンシャン貝塚遺跡	台湾北部	磨製尖頭器	I 型・II 型	◎		
3	ペンフー遺跡	蘭嶼島	磨製尖頭器	II 型	?	◎	◎
4	ナンカンリー遺跡	台湾西部	磨製尖頭器	I 型・II 型	◎	◎	◎
4	フェン・ピトゥ遺跡	台湾西南部	磨製尖頭器	II 型		◎	?
5	ケンティン遺跡	台湾南部	?		?	◎	?
6	ウーロンピー遺跡	台湾南部	?		?	?	?
7	チンシャンイェン遺跡	台湾北部	?		?	?	?
8	ペイナン遺跡	台湾東部	?		?	?	◎
9	トロンガン洞窟遺跡	バタネス諸島	?				
	サビドゥン遺跡						◎
	アラノ遺跡			I 型・II 型	?	◎	◎
	サンゲット遺跡			II 型		◎	◎
10	アンダラヤン遺跡	ルソン島北部	不定形剥片	II 型			
	ラベル洞窟遺跡		不定形剥片	II 型			
	アルク洞窟遺跡		不定形剥片	II 型	◎		
	ピントゥ岩陰遺跡		不定形・チョッパー				
	ムサン洞窟遺跡		不定形剥片				
11	ナグサバラン遺跡	ルソン島北岸	不定形剥片	II 型			◎
	ラロ貝塚遺跡群			II 型			
	マガピット貝塚遺跡			II 型			
	ディモリト遺跡		不定形剥片				
12	マスバテ遺跡	ビサヤ海域	不定形剥片	II 型			
13	ブアド遺跡		細石器	II 型			
14	ドゥヨン洞窟遺跡	パラワン島西岸	小型の不定形剥片	II 型			
	ニペット・ダルダック遺跡			II 型			
	エルニド洞窟遺跡			II 型			◎
	マヌングル洞窟遺跡						◎
15	ブキットテンコラック遺跡	セレベス海域	細石器・不定形	II 型	◎		
16	バロボク洞窟遺跡		石刃状・不定形	II 型			
17	リアン・タフナ遺跡		石刃状・不定形				
18	リアン・トゥオ・マナエ遺跡		石刃状・不定形				
19	パソ貝塚遺跡						
20	マダイ洞窟遺跡		小型の不定形				
21	オロフタ遺跡			III 型			
22	ウルリアン洞窟遺跡	スラウェシ南部	マロス型尖頭器				
	バトゥエジャ洞窟遺跡		マロス型尖頭器				

23	カルンパン遺跡	スラウェシ中部	マロス型尖頭器		◎	
24	ニア洞窟遺跡	ボルネオ西部	不定形・チョッパー	II型		◎
	グアシリ遺跡		なし		?	
25	ウアタマディ遺跡	マルク海域	小型の不定形剥片	II型		
26	ゴロ洞窟遺跡			II型		
27	タンジュンピナン遺跡		小型の不定形剥片	II型		
28	ブイセイウアト遺跡	ティモール島	3700 BP 〜			
	レネハラ遺跡		3800–3600 BP 〜			
	マトジャクル2遺跡		3300–2900 BP			
	ウアイボボ遺跡		3700 BP 〜			
	リエシリ遺跡		4000–3500 BP			
29	マリアナ諸島の遺跡群					
	ウナイバポット遺跡	サイパン島	不定形剥片	II型・IV型		
	チャランピアオ遺跡	サイパン島				
	パポット1遺跡	サイパン島	不定形剥片	II型		
	ラウラウ遺跡	サイパン島				
	ウナイチュチュ遺跡	テニアン島	不定形剥片	II型		
	ナートンビーチ遺跡	グアム島		II型		
	モーチョン・ラッテ遺跡					
30	パラオ諸島の遺跡群					
	ウーロン遺跡	ロックアイランド				
31	ビスマルク諸島のラピタ遺跡群					
	タレパケマライ遺跡	ムサウ島	不定形剥片	II型		
	タムアラワイ遺跡	エミラウ島	不定形剥片			

表 2-5　新石器時代セレベス海域と周辺地域における骨・貝製品等の出土状況

番号	遺跡名	骨製品	貝斧	漁錘	釣り針	コメ	ビーズ	他の貝製品
1	タペンケン遺跡	◎					A	
2	ユアンシャン貝塚遺跡	◎					A	
3	ペンフー遺跡	◎		◎	◎	◎		
4	ナンカンリ遺跡	◎		◎	◎	◎	C	d
4	フェン・ピトゥ遺跡	◎		◎				
5	ケンティン遺跡	◎				◎		
6	ウーロンピー遺跡	◎		◎	◎			
7	チンシャンイェン遺跡	◎				◎		
8	ペイナン遺跡	◎				◎		
9	トロンガン洞窟遺跡							
	サビドゥン遺跡			◎				a, c, d
	アラノ遺跡							
	サンゲット遺跡			◎				
10	アンダラヤン遺跡							
	ラベル洞窟遺跡							
	アルク洞窟遺跡	◎				◎	A, B	
	ピントゥ岩陰遺跡	◎					◎	
	ムサン洞窟遺跡	◎					◎	
11	ナグサバラン遺跡	◎					A	
	ラロ貝塚遺跡群						◎	
	マガピット貝塚遺跡						◎	
	ディモリト遺跡							
12	バツンガン遺跡							
13	ブアド遺跡							
14	ドゥヨン洞窟遺跡		◎				B	◎
	ニペット・ダルダック遺跡							◎
	エルニド洞窟遺跡		◎					◎
	マヌングル洞窟遺跡						B	◎
15	ブキットテンコラック遺跡						B	◎
16	バロボク洞窟遺跡		◎				B	◎
17	リアン・タフナ遺跡		◎				B	◎
18	リアン・トゥオ・マナエ遺跡						B	◎
19	パソ貝塚遺跡							
20	マダイ洞窟遺跡							
21	オロフタ遺跡							
22	ウルリアン洞窟遺跡	◎						
	バトゥエジャ洞窟遺跡	◎						
23	カルンパン遺跡							
24	ニア洞窟遺跡	◎						

	遺跡名					
	グアシリ遺跡			◎		
25	ウアタマディ遺跡	◎				
26	ゴロ洞窟遺跡		◎			
27	タンジュンピナン遺跡					
28	ブイセイウアト遺跡	◎		◎	B	
	レネハラ遺跡			◎	B	
	マトジャクル2遺跡				B	
	ウアイボボ遺跡				B	
	リエシリ遺跡					
29	マリアナ諸島の遺跡群					
	ウナイバポット遺跡	◎		◎	B	a, b, c
	チャランピアオ遺跡				B	◎
	パポット1遺跡			◎	B	a, b, c
	ウナイチュチュ遺跡					
	ナートンビーチ遺跡				B	a, b
	モーチョン・ラッテ遺跡					
30	パラオ諸島の遺跡群					
	ウーロン遺跡					
31	ラピタ遺跡群					
	タレパケマライ遺跡		◎	◎		a, b, c, e
	タムアラワイ遺跡		◎	◎		a, b, c, e
	カンゴット遺跡		◎	◎		a, b, c

ビーズの材質　A：石，B：貝　C：骨
他の貝製品　a：腕輪　b：ペンダント　c：装飾品　d：匙/ナイフ　e：トローリング漁具

　まず表2-4を参照してもらうと，台湾の新石器時代遺跡群では早くも6600年前頃にさかのぼれるナンカンリー遺跡などで「磨製石斧・石包丁・磨製尖頭器・石製樹皮叩き，翡翠製品」がセットで出現する状況が確認できる．石包丁とは稲を刈る際に使用されたと推測される石製品であり，日本の弥生時代遺跡からも出土が多く確認されている物質文化であり，その利用は稲作の普及を示唆するといわれる．ところが石包丁の出土は，台湾以北の新石器時代遺跡でしか確認されておらず，東南アジア海域世界の新石器時代遺跡からは出土しない．

　同じく台湾の新石器時代遺跡からは土製の紡錘車，石製や土製の漁錘，骨製釣り針などが出土するのに対し，これらの遺物は東南アジア海域世界の新石器時代遺跡からは出土がほとんど確認されていない（表2-5）．石製漁錘や釣り針の出土は，新石器時代期の台湾で積極的な海産資源の利用が実践されていたことを示唆しており，類似する物質文化は同時代にあたる日本の縄文時代前期か

ら後晩期の遺跡群でも確認されている．

　しかし台湾の新石器時代遺跡における物質文化の出土状況は，東南アジア海域世界の新石器時代遺跡の出土状況とは共通しない部分も少なくない．たとえば先にも述べたように，東南アジア海域世界の新石器時代遺跡群では，台湾以北で出土する石包丁がまったく出土しておらず，台湾で多く出土する磨製尖頭器もほぼ欠落している．

　むしろ東南アジア海域世界では，完新世初期にまでさかのぼると考えられる石器製作技術とその利用が継続的におこなわれた可能性が高く，遺跡の周辺で獲得できるチャートなどの石材を利用した不定形剥片が主流を占めていることを指摘できる．これに対して共通性がみられるのは，台湾でも多く出土が確認されている磨製石斧や石製の樹皮叩き，翡翠製品などで，これらは東南アジア海域世界においても出土が確認されている．

　このうち翡翠（軟玉）製品の多くは，「リンリンオー」と呼ばれてきた双頭や三頭の動物紋様をもつ耳飾りである．これは台湾においてはすでに6000年前にさかのぼる遺跡群より出土しているが，東南アジア海域世界においては，2500年前頃にさかのぼる新石器時代後期のバタネス諸島，ルソン島北部，パラワン島西部，ボルネオ島西部などでの分布が確認されているほか（表2-4参照），南シナ海を挟んで対岸のベトナム南岸やタイ沿岸部でも出土が多く確認されている物質文化でもある（Bellwood and Dizon 2008; Hung et al. 2007）．

　興味深いのは，東南アジアの海域世界で出土している翡翠製品の多くが，台湾東部の豊田産の翡翠を利用して作製されたものである点で（Hung 2008; Hung et al. 2006），南シナ海を舞台とした長距離交易がこの頃，すでに開始されていたことを強く示唆している．ただしこの翡翠製品が出土するのは南シナ海沿岸の遺跡に限られており，ビサヤ海以南からセレベス海域やその他の東南アジア海域世界ではまだ出土が確認されていない．

　いっぽう，フィリピン中央に位置するビサヤ海以南からセレベス海域において目立つのが，貝斧や貝製品の出土だ．このビサヤ以南の新石器時代遺跡群で出現する新たな貝製品には，磨製貝斧，貝製腕輪，貝製ビーズ，貝製釣り針，貝製スプーンなどがある．このうち磨製貝斧は，おもに大型のシャコガイ（*Tridacna gigas*, *Tridacna maxima* 種が一般的）を利用して作製され，地域によって形

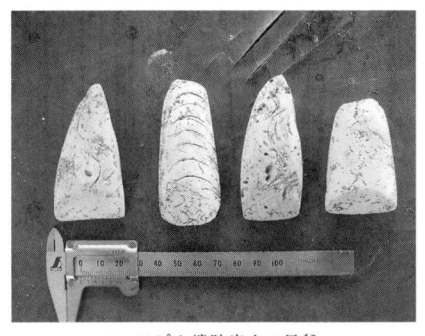

1 ラピタ遺跡出土の貝斧　　　　　　　2 ティモール出土の貝斧

写真 17　新石器時代期の磨製貝斧

態差に多様性が認められる（写真 17）．

　これらの貝製品は歴史的には完新世前期より出現する物質文化の一つだが，前節でも指摘したようにセレベス海域からの出土はほとんど確認されていなかった．したがってこれらの貝製品のセレベス海域における増加は，人びとによる海産資源への利用が多様化し，文化的により発展した可能性を示唆している．とくにその出土頻度の高さは，セレベス海域において顕著であろう．

　しかしその反面，同じく海産資源の利用と密接にかかわるはずの釣り針や漁錘の出土は，東南アジアの海域世界ではほとんど確認されていない．唯一の例外はティモール島であり，この島からは新石器時代期においても貝製釣り針と推定される遺物の出土が報告されている（Glover 1986）．

　これに対し，その東に位置するオセアニア海域世界では，ミクロネシアのマリアナ諸島でも，またメラネシアのビスマルク諸島でも初期の新石器時代遺跡群から多数の貝製釣り針（写真 18：1）が出土しており（e. g. Carson 2008; Clark et al. 2010; Krich 1997; Szabo 2010），ビスマルク諸島のラピタ遺跡群では高瀬貝製のルアー用釣り針（写真 18：2）まで出土した（e. g. Glenn 2001; Glenn et al. 2010; Kirch 1997）．

　すなわち，セレベス海域をふくむ東南アジア海域世界においてのみ，漁撈活動に直結するはずの物質文化が欠落しているのである．では東南アジア海域世界の人びとは，漁撈活動をそれほど積極的にはおこなわなかったのだろうか．

　そこで表 2-6 では，海産資源となる魚類や貝類遺存体のほか，新石器時代

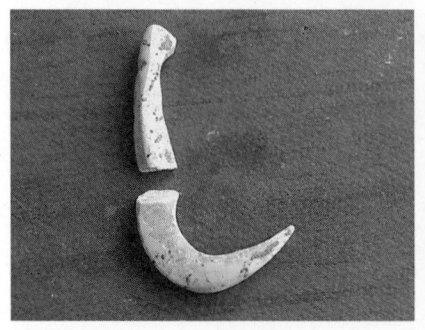

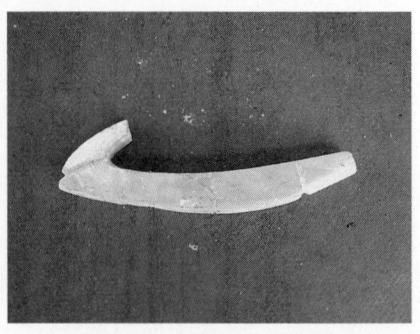

1　単式釣り針　　　　　　　　　　　　　2　タカセガイ製ルアー用釣り針

写真 18　ラピタ遺跡から出土する貝製釣り針

　遺跡群から出土が確認されているさまざまな遺存体の出土状況を整理した．その結果に従うなら，海産貝類や魚類の出土頻度は，とくにセレベス海域以南の東南アジア海域世界で突出する．したがって釣り針や漁錘こそ出土しないものの，人びとの海産資源の利用頻度は明らかに高まっていった可能性は高い．

　その中でもその頻度が考古学的な出土状況から高くなるのが，本書で対象とするセレベス海域であろう．その詳細については次章で詳しく検討するが，本節ではその前に，海産資源以外の自然資源となる動物資源および植物資源の利用状況について，現時点における考古学資料や言語学資料に基づき大まかに整理しておきたい．

　まず表 2-6 によれば，台湾から東南アジア海域世界にかけて出土頻度がもっとも高い動物は，イノシシやブタを含む *Sus scrofa* の仲間である．人類史的には，新石器時代は農耕や家畜化が登場する時代であり，東南アジア海域世界やオセアニア海域世界へと新たに移住・拡散したモンゴロイド集団もその技術や知識の担い手であったと考えられている．また言語学資料，および隣のオセアニア海域における考古学資料によれば，新石器時代に家畜動物として人間によって持ち込まれた動物群として，ブタ・イヌ・ニワトリの 3 種が指摘されてきた (e.g. Blust 1987; Bellwood 1997; 印東 2003)[23]．

　これに対し，東南アジア島嶼部では Sus 属の出土は遅くとも完新世の初期頃

---

23)　ただしメラネシアの初期ラピタ遺跡群からはまだイヌの出土は確認されておらず，イヌの導入はブタよりも遅かった可能性が残されている．

までさかのぼり，ニューギニアまで人間の手によって運ばれた痕跡も残っている．ただし，遺跡群から出土する Sus 属（Sus scrofa を含む）の骨が野生のイノシシか，あるいは家畜化されたブタなのかは十分に検討されておらず，不明な点も多かった．ところが，最近おこなわれた第3臼歯の形態とミトコンドリア DNA の両方に基づく研究では，これら東南アジアの海域世界から出土した Sus 属の多くが Sus scrofa 種であり，その起源が台湾ではなく，むしろ東南アジア大陸部である可能性を強く示唆する結果が得られている (e.g. Dobney et al. 2008)．

さらにこの研究は，完新世前期にニューギニアへと伝わったのも Sus scrofa 種であること，そのいっぽうでウォーラシアのフローレス島に7000年前頃に持ち込まれた Sus 属がスラウェシにしか生息していなかった Sus celebensis であったことを指摘した．これらの結果はすでに完新世前期の東南アジア海域世界，とくにウォーラシアにおいて狩猟に限定されない，より活発な Sus 属の利用があった可能性を示唆している．

こうしたブタの状況に対し，東南アジア海域世界の新石器遺跡からイヌやニワトリが出土するのは非常に稀で，これらが新石器時代にどのくらい頻繁に利用されていたのかは不明な点が多い．しかしマルク諸島では，3000年前頃の文化層からブタやイヌと同定される骨がシカの骨などと一緒に出土しており，少なくともこれらの動物が人間によって利用されていたことは推測できる．

ニワトリについては遺伝学による研究から，これらが東南アジア大陸部を起源として完新世前期頃には東南アジア海域世界に伝わった可能性も指摘されている (Liu 2006)．このほかの動物資源としてシカの出土頻度が高いことは，人びとが狩猟活動によって野生の動物資源も積極的に利用していたことを端的に示している．このほかにセレベス海域の新石器時代遺跡群から出土した野生哺乳類としては，スイギュウ（Bos javaricus 種），ランガー（Preshytis sp.），サル（Macaca sp.）などがある．

これら動物資源の利用とは対照的に，植物資源の利用に関して現時点で得られている考古学資料は非常に限られている．とくにセレベス海域における新石器時代遺跡では，植物遺存体の出土がまだほとんど確認されておらず，周辺地

表 2-6 新石器時代遺跡における自然遺物の出土状況

番号	遺跡名	ブタ	シカ	イヌ	陸産貝類	汽水貝類	海産貝類	ウミガメ	海産魚類
1	タペンケン遺跡								
2	ユアンシャン貝塚遺跡	◎	◎				◎		◎
3	ペンフー遺跡	◎							
4	ナンカンリー遺跡	◎	◎	◎			◎	?	◎
4	フェン・ピトゥ遺跡								
5	ケンティン遺跡	◎							
6	ウーロンビー遺跡	◎	◎				◎		◎
7	チンシャンイェン遺跡	◎							
8	ペイナン遺跡	◎							
9	トロンガン洞窟遺跡						◎		
	サビドゥン遺跡			◎			◎		◎
	アラノ遺跡						◎		◎
	サンゲット遺跡	◎							
10	アンダラヤン遺跡								
	ラベル洞窟遺跡								
	アルク洞窟遺跡	◎				◎			
	ピントゥ岩陰遺跡	◎	◎		◎	◎			
	ムサン洞窟遺跡	◎	◎			◎	◎		
11	ナグサバラン遺跡	◎				◎	◎		◎
	ラロ貝塚遺跡群	◎					◎		
	マガピット貝塚遺跡	◎					◎		
	ディモリト遺跡								
12	バツンガン遺跡								
13	ブアド遺跡								
14	ドゥヨン洞窟遺跡	◎				◎	◎		◎
	ニペット・ダルダック遺跡						◎		◎
	エルニド洞窟遺跡						◎		◎
	マヌングル洞窟遺跡						◎		◎
15	ブキットテンコラック遺跡	◎	◎			◎	◎	◎	◎
16	バロボク洞窟遺跡				◎		◎	◎	◎
17	リアン・タフナ遺跡	◎				◎	◎	◎	◎
18	リアン・トゥオ・マナエ遺跡				◎	◎			◎
19	パソ貝塚遺跡				◎				
20	マダイ洞窟遺跡	◎	◎		◎	◎			
21	オロフタ遺跡						◎		
22	ウルリアン洞窟遺跡	◎			◎				◎
	バトゥエジャ洞窟遺跡	◎			◎	◎	◎		
23	カルンパン遺跡						◎		

24	ニア洞窟遺跡	◎	◎		◎	◎			
	グアシリ遺跡					◎			
25	ウアタマディ遺跡	◎		◎		◎			
26	ゴロ洞窟遺跡					◎			
27	タンジュンピナン遺跡					◎			◎
28	ブイセイウアト遺跡	◎		◎	◎				
	レネハラ遺跡				◎	◎	◎	◎	◎
	マトジャクル2遺跡				◎	◎	◎		
	ウアイボボ遺跡	◎	◎	◎					
	リエシリ遺跡				◎	◎	◎		◎
29	マリアナ諸島の遺跡群								
	ウナイバポット遺跡					◎			◎
	チャランピアオ遺跡								
	バポット1遺跡	◎		◎	◎				◎
	ウナイチュチュ遺跡								
	ナートンビーチ遺跡					◎			
	モーチョン・ラッテ遺跡								
30	パラオ諸島の遺跡群								
	ウーロン遺跡					◎	◎	◎	
31	ラピタ遺跡群								
	タレパケマライ遺跡	◎				◎	◎	◎	◎
	タムアワライ遺跡					◎	◎	◎	◎
	カンゴット遺跡					◎	◎	◎	◎

◎＝出土あり，空白＝出土なし／未確認

域における状況や言語学資料などから間接的に推測するしかない．たとえば近年の言語学研究では，台湾における拡散初期の「原オーストロネシア語」にはイネやコメ，アワ，キビ，ヤム，クワズイモ，サトウキビなどの栽培植物を指す語彙がすでに含まれており (Wolff 1994; Zorc 1994)，東南アジア海域世界への拡散以降に形成された「古マラヨ・ポリネシア語」の段階では，さらにタロイモ，サゴ，ビンロウ，ココヤシ，バナナ，パンノキ，タコノキ，ラタンなどを指す語彙が新たに加わったとされている (Blust 1985)．

　これら新たに加わったとされている植物種の多くは，東南アジアからニューギニアが原産と考えられている熱帯植物種であり，人びとがこれらの植物種を栽培植物として管理・利用していた可能性は十分に高い．しかし，東南アジア海域世界の新石器時代遺跡から確認された植物種はまだかなり限定されている．これは過去における発掘や研究の多くが，一般的に微少な植物遺存体の検

出や同定までを対象としてこなかったことにもよる．

それでも近年では，これら植物遺存体の検出をも視野に入れた遺跡の再発掘調査が進み，フィリピン諸島，ボルネオ島，スラウェシ島などの新石器時代遺跡から，ヤマノイモ科のダイジョ *Dioscorea alata* やサトイモ科のタロイモ *Colocasia esculenta* などが確認されつつある (e.g. Paz 2001, 2005)．今後，さらに多くの栽培植物種が考古学的にも確認されるであろうが，現時点での断片的な考古学情報に基づくなら，おもに栽培されてきたのはイモ類やバナナ類などの根菜類であったようだ．

このような植物種の利用は，すでに論じたように完新世前期におけるニューギニアやソロモン諸島で断片的に確認されている状況とほぼ一致しており，東南アジア海域世界における熱帯植物種の萌芽的な栽培も，この地域に土器や石斧が持ち込まれる以前から開始されていた可能性を高めている．また初期の「原オーストロネシア語」の中にニューギニア原産であるサトウキビや，熱帯植物の栽培に使用されたとされる「ほり棒」を指す語彙が存在している言語学的な痕跡もこの可能性を示唆しているといえよう．

同じくサゴヤシ，ココヤシ，タコノキなどは，ニューギニア島のセピック河周辺 (e.g. Swadling et al 1992; Gosden 1995)，ビスマルク諸島 (e.g. Hayes 1992; Leavesley and Allen 1998; Spriggs 1997)，あるいはソロモン諸島 (e.g. Spriggs 1991) における 5000〜3500 年前頃の遺跡群で出土が確認されている．たとえばニューギニア離島域のムサウ島に位置する新石器時代遺跡であるタレパケマライ遺跡からは，実に 18 種におよぶ植物遺存体が出土した (Kirch 1988, 1989)．考古学的証拠はまだ非常に限定されているが，こうした新たな生業形態がこの時代にセレベス海域でもおこなわれていた蓋然性は高い．

これに対し，台湾以北では炭化した籾米が出土し，その出土年代は 6000 年前頃にまでさかのぼることが確認されている（表 4-5）．しかし，東南アジア海域世界ではボルネオ島西部とスラウェシ南西部で，4500〜2500 年前頃にまでさかのぼる遺跡群から炭化した籾米の出土が確認されているのみである (e.g. Ipoi 1993; Glover 1976)．このうちボルネオ島西部で，新石器時代の初期にまでさかのぼる遺跡から稲作の痕跡が確認されたことは，石包丁を伴う台湾以北の稲作文化とはまったく異なる稲作文化がすでに東南アジア海域世界の西部で開

始されていた可能性も示唆している.

とくにフィリピンや東インドネシアからなる東南アジア海域世界の東部で考古学的な稲作の痕跡がほとんどみられない状況が[24], その可能性を高めている (e.g. Paz 2002). セレベス海域を含む東南アジア海域世界の東部では, 稲作の知識や存在はあったかもしれないが, 稲作に適した土地がきわめて限られていたこともあり, 少なくとも新石器時代に稲作が積極的に利用されることはなかったようである.

ここでは最後に本節で検討したセレベス海域, および東南アジア海域世界における新石器時代期の人類と生業形態の特徴を以下の7点に整理しておく.

(1) 形質人類学研究によれば, 東南アジア海域世界の新石器時代遺跡から出土する人骨にはより古い南方モンゴロイド系集団の形態的特徴が強くみられる. いっぽう, 更新世後期より居住してきたオーストラロ・メラネシア系集団は完新世期を通してのモンゴロイド集団との混血などを経て淘汰された可能性が高い.

(2) 考古学研究によれば, 新石器時代の特徴を示す物質文化は北方に位置する台湾においてより早く開始され, ついでセレベス海域を含む東南アジア海域世界でほぼ同時期に出現する. その後やや遅れてニューギニアを除くオセアニア海域世界でも開始が確認されている.

(3) 言語学研究によれば, 新石器時代に新たに移住してきたモンゴロイド系集団によって使用された「原オーストロネシア語」が, 人類の移動とともに台湾を経て東南アジア海域世界の全域から, 最終的にオセアニア海域世界へと拡散した.

(4) 新石器時代期に新たに出土する遺物としては, 土器・磨製石器・磨製貝斧のほか多様な貝製品があり, とくにセレベス海域では貝製品の出土頻度が突出する.

(5) 新石器時代より開始された新たな生業形態として, 動物の家畜化と栽培

---

24) ただしパズによれば籾痕あるは籾が付着した土器片の出土が確認されている新石器遺跡は36遺跡ある. しかし, その出土数はいずれも全体の土器数に比べかなり限られており, 遺跡外で製作された可能性も大きいため, 間接的な資料とはなっても, 直接的な証拠としては扱えない (Paz 2002).

植物の利用（農耕）が指摘できるが，その考古学的証拠はまだ非常に限られている．
(6) 野生資源の利用に関する基本的な生業形態は完新世初期と類似するが，新石器時代以降の遺跡ではより積極的な海産資源の利用が認められ，とくにその傾向はセレベス海域以南からオセアニア海域世界において突出する．
(7) 資源の利用と人為的な移動に関しては，長距離交易が開始された可能性がある．その対象となった資源として現時点で考古学的に確認されているのは，ニューギニア離島部のタラセア産黒曜石と，台湾産の翡翠（軟玉）の二つである．

　これらの特徴を総合するなら，新石器時代期のセレベス海域にはそれ以前の更新世や完新世初期から居住してきた先住集団の中に，新たな技術や言語，そして生業文化を携えた人間集団が移住したことで開始されたと考えられる．ただし現時点での考古学的研究に基づけば，東南アジア海域世界の物質文化や生業文化と台湾以北のそれには共通しない部分も多く，形質人類学研究によれば東南アジア海域世界で出土してくる古人骨にはより古い南方モンゴロイドの要素が強い．
　こうした状況は，新たに北方から移住してきたモンゴロイド系集団人口は実際にはそれほど多くなく，それ以前の時代に東南アジア海域世界に拡散し，居住してきたモンゴロイド系集団と混血し，遺伝・形質的には同化していった可能性も示唆している．その意味では，東南アジア海域世界における新石器時代の幕開けは，必ずしも新たな人間集団の大規模な移住や拡散によるものではないことになる．
　そのいっぽう，言語，考古，形質人類学的証拠のすべてにおいて一致しているのが，モンゴロイド系集団の新石器時代期における東南アジア海域世界からオセアニア海域世界への移住と拡散である．生業文化においては，東南アジア海域世界に特徴的な積極的な海洋資源の利用に代表される海洋性志向は，オセアニア海域世界においても継続・発展的に継承されていることが考古学的にも確認されてきた．さらにここでは，そうした強い海洋性志向が，東南アジア海

域世界の中でもとくにセレベス海域以南で突出している状況を確認した．この点においても，新石器時代期のセレベス海域が東南アジアの海域世界における人類史の中で，その重要性をもっていることを改めて強調したい．

その上で次節以降では，新石器時代以降における新たな物質文化や人間集団の流入や拡散が，人びとの居住や生業文化にどのような影響をもたらしたかについて，おもに考古資料に基づきながら検討する．

4 ❖ 遅れた技術革新と周縁化——金属器時代の生業文化

考古学における金属器時代とは，その出土遺物に青銅器・銅器・鉄器等の金属器が含まれてくる時代の総称である[25]．すなわち考古学的な新石器時代から金属器時代への移行は，あくまでも考古学的に可視性の高い新たな物質文化の出現によって認識されているにすぎない．

それにもかかわらず，あえて金属器時代をセレベス海域における人類史上の時代の一つとして検討する目的は，この金属器という新たな道具とその生成技術の出現が人類史的には農耕を含めた開拓技術の劇的な進化と，それに伴う人間社会における階層化や生業の分業化に直接，あるいは間接的にかかわる可能性があることによる．

たとえば東アジアでは，中国における王朝の幕開けと青銅器の出現がほぼ同時期であり，日本における弥生時代の階層化と金属器の出現や，古墳時代におけるさらなる階層化や生業分化と鉄製作跡の激増の時期的な一致などをあげることができる．そこで本節では，セレベス海域における金属器時代の幕開けと人びとの社会や生業変化との関係性に注目しながら，この時代の生業文化について検討していきたい．

---

[25] 一般的にヨーロッパや中国等の先史時代では，金属器の中でも青銅製品の出現期が早く，これについで鉄器が出現する．そこで，これらを青銅器時代や鉄器時代とに分けて呼ぶことが一般的であったが，セレベス海域を含む東南アジア海域世界においては，青銅器や鉄器の出現期に大きな時間差が認められない．したがって，ここではこれらの金属器が出土する遺跡群を，金属器時代遺跡とした．

表 2-7　セレベス海域および周辺域の金属器時代遺跡とそのタイプ

番号	遺跡名	位置	形成年代	遺跡タイプ	参考文献
1	ドゥヨン洞窟遺跡	パラワン島西岸	BC 500-200	埋葬	Fox 1970
1	ウヤウ洞窟遺跡	パラワン島西岸	BC 500-200	埋葬	Fox 1970
1	グリ洞窟遺跡	パラワン島西岸	BC 200-	埋葬	Fox 1970
1	マヌングル洞窟遺跡	パラワン島西岸	BC 200-	埋葬	Fox 1970
1	タジャウ洞窟遺跡	パラワン島西岸	AD 200-	埋葬	Fox 1970
2	コタバト洞窟遺跡	ミンダナオ南岸	AD 600-	居住	Kurjac et al. 1971
2	アユブ洞窟遺跡	ミンダナオ南岸	?	埋葬	Dizon 1996
3	トゥボリ洞窟遺跡	ミンダナオ南岸	?	居住	Solheim et al. 1979
3	カルンパン洞窟遺跡	ミンダナオ南岸	?	居住・埋葬	Solheim et al. 1979
3	アシン洞窟遺跡	ミンダナオ南岸	?	居住	Solheim et al. 1979
4	アゴップアタス洞窟遺跡	ボルネオ島東岸	BC 200?-	居住	Bellwood 1988
4	プスサマンタス洞窟遺跡	ボルネオ島東岸	AD 1000-	埋葬	Bellwood 1988
4	プスルムット洞窟遺跡	ボルネオ島東岸	AD 1000-	埋葬	Bellwood 1988
5	バロボク洞窟遺跡	スールー諸島	?	居住	Spoher 1973 ほか
6	リアン・ブイダ遺跡	タラウド諸島	AD 1000-	居住	本書
7	リアン・ブイドアニ遺跡	タラウド諸島	AD 1000-	埋葬	Bellwood 1976
8	リアン・バランギンギ遺跡	タラウド諸島	AD 1000-	埋葬	Bellwood 1976

　表 2-7, 図 2-6 はセレベス海域とその周辺地域における金属器時代遺跡とその推定利用年代を整理したものである．推定利用年代としているのは，これらの遺跡群から得られている金属器時代層の年代値の多くが，量および質的に十分なレベルに達していないと判断されるためだ．またこれらの遺跡群の中には，ボルネオ島東部のアゴップアタス洞窟遺跡や，タラウド諸島のリアン・トゥオ・マナエ遺跡のように新石器時代より継続的，あるいは断続的に利用されてきた遺跡も含まれている．

　これらのデータから指摘できることの一つは，(1) セレベス海域における金属器時代の開始年代が早い地域では 2000 年前頃から，遅い地域では 1000 年前頃までと地域によってかなりの差異があり，全体的に東南アジア海域世界における他地域（とくに西部）と比べ金属器時代の到来が遅いことである．二つめ

第 2 章 セレベス海域の生業文化と人類史　123

図 2-6　セレベス海域および周辺域の金属器時代遺跡群

は，(2) 金属器時代遺跡の多くが居住遺跡ではなく，むしろ埋葬遺跡として利用されたと推測される遺跡で占められている点だ．このうちセレベス海域内で金属器時代の開始年代にかなりの幅がみられる最大の要因は，遺跡群の多くで確実な炭素年代が得られていないという考古学資料の不足にもよっている．

　しかしながら，その周辺地域における金属器時代の開始時期が遅くとも 2000 年前にまでさかのぼる状況を考慮するなら，セレベス海域でも地域によってはその頃までに金属器が新たに入ってきた可能性が高い．ちなみに人類史的な金属抽出技術の発見とその加工（鋳造）による金属器の生産は，アジアにおいては中国で青銅器の生産が 4000 年前には開始されており，東南アジアの大陸部でも 3000 年前頃の遺跡から青銅器の出土が確認されている．したがって東南アジアの海域世界における金属器時代の幕開けは，大陸部と比べかなり遅い．とくに金属器の出現が現時点で 1000 年前頃までしかさかのぼれない地域を内包するセレベス海域は，金属器の流入と利用において後進地域であったと

認識できよう．そのもう一つの考古学的な証拠は，セレベス海域には青銅器と鉄器の出現時期に差がみられない，あるいは人類史的にはより遅くに生産や利用がはじまった鉄製品のみを出土する遺跡が存在することである．

いっぽう，セレベス海域における金属器時代遺跡の多くが埋葬遺跡であることは，発掘されてきた遺跡の多くが洞窟や岩陰遺跡であったことと関係している．このことは，新石器時代以前には居住遺跡としても利用されてきた洞窟や岩陰が，金属器時代にはそれほど積極的に居住遺跡としては利用されなくなった可能性も示唆している．

またこうした埋葬遺跡からさまざまな金属器やガラス製品などが埋葬品として出土してくる状況は，これらが希少価値をもつ貴重品として認識されていた可能性が高い．このうち青銅・銅製品として出土する遺物群には，刃部が扇形を呈するソケット状の斧や，その鋳型と推定される土製品や金属製品がある．

セレベス海域の遺跡群から出土する金属器の数や量が概して少ないことは，これら金属器の多くが地元で生産されたものではなく，むしろ完成品として周辺域から持ち込まれたことを示唆する．たとえばボルネオ島西部のサラワクでは，10世紀から14世紀頃にかけて大規模な鉄器生産がおこなわれていた痕跡が考古学的に確認されており（Harrison and O'Connor 1969），スラウェシ島南部のボネ湾周辺域では鉄鉱石を産出する丘陵とその周辺に，鉄の製作跡と推定される遺跡が多く確認されている（Bulbeck and Bagyo 2000）．

後世の文献史料からも，東南アジア海域世界の主要な鉄の産地がボルネオとスラウェシにあったことが確認されており（Read 1988），これらの地域より産出された鉄がセレベス海域へも流入していた可能性は高い．しかし，セレベス海域内で独自の生産が本格的に実践された形跡は現時点では確認されておらず，金属の鋳造がおこなわれていたとしても，それは古くなった金属器の再利用か外から輸入された鉄屑を原料として，小規模におこなわれていたと考えるのが妥当であろう．

またセレベス海域では，その周辺地域となるスラウェシ島中部以南やスマトラ島，ジャワ島，バリ島などで，2000年前頃より出現するドンソン系青銅器

群[26]や，メガリスと呼ばれる巨石建造遺跡[27]もほとんどみられない．例外的にボルネオ島北岸の離島より，ドンソン系の銅鼓としてはもっとも古いタイプとなるヘーガーⅠ型の銅鼓が出土してはいるが，ドンソン系青銅器に代表されるような東南アジア大陸部を起源とした新たな金属器文化が，本格的にセレベス海域へと流入した痕跡はない．

つまりセレベス海域内では，まだ社会の階層化や権力の集中化がダイナミックに起こったと推測できる考古学的証拠が見つかっておらず，大陸部を起源とする金属器文化圏という視点からはかなり周縁的で後進的な地域であった．

ただし埋葬遺跡の増加や，甕棺の積極的な利用を特徴とする埋葬形態の発達，金属器を中心とする埋葬品の多様化といった出土状況からは，人びとの社会構造文化に新石器時代とは異なる変化が生じていた蓋然性を指摘することは可能だ．とはいえ大局的には，セレベス海域における社会の階層化や権力の集中化は，むしろこの後に続く交易・植民地時代により本格化した感が強い．

最後に金属器時代における生業文化について検討する必要があるが，発掘された遺跡群の多くが埋葬遺跡であるため，金属器時代における生業活動や資源利用にかかわる考古学的情報がほとんど得られていない現状がある．とはいえ，金属器の流入や普及が人びとの資源利用の範囲を広げ，生業活動をより容易に

---

26) そのもっとも特徴的な遺物はドンソン・ドラムとも称される青銅製の鼓があげられる．このドンソン・ドラムの起源地としては中国の雲南説とベトナム説の２つがあるが，巨視的にみればいずれにせよこのドラムがユーラシア大陸のインドシナ半島周辺で生まれ，マレー半島を経由してスマトラ，ジャワ，バリ，スラウェシ南部やボルネオ島，さらにはイリヤンジャヤのゲンドルワシ半島まで分布していることが確認されている (Bellwood 1997)．この他にドンソン系青銅器群としてはドラムと同様に特徴的なモチーフが描かれる青銅製のフラスコや斧があげられ，その多くは西インドネシア諸島から出土するが (Heekeren 1958; Sutayasa 1973)，セレベス海域やフィリピン諸島からの出土例はほとんどない．

27) マレー多島海域におけるメガリスにはさまざまな種類があるが，体系的にはこれらは①石塊を刳り貫いた人物像や乳鉢，直立石柱の集合体に代表される石造モニュメントと②壇状の墓あるいは組み合わせ式石棺墓に代表される石造墓に分類できる．このうち前者はスマトラ南部のパセマ高原やスラウェシ中部のバダ地区などで多く確認され (Hoop 1932; Heekeren 1958)，後者はスマトラ島やマレー半島に多く分布し，ジャワやバリにも存在している (Hoop 1932; Heekeren 1958; Sieveking 1956; Soejono 1969)．

した可能性は十分に推測することができる．ただ先にも書いたように，この時代のセレベス海域は金属器の生産や流通という面ではかなり周縁的な存在であり，その一般的な普及と利用は明らかに10世紀以降である．

したがって，10世紀以前のセレベス海域でも金属器の流入はあったろうが，それが人びとの資源利用や生業活動を劇的に変化させるにはいたっておらず，生業活動そのものは，新石器時代のそれにかなり近似した形態を維持していた可能性が高い．この点についてはまた第4章で改めて検討したい．

5 ❖ 小王国の出現と分業化
── 交易・植民地時代の生業文化

考古学的な交易時代という概念も，金属器時代と同じく新たな物質文化の出現に基づいて設定，あるいは認識されているにすぎない．セレベス海域を含む東南アジア海域世界においてその指標となる物質文化は，中国や東南アジア大陸部，あるいは日本などをおもな生産地とする貿易陶磁器がこれに相当する(Beyer 1947; Fox 1970; 青柳 1983, 1992a. b; 小野 2006a; 田中 2001)．

これに対し植民地時代は，15世紀頃より本格化する西洋諸国の東南アジア海域世界への進出とその結果として起こる接触期以降から，近代において東南アジア海域世界に独立した国家が出現するまでの時代と定義したい．歴史学的には，前者の交易時代は中国文献を中心とするいくつかの史料にセレベス海域についての記述が散見されることから，原史時代 (e.g. 青柳 1992a, b)，後者の植民地時代は西欧による文献記録や史料が存在するので歴史時代と認識することも可能である．

そこで本節ではこの両時期を交易・植民地時代として一括して検討する．これはセレベス海域西部のタラウド諸島のように，交易時代と認識できる時期と植民地時代と認識できる時期の年代差が，かなり近接する地域が存在しているためでもある．そこで本節では交易時代，およびその後の西洋諸国の接触によってはじまる植民地時代期におけるセレベス海域の人間社会や生業文化にどのような変化が生じたか，あるいは生じなかったのかを考古学資料のみでなく，近

表2-8 セレベス海域および周辺域の交易・植民地時代遺跡群

番号	遺跡名	位置	形成年代	遺跡タイプ	参考文献
1	アビオグ洞窟遺跡	パラワン島西岸	AD1200-	埋葬	青柳 1983
1	ブブルンガン洞窟遺跡	パラワン島西岸	AD1200-	埋葬	Fox 1970
2	バランガイ遺跡	ミンダナオ島北部	AD1000-	居住	Burton 1977
3	クパン遺跡	ボルネオ島西岸	AD1000-	居住	青柳 1992b
4	バドゥダトゥ遺跡	スールー諸島	AD1200-1800	居住・埋葬	Spoehr 1973
4	パラン遺跡	スールー諸島	AD1400-1800	居住	Spoehr 1973
5	ブンガオ岩陰遺跡	ミンダナオ西南岸	AD1400-	季節居住	Spoehr 1973
5	ピラー砦遺跡	ミンダナオ西南岸	AD1635-	居住	Spoehr 1973
6	マカリン洞窟遺跡	ミンダナオ島南岸	AD1300-	居住	Solheim et al. 1979
6	デアルクハウス遺跡	ミンダナオ島南岸	AD1400-	居住・埋葬	Solheim et al. 1979
7	アランダンガナ洞窟遺跡	タラウド諸島	AD1350-1800	居住	Tanudirjo 2001
8	ブキットティウィン遺跡	タラウド諸島	AD1500-1800	居住	小野ほか 2007
9	ブキットシーラム遺跡	ボルネオ島東岸	AD1200-	居住	青柳 1992b
10	マダイ洞窟遺跡群	ボルネオ島東岸	AD1500-	居住	Bellwood 1989

年における文献史学研究による成果も利用しながら検討する．

　表2-8と図2-7は，セレベス海域とその周辺地域において交易時代から植民地時代に形成され，かつシステマティックな発掘調査が実施された遺跡の名前と位置を整理したものである．これらの考古学遺跡群に共通するのは，その出土遺物として中国陶磁器を中心とする陶磁器片と土器片が共に出土している点にある．これらからも明らかなように，セレベス海域の遺跡群はその周辺に位置する遺跡群に比べ，その形成年代が新しい．

　いっぽう，表2-9はセレベス海域内に位置する主な遺跡群から出土した陶磁器片や，土器以外の遺物の出土状況を整理したものである．これによれば，セレベス海域の周辺に位置するミンダナオ島の北岸に位置するバランガイ遺跡や，ボルネオ島西岸に位置するクパン遺跡では10世紀にさかのぼる北宋期の中国陶磁器が出土しており，パラワン島西岸に位置するアビオグ洞窟遺跡やブブルンガン洞窟遺跡からは，13世紀にさかのぼる元代の中国陶磁が出土している．ところがセレベス海域内で出土が確認されている貿易陶磁器片は，古い

図 2-7 セレベス海域における交易・植民地時代の遺跡群

ものでも 12〜13 世紀に当たる南宋期のものであり，その多くが 16 世紀以降の明・清代期に製作された陶磁器片に集中する傾向が指摘できる．

こうした考古学的状況からは，セレベス海域が中国を中心とする海上交易圏に本格的に組み込まれた時期が，9 世紀の唐末五代期の中国陶磁が出土するフィリピン諸島北部や，11 世紀の北宋期の中国陶磁が出土するボルネオ島西岸のブルネイやミンダナオ島北部のバランガイ遺跡に比べて，やや遅くなることを示唆している．またセレベス海域内における陶磁器に代表される中国産商品の流入は，その西部に位置するスールー諸島やボルネオ島東岸でより早く，ついでやや遅れてミンダナオ島西南部やサンギヘ諸島が続き，その東端に位置するタラウド諸島でもっとも遅くなる傾向を指摘できる．

いずれにせよ，セレベス海域が中国を中心とする国際的な海上交易圏に本格的に組み込まれていくのは，考古学資料に基づくならば 13 世紀頃からと考えられる．そのいっぽう，セレベス海域には 15 世紀頃より西欧人（スペイン・ポルトガル）の到来と海上交易への参入が開始される．さらに 16 世紀から 17 世

表 2-9 交易・植民地時代遺跡から出土した土器以外の遺物群

番号	遺跡名	陶磁器タイプ	陶磁器片数	ビーズ	鉄製品	その他の遺物
4	バドゥダトゥ遺跡	A/B/E/F/G	4733	×	×	×
4	パラン遺跡	C/D/E/F/G	5167	A	◎	土製漁錘・貝製腕輪・ペンダント類
5	ブンガオ岩陰遺跡	B/C/D	360	A	◎	貝製腕輪・黒曜石・剥片石器
5	ピラー砦遺跡	E/F/G	1606	×	◎	貝製品・金製耳飾等
6	マカリン洞窟遺跡	E/F	25	×	○	骨製品・貝・人骨
6	デアルクハウス遺跡	A/E	4	×	○	貝・獣骨・人骨
7	アランダンガナ洞窟遺跡	E/F/G	50	×	○	貝製腕輪・骨製品・海産貝・剥片石器
8	ブキットティウィン遺跡	E/F/G	61	×	○	獣骨・海産貝・骨製品・剥片石器
9	ブキットシーラム遺跡	B/C/D/E	?	A/B	○	金製腕輪など
10	マダイ洞窟遺跡群	C/D/E/F/G	345	A	○	特に無し

陶磁器の種類　A：南宋代　B：元代　C：タイ産　D：ベトナム産　E：明代　F：清代　G：ヨーロッパ産
ビーズの材質　A：ガラス　B：その他

紀にはフィリピン諸島やインドネシア諸島の一部ではスペインやオランダにおける植民地支配化が進行し，セレベス海域にもその影響力が強まっていく．

　ここでは，こうした中国を中心とした海上交易やその後の西欧列強の進出による新たな物質文化や人間の流入が，セレベス海域内の人間社会や生業文化にどのような影響を与えたのかを，文献史料も援用しながら総合的に検討する．

　中国で宋代末の 1225 年に成立した『諸蕃志』には，ボルネオ西岸域を拠点としたブルネイ（勃泥国）に関して「城中に住民一万余，一四州を統括」との記述がみられる．考古学的にもブルネイのクパン遺跡から 10 世紀にさかのぼる北宋期の中国陶磁が出土しており，ボルネオ西部域は遅くとも宋代期までに中国との海上交易を確立させていた．これらの記述は，その社会組織が首長制に基づく階層化社会であったことも示唆している．

　これに対し，セレベス海域を拠点とする国名や地域名は『諸蕃志』にはみられないが，元代末の 1341 年に成立した『島夷志略』にはじめてスールー諸島を示す「蘇禄」の記述がみられ，貿易の貨として陶磁器である青珠や処器が用

いられていたことが確認されている (葉文程 1985)．いっぽう，『南海志』はスールーが13世紀後半よりブルネイの属領であったことが記されている．

ただし考古学的には，スールー諸島のバトダトゥ遺跡から12世紀の南宋期にまでさかのぼる中国陶磁が出土しており，遅くとも13世紀までには中国との交易が開始されていた可能性が高い．さらに明代初期に編纂された『明史』には，1368年にスールーがブルネイを攻撃したとの記述がみられる．これは14世紀後半にジャワを拠点とするマジャパイト王朝の侵攻によってブルネイが弱体化した際の出来事と考えられるが，この頃までにはスールーにも首長制に基づいた階層化社会が形成された可能性がある．

セレベス海域にはこのスールーの他にも，複合的な階層化社会が形成されたと可能性のある中心地がいくつかある．その1つが，ミンダナオ島の南西岸に注ぐミンダナオ島最大の河川であるプラギ河の河口域や，ラナオ湖を拠点としたマギンダナオだ．マギンダナオが文献史料上に明確に登場するのは明代以降といわれるが[28]，その影響下にあったとされるサンボアンガ周辺に位置するブンガオ洞窟遺跡から元代期の中国陶磁が出土している状況を考慮すれば，スールーよりはやや遅れるものの，すでに元代期には中国との交易がはじまっていた可能性は高い．またスールーがおもにボルネオ島のブルネイによる影響の下で形成されたのに対し，ミンダナオ島のマギンダナオは，より南東に位置するマルク諸島のテルナテからの影響をより強く受けて形成された (早瀬 2003：38)．

テルナテは白檀や香料貿易を背景に，早くから首長制に基づく階層化社会が形成された王国である．同じくテルナテによる影響を強く受けた地域として，ミンダナオ島とスラウェシ島の間に位置するサンギヘ・タラウド諸島がある．

このうち火山島であることから，肥沃な土壌と多数の河川を有するサンギヘ

---

28) 文献史料におけるマギンダナオの登場には諸説があるが，もっとも古い記述はスールーと同様に『諸蕃誌』における「民多朗」という表記がミンダナオあるいはマギンダナオを意味している可能性がある．また『明史』には，マギンダナオと推測されている「古麻剌朗 kumalang」に関する記述があり，これが実際にマギンダナオだとすれば，少なくとも1417年にはその王が中国に朝貢をおこなったことが確認される．

諸島はより人口の集中が激しく[29]，マルク諸島とスールー諸島を結ぶ香料貿易の中継地として発展した．ただし文献史料上，サンギヘ諸島に関する最初の記録は1521年にフィリピン諸島方面からマルク諸島へと航海したマゼラン艦隊による記述であり (Pigafetta 1524)，中国語文献には記述がみられない．記録によれば，当時のサンギヘ諸島には大サンギヘ島に4人，シアウ島に1人，タグダラン島に1人のラジャ (王/首長) がいた．これを考慮に入れるなら，16世紀のサンギヘ諸島ではすでにダト *dato* を中心とする首長制社会 *kedatuan* から小王国 *kerajaan* への発展が指摘され (早瀬2003)，やはり13世紀頃からスールーやテルナテからの影響の下，社会の階層化が進んだ可能性が高い．

こうしたサンギヘ諸島と異なり，マルク諸島とミンダナオやスールーとを結ぶ海上交易ルートから若干東に外れるタラウド諸島は，サンギヘ諸島のように中継地として機能することもなく，文献に登場する頻度もより少ない．またサンギヘ諸島と異なり火山島でもないタラウド諸島は，平野部の面積は多いものの土壌や水資源が貧弱で，人口密度もサンギヘ諸島より少なかった[30]．考古学的にもタラウド諸島から出土する陶磁器片は明代以降，とくに清代期のものが多く，タラウド諸島が物質文化的にも後進地で，サンギヘ諸島の影響化にあった可能性が指摘される[31]．

いずれにせよ，考古資料との比較からはセレベス海域における各中心地域では，これらが文献史料上に国あるいは勢力圏として登場する数世紀以前より，中国を中心とする国際交易品が流入していたことが確認できる．

これに関し，陶磁器を含む新たな交易商品の出現は，東南アジア海域世界の

---

29) ヘンリィによる推算によれば18世紀初頭における大サンギヘ島の人口密度は39〜59人/km^{2}で，19世紀末までには60人/km^{2}に達したことが指摘されている (Henley 2005：153)．

30) 19世紀以降において残された文献資料よりタラウド諸島の人口を推定したヘンリィによれば，1850年頃のタラウド諸島の全人口は40000〜45000人であったとされる．同時期のサンギヘ諸島の推定人口は30000〜35000人だが，人口密度としては島嶼面積のより大きいタラウド諸島のそれがより小さく30人/km^{2}と推定されている (Henley 2005：163)．

31) 実際，サンギル人が頻繁にタラウド諸島を訪ね，森林産物や農作物を得ていた記録やサンギル人がタラウド諸島の各地域を自らの領域として各村落間で交渉をおこなっていた伝承が確認されている (Hayase et al 199; Henley 2005)．

人間社会における階層化や，権力集中の傾向を高めたとする指摘もある (e.g. Hutterar 1974, 1976, 1977; Nishimura 1988, 1992: Junker 1999)．たとえばハッテラーは，海外交易の拡大が特定民族の枠内に限定されない人間集団の移動を生み，おもに沿岸低地域に核的なセトルメントを形成させ，これがさらなる交易の機会や需要の増加を生み出していく過程で，階層化の進んだ複合社会が発展したとするモデルを主張した (Hutteler 1977)．

これらの研究を参考とするなら，セレベス海域でも海上交易の舞台となった沿岸の低地域において，資源および人口の集中が生じたと考えられよう．実際，セレベス海域における多くの交易・植民地時代遺跡は，その多くが沿岸域に集中する傾向がある．またこの過程の中で，内陸地における森林産物等の資源が交換商品として持ち込まれ，逆に沿岸低地域で生産された土器や海上交易によって流入した陶磁器を含むさまざまな商品が，内陸地へと拡散した可能性がある．たとえば文献史料においては，スールーの主な輸出品としてナマコやフカヒレ，真珠母貝などの海産資源の他，海ツバメの巣，蜜蝋，シナモンなどさまざまな森林産物が列記されている[32]．

考古学的には，スールーの勢力圏下にあったボルネオ島東岸の内陸に位置するマダイ洞窟遺跡群で，地元集団であるイダハン人らによるツバメの巣採集に伴う居住跡が 16 世紀以降に形成されており (Bellwood 1988)，文献史料の記録と一致している．また文献史料には，海洋資源の獲得において活躍した人間集団として，海洋性志向の強いバジャウ人やサマル人が頻繁に登場する．同じく彼らは沿岸低地域に集結した森林資源を含む輸出商品を他地域へと運搬する機能も果たしていた．たとえば 17 世紀以降におけるマギンダナオの主要な輸出

---

32) 1805 年から 1830 年間にスールーを出航した 67 艘の船のうち，実に 48 艘の積載品はナマコで占められていた記録があり，おもに輸出されるナマコは 15 種に及んだ．また 1821 年にマニラへナマコを運んだサンホセ号のナマコ積載量は合計で，100 トンに達したとする記録もある．また蜜蝋は 67 艘のうちの 52 艘で積載されているがその積載量はそれほど多くなかったと推測されている．同じくツバメの巣も 67 艘のうち 49 艘に積載されており，1 艘における積載量は 90〜6000 kg とかなりの差がみられる．これらマニラへ輸送されたスールーの交易品は，さらにマニラから中国のマカオや広東へと運ばれた (Warren 1981)．

品であったコメや蜜蝋は[33]，海洋民として知られていたイラヌン人やサマル人によって外世界へと運ばれていた (Laarhoven 1989)．

これら一連の状況からは，交易時代の到来がセレベス海域社会の階層化を促進させたのみではなく，沿岸低地域を中継地として，より内陸や後背地において稲作や森林産物の産出に従事する「陸の民」と，沿岸域から海洋域において漁撈活動や交易活動に従事する「海の民」との生業分化をも促進した可能性が指摘される．また，その過程の中で首長化あるいは貴族化していく人びとが，スールー諸島におけるタオスグ系集団やサンギヘ諸島におけるサンギル系集団のように，半農半漁を基本的な生業戦略としてきたバランス感覚の高い集団であったことも，セレベス海域社会における階層化の一つの特徴であろう．

こうした17世紀以降のセレベス海域社会におけるさらなる階層化には二つの特徴がみられる．その一つは，とくにその西部を中心としたイスラム教の浸透である．早瀬によれば，遅くとも16世紀までにはスールーやマギンダナオではイスラム教が受容され，首長はスルタンの称号を継承した．これによって，17世紀までにセレベス海域社会は複合首長社会から，さらにスールー王国やマギンダナオ王国といった王国へと発展を遂げる．またイスラム教の浸透は，セレベス海域にアラブ人による活動や来訪があった可能性を示唆している．ただしセレベス海域におけるそれぞれの王国は，それ以前の単純首長制社会の性格[34]も色濃く残しており，王国は地方の首長やイスラム指導者，王族の有力者らによって構成される長老会議の合議で運営され，官僚機構などの制度的な発達はみられなかった (早瀬 2003)．

いっぽう，セレベス海域の西域に位置していたサンギヘ・タラウド諸島やスラウェシ北部域では，イスラムの影響はスールーやマギンダナオほどには届かなかった．唯一，マギンダナオやテルナテの影響を強く受けてきたサンギヘ諸島では，その北部を中心にイスラムに改宗した村落・集団がみられたが，それ以外の地域では本格的なイスラム化は生じていない．その結果，これらの地域

---

33) コメはその生産量が不足していた南方のマルク諸島へとオランダを介して輸入されていた．1657年時にオランダが推算したマギンダナオからの貿易量はコメが 1,976,000 kg，蜜蝋が 12000〜18000 kg であった (Laarhoven 1989)．
34) 早瀬は「バランガイ社会」と表現している (早瀬 2003)．

ではイスラムの到来後に遅れて進出してきたポルトガルやオランダによる支配の下で，16世紀以降[35]キリスト教が浸透した．

二つ目の特徴は，遅くとも17世紀頃までに，海上交易の活発化と比例して海賊行為による奴隷交易が活発化した点である．その背景には，急速に発展を遂げたマギンダナオやスールーにおけるおもな輸出品であったコメなどの農作物の生産者や，大型の戦闘船や輸送船の漕ぎ手となる人間資源の不足があった（Warren 1981, 2002）．同じくこうした海賊行為には，1591年よりはじまるスペイン軍のミンダナオ島やスールー諸島への侵略活動に対する報復として，スペインの支配下にあった地域への攻撃という目的があったことも指摘できる．また1620年以降においては，奴隷そのものが商品として，オランダ領東インドネシア諸島の労働市場に売られるといった事例もある[36]．

ウォレンによれば，17世紀における奴隷交易の活動範囲は，スペインの支配化となりつつあったフィリピン諸島の北部や中部が中心であったが，18世紀以降には遠くマレー半島やスマトラ島，ジャワ島にまで進出し，その活動範囲が拡大した．その結果，17世紀以降における数百年間で奴隷としてスールーやマギンダナオに連れてこられた人びとの数は，実に10万人を超えたとも推算されている（Warren 1981）．したがって奴隷交易の活発化が，セレベス海域の人口構造に大きな変化を与えたことは明らかであろう[37]．

---

35) サンギヘ諸島やスラウェシ北部がイエズス会によってカトリックの布教が開始されたのは，1563年である．その後，紆余曲折を経て1695年の統計ではシアウ島に3934人，サンギヘ島に11034人，タラウド諸島のカバルアン島に1164人のカトリック教徒が確認されている（Valentijin 1856）．しかし，1749年の時点ではカトリシズムは一掃され，マニラに貿易にやってきたシアウ人は熱心なプロテスタントだと証言している（De la Costa 1967）．実際，現在のサンギヘ諸島およびタラウド諸島における多くのキリスト教徒はプロテスタントに属しており，カトリック教徒が多く居住しているのはタラウド諸島のカバルアン島のみである．

36) こうした海賊行為や奴隷交易をスールー王国やマギンダナオ王国の下で率先して担ってきた集団としてミンダナオのラナオ湖周辺をその起源地とするイラヌン人やミンダナオの離島域やスールー諸島のバラギンギ島を中心として居住していたサマル人らがあげられる．このうち16～18世紀においてはイラヌン人が，18～19世紀にかけてはサマル人らが中心となり奴隷交易が実践された．

37) たとえば1579年のスペインの遠征隊による報告では，マギンダナオ王国の拠点であるプラギ河流域の人口は最大でも1000人，合計で7950人だった．（Blair and

こうした交易時代以降における人口増加や社会の階層化が，セレベス海域における人びとの生業形態や資源利用に及ぼした影響について検討するなら，すでに指摘してきたように階層化がある程度の生業分化を生んだのは明らかである．文献史料による記述などに基づくならば，遅くとも17世紀頃までには漁撈や交易を専門とする集団が形成されていた．そのいっぽうで，内陸地ではイダハンにおける事例のようにツバメの巣や蜜蝋のほか，多種におよぶ森林産物を専門的に採集する集団が存在した．したがって交易時代以降には，自己消費のみを目的とした生業活動としてだけでなく，商品としての販売や交換を目的とした経済活動としても資源利用が活発化したと考えられる．

　生業活動を実践する上での技術や物質文化にもさらなる発達が認められる．鉄器を中心とする金属器の量は，交易時代以降には激増した可能性が高い．実際，マギンダナオやスールーが海産物や森林物産，農産物を輸出するいっぽう，輸入品としてもっとも熱心に求めたのが武器を中心とする金属器であった（e.g. Reid 1988; Warren 1981）．

　考古学的にはもっとも辺境に位置していたタラウド諸島でも，18世紀頃に形成された居住遺跡からも多くの鉄製品が出土しており[38]，鉄器が一般民衆の生活の中にも普及していた可能性がうかがえる．こうした鉄器の普及が新たな農地開発や農作業を促進し，その結果として人びとが生産・利用できる陸産資源量を増加させたであろう．また海産資源においては，前述したナマコのように商品としての販売を目的として漁獲や採集される海産物が出現しており，やはり人びとによって利用される資源の種類や量が増加した．

　したがって中国やアラブ，やや遅れてスペインやポルトガル，オランダやイギリスを中心とした西欧諸国による進出は，セレベス海域の人口構造，社会形態，そして生態文化に大きな変化をもたらす結果となったと考えられる．

　さらに早くは15世紀，本格的には16世紀半ばよりはじまる西欧諸国による東南アジア海域世界の植民地支配，そして植民地経営は，海域社会の人口構

Robertson 1903-09）．しかし，1700年のオランダによる調査では戦闘員だけで王都に3000人，プラギ河流域全体では21150人に及び，さらにその周辺のイラヌン人やマラナオ人を加えると59650人と約8倍になっている（Laarhoven 1989）．

38）その詳細については本書の第4章を参照のこと．

造や生業文化に新たな影響を与えていった．たとえばインドネシアを植民地化したオランダは，ジャワ島で砂糖などの生産を目的としたプランテーション農園化を進め，稲作農耕に基づくジャワ島の伝統的な生態文化は大きく変貌した（e.g. Furnivall 1939; Geertz 1963; Raffles 1817）．同じくフィリピンを植民地化したスペインは，大地主と小作人からなる大農園法による農業生産を奨励し，ルソン島を中心とする地元村落における社会構造や生業文化に大きな変化をもたらしていく（e.g. Cushner 1970, 1976; Phelan 1959）．

　こうして東南アジア海域世界において本格化していく西欧諸国の植民地経営に対し，セレベス海域の特徴は，その影響力を他地域と比べればそれほど強くは受けなかったことである．その背景には（1）セレベス海域が，西欧諸国が植民地支配や経営の拠点とした地域からはもっとも辺境にあたる地理的位置にあったことや，（2）奴隷交易や海賊行為をおこなう武装集団の存在や植民地支配への抵抗運動が活発だったことなどがあげられる．このため19世紀後半にいたるまで，セレベス海域では大規模なプランテーション農園や大地主の形成はみられず，農業生産を中心とする生業活動もより小規模な形態でおこなわれており，生業にかかわる個人の意志や決定権もある程度は反映できた可能性が高い．

　しかしそんなセレベス海域も，19世紀後半に入ると西欧諸国による植民地支配の影響がより強まってくる．

　その結果，スールー王国の首都であったホロ島は1868年にスペインによって占領され，王国は崩壊した．その後，スールー諸島やミンダナオ島は1898年に起こった米西戦争に勝利したアメリカの支配下へと置かれ，太平洋戦争時の日本における一時的な占領時代などを経て，1945年にフィリピン領の一部として独立し，今日へといたる．

　同じくセレベス海域の西部にあたるボルネオ島東岸域は，1876年にイギリスの「北ボルネオ勅許会社」の支配下に組み込まれ，太平洋戦争時の日本における一時的な占領時代やイギリスによる再統治時代を経て，1963年にマレーシア連邦の1州（サバ州）として今日へといたっている．

　いっぽう，セレベス海域東部を形成するスラウェシ北部やサンギヘ・タラウド諸島でも19世紀後半までにはオランダによる植民地支配が浸透していき，

スラウェシ北部のマナドなどを中心にコプラのプランテーション農園などが形成された．その後，やはり太平洋戦争時の日本における一時的な占領時代などを経て，1945年にインドネシア共和国領の一部として独立し，今日へといたるのである．こうした19世紀後半から20世紀を経て現代にいたるセレベス海域の状況については，また第7章以降で改めて論じたい．

6 ❖ 小　結

　本章ではセレベス海域における人類とその生業文化の大まかな枠組みを，人類がこの海域へと登場してきた更新世後期から植民地時代期までという長期的，かつ人類史的な視点から整理・検討してきた．その現時点での結論として指摘できるのは，かなり大雑把なとらえ方ではあるが，セレベス海域における人類や生業文化の歴史には，これまでに大きく4つの画期があったことである．これらは(1)更新世後期における人類（オーストラロ・メラネシア系集団）の登場と狩猟採集活動に基づく生業文化，(2)完新世初期における新たな人類集団（モンゴロイド系）の登場，そして(3)新石器時代の幕開けによる農耕や家畜飼育をともなう新たな生業文化の開始と海洋性志向の強化，(4)交易・植民地時代の幕開けによる新たな物質文化，宗教，政治システム，そして人間の流入による社会の階層化や生業分化の開始である．

　これら4つの画期のうち，現代のセレベス海域における生業文化や漁撈戦略を検討する上でその基層文化となる可能性がもっとも高い時代が，新たな生業形態やより積極的な海洋性志向，技術的革新の痕跡を残す(3)新石器時代の幕開けする時代である．そこで次章以降では，この新石器時代以降における人びとの生業文化のうち，とくに漁撈活動や海産資源の利用に焦点をあてることで，セレベス海域における基層文化や生業文化についてさらなる考察を加えていきたい．

コラム3　貝斧の利用と八重山諸島

　本章でもたびたび登場した貝斧．その言葉通り貝を素材にした斧だが，もっとも一般的に利用されているのはシャコガイである．現在，もっとも古い貝斧はマルク諸島から出土した約1万年前のものだが，より積極的に製作・利用されだしたのは新石器時代に入ってからとなる．とくにオセアニア海域での人気は高く，ミクロネシアでは石材が豊富な島でもシャコガイを用いた斧が頻繁に使用されていた痕跡も残っている．形態やサイズも様々で，本章の扉にあるようなタイプもあれば，口絵の写真にあるような貝の表面（肋の部分）が残るタイプ，また大きなシャコガイの蝶番部（口の部分）を加工したタイプなどがある．

　そんなシャコガイ斧の用途は，民族誌などによればカヌー製作の際に利用する加工具というのが一般的だったようだ．貝斧の多くは片側にしか刃がないため，これらは柄に対して垂直に装着された縦斧，あるいは手斧（ちょうな）として利用される．つまり上下に振りおろすことで木を切ったり，削ったりする道具である．鉄が普及する現代，シャコガイ斧はすでに過去のものとなり，民芸品店などでレプリカの販売がみられる程度となってしまった．しかし写真にあるように，現代の海人たちが船の建造に使っている道具も手斧であり，貝の刃が鉄の刃に変わったに過ぎないような感覚を与える．

　ところでこの貝斧，実は日本においても唯一，沖縄の八重山諸島からのみ出土が確認されている．八重山諸島で貝斧が登場してくるのは約2000年前頃からで，貝斧の歴史からみればやや新しい．興味深いのは，シャコガイの蝶番部を使用したタイプが圧倒的に多い点にある．このタイプはオセアニア海域でも新石器時代期より見られるが，セレベス海域やそのやや北に位置するフィリピンのパラワン島の新石器時代遺跡より出土する貝斧との共通性がより高い．ただ問題は，時間的なギャップで東南アジア海域世界の貝斧がより古くから出ている点だ．しかし，貝斧の製作や利用は新石器時代以降も継続されていた可能性もあるため，八重山の貝斧がより南方の海域世界から伝わった可能性は残されている．もちろん八重山に住んでいた人びとが独自に生みだした可能性もある．いずれにせよ，八重山諸島を含めた海域世界に生きる人々が，斧の素材としてシャコガイに着目したというその発想はいかにも海民的で興味深い．

第 2 章　セレベス海域の生業文化と人類史　139

鉄の刃による手斧で船を
作るサマの男性

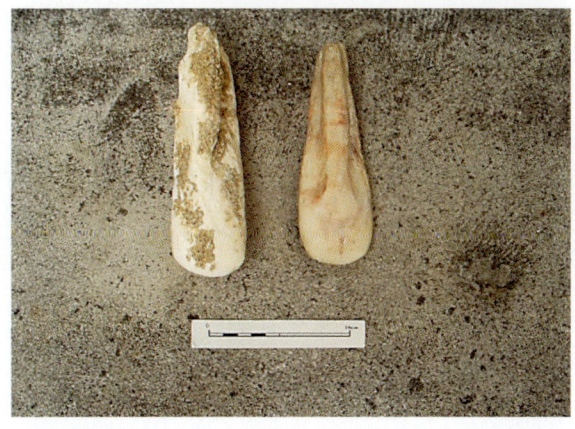

八重山諸島で採集された
貝斧（大濱永亘氏蔵）

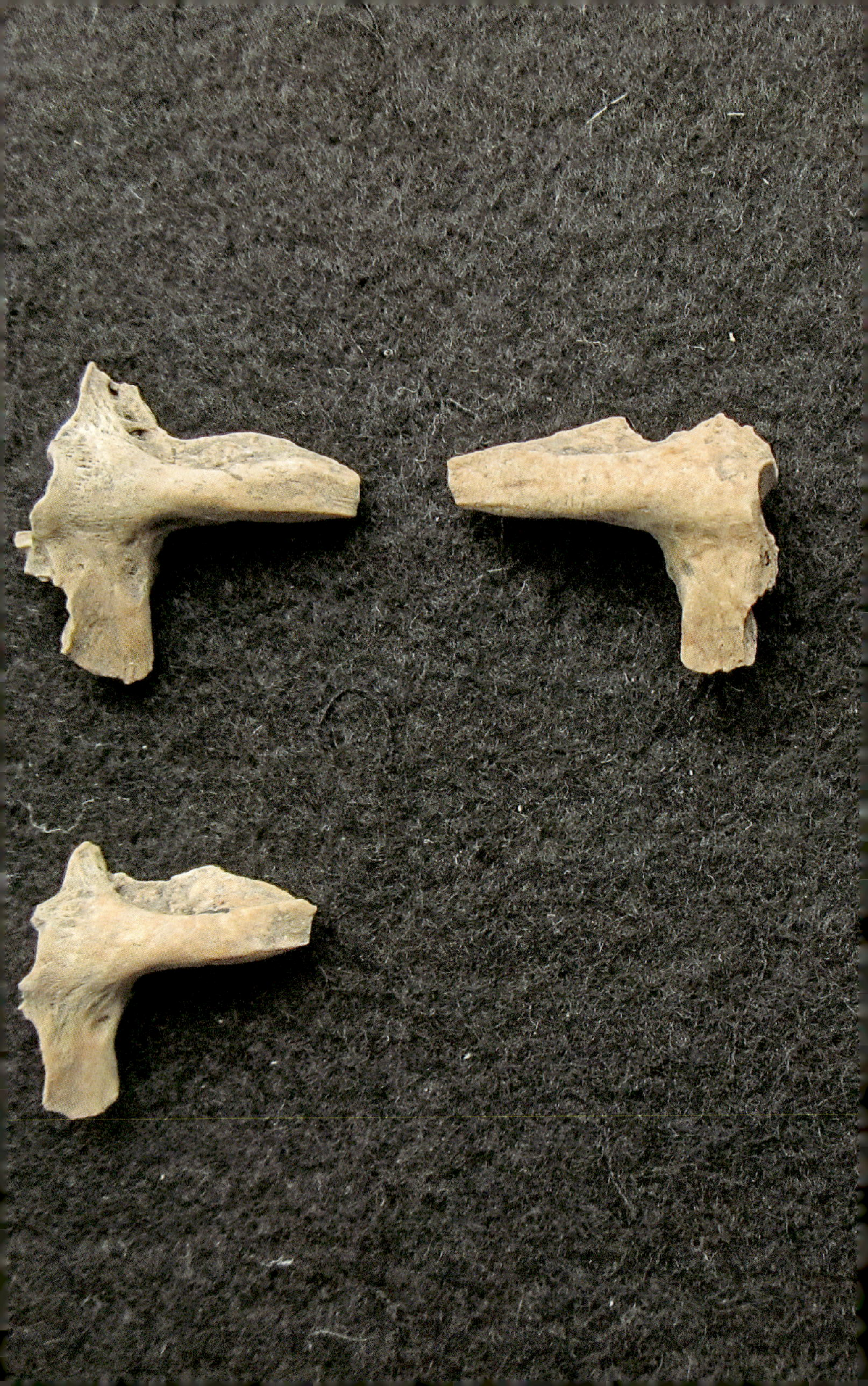

第3章 「沿岸漁撈システム」の形成
——新石器時代のセレベス海民

ブキットテンコラック遺跡より
出土したブダイ科の魚骨
（筆者撮影）

本章では，新石器時代のセレベス海域における漁撈や海産資源の利用状況を，遺跡より出土した魚骨や貝類遺存体から明らかにする．セレベス海域では，漁撈と密接に関係する釣り針や漁錘といった漁具が出土した新石器時代遺跡がまだない．そこで過去における漁撈活動を考古学的に復元する上で魚の骨がカギとなる．口絵の写真にあるようにサンゴ礁魚種の骨は個性的で多様性に富んでいる．ここではこれらの魚骨を調べ，新石器時代期の海民による漁撈活動へと追っていくプロセスについて描写する．

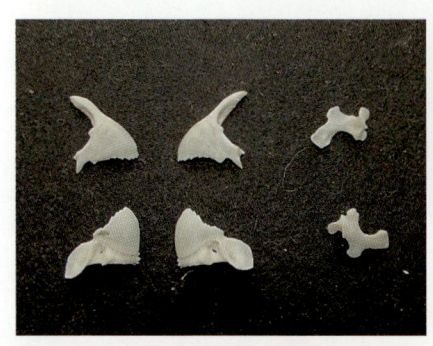

1-2　ブダイ科の魚骨標本（顎骨）とベラ科の魚骨標本（顎骨と咽頭骨）

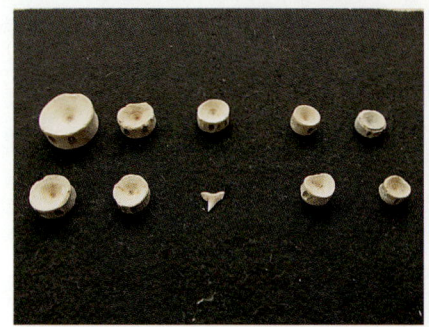

3-4　遺跡より出土したサメ類の椎骨とウミガメの椎骨

5-6　出土したハタ科の骨（顎骨と方骨）とハタ科の魚骨標本（顎骨と方骨）

はじめに

　本章では，セレベス海域の新石器時代期における漁撈活動とその背後にある漁撈戦略について検討する．その上でまず取り上げたいのが，ボルネオ島東岸のブキットテンコラック遺跡より出土した魚骨群とその分析結果である．ここでは最初にブキットテンコラック遺跡の地理的地位や発掘調査，および出土したおもな遺物の概要について簡単に紹介した上で，遺跡から出土した魚骨や貝類の分析とその結果を紹介したい．しかし，当然のことながらブキットテンコラック遺跡の成果のみから当時のセレベス海民による漁撈活動や漁撈戦略の性格を再構築するには無理がある．そこで本章の後半では，セレベス海域とその周辺域に位置するその他の新石器時代遺跡における大まかな考古学的状況についても紹介し，そのうえで改めて新石器時代セレベス海民の漁撈戦略にアプローチしたい．ここで結論を先に述べてしまうと，考古学資料から垣間見る新石器時代セレベス海民の漁撈活動はとにかく沿岸集中型であり，ここではこれを「沿岸漁撈システム」と呼んでみたい．こうした「沿岸漁撈システム」が，他の生業活動とも有機的に結びつく形で新たな生業文化が形成されたのが新石器時代ではなかったかというのが，私の主張である．

1 ❖ 新石器時代遺跡の発掘
——ブキットテンコラック遺跡

　ブキットテンコラック遺跡は，ボルネオ島サバ州東岸のセンポルナ半島に位置する火山丘陵上に形成された岩陰遺跡である[39]（図3-1）．この火山岩丘陵は，現在の海岸線から約800 m内陸に位置しており，丘陵から海岸線まではマングローブ林によって囲まれている．現在もマングローブの発達する海岸部に対し，センポルナ半島の内陸や丘陵域は過去には熱帯低地林によって覆われていた．しかし1970年代以降の伐採事業により，現在は広大なアブラヤシ農園やココ

---

39) GPSによる位置ではN4° 27′20.08″，E118° 37′04.3″が確認されている．

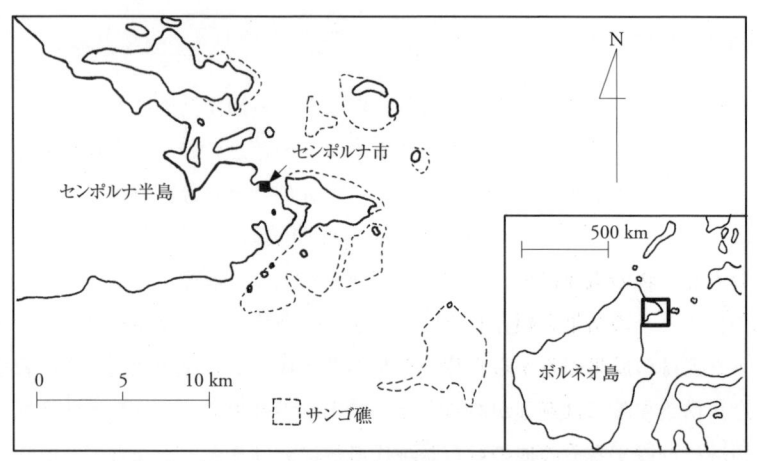

図 3-1　ブキットテンコラック遺跡とセンポルナ半島の位置

ヤシ農園へと変貌を遂げた．ブキットテンコラック遺跡が形成される丘陵も，現在はすべて二次林によって覆われ，その麓はココヤシ林が広がる．いっぽう，遺跡が立地しているセンポルナ半島は，その周囲を多数の島々によって囲まれている．この海域の生態的特長は，広大な面積を占める発達したサンゴ礁の分布と，大小多数の火山島と隆起珊瑚島群の形成にある[40]．

　ブキットテンコラック遺跡の発掘調査は，1987年にサバ博物館とオーストラリア国立大学のピーター・ベルウッドによって最初におこなわれた．その結果，遺跡の南部岩陰区で深度約 120 cm にいたる堆積層から，大量の土器片・石器群・動物遺存体・貝類遺存体の出土が確認された．さらに得られた炭素年代からは，遺跡が約 3000〜2000 年前頃にかけて形成されたことが明らかとなった．また出土した黒曜石群は，産地分析の結果，約 5000 km 離れているニューギニア離島域のタラセア産である可能性が出てきた．タラセア産の黒曜石は，ほぼ同時期にメラネシア全域に急速に拡散したとされるラピタ文化複合による

---

[40]　ボルネオ島そのものは地質学的に旧造山帯に属すため，基本的には非火山地帯である．しかしセンポルナ半島を含むボルネオ島北東岸域の一部はフィリピンのスールー火山ベルトに属すため，更新世期前後まで火山活動がみられた．ブキットテンコラック遺跡を形成する丘陵も鮮新世期から完新世期の間に形成された可能性が高い（Kirk 1962: 30）．

遺跡群からも頻繁に出土しており，メラネシアのラピタ集団との関係性が指摘されてきた (Bellwood 1989, Bellwood and Koon 1990)．

　こうした遺跡の重要性から，1994年以降よりマレーシア科学大学のステファン・チャーがサバ博物館との合同調査として，同じく遺跡の南部岩陰区と新たに西部岩陰区を発掘し，大量に出土した土器，石器，貝類を中心とする詳細な分析をおこなった (Chia 1997, 2001)．ところが，これらの先行研究では土器や石器などと一緒に大量の魚骨が出土したものの，その詳細な分析は実施されなかった．その背景には，マレーシアにおける魚骨の分析に必要な現生標本の欠如や，動物考古学的な研究への関心の低さがあった．

　こうした状況に対し，先史セレベス海域の海洋資源利用に興味をもっていた私は，まずこれら先行研究によって発掘された魚骨資料を対象に，新たに収集した現生標本を基に分析をおこなった（小野 2001）．しかし魚骨などの動物遺存体を分析する際には，何よりも発掘時の収集法が重要であり，できることならば分析者自身が発掘にも従事するのが理想である．こうした私の希望と要望に対し，1994年よりブキットテンコラック遺跡で発掘調査を実施してきたマレーシア科学大学は，2001年の発掘調査への全面的な計画と参加，そして魚骨を含めた遺物の収集と分析をおこなう機会を与えてくれた．

　こうして2001年度に実施した発掘調査では，新たに遺跡の北部岩陰区に1×1 mを基準とする新たなグリッドを設置し，合計で3つのグリッド（図3-2）を発掘することができた (Ono 2001, 2003, 2004, 小野 2004)．発掘は，マレーシア考古学で主流である10 cm間隔のスピット掘りで進められ，発掘された土壌は5 mmメッシュの篩にかけ，魚骨など細かい遺物を収集した．当初の計画では出土土壌の篩がけに3 mmと1 mmメッシュの篩も利用する予定であったが，5 mm以下のメッシュでの篩い掛けには水洗別篩い掛けが必要となること，しかしそれには出土した大量の土を丘陵の麓まで運ぶ必要があり，時間および人的制約から実施が困難だったため，その利用を断念した．その代わりに篩い掛け後の土を肉眼によって再確認するなど，できる限り収集精度を高めることに気を配った．

　北部岩陰区は，これまで発掘調査がおこなわれてきた南部岩陰区に対し，10 mほど低い位置に立地している．また，南部岩陰区ではその天上が一枚の

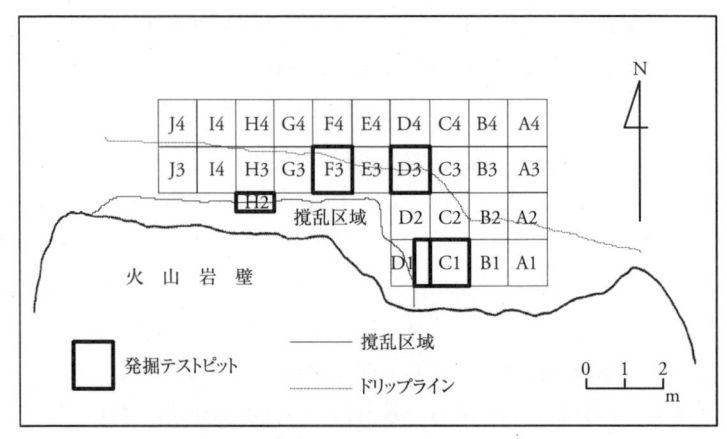

図3-2　2001年度におけるグリッドと発掘箇所

大岩によって形成されているのに対し（写真19：1），北部岩陰区は高さ約20mに及ぶ巨大な大岩を壁とし，その一部の窪みにより壁から約2mの範囲に岩陰が形成されているに過ぎない．したがって雨天の場合でも，南部岩陰区では雨が岩陰内に入ることはほとんど無いが，北部岩陰区では壁から1m以上離れている場所には雨が直接入ってくる（写真19：2）．いっぽう，南部岩陰区は丘陵の頂に位置し，その周囲は開けており，日中はかなり明るくまた海からの風を強く受ける傾向がある．これに対し，北部岩陰区は南側に壁となる巨大な大岩が形成され，また周囲が二次林によって覆われているために直射日光があまり当たらず，日中でもやや暗い．こうした立地の違いを反映してか，南部岩陰区の土壌が比較的乾燥した砂状で粘性の低い土壌であったのに対し[41]，北部岩陰区域に堆積する土壌の湿度・粘性度はより高かった[42]．

---

41) ステファン・チャー氏，ピーター・クーン氏らによる口頭での情報から．
42) このため，当初の計画では出土土壌の篩がけに5mm・3mm・1mmの異なるメッシュサイズの篩を利用して遺物の収集をおこなう予定であったが，結果としては，5mm以下のメッシュでの篩い掛けは水洗別篩い掛けが必要となることが判明した．しかし，遺跡は丘陵の山頂部に形成されており，水洗別篩い掛けを実施するには丘陵の麓まで下らねばならず，時間・人的制約から実施が困難であることが確認された．このような過程から，最終的に発掘調査では5mmのメッシュサイズを用いた篩による選別から遺物が収集されたが，5mmサイズの篩でも全体の30～50％前後の量しか

| 1　南部岩陰区域 | 2　北部岩陰区域 |

写真 19　ブキットテンコラック遺跡

　また北部岩陰区域における平面区域はそれほど広くなく，岩壁から約 2 m の地点で緩やかな傾斜が確認された．さらに岩壁から 4 m の地点では傾斜角度がより大きくなり，人間の居住・生活空間としては適していない．したがって北部岩陰区域において人間の居住・生活空間として利用できる区域は，岩壁沿いの東西約 10 m と，壁に直交する南北約 3 m 幅に相当する約 30 m^2 のみに限られている．さらに北部岩陰区の壁際には，近年に開けられたと推測される縦約 7 m，幅約 1.5 m サイズの大きな盗掘坑が確認された（図 3-2）．

　岩陰遺跡の場合，一般的にもっとも重要な発掘地点の一つとなるのが中央部の壁際周辺域であるが，北部岩陰区域ではそのもっとも重要な箇所が盗掘行為によって破壊され，この箇所に発掘坑を設置することができなかった．ただし，この盗掘坑はラトソル土と推測される硬い赤褐色土層が出現する深度 1.5 m 付近までで，それ以深においては未攪乱であることが確認された．またこの盗掘坑の北壁では，未攪乱区域の層断面が確認できた．この層断面を参考として，盗掘坑の北壁付近にさらに 50×100 cm のテストピット（H2）を一つ開けた．このテストピットを設置した目的は，北部岩陰区域において深度 130 cm 前後から出現する，ラトソル状の赤褐色土層による堆積層の厚さと遺物の有無を確認することにあった．

除去することができず，最終的には 1 回の篩い掛けにかなりの時間を費やすことで可能な限り人間の視力でとらえられる遺物群が収集された．

表 3-1　北部岩陰区域より得られた炭素年代

資料番号	測定年代 (BP)	測定資料	試算年代	スピット / 深度
BETA 156152	2890 +/- 70	貝（海産）	1380-990（BC）	C1/20-25 cm
BETA 156147	2780 +/- 40	炭化物	940-810（BC）	F3/70-75 cm
BETA 156152	2860 +/- 40	炭化物	1060-880（BC）	D3/65-70 cm
BETA 156148	3040 +/- 40	炭化物	1360-1360（BC）	F3/100-105 cm
BETA 156153	16210 +/- 60	炭化物	17860-16980（BC）	H2/150-155 cm

　炭素年代は合計で5点が得られた．これらの年代測定は，フロリダ州にあるベータ研究所に分析を依頼した．提出された5点の炭素年代のうち，テストピットC1の上層において出土した海産貝類から得られた炭素年代は，BP2890±70年と推定される年代よりもやや古い年代となったが，それ以外の年代値は，いずれも遺跡が形成された年代とほぼ対応関係にあると考えられる．また，C1の上層から得られた年代値が予想よりも古い年代値となった要因としては，C1が撹乱であった可能性が指摘できる（表3-1）．これに対し，C1の第3層からは金属器が1点出土しているが，残念ながらこの層からは炭化物が得られなかった．

　2001年度の調査で得られた炭素年代からは，遺跡の北部岩陰区域が算出年代で3300年前頃（BC1300年前後）より集中的な利用が開始され，2800年前頃（BC800年）までは継続的に利用された可能性が指摘できる．これに対し，その上層の形成年代に相当する炭素年代値は得られていないが，下層から中層までの形成年代を約500年間とするならば，上層の形成期としては2800年前頃（BC800年）から2300年前頃（BC300年）の期間となる．

　こうした状況は，先行研究による南部岩陰区域における状況ともほぼ一致する．しかし，チャーによって1点のみ得られていた約6000年前（BC4000年代）にまでさかのぼる年代値が，北部岩陰区域の下層からもまったく得られなかったことは，遺跡の開始時期を6000年前までさかのぼるには無理があることを改めて示唆している．したがって，新石器時代期における遺跡の利用開始時期は，現時点では古くとも3000年前頃からとするのが妥当であろう．

　ところで，北部岩陰区域では，テストピットH2の最下層となるラトソル状の赤褐色土層から3点のチャート製剥片石器，および1点のハンマーストー

ンが出土した．同地点から出土した炭化物（木炭）からは，BP16210±60 年という年代値が得られている．この年代は，ボルネオ島東部に位置するハゴップビロ洞窟遺跡の形成年代とも一致しており，遺跡が更新世後期においても人類集団によって利用されていた可能性を示唆している．ただし，その確認には今後この赤褐色土層を対象とした本格的な発掘調査を実施する必要があろう．

2 ❖ 出土した考古遺物の紹介

　ここではまず，ブキットテンコラック遺跡から出土した考古遺物にどのようなものがあったかを簡単に紹介しておきたい．一般的に考古遺物は，石器や土器など人間によってさらなる加工が施された人工遺物と，動物や魚の骨，貝殻，植物の種や炭化物のように人間による加工の痕跡はないものの，人間によって捕獲・利用された上で廃棄された自然遺物の二つに大きく分類することができる．このうちブキットテンコラック遺跡から出土した人工遺物には大量に出土した土器片と石器類を主とする石製品がある．

　まずこれらの人工遺物より紹介すると，2001 年の北部岩陰区における発掘調査では，合計 16865 点（約 87 kg）におよぶ土器片が出土した（発掘面積は 3 m^2）．チャーによる南部岩陰区における発掘調査では，同じく 3 m^2 の発掘面積ながら，合計 20236 点（約 200 kg）の土器片が出土しており（Chia 1997: 141），南部岩陰区からの出土量がより多い．

　これら出土した土器片は，大きく文様のある土器（有文土器）と文様のない土器（無文土器）とに分けられる．また部位としては土器の口縁，胴部，器台を含む底部，および蓋の一部と考えられる土器片が出土した．このうちもっとも多く出土したのは胴部に当たる無文土器片で，全体の約 90％近くを占めている．ついで口縁部にあたる無文土器片が 4〜5％，有紋の土器片が 1.5〜3％を占めた（アペンディクス 1）．このうち無文土器として認識される土器片の多くが，赤色から赤褐色の色調を呈している（写真 20）．先行研究では，これら無文土器の多くが赤色スリップ式土器片として認識されているが，私見では明確に赤色のスリップが施されていると確認できる土器片はわずかであり，土器

1　有文土器片　　　　　　　　　　2　赤色土器の口縁部

写真20　プキットテンコラック遺跡より出土した赤色土器片

が赤色を呈しているのは燃焼温度が低かったためと考えられる．いっぽう，有文土器片は①縄文・叩き目文が施されるタイプ（24点），②印文や爪型文を中心とする押し圧文が施されるタイプ（43点），③刻文を含む複合タイプ（58点）の3つのタイプへの分類が可能であった．

　このうち遺跡の下層に多くみられたのは，曲線状の刻文と刺突文がセットとなる複合文様である（図3-3：A）．いっぽう，印文や爪型文を中心とする押し圧文土器の下層における出土量は少ないものの，そのパターンには多様性が確認された（図3-3：B）．また少数であるが，縄文・叩き目文土器片も最下層から出土した（図3-3：C）．

　これに対し，中層となる第4層から上層にかけては，直線や三角形状の刻文と刺突文からなる複合文様が主流となり（図3-4），下層でみられたような曲線状の刻文と刺突文がセットとなる複合文様は出土しなくなる．また中層より上にかけて主流となる複合文様は，器台の一部と推定される土器片の口縁部に施されることが多い．いっぽう，縄文・叩き目文・押し圧文の出土量は下層とあまり変化がなく，文様パターンにも大きな変化はみられなかった．

　また出土した土器片のサイズ分析からは，厚さが5mm以下の範囲に分布する土器片で，これらが出土土器全体の約75％を占めた．このことは，遺跡内で作製・使用されていた一般的な土器サイズが，埋葬等の目的で利用される大型なものではなく，むしろ日常生活に伴う料理や貯蔵に使用される土器群により適したサイズであった可能性を示唆している．このほかに数点であるが，土

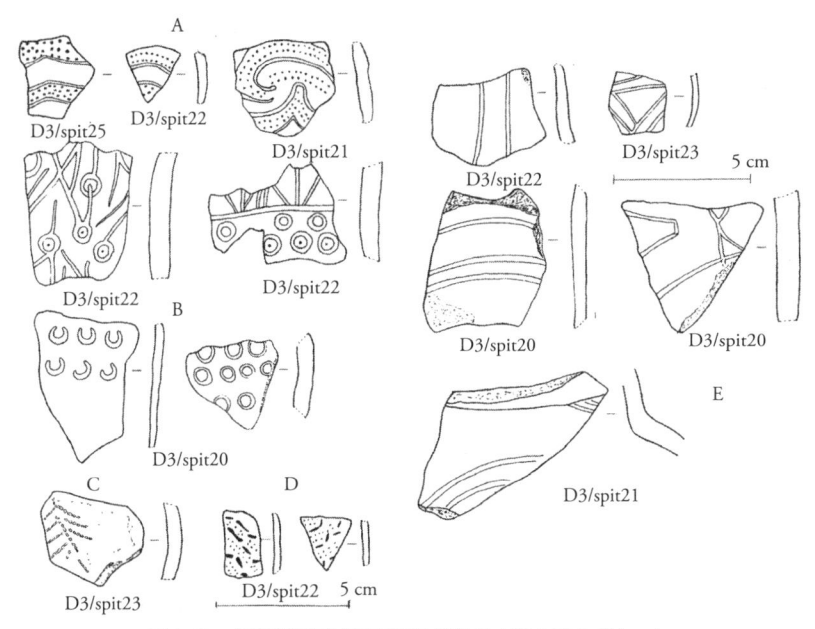

第3章 「沿岸漁撈システム」の形成　151

図 3-3　北部岩陰区域の下層における土器文様のパターン

製ストーブの一部と推測できる土器片が下層から上層にかけて出土した.

　石製品では, 多数の剥片石器群と 1 点のすり棒, そしてナッツクラッカーが出土した. このうち剥片石器群には, 石刃状やドリル状を主とするメノウ製の細石器群, 掻器・尖頭器状を主とするチャート製剥片石器群, それにチャート製や黒曜石製の細石器群などが確認された (写真 21). 石材としてももっとも出土量が多かったのはメノウで, メノウ製の剥片は合計で 462 点, ついでチャート製の剥片が 50 点, 黒曜石の剥片は 45 点が出土した (アペンディクス 2). これら石材のうち, メノウとチャートについては, 遺跡周辺にその産地が存在することが先行研究によって確認されている (Chia 2001).

　東南アジアの海域世界では, メノウを石材とした剥片石器の出土は非常に珍しく, また細石器の出土も稀である. したがってブキットテンコラック遺跡では, 周辺地域とはかなり異なる石器の製作と利用がおこなわれていたことが推測される. しかし先行研究においては, そうした独特の技術や知識体系が遺跡を利用した人間集団によって独自に開発されたものか, 更新世後期より細石器

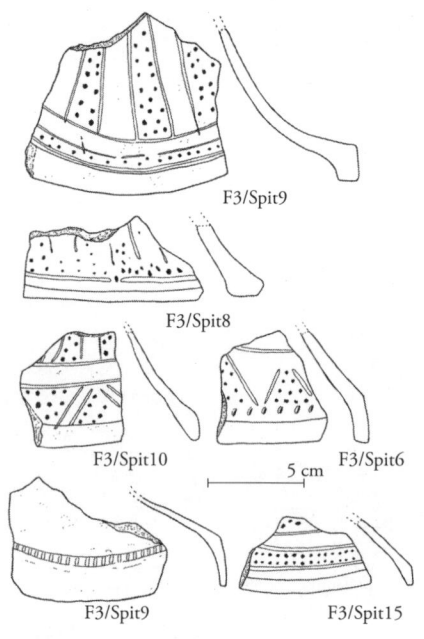

F3/Spit9

F3/Spit8

F3/Spit10　　　　　F3/Spit6

5 cm

F3/Spit9　　　　　F3/Spit15

図 3-4　器台の一部と推測される土器片

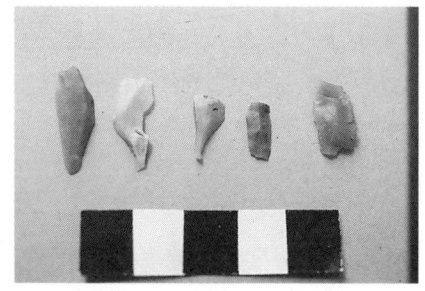

1　黒曜石と砂岩を利用した剥片石器　　　2　チャートとメノウを利用した剥片石器

写真 21　ブキットテンコラック遺跡から出土した剥片石器

が大量に出現する東アジア方面から伝播したものかで議論が分かれている (e.g. Bellwood 1997; Bulbeck 2001)。

　いっぽう，ブキットテンコラック遺跡から出土した黒曜石は，先行研究によって蛍光 X 線分析による産地同定がおこなわれ，その結果として驚くべきこと

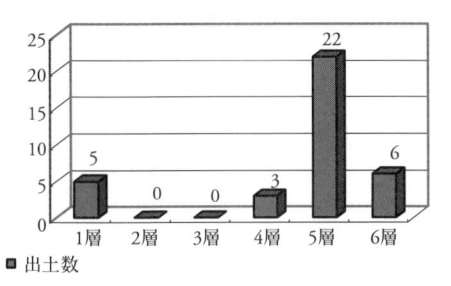

第3章 「沿岸漁撈システム」の形成　153

図 3-5　北部岩陰区における黒曜石製石器の時間的出土傾向

に遺跡から約 5000 km 東に位置するパプアニューギニア・ニューブリテン島のタラセア半島産である可能性が高いことが判明した (Bellwood and Koon 1989; Chia 1997, 2001)．これらの成果を考慮するなら，北部岩陰区から出土した黒曜石の多くもニューブリテン島のタラセア産である可能性が高いが，これらの産地同定はまだおこなわれていない．

興味深いことに，北部岩陰区から出土した黒曜石の多くは遺跡の下層となる第 6 層から 5 層に集中して出土した (図3-5)．これに対し，南部岩陰区では下層域と中層域の 2 度に渡って，黒曜石の出土量が高くなる傾向が確認されている (Chia 1997)．したがって，少なくとも北部岩陰区では 3500〜3000 年前頃と推定される初期の居住期にのみ黒曜石が集中的に利用された可能性が高い．

剥片石器以外の石製品として出土したすり棒 (写真 22) は，C1 の第 4 層から出土し，ナッツクラッカーと推測される石製品 (図3-6) は D3 の第 4 層から出土した．すり棒には 1 点の窪みがあり，すり棒としてだけでなくナッツクラッカーとしても利用された可能性がある．またその石材の同定はなされていないが，私見では砂岩の可能性が高い．

これに対しナッツクラッカーと推定される石製品は長方形型を呈し，その各面の中央に直径約 3 cm 規模の円形状の窪みがある．次章でも紹介するが，いくつかの平面 (基本的には裏と表の 2 面が多い) の中央部にナッツ大の窪みを有した石製品は，インドから東南アジア島嶼域，メラネシア域における考古学遺跡群 (先史・歴史時代を含む) から頻繁に出土している．東南アジア海域世界では，マルク諸島やタラウド諸島などを含む東インドネシア島嶼域からの出土が多く，これらは一般的に厚い殻に覆われたカンランの実 (*Canarium* sp.) を取る

1 研磨された窪みのある面　　　　　　　2 裏面

写真 22　出土した石製すり棒

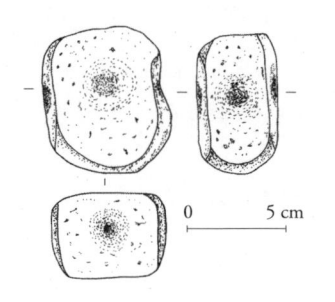

図 3-6　出土したナッツクラッカー

際に使用される石製品と推定されている．現在でも人びとはカンランの実を食べる際，そのあたりに転がっている適当なサイズの石を拾ってきてはそれを土台にして殻を割るのが一般的で（写真23）[43]，こうした行為が遅くとも新石器時代からおこなわれていた可能性をこの出土物は示唆している．

　このほかに南部岩陰区から出土した石製品に，磨製石斧がある（Bellwood 1989; Chia 1997）．残念ながら北部岩陰区における発掘調査では磨製石斧は出土しなかったが，合計3点の磨製石斧が調査中に表採された（図3-7）．これら磨製石斧の形状はいずれも台形状の横断面を有するダフ型式のII型（Duff 1970）に類似し，南部岩陰区より出土した磨製石斧と共通する．

　ちなみにブキットテンコラック遺跡ではこれまでに総計29点の磨製石斧が

---

43) ただし東インドネシアなどで出土する石製のナッツクラッカーには，全体として平べったい河石が利用されることが多く，その中央に摩擦痕が残ることが多い．

第3章 「沿岸漁撈システム」の形成　155

写真23　カンランの実を食べる際に殻を割る風景

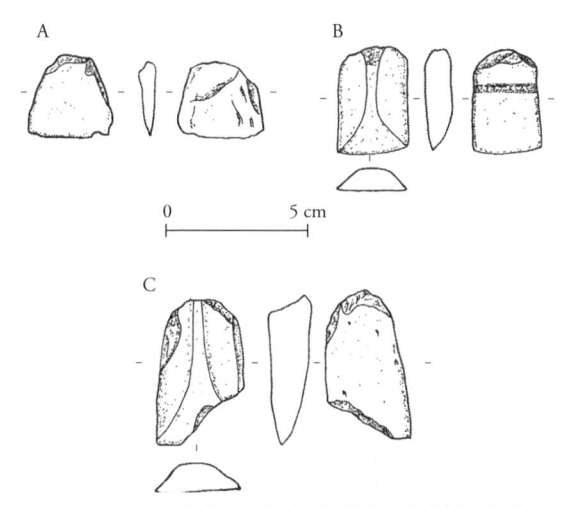

図3-7　2001年度の調査時に採集された磨製石斧群

確認され，石材には砂岩やスレートなどが利用されている．ブキットテンコラック遺跡から出土する磨製石斧はいずれも小型である点は興味深い．また柄の部分に装着痕がみられる石斧も，チャーによる調査では3点が出土し，2001年における表採調査でも1点が確認された（図3-7：B）．

こうした人工遺物に対し，ブキットテンコラック遺跡から出土した自然遺物には，動物骨，魚骨，貝類，および植物種子がある．興味深いことに，貝類は北部岩陰区からの出土がほとんど確認されず，わずかにシャコガイ科とスイ

ショウガイ科に属する貝類の破片が数点のみ出土したにすぎない．
　これに対し，南部岩陰区からは合計 6979 点（約 80 kg）の貝類が出土し，このうちの 5857 点が 15 科・23 種の巻貝類と，7 科・9 種の二枚貝類とに同定された (Chia 1997: 191)．このように同じ遺跡内で，場所によって貝類が大量に出土するエリアと，まったく出土しないエリアが確認されたことは興味深いが，ここでは南部岩陰区から出土した貝類について先行研究による分析結果を簡単に整理しておきたい．
　南部岩陰区より出土し，同定された貝類 22 科のうちの実に 20 科にあたる貝類が海産性であり，残りのうちの 1 科が汽水性，もう 1 科は淡水性の貝類であった（アペンディクス 3）．さらに 20 科におよぶ海産貝類のほとんどが沿岸部にあたるサンゴ礁のリーフ内や浅瀬に生息するものであり，汽水産貝類は沿岸部にあたるマングローブ圏に生息する貝類であることが確認された．
　このうち巻貝類では，スイショウガイ科，イトマキガイ科，アッキガイ科の出土量が目立つ．しかし，スイショウガイ科の中で出土量が多いオハグロガイやムカシタモトガイは，小型の貝種であり，1 個体当たりの肉量はそれほど大きくない．これに対し，イトマキガイ科のイトマキボラや，アッキガイ科のテングガイは比較的サイズの大きい貝種であり，その肉量も大きくなる．したがって食料として重要な位置を占めていた巻貝としては，イトマキガイ科やアッキガイ科を指摘できる．
　いっぽう，二枚貝ではフネガイ科，シャコガイ科，カブラツキガイの出土量が突出した．フネガイ科では，ザルガイの出土量が圧倒的に多く，カブラツキガイ科の中ではシワツキガイの出土量が多い．ザルガイは小型から中型サイズの貝種で，おもに泥底に生息しており，遺跡周辺の潮間帯に現在も多くみられる貝種である．同じくシワツキガイも遺跡周辺の潮間帯に多く生息する．
　シャコガイ科の貝類はおもにサンゴ礁のリーフ域に生息しており，中型から大型のサイズを呈する貝種によって占められる．遺跡から出土が確認された貝種はサイズの小さいシャゴウであったが，オオジャコを含むより大型の貝種と推定される遺存体も遺跡からは出土しており，その肉量の多さからもシャコガ

第3章 「沿岸漁撈システム」の形成

イが重要な貝であった可能性は高い[44]．

　このほかに南部岩陰区からは甲殻類に分類される遺存体が4点出土した (Chia 1997: 186)．これはカニのはさみに当たる部分だが，科および種までは同定されていない．北部岩陰区からはカニ類を中心とする甲殻類の出土は1点も確認できなかった．これらの状況は，北部岩陰区でおもに利用され，最終的に廃棄された海産資源が魚類のみで占められていたことを示唆している．

　つぎに動物骨について検討すると，北部岩陰区では合計で約1000点の動物骨が出土した．このうち328点が哺乳類を主とする陸産動物で，124点はウミガメのものであることが確認できた．しかし，動物骨については分析の際に必要な現生標本が手元になく，部位レベルでの同定はおこなうことができなかった．陸産動物についても，標本の欠如から種レベルまで同定できた資料はほとんどなく，わずかにブタ/イノシシの仲間であるSus種と，サンバーシカ (Cervus unicolo) と推測されるシカ類の顎骨と歯を同定できたにすぎない (表3-2)．

　いっぽう，表3-2にある歯や顎骨の一部，それに脊椎骨として分類された遺存体の多くは中型から小型の哺乳類や爬虫類に属す可能性が高く，これらは十分な現生標本があれば同定も容易な動物骨である．その他に上腕骨や大腿骨，尺骨，指骨などに相当する部位が多く，大型哺乳類に属すと推定されるものも少なくない．歯の同定結果を考慮すれば，これら大型哺乳類に属すその他の部位群は，シカ類かブタ/イノシシに属す可能性が高い．

　このように北部岩陰区から出土した動物骨は，現生標本の不足から同定分析が完結していないが，現時点での傾向では，数量比としてはウミガメの出土量が突出している．いっぽう，陸産動物の出土状況においては，ブタ・イノシシ類の出土数がそれほど突出せず，むしろシカ類の出土数が多い．ただし，この結果はあくまで顎骨の出土状況に依拠しており，他の部位をも含めた同定では，ブタ・イノシシ類の出土が突出する可能性も十分にある．

　これに対し，先行研究で発掘された南部岩陰区では，合計で約1200点の動物骨が出土した (Chia 1997)．南部岩陰区より出土したこれらの動物骨は，マレーシア在住の動物学者によってある程度の同定分析がおこなわれており，合

---

44) シャコガイ科の貝殻は貝斧などの利器などにも利用されることが多く，北部岩陰区からはシャコガイを利用した利器と推定される遺物も数点出土している．

表 3-2 北部岩陰区における動物骨の出土状況（NISP）

D3（NISP）

分類結果	1層	2層	3層	4層	5層	6層	合計
歯の一部	0	2	3	6	6	1	18
脊椎骨	0	0	4	2	9	0	15
顎骨の一部	0	1	0	1	1	0	3
イノシシ	0	0	1	1	5	1	8
シカ	0	0	0	0	18	2	20
ウミガメ	13	12	19	26	42	3	115
その他の部位	2	25	50	68	117	2	264
破片	6	63	96	212	541	49	967
合計	21	103	173	316	739	58	1410

F3（NISP）

分類結果	1層	2層	3層	4層	5層	6層	合計
歯の一部	0	1	1	3	1	0	6
脊椎骨	0	1	1	0	1	0	3
顎骨の一部	0	0	0	0	0	0	0
イノシシ	0	1	0	0	0	0	1
シカ	0	6	0	0	0	0	6
ウミガメ	1	4	3	0	0	1	9
その他の部位	5	8	17	1	2	0	33
破片	19	29	33	16	7	6	110
合計	25	50	55	20	11	7	168

　計で5種/8科/5属におよぶ哺乳類と爬虫類としてウミガメが確認された．そこのうち哺乳類としてその出土数がもっとも多かったのは，ブタ（*Sus scrofa*）で117点が確認された．ついでサンバーシカ（*Cervus umicolor*）が11点確認されている．これに対し，同じSus種でもイノシシと同定された資料はわずかに5点のみであった[45]．このほかに同定された哺乳類としてはサルの仲間（*Macaca* sp.）とリスの仲間がある．爬虫類の仲間で唯一同定されたウミガメは合計で942点が出土しており，北部と同じく出土数としては突出している．

　最後に植物遺存体については，北部岩陰区の発掘調査ではその上層から数点

45）　しかしながら，同じSus種であるブタとイノシシの骨をどのような基準で分類したのかに関する詳細は紹介されておらず，彼らによる同定がどこまで正確なものか現時点では判断できない．

第 3 章　「沿岸漁撈システム」の形成　159

の植物種子の出土が確認された．植物種子の出土はブキットテンコラック遺跡でははじめてだが，上層の 1 層や 2 層のみからの出土であるため，これらが遺跡の廃棄後に土中に混入した可能性もある．これら出土した植物種子は直径 3 cm 前後で，硬い殻をもつナッツの類であり，私見ではカンランと推測されたが，まだ正確な同定はなされていない．

　また経済的および技術的な制約から，北部岩陰区での調査においても，花粉や微粒な植物種子などの検出を目的とした水洗別フロテーションを実施することができなかった．このため，先行研究も含めてブキットテンコラック遺跡では植物遺存体の検出を目的とした調査はおこなわれておらず，遺跡における植物資源の利用状況が考古学的に解明されていない現状がある．実はこうした状況はブキットテンコラック遺跡のみに限らず，東南アジア海域世界の全域における遺跡群においても指摘でき，今後の進展がもっとも望まれる研究テーマの一つでもある[46]．

　以上が魚骨を除いたブキットテンコラック遺跡からのおもな出土遺物の概要となる．東南アジアの海域世界に位置する新石器時代遺跡としては，その出土量や出土する遺物の種類がきわめて多いのがこの遺跡の特徴だが，中でも強調できるのが出土してきた魚骨量の多さである．次節ではこの魚骨群の出土状況を分析結果について紹介する．

3 ❖ 魚の骨を調べる

3.1　魚骨の出土状況

貝類の出土状況とは対照的に，北部岩陰区より出土した魚骨数は合計で

---

[46]　ただし，この分野の近年における研究事例として，フィリピン人考古学者であるビクター・パズによる大型の植物種子や細胞根を対象とした分析研究や，ボルネオ島サラワク州にあるニア洞窟遺跡を再発掘したバーカーらによる一連の調査での植物遺存体やデンプン粒分析（e. g. Barker 2005; Barker et al. 2001, 2002; 2003; Gilbertson et al. 2005; Hunt and Rashworth 2005; Hunt et al. 2007; Stephens et al. 2005）などがある．

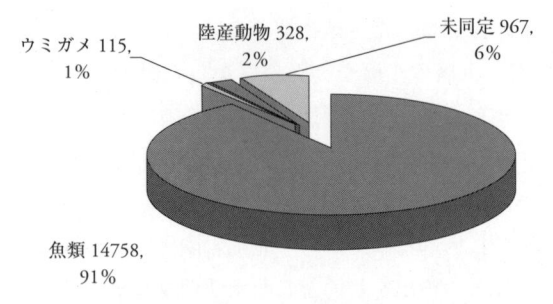

図3-8 北部岩陰区における動物遺存体の出土傾向（出土数）

14758点に上った．動物骨を含めた動物遺存体としては，その約90％以上を魚骨が占めていることになる（図3-8）．いっぽう，南部岩陰区においては合計で5303点の魚骨の出土が確認された（Chia 1997, 2001）．魚類は陸産動物であるブタやイノシシ，シカなどに比べ，1個体あたりの肉量や重量は小さいため，単純に出土した骨の数のみから遺跡におけるタンパク源（副食）としての魚類への集中的な依存を指摘することは危険がともなう．しかしこの点を考慮しても，ブキットテンコラック遺跡からの魚骨の出土量は尋常ではなく，遺跡を利用した人びとが魚類をかなり頻繁に食していたことは間違いない．

このようにブキットテンコラック遺跡では大量の魚骨が出土したが，これらはマレーシアにおける海産魚類の現生標本の欠如を理由に，これまでの先行研究においては詳細な分析が実施されてこなかった．これに対し筆者は，まず分析に必要となる現生標本の作製にとりくみ，その上で先行研究により南部岩陰区から出土した魚骨群と，2001年に自らが北部岩陰区で実施した発掘調査によって出土した魚骨の両方を対象として，その同定分析をおこなった．本節では，この同定分析にいたるプロセスと，その分析結果を紹介するとともに，出土魚類のサイズ分析や時間的な変化といった側面について検討を加える．

3.2 魚骨と標本を比較する

精度の高い同定分析をおこなうためには，遺跡から出土した魚骨と比較するための十分な現生標本が不可欠となる．そこで私は序章でも書いたように，

第 3 章 「沿岸漁撈システム」の形成

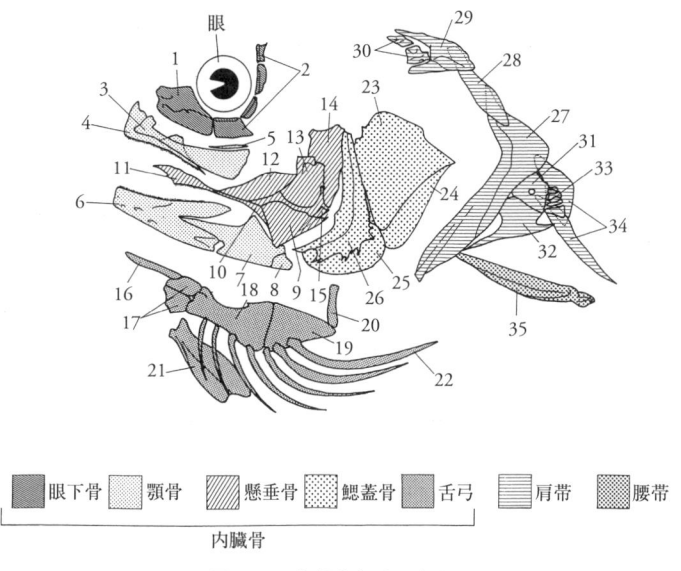

図 3-9　各部位とその名称

1：涙骨，2：眼下骨，3：主上顎骨，4：前上顎骨，5：上主上顎骨，6：歯骨，7：角骨，8：後関節骨，9：方骨，10：外翼状骨，11：口蓋骨，12：内翼状骨，13：後翼状骨，14：舌顎骨，15：接続骨，16：咽舌骨，17：下舌骨，18：角舌骨，19：上舌骨，20：間舌骨，21：尾舌骨，22：鰓条骨，23：主鰓蓋骨，24：下鰓蓋骨，25：間鰓蓋骨，26：前鰓蓋骨，27：擬鎖骨，28：上擬鎖骨，29：後側頭骨，30：上後側頭骨，31：肩甲骨，32：烏口骨，33：射出骨，34：後擬鎖骨，35：腰帯（桶泉 1995：16；図3より作成）

　1999年より遺跡の立地するセンポルナ半島の周辺海域にて，現生標本の収集と作製に取り組み，合計で181体の現生標本（アペンディクス4）を作製した[47]．そのうえで，これらの現生標本を基に同定分析を実施した．分析の対象とした資料は，出土量がもっとも多かった南部岩陰区域のJ19・G17グリット，および北部岩陰遺跡のD3・F3グリットから出土した魚骨群である．
　さて分析の手順であるが，出土したすべての魚骨はまず部位別（図3-9）に分類する必要がある．この図からもわかるように，一口に魚骨といっても細かく

---

[47] これらの現生標本は1999年以来，調査の折にセンポルナの魚市場で購入したものや村落調査中に同行した漁撈活動で獲得したものを含んでいる．収集した標本の選択基準は，新しい魚種であればすべて収集し，すでに収集した魚種の場合は，サイズの異なる個体に限定して収集と製作を継続した．

は実に多くの部位（パーツ）からなっている．これは魚に限らず，人間も含む脊椎動物のすべてにみられることだが，魚の場合，それぞれの部位が小さく細かいのが特徴である．考古学的にこれらの部位を同定する際，すべての部位から同定ができるわけでもない．そこでここではまず出土した魚骨を20のカテゴリーに分類した[48]（アペンディクス5）．

こうして分類された魚骨の一つ一つを，作成した現生標本の一つ一つと比べることで，それらがどの魚のどの部分かを確認していくのだが，確実に同定できる部位はそれほど多くなく，また魚種によってさまざまである（本章表紙の写真を参照のこと）．このうち各魚種の特徴がもっともよく顕れ，同定がしやすいのは顎骨などおもに口の周りを構成する部位だ．その他の部位は魚種によって同定が可能なものと難しいものがあり，これらは数をこなして分析を重ねることで習得していくほかない．（e.g. 桶泉1994）

また分析の結果として得られた魚種・魚科別の出土数は，NISP数とMNI数からなる2つの数値を使用して算出するのが基本である．このうちNISP数（Number of Identified Specimen）とは同定個体数のことで，出土した魚種・魚科別の出土数を，単純に同定された全部位数の総数によって示した数値のことを意味する．これに対し，MNI数（Minimum Number of Individual）とは最小個体数のことで，同定された部位の左右対称性やサイズの一致などを考慮した上で，同じ個体に属する可能性のある資料は，それが複数あっても「1」として換算して計算した数値であり，遺跡から出土する最小個体数を算出したものである．

これは基本的に魚を構成する骨が左右対称で二つ存在することや，ハリセンボン科に属する魚種における棘のように，同じ部位でも1個体が多数の同じ部位を所有している場合があることによる．たとえばハリセンボンの場合，純粋に出土数で評価するNISP数では，他の魚種・魚科数に比べハリセンボン科の出土数の比率が卓越してしまう危険性があるのに対し，MNI数では「1」個体

---

48) これらの部位は①前上顎骨，②主上顎骨，③歯骨，④角骨，⑤方骨，⑥咽頭骨（上下），⑦前鰓蓋骨，⑧主鰓蓋骨，⑨後鰓蓋骨，⑩舌顎骨，⑪擬鎖骨，⑫上舌骨，⑬角舌骨，⑭肩甲骨，⑮上擬鎖骨，⑯後側頭骨，⑰特徴的な刺骨47，⑱脊椎骨，⑲尾骨，および⑳その他の部位や破片からなる．

と算出されるため，こうした特定の魚種の全体における卓越を軽減することが可能である．

しかし，報告の際にどちらの数値を使用するべきかについては，研究者間でまだコンセンサスが得られていない．より一般的にはMNI数での表記が基本とされているが，MNI数の場合，その算出の方法が各研究者によって異なることが多く，他の研究者が分析した遺跡との比較をおこなう際に不具合が生じる危険性がある．

これに対し，NISP数の有利な点は，あくまでその出土数をカウントしているにすぎないので，単純な比較をおこなう上では好都合なところにある．ところが遺跡内における優越種の確定や，実際に人間が摂取した肉量などの推定をおこなう際には，出土種の最小個体数を算出したMNI数に比べ，NISP数は遺跡や遺物の残存性にかかわるバイアスがより大きく，実際の利用状況とかけ離れる危険性が高くなることは明らかである．そこで本書では，文中ではMNI数による同定結果に基づいて検討を進め，NISP数による同定結果についてはアペンディクスにおいて紹介することにした．

さてこうして魚骨を同定していくわけだが，最初の同定で私は硬骨魚類の脊椎骨は分析対象から外した．これは硬骨魚類の脊椎骨が同個体種でも40～60近い数を持ち，しかもその形状がそれぞれ異なるため，一部の魚種を除き同定に時間がかかるからである．これまで南海産の魚骨分析が活発におこなわれてきたオセアニア海域世界の考古学研究でも，これら硬骨魚類の脊椎骨は同定の対象とされてこなかった．ただし，硬骨魚類とは明らかに異なる脊椎骨をもつ軟骨魚類については，脊椎骨も同定部位として利用したが，こちらもさらに魚科や魚種を特定するには手元にある現生標本が足りず，ここでは軟骨魚類として分類したに過ぎない．

このように同定に対する制約はあったものの，最初の分析では南岩陰区（J19・G17）で合計19科（MNI：885点・NISP：2059点），北部岩陰区（F3・D3）では合計20科（MNI：678点・NISP：2073点）の魚類を同定することができた．また両岩陰区より出土した魚科はほぼ共通しており，いずれもブダイ科（Scaridae），ハタ科（Serranidae），ベラ科（Labridae），フエフキダイ科（Lethrinidae），フエダイ科（Lutujanidae），モンガラカワハギ科（Balistidae），ハリ

1-2 ブダイ科の魚（Scaridae）

3 ベラ科（Labtidae）の魚（下）

4 モンガラカワハギ科（Balistidae）の魚

5 フエダイ科（Lutjanidae）の魚

6 ハタ科（Siganidae）の魚

第 3 章 「沿岸漁撈システム」の形成

| 7 モンガラカワハギ科の口 | 8 ハリセンボン科の魚 |
| 9 フエフキダイ科の魚 | 10 イサキ科の魚 |

写真 24　遺跡より出土したおもな魚種（サンゴ礁付き魚種）
(1-6：筆者撮影，7-8：門田修氏提供，9-10：小笠原支庁水産課提供)

センボン科 (Diodontidae)，イサキ科 (Haemulidae) といった沿岸のサンゴ礁域を主な生息地とする魚類で占められた (写真24).

このほかにその出土量は少ないが，同じく沿岸性の魚類としてタイ科 (Sparidae)，イットウダ科 (Holocentridae)，アイゴ科 (Siganidae)，イトヨリダイ科 (Nemipetridae)，ウツボ科 (Muraenidae)，ヒメジ科 (Mulidae)，コチ科 (Plalycephidae)，ハマギギ科 (Aridae)，ボラ科 (Mugilidae) の魚類が出土した (写真25：1-5). 同じくエイやサメ類と推測される軟骨魚類の脊椎骨の出土も確認された (写真25：6). これら軟骨魚類は，沿岸域に生息する魚種とより深い海を好む外洋性の魚種が存在するが，魚種レベルでの分析ができなかったため，軟骨魚類についてはそのおもな生息域が判断できていない．ここではそのうち北部岩陰区より出土した魚類の構成について紹介しているが (表3-4)，そのほかの詳細結果についてはアペンディクス6を参照していただきたい．

表3-4 北部岩陰区より出土した魚骨の同定結果（MNI数）

順位	科名	生息域	1層	2層	3層	4層	5層	6層	合計	%
1	ブダイ科	サンゴ礁・岩礁域	7	27	43	38	31	8	154	19.4
2	ハタ科	サンゴ礁低層域	4	12	25	25	28	6	100	13.8
3	フエフキダイ科	サンゴ礁低層域	4	15	33	24	22	6	104	13.3
4	フエダイ科	礁縁・低層域	0	14	25	21	19	6	85	10.7
5	ベラ科	サンゴ礁低層域	5	9	23	17	22	4	80	10
6	モンガラカワハギ科	サンゴ礁・岩礁域	5	11	12	7	7	1	43	5.1
7	アイゴ科	サンゴ礁低層域	1	1	10	7	9	0	28	4
8	イサキ科	サンゴ礁・岩礁域	1	3	8	4	4	0	20	2.6
9	ハリセンボン科	礁縁・低層域	0	1	8	4	6	0	19	2.9
10	タイ科	礁縁・低層域	1	1	3	2	4	0	11	1.3
11	スズメダイ科	サンゴ礁・礁縁	0	0	1	3	3	0	7	1
12	軟骨魚類	沿岸域	1	1	1	1	1	0	5	0.7
12	ボラ科	内湾域	0	0	2	0	2	1	5	0.7
14	イトヨリダイ科	サンゴ礁低層域	0	0	2	0	2	0	4	0.6
14	ウツボ科	サンゴ礁・岩礁域	0	0	2	1	1	0	4	0.6
14	ヒメジ科	砂底	0	0	2	1	1	0	4	0.6
17	カマス科	外洋域	0	0	0	0	2	0	2	0.3
18	コチ科	砂底	0	0	0	0	1	0	1	0.1
18	ハマギギ科	サンゴ礁―汽水	0	0	1	0	0	0	1	0.1
18	フグ科	サンゴ礁・岩礁域	0	0	1	0	0	0	1	0.1
合計	20科		29	95	202	157	163	32	678	

　これに対し，外洋をおもな生息域とする回遊性の高い魚類群は，両区のいずれにおいてもほとんど確認されなかった．回遊性の高い魚類にはアジ科（Carangidae）やサバ科（Scombridae），カマス科（Sphyraenidae）といった魚種があげられる（写真25：7-10）．このうち遺跡より出土が確認されたのは，アジ科が南部岩陰区より3点，カマス科が北部岩陰区よりわずかに1点のみであり，サバ科にいたっては1点も検出することができなかった．こうした同定結果は，遺跡これら外洋性の高い魚類がほとんど利用されなかった可能性を示唆している．その場合，先に指摘した軟骨魚類についても，内湾・沿岸性のものが卓越していた可能性も高くなる．

しかし，そのいっぽうでこのような結果が分析にかかわるバイアスの影響を受けている可能性も十分に考えられる．たとえば出土が確認されたカマス科やアジ科の魚類はそれなりに頑丈な顎骨を有しているが，出土がまったく確認できなかったサバ科の顎骨はかなり脆いため，遺物としての残存率はかなり低く，一般的に顎骨や頭部に属する部位による同定や検出が難しい．いっぽう，サバ科魚類の脊椎骨や尾骨はその形状がかなり特徴的であり，遺物としての残存率も他の部位より高い傾向がある．このため，サバ科を検出する際にはむしろ脊椎骨を同定の対象とする必要性を説く論考は増加しつつある（e.g. Casteel 1976; Leach et al. 1988; Ono 2003, 2004; Ono and Intoh in press; 桶泉1994, 2002, 2006）．

そこで先に紹介した同定分析に続き，硬骨魚類の脊椎骨をも用いた同定分析を，もっとも大量の魚骨が出土した南部岩陰区のJ19グリッド，および北部岩陰区のD3グリッドを対象としておこなった．このうち表3-5は南部岩陰区域（J19）より出土した魚骨群，表3-6は北部岩陰区域（D3）より出土した魚骨群を対象とし，MNI数値として算出したものである．

これらの表より新たに指摘できるのは，まず脊椎骨を含めた同定分析では南部岩陰区において新たにニザダイ科（Acanthuridae）が検出され，北部岩陰区ではニザダイ科のほか，マンジュウダイ科（Ephippidae），イスズミ科（Kyophosidae），ダツ科（Belonidae），サバ科を含める6科が新たに検出されたことである．その結果，遺跡全体では合計27科の魚類が同定されたことになる（写真26）．

このうち新たに同定された魚科の中で，その同定数がもっとも多かったのはニザダイ科の魚類であり，その他の魚科については数点が同定されたに過ぎない．とくに問題となっていたサバ科魚類は，脊椎骨を使用してもわずかに1点のみしか検出できなかった．したがって，ブキットテンコラック遺跡ではサバ科を中心とする外洋・回遊性の高い魚類がほとんど利用・廃棄されなかったと結論できる．

脊椎骨を対象とした同定分析は，すでに同定されていた魚科を含め，その同定数を大幅に増加する結果となった．これまで東南アジア海域世界やその隣のオセアニア海域世界における魚骨分析では，同定の際に硬骨魚類の脊椎骨が対象とされることは皆無であった．その背景には，先に指摘したような脊椎骨の

1　ウツボ科の仲間
2　イットウダイ科 
3　アイゴ科の魚 
4　ヒメジ科の魚 
5　ボラの仲間 
6　エイの仲間

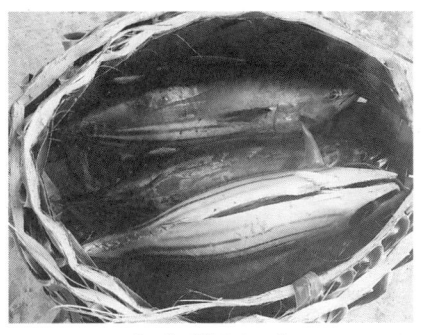

第3章 「沿岸漁撈システム」の形成　169

| 7　サバ科のカツオ | 8　サバ科のキハダマグロ |
| 9　カマス科のオニカマス | 10　手前右手がアジ科のカスミアジ |

写真25　出土数のそれほど多くなかった魚種
(1-2, 5, 7-10：筆者撮影，3-4：小笠原支庁水産課提供，6：門田修氏提供)

もつ多様性や，南海産魚類のもつ多様性が，その同定に膨大な労力・時間を強いることが指摘できる．しかしそのいっぽうで，一般的に遺跡からもっとも多く出土する魚骨の部位となるのも脊椎骨であり，その状況はブキットテンコラック遺跡においても同様である（アペンディクス5を参照のこと）．

こうした先行研究に対し，本書で試みた脊椎骨を対象とした同定分析は，脊椎骨以外の部位では同定できなかった魚科を新たに検出したほか，遺跡全体における各魚科の同定数を大幅に増加できる可能性があることを証明したことになる．ところがそのいっぽう，出土量の大半を占める主要魚科の出土頻度においては，大きな変化はみられなかった．したがって少なくともブキットテンコラック遺跡の場合，全体的な各魚科の出土傾向は脊椎骨以外の部位でも十分に

表 3-5　南部岩陰区 (J19) の同定結果 (MNI)

順位	科名	生息地	1層	2層	3層	4層	5層	6層	合計	%
1	ブダイ科	サンゴ礁・岩礁域	15	43	39	30	11	7	145	25.3
2	ハタ科	サンゴ礁・低層域	8	32	27	23	2	2	94	16.4
3	ベラ科	サンゴ礁低層域	5	23	18	20	10	6	82	14.3
4	フエフキダイ科	サンゴ礁低層域	3	21	13	13	5	2	57	9.9
5	フエダイ科	礁縁・低層域	1	14	15	7	2	2	41	7.1
6	モンガラカワハギ科	サンゴ礁低層域	4	14	9	5	2	1	35	6.1
7	ハリセンボン科	サンゴ礁・岩礁域	0	7	7	5	0	2	21	3.6
8	イサキ科	礁縁・低層域	1	2	4	3	3	2	15	2.6
9	タイ科	礁縁・低層域	0	3	6	1	0	1	11	1.8
10	スズメダイ科	サンゴ礁・岩礁域	0	4	1	2	1	0	8	1.3
11	アイゴ科	サンゴ礁・岩礁域	0	2	2	1	2	0	7	1.2
12	軟骨魚類	沿岸・内湾域	1	1	1	1	1	1	6	0.8
12	ニザダイ科	礁縁・サンゴ礁域	0	5	0	0	0	0	6	0.8
14	ヒメジ科	砂底	0	2	1	0	0	0	3	0.3
14	アジ科	沿岸・内湾域	0	2	1	0	0	0	3	0.3
16	ハマギギ科	サンゴ礁―汽水域	0	2	0	0	0	0	2	0.2
16	ウツボ科	サンゴ礁・岩礁域	0	1	1	0	0	0	2	0.2
18	イトヨリダイ科	サンゴ礁低層域	0	1	0	0	0	0	1	0.1
18	コチ科	砂底	0	1	0	0	0	0	1	0.1
18	ボラ科	内湾域	0	0	1	0	0	0	1	0.1
合計 20科			38	180	146	111	39	26	541	

NISP 数についてはアペンディクス 8 を参照

把握は可能である点も指摘しておく必要がある．ただし，その状況は遺跡によって差があることは明らかで，可能であれば今後の研究においても脊椎骨をも含めた同定分析をおこなう必要があることを改めて強調しておきたい．

表 3-6 北部岩陰区 (D3) の同定結果 (MNI)

順位	科名	生息域	1層	2層	3層	4層	5層	6層	合計	%
1	ブダイ科	サンゴ礁・岩礁域	5	18	47	49	33	7	159	17.2
2	ハタ科	サンゴ礁低層域	2	13	36	37	35	7	130	14.1
3	フエフキダイ科	サンゴ礁低層域	1	7	31	29	25	5	98	10.8
4	フエダイ科	礁縁・低層域	0	6	25	21	25	3	80	8.6
5	ベラ科	サンゴ礁低層域	0	5	27	23	18	2	75	8.1
6	アイゴ科	サンゴ礁・岩礁域	1	2	19	16	11	0	49	5.3
7	モンガラカワハギ科	サンゴ礁低層域	1	7	13	8	9	1	39	4.2
8	イサキ科	サンゴ礁・岩礁域	1	1	16	7	11	0	36	3.9
9	ハリセンボン科	礁縁・低層域	0	1	8	6	4	0	19	2
9	ニザダイ科	礁縁・低層域	1	1	10	3	4	0	19	2
11	ウツボ科	サンゴ礁・岩礁域	0	0	7	6	4	0	17	1.8
12	ヒメジ科	砂底	0	0	10	1	3	0	14	1.5
13	タイ科	礁縁・低層域	0	0	5	2	5	0	12	1.3
14	スズメダイ科	サンゴ礁・岩礁域	0	0	1	4	4	0	9	0.9
15	ボラ科	内湾域	0	0	3	0	3	1	7	0.9
15	イトヨリダイ科	サンゴ礁・岩礁域	0	0	4	0	3	0	7	0.9
17	ダツ科	内湾—外洋域	0	0	2	2	1	0	5	0.5
17	軟骨魚類	内湾—外洋域	1	1	1	1	1	0	5	9.6
19	カマス科	内湾—外洋域	0	0	2	2	0	0	4	0.4
20	アジ科	内湾—外洋域	0	1	1	1	0	0	3	0.3
21	ハマギギ科	サンゴ礁—汽水	0	0	2	0	0	0	2	0.2
21	コチ科	砂底	0	0	0	1	1	0	2	0.2
21	マンジュウダイ科	サンゴ礁・岩礁域	0	0	2	0	0	0	2	0.2
24	タカサゴ科	内湾—外洋域	0	0	0	1	0	0	1	0.1
24	イスズミ科	サンゴ礁・岩礁域	0	0	0	0	1	0	1	0.1
24	フグ科	サンゴ礁・岩礁域	0	0	1	0	0	0	1	0.1
24	サバ科	内湾—外洋域	0	0	0	0	1	0	1	0.1
合計 27科			12	45	224	192	192	51	877	100

NISP数についてはアペンディクス6を参照

1　イスズミ科のイスズミ　　　　　　2　ニザダイ科（テングハギ）

写真 26　新たに同定された沿岸魚種

3.3　魚の実サイズを推測する

　さて，こうして遺跡でどのような魚がおもに利用されてきたかは明らかになったわけだが，つぎにこれら出土した魚が実際にどのくらいのサイズ（体長や重量）であったかを検討する必要がある．というのも魚のサイズは魚種や年齢によってさまざまであり，たとえ出土している個数が多くてもそのサイズが小さければ，人びとのタンパク源としてはそれほど重要でなかった可能性があるからだ．逆に個数が少なくても1個体あたりのサイズや肉量が大きければその重要性は高まる．

　ところで本書における魚骨分析は，魚科レベルでの同定を基本としてきたが，これは多様な魚種が生息する熱帯海域では種レベルでの同定分析が困難であるという理解によっている．また南海産魚類の基本的な生息範囲は，種レベルよりも科レベルでの共通性がより高いという傾向も指摘できる．

　しかし，たとえ同じ科に属していても種レベルで大きく異なるのは，その個体サイズの多様性である．たとえば多種が存在するハタ科やアジ科の魚類には，小型のものではわずかに全長 10 cm 前後に満たない魚種から，全長が 1 m を越す大型魚類までと実に多様だ．このため，たとえ NISP や MNI 数の上では卓越している魚科でも，実際のサイズが小さければ，1 匹の個体から人間が獲得できる肉量やタンパク質量は相対的に少なくなり，摂取量に換算するとそれほど重要な位置を占めていない可能性も出てくる．

こうした考古学的なバイアスを軽減させる目的から、ここでは脊椎骨の直径を指標とし、主要魚科を対象とした魚骨のサイズ分析をおこなった。魚骨のサイズ分析に関する先行研究は数多くあるが、このうち熱帯海域における南海産魚類を対象とした研究には、カリブ海域における遺跡産魚類を対象としたウィングらによる研究 (Wing and Scudder 1983)、ハワイ諸島における遺跡産魚類を対象とした後藤による研究などがある (Goto 1986, 1990)。このほかに熱帯域ではないが、温帯島嶼域となるニュージーランドで頻繁に出土するレッドコッド種 (*Pseudophycis bacbus*) の実質サイズを推算したリーチらによる研究があげられる (Leach et al. 2001)[49]。

これらの先行研究に対し、本書ではあくまでも出土した主要魚科の大まかなサイズを推測し、どの魚科が食生活の上で重要性が高かったのかを把握することを目的に分析を試みた。そこで推算によって確認する実質サイズもかなり幅を広くとり、各魚科において①小型、②中型、③大型、④超大型の4サイズを設定した (アペンディクス7)。

いっぽう、各魚科における体長幅・重量・脊椎骨の直径幅の相関性は、現生標本を作製する際に得られたデータに基づき、体長幅と重量の相関性に関するデータはこれまで収集した標本を作製する際に得られたデータのほか、既存の公表データも参考として傾向を確認した (アペンディクス8)。ただし、脊椎骨の直径幅とサイズの相関性に関する資料数には制約が多いのも事実であり、推定される体長幅、重量幅は大きくならざるを得なかったが、それでもこれらのデータから全体の大まかな傾向を読み取ることは十分に可能であろう。

以上の前提に基づき、南部岩陰区のテストピットJ19と、北部岩陰区のテストピットD3より出土した主要魚科を対象とした分析の結果を整理したのが図

---

49) これらの研究群で利用された部位は、魚類遺存体の中でも顎骨に相当する部位群である。たとえば、後藤による研究では、歯骨のサイズを数値化して実質サイズを推定する手法が取られており、リーチらによる研究では前上顎骨、歯骨、主上顎骨、角骨、方骨からなる5つの部位に3点以上の計測点を設置し、これらを数値化することで実質サイズや肉量を推算する試みがなされている。また、リーチらによる研究では魚骨のサイズから実際の魚類サイズや肉量を推算する基礎的資料として、実に150体におよぶサイズの異なるレッドコッドの現生標本を収集し、その実質サイズや重量を算出している。

3-10 である．まず指摘できるのは，いずれの主要魚科の多くが，小型から中型サイズの魚類で占められている点である．とくに小型の魚類の占める割合は，北部岩陰区でより高くなる傾向が確認された．これに対し，南部岩陰区では中型から大型魚類の占める割合がより高い．

つぎに各魚科別の出土傾向を見ると，大型や超大型魚類の比率がもっとも高かったのはブダイ科魚類で，南部岩陰区では実に全体の 37.6％が大型サイズ以上の魚類で占められ，北部岩陰区においてもその比率は 19.8％と高い．ついで大型種の比率が高かったのはフエダイ科の魚類であり，南部で全体の 23.6％，北部でも 18.9％が大型種で占められている．フエフキダイ科の魚類には大型種となるものが比較的少ないが，それでも南部で全体の 25.8％，北部では 11.6％が体長 50 cm 以上と推定される大型種で占められた．同じくハタ科も，南部で 15％，北部で 11％が大型や超大型魚類で占められている．

やや特異な傾向を示したのはベラ科であり，南部においては全体の 26％を大型種が占めたのに対し，北部では 5.2％を占めるに過ぎなかった．また北部では超大型に属すると推定される脊椎骨も出土が確認されていない．アイゴ科の魚類には体長 40 cm を超える大型種が存在しないため，ここでは体長が 20 cm 以下の小型種と 20～40 cm の中型種に分類した．その結果，南部では全体の約 80％を中型種が占めてはいるが，その資料数はわずかに 6 点のみであり，ここから全体の傾向を議論するのはやや抵抗がある．これに対し全体で 67 点の出土が確認された北部岩陰区では，小型種と中型種の割合はほぼ均衡する結果となった．いずれにせよ，アイゴ科魚類は 1 匹当たりの肉量は非常に小さい点が指摘できる．

これらの分析結果をまとめるなら，ブキットテンコラック遺跡ではハタ科，フエダイ科，フエフキダイ科の中型種の比率が，小型種に卓越する傾向が指摘できる．

このうちハタ科やフエダイ科の中型種は，その推定重量幅が 1000～3000 g と肉量としても他の魚科と比べて高い．いっぽう，ブダイ科やベラ科の魚類は，北部岩陰区では小型と中型魚種の比率がほぼ拮抗している．ただし，ブダイ科の場合は大型種の占める割合が高く，ブダイ科魚類から得られた肉量も，ハタ科やフエダイ科と同様に上位を占めていた可能性が高い．これに対し，ベラ科

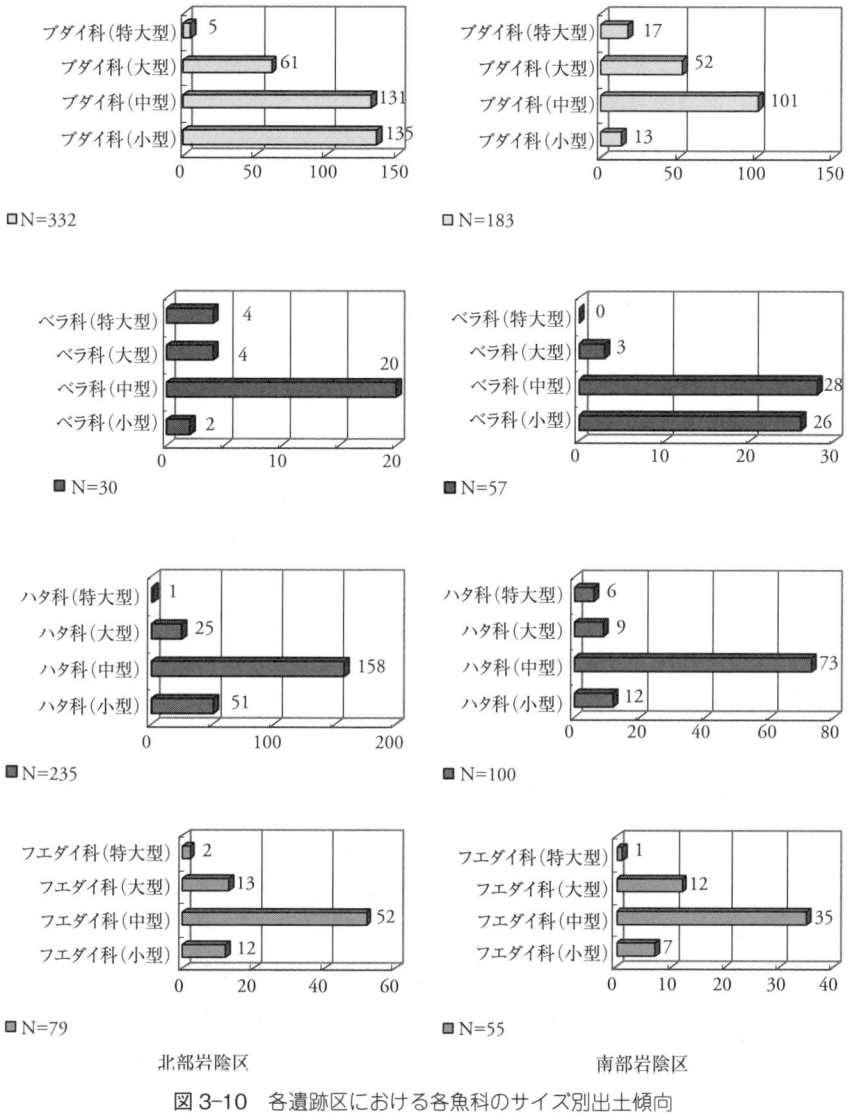

第 3 章 「沿岸漁撈システム」の形成 175

北部岩陰区

ブダイ科(特大型) 5
ブダイ科(大型) 61
ブダイ科(中型) 131
ブダイ科(小型) 135
N=332

ベラ科(特大型) 4
ベラ科(大型) 4
ベラ科(中型) 20
ベラ科(小型) 2
N=30

ハタ科(特大型) 1
ハタ科(大型) 25
ハタ科(中型) 158
ハタ科(小型) 51
N=235

フエダイ科(特大型) 2
フエダイ科(大型) 13
フエダイ科(中型) 52
フエダイ科(小型) 12
N=79

南部岩陰区

ブダイ科(特大型) 17
ブダイ科(大型) 52
ブダイ科(中型) 101
ブダイ科(小型) 13
N=183

ベラ科(特大型) 0
ベラ科(大型) 3
ベラ科(中型) 28
ベラ科(小型) 26
N=57

ハタ科(特大型) 6
ハタ科(大型) 9
ハタ科(中型) 73
ハタ科(小型) 12
N=100

フエダイ科(特大型) 1
フエダイ科(大型) 12
フエダイ科(中型) 35
フエダイ科(小型) 7
N=55

図 3-10　各遺跡区における各魚科のサイズ別出土傾向

の魚類は大型種の占める割合が少ない上に，中型種の占める割合もそれほど多くなく，全体としての肉量はブダイ科と比べかなり落ちる．

これらは肉量のみの比率から求められる傾向であるが，これに各魚科の出土量を合わせて検討するならば，栄養学的にも価値の高かった魚科として上位にランクするのは，ブダイ科，ハタ科，フエダイ科であり，ついでフエフキダイ科，ベラ科，アイゴの魚類が続く．そのいっぽう，標本数やサイズと重量にかかわるデータの不足から，本書では検討ができなかったエイやサメ類の脊椎骨を中心とした軟骨類の魚骨も遺跡から多く出土しており，単純にその出土量から推測した場合，これら軟骨魚類が提供する肉量も上位を占めていた可能性が十分にある．

ただし，当然のことながらここには遺跡の形成過程にかかるバイアスが存在している．たとえばサンゴ礁海域には，体長が 20 cm 前後やそれ以下にしかならない魚種も数多く生息する．一般的にこれら小型魚類の魚骨は小さく，脆い．このため魚骨が実際に廃棄されてから長い時間が経過した遺跡や酸性土壌においては，魚骨がほとんど残らない可能性もかなり高い．さらに遺跡を利用していた人びとがイヌなどを飼育していた場合，これら小型魚類の骨がイヌなどの家畜類によって完全に消費されてしまった可能性もある．

このように，すでに遺跡に残っていない魚類については，考古学的手法はどれだけ精緻度を高めても，これらのバイアスを克服することはできない．実はここが考古学研究の最大の弱点でもあるわけだが，こうした弱点，あるいはバイアスを少しでも低くする方法として主張されてきたのが民族誌データの積極的な援用であった．とくに遺跡周辺域において現在進行で実践されている漁撈活動と比較することができれば，上記したような遺跡に残らないかもしれない小型魚類の重要度や，漁法と獲得魚種とのかかわりをもある程度は検討することが可能となる．

ところが実際には，考古学者が遺物の出土状況と比較したいと考えるような民族誌データが，民族学を専門とする文化人類学者らによって収集されている例は一般的にそれほど多くない．これは何よりも物質文化から人間の文化や社会へとアプローチする考古学研究の視点と，同時代に生きている人びとの多様な言説をはじめとするさまざまな人間活動を対象としなければならない民族学

研究の視点や関心が往々にして異なるためでもある．

実際，ブキットテンコラック遺跡周辺でも，これまでバジャウやサマを対象としたいくつかの詳細で精力的な文化人類学的研究 (e.g. Sather 1984, 1985, 1997; 長津 1995, 1997a, 1999, 2001) がおこなわれてきたが，ここまで検討したきた魚骨の分析結果を解釈する際に類推に利用できる民族誌データはかなり限られている．そこで求められるのが，こうした考古学的な研究課題にも対応できる民族誌データの収集であり，ここに改めて民族考古学的アプローチの必要性を指摘することができるが，その成果については第5章・第7章において改めて検討したい．

3.4 出土魚骨の時間変化をみる

ブキットテンコラック遺跡からは，これまで17点の炭素年代値が得られ，これにより遺跡の形成年代が3500～2500年前頃までの約1000年間であったことが確認された．ここでは撹乱層と考えられる第1層を除き，遺物の出土が確認されるブキットテンコラック遺跡の第6層から第2層までの約1000年間における魚骨の出土量変化について検討してみたい．

図 3-11 は南部岩陰区，図 3-12 は北部岩陰区における魚骨の出土量変化を整理したものである．これらのグラフを比較してまず指摘できる点は，南部岩陰区における魚骨の出土量が第3層よりも上層に集中するのに対し，北部岩陰区における出土量がむしろ第4層よりも下層において集中する点である．

こうした魚類遺存体の出土量の変化は，土器や石器を含む出土遺物全体の出土量変化とも一致する．こうした出土状況を考慮するなら，とくに3500～3000年前頃の初期居住期には，北部岩陰区域でより集中的な居住活動がおこなわれた可能性が指摘できる．これに対して南部岩陰区域は，初期居住期より利用されていたことは明らかだが，その利用は3000年前頃より活発化したことを遺物量の激増は示唆している．

その傾向は両遺跡における各魚科の出土状況からも確認できた．図 3-13 は南部岩陰区より出土した主要魚科の層位別の出土量，図 3-14 は北部岩陰区における主要魚科の出土量変化についてまとめたものである．

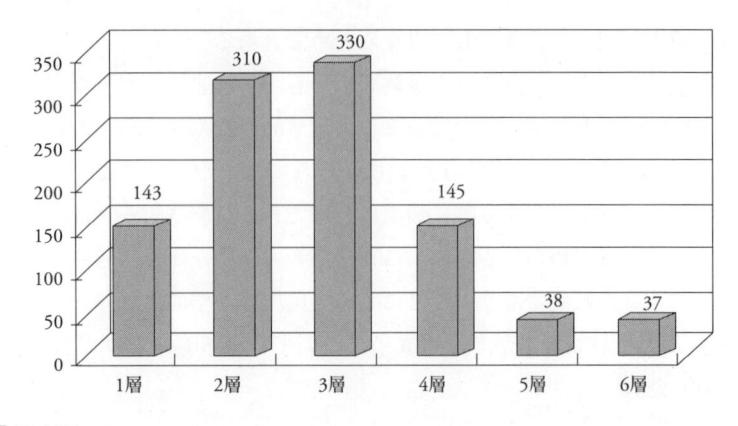

図3-11　南部岩陰区における出土量変化（MNI）

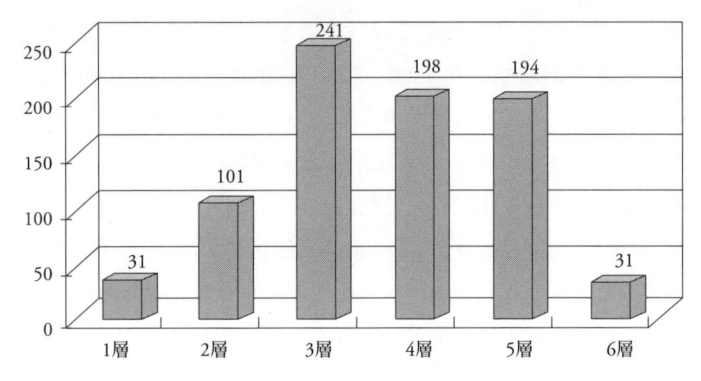

図3-12　北部岩陰区における出土量変化（MNI）

　これらのグラフを比較すると，他の遺物群の出土傾向と同じく南部岩陰区では上層での出土量が多く，下層域での出土量が少ない．とくにその傾向はフエダイの出土状況で顕著だ．これに対し，ハタ科魚類は下層域では全体の出土量に占める比率が高い．同じ傾向は北部岩陰区でも認められ，ハタ科は下層である第5層でもっとも多く出土した．いっぽうフエダイ科は，北部で下層となる5層から上層となる2層にかけて出土量の増減が激しい．しかし資料数が少なく，これをもって変則的と表現できるほどの変化とはいいにくい．

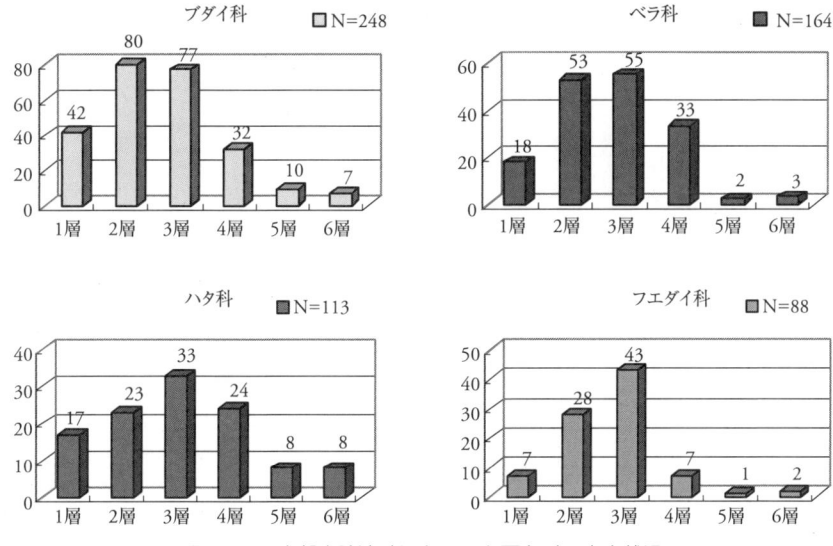

第3章 「沿岸漁撈システム」の形成　179

図3-13 南部岩陰遺跡における主要魚科の出土状況

　北部岩陰区ではアイゴ科の出土量がやや多かったが，アイゴ科は上層域からはほとんど出土しなかった．類似した傾向はイサキ科においても確認できる．いっぽう，モンガラカワハギ科の出土傾向は上層からも下層からも平均的に出土した．このように全体的に出土量の少ない魚科は，全体の出土傾向とやや異なる出土状況を示す場合がある．これが実際の沿岸環境の変化によるものか，あるいは単に資料数が少ないために変動を受けやすいかを判断する必要があるが，より出土量の多い魚科がいずれも変則的な傾向を示していない点を考慮するなら，後者の要因であった可能性がより高い．

　いっぽう全体的には，南部岩陰区では第3層より上層部からの出土量がどの魚科においても増加し，北部岩陰区では下層に当たる第5層から中層にあたる第3層にかけて出土量が集中する．このことは各主要魚科の出土量も基本的には遺物全体の出土量に比例することを意味している．すなわち，遺跡の形成期を通して人びとの過剰搾取による特定魚類の減少や，サイズの小型化といった現象はみられず，遺跡周辺での海産資源量は遺跡が放棄される時期まで大きく減少することはなかったと考えられる．

図 3-14　北部岩陰遺跡における主要魚科の出土状況

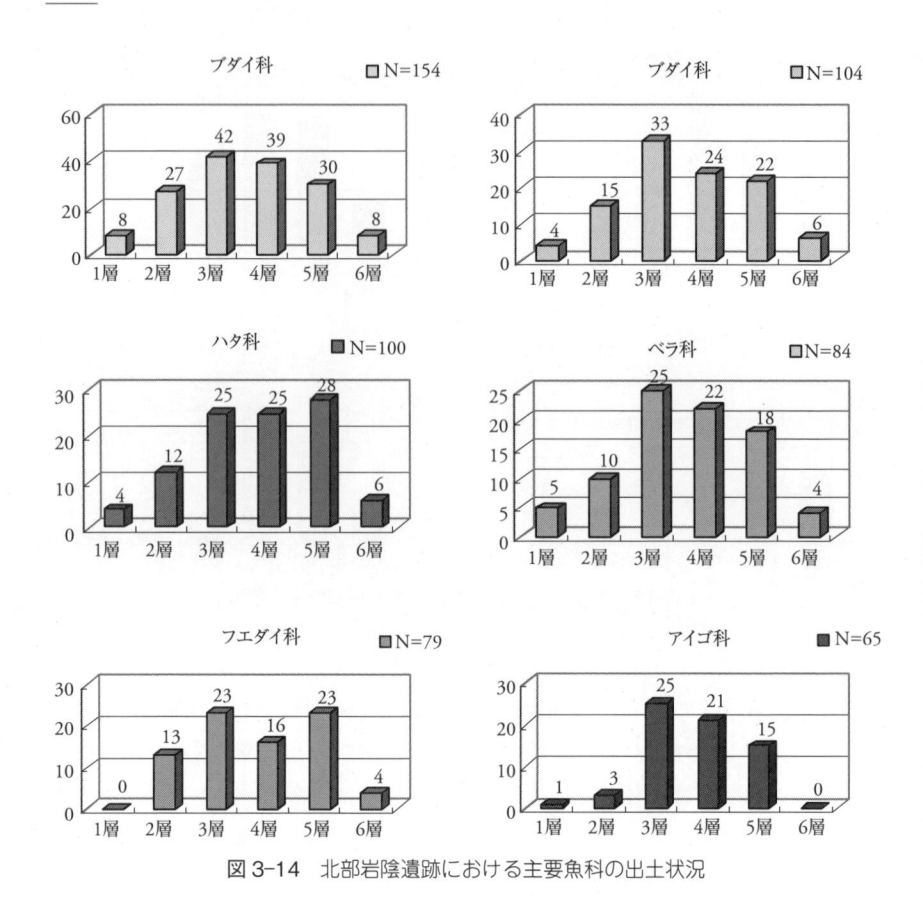

4 ❖ ブキットテンコラック遺跡における漁撈活動

4.1　考古学資料からの検討方法

　前節では，遺跡から出土した魚骨の同定分析とその結果に関する考古学的検討を紹介してきた．本節ではそれらを踏まえ，ブキットテンコラック遺跡の周辺でおこなわれていたであろう漁撈活動を中心とする海産資源の利用状況について検討したい．

考古学資料を用いて過去における漁撈活動を復元する際，一般的にまず検討されるのは物質文化となる釣り針や漁錘，ヤス・銛先といった漁具類であるが，残念ながらブキットテンコラック遺跡からは漁具と推定できる遺物がほとんど出土しなかった[50]．

遺跡から漁具と推定される遺物がほとんど出土しなかった要因の一つとして，遺跡の立地が指摘できるかもしれない．ブキットテンコラック遺跡は海抜約 150 m の丘陵上に形成されており，実際に漁撈活動が実践されたと推定される海岸域からはやや距離がある．このため，漁撈活動に必要となる釣り針や，漁錘などの消耗品はより活動域に近い場所で製作され，使用後は活動域内で廃棄されたのかもしれない．釣り針や漁錘，銛先のいずれもが未製品も含めて出土していないという状況を考慮すると，その蓋然性は高い．

ただしヤスの場合のみ，出土したメノウや黒曜石製の細石器類を利用することで類似した機能を作り出すことは可能であり，こうした石器類が漁撈活動に利用された可能性は残されている．いずれにせよ，漁具がほとんど出土していない遺跡を対象とし，その漁撈活動や海産資源の利用状況を考古学的に検討するには，出土した魚骨群や貝類の同定結果に注目する他にない．そこでここでは，まず遺跡内で利用・廃棄された魚類の生息分布や習性に注目することで，これらの魚類を人びとがどのように漁獲していたかを推測してみたい．

4.2. 出土魚類の習性と生息分布

ブキットテンコラック遺跡から出土した主要魚科には，おもに沿岸の岩礁域やサンゴ礁域に多く生息するブダイ科，ハタ科，ベラ科，フエフキダイ科，フエダイ科，モンガラカワハギ科，ハリセンボン科，イサキ科があげられる．そのほかに出土数はより少ないが，同じく沿岸性の魚類としてニザダイ科，タイ科，キンチャクダイ科，アイゴ科，イトヨリダイ科，ウツボ科，ヒメジ科，コ

---

[50] これに対し，ベルウッドは 1987 年の発掘調査で釣り針（ルアーシャンク）と推定される 2 点の貝製品を報告しているが（Bellwood 1989: Fig 17），報告されている図版からはこれらが実際に釣り針であると認識することは困難であり，推測の域を超えていないと判断したほうが妥当である．

チ科，ハマギギ科，ボラ科，マンジュウダイ科，イスズミ科の魚類が出土した．いっぽう，外洋域をおもな生息域とする魚類では，アジ科，サバ科，カマス科，ダツ科が出土し，ほかに沿岸性および外洋性の両方を含むエイやサメ類による軟骨魚類がある．

　これらの魚類は，その食性から大きく二つのタイプに分類が可能だ．一つは肉食を中心とするタイプであり，もう一つは藻食を中心とするタイプである．ただし魚類の多くは基本的に雑食性であり，肉食性と藻食性という分類はあくまでどちらかへの傾向がより強いという意味でしかない．このうち肉食性の傾向が強い魚科には，ハタ科，ベラ科，フエフキダイ科，フエダイ科，モンガラカワハギ科，ハリセンボン科，イサキ科，サバ科，カマス科，サメ類などがあげられ，これらはおもに海底にすむ甲殻類や貝類，小魚，プランクトンなどを好んで捕食する傾向がある．

　実際，これらの魚科に属する魚類は発達した顎骨と鋭利な歯をもつものが多い（写真27：1-2）．ただし，肉食性ながらおもにプランクトンを好むアジ科やサバ科などの場合，顎骨は発達しているものの，歯は小さく細かくなる傾向がある（写真27：3-4）．これに対し藻食性が強い魚科には，ブダイ科，アイゴ科，ニザダイ科，イスズミ科，ヒメジ科，ボラ科，マンジュウダイ科などがある．このうちサンゴ礁に付着する藻類をサンゴ礁ごと食べると考えられているブダイ科魚類は，顎骨や咽頭骨が異常に発達しているが（写真27：5），それ以外の魚科・魚種は顎骨も小さく，歯も小さいのが特徴だ（写真27：6）．

　こうした各魚科・魚種における食性の違いは，漁撈活動においては漁法を決定する際の選択要因の一つとなる点で重要であろう．たとえば餌を必要とする釣り漁などは，一般的には肉食性の傾向が強い魚科・魚種に対しては有効だが，藻食性の傾向が強い魚類の獲得にはそれほど適していない．

　さらに出土した魚類は，その生息分布からいくつかのタイプに分類することができる．すでに指摘しているように，これらは大きくは沿岸性と外洋性への高さによって二つに分類できるが，さらに細かくは①河口から沿岸の汽水性，②沿岸の岩礁性，③沿岸の砂底性，④沿岸から内湾の表層性，⑤沿岸から内湾の低層性，⑥内湾から外洋の表層性，⑦深海性（ここでは水深100m以上を想定）の7つに分類できる．

第3章 「沿岸漁撈システム」の形成

1 ハタの発達した歯骨
2 コショウダイ科の口，歯は発達している 
3-4 サバ科とサワラ科の顎骨，歯は意外に小さい  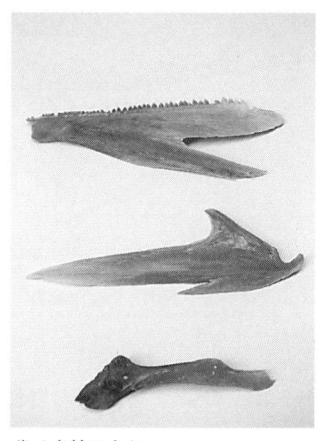
5 ブダイの発達した顎骨 
6 アイゴ科の顎骨はかなり小さい 

写真27 おもな魚類の顎骨や歯骨

(2.5-6：門田修氏提供)

表 3-7 おもな出土魚類の習性・生息域・漁法

捕食性	生息域	汽水域	岩礁域	砂底域	内湾/礁縁	外洋域
肉食	表層	イサキ稚魚	イサキ		アジ科	大型アジ科
			ハリセンボン		ボラ科	サバ科
			イトヨリダイ		ダツ科	カマス科
					サメ類	大型サメ類
推定される漁法		網・毒漁	網・釣り漁		釣り漁	釣り・トローリング
肉食	低層	ハマギギ科	モンガラカワハギ	フエフキダイ	大型ハタ科	
			ハタ科	ヒメジ	大型フエダイ科	
			フエダイ科	コチ	大型ベラ科	
			ベラ科	エイ類		
推定される漁法		釣り・筌・毒漁	釣り・筌・毒漁	釣り・突き漁	釣り漁	
藻食		ボラ科	ニザダイ		大型ニザダイ科	
			ブダイ		大型ブダイ科	
			アイゴ			
			キンチャクダイ			
推定される漁法		網漁	網漁・突き漁		釣り漁・突き漁	

　表 3-7 はこのような魚類の習性や生息分布から，出土魚類を再分類し，各グループを人間が漁獲する際に有効と考えられる漁法の種類をまとめたものだ．こうした各魚科・魚種における生息分布の違いも，人びとの漁撈活動を規定する大きな要因として指摘できよう．

　たとえば追い込み網漁などの漁法は，水深のやや深い海域の砂底や低層に生息する魚類には適さないことが予想され，逆に海底に仕掛けることが容易な釣り漁や筌漁などは低層に生息する魚類には有効であろう．

　つぎに表 3-7 に基づき，ブキットテンコラック遺跡周辺でおこなわれていた可能性の高い漁撈活動の内容について考古学的な推測をおこなう．

　まず遺跡から出土した魚類の主な生息分布からは，出土魚骨の多くが基本的には沿岸の岩礁域や砂底域，あるいは沿岸から内湾の表層域か低層域に生息する魚類によって占められていることがわかる．これに対して内湾から外洋の表層域や深海域に生息する魚類の出土はきわめて少なかった．したがって，遺跡

を利用した人びとが日常的に漁撈活動をおこなっていたのは，遺跡周辺の沿岸域であった可能性が指摘できる．またよりミクロな漁場としては，サンゴ礁が発達する水深の浅い岩礁域や砂底域での漁撈頻度がもっとも高く，ついで水深のやや深い内湾や礁縁域にかけての海域へ集中する傾向がみられる．

　さらに，魚類の習性からは，出土した魚類群を大まかに肉食性と藻食性の両グループに分類することができる．こうした両グループにおける習性の違いは，人間による漁撈活動においてその漁法と直接的に関係する可能性がある．

　まず藻食性の傾向が強い魚種の場合，その顎部は小さくなる傾向があり，釣り針を利用する釣り漁での漁獲はより難しくなる．釣り漁では餌や疑似餌を用いることが多いが，藻食性の傾向が強い魚種にとってはこうした餌の利用も肉食性の魚種に比べると，その漁獲率は低くなる可能性が高い．したがって，藻食性の傾向が強い魚種を漁獲する際には，釣り漁は適しておらず，その他の漁法を利用する必要がでてくる．東南アジアやオセアニアの海域世界においてこれまで確認されている一般的な漁法から類推するなら，そのほかの漁法としては網漁，突き漁，毒漁，筌漁，簗漁，石日干漁などが想定される．

　このうち網漁の利用については，考古学的には漁錘の出土としてその痕跡が残る場合があるが，ブキットテンコラック遺跡を含む東南アジア海域世界の新石器時代遺跡からは漁錘がまだ出土していない．

　しかし遺跡から出土する藻食性魚類の多くが，水深の浅い沿岸の岩礁域に好んで生息している状況を考慮するならば，たとえ網漁が利用されていたとしても，漁錘を必要としない小型の網やすくい網や，手網などが利用されていた可能がある．また漁錘として貝殻が利用される事例も少なくなく，その場合には手頃なサイズの貝が利用され，利用後には浜辺や漁場で廃棄されてしまった可能性も考えられる．

　しかし，残念ながら考古学的に推測できるのはここまでで，出土した藻食性の強い魚類が実際にどのような漁法によって漁獲されたのか，どのような年間・月間・日間スケジュールの中で漁撈活動がおこなわれていたかまでを特定するのは難しく，さらなる検討を加えるには遺跡周辺の海域における漁撈を対象とした詳細な民族誌データが求められる（これについては第5章・第7章で改めて検討する）．

これに対し，肉食性の傾向が強い魚種を漁獲する際には，釣り漁が有効な漁法となり得る．とくに肉食性の傾向が強く，かつ低層域に好んで生息するハタ科，ベラ科，フエフキダイ科，フエダイ科，イサキ科などに属する魚類を漁獲する際には，釣り漁はもっとも有効な漁法となる．モンガラカワハギ科魚類も肉食性の傾向が強く，低層域に好んで生息する習性をもつが，この魚科の顎骨は非常に発達しているものの，その口顎の幅が一般的に小さく（写真24：7を参照），釣り漁での漁獲は難易度が高くなるという指摘もある（e.g. Leach et al. 1988）．

　いずれにせよ，ブキットテンコラック遺跡からは，釣り漁によってもっとも効率的に漁獲できると想定される魚類が出土しており，これらの魚類が全体に占める割合がかなり高い．ただし，釣り漁には漁獲対象となる魚類の口顎サイズに適した釣り針，そして対象となる魚類が好んで生息している深度に達する長さをもった釣り糸が必要となる．

　ブキットテンコラック遺跡からは釣り針も釣り糸も出土していないが，周辺地域の新石器時代遺跡から出土した釣り針の多くは，貝製か骨製でその針先や軸部が概して太く，サイズも中型から大型のものが多い．論理的に判断するなら，こうした太くてサイズの大きめな釣り針で漁獲できる魚類は，その口顎幅がかなり大きくなる中型以上の魚類ということになる．ブキットテンコラック遺跡からもそうした中型以上と想定される魚骨が出土してはいるが，ベラ科のように個体サイズの小さい魚類の出土量もまた多い．

　これら小型サイズの魚類を釣り漁で漁獲するには，針先や軸が細くサイズの小さい釣り針が必要になるが，そのような釣り針はこれまで新石器時代遺跡から出土した例がない．その要因としては，これまで出土しているような骨や貝から小型の釣り針を製作する際の時間や労働力の必要性，さらに製作過程で壊れるリスクの高さが指摘できる．木製の釣り針であれば製作もより容易な可能性はあるが，有機物である木製品は遺物としての残存率がきわめて低い．ブキットテンコラック遺跡から釣り針がまったく出土しなかった要因には，このような可能性も想定できる．

　とはいえ，遺跡から中型以上のサイズと推定されるハタ科やフエダイ科魚類が多数出土している状況は，やはり釣り漁が頻繁に利用された蓋然性を示唆し

ている．あるいはこれらの魚類が釣り漁とは異なる別の漁法で漁獲された可能性もある．とくにベラ科のようにサイズの小さい個体の漁獲にはその可能性が高いが，それを実証するにはやはり遺跡周辺の海域における漁撈を対象とした詳細な民族誌データが求められよう．

　このほかに遺跡周辺でおこなわれた漁撈活動には，軟骨魚類であるサメやエイ，海産爬虫類であるウミガメを対象とした漁撈のほか，多種におよぶ貝類やカニ類を対象とした採集活動があった．このうちサメ類の漁獲は，民族誌からの類推によれば釣り漁，縄漁，棍棒漁の利用が，エイに対しては釣り漁や突き漁の利用を想定でき (e.g. 長津 1995；近森 1988；Johannes 1981)，ブキットテンコラック遺跡でもこうした漁法が利用された可能性がある．

　ウミガメの漁獲は，ヤスや銛を利用した突き漁のほか，産卵期に陸や海岸に近づくウミガメを素手で捕獲するのが一般的である．ただし後者の場合には，ウミガメの産卵に適した砂浜の存在が条件となるが，少なくとも現在の遺跡周辺 5 km 以内にはそのような砂浜が存在していない．もし産卵時を狙ったウミガメの捕獲を目的とした場合，人びとは遺跡からもっとも近くに位置する産卵地まで出漁していた可能性は十分に考えられる．いっぽう，貝類やカニ類を対象とした採集活動は遺跡周辺の潮間帯や，水深の浅い岩礁域でおこなわれていた可能性が高い．

　最後にこれら出土した魚骨や貝類の出土状況から結論できるのは，漁撈活動のほとんどが遺跡周辺の沿岸域に集中しておこなわれていた可能性だ．

　実際，遺跡からはサバ科やカマス科といった外洋域をおもな生息域とする魚類もわずかながら出土しているが，その出土量はあまりに少なく，これらが意図的に外洋域まで出漁して漁獲されたとは想定しにくい．むしろ，これらは内湾や沿岸の岩礁域へと迷い込んだ個体を漁獲した結果である可能性が高く，そうした民族誌事例も確認されている (e.g. Masse 1990)．このように沿岸域に集中した漁撈戦略が，ブキットテンコラック遺跡のみでなく，セレベス海域の全域でおこなわれていた場合，新石器時代の漁撈戦略として「沿岸漁撈システム」が存在したことを指摘することができよう．

5 ❖ 海民とフロンティア世界の出現

5.1 セレベス海域内での漁撈と海産資源利用

　セレベス海域における新石器時代遺跡のすべてが，ブキットテンコラック遺跡のようにサンゴ礁資源の豊富な沿岸域に立地しているわけでもない．そこでブキットテンコラック遺跡とは立地環境の異なる遺跡での漁撈活動や，海産資源の利用状況についても検討しておく必要がある．

　ここで新たに検討する遺跡は，ブキットテンコラック遺跡と同じくボルネオ島東岸域に位置するマダイ洞窟遺跡，スールー諸島のタウィタウィ島に位置するバロボク洞穴遺跡，そしてタラウド諸島のカラケラン島に位置するリアン・トゥオ・マナエ遺跡とナヌサ諸島のムランピット島に位置するリアン・タフナ遺跡の4遺跡である．

　このうちマダイ洞窟群遺跡は，ブキットテンコラック遺跡の形成年代よりも若干遅れた2800年頃より積極的な利用がはじまる遺跡であるが，遺跡からは海産魚類や貝類がほとんど出土しなかった．遺跡の立地環境は海岸線から約15 km離れた内陸部に位置しており，マダイ洞窟遺跡における海産資源利用の頻度がより少ないのは，こうした遺跡の立地環境によると考えられる．

　しかし，マダイ洞窟群遺跡とブキットテンコラック遺跡は土器形態や石器製作技術といった物質文化には類似性が認められ（小野2004），両遺跡を形成した集団における直接的な交流の有無は不明であるにしても，これら両集団が文化的には同列の系譜に属していた可能性は高い．そしてこの同列の系譜として，オーストロネシア語を話すモンゴロイド系集団の移住や拡散を重ね合わせた場合，両遺跡群における海産物の出土頻度は，両集団の生活した環境条件による制約によるものとも解釈できる．

　実際，全体的な割合は小さいながらもマダイ洞窟群遺跡から23属に及ぶ汽水産貝類が出土しているが（Cranbook 1988a, 1988b），魚骨を含めたその他の海洋性遺存体が出土しなかったのは，遺跡を利用した集団が約15 km離れてい

る沿岸・マングローブ域までは積極的に利用したが[51]，さらに遠方に位置する沿岸から内湾での漁撈活動は移動や労働コストの面で消極的となった結果とも推測できる．この場合，人びとの生業活動は遺跡からより近い距離内で獲得可能な資源を集中的に利用するという戦略が背後にあった可能性は高い．

　これに対し，スールー諸島のタウィタウィに位置するバロボク洞穴遺跡は，島の海岸線に位置しており，海が目の前に広がっている．またタウィタウィ島を含むスールー諸島はボルネオ東岸と同じくサンゴ礁が発達した海域がパッチ状に形成されている．

　このバロボク洞穴遺跡からは貝類遺存体や，より量は少ないが魚骨も出土した．その詳細な分析結果は報告されていないが，もっとも出土量が多かった海産魚類としてブダイ科やハタ科などのサンゴ礁魚類が，貝種としてはミミガイ科（トコブシ），ニシキウズ科，リュウテン科，アマオブネ科，シャコガイ科，クサズリガイ科といった沿岸・潮間帯域をおもな生息地とする海産・汽水種があげられている（Bautista 2002）．ブダイ科やハタ科魚類が卓越する状況はブキットテンコラック遺跡と共通しており，これらが遺跡周辺に広がるサンゴ礁海域で漁獲された可能性が想定される．しかしバロボク洞穴遺跡から出土した魚骨の数量は，ブキットテンコラック遺跡と比べればはるかに少ない．

　タラウド諸島のカラケラン島北端に位置するリアン・トゥオ・マナエ遺跡も，眼前に海が広がる環境に立地する．ところが過去における2回の発掘調査では，魚類遺存体がほとんど出土しなかった（Bellwood 1976; Tanudirjo 2001）．その反面，貝類遺存体はブキットテンコラック遺跡から出土した貝種のほぼ倍に相当する，94種にも同定される大量の貝が出土した．

　その要因の一つとして指摘できるのが，遺跡周辺の海底環境の相違である．すなわち，ブキットテンコラック遺跡周辺では広大な浅いサンゴ礁が沖に向

---

51) ただし私はマダイ洞窟群を利用した集団が，遺跡を定住的な居住地として利用したとは考えていない．むしろ実際の居住地はより沿岸域に近い地域にあった可能性もあり，その場合は湾内の積極的利用があった可能性は高いと推測される．同時に遺跡における魚類遺存体の出土率はさまざまなバイアスを考慮する必要もある．たとえば何らかの人工的な加工（燻製・干物など）がなされた魚骨の残存率は，そうでない魚骨と比べ低くなる．マダイ洞窟群が季節的なキャンプ地であった場合，こうした加工された魚類のみが食用として利用された可能性も考慮する必要があるだろう．

かって約4kmに渡って発達しているのに対し，リアン・トゥオ・マナエ遺跡周辺の浅瀬・岩礁域は沿岸からわずか200mほどしか発達しておらず，リーフ面積は圧倒的に少ない．さらにタラウド諸島ではリーフ外の水深が深く，沿岸に近いところでも水深200mに達している．

こうしたリアン・トゥオ・マナエ遺跡で集中的な海産魚類の利用を実践するには，狭いリーフの外に広がる水深の深い海域での釣り漁やトローリング漁といった漁法による漁撈活動をおこなう必要がでてくる．しかし，ブキットテンコラック遺跡と同じくリアン・トゥオ・マナエ遺跡からも釣り針やトローリング用釣り針などは出土しなかった．

類似した状況は，東南アジア海域世界のほぼ全域で認められる傾向でもあり，スールー諸島のバロボク洞穴遺跡やリアン・タフナ遺跡からも釣り針の出土は確認されていない．これらの考古学情報から改めて指摘できるのは，セレベス海域では外洋性の大型回遊魚を対象とする漁撈の重要性が低かった可能性だ．とはいえブキットテンコラック遺跡の出土状況が示すように，内湾やリーフ内での釣り漁は頻繁におこなわれていた可能性は残っている．

いずれにせよ，沿岸のリーフ面積が限られていたリアン・トゥオ・マナエ遺跡では，人びとが十分に摂取できる漁獲量を安定して得ることが難しかった．そのいっぽうで，この遺跡からは水深のやや深い海域に生息するリュウテン科の貝類を筆頭に，94種におよぶ貝遺が出土したが，こうした状況も不安定な魚類資源を補う目的から，獲得のより容易であった貝類資源への依存度が高まった結果とも解釈できる．同じく周辺のリーフ面積が限られている隆起サンゴ島に立地するリアン・タフナ遺跡でも貝類遺存体の出土が突出しており，リュウテン科をおもとする32種におよぶ貝類が出土した．ただしリアン・タフナ遺跡からはわずかだが魚骨やウミガメの骨も出土しており，貝類以外の海産資源も利用していたことが確認されている．

豊富で多種におよぶ貝類遺存体が出土した状況は，沿岸域へのアクセス度が低かったマダイ洞窟群遺跡，沿岸のリーフ面積が限られていたリアン・トゥオ・マナエ遺跡やリアン・タフナ遺跡のいずれにおいても確認できた．これらの遺跡では，比較的容易に安定して獲得できる資源として，貝資源の利用頻度が高まったと考えられる．またマダイ洞窟群遺跡では淡水・気水産の貝種が卓

越するのに対し，リアン・トゥオ・マナエ遺跡やリアン・タフナ遺跡では海産種が卓越する．その反面，マダイ洞窟群遺跡ではタンパク・脂肪源として動物資源も積極的に利用した痕跡があるが，リアン・トゥオ・マナエ遺跡ではその痕跡が残っていない．こうした出土状況は，いずれも遺跡の立地環境とより強く相関していると考えられる．

5.2　周辺世界における漁撈活動と漁撈戦略

　ブキットテンコラック遺跡からは合計で28科におよぶ大量の魚骨が出土し，そのほとんどが沿岸のサンゴ礁海域に生息する魚類で占められていたが，興味深いことに，これと類似する出土状況が，ほぼ同時代に形成されたオセアニア海域世界における初期の新石器時代遺跡となるラピタ遺跡群においても確認されている (e.g. Butler 1988, 1994; Kirch 1997)．表3-8は，魚骨が多く出土したラピタ遺跡群の出土状況を整理したものだ[52]．

　これらの遺跡群は，いずれも沿岸域の海岸沿いに形成されている点で共通する[53]．こうした遺跡の立地環境はブキットテンコラック遺跡の立地環境と共通性がきわめて高い．また表3-8からは，これらの遺跡群から出土した主要な魚類がブキットテンコラック遺跡の場合と同様にブダイ科，ベラ科，フエフキダイ科，フエダイ科，ハタ科，ハリセンボン科といったサンゴ礁性の沿岸魚

---

52)　これらの遺跡は，形成年代の古い方からムサウ島のタレパケマライ遺跡 (Kirch et al. 1991)，サンタクルス諸島の SE-RF-2 遺跡 (Green 1986)，ティコピア島のキキ遺跡 (Kirch and Yen 1982)，ニウアトプタプ島のロロカ遺跡 (Kirch 1988b) である．

53)　このうちタレパケマライ遺跡は，ムサウ島南部の対岸に位置する隆起サンゴ島となるエロアウア島の中央部一帯に立地し，遺跡が形成された完新世中期には海岸線だったことが推測されている (Kirch et al. 1991)．また発掘の結果，居住区の一部は砂状のビーチ上に位置し，他の一部はかつての潮間帯域にも分布していることが確認された．このエロアウア島では，現在でも潮間帯上に建てられた杭上家屋がみられることから，カーチらはこうした杭上家屋がラピタ期においても利用された可能性を指摘している．同じく SE-RF2 遺跡が立地するリーフ島や，キキ遺跡が立地するティコピア島，ロロカ遺跡が立地するニウアトプタプ島も火山岩性のフォーメーションとそれを囲む隆起珊瑚域よって形成された島で，その周囲をサンゴ礁によって囲まれている点で共通する．

表3-8 ラピタ遺跡群からの出土魚類

サンタクルス諸島
BP3,300-2,900

魚科	MNI	%
Scaridae	50	24.4
Lethrinidae	52	25.8
Diodontidae	24	11.7
Serranidae	20	9.7
Labridae	18	8.8
Lutjanidae	9	4.3
Balistidae	8	3.9
Elasmobranchii	7	3.4
Scombridae	4	1.9
Muraenidae	4	1.9
Acanthuridae	2	0.9
Holocenturidae	2	0.9
Scorpaenidae	2	0.9
Carangidae	1	0.4
Mullidae	1	0.4
Belonidae	1	0.4
Sphyraenidae	1	0.4
Ostraciidae	1	0.4
Haemulidae	1	0.4
総計	208	

(Green 1986: Table 8.1, 8.2 より作成)

ムサウ島
BP3,400-2,500

魚科	NISP	%
Scaridae	842	29.8
Lethrinidae	864	30.6
Balistidae	230	8.1
Serranidae	181	6.4
Labridae	150	5.3
Acanthuridae	123	4.3
Lutjanidae	106	3.7
Diodontidae	74	2.6
Carangidae	55	1.9
Belonidae	43	1.5
Holocenturidae	31	1
Elasmobranchii	27	0.9
Tetradontidae	26	0.9
Scombridae	16	0.56
Mullidae	14	0.49
Ostraciidae	14	0.49
Mugilidae	6	0.21
Sphyraenidae	6	0.21
Haemulidae	5	0.2
Carcharhinidae	4	0.14
Myliobatidae	3	0.1
Lamnidae	1	0.03
総計	2820	

(Kirch et al. 1991: Table 3 より作成)

ティコピア島
BP2,680±90

魚科	NISP	%
Scaridae	714	42.6
Holocenturidae	190 (436) *	11.3
Elasmobranchii	183	10.9
Carangidae	169	10
Serranidae	166	9.9
Acanthuridae	146 (1060) *	8.7
Lethrinidae	128	7.6
Labridae	125	7.4
Muraenidae	113	6.7
Balistidae	103 (306) *	6.1
Diodontidae	100 (2311) *	5.9
Lutjanidae	51	3
Exocoetidae	13	0.7
Scombridae	7	0.4
Sphyraenidae	4	0.2
Mullidae	2	0.1
総計	1675 (5788)*	

(Kirch and Yen 1982: Table 42 より作成)
* ( ) は棘を同定資料に含めた場合の数

トンガ・ニウアトプタプ島
ラピタ期

魚科	NISP	%
Scaridae	97	42.3
Diodontidae	52	22.7
Lethrinidae	23	10
Elasmobranchii	22	9.6
Acanthuridae	18	7.8
Labridae	5	2.1
Balistidae	3	1.3
Carangidae	3	1.3
Lutjanidae	2	0.8
Serranidae	2	0.8
Scombridae	2	0.8
総計	229	

(Kirch 1988b: Table 39 より作成)

表3-9 オセアニア域における8遺跡から出土した主要魚科（MNI）

No.	科名	学名	MNI	No.	科名	学名	MNI
1	ブダイ科	Scaridae	1686	19	ダツ科	Belonidae	38
2	ハタ科	Serranidae	603	20	フグ科	Tetradonidae	29
3	フエフキダイ科	Lethrinidae	482	21	マカジキ科	Istiophoridae	27
4	イトヨリダイ科	Nemipetridae	459	22	トゲタナバタウオ科	Acanthocylidae	18
5	モンガラカワハギ科	Balistidae	457	23	アイゴ科	Siganidae	16
6	ベラ科	Labridae/Coridae	392	24	イスズミ科	Kyophosidae	14
7	フエダイ科	Lutjanidae	337	25	フサカサゴ科	Scorpaenidae	14
8	アジ科	Carangidae	314	26	カワハギ科	Aluteridae	13
9	軟骨魚類	Elasmobranchii	273	27	イサキ科	Plectorhynchidae	7
10	サバ科	Scombridae	259	28	ダルマガレイ科	Bothidae	6
11	ウナギ目	Anguilliforms	227	29	クロサギ科	Gerridae	6
12	ハリセンボン科	Diodontidae	223	30	ボラ科	Mugilidae	5
13	イットウダイ科	Holocentridae	204	31	タカサゴ科	Caesionidae	4
14	ニザダイ科	Acanthuridae	89	32	マンジュウダイ科	Platacidae	3
15	ヒメジ科	Mullidae	70	33	トビウオ科	Exocoetidae	2
16	シイラ科	Coryphaenidae	67	34	イセゴイ科	Megalopidae	2
17	カマス科	Sphyraenidae	44	35	サバヒー科	Chanidae	1
18	ハコフグ科	Ostraciidae	42	他	3科		3
						Total	6436

類で占められていることが指摘できる[54]．そのいっぽう，外洋性の回遊魚となるサバ科やカマス科といった魚類の出土率はいずれも低い[55]．

ついで表3-9はオセアニア島嶼域に位置し，一定量の魚類遺存体を産出した，形成年代の異なる8つの先史時代遺跡[56]における各魚科の出土量を単純に

54) ただしブキットテンコラック遺跡も含めたすべての遺跡でブダイ科の占める割合が高くなる要因には，この魚科が頻繁に獲られていたのみでなく，この魚科の魚骨が他のすべての魚科と比べて明らかに残存率が高いというタフォノミカルなバイアスの影響を指摘できる．

55) ムサウ島とサンタクルス諸島のリーフ島では，ブダイ科とフエフキダイ科の占める割合が大きく，この2科のみで全体の約50～60％を占めている点に特徴がある．その他の魚種に関する出土状況においても，両遺跡は類似性が強い．これに対し，ティコピア島ではブダイ科の占める割合が高い点は類似するが，ついでイットウダイ科やアジ科，軟骨魚類が上位を占めている点に特徴がある．またニウアトプタブ島でもブダイ科の占める割合が高いが，これについでハリセンボン科の出土率が高い．

56) これらのデータは，マルケサス諸島のフアヒネ遺跡，マリアナ諸島のモーチョン遺跡，ポンペイ島のナンマドール遺跡，カピンガマランギ島の遺跡群，ヌクオロ諸島

MNI 数値で整理したものである (Leach et al. 1996).

これによれば，ブダイ科の出土量が 2 位以下の魚科群と比べても圧倒的に高い．さらに指摘できるのは，オセアニア海域世界におけるその他の新石器時代遺跡群でも，ブキットテンコラック遺跡やラピタ遺跡群と同様に，その上位がサンゴ礁に生息する魚類で占められている傾向である．こうした出土状況は，各遺跡におけるミクロな立地環境の相違はあっても，そこで実践されている人びとの漁撈活動，さらには漁撈戦略に共通性がみられることを示唆している．

ただし，出土する各魚科の出土率には，遺跡によって相違がみられる．たとえばマリアナ諸島のロタ島に位置するモーチョン遺跡[57]では，外洋性のマカジキやシイラの出土率が高いが (Leach at el. 1988)，ロタ島の周囲を囲むサンゴ礁は発達しているところでも 1 km ほどで，全体としてリーフが未発達だ．

沿岸のサンゴ礁があまり発達していないミクロネシアのトビ島 (Intoh and Ono 2006) やファイス島 (Ono and Intoh in press)，ポリネシアのマルケサス諸島 (Dye 1990; Rolett 1989) でも，その移住初期から前期の時期[58]にかけて小型のサンゴ礁性魚類のほかに，サバ科魚類やサメ類に代表される外洋性魚類がかなり出土している．とくにファイス島では，人びとが摂取できた肉量としてはサメ類やサバ科魚類の比重が圧倒的に高く，魚類資源としてより重要であったことが確認された．

このほかにオセアニア海域世界における新石器時代遺跡からは，第 2 章でも紹介したように貝製やウミガメの骨などを素材とする多様なサイズ・形態をもつ単式釣り針や，外洋域で漁撈活動をおこなう際に必要となるトローリング用釣り針（ルアー）が，その初期に形成されたラピタ遺跡群を含め多く出土して

の遺跡群，パラオ諸島の遺跡群，ロタ島の空港遺跡から得られたものである (Leach et al. 1996).

57) モーチョン遺跡の形成年代は BP2,450 から 540 年とされている (Leach et al. 1988).

58) 篠遠喜彦によって提出された編年によればマルケサス諸島の人類史は大きく 4 期に分類され (Sinoto 1970)，このうち初期の拡散期は AD300～600 年（定着期）とその後の AD600～1300 年（発展期）がこれに相当する．このうちローレットによって発掘された遺跡はその形成年代が AD1000～1600 年に相当し，このうち AD1400 年頃までの層において外洋性魚類の出土が確認されている (Rollet 1989).

いる (e.g. Kirch 1997, 2000; Szabo 2010).

　これに対し，セレベス海域の遺跡群では釣り針やルアーシャンクといった物質文化がまったく出土しておらず，外洋魚科の出土率もラピタ遺跡群と比べかなり低い．ただし，5000年前頃より新石器時代期が開始される台湾では，4000年前頃には南部で釣り針やシイラなどの外洋性魚類の出土が確認されている (リー 2003).

　積極的な釣り漁の利用や外洋性魚類の出土は，東日本を中心とする日本の縄文遺跡群でも頻繁に確認されてきた (e.g. 渡辺 1973). とくに日本の場合は約9000年前にさかのぼる縄文前期の遺跡群からも多数の骨製釣り針や多種にわたる沿岸・外洋性魚類が出土しており，人びとの海洋適応という点では周辺世界よりもより早くから発展を遂げていた可能性もある．

　ところで台湾の沿岸域は，その周辺を流れる海流が強く水深も深く，とくにその東側には海岸線近くまで丘陵部が続いており (野林 2008), サンゴ礁がほとんど発達していない．日本列島においても奄美や沖縄諸島を除けば，浅いサンゴのリーフが発達している沿岸域はほとんどなく，その周辺を流れる親潮や黒潮といった海流の流れも強い．そのいっぽうで台湾や日本列島では，これらの海流によってさまざまな回遊魚類が到来し，その資源量も豊富だ．

　台湾や日本列島における釣り針の豊富な出土や，マグロやカツオといったサバ科魚類やシイラに代表される外洋性魚類の出土頻度の高さも，こうした沿岸環境と密接にかかわっている可能性は無視できない．そのもう一つの根拠として，沿岸に浅いサンゴ礁が発達する奄美や沖縄諸島でも新石器時代遺跡 (縄文期に相当) から出土する魚類の多くが，セレベス海域やオセアニア海域と同じくサンゴ礁性魚類で占められ，釣り具などの遺物の出土が少ないといった出土状況 (e.g. 桶泉 2002, 2006; Takamiya 2006; 小野 2009a) もあげられる．

　したがって，セレベス海域の周辺世界における遺跡からの出土魚類の傾向と，各遺跡の立地する周辺生態環境とのかかわりを生態・技術的視点からとらえるなら，遺跡周辺の沿岸域で獲得可能なサンゴ礁性魚類の資源量の度合が，外洋性資源の利用頻度を決定しているとも考えられる．

　遺跡から外洋域へのアクセス度も，外洋性資源の利用頻度を決定する要因の一つであろう．たとえばブキットテンコラック遺跡のように，その周囲を広大

なサンゴ礁によって囲まれている環境下では，人びとは外洋域へ到達するだけでもより労力と時間を費やす必要が生じる．このため広大なサンゴ礁による豊富な海産資源が周囲にある遺跡では，人びとはあえて外洋域へ出漁する労力やリスクを避け，資源の獲得がより容易なサンゴ礁性資源へと集中する漁撈戦略を選択したのではなかろうか．

5.3 「沿岸漁撈システム」の形成

　立地環境に関しては，セレベス海域における遺跡群の多くが沿岸部に立地することが確認された．このうちブキットテンコラック遺跡のように沿岸にサンゴ礁が発達し，海産資源が豊富な遺跡では魚類の積極的な利用がみられ，リアン・トゥオ・マナエ遺跡のように沿岸のリーフ面積に制約のある遺跡群では，沿岸に生息する貝類の積極的な利用がみられる傾向が確認された．

　沿岸域に集中的に遺跡を形成させる傾向は，初期のラピタ遺跡群においても顕著であった．いっぽうで第2章でも検討してきたように，新石器時代の東南アジアやオセアニアの海域世界における基本的な生業文化は，漁撈活動のほかに農耕による陸産植物の栽培，家畜動物の飼育や狩猟による陸産動物の利用，そして採集による森林資源や海産資源の利用によって構成されている．

　これら生業活動のうち，人間が生きていく上でもっとも重要性が高いのは，カロリー源となる炭水化物を提供してくれる植物資源の獲得であり，ついでタンパク源を提供してくれる動物や海産資源の獲得があげられる．したがって，考古学的資料はまだきわめて限られているが，実際に日々の生業の中でもっとも必要性が求められたのは，陸産植物の栽培や採集にかかわる活動だったとも考えられる．

　このような理解に基づいた上で，改めて新石器時代期におけるセレベス海域の漁撈や漁撈戦略の特徴を指摘するなら，それは周辺に豊富で多様な海産資源を有する沿岸域を居住地とすることで，漁撈・採集活動にかかわるコスト（労働・時間）を極力抑え，その結果生まれる余剰コストで植物資源の栽培や採集活動，さらには家畜の飼育といったその他の必要となる生業活動に集中させる点にあったと考えられる．このため，労働コストや漁獲リスクがより高くな

外洋域での漁撈活動は，それほど積極的におこなわれなかった．同じく製作に労働コストのかかる大型の釣り針や網の利用も少なく，コストのより低いヤス，小型の網，籠，毒などが頻繁に利用された可能性が高い．

　これら断片的な考古学資料を総合するなら，セレベス海域でおこなわれていた漁撈活動の背後には，必要となるタンパク源や脂肪源の獲得において，成功した際の収穫は高いが，失敗した時のリスクも高い外洋域での漁撈よりも，失敗のリスクがきわめて低い沿岸のサンゴ礁資源における安定した海産資源を対象とした漁撈や，貝類資源に集中した採集を意図的に選択する漁撈戦略が取られていた可能性を改めて指摘することができる．

　こうした漁撈戦略をここでは「沿岸漁撈システム」と呼ぶが，この漁撈システムを可能にするだけの技術と知識の集積が達成されたのが，セレベス海域の新石器時代期であったことを考古遺跡からの出土データは物語っている．

　ただし第2章でも論じたように，こうした沿岸資源の積極的な利用はなにも新石器時代に突然はじまったわけではなかった．古くはすでに更新世後期にも貝類を中心とした沿岸資源の利用は確認されているし，温暖化による海面上昇で海岸距離の長さが飛躍的に増加した完新世以降にはさらに積極的な沿岸資源の利用がみられる．

　したがって沿岸資源の開拓と利用はそれ以前から脈絡と続けられており，こうした長期間にわたる人びとの利用と経験が，新たな技術の導入とともに新石器時代期に確立したというのが本書の主張だ．その根拠にはまず出土する沿岸魚類の多様化と魚類そのものの出土量の増加がある．ただしセレベス海域やその他の東南アジア海域世界では，ブキットテンコラック遺跡を除けば，まだ魚骨が大量に出土する沿岸域の新石器時代遺跡が発見されていないため，考古学的な可視性という点ではまだ制約があることも明記しておきたい．

　「沿岸漁撈システム」確立に関するもう一つの根拠としてあげられるのが，貝製品の多様化とその出土量の激増である．これらについては前章で論じたわけだが，セレベス海域においてはブキットテンコラック遺跡やリアン・タフナ遺跡，スールーのバロボク洞窟遺跡で貝製品が出土しているほか，その周辺の海域世界ではパラワン島のタボン洞窟遺跡群からも多くの貝製品が出土している．もちろん貝製品そのものは，他の沿岸資源の利用と同じくとくに完新世期

に入って出現し，その後時代を追って増加する傾向がみられるわけだが，その多様化がもっとも高まるのがやはり新石器時代だったといえよう．

第 3 章　「沿岸漁撈システム」の形成　199

コラム4　魚の調理法

マグロを解体するマルクの女性

釣った魚を料理するサマ女性

焼き魚にされたブダイなど

アジを焼く風景

　本章ではブキットテンコラック遺跡を生活の場としていた人々が残した魚骨や貝類から，当時おもに利用されていた魚種や貝種を検討してきた．遺跡に残されたこれらの遺物は，一言でいうなら「食べ滓」であり，残された魚骨は人々によって獲られ，食べられた後に捨てられたものだ．しかし本文中で触れなかったように，どのようにして「食べられたか」を考古学的に検討するのはなかなか難しい．そこでヒントになるのが遺跡周辺で暮らす現在の人々による魚の食べ方だ．たとえば遺跡周辺に暮らすサマの場合，人々は煮るか焼いて食べるのがもっとも一般的だ．このうち煮られることの多い魚は，小さなアイゴ，ハタ，フエフキダイ，フエダイ，ボラ，ウツボ，ハリセンボン，エイなどで，焼き魚としてはアジ類，サバ類，モンガラカワハギ，イサキ，ブダイ，ベラなどがあげられる．もちろんこれらは頻度の問題で，実際にはアジ類やブダイなどが煮て食べられることもあるし，その反対もある．魚によって調理法を使い分ける習慣の存在が，人々と海産物とのかかわりの深さを物語っていることは確かであり，先史時代の人びともそんなこだわりをもって魚を食べていたのでは，とつい想像してしまう．

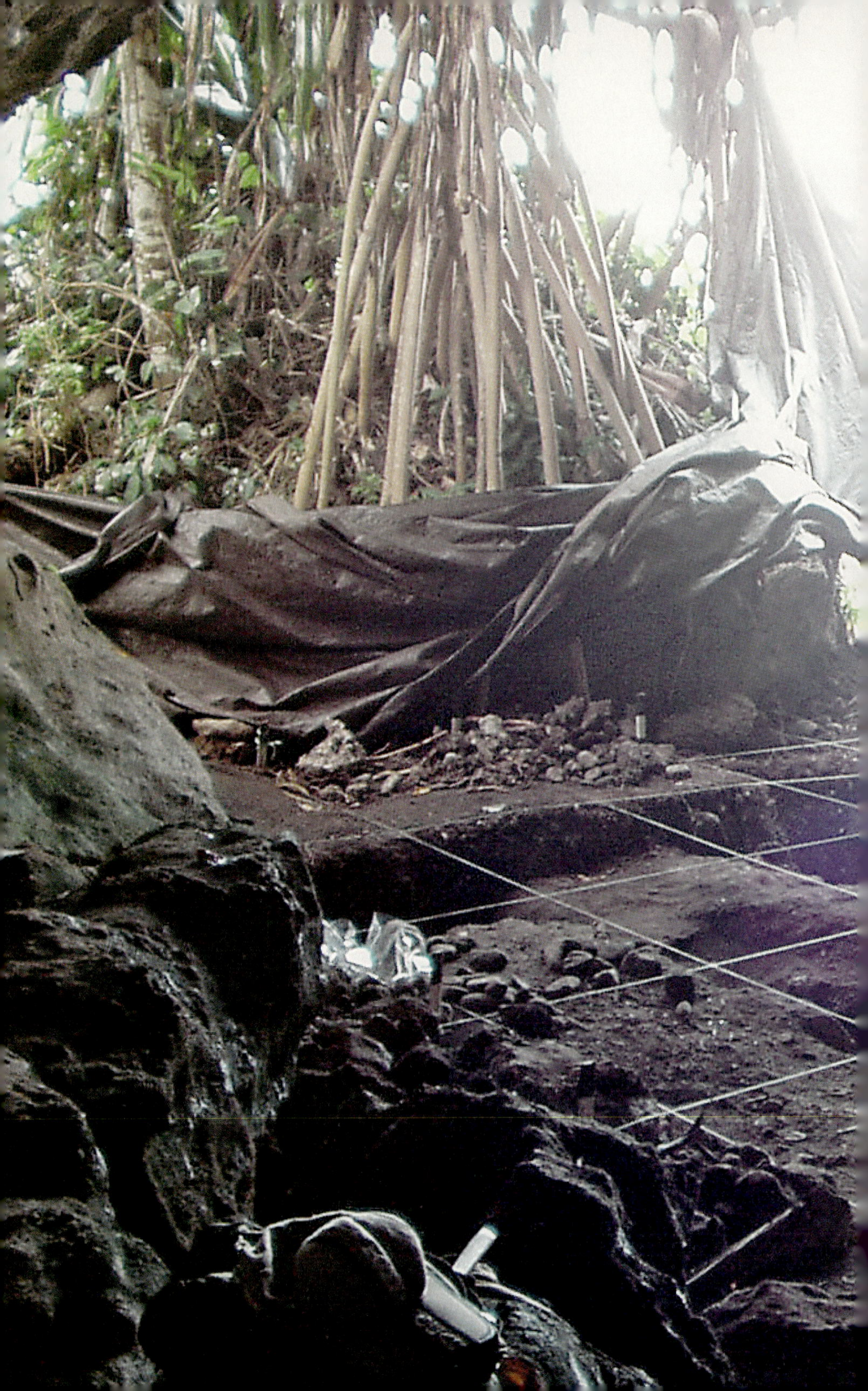

第4章 「沿岸漁撈システムの発展」
── 金属器〜植民地時代のセレベス海民

タラウド諸島，リアン・ブイダ遺跡の発掘風景

（筆者撮影）

本章では，金属器時代から植民地時代にかけてのセレベス海域における漁撈や海産資源の利用状況を，前章と同じように遺跡より出土した魚骨や貝類遺存体から明らかにする．さらに植民地時代期においては，おもに西洋人によって残された文献資料からも検討したい．漁撈と密接にかかわる漁具類がセレベス海域の遺跡から出土してくるのも金属器時代以降である．ここではセレベス海域における「沿岸漁撈システム」の発展を考古学や文献資料から確認する．

1-2　石製の樹皮叩と貝製ビーズ．金属器時代以降も石や貝の道具は様々な形で利用されていた

3-4　青銅製の腕輪，紅玉製ビーズ（左）等の装飾品や青銅斧（右）は金属器時代の埋葬遺跡からの出土が多い

5-6　土製漁錘や鉄製釣り針など，多様な漁具の出土がみられるのも金属器～植民地時代以降である

（いずれも筆者撮影）

はじめに

　本章では，セレベス海域の金属器時代から植民地時代における漁撈活動と漁撈戦略を考察してみたい．

　その上で注目するのが，タラウド諸島に位置するリアン・ブイダ遺跡とブキットティウィン遺跡の2遺跡より出土した考古学的資料とその分析結果である．セレベス海域における金属器から植民地時代遺跡群の中で，現時点ではこれらの遺跡以外に人びとの漁撈や資源利用の痕跡を残している遺跡は，同じくタラウド諸島に位置するアランダンガナ遺跡 (Tanudirjo 2001) しかない．これは第2章でも論じたように，これまで発掘されてきた金属器時代以降における遺跡の多くが埋葬遺跡であり，人びとの生活の痕跡を残す居住遺跡が発掘されてこなかったことによっている．

　こうした状況に対し，私がこれまで調査してきたタラウド諸島では，金属器時代の人びとの生活の断片的痕跡を残す居住遺跡を発掘することができた．前章でも紹介したように私はボルネオ島東岸域においても数回の遺跡踏査を試みてきたが，残念ながら金属器時代以降の居住遺跡はまだ確認（発見）されていない．したがって，金属器時代以降におけるセレベス海域の漁撈や資源利用に関する考古学的資料は，まだきわめて限られている．こうした考古学的状況は，セレベス海域だけでなく，東南アジア海域世界の全域においても同様である．いっぽう，隣のオセアニア海域世界における金属器の利用は，西欧諸国との接触期以降に開始されたと考えられており，考古学的には金属器時代や交易時代と認識される時代そのものが存在しない．

　このように考古学的資料がきわめて制限されている状況に対し，金属器時代以降の時代に増加していくのが文字記録としての文献資料である．とくにその資料数は，西欧諸国との接触期以降により増加していくが，それ以前の時代においても中国文献を中心とするいくつかの史料にセレベス海域についての記述は散見できる．これらについては第2章でも検討した通りであるが，本章ではとくに漁撈や海産資源の利用，海洋文化にかかわる断片的な文字記録に注目する必要があろう．

　そこで本章の前半部では金属器時代までさかのぼるリアン・ブイダ遺跡の地

理的位置，発掘調査，出土遺物の紹介に続き，遺跡から出土した魚類や貝類遺存体の分析結果を整理する．ついで本章の後半部ではタラウド諸島が植民地時代に入る前後の時期より形成されたと推定されるブキットティウィン遺跡についても紹介したい．その上で金属器時代から植民地時代のタラウド諸島やにおける海産資源の利用状況と漁撈活動について，考古学的資料のほか，植民地時代に関しては可能な限り文献資料から把握できる状況を踏まえたうえで，この時代の漁撈戦略について総合的に検討していく．

1 ❖ 金属器時代遺跡の発掘——リアン・ブイダ遺跡

1.1 リアン・ブイダ遺跡について

　リアン・ブイダ遺跡は，タラウド諸島の南西に位置するカバルアン島の西岸に位置する洞穴遺跡である（図4-1）．遺跡は現海岸線からわずか約3mの距離にあり，洞穴の開口部からは前面に海を見渡すことができる．洞穴の開口部は横幅が8m，高さが4mあり，開口部付近は十分に明るい．いっぽう，洞穴の奥行きは10m以上あるが，内部へ向かうにつれ小さくなる．また洞穴の壁には波による侵食の跡が残されており，過去（おそらく縄文海進のあった4〜3000年前頃）においては海食洞穴であったことが推測される．

　この洞穴遺跡での私とマナド考古局による共同調査は2005年7月に実施され，1m×1mのグリッドを設置した上で，合計11 m^{2}を発掘した．その結果，最深で1.2 mの3層からなる堆積層が確認され，大量の土器片や貝類遺存体のほか，動物遺存体，植物遺存体，炭化物，石製品，鉄製品，陶磁器片，土製品，貝製品，骨製品などが出土した．さらに2006年，2007年，2008年，2010年にはマナド考古局による単独の発掘調査が継続しておこなわれており，さらに17 m^{2}以上が発掘されている遺跡でもある（Soegondho 2006, 2008; Sriwigati 2007, 2009）．

　出土した炭化物より得られた炭素年代値は，最下層となる第3層でBP998年（深度100 cm），およびBP965年（深度90 cm）であった．いっぽう，海産貝

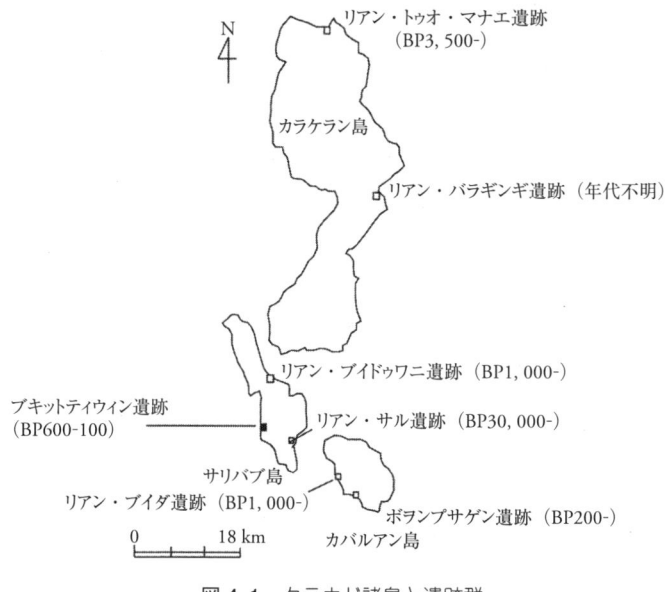

図 4-1 タラウド諸島と遺跡群

類より得られた炭素年代値は BP1358 年（E1 / 深度 120 cm），および BP1312 年（E1 / 深度 70 cm）と 300 年ほど古い結果が得られたが，これは海産貝類が一般的に約 400 年古い年代値を示す海洋リザーバー効果 (e.g. 三原ほか 2002；Yoneda et al. 2002) の影響を受けた可能性が高い．したがって，リアン・ブイダ遺跡の下層年代は BP998〜965 年の前後，すなわち AD1000 年（11 世紀）前後とするのが妥当であろう．

これに対し，中層から上層にかけて出土した炭化物の炭素年代値は BP348 年（D1 / 深度 70 cm），および BP316 年（D1 / 深度 40 cm）であった．いっぽう，海産貝類より得られた炭素年代値は BP708 年（D1 / 深度 30 cm）で，炭化物による年代値よりも約 400 年古く，同じく海洋リザーバー効果による影響が確認された．これらを考慮すると，リアン・ブイダ遺跡の中層から上層の形成年代は BP348〜316 年の前後，すなわち AD1600 年（17 世紀）前後となり，遺跡が大きく二時期に分けて，断続的に利用されたことになる（表 4-1）．そこで次に，リアン・ブイダ遺跡より出土したおもな遺物群について記述する．

表 4-1　リアン・ブイダ遺跡出土の炭素年代値

資料番号	資料	出土層	深度	炭素年代	較正暦年
TERRA-07040a17	炭化物	第3層	100 cm	BP998	なし
TERRA-07040a18	炭化物	第3層	90 cm	BP965	なし
TERRA-07040a19	炭化物	第2層	70 cm	BP348	なし
TERRA-07040a20	炭化物	第2層	40 cm	BP316	なし
TERRA-07040a06	海産貝類	第3層	120 cm	BP1358	なし
TERRA-07040a13	海産貝類	第2層	70 cm	BP1312	なし
TERRA-07040a08	海産貝類	第2層	30 cm	BP708	なし

1.2　出土した考古遺物の紹介

　リアン・ブイダ遺跡から出土した遺物は大きく人工遺物と自然遺物に分類できる．このうち人工遺物としては大量に出土した土器片や石器類のほか，数点の鉄製品，陶磁器片，土製品，貝製品，骨製品が出土した（表 4-2）．鉄製品は遺跡の下層からも出土したが，中国製の陶磁器片などが出土せず，また得られた年代が約 1000 年前までさかのぼることが確認されたことにより，この遺跡を金属器時代より形成された遺跡と認識したわけである．中でもリアン・ブイダ遺跡の発掘成果として特筆できるのは，漁具と推定される土製品，貝製品や骨製品が出土した点であろう．いっぽう，自然遺物としては大量の貝類のほか，魚類や動物遺存体が出土した．ここではまず出土した人工遺物について紹介し，ついで自然遺物とその分析結果について紹介したい．

人工遺物
A：土器
　土器片は合計で 8509 点（50505 g）が出土した．このうち，有文土器片は 409 点（4814 g）であり，その他はすべて無文土器片である．有文土器片の多くは，2 重に平行する櫛形によるジグザグや S 字型の刻文と刺突の組み合わせによる独特の文様から，ベルウッド（1976）によって「ララングヌサ式土器」と命名された土器形態に類似する．彼は 1970 年代の調査時における出土状況に基づき，「ララングヌサ式土器」の製作・利用時期を 19 世紀（AD1800 年）以降から 20 世紀半ば頃までと推測した（Bellwood 1976）．

表 4-2 おもな遺物の出土状況（個数 / NISP）

カテゴリー	有文土器	無文土器	陶磁器	剝片	石斧	クナリ石	鉄製品	漁錘	貝類	獣・魚骨	種子
合計	409	8100	2	297	2	37	14	5	21487	2888	176

 しかし，タヌディルジョによる調査で新たに発掘されたカバルアン島のアランダンガナ洞穴遺跡からは，13世紀の年代値が得られた遺跡の下層域からララングヌサ式土器の出土が確認され，このタイプの土器がより古く 13 世紀頃までさかのぼる可能性が指摘された (Tanudijro 2001)．さらにリアン・ブイダ遺跡の発掘では，このタイプの土器がより古く，11 世紀前後にまでさかのぼる可能性が出てきたことになる．

 ただし，11 世紀頃にまでさかのぼるリアン・ブイダ遺跡の前期（写真 28：1-2) と 17 世紀頃となる後期（写真 28：3-4）では，有文土器片に装飾される文様のデザインに相違がみられた．そこでここでは，便宜的に下層から出土するこれらの有文土器片を「前期ララングヌサ式」とよび，上層から出土する前者のタイプを「後期ララングヌサ式」として整理する．いっぽう，土器の全体的な形態や形成の際に実践された技法においては，出土した土器片を観察する限りでは大きな変化を見出すことができなかった．

 このうち土器の全体的な形態に関しては，すでに指摘したように出土した土器片の多くがかなり細かく破損し，完全な修復が困難な状況にあり，完形品の出土も確認されなかった．このため全体的な形態は出土した土器片からの推測の域を出ていないが，刻文の一部が刻まれた土器口縁片の多くは，口が緩やかに曲がりながら外側に向かって反り上がるものが多く，その先端の厚さは 3〜5 mm 前後のもので占められている．したがって口縁部から上部にかけては括れができ，そこから腹部にかけてゆるやかに曲がりながら外側に向けて膨らむ．文様が集中的に施されるのもちょうど土器の中央にあたる膨隆部までである．

 これに対し，膨隆部から底部にかけてはふたたび緩やかに曲がりながら内側へとしぼむ．ただし，土器底部と推定される土器片がほとんど出土しなかったため，底部の形態は不明瞭である．2005 年の発掘では，第 2 層から底部を支える器台と推測できる土器片が 1 点のみ出土した．これがどのような土器に付けられたものかは不明であるが，有文土器片も無文土器片もその形成や調整状

1-2　前期ララングヌサ式土器（11世紀前後）

3-4　後期ララングヌサ土器（17世紀前後）

写真28　出土した有文土器片

態に大きな相違はみられないことを考慮するなら，「ララングヌサ式」土器と認識できる有文土器と，それ以外の無文土器の両方にこうした器台を付けたものが存在した可能性が高い．

　しかし，器台の付いた土器は一般的に保存用や盛り付け用と考えられ，調理には適していない．したがって，器台が付かない調理用の土器も生産・利用されていたはずである．実際，有文土器片も含め，腹部から底部に当たると推定される土器片の多くには煤痕や焦げ跡があり，これらが調理の際に利用された可能性も高い[59]．

　このほかに出土した土器片のうち，特筆すべきは土製ストーブ（焜炉）の一

---

　59)　「ララングヌサ式」土器が，調理や日常の生活に頻繁に利用された可能性はベルウッドによっても推測・指摘されている（Bellwood 1976）．

部と推測される土器片で, 下層から中層にかけて出土した. これらはストーブの口縁と台座に相当する部分と考えられ, 口縁部には刻文が刻まれているのもみられる. 興味深いのは, これら土製ストーブと推測される土器片が上層からは出土していない点だ. つまり, これら土製ストーブは「前期ララングヌサ式」と平行する11世紀前後に利用されたが, 遺跡後半の17世紀前後には利用されなくなった可能性がある.

いっぽう, 出土した土器片や遺跡周辺で採取された粘土やテンパーの一部となる砂の光学顕微鏡による同定分析の結果, 土器に利用された胎土と遺跡周辺で採取された粘土に混入している鉱物群の一致から, これらがカバルアン島を中心とするタラウド諸島内で採取され, 地元で製作された可能性が高いことが明らかとなった (パリノサーベイ 2005).

さらに分析対象となった土器片のいくつかは, 後で紹介するサリバブ島の西岸に位置するブキットティウィン遺跡から出土した土器片の胎土構成に類似するものが確認されている. こうした結果は, タラウド諸島の中でも島嶼間で土器の交換や流通がおこなわれていた可能性を示唆している.

B：石製品

遺跡より出土した石製品は大きく三つに分類できる. その一つはチャート石を利用した剥片やチップであり, 遺跡の下層から上層にかけて合計で297点が出土した. このうちの多くはサイズの小さいチップで占められており, 打痕が確認できる剥片状のものも概してそのサイズは3cm未満と小さいのが特徴である. これらの剥片の中にはほんのわずかであるが, 刃部を形成していると認識できるものがあるが, 二次調整や肉眼で認識できるほどの使用痕はみられなかった. したがって明らかに石器として利用されたと断定できる資料は出土していないが, 遺跡から多くのチャート剥片やチップが出土したことは, 遺跡が形成された11世紀, および17世紀以降においても継続して石器の製作と利用がおこなわれていた可能性を示唆している.

その他の石製品として, 2点の石斧 (写真29：1-2) と37点のナッツクラッカーと推定される石製品が出土した (写真29：3-4). このうち上層 (第1層) から出土した石斧1点 (33g) は, 小型で刃部の断面が台形状を呈するダブ二型と

1-2 出土した石斧

3-4 ナッツクラッカーと推定される石製品

写真29 出土した石製品

の共通性が高い．いっぽう，もう1点（4g）は下層（第3層）から出土した縦に細長い形状を呈するが，刃部の磨きが少なく，石斧だとしても未加工品として認識すべき資料である．

　いっぽう，ナッツクラッカーと推定される石製品は，遺跡から出土しているカンランの実を割る際に使用されたと推察される河原石で，遺跡の下層から上層にかけて出土した．またその出土状況からは，1点の重量が400〜500gほどある手のひらサイズよりやや大きめの平べったい石が，選択的に利用されていることが指摘できる．これらが遺跡の下層からも出土している状況は，カンランとその加工品としてのナッツクラッカーの利用が少なくとも11世紀には頻繁におこなわれていた可能性を示唆している．

C：鉄製品

遺跡より出土した鉄製品は14点で，その多くは中層から下層にかけて集中的に出土した．これら鉄製品の多くは刃の一部と推測できるもので，その表面はいずれも錆で覆われていた．また釘をU字形に加工したものも2点出土しており，これらは釣り針としての利用を目的として再利用された可能性がある（写真30：6を参照）．これらの鉄製品がタラウド諸島内で製作されたものか，外部から持ち込まれたものかは，現時点で明らかとなっていない．しかし，タラウド諸島内で鍛冶や鉄の生産・加工がおこなわれていたとする記録などが見つかっていない状況を考慮するなら，これらは少なくとも歴史時代に鍛冶工房のあったことが確認されている隣のサンギへ諸島かミンダナオ島，あるいはスラウェシ北部域から交易品などとして持ち込まれた可能性が高い．

D：陶磁器片

遺跡より出土した陶磁器片は2点のみで，これらはグリッドD1，およびD-1の下層から出土した．このうちの1点は皿の底部と推測できるもので，厚さが2cmあり，重量感がある磁器片である．もう1点も同じく厚くて重量感があり，底部ではないが同じ資料の一部と考えられる．こちらの方には表面に若干であるが彩色が確認された．これらの磁器片は，後述するブキットティウィン遺跡出土の陶磁器片とは質・系統的に異なっていることは明らかであるが，その産地や製作時期については現時点では不明である．

E：漁具

リアン・ブイダ遺跡から出土したその他の遺物群として特筆されるのが漁具である．これらの漁具には，漁錘と推定される5点の土製品のほか，銛先と推定される1点の骨製品，ルアーシャンクの可能性がある2点の貝製品，そして鉄製釣り針の可能性がある鉄製品1点である[60]．このほか装飾品と推定

---

60) このルアーシャンクと推定される貝製品2点は2008年，および2010年にマナド考古局によっておこなわれた発掘調査で新たに出土したものであり（Soegondho 2008; Sriwigati 2009），マナド考古局によって貝製ペンダントと推定されていた遺物である．2010年8月にマナド考古局を訪問した際に，これらの遺物を私見させて頂

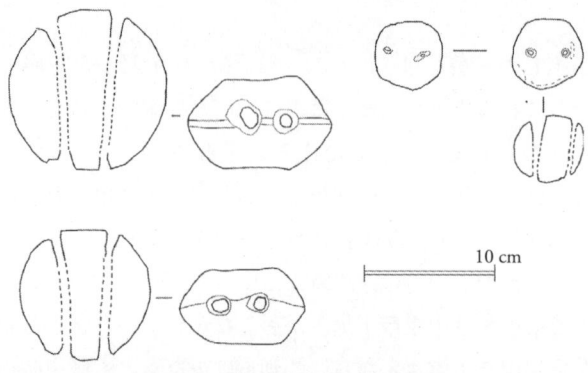

図4-2　漁錘と推定される土製品

される3点の貝製品が出土した．

　このうち漁錘と推定される土製品のうち3点は，円盤型の形状を呈しており（図4-2：左，写真30：1），側面の中央に二つの並行する貫通孔を持つ点で共通している．これらは遺跡の中層から下層にかけて出土した．いっぽう，残りの2点は円状の形態を呈しており，側面の中央に二つの並行する貫通孔を持つ（図4-2：右，写真30：2）．

　土製の漁錘にみられる貫通孔は一般的に一点の場合が多いが，リアン・ブイダ遺跡出土のものはいずれも二つの貫通孔がみられることから，タラウド諸島における漁錘の特徴として指摘できるかもしれない．ただし，こうした形態の漁錘はこの地域の民族誌にも見当たらず，また現在のタラウド島民にも知られていなかった．したがって，現時点でこれらを漁錘と断言することはできないが，その可能性は十分にあり，今後の課題として周辺海域を対象とした比較研究が求められる．

　つぎにルアーシャンクとして使用された可能性の高い2点の貝製品は，シャコガイを利用して作成された可能性が高い．いずれも末端部近くに紐をくくりつけるための摩耗痕が確認でき，逆に先端部近くには1点の穿孔がある（写真30：3-4）．この穿孔がシャンクに針を装着するために開けられたものか，あるいは漁具として利用された後に装身具として再利用された際に開けられたもの

　　　く機会があり，新たにリアン・ブイダ出土の遺物として本書で紹介させてもらう許可を得たことを明記しておく．

第 4 章 「沿岸漁撈システムの発展」

1　円盤型の土製漁錘

2　円状の土製漁錘

3-4　シャコガイ製のルアーシャンクと推定される貝製品

5　銛先と推定される骨製品

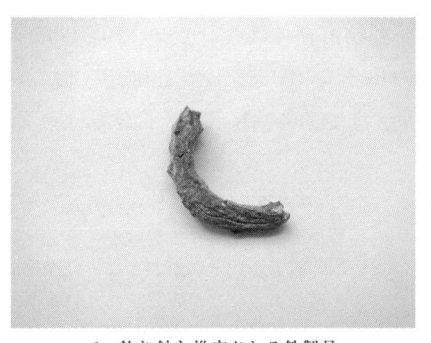

6　釣り針と推定される鉄製品

写真 30　出土した漁具と推定される遺物群

かは現時点では不明である.

　東南アジア海域世界ではこれまでトローリング用の漁具が先史時代遺跡から出土した例はなく，これらは一般的にオセアニア海域世界で頻繁に出土する物質文化であった．第2章でも紹介したように，オセアニアでは新石器時代の初期にあたるラピタ期よりニシキウズ製のルアーシャンクが出土しており (e.g. Kirch 1997)，その後の時代にも真珠貝製やシャコガイ製などさまざまな貝種を原材料に，多様なルアーシャンクが製作・利用されてきた[61]．リアン・ブイダ遺跡出土のものは，これらオセアニアのルアーシャンクとは形態がやや異なるが，形態的にはトローリング漁に十分利用できるものである.

　また1点のみ出土した骨製の銛先は，おそらくブタの骨を利用して製作されたもので，遺跡の下層から出土した（写真30：5）．銛先には反しがあり，銛突き漁に使用された道具である可能性が高い．最後に遺跡の上層からは鉄製釣り針として利用された可能性のある鉄片（写真30：6）は，タラウド諸島においても植民地時代期には鉄製の釣り針を利用していた可能性を示唆している.

自然遺物
A：動物遺存体

　動物遺存体は合計で2912点（約2 kg）が出土した（表4-3）．その内訳は魚骨の出土数 (NISP[62]) が2300点，カニ68点，ウニ55点，その他の動物骨が482点であり，NISP出土数では魚骨の出土数が全体の約79％，MNI[63]出土

---

[61]　タラウド諸島にもっとも近いオセアニア海域世界の島である，パラオ諸島のトビ島でもシャコガイ製のルアーシャンクが数多く表採されており，国立民族学博物館の印東道子氏と私がおこなった発掘調査では，トビ島への人びとの移住期がAD1700年頃であることが確認されている (Intoh and Ono 2006)．この年代はリアン・ブイダ遺跡の上層が形成された年代とほぼ一致しており，出土したシャコガイ製ルアーシャンクがミクロネシア方面から伝わった可能性も無視できない．ただしトビで表採されたシャコガイ製ルアーシャンクとリアン・ブイダ遺跡出土の遺物は形態的には類似性はみられない.

[62]　NISP (Number of Individual Specimen) は，同定・分類が可能であった出土資料の総計を算出したものであり，その資料がたとえ部位の一部のみであっても，同定・分類が可能であれば「1」としてカウントしたものである.

[63]　MNI (Minimum Number of Individual) は，遺跡から出土した動物や魚類の種・

表 4-3 動物遺存体の出土傾向 / NISP

項目	1層				2層			3層				NISP (MNI)
	1	2	3	4	5	6	7	8	9	10	11	
魚類	21	156	312	481	411	288	246	182	173	26	4	2300 (246)
カニ類	2	4	5	13	11	16	10	4	2	1	0	68 (10)
ウニ類	0	1	2	4	13	8	12	8	5	1	1	55 (11)
ウミガメ	1	3	3	12	31	19	8	0	8	0	0	85 (7)
ブタ	0	3	0	2	3	1	1	4	2	0	0	16 (4)
ヤギ	6	3	2	1	0	0	0	0	1	0	0	13 (4)
ネズミ	0	0	1	11	0	0	0	0	0	0	0	12 (1)
トリ	0	1	1	0	1	1	1	0	0	0	0	5 (2)
爬虫類	0	2	3	1	1	1	0	0	0	0	0	8 (2)
その他	12	17	33	46	52	100	24	32	24	12	3	355
合計	42	190	362	571	523	434	302	230	215	40	3	2912 (287)

数[i]でも85％を占めた．したがって出土数においては魚骨が卓越する結果となった．いっぽう，魚骨以外の動物骨のうち現時点で同定された動物群には，ブタ (Sus 属)，ヤギ (Cerves 属)，ネズミ (*Muroidea* sp.)，ウミガメ (*Chelonioidea* sp.)，小型の陸生爬虫類（ヘビ/トカゲ），そして鳥類（属・科不明）がある．

これらの動物群のうちMNI数において，その出土数がもっとも多かったのがウミガメ類（MNI数：7）であり，ついでブタ（MNI数：4）とヤギ（MNI数：4）である．また部位別の出土状況では，ウミガメ類は脊椎骨の出土数が多いほか，全身のさまざまな部位に属する骨が確認された．同じくヤギも歯，頭蓋骨，脊椎骨，中手骨，脛骨などさまざまな部位に属する骨が確認されている．これに対し，ブタの場合は1点のみ下層から肩甲骨の出土が確認されたが，それ以外は歯や牙に相当する部位のみが多く，全身のさまざまな部位に属する骨が確認されていない[64]．

> 科レベルでの最少個体数を表したものである．MNIの数値は，単に出土した部位数の総数ではなく，出土した部位の種類やサイズなどを考慮したうえで最低で何個体が存在すれば出土状況を反映するかという視点を踏まえて算出され，一般的にNISP数よりも数値は小さくなるが，遺跡での利用・廃棄状況をより反映する可能性が高いと考えられている（詳細は第3章3節を参照）．
>
> 64) その原因としてこれらの骨の破壊度が高く，現時点でまだ同定されていないだけの可能性がある．またこれら動物骨はあくまで出土した部位数を単純に合計しただ

B：植物遺存体

　植物遺存体として確認されたのは，いずれもカンラン (*Canarium* sp.) の殻である．カンランは現在のタラウド諸島にも多く生息しており，その実は食糧や商品として，人びとによって積極的に利用されている．ただし，カンランの実は硬い殻によって覆われているため，実を取り出すにはこの殻を叩き割らねばならない．このため現在でも人びとは，殻を割るための台となる大きめの石の上にカンランを置き，これをハンマーストーンとなる手ごろな石でもって叩き割って中の実を取り出している．さらにこの作業を繰り返すと，台として利用された石にはカンランサイズの研磨痕が形成されるが，遺跡からもカンランの殻と一緒に，こうした作業に使用されたと推察されるカンラン型の窪みが形成された河原石が 37 点出土した．以上のような出土状況から，遺跡内ではおやつやスナックとしてカンランが頻繁に食されていた可能性を指摘できる．

C：貝類遺存体

　貝類遺存体は 21487 点（約 50 kg）が出土した．その多くは海産貝類で占められ，合計で 38 種が確認された．このうちの数種は，現生標本の不足から現時点では同定にいたっていないものがあるが，全体として出土量の多い貝種としては，サザエの仲間となるリュウテン科の貝種（チョウセンサザエ，ヤコウガイ），アマオブネ科の貝種，ヒザラガイ科の貝種などであり，これらが全体の出土数の 80％を占めている．表 4-4 はこれらおもな貝種を対象とした層位別の出土状況を整理したものである．

　このうち数量としてもっとも多かったのはアマオブネ科の貝類であるが，前述したようにこれらの貝類は個体あたりのサイズが小さいため，全体の肉量としてはそれほど大きくはならない．同じく出土量の多かったオカミミガイ科のマダラシイノミガイも個体サイズは小さく，肉量として占める割合はそれほど

けの NISP 数や，現時点で同定可能であった部位の出土数から換算した MNI 数でしか算出されておらず，実際の利用状況により近い数値を反映するとされる MNE 数や MAU 数は現時点では算出していない．これは筆者らが分析に利用できた標本数に制限があったことによっており，今後の研究においてはさらなる現生標本の収集と同時に，標本資料の豊富な国内外の研究機関と共同したより詳細な同定分析が求められる．

第 4 章 「沿岸漁撈システムの発展」

表 4-4 おもな出土貝種の出土状況

順位	腹足綱	和名	学名	1層	2層	3層	合計
1	アマオブネ科 Neritidae			2727	4839	1794	9360
			Puperita japonica	645	1246	537	2428
			Ritena costana	49	703	266	1018
			Neritia lineata	367	961	283	1611
			Ritena plicate/Neritta undata	1209	1769	667	3645
			Septaria porcellana	5	67	36	108
			Neritopsts radula	27	42	5	74
			Puperita japonica	6	20	0	26
			?	6	31	0	37
			?	1	0	0	1
			?	1	0	0	1
2	オカミミガイ科 Ellobiidae	マダラシイノミガイ	Pythia panthrina	3962	1985	340	6287
3	リュウテン科 Turbinidae			609	1732	572	2913
			Turbo stenogyrus	212	876	415	1503
			Turbo argyrostoms	168	429	74	671
			Turbo sp.	94	130	1	225
			Turbo marmoratus	50	141	14	205
			Turbo stosus	29	40	66	135
			Turbo marmoratus	38	68	2	108
			Turbo sp.	18	46	0	64
			Galepastraea sp.	0	2	0	2
4	マイマイ属 Euhadra			227	185	92	504
			?	175	123	24	322
			?	17	42	53	112
			?	35	20	15	70
5	ヒザラガイ科 Chitonidae			123	249	4	376
			?	103	217	0	320
			?	20	32	4	56
6	タカラガイ科 Cypraeanidae			26	193	61	280
			Cypraea sp.	23	188	61	272
			?	3	3	0	6
			Monetaria rhomboides	0	2	0	2
7	オニコブシ科 Vasidae			28	91	34	153
			Vasum turbinellus	20	58	15	93
			Vasum ceramicas	8	33	19	60
8	スカシガイ科 Fissurellidae		?	60	43	44	147
9	ニシキウズ科 Trochidae			17	45	19	81
			Ttochus niloticus maximus	13	38	19	70
				1	7	0	8
				2	0	0	2
			Umbonium sp.	1	0	0	1
10	フネガイ科 Arcidae		?	0	48	13	61
11	イモガイ科 Conidae		?	6	30	11	47
12	シャコガイ科 Tridacnidae		Tridacna crocea	12	17	14	43
13	ミミガイ科 Haliotidaae		Haliotis sp.	5	7	8	20

大きくないと考えられる．またオカミミガイ科の貝類は遺跡の上層にむかって出土量が増加する傾向にあり，これは同じく陸生種のマイマイ類についても指摘できる．これらの中には人間によって意図的に採集・利用されたもの以外に，自然に堆積した個体が含まれている可能性も高い．

いっぽう，数量，および肉量としてもっとも多くを占めているのがリュウテン科の貝類であり，ヤコウガイなどの大型の貝類が多かった．その他にタカラガイ科やニシキウズ科，オニコブシ科，スカシガイ科などの出土量も多いが，これらもその個体サイズは小さいものが多くを占めており，大きな個体は多くなかった．これらを総合するなら，遺跡でもっとも利用頻度が高かったのはリュウテン科の貝類であることを指摘できよう．

1.3　金属器時代のタラウド諸島における漁撈活動

遺跡から出土した魚骨数は，合計で2300点である．これらの魚骨は第3章で検討したブキットテンコラック遺跡出土の魚骨群と同じように20のカテゴリーに分類した上で，同定分析を実施した．その結果もブキットテンコラック遺跡の場合と同じくNISP数値とMNI数値の両方によって算出している．このうち次節以降においてはMNI数値に基づき検討をおこない，各部位別の出土状況についてはアペンディクス9に，NISP数値による分析結果についてはアペンディクス10に整理した．

表4-5は遺跡から出土した魚骨のMNI数値による同定結果であり，ブダイ科，ハタ科，ベラ科，フエフキダイ科，フエダイ科，モンガラカワハギ科，ハリセンボン科，ニザダイ科，イットウダイ科，アイゴ科，ウツボ科，アジ科，サバ科，カマス科の15科とサメ類に属する軟骨魚類が同定された．このうち遺跡の最小個体数として換算されたMNI数において，全体の出土数が圧倒的に高かったのはハタ科に属する魚類であり，ついでフエダイ科，ブダイ科，ハリセンボン科，ベラ科，フエフキダイ科といった沿岸の岩礁域や内湾に生息する魚類が続く．このうちフエフキダイ科に分類できた魚骨の多くはヨコシマクロダイ種によって占められており，ベラ科魚類はタキベラ亜科に属するやや小型の魚類が多く確認された．

第 4 章 「沿岸漁撈システムの発展」 219

表 4-5　魚骨の出土状況

科名	生息域	1 層		2 層				3 層				合計
		1	2	3	4	5	6	7	8	9	10	11	
ハタ科	沿岸・低層域	2	11	10	13	10	7	6	5	5	0	1	70
フエダイ科	沿岸・岩礁域	0	3	4	6	4	1	3	4	1	0	0	26
ブダイ科	沿岸・低層域	0	4	0	2	1	3	5	0	3	1	0	19
ハリセンボン科	沿岸・低層域	0	1	1	0	1	3	4	4	3	1	1	19
ベラ科	沿岸・低層域	1	1	4	5	3	0	2	1	1	0	0	18
モンガラカワハギ科	沿岸・低層域	0	1	2	5	2	0	4	4	0	0	0	18
フエフキダイ科	沿岸・岩礁域	0	1	3	3	2	2	1	4	1	0	0	17
ニザダイ科	沿岸・岩礁域	0	0	1	3	2	0	4	1	0	0	0	11
イットウダイ科	沿岸・岩礁域	0	0	2	2	2	2	2	0	1	0	0	11
サメ類	内湾・外洋域	0	0	0	0	1	2	1	1	1	2	1	9
アジ科	内湾・外洋域	1	2	0	4	1	0	0	0	0	0	0	8
サバ科	内湾・外洋域	0	1	2	2	1	0	0	0	0	0	0	6
ウツボ科	沿岸・岩礁域	0	0	0	1	2	0	1	0	0	0	0	4
アイゴ科	内湾・外洋域	0	0	0	1	1	0	1	0	0	0	0	3
カマス科	沿岸・低層域	0	0	1	1	0	0	1	0	0	0	0	3
小計		4	25	30	48	33	20	35	24	16	4	3	242
合計（層単位）		25			48				34				107

　しかし，リアン・ブイダ遺跡からはこれら沿岸性の魚類のほかに，その出土数はより少ないが外洋性の強いアジ科やサバ科魚類，そしてサメ類の脊椎骨や歯が出土した．これらは遺跡を利用した人びとが，サバ科やサメ類といった外洋性魚類も利用していたことを示している．なお出土したサメの脊椎骨はクロトガリザメのものに似ており，これらがおもに漁獲されたことが推測される．このほかに遺跡からは大量のカニの足やパイプウニの棘が出土しており，前述した貝類と同様に，こうした甲殻類や棘皮類が沿岸の岩礁域や浜辺で採集され，積極的に利用されていたことが確認された．

　前述したようにリアン・ブイダ遺跡は，大きく 2 つの異なる時期に利用された遺跡である．このうち下層となる第 3 層が，得られた年代値から金属器時代から交易時代にかけて利用されたことになる．そこで表 4-6 には，第 3 層より出土した各魚科における推定サイズの分布と，層レベルでの MNI 数値に基づく出土率を整理した．

　まず第 3 層における各魚科の出土率について検討すると，出土数のもっとも

表4-6 第3層における出土魚科の推定サイズと出土頻度（%）

魚科/推定サイズ	10 cm>	20 cm>	30 cm>	40 cm>	50 cm>	計	%
ハタ科	1	4	2	1	–	8	23.5
フエダイ科	–	2	2	1	1	6	17.6
ブダイ科	1	2	–	–	1	4	11.7
ハリセンボン科	–	2	2	–	–	4	11.7
モンガラカワハギ科	3	1	–	–	–	4	11.7
フエフキダイ科	–	1	–	2	–	3	8.8
ベラ科	–	–	2	–	–	2	5.8
ニザダイ科	–	1	–	–	–	1	2.9
イットウダイ科	–	1	–	–	–	1	2.9
サメ類	–	–	–	–	1	1	2.9
計	5	14	8	4	3	34	

　多かった魚類はハタ科に属する魚類であり，全体の23.5％を占めている．ついでフエダイ科，ブダイ科やハリセンボン科，モンガラカワハギ科といった沿岸の岩礁域から内湾に好んで生息する魚類が上位を占めている．いっぽう，外洋性の強い魚類ではサメ類に属する魚類が1個体のみ確認されているに過ぎず，全体として沿岸性の魚類資源が集中的に利用された傾向をみせている．

　つぎに推定サイズの分布について検討すると，リアン・ブイダ遺跡から出土した脊椎骨の数はそれほど多くなく，魚科レベルまで同定できた資料も少なかった．そこでリアン・ブイダ遺跡出土の魚骨については，同定された各部位のサイズと現生標本との比較から，大まかな個体サイズの幅を推定した．したがって，ブキットテンコラック遺跡と同じように，その分析精度はそれほど高いわけではないことを断わっておく必要があるが，それでも大まかな傾向は把握することができよう．

　その上で指摘できるのは，出土した魚類の多くが体長40 cm未満，とくに30 cm未満の個体で占められていることである．ただし出土数はより少ないが，40 cm以上の中型から大型魚類と認識できる個体も出土しており，魚科としてはフエダイ科やフエフキダイ科，それにサメ類に属する個体に大型のものが多い傾向がみられる．またフエフキダイ科で確認されている推定体長40 cmの2個体は，いずれもヨコシマクロダイであった（写真31）．この魚種はおもに釣り漁で捕獲される頻度が高く，非常に発達した特徴的な顎骨をもつために種レ

第 4 章 「沿岸漁撈システムの発展」　221

写真 31　ヨコシマクロダイ（フエフキダイ科）

ベルでの同定が容易な魚でもある．

　これに対し，表 4-7 は遺跡の上層域と認識できる第 2 層から出土した各魚科における推定サイズの分布と，層レベルでの MNI 数値に基づく出土率を整理したものである．第 2 層の形成年代は，400 年前頃の 17 世紀前後であり，タラウド諸島ではすでにポルトガルやオランダ人によるキリスト教の布教や植民地経営の影響を受けていた植民地時代と認識できる．その上で表 4-7 から指摘できるのは，第 3 層と同じく上位はハタ科やフエダイ科を中心とする沿岸から内湾域にかけて生息する魚類によって占められているが，数は少ないもののサバ科やアジ科，カマス科といった外洋性魚類が出土してくる点にある．

　また推定サイズの分布からは，出土魚類を大きく 3 つのカテゴリーに分けられる．まずは (1) 小型から大型まで多様なサイズ幅の個体が漁獲されているグループで，ハタ科やフエダイ科，モンガラカワハギ科，フエフキダイ科，ブダイ科など利用頻度の高い魚科だ．つぎに (2) 小型サイズの魚種や個体の出土頻

表 4-7　第 2 層における出土魚科の推定サイズと出土頻度（%）

魚科/推定サイズ	10 cm>	20 cm>	30 cm>	40 cm>	50 cm>	計	%
ハタ科	2	8	5	3	4	22	22.9
フエダイ科		3	3	3	3	12	12.5
モンガラカワハギ科	3	2	1	3		9	9.3
ベラ科		7	1	1		9	9.3
ニザダイ科		5	3			8	8.3
フエフキダイ科		2	2	3		7	7.2
イットウダイ		6	1			7	7.2
ブダイ科		2	2	2		6	6.2
ハリセンボン科			2	3		5	5.2
ウツボ科				2	1	3	3
アジ科				1	1	2	2
サバ科					2	2	2
アイゴ科		2				2	2
カマス科				1	1	2	2
サメ類					1	1	1
計	5	37	20	22	12	96	

度が高いグループで，ベラ科，ニザダイ科，イットウダイ科，アイゴ科などがこれに相当する．そして (3) 大型サイズの魚種や個体の出土頻度が高いグループで，外洋性の高いサバ科，アジ科，カマス科，サメ類などである．

　これらのうち，実際に人びとが摂取できた肉量においてもっとも利用された魚科としては，中型から大型サイズの個体も多く出土しているハタ科やフエダイ科があげられ，ついで数は少ないものの大型サイズの個体に集中するアジ科やサバ科，カマス科魚類と，中型から小型サイズの個体が多く出土しているモンガラカワハギ科やフエフキダイ科，ブダイ科が指摘できよう．またフエフキダイ科で確認されている 7 個体のうち，実に 5 個体がヨコシマクロダイであり，第 3 層の形成時と同じくヨコシマクロダイの漁獲や利用が活発であったことがうかがえる．

2 ❖ 植民地時代遺跡の発掘
―― ブキットティウィン遺跡

2.1 ブキットティウィン遺跡について

　ブキットティウィン遺跡は，タラウド諸島のサリバブ島西岸から1km内陸に位置する開地遺跡である（図4-1）．この遺跡は標高50m前後の丘陵中腹から山頂にかけて広く分布し，表面調査では多数の土器片や，ブタの顎骨，貝類などが表採された．

　発掘調査は2005年7月に実施し，遺物の集中がもっとも顕著であった中腹部において，1m×2mのトレンチを1箇所（2m^2）試掘した．その結果，1m以上の深度をもつ3層からなる堆積層が確認され，大量の土器片と動物骨のほか，貝類遺存体や骨製品が，上層からは陶磁器片や鉄製品が出土した．このほかにカナリウム（カンラン）と推測される植物遺存体や，それを食べた際に使用されたと考えられる研磨痕のある石製品が出土している．

　出土した炭化物より得られた炭素年代値は（表4-8），最下層となる第3層でBP539±81年（較正暦年AD1280–1520年・深度70cm），BP343年（深度70cm），およびBP371±31年（深度60cm）であった．また第2層より出土した炭化物より得られた年代値はBP294年（深度40cm），第1層より出土した炭化物の年代値はBP103年（深度20cm）であり，下層よりも200〜100年ほど新しくなることが確認された．

　これに対して，2層より出土した海産貝類より得られた二つの炭素年代値は，それぞれBP700年（深度50cm）とBP688年（深度50cm）で，炭化物による年代よりも300年ほど古くなった．これはリアン・ブイダ遺跡の場合と同様に，海洋リザーバー効果（e.g. 三原ほか2002；Yoneda et al. 2002）による結果と考えられる．これらを考慮すると，ブキットティウィン遺跡が利用された時期は，16世紀（AD1500年代）〜19世紀頃（AD1800年代）であり，リアン・ブイダ遺跡の上層とほぼ同じ時期に形成されたと考えられる．そこで次に，ブキットティウィン遺跡より出土したおもな遺物群について，その概要を報告する．

表 4-8　得られた炭素年代値

資料番号	資料	出土層	深度	炭素年代	較正暦年
Wk 15740	炭化物	第3層	70 cm	BP539 ± 81	AD1280-1520
TERRA-07040a23	炭化物	第3層	70 cm	BP343	なし
Wk 15741	炭化物	第3層	70 cm	BP371 ± 31	なし
TERRA-07040a24	炭化物	第2層	40 cm	BP294 年	なし
Wk 15742	炭化物	第1層	20 cm	BP103	なし
TERRA-07040a13	海産貝類	第2層	50 cm	BP700	なし
TERRA-07040a10	海産貝類	第2層	50 cm	BP688	なし

2.2　遺物の出土状況

人工遺物

　遺跡から出土した人工遺物には，ラランヌサ式土器を含む大量の土器片と数点の石製品や骨製品のほか，上層からは陶磁器片や鉄製品が出土した（表4-9）．ここでは，これら人工遺物を土器，石製品，鉄製品，陶磁器片，その他の遺物群の順に紹介する．

A：土器

　土器片はブキットティウィン遺跡からもっとも多く出土した遺物であり，合計で3613点が確認された．このうち176点が有文土器片で，残りが無文土器片となる．土器片の多くは小型で，細かく破損した状況で出土しており，完形品はない．出土土器片の多くは胴部のもので，口縁部は173点であった．有文土器片の多くは，リアン・ブイダ遺跡と同じく「ラランヌサ式土器」と命名された土器形態に類似する．とくに利用時期がほぼ重なるリアン・ブイダ遺跡の後期における有文土器との共通性が高く，その文様は土器の口縁から上部にかけて垂直にのびる2列平行の直線か波線と，同じく2列平行の刺突文の連続によって構成され（図4-3A），土器によってはさらにその下部に2重のジグザグ線などが装飾される（図4-3B, C）．

　土器の全体的な形態や形成の際に実践された技法においては，リアン・ブイダ遺跡と同じく，出土した土器片を観察する限りでは大きな変化を見出すことができなかった．また土器片の多くがかなり細かく破損し，完形品の出土も確認されなかったことから，全体的な土器の形態は出土した土器片からの推測の

表 4-9 各遺物の出土状況

グリッド番号	有文土器	無文土器	陶磁器	剥片	クナリ石	鉄製品	貝類	獣・魚骨	種子
TP1	52	1446	25	7	8		1489	699	
TP2	93	904	21	2	9		402	361	
TP3	31	540	15	2	5		1371	394	
合計	176	2890	61	11	22	0	3262	1454	0

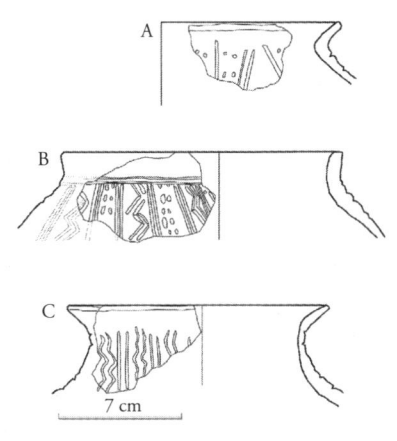

図 4-3 ブキットティウィン遺跡出土の土器

域を出ていない．しかし，有文・無文にかかわらず，いずれも口縁が緩やかに曲がりながら外側に向かって反り上がるものが多く，リアン・ブイダ遺跡より出土した土器群との共通性が指摘できる．

B：石製品

　遺跡より出土した石製品は二種類で，一つはチャート石を利用した剥片やチップであり，遺跡の下層から上層にかけて合計で11点が出土した．その多くはサイズの小さいチップで占められ，打痕が確認できる剥片状のものも概してそのサイズは3cm未満と小さい．これらの剥片の中にはほんのわずかであるが，刃部を形成していると認識できるものもあるが，二次調整や肉眼で認識できるほどの使用痕はみられなかった．したがって明らかに石器として利用されたと断定できる資料は出土していないが，遺跡から多くのチャート剥片や

チップが出土したことは，遺跡が形成された17世紀以降においても細々ではあるが，継続して石器の製作と利用がおこなわれていたことを示唆している．

また，もう一つの石製品として，ナッツクラッカーと推定される石製品がある．前述したようにこれらはカンランの実を砕く際の置石として利用された河原石で，わずか2 m^{2}の発掘面積から37点が出土した．これに対し，リアン・ブイダ遺跡から出土が確認された石斧の出土は，ブキットティウィン遺跡では確認されなかった．

C：鉄製品

遺跡からはわずかであるが鉄製品の一部と推測される遺物が出土した．これらは刀剣の一部と推測される鉄片であり，興味深いことに遺跡の上層からのみ出土している．これらの鉄製品がタラウド諸島内で製作されたものか，外部から持ち込まれたものかは，現時点では明らかではない．しかし，タラウド諸島内で鍛冶や鉄の生産・加工がおこなわれていたとする記録などが見つかっていない状況を考慮するなら，これらは隣のサンギヘ諸島やミンダナオ島，あるいはスラウェシ北部域から交易品などとして持ち込まれた可能性も高い．

D：陶磁器片

陶磁器片は合計で61点が出土した．そのほとんどが上層からの出土であり，第2層からは数点のみ，第3層からは出土が確認されなかった．上智大学の田畑幸嗣氏による鑑識では，これらの陶磁器片は明代末から清代期以降の質の低い安価な中国製陶器であった[65]．とくにその多くは，清代の陶磁器片の出土量が卓越している．こうした出土状況は，遺跡の上層（第1・2層）がより新しく16〜18世紀頃に形成された可能性を示唆している．

E：その他の遺物群

遺跡から出土したその他の遺物群には，数点の骨製品と軽石製品があげられる．このうち骨製品にはおそらくブタの骨を利用したと推測される骨製ナイフ

---

65) その詳細については別稿（小野2007）について論じている．

と，用途不明の長方形状の骨製品が出土した．いっぽう，軽石製品としては長方形状で全面が研磨された軽石製品が2点出土している．これらはおそらく，何らかの研磨具として利用された可能性があるが，その具体的な用途は不明である．いずれにせよ，人びとが植民地時代期においてもこうした軽石や骨を利器として利用していたことは確かであろう．

自然遺物
A：動物遺存体

　動物遺存体は合計で1562点（約3 kg）が出土した．このうちの多くが動物骨で占められており，後述する魚骨は116点のみが同定されたにすぎない（表4-10）．したがって動物遺存体の出土状況は，リアン・ブイダ遺跡との差異がもっとも顕著となった．いっぽう，出土した動物遺存体の大部分を占める動物骨のうち現時点で同定できた動物群としてはブタ（Sus 属），イヌ（Canis 属），サル（Macaca 属），ヤギ（Cerves 属），ネズミ（Muroidea sp.），ウミガメ（Chelonioidea sp.）があげられる．

　これらの動物骨のうち，MNI（最小個体）数での出土数がもっとも多かったのはブタ類となる Sus 属（Sus Scrofa）の仲間であり，ついでウミガメ，サルが続く結果となった．このうち Sus 属に分類された骨は，出土した顎骨および歯の発達段階から死亡時の大まかな年齢を推定することが可能であり，これらの部位を対象とした分析では，その多くが生後6か月から20か月前後までの幼獣や比較的若い成獣で占められる傾向が確認された．

　更新世期にもミンダナオ島やスラウェシ島とつながることがなく，もっとも近いサンギへ諸島とも100 km近く離れていたタラウド諸島には，人間のほかにコウモリやクスクスなどの古いタイプ哺乳類しか存在していなかった可能性が高く，現在も野生の哺乳類種がきわめて少ない．

　こうした状況から出土した Sus 属も人間によって運ばれ，飼育されてきたブタ類と認識したわけだが，死亡年齢が比較的若いという出土状況もその妥当性を支持している．また出土した Sus 属の大腿骨などには，多数のイヌによる噛み跡が確認された．いっぽう，出土したイヌの顎骨にはカットマークと認識できる無数の傷があり，これらの状況を考慮すると，遺跡ではイヌを食料目的と

表 4-10 動物遺存体の出土状況 （ ）内は MNI 数

項目	分類	1層 1	1層 2	1層 3	2層 4	2層 5	3層 6	3層 7	3層 8	合計
魚類	魚類	2	12	61	22	10	8	0	1	116 (29)
Sus 属歯（歯）	ブタ・イノシシ	5	13	15	29	10	3	0	0	75
Sus 属（顎骨）		0	4	2	16	4	0	0	0	26
	小計	5	17	17	45	14	3	0	0	101 (12)
Chelonioidea sp.	ウミガメ	0	3	22	41	10	5	0	0	81 (5)
Macaca 属（顎骨）	サル	1	0	4	1	2	1	0	0	9 (6)
Canis 属（顎骨）	イヌ	0	0	0	1	1	0	0	0	2 (1)
Cervus 属（歯）	ヤギ	0	0	1	0	0	0	0	0	1 (1)
Muroidea sp.（歯）	ネズミ	0	0	1	0	0	0	0	0	1 (1)
歯（その他）	動物	1	3	9	14	8	1	0	0	36
脊椎骨	動物	0	0	2	1	0	1	0	0	4
その他	動物	29	174	361	385	184	76	4	0	1213
	合計	38	209	477	510	229	95	4	1	1562

しても飼育してことがうかがえる．

興味深いのはリアン・ブイダ遺跡と同じくヤギが出土した他，サルの出土が確認されたことである．また出土したサルの顎骨にもカットマークと認識できる複数の傷が確認された．これらヤギやサル，そして前述したイヌもブタと同じく人間によって島外から運ばれてきたことになる．

このうちブタとヤギについては 11 世紀にまでさかのぼるリアン・ブイダ遺跡でも出土が確認されたが，イヌとサルは出土が確認されなかった．こうした違いが遺跡の立地や性格と関係しているのか，形成時期の違いを反映しているのか現時点では定かでない．また出土したサルの顎骨にはいくつかのカットマークとみられる傷跡があり，イヌ同様に人間の食料として利用されていたようだ．最後にヤギに関しては，現時点で確認されたのは 1 点の歯のみであるが，ヤギがブキットティウィン遺跡から出土したことは，サリバブ島においてもヤギの飼育がおこなわれていたか，あるいは少なくともヤギの頭部が遺跡内に持ち込まれた可能性を示唆している．

B：植物遺存体

　植物遺存体としては，リアン・ブイダ遺跡と同じくカンランの殻の出土が確認された．同じくカンランの殻を除去する際に使用されたと推察される河石製のナッツクラッカーも 37 点出土している．こうした出土状況は，前述のリアン・ブイダ遺跡と同じく，ブキットティウィン遺跡においてもカンランが頻繁に食されていた可能性を指摘できる．

C：貝類遺存体

　貝類遺存体は合計で 3301 点（15353 g）が出土した．大量に出土した貝類遺存体の多くは，リアン・ブイダ遺跡と同様に海産貝類で占められ，合計で 21 科・44 種に分類できた（表 4-11）．このうちの数種は，現生標本の不足から現時点では同定にいたっていないもの数点があるが，全体として出土量の多い貝種には，サザエの仲間となるリュウテン科の貝種（Turbo sp.），アマオブネ科の貝種，ヒザラガイ科，ニシキウズ科の貝種があげられる．中でも圧倒的に出土数が多かったのがリュウテン科の仲間で，これらが全体の出土数の実に約 58％を占めている．もちろんこの割合は NISP 数による比較であり，最小個体数となる MNI 数での比較においてはその比率もやや低くなる可能性はあるが，比較的大きいサイズの貝種の多いリュウテン科の卓越は，これらが肉量やタンパク源としてはもっとも重要であった可能性を示唆している．

　いっぽう，ブキットティウィン遺跡における時間的な各種の出土量変化のパターンでは，遺跡の下層・中層で出土量が多く，上層では少なくなる傾向がある．唯一の例外はオカミミガイ科に属する陸産種となるマダラシイノミガイで，この種のみは上層での出土量が圧倒的に高い．マダラシイノミガイは，遺跡周辺に自生していたものが含まれている可能性もある．しかし，これらの貝種もかつては頻繁に食べていたという島民による指摘もあり，人間による利用の痕跡の可能性も十分に残されている．このほかに陸産種では数種のマイマイ類が出土しており，島民が海産貝類のみでなく，陸産貝類も積極的に利用していたことが明らかとなった．

表 4-11 貝類遺存体の出土状況

順位	腹足綱	和名	学名	1層	2層	3層	合計
1	リュウテン科			320	1340	267	1927
	Turbinidae	リュウテン科の蓋	Turbo sp.	200	821	171	1192
		不明	Turbo sp.	3	94	25	122
		キングチサザエ	Turbo chrysostomus	6	199	28	233
		マルサザエ	Turbo stosus	2	163	43	208
		コシダカサザエ	Turbo stengyrus	0	60	0	60
		不明	Turbo marmoratus	0	2	0	2
		不明	Turbo sp.	0	1	0	1
2	アマオブネ科			0	99	31	130
	Neritidae	不明	Nerita articulata	0	280	69	349
		アマオブネ	Thliostyra albicilla	0	99	28	127
		フトスジアマガイ	Ritena costana	0	0	1	1
		マルアマオブネ	Ritena squamulta	0	0	1	1
3	ヒザラガイ科						
	Chitonidae		Acanthopleura/Liolophura	0	213	140	353
4	アッキガイ科						
	Muricidae	不明	Muricidae sp.	4	145	36	185
5	ニシキウズ科			2	58	40	100
	Trochidae	ニシキウズ	Trochus maculatus	1	25	16	42
			Trochus niloticus maximus	1	32	10	43
		キサゴの仲間	Umbonium sp.	0	1	8	9
		ギンタカマハ	Tectus pyramis	0	0	6	6
6	イモガイ科						
	Conidae		Conidae sp.	2	50	13	65
7	タケノコガイ科						
	Terebridae	不明	?	1	24	34	59
8	スイショウガイ科			4	29	3	36
	Strombidae	クモガイ	Lambis lambis	4	9	0	13
			?	0	1	0	1
		インドマキガイ	Storombus decorus	0	19	3	22
9	オカミミガイ科						
	Ellobiidae	マダラシイノミガイ	Pythia panthrina	15	5	1	21
10	イトマキガイ科			0	12	6	18
	Fasciolariidae	ミガキナガニシ	Fusinus undatus	0	5	0	5
		不明	?	0	2	0	2
		ナガサキニシキナ	Latirus nagasakiensis	0	5	6	11

11	タカラガイ科			0	12	5	17
	Cypraeidae	ハナマルユキ	Cypraea caputserpentis	0	7	2	9
		ヒメホシダカラ	Cypraea lynx	0	3	0	3
		不明	?	0	1	2	3
		ホシダカラ	Cypraea tigris	0	1	0	1
		不明	?	0	0	1	1
12	シャコガイ科			1	11	0	12
	Tridacnidae	ヒメジャコ	Tridacna crocea	0	8	0	8
		シャゴウ	Hippopus hippopus	0	0	0	0
		オオジャコ	Tridacna gigas	0	1	0	1
		シラナミ	Tridacna maxima	0	2	0	2
13	マルスダレガイ科 Veneridae?	不明	?	0	4	2	6
14	Ranellidae?	不明	?	2	1	2	5
14	ユキノカサ科 Acmaeidae		Patelloida saccharina	0	1	4	5
16	カブラガイ科 Rapidaea	ミズスイの1種	Latiaxis armatus?	0	3	1	4
17	アシガイ科 Psammobiidae	リュウキュウマスホウ	Asaphis deflorata	0	2	2	4
18	バガガイ科 Mactridae?	不明	?	0	1	2	3
19	フデガイ科 Mitridae	不明	?	0	1	0	1
19	? 巻貝不明	不明	?	0	1	0	1
19	? 陸生種	不明	?	1	0	0	1
		合計		243	2292	657	3301

2.3 ブキットティウィン遺跡での漁撈活動

　ブキットティウィン遺跡から出土した魚骨数は116点とそれほど多くなかった．これらの魚骨はブキットテンコラック遺跡やリアン・ブイダ遺跡の場合と同じように20のカテゴリーに分類した上で，同定分析を実施した．その結果も同じくNISP数値とMNI数値の両方によって算出している．このうち次節

表 4-12 魚類の出土状況 *

科名	学名	主な生息地	1層 1	1層 2	1層 3	2層 4	3層 5	3層 6	合計	%
ブダイ科	Scaridae	サンゴ礁・岩礁域	0	2	4 (3)	1	0	0	7 (6)	
ハタ科	Serranidae	サンゴ礁低層域	1	0	2	2 (1)	0	1	6 (5)	
フエフキダイ科	Lethrinidae	サンゴ礁低層域	0	0	4 (3)	2	0	0	6 (5)	
フエダイ科	Lutjanidae	礁縁・低層域	0	0	2	0	1	1	4	
ニザダイ科	Acanthuridae	礁縁・低層域	0	0	3	0	1	0	4	
モンガラカワハギ科	Balistidae	サンゴ礁低層域	0	0	3	0	1	0	4 (3)	
ハリセンボン科	Diodontidae	サンゴ礁・岩礁域	0	0	2	1	0	0	3	
サバ科	Scombridae	外洋	0	0	4 (2)	1	0	0	1	
フグ科	Tetradontidae	サンゴ礁・岩礁域	0	0	0	0	1	0	1	
イットウダイ科	Holocentridae	サンゴ礁・岩礁域	0	0	0	1	0	0	1	
小計			1	0	20 (16)	7 (6)	4	2	34 (29)	

* ( ) 内は MNI での数値・( ) なしは数値の変化なし

　以降においては MNI 数値に基づき検討をおこない，各部位別の出土状況についてはアペンディクス 11 に，NISP 数値による分析結果についてはアペンディクス 12 に整理した．

　その結果，遺跡からは合計で 10 科の海産魚類が同定された（表 4-12）．ブキットティウィン遺跡では魚骨の出土数があまり多くなかったため，各魚科間の出土量に大きな差はみられなかったが，上位にランクするブダイ科，ハタ科，フエフキダイ科の出土量が他に比べてやや多い．これらに代表されるように，全体としては沿岸のサンゴ礁や岩礁域に好んで生息する魚類が多く，サバ科など外洋をおもな生息域とする回遊魚はほとんど検出することができなかった．また魚類の出土数は少ないが，同定された魚骨のサイズは大きいものが多く，漁獲された魚類の中でも比較的大きな個体のみが遺跡まで運ばれ，消費・廃棄された可能性が指摘できる．

2.4　金属器～植民地時代のタラウド諸島における漁撈活動

　リアン・ブイダ遺跡とブキットティウィン遺跡の発掘調査は，金属器時代から植民地時代期におけるタラウド島民が陸産資源の利用と同時に，かなり積極的な海産資源の利用もおこなっていたことを明らかにした．

とくに海岸線近くに立地するリアン・ブイダ遺跡からは大量の貝類と魚類遺存体が出土したほか，漁具と推定できる数点の土製品や骨製品も出土した．このうち出土した貝類は，その多くが海産で潮間帯から水深10m前後の海域に生息する種で占められた．これらはリュウテン科のヤコウガイやコシダカサザエ，チョウセンサザエといったサザエの仲間や，アマオブネ科のアマオブネやフトスジアマガイ，そしてヒザラガイ科やニシキウズ科などである．

その中でも高い出土量を記録したのがアマオブネ科やリュウテン科の仲間だ．このうちアマオブネ科の貝類はリアン・ブイダ遺跡で全体の43％と高かったが，ブキットティウィン遺跡では全体の4％であった．いっぽう，リュウテン科の貝類はリアン・ブイダでは10％，ブキットティウィンでは58％を占めているが，数の上ではリアン・ブイダからの出土数がより多い．

また比較的大きいサイズの貝種が多いリュウテン科の卓越は，これらが肉量やタンパク源としてはもっとも重要であった可能性を示唆している．同じ傾向は3万年前の更新世後期にまでさかのぼるリアン・サル遺跡（第2章2節）や新石器時代期にまでさかのぼるリアン・トゥオ・マナエ遺跡（Tanudirjo 2001）においても確認されており，タラウド諸島沿岸では更新世後期から一貫してリュウテン科やアマオブネ科の資源量が豊富で，人間による貝類利用もこれらに集中してきた傾向が指摘できる．

いっぽう，ブキットティウィン遺跡における時間的な各種の出土量変化のパターンでは，遺跡の下層・中層で出土量が多く，上層では少なくなる傾向がある．唯一の例外はオカミミガイ科に属する陸産種となるマダラシイノミガイで，この種のみは上層での出土量が圧倒的に高い．先にも述べたようにマダラシイノミガイの出土は，自生していたものが含まれている可能性もあるが，人間の利用による可能性も残されている．このほかに陸産種では数種のマイマイ類が出土しており，島民が海産貝類のみでなく，陸産貝類も積極的に利用していたことが明らかとなった．

これら貝類は基本的に沿岸域や内陸で採集活動によって獲得された可能性が高い．ただしリュウテン科など一部の貝種は水深10m前後の海域に生息するものもあり，これらの中には潜水漁などによって獲得されたものもあったであろう．同じく沿岸域や砂浜で採集や潜水漁などによって獲得されていた海産資

源として，カニやウニの利用があげられる．

　このほかに採集活動ではないが，沿岸域や砂浜で獲得された可能性のある海産資源にウミガメの利用がある．すでに報告したようにウミガメの骨は遺跡の下層から上層にかけて多く出土しており，貴重な海産タンパク源としてウミガメの利用が重要な役割を担っていたことを改めて指摘できる．

　つぎに魚類を対象とした漁撈活動については，リアン・ブイダ遺跡においてより活発な漁撈活動の痕跡を確認することができた．これに対し，ブキットティウィン遺跡はやや内陸に位置する立地状況もあり，魚骨の出土量はそれほど多くなかったが，それでも10科におよぶ魚類の出土が確認された．

　このうち11世紀頃の利用痕跡を残すリアン・ブイダ遺跡の下層から出土した魚骨の多くは，沿岸の岩礁域やサンゴ礁に生息する魚類で占められており，漁撈活動も基本的には水深のそれほど深くない沿岸の岩礁域でおこなわれていたことが推測される．利用された漁法としては，低層を好む肉食性のハタやフエフキダイに対しては釣り漁が，岩礁域に生息し藻などをおもに食べるブダイやニザダイに対しては網漁や突き漁が利用されていた可能性を推測できる．またモンガラカワハギ科魚類の出土などからは，筌や籠漁なども利用されていたことが推測される．このうち釣り漁，網漁，突き漁については，遺跡からの鉄製の釣り針，土製の漁錘，そして骨製の銛と推測される遺物が出土しており，その蓋然性を高めている．

　これに対し，17世紀頃の利用痕跡を残すリアン・ブイダ遺跡の上層から出土する魚骨はより多く，その種類も多様化する．とくに外洋性で大型のサバ科やアジ科，カマス科といった回遊魚類の出土がみられ，サメ類の出土も確認された．つまり17世紀頃までには，人びとの漁撈範囲が岸からより離れた水深の深い外洋域にまで拡大した可能性がある．

　また大型魚類の出土数が増加する状況からは，これらを意図的に狙った釣り漁やトローリング漁がおこなわれた可能性も想定できる．とくに遺跡からルアーシャンクと考えられる貝製品が2点出土したことは重要であろう．ただし，遺跡内でももっとも利用頻度が高かったのはハタ科やフエダイ科の魚類であり，その傾向は11世紀頃の状況と一致している．

　同じく17世紀頃の利用痕跡を残すブキットティウィン遺跡でも，ハタ科や

フエダイ科魚類の利用頻度がもっとも高く，全体的に沿岸性魚類の出土が卓越した．ただしブキットティウィン遺跡においては，数点ではあるが大型のサバ科魚類が出土しており，人びとが頻繁ではないにせよ，季節や潮流の状況に応じて水深のより深い外洋域でも釣りやトローリングなどの漁法による漁撈もおこなっていた可能性を指摘できる．

　これらの状況を総合すると，金属時代期のタラウド諸島では新石器時代期に続き，沿岸資源の利用を中心とした漁撈戦略が取られていたのに対し，植民地時代期の前後までには沿岸資源の利用を基本とするものの，トローリング漁などを含めた外洋での漁撈活動もおこなうなど，より多面的な利用が実践されていたと考えられる．考古学資料からみられるこのような変化を，ここでは新石器時代に確立した「沿岸漁撈システム」の発展ととらえてみたい．

　ただし，ここで確認できたのはセレベス海域の中でももっとも辺境に位置していたタラウド諸島での痕跡であることは改めて指摘しておく必要がある．すなわち，より人口が密集し，技術的な発展の速度や海産資源への需要が高かった地域では，こうした「沿岸漁撈システム」の発展がより早い時期から進んでいた可能性は考慮すべきだろう．しかしセレベス海域においても，また東南アジアの海域世界全体においても，まだこれら人口密集地域で金属器時代から植民地時代における考古遺跡が発見・調査されていないため，残念ながら考古学的には検討することが現時点では難しい．

　このような状況に対し，植民地時代期以降に増加するのが文献資料である．これらの文献資料からは，欧米諸国との接触期やその後の植民地時代期におけるセレベス海域での漁撈活動，セレベス海民による生業文化について断片的にだが知ることができる．そこでつぎにこれら文献資料から垣間みられるセレベス海民と漁撈を含めたその海洋文化について検討したい．

3 ❖ 文献資料からみられるセレベス海民と海洋文化

3.1 文献資料からみられるセレベス海域の漁撈と海洋文化

　セレベス海域内における漁撈や海洋文化についての文献資料はきわめて限られるが，その周辺世界も含めれば史料の多くは西欧人が到来する 18 世紀以降より出現する．それ以前の記録は，中国文献にスールーやマギンダナオに関する記述が確認できる程度であるが，これらも 13 世紀をさかのぼる記述はほとんどなく，その内容も限られている．これに対し，セレベス海域内の地域や社会を記述した文献資料の数が増加するのは 18 世紀以降である．
　そこで 18 世紀以前の時代においては，その周辺地域における状況を中心に整理し，18 世紀以降においてはセレベス海域内の地域や社会を対象とした直接的な記録から検討を加えてみたい．
　東南アジア全般における魚の豊富さや重要性については，古くは 13 世紀末におけるマルコ・ポーロによる記述 (Polo 1298) や 15 世紀における鄭和遠征による記録 (Ma 1433) からも確認できる．いっぽう，セレベス海域やその北に広がるフィリピン諸島の社会や生活に関する 16 世紀初頭の記録には，1521 年にフィリピン諸島からセレベス海域へと入ったマゼラン艦隊の乗組員や関係者によって記録された史料がある (e.g. Pigafetta 1524)．
　ピガフェタによる食生活に関する記述の中には，人びとのおもな食事として魚や塩干魚が頻繁に登場しており，魚は重要な副食の一つであった．また塩干魚の記録は，人びとが漁獲の長期保存を目的に利用していたことを示唆している．こうした塩干魚の積極的な利用はすでにこの頃，東南アジア海域の全域でおこなわれていたことが他の史料によっても確認されている (e.g. Reid 1988; リード 1997)．このほかにピガフェタによる記録では，セブ島の王がウミガメの卵を食べていることが記されており，ウミガメの卵が価値の高い海産物として利用されていたことがわかる．
　しかしピガフェタの記録には，住民の漁撈活動に関する詳細は記録されておらず，具体的な漁法やおもに利用されていた海産資源については不明である．

唯一の例外は，スールーが真珠の産地として有名であったとする記述で，真珠がスールーの主要な輸出品であったことは，14世紀にさかのぼる中国の『島夷志略』にも記述がある．ただし13世紀初頭に編纂された『諸蕃誌』にはスールーの記述がないことから，スールーが本格的に真珠を輸出しだしたのは13世紀半ば以降であろうが，東南アジア海域世界の内部においてはそれ以前から真珠の産地として知られていた可能性は高い．

これに対し，16世紀末から17世紀初頭のフィリピン諸島について記録したモルガ（e.g. Morga 1598）によれば，ルソン島のカガヤン地方では淡水魚や海水魚が頻繁に漁獲され，日々の食糧とされていた．またおもに獲れる海産物として数10種があげられている．これらはタイ，イワシ，ボラ，サヨリ，カマス，ヒラメ，シイラ，ウナギの仲間や多種におよぶ白身の魚，イタボガキやイガイなどの二枚貝，カニ類，エビ類などである．このほかに実際に漁の対象となっているかは不明だが，クジラやサメ類がみられることも記述されている（モルガ 1966：318．Blair and Robertson 1907）．

またルソン島では，淡水湖や河川での漁撈も頻繁におこなわれていたことが記録されており，おもな漁法としてかずらを利用した簗漁や籠漁のほか，投網や小さな地引網，手釣りの利用があげられている．同じような状況は，17世紀末にボルネオやミンダナオを訪ねたダンピルによっても報告されている（Dampier 1697）．またモルガは，パラワン島でかつて真珠が採られていたが，16世紀末にはパラワンでの真珠採取が終焉していたことを記録している．

いっぽう，ウミガメはフィリピン諸島の全域で漁獲されており，その甲羅（おそらくタイマイか）が中国人やポルトガル人に商品として販売されていた．貝類ではシゲイと呼ばれる子安貝（タカラガイ科）が，やはり諸島の全域で採集され，シャム人やカンボジア人など東南アジア大陸部の人びとへ販売された他，これらの地域で貨幣として利用されていた．

さらにより積極的で活発な真珠やナマコなどの特殊海産物の採集や販売がおこなわれていたのが，サンゴ礁の発達するスールー諸島である．

ただしスールー諸島での海産資源の利用に関する西欧人の記録が現れるのは，18世紀半ば以降から19世紀にかけてとやや遅い．これらには1760年代にかけてスールー諸島からミンダナオに滞在したダールリンプルによる記録

(Dalrymple 1770),1770年代にかけて滞在したフォレストによる記録 (Forrest 1779),19世紀初頭にかけてスールー諸島を訪問・滞在したハントによる記録 (Hunt 1812, 1837) などがある.

このうちダールリンプルは,スールー諸島のタウィタウィ島周辺のサンゴ礁域におけるナマコ資源量がもっとも豊富であり,スールー諸島の各地から人びとが船団を組んで採集に来ていたことを報告している.

これらの船団には必ず数名の熟練した漁師が乗船しており,彼らが中心となってナマコや真珠貝の採集をおこなっていた.このほかに素潜りを得意とする海洋民(海サマ)が同行することも多かったようである.その約10年後にスールー諸島を訪問していたフォレストも,ミンダナオやスールー諸島からやってきたサマルやイラヌン系の船団が,各地で漁撈活動をおこない自分たちが食べる副食として獲得していたことを記録している.また彼らが大型の釣り針を使用してサメやハタ科魚類を捕獲し,小型の二股釣り針でサバやマグロを漁獲していたこと,これらの漁具の材料を中国やアメリカとの交易によって入手していたことも記されている.このうちサメはフカヒレが商品として販売されていたが,スールー諸島で産出されるもっとも重要な海産物はナマコであった.

当時のマニラにおける輸出入品の記録を基にスールー諸島からマニラへと輸出されたナマコの量を検討したウォレンによれば,スールー諸島のナマコ輸出量は1768年を境に激増し,1835年にホロ島から輸出されたナマコ量は10000ピクルに達していた.彼の推算によれば,これだけの量のナマコを採集し加工するには1年間で2万人以上の漁民が必要であり (Warren 1981),少なくともスールー諸島では漁撈を専業とする人びとの人口がこの時代に急増した可能性が指摘できる.

いっぽう,19世紀初頭にホロ島を訪問したハントは,島内の魚市場でさまざまな海産魚が販売されていたことを記録しており (Hunt 1812),その魚名リストからは少なくとも41種におよぶ魚が確認できる.このうちその魚名から推定できるものにはカマス,オニカマス,マグロ,サワラ,ハマフエフキ,キツネフエフキ,アイゴ,フエフキダイ,イトヒキフエダイ,サメ,エイ,ハタ,アジ,タコ,イカ,カニ,エビ,カキ,アオウミガメなどがあり,スールー諸島の人びとが特殊海産物であるナマコや真珠貝以外にも,日々の食糧として多

種におよぶ魚類や貝類を漁獲していたことがわかる．

19世紀初頭における東南アジア海域世界の海産物やそれをめぐる経済・流通の詳細を記録したクロフォードも，これら海民による漁撈活動を「もっとも完璧に実践される芸術」と称賛しており (Crawfurd 1820)，すでにその漁撈技術や知識がかなりのレベルに達していたことを指摘できよう．

このほかに16世紀以降のセレベス海域や東南アジア海域世界では，新たに東アジアから到来した漁民による漁撈や海産資源の利用も活発化した．たとえばスペインの統治下にあったフィリピン諸島のマニラでは，16世紀末までに漁撈や海産物の斡旋は中国より移住してきた華僑系の漁民によって占められており[66] (Felix 1966)，同じ状況は18世紀においても確認されている (Diaz-Trechuelo 1966)．インドネシアではジャワやスマトラなどで，15世紀頃より華僑系の商人による活動が活発化し，海産物の加工や斡旋の影にも華僑の活躍が見え隠れしている (e.g. Ma 1433; Caray 1984; Andaya 1992; Reid 1988)．

いっぽう，セレベス海域においてはスールー諸島にかなりの華僑が居住し，海産物の加工や斡旋に従事していたようである．たとえば1628年にホロ島を攻撃したスペイン軍は，当時のホロ島に華僑の居住区があったことを報告している．このような華僑系漁民の出現はセレベス海域だけでなく，東南アジア海域世界のいたるところでみられた現象だった．また鶴見 (1990) が指摘するように，ナマコなどの特殊海産物を乾物として加工する技術を伝えたのもこれら華僑系の漁民や商人であった可能性が高い．

さらに19世紀末頃からは東南アジア海域世界への日本人の進出が開始され，ボルネオ島やスラウェシ島北部の沿岸域でも，沖縄出身者を中心とした日系漁民によるカツオ漁などが1920年代以降より本格化した (e.g. 片岡 1991；北窓 2000；中楯 1987)．鶴見によればこの時代のマナドで市場に提供される魚の半分以上が日系漁民によって生産されていたという (鶴見 1990)．

こうした華人や日本人などの東アジア系漁民による漁撈は，第二次世界大戦

---

[66] 1586年の時点で，マニラには約10000人の華僑が居住しており (Blair and Robertson 1903)，1603年には23000人の華僑がマニラ周辺で殺戮されたことをモルガは記録している (Morga 1598)．それでも1750年までにフィリピン諸島における華人人口は40000人にまで達していた (Andaya 1992)．

を境に一時的に消滅する．しかし，1950年代以降には小規模ながら復活し，現在にいたるまでセレベス海域や東南アジア海域世界の各地で漁業や海産物の斡旋や販売に従事する華僑や日系仲買人は少なくない．これら東アジア系の漁民や海産物商人による16世紀以降の漁撈活動が在来集団の漁撈や漁撈技術に与えた影響や変化は，とくに植民地時代以降の漁撈技術や海産資源利用を考える上で重要であろう．

3.2 海洋文化にかかわる技術的発展

ここでは西洋人の到来によって文献史料が増加する15世紀以前とそれ以降における海洋文化の技術的な発展について，文献資料に基づきながら検討したい．ここでおもに検討するのは，海洋文化を検討する上で重要となる(1)漁撈技術，(2)製塩技術，そして(3)造船技術の3つである．

(1) 漁撈技術の発達

セレベス海域や東南アジア海域世界における金属器の出現は，漁撈活動を含めた海民の海洋文化にかかわるさまざまな側面で技術的革新をもたらした．

漁撈技術においては，タラウド諸島の金属器時代遺跡から出土した金属製の釣り針や大小のサイズをもつ土製の漁錘の出現がまず指摘できる．土製の漁錘はフィリピン諸島のルソン島やセブ島，そしてミンダナオ島の同時代遺跡からも出土している (e.g. Burton 1977; Fox 1967; Tenazas 1973; Hutterer 1973)．そのサイズは2.5～6 cm までと大小さまざまであるが，大型漁錘の出土は水深のより深い沿岸域や外洋域での網漁が，この頃までにはセレベス海域やその周辺海域でも活発化したことを物語っている．

釣り針に関しても，青銅製の釣り針がルソン島の同時代遺跡で出土しており (Tenazas 1973)，スラウェシ北部の南岸（現ゴロンタロ州）に位置するオロフタ遺跡からも鉄製の釣り針や土製の漁錘が出土している (Balai Arkeologi Manado 2008)．これに対し，10世紀にさかのぼる木造船が発見されたミンダナオのブトアン遺跡から出土した釣り針は貝製の単式釣り針であり，さまざまな素材が利用されたことを示唆している．

いずれにせよ，新たな漁具の出現と革新が人びとの漁撈活動で利用された漁法のさらなる多様化や漁場の拡大，そして漁獲効率の上昇を可能にしたことは明らかだ．また鉄を中心とする金属製釣り針の利用は，15世紀頃より増加する西洋人による記述によっても頻繁に確認されている（e.g. Reid 1988）．

　16世紀初頭におけるピガフェタによる記録では，セブ島で収集した現地語名に漁網 pucat laia があり，モルッカ諸島で収集した現地語名にも釣り針 matacnir，釣糸 tunda，餌 unpan などのマレー語が散見される．さらにピガフェタは，サマル島で漁網，銛，ヤスなどを観察しているほか，住民が釣り糸として銅線を欲しがっていたことを記録している．

　釣り漁（とくに手釣り）や網漁の頻繁な利用は，前述したモルガによる16世紀末の記録からも確認でき，タラウド諸島における考古学情報も総合するなら，セレベス海域でもこれらの漁法が頻繁に利用されていたことは明らかだ．時代はさらに新しくなるが，19世紀末から20世紀初頭のスラウェシ島北部でも，釣り漁，網漁，罠漁，銛漁のほか，植物を利用した毒漁が河やサンゴ礁域でおこなわれ，内陸部では淡水魚養殖も一般化しつつあったことが確認されている（Adriani and Kruyt 1950; Van Dinter 1899）．

　いっぽう，16世紀よりスペインの統治下となったフィリピン諸島のマニラでは，前述したように華人系漁民の移住と漁撈活動が活発化し，マニラの漁業は中国人によって占められていた．ロザランによれば，フィリピン諸島に新たな漁具となる刺し網や投網，地曳き網などを紹介したのもこれら華人系漁民であったという（Rasalan 1952）．

　華人が漁具の供給において重要な役割を果たしていたことは，16世紀末のモルガによっても記録されている（Morga 1598）．セレベス海域においても華人によって漁具や漁法の新たな紹介がおこなわれた可能性はあるが，文献史料からは確認できていない．またフィリピン諸島やインドネシアにおいては，遅くとも11世紀頃までには大陸部より淡水魚や汽水魚の養殖が紹介され，ミルクフィッシュなどの養殖が開始されたと考えられているが（e.g. 鶴見1990），こうした養殖を伝えたのも華人であった可能性が高い．ただし，養殖池の開拓は現在のところ15世紀頃までさかのぼることは確認されているものの（e.g. Raffles 1817），それ以前については不明な点も多い．

いっぽう，20世紀前半のボルネオ島東岸やスラウェシ島北岸では，前述したように日系漁民によるマグロやカツオ漁などが開始され，日本式のカツオ一本釣り漁の他，ムロ網などの漁法を紹介した．日系漁民（とくに沖縄系漁民）によるムロ網やウタセ網などの紹介と導入は，20世紀初頭のフィリピン諸島（Spoehr 1980）やインドネシアにおいても確認されており，第二次世界大戦が本格化する1940年代初頭まで，これらの海域の漁業や漁撈活動に日系漁民が与えた影響は無視できない．したがって，16世紀以降の漁撈技術や漁具の中には，華人や日本人といった東アジア系漁民によって新たに伝えられたものも少なくなかった．

こうして新たに伝えられた漁具の出現が，セレベス海民の漁撈に利用された漁法のさらなる多様化や漁場の拡大，そして漁獲効率の上昇を可能にしたことは間違いない．とくに耐久性が強く，さまざまなサイズや形への整形が容易な鉄の漁具としての利用は，漁具の製作にかかる労力や時間を減らしただけでなく，釣り漁で対象とできる魚類の種類を増加させたと考えられる．

(2) 製塩技術の発展

塩の生産は，より原始的には新石器時代より開始されていた可能性も高いが，セレベス海域ではまだその考古学的な痕跡は確認されていない．しかし，遅くとも交易時代までには，沿岸域において塩の生産が頻繁におこなわれていたようである（e.g. Reid 1989）．

東南アジア海域世界における製塩法には大きく2種類あり，一つは海水を海岸の焦熱に投げ込み，その残留物をより多くの塩水で沸騰させる方法であり，これはモルッカ諸島などで確認されている（Galvao 1544）．もう一つは乾期に海岸近くに作った塩鍋に塩水を入れ，天日にさらす方法であり，ジャワやシャムなどがその生産地として有名だったようである．交易時代における大規模な塩の生産と商品としての流通は，塩干魚や塩漬け魚，さらにはこれらから作られる魚醤の利用と密接にかかわっている可能性が高い．

セレベス海域においては，1770年代のフォレストにおける記録から，スールー諸島のバラギンギ島やミンダナオのコタバト周辺の沿岸域で活発な塩の生産が確認できる（Forrest 1779）．その製法はまず(1)沿岸近くに生えている木々

を大量に伐採して薪とし，これらにニッパやサゴなどの葉を燃料として加え，火をつける．ついで (2) これらの薪に塩水を振りかけ，これらが塩を大量に含んだ灰となるまで燃やす．その後，(3) これらの灰を籠に集め，真水を注ぎ，塩と灰を分離させる．そして (4) 水と一緒に抽出された塩のみを土製の鍋に入れ，これを沸騰させると，塩の塊や粒のみが残る．

同じ方法は海藻でも応用でき，フォレストは人びとが塩水だけでなく，海藻からも塩を生産していたことを記録している (Forrost 1779)．この製塩法は，同時代のボルネオ島東岸や西岸でも確認されており，ダールリンプルもスールー諸島のボロド島で製塩がおこなわれていたことを記述している (Dalrymple 1770)．1830年代の文献には，バラギンギ島のサマル人村落で30世帯，400人以上の人びとが製塩に従事していた記録があり (Warren 2002)，内陸部では高級品として価値の高かった塩の生産と商品としての販売も，ナマコや他の海産物と同じくさかんにおこなわれていたことがうかがえる．

(3) 造船技術の発展

東南アジア海域世界における船舶の形態にはかなりの多様性があり，西欧人の到来以降においては，さらなる発展があったことが確認されている．このうち東南アジア海域世界における原始的な船の形態は (1) 刳り抜き舟と，それに (2) 浮木を備えたアウトリガー船の二つである．

ただし，東南アジア海域世界で考古学的に確認されているもっとも古い船の年代は，現時点では10世紀前後までしかさかのぼれていない．これはミンダナオ島南部のブトアンで出土した木造船で，竜骨をもった構造船で両側に浮木を備えたダブル・アウトリガー船でもある (Burton 1977)．また考古学的な出土品ではないが，8世紀に建設さらた中部ジャワのボロブドゥール寺院の壁画にもアウトリガー船が描かれており（写真32），東南アジア海域世界におけるアウトリガー船の利用に関する歴史的な証拠としては，これが現時点ではもっとも古いものとなる．

いずれにせよ，先史時代にどのような船舶が利用されていたかを実証する考古学的な証拠は限られている．しかし，新石器時代に東南アジアの海域世界から遥か5000km以上離れたオセアニア海域へと人類の移住と拡散がおこなわ

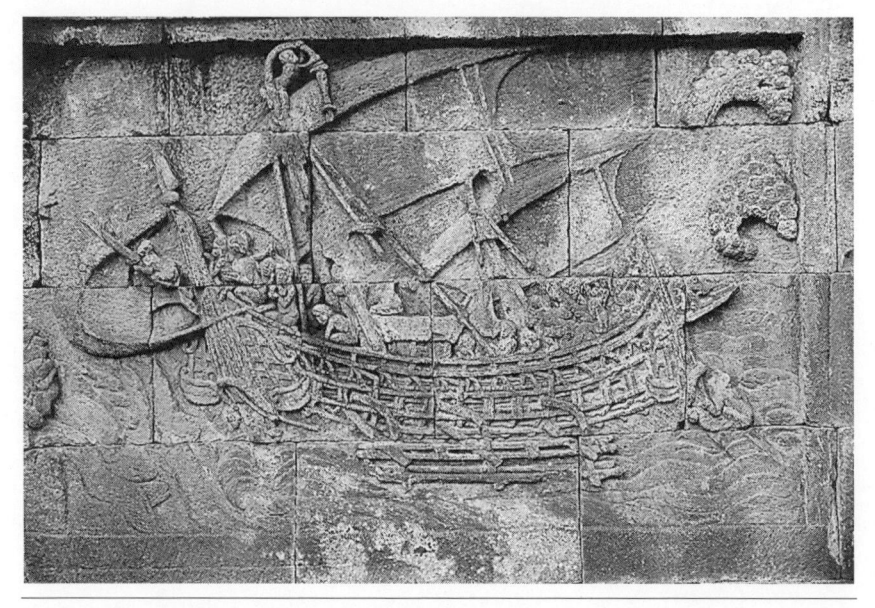

写真 32　ボロブドゥール寺院に描かれたアウトリガー船の壁画
（門田修氏提供）

れた事実や言語学の語彙復元に基づくなら，すでにこの時代にはアウトリガー船が利用されていた可能性は高い (e.g. Anderson 2000; Blust 1999; Doran 1981; Finney 2006; Haddon and Hornell 1997; Irwin 1992, 1998, 2008; Pawley and Pawley 1994).

　これに対し，東南アジア海域世界へと到来した初期の西欧人らによって記録されている船には，一般的なシングル・アウトリガー舟やダブル・アウトリガー舟のほかに (1) マルク諸島やフィリピン諸島の南部などでコラコラ (*kora-kora, coracor*) やジョアンガ (*juanga*) と呼ばれた大型のダブル・アウトリガー舟, (2) プラフ (*perahu*) と呼ばれる甲板のない小型の帆船 (3) 刳り抜き船の本体に丸みを帯びた竜骨や尖った船首，ダブル・アウトリガー舟，帆を備えたカトゥール (*katur*) 船，そして (4) 竜骨と腕木を基本とする大型構造船のジョン (*jong*) 船などがある.

　このうち (1) のコラコラ船は 1537 年にポルトガル人によってマルク諸島で目撃されており (Andaya 1992), 流線形の船体と丸みを帯びた船首や船尾をも

ち前後への移動が可能であったこと，釘は一本も使用されておらず，竜骨や腕木，船首や船尾の木材がいずれもヤシ類の繊維から作ったロープで結ばれていたことが記録されている．また両側に装着された浮木には漕ぎ手が座れる竹製の台座が設置され，大きいものでは左右に2本ずつ台座が設置されるものもあった．これら大型のコラコラ船には漕ぎ手100名のほかに，さらに100名の男性が乗船可能であったとの記録もある．

　同じく大型の構造船となるジョンは，中国のジャンク船の影響を受けて開発されたと考えられる船であり，やはり釘や鉄を一切使用せずに建造されるが，こちらは帆船で通常，複数のマストを備え，アウトリガーは装着されない．またそのサイズは積載する荷物の量や渡航する距離に対応してさまざまだった．このうちオランダ人によってジャワのバンテンで目撃されたジョンは，積載量が40トンを超えるものは稀だったが，16世紀にポルトガル人によって記録されている中国やペグー産のジョンには，積載量が400〜500トンを超え，500人以上が乗船可能な大型のものがみられた．16世紀初頭のマラッカでジョンについて記録したピレスによれば，ジャワ産のものには1000トン級のものもあったが，その多くはポルトガルによるマラッカ攻略の際に撃沈されたという(Pires 1515, トメ・ピレス 1966)．

　ところで，こうした大型船の東南アジア海域世界における建造地は限られていたようだ．たとえばコラコラ船はおもにマルク諸島などの東インドネシアで建造，利用され，ジョン船はジャワ島北岸，ボルネオ島南岸，ビルマのペグーなどで建造されるのが一般的だった (e.g. Andarata 1992; Reid 1988)．これに対し，より小型のアウトリガー船や帆船は，その全域で頻繁に製作・利用されており，1521年に太平洋を西洋人としてはじめて横断したマゼラン艦隊によっても目撃されている (Pigafetta 1524)．

　セレベス海域においても，小型のアウトリガー船や帆船，あるいは刳り抜き舟はその全域で製作・利用されていたと考えられ，文献記録の中には*perahu*や*baroto*, *sampan* などとして登場する．

　大型の船もセレベス海域やフィリピン諸島で確認されている．ピガフェタは1521年にレイテ島南部のマザーナ島で，全長が17mあるバランガイ (*balangai*) 船を目撃したほか，ブルネイやスールー諸島，マルク諸島ではジャンク船を確

認している．これらのジャンク船は木釘で接合されており，帆柱は竹製，帆は樹皮製であるが，積載量は彼らの船と同じくらい大きかったという．これら大型船がどこで建造されたのかは不明であるが，セレベス海域でも大型のジャンク船は存在していたことになる．またモルガは16世紀末にミンダナオ島から30隻のコラコラ船とその他の船からなる艦隊がルソン島まで侵入してきたことを記録しており，スールー諸島やミンダナオ島ではコラコラ型の大型船も建造・利用していた可能性がある (Morga 1598).

しかし，セレベス海域で大型船を含めたより多様な船舶が文献上に登場してくるのは，18世紀以降である．この時代，ボルネオ島東岸からスールー諸島，ミンダナオ南岸にかけて頻繁に目撃された船には，(1) プンジャジャブ (*penjajab*) やグバン (*gubang*) と呼ばれた全長が長く速度の早い帆船，(2) カカップ (*kakap*) やサリシパン (*salisipan*) と呼ばれた1本の帆を装着するアウトリガー船，そして (3) ラノン (*lanong*) やジョアンガ (*joanga*) と呼ばれた大型の構造船などがあった．

このうち (1) プンジャジャブやグバン船は，その全長が平均50フィートに及ぶのに対し，横幅は3～4フィートと狭く，積載量も4トン前後であった．このように横幅が狭いのは船の速力を高めるためで，フォレストによればプンジャジャブ船は帆を張った状態で9ノット，手漕ぎだけの場合でも5ノットの航行速度をもっていた．また船によっては両側にアウトリガーを装着するものもあり，大きなものでは30人前後の男達が乗船できたと記録されている．

いっぽう，(2) のカカップやサリシパンと呼ばれるアウトリガー船は，その全長は最長でも25フィートを超えることがなく，平均8～10人が乗船できた．いくつかの文献によれば，スペインがバラギンギ島を攻略する1848年以前に，この船はバラギンギ島のいたるところで確認でき，サマル系の海賊たちが漁民を捕らえる際に頻繁に利用されたと記録されている．

海賊や略奪行為の際にもっとも重要な役割を果たしたとされるのが，より大型の構造船となる (3) ラノンやジョアンガである．ウォレンによればこれらの大型船は西洋船からの影響を受けて建造されたハイブリッド型の船でもあり，その多くは70～80フィートで150～200人が乗船できたという．甲板には漕ぎ手の台座が上下に2～3の階層をなして設置され，片側だけで30～50名,

合計で60～100名がオールを漕げる構造になっていた．

　18世紀末にはさらに100フィートを超え，150人以上の漕ぎ手が乗船できるものも目撃されている．またラノン船はマルク諸島のコラコラ船と同じくその両側に竹製のアウトリガーを装着し，四角形の帆を2～3本備え，船尾には船長室が設置されるのが一般的だった．こうした大型のラノン船はとくにミンダナオ島南部のイラヌン人によって好んで建造・利用されたようである．

　しかし，イラヌン人によって利用されたラノン船にしても，船そのもののサイズや積載量は，16世紀以前に東南アジア海域世界において頻繁に目撃されたジョン船やジャンク船を凌駕することは稀であった．これはジョン船が商品の輸送を目的とした輸送船であったのに対し，ラノン船が基本的には戦闘を目的として建造された戦艦であることにもよっている．また16世紀初頭のマラッカで，多くの大型ジョン船がポルトガル船によって撃沈されたように，大型で速力の遅い船では，西洋船に対抗できなかったことも，17世紀以降における船の小規模化の原因と考えられている（e.g. Reid 1988）．

　その傾向は19世紀に入るとより強まり，東南アジア海域世界の船舶はより小型化し，その反面，航行速力はより高まった．

　セレベス海域においてもイラヌン人によって好んで建造された大型のラノン船は1830年代頃には稀になり，スールー諸島のバラギンギ島を本拠地とするサマル人らによって建造されたより小型のガレイ (garay) 船が主流となった．このガレイ船は全長50～60フィートを基本とし，3角帆を備え，30～60人で漕ぐことが可能であり，その航行速度は10ノット以上に達したと記録されている．ウォレンによれば前述のラノン船がおもにミンダナオのコタバト周辺でイラヌン人によって建造されたのに対し，これらガレイ船はスールー諸島を中心にサマル人らによって建造され，19世紀前半までは西洋船と互角に応戦する能力を保っていたという（Warren 2002）．

　このように東南アジア海域世界へ新たに西洋人が到来した15世紀以降だけをみても，セレベス海民が利用した船舶の機能や形態，そのサイズはさまざまな変化を遂げてきた．とくにその変化は，輸送船や戦闘船として利用される大型船において顕著である．

　そのいっぽう，船を建造する際の基本的な技術そのものには大きな変化はみ

られず，19世紀前半まで利用されたガレイ船にせよ，それ以前のラノン船やその他の船にせよ，セレベス海域や東南アジア海域世界で生産されてきた船舶は，その多くが鉄釘や鉄を一切使用せず，材木やラタン，植物繊維などのみを素材とし，手斧によって建造が可能であった点で共通している．また構造船の場合は，骨格を先に作るプランクファースト方式が継続的に利用されてきた (e.g. 門田1996)．つまり東南アジア海域世界における造船技術は，西洋人が到来する以前にすでにかなり洗練され，ほぼ完成されていたと考えられる．

これに対し，西洋人の到来以降にみられた新たな変化に，船の火力武装がある．たとえば18世紀以降にイラヌン人やサマル人によって海賊や略奪行為の際に利用された船舶はいずれも火力武装されており，プンジャジャブ船で大砲2門，ラノン船では6～24ポンドの大砲が2門のほか，銃で武装した多くの兵士が乗船していたとの記録が少なくない．

もちろんこのような火力武装は戦闘船や輸送船に限られ，おもに沿岸域での漁撈などに利用されていたより小型のアウトリガー船などには当てはまらない．これらより一般的に利用されていた小型船や漁船においては，西洋人の到来以降においても大きな変化を遂げた痕跡はみられず，そのような記録も見当たらない．むしろ，漁船における大きな変化は近代以降における動力化によってもたらされたと考えられるが，それについては次章以降で改めて検討する．

3.3 海民の生業分化と専業漁民の出現

第2章でも検討したように，金属器時代のセレベス海域ではまだ本格的な生業分化が起こった痕跡が確認されていない．しかし，16世紀初頭にこの海域やその周辺海域へ西洋人が到来した頃には，すでに多くの島々である程度の権力をもった首長や王がすでに存在していた．セレベス海域でも首長（ラジャ）の存在は確認されているが，その権力や支配領域の程度はさまざまで，「単純首長制」社会や「家父長制」社会と呼べるものに近かった．唯一の例外は13世紀後半より断続的にブルネイの間接統治下にあったスールー諸島で，より複雑な階層や法秩序が成立していた可能性が高い．

いずれにせよ，セレベス海域でもすでに緩やかながらも首長や王を頂点とし

た階層化社会が形成されていたことは確かであろう．むしろこの時代のセレベス海域社会は，周辺地域にすでにみられたような「複合首長制」社会へと移行する過渡期にあったようである．

　このうちもっとも多くの記録が残っているのがスールー諸島であり，遅くとも13世紀の後半にはブルネイ王国の属領であったことが，中国史料『南海志』（『永楽大典』巻11907）より確認されている．その後，14世紀半ばにはジャワを拠点としたマジャパイト王朝によってブルネイ王国が吸収されると，スールー諸島ではタオスグ系の首長（ダトゥ）による3つの小王国が成立した．

　これらの小王国とはホロ，タウィタウィ，バングタランの3つであり，1417年にはこれら3つの小王国の国王自身が，また1402年，1421年，1424年には朝貢使節が中国に赴いた記録が『明史』には残されている．しかし，『ヒカヤット・ハン・トゥア』によれば1424年以降，スールー諸島の小王国は再び復興してきたブルネイ王国によって再統治された (e.g. 野村1997)．

　これらの記録に従うなら，スールー諸島では遅くとも13世紀までには階層化や生業分化がすでに起こっていたと考えられ，海産物の捕獲や採集に専業的に従事する集団が何らかの形で形成されていた可能性がある．

　実際，ブルネイ王国が遠方にあるスールー諸島をあえて属国にしたがえた理由も，スールー諸島における豊富な真珠や特殊海産物にあった．中国で高級食材として利用されてきたナマコや燕巣の中にも，スールー諸島で産出されてブルネイ経由で中国へと流入していたものが存在したはずである．

　15世紀の初頭に起こったタオスグ系の首長らによるブルネイ王国への反旗と一時的な独立も，これらスールー諸島に豊富な特殊海産物を直接に中国へと販売する権利の獲得が目的であったことは，その直後から頻繁におこなわれた朝貢からも容易に想像できる．

　しかし，スールー諸島やミンダナオ島で専業的に漁撈に従事していたとされるサマルやバジャウの名前が文献に登場してくるのは，18世紀以降になってからだ．この時代，サマルや前述したイラヌン系集団は，ナマコ漁などの漁撈にも従事するが，それ以上に海賊や船乗りとして頻繁に描かれている．

　したがってスールー諸島やミンダナオ島では，18世紀までに生業分化がより進み，多様化したと考えるのが妥当であろう．ただしサマルやイラヌンの事

例にもあるように完全な生業分化はみられず，季節的に漁撈に従事する人びとも多く存在した．それでも 19 世紀のスールー諸島で，奴隷として連れてこられた人びとも含めた 2 万人以上がナマコ漁を中心とする漁撈活動に従事していたことがウォレンによって推測されているように (Warren 1981)，専業漁民の数は 18 世紀以降より劇的に増加した．

ところで東南アジア海域世界では，すでに論じたように 16 世紀頃より華人移民 (以下では華僑) によっても活発な漁撈活動が開始される．スペインによって植民地化されたルソン島のマニラでは，1589 年までには漁業や海産物の斡旋業は華僑によって占められ (Felix 1966)，この状況は 18 世紀まで継続していたようである (Dizaz-Trechuelo 1966)．インドネシアのジャワ島やスマトラ島でも，16 世紀頃より華僑が海産物の斡旋を開始していた痕跡があり，19 世紀後半には福建省などを出身とする華人移民が新たに移住し，現地の漁業を活発化させている (e.g. Hardenberg 1931; 北窓 2000; 髙山 1914)．

セレベス海域においてもこうした華僑系漁民の到来や活動がおこなわれた可能性はあるが，スペインによって支配されていたマニラと異なり，商品の斡旋をおこなっていた可能性はあるものの，華僑が漁民のマジョリティを占めることはなかったようである．また新たな漁法や漁具がこれらの華人によって紹介された可能性はあるが，少なくとも文献からは確認することができていない．たとえばバジャウを含む海洋民に関する総合的な文献研究をおこなったスポアは，植民地時代期における彼らの漁撈活動は，ヤス漁や毒漁などの単純な漁法が主流であったと推測している (Sopher 1972)．

いっぽう，スラウェシ島北部では 19 世紀後半においても専業的な漁民はほとんど確認されていないが，小規模には存在していた (e.g. Bleeker 1856; Logeman 1922; Riedel 1872)．ナマコの採集や販売に関する記録も，遅くとも 1695 年まではさかのぼれることが確認されており (Henley 2005)，これら特殊海産物を対象とした漁撈も 17 世紀以降に増加したと考えられる．

さらにスラウェシ北部では，19 世紀末から 20 世紀初頭までに人工池での淡水魚養殖が普及し (Adriani and Kruyt 1950; Van Dinter 1899)，日系漁民の登場と活発な漁撈活動が開始された．しかしサンギヘ・タラウド諸島においては，専業漁民の存在も海産物の積極的な販売についても記録がなく，19 世紀以降に

おける淡水魚養殖も確認されていない．サンギヘ・タラウド諸島に関する文献史料はきわめて限られているため，その詳細は不明であるが，これらの島々では漁撈は生計維持活動の側面が強く，多くの島民によって日常的に実践される反面，海産物の輸出や販売を目的とした専業漁民の形成にはいたらなかった可能性が高い．

4 ❖ 周辺世界との比較

本章ではセレベス海域を中心とした考古および文献資料を整理してきたが，金属器時代から植民地時代期にいたるセレベス海域の漁撈戦略を論じる前に，比較の視点からその周辺世界における金属器時代から植民地時代にいたる漁撈と海産資源利用の概要についても整理しておく必要があろう．ここではまず東南アジア海域世界における周辺地域となるフィリピン諸島やインドネシア諸島群における状況を大まかに整理し，ついでセレベス海域や東南アジア海域世界のお隣に位置するオセアニア海域世界の状況についても検討を加えたい．

4.1　金属〜植民地時代期の東南アジア海域世界

このうちフィリピン諸島に関しては前節までも断片的に紹介してきたように，金属器時代や交易時代における漁撈や海産資源の利用状況は，セレベス海域のそれとかなり類似していたと考えられる．いっぽう，15世紀以降における西欧人の残した記録などによれば，ミンダナオ以北のフィリピン諸島は，中国を中心とする国際海上交易網からやや外れた位置にあり，文化・技術的には後進地にあったとも考えられてきた．

しかし，東南アジア海域世界の中でも地理的に中国にもっとも近い位置にあるフィリピン諸島には，大規模ではなかったにせよ，遅くとも9世紀頃より頻繁な華人の到来や交易が開始されていたことが，ルソン島を中心とするこれまでの考古学調査で出土してきた中国陶磁の分析などから確認されている．文献記録においても確証はないものの，ルソン島のマニラ一帯やルソン島北部のア

パリ付近を示したとされる都市名が中国文献にはしばしば登場してくる．

これらの状況証拠からは，イスラム化や国際的な海上交易網への本格的な参入はその南部に比べて遅れたものの，そこで実践されてきた漁撈活動や海産資源利用にはそれほど大きな相違はなかったと考えられる．ただしサンゴ礁が発達するビサヤ諸島以南とは異なり，水深がより深く海流の流れも強いルソン島では，利用されていた漁法や対象魚種にも特色があった可能性はある．

残念ながらルソン島では，15世紀以前の人びとの海産資源利用にアプローチできるような良好な考古学遺跡の発見や発掘がまだなく，考古学的な検討が難しい．しかしルソン島の北部に位置するバタネス諸島で近年におこなわれた発掘調査では，新石器時代より金属器時代にかけて外洋性の高いシイラが大量に出土した．前述したモルガによる記録にも (Morga 1598)，16世紀後半のルソン島北部でシイラやイワシといった外洋魚種の名前が多く，この地域では外洋資源がより活発に利用されていた．

フィリピン諸島の沿岸域で，魚を中心とした海産物が副食として頻繁に食されていたことは，1521年におけるピガフェタによる記録からも明らかだ．またこの頃までには，内陸部においても沿岸域で漁獲され加工された塩干魚などを交換によって獲得し，やはり副食としての利用がはじまっていた (e.g. Loarca 1582)．モルガによる記述からも明らかなように，内陸部では湖や河川でも漁撈が積極的におこなわれ，やはり水産資源が重要な役割を担っていた．

副食としての海産物や魚の重要性は，ジャワをはじめとする16世紀のインドネシア諸島でも確認されている (e.g. Pigafetta 1524; Reid 1988)．

この当時，ジャワはすでに海産物をマラッカなどの周辺都市へ供給さえしており，1511年にポルトガル船によって捕まったジャワのジャンク船からは大量の塩漬け魚が積載されていた (Empoli 1514)．ジャワ東部の沿岸域では塩の生産も活発で，ここで生産される塩はスマトラ島をはじめ周辺地域へと供給された．そのいっぽう，南カリマンタン沿岸のバンジャルマシンでは塩漬け魚や塩干魚をジャワの都市部へと輸出していた (Lodewycksz 1598)．

したがって，ジャワでは遅くとも16世紀までには海産物を商品として近隣だけでなく，遠隔地にまで輸出する社会・経済的体制が整っていたことになる．このことは同時に，ジャワやその周辺域では海産物の漁獲を目的とした漁

撈に専業的に従事する集団が，セレベス海域に比べてより早い時期から形成されていた可能性を示唆している．

　これら専業的な漁民の形成がジャワやその周辺域においていつ頃までさかのぼれるかは，現時点では定かでない．しかし，ジャワやスマトラ島では早くも7世紀頃にはシュリービジャヤ王国が成立しており，その後も多くの王朝が盛衰を繰り返してきたことからは，東南アジア海域世界の中でも早くから社会の階層化が進んだ地域だったと認識できよう．その場合，専業的な漁民の形成も7世紀頃までさかのぼれる可能性はある．

　ただし専業的な漁民の形成は，単に社会の階層化だけでなく，主食となる米などの農作物の生産量とも密接にかかわっている．これは主食を生産しない集団でも生存が可能なだけの農作物余剰がなければ，理論的には専業漁民の形成が困難なためである．これに対し，16世紀のジャワは米を中心とする主食の輸出も積極的におこなっており，この点においても専業的な漁民が活躍できる下地が揃っていた．

　いっぽう東インドネシアの諸島群では，テルナテ島やティドレ島を中心とするマルク諸島で早くから社会の階層化や王国の形成が起こった．これらの島々では，西欧人が到来した15世紀末から16世紀初頭までには，すでに大きな権力をもった王が存在し，階層化が進んでいたことが記録からはうかがえる．

　これらマルク諸島の島々は，古くは5～6世紀頃より中国やインドへの白檀交易の拠点として栄え，さらに15世紀頃からは香辛料交易によって潤い，経済活動や社会の階層化が発達した．実際，マゼランを含む初期の西欧人航海者らが目的としていたのも香辛料で知られるマルク諸島への到達と香料の調達にあった．しかし，海産物の販売市場としてのマルク諸島はそれほど有名ではなく，この地域がナマコなどの特殊海産物の市場としても知られるようになるのは17世紀以降になってからである．

　マルク諸島の場合，漁民はもちろん存在していたであろうが，専業的に漁撈のみに従事する漁民集団の形成が白檀交易の時代から起こっていたとは考えにくい．しかし16世紀初頭のピガフェタによる記録には，ティドレ島の王の配下には225人の船大工がいたこと，また長時間の潜水ができる男たちがティドレ島の端に居住していたことが記されており（Pigafetta 1524），その人数の信

憑性はともあれ，船の建造や潜水漁撈を専業的に営む集団がすでに形成されていた雰囲気がある．

このほかに東インドネシア域においては南スラウェシでブギス人やマカッサル人による王国の形成がみられ，海産物交易の拠点やコメの輸出港として知られるようになる．しかしこれらが本格化するのも 16 世紀以降であり，それ以前の状況については現時点ではまだ不明な部分も多い．

4.2 植民地時代以前のオセアニア海域世界

オセアニア海域世界においては，前述したように西洋人の進出以前に金属器が利用された痕跡はほとんどないものの，8～12 世紀頃にかけて人口や社会構造に変化が起こった痕跡が各地で残されている．

ミクロネシア海域では，パラオ諸島のバベルダオブ島で「ケズ」と呼ばれる階段状のマウンドが内陸に数多く構築されたほか，人面型の石製モニュメントが出現した．またマリアナ諸島では 8 世紀以降にラッテと呼ばれる巨大な石製の支柱が出現し (e.g. Spoehr 1957)，ポンペイ島では数十トンもする大型の石柱を積み重ねたナンマドールと呼ばれる多数の人工島が建造され，その最大級の石造建築が建造されたのは 12 世紀頃であると考えられている (e.g. Ayres 1983; 片岡 2006)．このうちパラオの「ケズ」は灌漑か農耕施設，あるいは要塞としての機能をもった人工遺跡，マリアナのラッテは大型の高床式建築の支柱か何らかのモニュメントと推測されているが，実際の用途は不明である．

これに対し，ポンペイのナンマドールは要塞や王や配下の居住地，それに墓といった多様な機能をもった複合建築物であったことがこれまでの発掘調査で確認されてきた (e.g. Athens 1980; Ayres 1983; 片岡 2006)．いずれにせよ，こうした大型建造物の出現が当時の人口や社会変化を反映していることは明らかであろう．またその背景には農耕や漁撈技術の発展，新たな人口や技術，知識の流入があった可能性は高い．

たとえば東南アジア海域世界にもっとも近いパラオ諸島では，東インドネシアで一般的にみられるビークド（嘴）型石斧と形態的に類似する石斧が出土する (e.g. Osborne 1966)．またパラオにはスラウェシ島などに豊富な石製の人面

像（メンヒル）が存在するなど，過去において東インドネシア方面からの文化的な影響があった可能性がある[67]．パラオ諸島やマリアナ諸島へ最初に植民した人びとが，フィリピン諸島や東インドネシア方面から移住してきたことを重ね合わせるなら，その後の時代においても両地域で人びとの移動や交流があったとしても不思議ではない．

しかしながら，西欧諸国との接触期以前における金属器の利用が，パラオ諸島やマリアナ諸島においてすら一般化しなかった事実を考慮するなら，そうした移動や交流の規模はかなり小さいもので，定期的な交易や移住がおこなわれていた痕跡は現時点ではない．

むしろこうした人口や社会の変化は，島嶼内部における農耕技術や漁撈技術の発達によって促された．たとえばミクロネシア海域では隆起サンゴ島や環礁島で亀甲製の単式釣り針や真珠母貝製の疑似針の利用が活発化するいっぽう (e.g. Intoh and Ono 2006, 2008; Leach et al, 1988; 印東 2003)，パラオでは網漁を中心とした沿岸魚類への集中的な利用 (e.g. Fitzpartick and Kataoka 2006) から，8〜10世紀以降における釣り漁による大型のサメ類や回遊性の高いマグロ属の利用などへと漁撈の多様化 (Ono and Clark in press) が確認された．

さらには過剰な資源利用が，特定魚種の資源量低下を引き起こしたと考えられる痕跡もある (Ono and Clark in press)．こうした過剰な資源利用が，島内における人口増加や社会的変化によって起こったケースもあったであろう．たとえばポンペイ島ではナンマドールの建造に大量のサンゴが利用された結果，海底生態に変化が生じ，人びとの利用魚種にも変化が起こっている（片岡 2006）．

このほか10世紀頃までに新たにメラネシア方面より新たな漁法や物質分化が流入した痕跡もある．このうちメラネシアから伝わった漁法にはダツを対象とした凧漁があり，ファイス島では6世紀頃と13世紀頃に，2回に渡ってメラネシアに特徴的な釣り針が持ち込まれた可能性がある (e.g. Intoh 1996, 1997, 2008)．またファイス島より出土した魚骨の分析結果からは，この島でタンパ

---

67) ただしビークド型石斧は，東部ミクロネシアに位置するマーシャル諸島でも出土が確認されており（e.g. 高山・斐山 1993），ポリネシア方面かマーシャル諸島辺りで生成されたものが，西部ミクロネシアへと伝わった可能性も残っており，東インドネシア起源説はその可能性の一つでしかない．

ク源としてもっとも重要な位置を占めていたのがサメ類やカツオを中心とするマグロ属といった外洋性魚類，あるいは回遊性魚類であることが判明した（Ono and Intoh in press）．

さらに高い回遊性の習性をもつマグロ属の占める割合が，ファイスにおいては釣り針が登場してくる6世紀頃から，とくに8世紀頃に突出するものの，12～13世紀頃より激減する傾向が確認されている．ファイスにおいてこのように全体に占める割合が著しく変動する魚類は回遊性の高いマグロ属にのみ限られているため，12～13世紀以降におけるマグロ属利用の劇的な後退は，この頃に世界的な規模で起こったとされる小寒冷化などの気候変動が影響している可能性も無視できない．あるいは何らかの技術的，社会的な変化がファイスにおけるマグロ属の利用に大きな影響を与えた可能性もある．

いずれにせよ，ここで興味深いのはミクロネシア海域における多くの島々で，8世紀頃から社会や漁撈活動において発展ともいえる顕著な変化がみられることである．またこうした変化が12世紀頃に頂点に達し，面積が広く，人口の比較的多かった島々では大型の石造建築物などが相次いで建造された．

ポリネシアでも8～12世紀に新たな変化が起こる．その象徴的な事象の一つが，ポリネシア人によるハワイ，イースター島，そしてニュージーランドへの植民だ．このうちイースター島への移住年代は不明な点も多いが10世紀以前には完了され，ニュージーランドへは11世紀前後に移住がおこなわれた．これまでの考古学研究では，これらの島々への移住はソサエティ諸島やマルケサス諸島などの東ポリネシアからおこなわれたとする説が一般的である．同じくこの東ポリネシアからはその数百年前にハワイへの移住もおこなわれた．

これらのオセアニア海域世界の極限に位置し，直線距離にして近隣地域から約5000km近く離れている島々への植民は，当時のポリネシア人が数千キロの海上移動を可能とする発達した航海術と海洋知識を取得し，より寒冷な海域への航海に対する身体適応，そして熱帯域以外の環境下でも居住を継続できるだけの生業技術の多様化を達成していたことを意味している．

漁撈技術においても発達が確認されている．ポリネシア人の祖先と考えられるラピタ系集団によって移住がおこなわれた西ポリネシアでは，ラピタ時代よりタカセガイなどの貝殻を利用した単式釣り針が使用されていたと考えられて

いるが，さらに東ポリネシアの島々では，西ポリネシアの単式釣り針を祖形としながらも新たな素材を取り入れた多様な釣り針が作製されるようになった．

これらの現象からは，釣り針の製作を容易にした鉄などの金属がなかったにもかかわらず，ポリネシア人が入手可能な素材だけで可能な限りのバラエティを創作していたことを指摘できる．同時にこうした釣り漁の発達が，沿岸資源の限られたイースター島などへの移住や，長期間の海上移動を可能にした一つの要素となっていることも重要である．

さらにポリネシアでは島嶼面積が大きく人口が集中していた島々で，続く13世紀以降も社会の階層化が発達していった．西ポリネシアに位置するサモアやトンガ諸島では，強大な権力をもつ首長を頂点とした王国が形成され，周辺の島々を結ぶ物流ネットワークが発達した (e.g. Kirch 1984, 1988a)．ハワイ諸島でも首長を頂点とする階層化が発達し，イースター島では首長制に基づきモアイ像の建造がはじまる．船の造船技術にも進化が起こり，ポリネシアではこの頃より大型のダブルカヌーの製作と利用が開始される．

こうした階層化や技術的革新の過程で，より専業的に漁業に従事する集団が形成された可能性もある．たとえばマルケサス諸島より出土した釣り針を分析した丸山清志は，15世紀頃より釣り針の規格化が進む点に着目し，より専業的な漁民が存在した可能性を指摘している (丸山 2001)．そのいっぽうで外洋域での大型魚種を対象とした釣り漁やトローリング漁は，首長を中心とする権力層によって特権的におこなわれ，一般の島民には外洋へのアクセスが規制されていたことが18世紀のハワイやトンガで確認されており (e.g. Kirch 1984; Kirch and Sahlins 1992; Sahlins 1958)，階層化の発達が漁撈活動そのものにも多様な影響を与えていた可能性がある．

オセアニアの海域世界で，貨幣経済や金属器の流入が本格化するのは18世紀以降であるが，そのはるか以前より貝などの海産物や石材，その他の特殊産物の交換や流通を目的とした島嶼間ネットワークが形成されていたことは明らかで，古くはラピタ集団による黒曜石や土器の流通ネットワークにまでさかのぼることができる．

これらの部分的な状況を重ね合わせると，西洋の進出以前のオセアニア海域世界においても，海産資源の利用形態や技術には多様化と発展がみられ，海域

内で価値をもった特定海産物の流通ネットワークも形成されていたことが指摘できる．むしろポリネシアなどの事例は，海産資源をめぐる専業化や社会発展という面ではセレベス海域よりも発達，あるいは複雑化していたことを示している．漁撈技術や航海術，造船技術においても18世紀頃までにいくつかの革新があり，すでに完成の域に達していたともいえよう．

4.3 植民地時代以降の変化

　これまで検討してきたように，東南アジアやオセアニアの海域世界においては，その状況や背景には相違があるものの，いずれも西洋人の到来以前までに漁撈技術や造船技術，海産資源の利用形態の発展がみられ，ジャワ海域やポリネシア海域など一部においては専業的な漁民が出現していた痕跡もある．しかし，両海域世界をまたいでの人や海産物の移動に関する交流は，かつて鶴見 (1990) が表現したように「切れているようで切れていない感じ」としかいいようがなく，明瞭な痕跡は現時点では確認されていない．

　こうした状況に対し，東南アジア海域世界を出身地とする人びと，とくに漁民集団のオセアニア海域世界への進出が本格化するのが17世紀半ば以降である．そのもっとも古い痕跡は，オーストラリア大陸北岸のアーネムランド，カーペンタリア湾岸に残されている．

　この新たな進出は南スラウェシを拠点とする漁民集団，マカサンによる季節的なナマコ漁として開始された．現在でもアーネムランドの洞窟にはアボリジニによるマカサンとの交流やナマコ漁を描いた壁画のほか，マカサンによってスラウェシ近辺より持ち込まれた土器や金属器が出土する遺跡が残されている (Macknight and Gray 1970)．

　マカサンはアボリジニによる口承伝承で伝えられた呼称であるが，これが南スラウェシを拠点とするマカッサル系集団を意味していることは間違いない．ただし実際にはマカッサル人だけでなく，ブギス人やバジャウ人など南スラウェシ周辺の多様な漁民集団が漁に従事していた可能性があることが，これまでの研究では指摘されてきた (e.g. Macknight 1969; 鶴見 1990)．

　これら東南アジア系の漁民によるオーストラリア沿岸でのナマコ漁が，東南

アジア海域世界で16世紀頃より起こったナマコブームを背景にしていることは明らかだ．このナマコブームによって，その有名な産地であったセレベス海域のスールー諸島が発展したことは前述した通りであるが，南スラウェシでもマカッサルを中心とするゴワ王国やボネ湾を拠点とするボネ王国が出現し，ナマコを含むさまざまな海産物の流通拠点として発展した．たとえばイギリスのフリンダース船長は，1802年にカーペンタリア湾にて6隻のマカサン漁船に遭遇し，彼らが南スラウェシのボネ出身であること，1隻あたりに20～25人が乗船していたことなどを記録している（Flinders 1914）．

1829年の記録では，カーペンタリア湾で操業していたマカサン漁船の数は34隻で，これらの船にはインドネシア系漁民だけでなく，華人やオランダ人も乗船していたことが報告されている（Macknight 1969）．したがって19世紀までには，さらに華人や西洋人らもオセアニア海域世界でのナマコ漁へ参入していた．また1886年の記録では，14隻のマカサン漁船が操業しており，このうち1隻あたりの出漁にかかる費用が1365ギルダーであった．鶴見はこの報告から14隻での総額が3万5630ギルダーになり，当時のコメ価格で換算して実に267トンのコメ量に匹敵することを指摘している（鶴見1990：121）．

これだけの資本を誰が提供していたのか，記録からその詳細はわからないが，南スラウェシに隆盛した王国による海産物をめぐる流通経営の一端であった可能性は高い．いずれにせよ当時の東南アジア海域世界で，海産物をめぐり多大な資本，そして漁民や商人の活発な移動があったことがうかがえる．またその背後に，南スラウェシの資本がコメの生産と輸出によって形成されていたことも指摘しておく必要がある．つまり南スラウェシにおける海産物交易の投資は，何よりも陸産資源となるコメの生産によって維持されており，奴隷交易による人資源に依存していたスールー諸島とは様相がやや異なっている．

いっぽう，オセアニア海域世界ではメラネシアとポリネシアの境界域に位置するフィジー諸島で，1810年代よりナマコ漁とホシナマコ交易が開始された（e.g. Ward 1972）．ただしここでのナマコ交易を開始したのは西洋人で，もっとも最初の記録ではアメリカ船によってナマコの採集と加工がおこなわれている．この当時，アメリカは捕鯨を目的としてオセアニア海域世界に進出しつつあり，その過程でナマコという新たな海産物の商品価値を知ったようである．

こうしてフィジーでもナマコ交易がはじまり，ナマコはフィジー島民によって採集,加工がなされた．これら加工されたホシナマコはアメリカ船などによって買い取られ，フィリピン諸島のマニラへと輸出された．その関係からマニラを中心とするフィリピン系集団のフィジーやオセアニア海域世界の流入と活動もこの頃から活発化している．

　フィジーにおけるナマコ交易やオセアニア海域世界における西欧列強の進出は，現地の島嶼社会にも大きな変化をもたらした．その一つが金属器の流入と普及である．ワードによればフィジーで生産されたホシナマコは貨幣でなく，西欧船が運んできた釣り針，指輪，のみ，きり，ナイフや斧といった鉄製品，そしてマスケット銃やピストル，弾丸などと交換され，中でも人気が高かったのがマスケット銃であった (Ward 1972).

　記録によれば，1831年の交換レートは160ガロンのナマコ籠12本が，銃1挺か10ガロンの火薬1樽に相当しており，1隻の積載量となる30トンのホシナマコを生産するには生ナマコの購入に62挺，加工に必要な薪の支払いに31挺のマスケット銃が必要であったという．実際，1833年に到来した西洋船は598挺ものマスケット銃を積載されており，1828〜1835年の7年間にフィジーには約5000挺もの銃が流入したと推算されている (Ward 1972).

　二つ目は生態環境に与えた変化である．ホシナマコへの加工には，生ナマコを火で燻す作業が欠かせないが，そのためには大量の薪が必要であった．このためフィジーでもナマコの加工を目的とし，大量の樹木が伐採された．鶴見による推算によれば，1828〜1835年の間に50万ft^3の薪が使用され，フィジーでナマコ漁が終焉する1850年代までには合計で100万ft^3以上の薪が煙となった．さらに加工に必要な作業小屋を一つ建築するのに，建材として35本のココヤシが必要であったことから，ココヤシを含む多くの樹木が伐採され，フィジーの生態系を大きく変えた可能性が指摘されている (Ward 1972; 鶴見 1990).

　またこうした金属器の出現と普及が，オセアニアの島嶼社会で新たな混乱や紛争を生む契機となることもあったであろう．しかしフィジーにおけるナマコブームは長くは続かず，ナマコ資源の激減により1850年代には停滞した．

　これに対し，19世紀末になると日系漁民によるオセアニア海域世界への進出がはじまる．日系漁民による漁撈活動はナマコのほかに，この頃に商品価値

の高かったタカセガイやシロチョウガイの捕獲を目的とし，ミクロネシアのパラオやトラック諸島，オーストラリア北岸の木曜島，それに東インドネシアのアルー島などで活発化した．

　その結果，1899年のパラオにおけるホシナマコの生産量は20～30トン，シロチョウガイは1～1.5トンであったのに対し，1930年代のパラオにおけるシロチョウガイ生産量は2298トンにまで膨れ上がった（鶴見1990：40）．当時，パラオ諸島だけで1000人近い日系漁民がシロチョウガイ漁に従事しており，オーストラリアの木曜島でも350人近い日系漁民が報告されている（南洋庁1937）．

　いっぽう，東南アジア海域世界に位置するアルー島では47人，セレベス海域のスールー諸島では11人の日系漁民がシロチョウガイ漁に従事していたが，その数はオセアニアに比べかなり少なかった．ただしシロチョウガイ漁以外の状況をみるなら，20世紀初頭の東南アジア海域世界に押し寄せた日系移民の数は多く，1930年の国勢調査によればフィリピン諸島だけで1万6424人，シンガポールで2741人，ボルネオ島で435人，スラウェシ島で334人，ジャワ島で270人を数えたほか，オセアニア海域世界ではニューカレドニアで921人が記録されているという（鶴見1990：37）．

　さらに1917年の時点では，ジャワやスラウェシ方面だけで約7000人の日系漁民が活動しており（農商務省水産局1918），東南アジア海域世界の主要な漁港で供給される魚の半分以上が日系漁民によって水揚げされるまでになった．こうした日系漁民の進出と前後し，華僑系の漁民や仲買人も東南アジア海域世界では活発な活動を展開している．インドネシアのスマトラ島東岸では，福建省出身の華人移民によってバガンシアピアピが一大漁場地に変貌し，ここで華人漁民によって漁獲された魚やエビは乾燥加工が施された上でシンガポールへと輸送された（北窓2000）．

　このように20世紀におけるオセアニアや東南アジア海域世界の漁撈にみられる大きな変化の一つとして，セレベス海域でも確認された華人や日系漁民による進出と活動の活発化を改めて指摘したい．また18世紀頃から本格化する植民地時代期の海産資源利用における大きな変革として，東南アジア海域世界内における特殊海産物需要の高まりが，東南アジア系漁民のオセアニア海域世

界への進出を促進し，遅れて西洋人や華人漁民，そして日系漁民の進出が開始されたことにより，両海域世界における人やモノの移動や交流が再び活発化したことを強調しておきたい．

5 ❖ 「沿岸漁撈システム」の発達
―― 金属器～植民地時代の漁撈戦略

　本章の前半部ではタラウド諸島に位置するリアン・ブイダ遺跡の上層，およびブキットティウィン遺跡の出土状況に基づき，植民地時代期のタラウド諸島における陸産資源や海産資源の利用について検討してきた．

　考古学情報が得られている遺跡の数や情報量はまだかなり限られてはいるが，発掘された遺跡からは動物遺存体や貝類のほか，さまざまな遺物が出土しており，遺跡形成時の生業活動を検討する上でも貴重な資料と認識できる．その上で遺跡が形成された 11 世紀以降の金属器時代から植民地時代期における生業戦略を指摘するならば，出土状況から見えてくるのは陸産資源の利用に重点をおきながらも，同時に海産資源の利用も積極的におこなうことを目的とした生業戦略のあり方である．換言すれば，それは半農半漁的な生業形態とも表現できる．ここには新石器時代における生業戦略のあり方とそれほど大きな違いはみられない．

　このうち動物資源の利用に関しては，現在と同じようにブタの飼育と利用がおこなわれていたことが考古学的に確認された．またブタほどではないが，ヤギの利用も認められる．タラウド諸島における発掘結果によれば，これら家畜動物の飼育と利用は，遅くとも 11 世紀頃までさかのぼる．

　タラウド諸島では新石器時代遺跡からもまだブタやイヌを含めた動物資源の痕跡が見つかっていないが，金属器時代にはすでに家畜化が浸透していたことになる．しかし，同時代のスラウェシ北部やサンギヘ諸島で確認されているウシや水牛の飼育や利用は，文献史料においても，考古学資料においても現時点では確認されていない．おそらくその要因として，これら大型哺乳類を飼育できるだけの十分な飼料や草地を生産できなかったことが考えられる．

そのいっぽう，タラウド諸島ではサルやイヌの食用利用のほか，ウミガメの積極的な利用が確認され，可能な限りの動物資源を対象とすることで，人間の生存に必要な動物性タンパク質や脂肪を獲得しようとする生業戦略が取られていた．遺跡から大量に出土した貝類や魚類の利用やカンランなどの植物利用も，こうした生業戦略の下でおこなわれた可能性が高い．

　ただし沿岸の岩礁域やサンゴ礁面積に限りのあるタラウド諸島では，安定的に獲得できる魚類資源はそれほど豊富でなく，むしろリュウテン科に代表されるような大型で肉量も多い貝類への依存がより高かった．これらの考古学的状況は，金属器時代のタラウド諸島における生業文化の枠組みや漁撈戦略が，基本的に新石器時代期のそれとかなり共通していた可能性を示唆している．

　これに対し，交易時代から植民地時代にかけては漁具の出土量や種類が増加し，利用魚種にも多様化がみられた．

　とくに沿岸資源のみでなく，外洋資源の利用も開始されていたことは注目に値する．したがって，少なくともセレベス海域の東端に位置するタラウド諸島では，交易時代から植民地時代において漁撈技術には発展が認められ，こうした新たな技術がこの時代に外から流入した可能性は無視できない．とくに広大なサンゴ礁が発達しておらず，水深の深い海に囲まれるタラウド諸島においては，カツオやマグロなど大型の外洋魚を狙える技術の発達は島民にとって大きな意味を持っていたであろう．しかしタラウド諸島では，この時代においても漁撈を専業とするような集団の存在や海産資源を商品化して島外へ輸出した痕跡は文献資料においてもまだ確認されていない．

　これに対し，スールー諸島やミンダナオ島南部，スラウェシ北部域では考古学的な証拠はまだないが，遅くとも15世紀頃までには漁撈を専業とする海民集団が形成されつつあったことが文献資料からは指摘できる．こうした漁撈の専業化が，それ以前とは異なる漁撈戦略を生んだ可能性は十分にある．それはすなわち，植物資源を含む陸産資源の利用を中心とした自給目的の漁撈戦略から，海産資源の利用により特化し，必要となるその他の陸産資源を海産資源との交換や販売によって獲得する漁撈戦略への変化でもある．

　その結果，漁獲対象となる魚種や貝種，その他の海産動物の利用にも変化が生じた可能性がある．たとえば文献資料からは，スールー諸島の漁民や住民が，

自主的か強制的であったかは不明ながらも，商品価値の高いナマコやクロチョウガイ，真珠貝の採集を強化してきたことが確認できる．これらの海産物は商品としての価値は高いものの，人びとが実際に生活していく上での食糧資源としての価値はきわめて低く，その商品価値が生まれる以前において積極的に利用されていた痕跡はなく，考古学的にも確認されていない[68]．

またナマコや真珠貝（写真33：1-2）といった浅い沿岸域やサンゴ礁域にも多く生息する海産物の採集が頻繁におこなわれていたセレベス海域では，漁撈の専業化が漁撈技術の革新や漁法の多様化へと結びついたかについても不明な点が多い．フォレストらによる記録によれば，セレベス海域でも18世紀頃までには鉄製の釣り針を利用した漁撈が普及していたことが確認できるが，釣り漁そのものはすでに新石器時代やそれ以前からおこなわれており，漁法の劇的な革新とまではいい切れない．ただし加工が容易な鉄を中心とする金属の釣り具への利用が，さまざまなサイズの釣り針の製作を容易にし，釣り漁で対象とできる魚種の幅が広がった可能性は十分にある．実際，タラウド諸島でも18世紀以降の遺跡からは大型の外洋魚種が出現してくることが確認された．

しかしスールー諸島においても，商品となるナマコや真珠貝だけを漁獲していたのでは食生活が成り立たないので，海洋民や漁民の人びとがおもに地元で副食として消費される一般的な魚介類も漁獲していたことは明らかだ．これらの魚介類は塩干加工されることで（写真33：3-4），内陸部に居住する住民にとっての重要な食料ともなっていた痕跡がある．セレベス海域の事例ではないが，1511年にポルトガル船によって捕らえられた2隻のジャワのジャンク船は米やアラック酒，ココヤシと一緒に大量の塩漬け魚を積載していた（Reid 1988）．このような目的からも漁撈がおこなわれていた場合，一度により多くの漁獲を見込める網漁などが積極的に利用されていた可能性は十分にある．

また1812年にハントによってスールー諸島で記録された魚名からは，サバ科やカマス科の大型魚類のほか，釣り漁で漁獲されやすいハタ科やフエダイ科，大型のフエフキダイ科魚類が含まれており（Hunt 1812），釣り漁が頻繁におこ

---

68) ただしオセアニア海域世界においては，真珠貝の仲間は先史時代よりルアーや釣り針の材料として積極的に利用されてきた．残念ながら東南アジア海域世界では，真珠貝の漁具としての利用はまだ確認されていない．

第 4 章 「沿岸漁撈システムの発展」

1　日干しされたフカヒレ（門田修氏提供）
2　煮沸されたナマコ，この後数日かけて天日干しされる 
3-4　塩干魚は現在でも頻繁に生産・利用されている．写真はボルネオ島のサマによって日干し中のサンゴ礁魚  

写真33　商品価値の高いサンゴ礁の海産種

なわれていたことが推測できる．ブダイ科やアイゴ科といったサンゴ礁に多く生息する魚類が含まれていることは，突き漁や網漁の利用を推測させるが，これだけの記述では実際にどの漁法が頻繁に利用されていたのかまで推測するのは難しい．いずれにせよ，19世紀までには多種におよぶ魚類がさまざまな漁法で漁獲されていたことは確かであり，人びとの漁撈活動はソファが想像したよりもよりバラエティに富んでいた可能性が高い．

　さらに1881年にボルネオ北部がイギリスの「北ボルネオ勅許会社」の統治下におかれると，会社による換金作物の栽培事業により近隣からの労働人口が流入した結果，急激な人口増加が起こり，食糧としての塩干魚の需要が激増した．長津一史によれば，1885年から1935年の間におけるナマコの輸出額がせ

いぜい3倍程度であったのに対し，塩干魚のそれは1271ドルから341451ドルへと実に260倍にも膨れ上がっていた（長津1999）．また1920年代にスールー諸島を訪問したテイラーによれば，当時の海サマ（原文ではバジャウ）による主要漁撈は網を使った集団追い込み漁であった（Taylor 1931）．

したがって遅くとも19世紀末から20世紀初頭にかけて，これらの地域では漁撈や海産資源の利用に大きな変化が起こったと考えられる．すなわちそれは，商品価値の高かった中国向けのナマコや真珠貝などの特殊海産物から，一般民衆を対象とした安価な塩干魚の生産や販売へのシフトであり，それに伴って主要漁法のシフトも起こった可能性がある．

ただし，ナマコや真珠貝といった特殊海産物の生産が消えてしまったわけではなく，これらはより小規模化しながらも継続された．特殊海産物の生産や輸出量にみられる小規模化は，19世紀までの乱獲によるナマコ資源などの低下のほか，輸出国であった中国の弱体化が主な原因である可能性が高く，一攫千金を狙える特殊海産物は20世紀に入っても多くの漁民を魅了し続けてきた．その傾向は現代のセレベス海域や東南アジア海域世界の各地で，相変わらず頻繁に目にすることができる．

いっぽう，ナマコなどの沿岸資源がより貧弱であったスラウェシ北部でも，1925年以降になると日系漁民によるカツオの一本釣り漁や鰹節加工がはじまり，また淡水魚や汽水魚の養殖も活発化した．これらの変化は，いずれも19世紀以降における各地の人口増加を起因としている点で共通する．すなわち安価な食料としての海産物需要を背景に，沿岸域では加工が容易で味も良いハタやアジ，フエダイ，カツオ，ブダイ，エイといった海産魚類の加工と販売を目的とした漁撈戦略が取られるようになった．

総じていうなら，19世紀以前にスールー諸島などで活発化したナマコなどの特殊海産物の販売を目的とした漁撈にせよ，19世紀から20世紀に活発化した塩干魚や加工魚の生産や販売を目的とした漁撈にせよ，交易・植民地時代以降の漁撈戦略は「沿岸漁撈システム」を基礎としながら，生計維持を目的とした漁撈と同時に海産物の商品としての利用も開始された点にその特徴を指摘できよう．

その結果，海産物を求めて周辺海域やオセアニア海域世界へと及ぶ広範な漁

民や人びとの移動や交流が活発化した．セレベス海域においても，スールー諸島やミンダナオ南岸を拠点とするイラヌン人やサマル人による広範囲に及ぶ活動があげられる．こうした新たな経済活動の開始とともに，海産資源の捕獲や流通に専業的に従事する集団の出現もこの時代の大きな特徴である．次章で紹介するサマも交易時代から植民地時代にかけて新たに形成された海民集団であると考えられる．

　これら新たな海民の出現が，第2章でも論じたようにセレベス海域の階層化や社会発展とも密接に結びついていることは明らかであろう．ただしそのいっぽうで，タラウド諸島のように海産物の商品としての利用が近代以降までみられなかった島々もセレベス海域には存在しており，漁撈戦略にはある程度の地域差があったことを指摘しておきたい．

　また新石器時代期に確立された「沿岸漁撈システム」に，新たに商品価値を持つ沿岸資源の利用とそれに専業的に従事する海民集団が登場してくるのは，時期的には交易時代から植民地時代期にかけてであったことも改めて指摘しておきたい．いっぽう，現時点における資料に基づくなら，金属器時代のセレベス海域における漁撈活動や漁撈戦略はおおむね新石器時代期の枠組みと一致するものであったと考えられる．

　このことはセレベス海域への金属器の到来が，少なくとも漁撈活動に対してはそれほど大きな変化を生まなかった可能性を示唆している．あるいは第2章でも論じたように，交易時代が開始されるまでセレベス海域に流入した金属器の量はかなり限定されており，人びとの生業活動に大きな変化を生むほどの頻繁な利用は制約されていた可能性もある．私はその両方が背景にあったのではと考えているが，セレベス海域における金属器時代を対象としたさらなる検討は，今後の大きな課題の一つであろう．

コラム5　タラウド諸島のマラルギス（ムロアジ）

　タラウド諸島で現在もっとも食べられている魚が，マラルギスと呼ばれるムロアジだ．アジ科の仲間でリーフ外のやや深い海域に好んで生息する．このため手釣り漁や，近年ではルンポンと呼ばれる柴漬け網漁で獲られることが多い．骨が小さくて脆いためか遺跡からの出土が確認されたことはまだないが，先史時代にも利用されていた可能性はある．もっとも焼き魚にして，ダブダブとよばれるソースにつけて食べるのがもっとも一般的である．このソースはトマト，赤玉葱，チリを刻んだものにライム汁を混ぜて作り，ライムの酸っぱさとチリの辛さが絶妙で，焼いたムロアジとの相性も抜群だ．このほかに干物にして食べる方法もあるが，タラウド諸島の場合，干物加工されたムロアジは島外への輸出用がほとんどで，あまり食されることはない．新鮮なムロアジを焼き魚で食べられるのは，離島に位置し，ムロアジ資源が豊富なタラウド諸島民の特権でもある．

焼く前のムロアジ

ムロアジをココヤシの炎で炙る

第 4 章 「沿岸漁撈システムの発展」

ダブダブの調理風景

トマト，赤玉葱，チリ，ライム汁を混ぜたソース（ダブダブ）で食べる

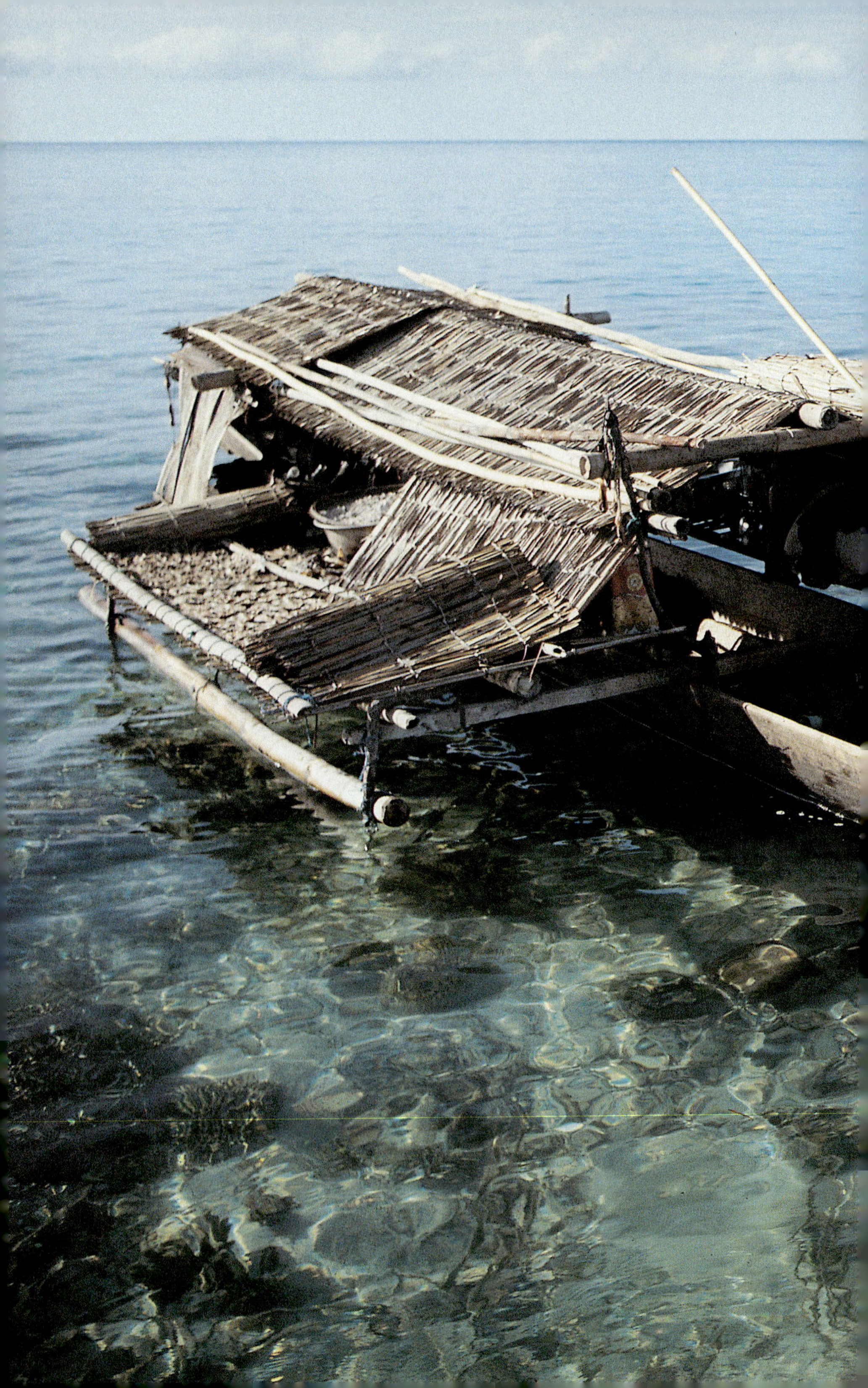

第5章 現代サマの漁撈
——近代以降における漁撈戦略の様相

ナマコを獲るバジョの女性
(写真:門田修氏提供)

本章では，ボルネオ東岸に位置するブキットテンコラック遺跡の周辺に暮らす海民サマの人びとによる漁撈活動から，近代以降のセレベス海域における漁撈戦略の一面を眺めてみたい．この地のサマは大きく「陸サマ」と「海サマ」と呼ばれる二つの集団に分けることができるが，ここでは両者による漁撈や暮らしを比較しながら，現代サマの漁撈に見られる特徴や性格について明らかにする．

1　陸サマの集落，岸に沿って形成される

2　海サマの集落，岸とは接していない

3　陸サマによる村近くでの漁撈

4　海サマによる漁撈，子供も参加する

5　ガスコンロでお菓子を揚げる陸サマ女性

6　杭上家屋で休憩する海サマ女性と子供たち

（いずれも筆者撮影）

はじめに

　本章では植民地時代を経た「近代」以降におけるセレベス海域の漁撈活動とその背後にある漁撈戦略の様相を検討するため，私がフィールドワークをおこなってきたボルネオ島東岸域に居住するサマの事例を紹介する．
　ここでの「近代」とは1963年に本章の対象となるボルネオ島東岸域がマレーシアという新興国家によって再編されて以降と定義する．ボルネオ島東岸における「近代」の開始は，1881年にはじまるイギリスの北ボルネオ勅許会社による統治期にまでさかのぼると見ることも可能だ．しかし本書においてはこの時代は植民地時代として位置づけ，1963年以降におけるサマの漁撈活動の枠組みと，フィールドワークによって得られた現在のサマによる漁撈活動の民族誌的記録を基に，さらなる検討を加えたい．このような作業と思考の積み重ねは，単なる考古・歴史研究や人類学研究ではなく，何よりも地域研究として完成されることをめざす本書にとって不可欠な作業過程でもある．
　同時にここで記述される近代以降のボルネオ島東岸における漁撈活動に関する詳細は，ボルネオ島東岸に形成されたブキットテンコラック遺跡のほか，類似した環境下に立地する先史時代遺跡での漁撈活動や海洋資源利用を考古学的に検討する際に有効な民族考古学的モデルを提供してくれる可能性をもっている．私が主張する地域研究としての民族考古学的アプローチによる可能性もこの二つの視点，すなわち「過去から現在を見る」視点と「現在から過去を見る」視点の交錯にあるが，その民族考古学的な考察については第7章において改めて論じる．これに対し本章では，むしろ「過去から現在を見る」視点を踏まえながら，考察を展開したい．

1 ❖ サマ集団とフィールドワーク

1.1 サマについて

　本章で対象とするサマ，あるいはバジャウは，セレベス海域においてはフィ

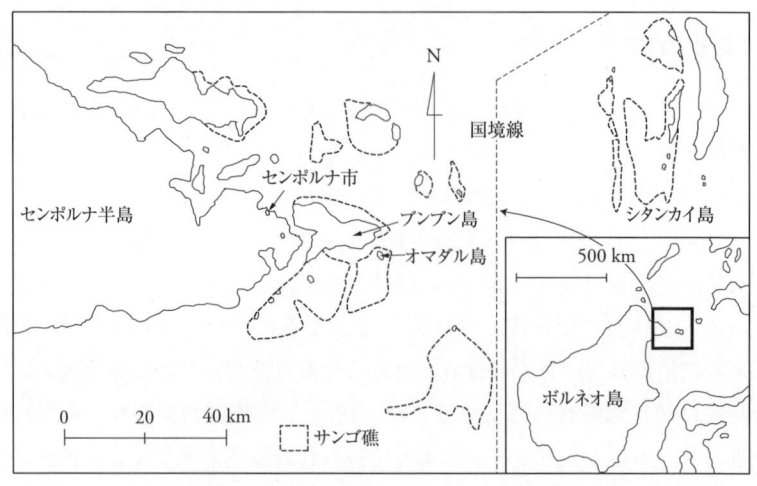

図5-1 ボルネオ島とセンポルナ半島の位置

リピンのスールー (Sulu) 諸島からマレーシアのサバ (Sabah) 州にかけて居住する海民集団である．さらにバジャウやバジョと呼称される人びとは，セレベス海域の周辺世界となるインドネシアの東・南カリマンタン州，スラウェシ全州，小スンダ列島から南マルク諸島のバチャン島周辺にも居住していることが確認されている（長津 2006）．このうちサマは自称，バジャウは他称とされるが（Nimmo 1968; Pallsen 1985; Warren 1971; 青山 2006; 寺田 1996; 床呂 1992, 1999; 長津 1997a, b），ここでは統一してサマと呼ぶ．

ところで本章で検討するのは，ボルネオ島サバ州東岸のセンポルナ郡（図5-1）に居住するサマである．現在ではマレーシア領内に居住するサマということになる．この地域におけるサマの文献上での明確な登場は，18世紀にまでさかのぼる．この頃のスールー諸島からボルネオ北東部では，タオスグ人のスルタンを擁したスールー王国が，沿岸資源であるナマコやクロチョウガイといった特殊海産物や，塩干魚のバーター交易や奴隷交易を背景に急速に発展した．このスールー王国の主要輸出商品であった特殊海産物の捕獲者や，商品を運ぶ船乗りや海賊として，しばしばサマが登場してくる（Sather 1997; Warren 1971, 1981）．

このうち家船居住による移動生活を基本とし，特殊海産物の捕獲を中心とす

る漁撈活動に従事してきたグループは，調査地において *Sama Dilaut*（*Dilaut*＝海）や *Bajau Laut*（*Laut*＝海）と呼ばれるが，ここでは彼らを「海サマ」と呼ぶことにする．家船居住による漂海生活を営んできた海サマは，首長制社会であったスールー王国時代には最下層に位置するグループでもあった（e.g. Warren 1971 1978; 床呂 1992, 1999）．

いっぽう，船乗りや海賊としても活躍し，家船居住をおこなわなかった定住性の高いサマは海サマの人びとから *aa Deya'*（*aa*＝人，*Deya*＝陸）と呼ばれ，「サマル」*Samal* とも呼ばれてきた．ストーンやウォレン，床呂らの研究によれば，これら定住性の高いサマ（サマル）はスールー王国における中間層として位置し，同じサマながら海サマよりも上位のランクと認識されてきた経緯がある（床呂 1992, 1999; Stone 1962; Warren 1981）．ここではこれら定住性の高いこの後者のグループを「陸サマ」と呼ぶことにする．

1991年にサバ州でおこなわれたセンサスによれば，1991年現在のセンポルナ郡の人口は約9万人であり（Jabatan Perankaan Sabah 1999），そのうちの8割弱をサマが占めている．これらサマ人口のうち，陸サマ系住民の占める割合が90％を占め，海サマ系住民の人口は10％にすぎない（Sather 1997）[69]．現在のセンポルナ郡におけるサマ人口の90％を占める陸サマ系住民は，1963年にサバがマレーシア連邦の1州として合併し，英国統治下より独立して以来，その多くがマレーシア人として登録され現在へといたっている．またスールー王国時代にイスラム教へ改宗した陸サマは，イスラム教徒を優遇する傾向が強いマレーシア政府の政策下で，人口増加や政治的発言力を強めてきた（e.g. 山本 2002；長津 2010）．

いっぽう，海サマは北ボルネオ時代にも漂海生活をつづけ，海産物を提供する専業漁民として生きてきた．しかし海サマの多くも，1960年代以降はボルネオ島・サバ州東岸域を中心に定住化する傾向があり，イスラム教へ改宗した人びとも少なくない（e.g. 長津 2002, 2004）．ただし，その一部は現在にいたるまでマレーシア領となったサバ州東岸域と，フィリピン領となったスールー諸

---

69) センポルナ郡の人口の残り2割を占めるのは，センポルナ市街地を中心に店舗を構える中国系マレーシア人や，近年にこの地域に移住してきたインドネシアのブギス人，フィリピンのタオスグ人などである．

島を移動する半定住生活を営み，漁撈をおもな生業とする傾向が強い．

　現在のセンポルナ群離島域で移動生活を続けている海サマの多くは，1980年代以降におけるフィリピン側での治安悪化を背景に，マレーシア領となるセンポルナ郡へと逃げてきた政治難民としての性格も強い．これらの海サマは，現在もマレーシア国籍をもっておらず，サバ州政府からは不法滞在者としてあつかわれてしまう人びとでもある．

　いずれにせよ，現在のセンポルナ郡に居住するサマは，陸サマと海サマという二つのやや異なる生業・居住形態をもつ集団から構成されており，私のフィールドワークも，これら二つのサマ集団を対象としておこなった．

1.2　フィールドワークについて

　センポルナ郡のサマを対象としたフィールドワークは，2003年11月〜2004年3月，2004年6月，2004年11月〜12月の合計約7か月間におこなった．これらのフィールドワークで利用した調査法は，(1) 聞き取りと (2) 同行による直接観察の二つである．

　聞き取り調査は世帯を単位とし[70]，直接に各世帯を訪問して質問をおこなう形式をとった．世帯調査では，①各世帯における家族構成と総人数，生産に関する項目として，②世帯・家族単位でのおもな生業とその詳細，③自己申告

---

70)　一般的にサマ社会には，単系の出自原理に基づく明確な社会集団は形成されていない．たとえばニモ (Nimmo 1986, 1990) やセイザー (Sather 1984, 1997) は，サマ社会でもっとも基本的な単位として夫婦とその未婚の子供という核家族があり，これを *daluma'* (da =「一つの」，luma' =「家」) と呼び，互いに一つの家に住む関係にあることを *magdaluma'* と呼ぶ (以下，本書ではサマ語に特徴的な声門閉鎖音を〈'〉で記す)．これに対し，本書では彼らが *magdaluma'* と言及している単位を「世帯」とみなし，夫婦とその未婚の子供からなる核家族 *daluma'* を「基本家族」とした．したがって，1「世帯」の中には，複数の「核家族」を含む複合家族世帯も存在することになる．こうした複合家族世帯は，両親とその未婚の子供からなる核家族と，既婚した子供家族が同居するケースが多い．また，近年における生業の多様化のために，複合家族世帯を構成する親家族と既婚の子ども家族が異なる生業をいとなむ世帯も多く確認された．こうした現代サマ世帯の状況を考慮し，世帯における生産面では，「核家族」単位で独立傾向が強い場合には複合家族世帯として，それぞれの「核家族」単位でのおもな生業を確認した．

による推定月収入のほか，④漁船，エンジンや漁具，生活用具の所有状況についてを確認した[71]．

漁撈調査における聞き取りは，各村落で出漁した漁師を対象とし，おもに帰村時におこなった[72]．おもな聞き取り項目は，①出漁者数，②出漁者の出自（陸サマか海サマか），③出漁時刻，④出漁時の潮汐状態，⑤選択された漁種の 5 つである．いっぽう，⑥帰漁時刻，⑦帰漁時の潮汐状態，⑧漁獲された水族の種類と⑨漁獲量 (kg)，および⑩出漁日の月齢と潮汐期は，直接観察より確認した．水揚げ後に漁獲が売却された場合には，⑪その販売量 (kg) と販売価格 (Ringgit Malaysia) を記録した[73]．

漁撈活動に関しては，このほかに同行調査に基づく直接観察をおこなった．これら直接観察によって記録された漁撈活動は合計で 17 回であり，その詳細についてはアペンディクス 14 にまとめた．同行調査は，各村落でできるだけ多くの漁師と同行するように意識したが，特定の漁師を対象とした同行調査はおこなっていない[74]．

---

71) なお世帯調査の対象は，陸サマ村においては基本的に全世帯をその対象としたが，調査期間中に留守だった世帯や，聞き取りを拒否した世帯は対象外とした．いっぽう，陸域からはなれた潮間帯上に形成される海サマ集落での聞き取りは，調査の際に船が必要となることや，家族の多くが日中は漁などで外出する頻度が高かったことなどにより，全世帯を対象とすることができなかった．そこで，集落を構成する約 100 世帯のうちの 20 世帯を選定し，聞き取りをおこなった．これら世帯調査の詳細結果は，表 5-1 にまとめた．

72) 漁撈調査における聞き取りは調査対象となったすべての村でおこなったが，一定の期間におこなわれた漁撈活動を対象とした聞き取りと観察は，H 村の仲買人である R 氏宅にておこなった．R 氏宅には 2004 年 11 月 6 日〜25 日に滞在し，この期間中に R 氏宅で水揚げをおこなった全漁師を対象とした．その他の聞き取りは，各村落で漁撈を観察できた際におこない，特定の漁師を対象とする聞き取りはおこなっていない．聞き取りによって記録された漁撈活動は 12 回であり，R 氏宅で観察・記録された漁撈活動は 72 回であった．R 氏宅で記録された漁撈活動や聞き取り調査で記録された漁撈活動の詳細についてはアペンディクス 15 にまとめた．

73) 1 リンギット・マレーシアは，2004 年現在で約 30 円であり，以下では RM と略す．

74) 同行調査でのおもな確認事項は，①出漁者数，②出漁者の出自，③出漁時刻，④出漁時の潮汐状態，⑤出漁日と月齢，⑥出漁日の天候，⑦漁場までの移動時間，⑧選択された漁法，⑨漁場間の移動と移動時刻，⑩帰漁時刻，⑪帰漁時の潮汐状態，⑫帰村時刻，⑬帰村時の潮汐状態，⑭漁獲された水族の種類と⑮漁獲数，および⑯漁獲量

最後にフィールドワークでの使用言語であるが，センポルナ郡における現代サマの使用言語はサマ語とマレーシア語であり，陸サマ世帯におけるマレーシア語の普及率はかなり高い．いっぽう，調査村における海サマの使用言語はサマ語が一般的で，マレーシア語の普及率は低かった．このため陸サマ村での聞き取りにはマレーシア語を利用し，海サマ村ではサマ語を利用した．ただしサマ語能力は十分でなかったため，海サマ村での聞き取り調査では陸サマの調査協力者に同行してもらい，サマ語の補助をしてもらい情報を収集している．

1.3 調査村落の概容

フィールドワークをおこなった調査村落は，センポルナ郡の離島域に形成された2つの陸サマ村（S村とH村），およびこれら両村に隣接する海サマの集落群である（図5-2）．センポルナ郡に数多くある陸サマ村からこの二つの村を選択したのは，これらの村が1960年代以前より漁撈や造船の活発な村として知られてきたこと（Sather 1997）を背景としている．

センポルナ郡はボルネオ島の一部となるセンポルナ半島と，それを取りかこむように発達したサンゴ礁（裾礁）によって構成される．このうちセンポルナ郡の経済・行政的中心地は，センポルナ半島の南端に位置するセンポルナ市である．その市街地には中国系マレーシア人が経営するさまざまな店舗や市場のほか，ガソリンスタンド，銀行，スーパーマーケットなどが立ちならぶ．いっぽう，その周辺域にはサマなどが多くの村を形成している．

これらセンポルナ市周辺に立地する村の多くは，1950年代以降に形成された比較的新しい村でもある．これに対し，18～19世紀に形成された古い陸サマ村は，対岸のブンブン島やオマダル島を中心とする離島域に立地する．本書で対象とする二つの陸サマ村もオマダル島とブンブン島に立地しており，センポルナ郡でもっとも古い陸サマ人村の一つとして知られてきた．

センポルナ郡はサバ州の中でも比較的乾燥し，気温は年間を通して平均28度前後を推移する．年間降水量には年度ごとにばらつきがあるが，1990年代

からなる16項目である．

第 5 章　現代サマの漁撈

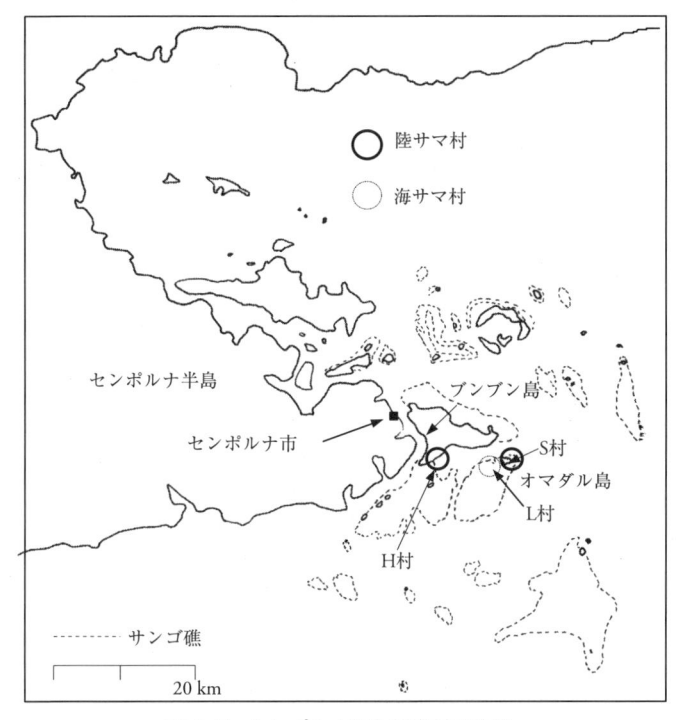

図 5-2　センポルナ郡と調査村の位置

のそれは約 1500〜2000 mm を推移している (Jabatan Perangkaan Malaysia 1999). 年間を通しての季節変化は, 季節風 (モンスーン) によって大きく二つにわけて認識されることが多い.

　一般的に南西季節風が吹く 5 月から 10 月にかけて雨が多く, 北東季節風が吹く 11 月から 3 月にかけては雨が少ない. しかし, 両期間の降雨量差は, 実際には月別で 50〜100 mm 程度にすぎない. 南西季節風時には南方からの強い風がおもに昼間に吹くのに対し, 北東季節風時には, 北方からの強い風が昼夜吹きつづけることが多い. いっぽう, 両季節風への移行期にあたる 5 月や 10 月は風の少ない時期となる. サマによる季節分類も降水量や気温の変化より, むしろ風向きの方向とその強弱によってより強く認識されている.

　つぎに調査地となった二つの陸サマ村の概況について紹介する. S 村はオマダル島の沿岸に位置し, 調査時の世帯数は 24 世帯 (145 人), ブンブン島の南

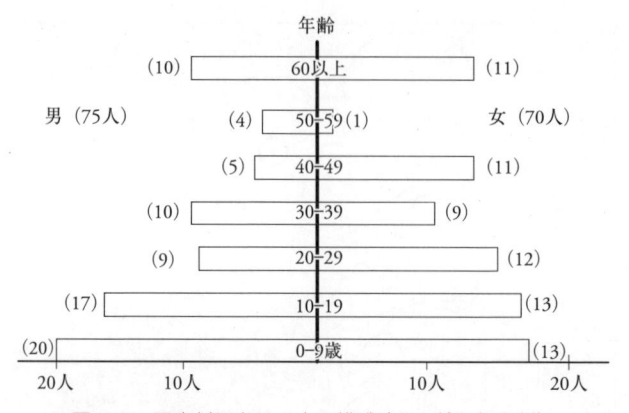

```
                          年齢
              (10) ┌──────60以上──────┐ (11)
       男（75人）       (4)┌─50-59─┐(1)         女（70人）
                    (5) ┌──40-49──┐ (11)
              (10) ┌────30-39────┐ (9)
               (9) ┌────20-29──────┐ (12)
          (17) ┌──────10-19──────────┐ (13)
        (20) ┌────────0-9歳──────────┐ (13)
        20人      10人         10人      20人
```

図 5-3　調査村における人口構成（オマダル島 S 村）
出所：筆者による聞き取り

西部に立地する H 村の世帯数は 37 世帯（405 人）であった．

　図 5-3 が示すように，S 村では 20 代から 50 代の成人男性の占める割合が少なく，60 代以上の男性人口が高い．同じく H 村でも，男性では 20〜40 代，女性では 20〜30 代の人口数が相対的に少なかった（図 5-4）．こうした村の人口構成は，20 代から 40 代を中心とする若い世代の多くが，センポルナ市街地やマレーシア国内の都市部で就職し，村外に移住してしまった結果による．このことは，離島部における陸サマ村の特徴として，働き盛りの世代が全体的に少ないことを示唆している．

　これら陸サマ村に対して海サマの集落群は，それぞれ S 村周辺の潮間帯，および H 村の東隣にあたる潮間帯に立地する．このうちオマダル島の S 村周辺に立地する海サマ世帯の集落はより規模が大きく，推定で約 100 世帯，人口にして約 500 人以上の海サマ人が生活している．

　いっぽう，ブンブン島の H 村周辺にすむ海サマ世帯は少数で，合計 8 世帯，約 50 人が暮らすにすぎない．これらの集落に暮らす海サマの多くは，サバ州当局からはマレーシアの市民権をもたない不法滞在者として認識されている．ただし彼らの中にはセンポルナ群にすでにマレーシアの市民権をもつ家族や親戚がいる者も少なくない．そのいっぽうで彼らはフィリピン領側のシタンカイ島にも家族や親戚をもっており，センポルナとシタンカイの間を季節的，ある

第 5 章　現代サマの漁撈

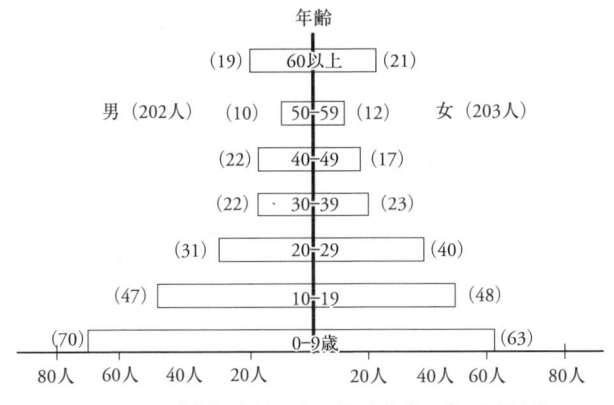

```
                        年齢
              (19) ┌60以上┐ (21)
男（202人）    (10) │50-59│ (12)   女（203人）
              (22) │40-49│ (17)
              (22) │30-39│ (23)
          (31) │  20-29  │ (40)
       (47) │   10-19    │ (48)
    (70) │     0-9歳     │ (63)
   80人 60人 40人 20人   20人 40人 60人 80人
```

図 5-4　調査村における人口構成（ブンブン島 H 村）
出所：筆者による聞き取り

いは周期的に移動する世帯が多くみられた．

　海サマの集落における世帯数や人口数が明確に確認できなった背景にも，こうした海サマ世帯の周期的な移動や，調査がおこなえる日中には出漁のために留守をする世帯が多かったという制約があった．このため世帯調査の対象とできたのは，S 村の周辺にすむ海サマ集落の 20 世帯のみである．その結果をまとめたのが表 5-1 で，海サマ集落では男女ともに 50 代以下の世代が多数を占め，世帯主の平均年齢も 20〜40 代に集中する傾向がみてとれる．こうした状況は陸サマ村とは対照的であり，海サマ村ではむしろ働き盛りの世代が主となる構成を示している．

2 ❖ サマによる伝統的な漁撈活動の枠組み

2.1　漁撈活動における特徴

サマによる伝統的な漁撈活動の特徴は，そのほぼすべてがサンゴ礁の発達する浅い（水深 0〜10 m 前後）沿岸域でのみ実践されてきた点にある（長津 1995, 1997; Nimmo 1968; Sather 1984, 1997; 門田 1986）．このためサマの伝統漁撈で対象

表 5-1　海サマ世帯の状況

世帯	家族数	総人数	世帯主年齢	おもな漁法	その他の漁撈
1	1	4	46	網漁	なし
2	2	5	32	網漁	釣り漁・ナマコ突き漁
3	2	16	42	網漁	釣り漁・ナマコ漁
4	3	13	60＋	網漁	釣り漁
5	1	4	49	網漁	なし
6	2	4	45	網漁	なし
7	3	9	48	網漁	なし
8	3	8	60＋	網漁	アガルアガル採集
9	2	8	30	網漁	釣り漁
10	2	6	40＋	網漁	シャコガイ採集
11	1	4	45＋	網漁	釣り漁
12	1	6	40＋	網漁	釣り漁
13	2	7	40＋	網漁	釣り漁・アガルアガル採集
14	2	7	40＋	塩干魚の仲買	ナマコ漁・網漁
15	2	9	30＋	釣り漁・延縄漁	アガルアガル採集
16	1	6	40＋	釣り漁	アガルアガル採集
17	4	12	50＋	釣り漁	アガルアガル採集
18	1	9	40	釣り漁	なし
19	1	4	30＋	釣り漁	アガルアガル採集
20	2	7	30＋	釣り漁	ナマコ漁

となってきたおもな魚類は，フエフキダイ，ブダイ，ベラ，ハタ，アイゴなどのサンゴ礁付き魚種や，沿岸域に生息するナマコ，カニ，貝類，海藻類といった多種多様な沿岸性資源であった．

　そのいっぽう，マグロやカツオといった外洋性魚類はおもな漁獲対象とはされてこなかった．そのせいかサマの伝統的な漁撈では，トローリングや竿釣りといった外洋の回遊魚類を対象とする漁法があまり発達していない (表 5-2)．唯一の例外としては，フカヒレを捕る目的から釣り針を利用するサメ漁と，ウミガメの捕獲を目的とした銛漁が報告されるのみである (長津 1995)．

　サマの漁撈が浅いサンゴ礁域をおもな漁場として実践されてきたことは，サマ漁撈におけるいくつかの側面を強めてきた．その一つが，網漁の高い利用頻度である．これは水深が浅く，多種にわたる魚類が生息するサンゴ礁域では釣り漁よりも網漁の効率が高いことによる．表 5-2 はサマが伝統におこなってきたと推定されるおもな漁法について整理したものだが，網漁の種類にはもっ

表 5-2 サマの伝統漁法

漁法 / 形態	名前	方法	操業人数	漁場
(1) 網漁	amahang	蔓追い込み網漁	2-3 人	礁内水道
	anakop	追い込み刺網	2-3 人	礁池―礁原
	amungsud	エリ漁	2-3 人	礁池―礁原
	binankad	引き網漁	6-10 人	礁池―礁原
	amokot	巻き網漁	10-20 人	礁内の浅瀬
	magambit	集団追い込み漁	50-60 人	礁縁
(2) 釣り漁	amissi	手釣り	1-2 人	礁池―礁縁
	magsangkaliya'	サメ釣り	2-3 人	外洋
	angalaway	延縄	2-5 人	礁縁―外洋
	angullan	疑似餌イカ釣り	2-5 人	礁池―礁原
(3) 突き漁	anu'	棒突き	1-3 人	礁原
	magbat	ナマコ突き	1-3 人	礁原
	ahiyak pahi	エイ突き	1-3 人	礁原―外洋
	magkoha'	タイマイ突き	1-3 人	外洋の離礁
(4) 毒漁	anua'	毒漁	1-2 人	礁内の浅瀬
(5) 筌漁	bubu	筌	1-2 人	礁原・礁縁
(6) 潜水漁	magpana'	潜水＋水中銃	1-2 人	礁原・礁縁
(7) シャコ罠漁	anahat	仕掛け罠	1-2 人	礁原
(8) 採集	magalai	徒歩・手づかみ	1-5 人	礁原

出所：長津 1996; Sather 1984, 1997; 門田 1986 より筆者作成

とも多様性がみられる．このほかの漁法には，おもに夜間におこなわれる船上からの突き漁があるが，これも水深の浅い漁場を反映した漁法として指摘できる．

　サマの漁撈における二つ目の特徴として，漁撈活動への女性や子供の参加がある．女性や子供の漁撈への参加は，潮間帯での貝採集や手釣りのみでなく，成人男性と協同での網漁においても確認されている（長津 1995; Nimmo 1968, 1990; Sather 1984, 1997; 門田 1986）．このように女性や子供が漁に参加できる要因も，漁場が水深の浅いサンゴ礁海域であり，漁にともなう危険性やすぐれた筋力などの必要性がないことがあげられる．

　また三つ目の特徴として，漁船や漁具，出漁人数の小規模性がある．サンゴ礁域は生物種が多様であり，漁船や漁具が小型でも多様な魚種を対象にすれば，十分な漁獲を得ることができる．また浅くて礁が多いサンゴ礁域では，大きな漁船や漁具は利用が困難でもある．このため，サマの伝統的漁撈では，漁

具や漁船が小型のままであり，例外的ないくつかの漁法をのぞけば，大規模な労働力を必要としなかった．

たとえば20世紀以前におけるサマの漁船には，ボッゴ *Boggo* とよばれるくり舟，ルンダイ *Lunday*，ダマス *Damas*，ジンジン *Zing-nging*，ペラン *Pelang* などとよばれるアウトリガーを装着した木造の家船などが知られており，20世紀以降においてはレパ *Lepa* とよばれるアウトリガーがつかない木造の家船のほか，サピット *Sapit* やクンピット *Kumpit* とよばれるやや大型の構造船がおもに利用されてきた (Kurais 1975)．

このうちサピットやクンピット船をのぞけば，これらの船はいずれも小型の木造船とみなすことができる．また小型の漁船を利用するため，1回の操業における出漁数も平均して2〜3人の少人数が基本であった．ただし例外として，50〜60人もの大人数でおこなわれた *ambit* や *magambit* とよばれる集団追い込み網漁も，定期的におこなわれていたことが確認されている (Sather 1997; 長津 1995, 1997)．

2.2 漁具にみられる特徴

サマによって伝統的に利用されてきた漁具には，*linggi'* や *selibut* とよばれる漁網 (写真34: 1-2)，*pogol* や selikit とよばれるヤス (写真34: 3)，*sangkil* や *bujak* とよばれる銛 (写真34: 4)，それに *pissi* とよばれる釣り針 (写真34: 5) や laway とよばれる延縄などがある (写真34: 6)．

1920年代頃まで，漁網の材料はガジュマル (*Ficus microcarpa*) などの植物繊維が主流だったが，1920年代から1960年代までは木綿がおもに利用された (Sather 1997: 117)．このほかに木綿が普及する1920年代頃より，水中眼鏡やゴムを必要とする水中銃 (写真34: 7) が導入された．いっぽう，マレー語およびマレーシア語で *bubu* とよばれる筌や籠は (写真34: 8)，サマの漁撈においては補助的に利用されていたか，あるいは利用されていなかったようで，どの報告でもその利用についての記述がみられない．その証拠に *bubu* に相当するサマ語が確認できず，調査時にも単に *bubu* と表現された．

第 5 章 現代サマの漁撈

1-2 ナイロン製の刺し網

3 *pogol* や *selikit* とよばれるヤス

4 *sangkil* や *bujak* とよばれる銛

5 ナイロン製の釣り糸

6 延縄

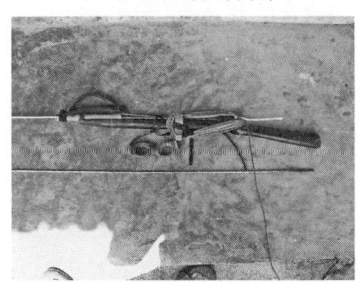

7 水中銃と水中眼鏡

8 金網を使用した籠

写真 34 サマの漁具類

(2-4：門田修氏提供)

2.3 季節性とのかかわり

　サマの伝統的な漁撈活動にみられるもう一つの側面は，潮汐や季節性による制約である．センポルナ離島域を含むセレベス海域には，5月頃から9月頃にかけて吹く南西季節風と，12月頃から3月頃にかけて吹く北東季節風がある．とくに強い風が一日中吹くことも多い北東季節風の時期は，小型船をおもに利用するサマの漁撈にとって，大きな制約となったと想像される．

　サマはこのうちの前者の時期を *musim satan*（＝南），後者の時期を *musim uttala'*（＝北）と呼んできた．さらにこの2つの季節中には，風が吹いてくる方角とその強さによってより細かい季節区分が認識されている．

　これらには *musim satan* から *musim uttala'* への移行期に相当する10月から12月に，西からの風が吹く *habagat*（＝西）の時期や，南西からの風が吹く *barat daya* の時期がある．また風が吹かない無風の時期は *teddo'* として別に認識されている（図5-5）．ただし，これらの細かい認識区分はあくまで日々の風向きと強さによって決定される相対的なもので，時には *barat daya* の翌日に *teddo'* と認識されることもあり，風向きや強さが変われば柔軟に変化するものでもある．

　さらにサマの漁撈活動と密接な関係にあるのが，大潮や小潮の変化を中心とする月齢周期だ．月齢周期は30日を一つの基本単位とし，その中間にあたる第15日が満月となる．このため海でおこなわれる漁撈活動は，当然ながらこの月齢周期に基づく潮の変化と相関し，人びとによる認識も細かく区分される場合が多い．サマの場合，月齢の第1から第6夜までを *anak bulan*（＝子供の月），第7から第9夜までを *uttu bulan*（＝頭上の月），第10から第12夜までを *abila bulan*（＝壊れた，欠けた月），第13から第17夜までを *t'llak bulan*（＝明るい月），第19から第29夜までを *lendoman*（＝暗い月），第30夜を *amatay bulan*（＝死んだ月）と区分している（e.g. 長津1995）．

　こうした月齢周期と連動するのが潮汐であり，サマの漁撈活動とも密接にかかわっている．サマ語では潮や海水を *tahik* と呼ぶが，サマによる月周期の潮汐は大きく大潮 *tahik heya* と小潮 *tahik diki'* に二分される．両時期はほぼ7日の割合で交代し，1か月で2度の *tahik heya* と *tahik diki'* が来ることになる．こ

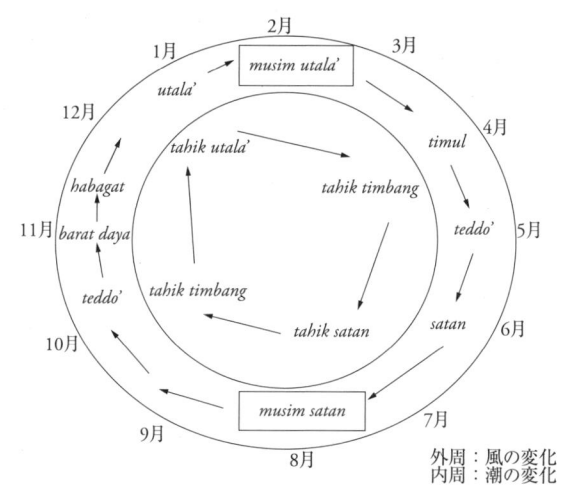

図 5-5 サマ・バジャウ人による季節区分の概念

のうち *tahik heya* の満潮時は明け方と夕方に来るが，そのはじまりは *laangan subu*（＝朝，潮がより高くなる）と呼ばれる．ついで *tahik bahau*（＝新しい潮）が続く．このため *tahik heya* の大潮期における干潮時は，昼間と夜中に来ることになる．一般的に大潮時における干満の差は激しく，その時間も短い．

このうち満ち潮が日没後まで続くときの潮は *maganso' sangom*（＝夜，潮が満ちる）と呼び，これとほぼ同じ時期の朝の潮は *apitas subu*（＝朝，潮が去っていく）と呼ばれる．この時期がほぼ *tahik diki'* のはじまりになり，*tahik diki'* の満潮時は逆に昼間と夜中に来る．また干満の水位差はわずかで，潮の動きは視認しづらい．やがて *tahik diki'* の半ばを過ぎるとはっきりとした潮の推移もみられなくなる．この時期を *amangat* と呼び，その時期のはじまりを *amatay-matay* や *amatay*（＝死んだ潮）と呼ぶ．この *amatay* を経て，再び朝に潮が高くなっていることが認められる時期は *tahik-tahikan subu*（＝朝の小さな潮）と呼ばれ，その翌日の潮は *tapanangon subu*（＝船たでのために船を立てる）とも呼ばれている[75]．

いっぽう，図5-5 にもあるように，潮汐は年中サイクルとしても認識されている．先述した *satan* と *uttala'* の2つの時期にほぼ重なる時期の潮は，それ

---

75) 長津によればこれは，この日以降より再び漁撈活動に望ましい大潮がはじまるので，その準備に船たでをしておくという意味がある（長津 1995）．

ぞれ *tahik satan*, *tahik uttala'* と呼ばれる．センポルナ海域では，すでに記したように大潮時の満潮が明け方と夕方に来るが，*tahik satan* の時期には 2 回の満潮のうち明け方のものが高くなり，夕方のものが低くなる．これに対し，*tahik uttala'* の時期はその逆になる．いっぽう，両時期の移行期には明け方，夕方の潮がほぼ同じ高さになり，この時期を *tahik timbang*（＝釣り合う時期）と呼んで区別している．

　サマの漁撈活動は伝統的にこうした風による季節性，月の満ち欠けやこれに連動する潮汐運動によってある程度の制約を受けながらおこなわれてきたと考えられる．サマが風の方向や強弱によって季節や時期を，また月齢や潮汐の状況を細かく分類し，認識してきた事実がそれを間接的に証明しているともいえよう．またこうした自然のサイクルと漁撈活動とのかかわりは，現代におけるサマの漁撈活動においても確認することができたが，その詳細については次節において改めて紹介する．

2.4　魚にかかわる嗜好性と文化的規制

　本節では最後にサマの魚に対する嗜好性や文化的規制の内容について整理・検討しておく．まずサマの魚に対する嗜好性についてであるが，その検討をおこなう上で有効な判断材料となるのが，彼らの言葉で命名されている魚名の民俗分類である．たとえばある魚科に属する魚名に多様性がみられる場合，その魚類の文化的な嗜好性を読み取ることが可能となる．ただしその要因には，単に周辺海域における特定魚科の資源量が多い場合のほか，むしろ否定的な意味から名前が付けられている場合があるので注意する必要がある．

　サマによる魚類を含めた生物群の包括分類については，1960 年代のセンポルナに居住していた海サマを対象にしたセイザーによる記録（Sather 1997）と，1990 年代のスールー海シタンカイに居住する海サマを対象とした長津による詳細な記録（長津 1995）がある．私は海サマと陸サマの両者を対象に魚名を収集したが，それらの多くが先行研究によって収集された魚名と共通していることが確認できた．

　調査協力者はいずれも漁撈活動を現在も積極的におこなっており，「あの人

は魚名をよく知っている」とされる人を選んだ．結果から先に紹介すると，同じサマでも陸サマ人と海サマが利用する魚名には，種によっては若干の相違が確認された．したがって本書では両集団を通して共通性の高い魚名のみを選択し，現在のセンポルナ海域におけるサマによって頻繁に利用される魚名をリスト化した[76]．このリストについてはアペンディクス16に整理したが，これによればセンポルナ郡におけるサマの魚名は200以上におよぶ．

いっぽう，関心の高い魚類は一次的個別名のみで単一種，あるいは2～3種が指示される場合が多い．この原則に基づいた場合，収集された魚名の中でもっとも関心の高い魚類と想定されるのはハタ科，フエフキダイ科，フエダイ科，イサキ科，アジ科，ベラ科，ブダイ科，アイゴ科の仲間である．その中でもフエフキダイ科，フエダイ科，アジ科，ハタ科魚類には，単一種レベルで魚名が存在する魚が多い．これらの魚科は魚種の種類も豊富で，各種の形態的特長もかなり明確な魚類でもある．同時に，センポルナ海域で頻繁に漁獲される魚類であるという側面も有している．

これらに対し，関心は高いものの二次的個別名によって指示されることの多い魚科には，ハリセンボン科，フグ科，ニザダイ科のテングハギ属，サヨリ科，イットウダイ科，ヒメジ科，ボラ科，イトヨリダイ科のタマガシラ属，ダツ科，アカエイ，トビエイ，そしてサメ類などがあげられる．

とくにこれらの魚科には，生息地や形態的特長のいずれかを示す属詞を付けることによって種レベルでの命名が決定されている場合が多かった．たとえば生息地を示す属詞には，*halo*（礁池）や*s'llang*（外洋域），*t'bbah*（潮間帯），*batu*（岩場）などの語彙が頻繁にみられる．いっぽう，属詞が漁獲に直接関係しない例には味・形態などが反映される場合もある．たとえば味を表象する魚名として

[76) ここで紹介するセンポルナ海域を中心としたサマ人の魚名は，漁獲物を前に直接聞き取りしたものもあるが，その多くは魚類図鑑（岡村ほか1997；Allen 2001）に掲載された魚の写真や図版を見てもらい，彼らが述べる方名や包括名を筆者や本人が直接（筆記できる方の場合）書き記す方法を取った．このうち魚名に関する調査協力者は全員が男性である．これは一般的に魚類を対象とする漁撈活動が男性によっておこなわれていたことを背景としている．また知識の個人差が大きい魚名の収集は調査をおこなったそれぞれの村落において最低3人以上の協力者を対象とした．その人数はG村で3人，S村で3人，H村で4人，海サマ人村で3人である．]

は，フグ科の *buntal daing*（魚の味がするフグ）などがある．また形態を反映する名称として一般的なのは，色や斑点などに着目した事例で，*keyat*（赤）・*itam*（黒）・*pote'*（白）・*bahaba'*（斑点）などの利用が確認された．

このほかに一次的個別名のみによって，多数の種が一括して指示される魚科群が確認された．これらはスズメダイ科，チョウチョウオ科，タカサゴ科，カワハギ科，キンチャクダイ科などの小型の魚類で占められていた．長津によれば，これらの魚類は通常は食用にならず，漁獲対象ともならない魚類として報告されている（長津 1995：39）．現在のセンポルナ郡においても，これらの魚類は積極的には食べられていなかったが，陸サマの漁撈においては漁獲対象となることもあり，食用としても利用されてはいる．

つぎに文化的規制とのかかわりについて検討する．長津によれば，スールーのシタンカイではサマが一様に食用とすることを禁忌している海産物はない（長津 1995）．これはセンポルナ郡のサマを対象とた私の調査においても確認された．また，男性や女性という性差による区別での禁忌もみられなかった．長津によれば一般的にもっともよく言及される禁忌や規制が適応される人間の範疇として，伝統的宗教職能者である *walijin*，妊婦，子供および病人があげられている．これら長津による記録を基に整理したのが，表 5-3 である．

この表から指摘できる傾向としては，体が弱い状態にある妊娠中や病気中には積極的に食べられない魚類が存在することである．これらの魚類にはハタ科やサバ科のマグロなどが含まれている．長津（1995）はこれらの魚類が，その市場価値は高い者のサマにとっては食用としてあまり好まれておらず，食物規制においてはもっぱら負の価値しか帯びていない点を指摘した．

いっぽう，白身の魚やハマフエフキ，シモフリフエフキ，タマガシラ属，ボラ科の魚などには負の意味づけがまったくみられず，病気の際にも問題なく食べられる魚として扱われており，これらの魚類がサマにとってもっとも重要かつ好まれている食用魚類であることが指摘される．

こうしたサマ人による魚名の特徴や特定魚類に対する意味づけは，彼らの自然観の一部を表象するとともに，サマの魚に対する嗜好性を示唆している．その上で指摘できるのは，サマの魚名分類において多様な魚名によって認識されているのが，沿岸のサンゴ礁域に好んで生息する魚科で占められていることだ．

表 5-3　規制対象となる魚類

対象魚種	サマ語	理由
ワリジン (Walijin) への規制		
ダツ科	selo	海の悪霊の使い，人を突き刺す
サメ／エイ	kalitan/kihanpaw	肉の匂いが臭く，人を襲うため
オニカマス	pangaluwan	海の悪霊の使い，人を突き刺す
ギンガメアジ	inggatan	サイタンの友人と認識されている
妊娠中の規制		
ボラ科	bunak/tombon	歯がないので，子供にも歯が生なくなる恐れ
ハタ科	kohapo'/bangkaw	内臓に瘤があり，子供に移る恐れから
キンチャクダイ科	talinuk	魚名が膿 (tolek) を連想させるため
モンガラカワハギ科	tombad	サンゴを齧るので，子供が乳首を噛むことを連想
エイ	kihanpaw	斑点があり，子供に移る恐れから
イカ／タコ	kanuus/kuhita'	体の収縮や斑点から，子供に異常が起こることを連想
カワハギ科	patay	魚名が死 (patay) を連想させるため
出産後の規制		
ヌメリのある魚	daing luud	食べると体が痒くなる恐れがあるため
赤い魚	daing keyat	はしかや出来物を連想させるため
外洋魚	daing s'llang	血が多く味が強いため，出産後の女性は胃が受けつけない
ハタ科の魚	kohapo'	内臓に瘤があり，子供に移る恐れから
出産後に奨励される魚類		
アカエイ	kihanpaw bas	レモングラスと一緒に煮て食べると乳がよく出るため
子供への規制		
オニオコゼ	kappo'	魚の姿が老人を想起させ，早く老ける恐れがある
子供に奨励される魚類		
シマハギ	tehella	いつも口をパクパクしており，喋りが上手くなる
病人に対する規制		
外洋魚	daing s'llang	血の味が多く，食べると酔う
ヌメリのある魚	daing luud	膿の出る皮膚病になる恐れから
赤い魚	daing keyat	はしかや出来物を連想させるため
ハタ科	kappo'	斑点が多く，皮膚病を連想させるため
アオヤガラ	nggok	咳や鼻炎の時の声と鳴き声が似ているため
病人に奨励される魚類		
外洋魚	daing s'llang	貧血の場合のみ奨励される

長津 1995 より筆者作成

同じくこれらの魚科は，ブキットテンコラック遺跡から出土した主要魚科とも重複する．そのいっぽう，マグロ属を含むサバ科魚類などの外洋性魚類はそれほど多くの魚名によって分類されておらず，また赤身の魚として文化的な規制の対象ともなりやすい，重要度の低い魚類であった可能性を指摘できる．

3 ❖ 現代サマによる漁撈活動

3.1 漁撈をおこなう人びと

現在のサマによる漁撈活動を記述するに際し，まず調査対象とした村落において実際に漁撈をおもな生業としている漁家世帯の割合と，漁撈状況について整理しておく必要がある．ここでは，センポルナ郡に居住する二つのサマ集団となる「陸サマ」と「海サマ」世帯に分けた上で記述する．

A：陸サマ世帯の状況

表5-4は調査をおこなった二つの陸サマ村における，世帯単位での就業構造を整理したものである．このうち漁撈をおもな生業とする漁家世帯の占める割合は，両村において50％前後であった．したがって村を構成する全世帯の約半数が，漁撈をおもな生業としていることになる．ただし，両村でおこなわれている漁撈活動の内容には大きな違いがみられた．

オマダル島に立地するS村においては，11世帯の漁家世帯のうちの実に9世帯が，アガルアガルと呼ばれるキリンサイ属（*Eucheuma* sp.）の海藻養殖に従事していた．この海藻養殖はサバ州水産局からの援助を受けて，1999年よりS村に導入された事業である．したがって，この海藻養殖はS村において新しい漁撈形態であり，それ以前には漁家世帯のすべてが，魚類や貝類の捕獲を目的とした漁撈をおもな生業手段としていたことになる．調査時に海藻養殖に従事せず，漁撈にのみ専念していた2世帯のみであった．このうちの1世帯はダイナマイト漁や潜水漁をおもな漁法としている世帯で，もう1世帯は簗 *bunsud* を所有し，クンピット船での網漁もおこなう漁家世帯であった．

表 5-4　陸サマ世帯のおもな生業 *

村名	S村 (24世帯) 世帯数	比率 ** (%)	H村 (37世帯) 世帯数	比率 (%)
漁業 (漁家世帯)	11	55	17	48.5
小規模漁撈	[2]	[10.0]	[17]	
海藻養殖	[9]	[45.0]		
仲買業	3	15	2	5.7
店＋仲買業	[2]	[10.0]	[1]	[2.5]
仲買業のみ	[1]	[5.0]	[1]	[2.5]
賃金・給与労働	0	—	3	10.8
賃金労働			[2]	[2.5]
教員・公務員			[1]	[2.5]
複合経済	3	15	11	31.4
A：自営輸送業＋漁撈			[5]	[14.2]
B：賃金・給与労働＋漁撈	[3]	[15.0]	[6]	[17.2]
換金作物栽培	1	5	0	—
無職	2	10	2	5.7
調査世帯数	20		35	

* 各世帯における主要な収入源となる生業により分類　** 少数点以下2位で四捨五入
出所：筆者による聞き取り

　これに対し，ブンブン島の南西岸に立地するH村では漁家世帯と認識される17世帯すべてが，魚類や貝類の捕獲に従事しており，海藻養殖に従事する世帯はいなかった．これはH村の周辺海域が，水深の浅いリーフで囲まれており，海藻養殖で栽培されるアガルアガルの生育には適しておらず，サバ州水産局による事業の対象村とはならなかったためでもある．またH村における漁家世帯の半数以上は，釣り漁をおもな漁法とする漁撈をおこなっていた．

　調査の対象となったこれらの陸サマ村は，かつては活発な漁撈活動で有名な村であった．しかし表5-4は，そうした村でさえ近年では漁撈世帯の占める割合が低下しつつあることを示している．これらの陸サマ村に共通する状況として，図5-3や図5-4で示したように漁撈者の高年齢化がある．これは20代から40代を中心とする青年・壮年層の多くが，村外での賃金労働や給与労働に従事していることによっている．

　また表5-4が示すように，村内に居住する世帯でもその半数は，漁撈以外の生業にも従事している．このうちもっとも多く確認された生業形態は，漁撈

と賃金労働や輸送業を組みあわせるケースである．これらの世帯でおこなわれる漁撈活動は，自家消費を目的としたもので，それほど積極的におこなわれているものではなかった．現金収入を目的とした経済活動としては，賃金労働や輸送業に依存していることになる．

B：海サマ世帯の状況

　本書で対象とする海サマ世帯は，オマダル島のS村に隣接する海サマ集落と，ブンブン島のH村に隣接する海サマ集落である．このうち筆者が世帯調査を実施できたのは，S村に隣接する海サマ集落の20世帯のみである．この集落には100世帯以上の海サマ世帯が暮らしているため，調査世帯の割合は全体の約20～25％に相当することになる．したがって，ここで検討するデータは集落全体をカバーしたものではないが，海サマ集落における大まかな傾向は確認することができるであろう．

　表5-1が示すように，選択したこれら20世帯のうち，19世帯が漁撈をおもな生業とする漁家世帯であった．聞き取りによれば，世帯調査をおこなえなかった他の世帯においても漁撈が生業となっていることが確認された．これらの状況をふまえるなら，この集落を構成するほとんどの海サマ世帯は漁撈を生業としていることになる．これらの海サマ世帯はおもに利用する漁法の違いから，おおきく二つに分類できる．一つは網漁をおもな漁法とする世帯（13世帯）であり，もう一つは釣り漁をおもな漁法とする世帯（6世帯）である．

　このうち網漁を専門的におこなう世帯では，家族や親族を基本とする複数の世帯が協同で漁撈をいとなむことが多かった．また網を所有している世帯では，全体的に世帯主の年齢が40代以上とやや高くなる傾向がある．これら網漁をいとなむ世帯でも釣り漁やナマコ突き漁，アガルアガル海藻の採集などが補助的におこなわれ，多様な漁撈活動の実践がみられる．

　これに対し，釣り漁をおもな漁法としている世帯の多くは，アガルアガル海藻の採集活動にも従事する世帯の割合が圧倒的に高い．また世帯主の年齢が30代とやや若い世帯が多い傾向がある．これらの世帯では，世帯主を中心とする男性が釣り漁をおこない，その間に世帯主の妻を中心とする女性が野生のアガルアガル海藻を採集するというパターンが多く確認された．

このほかに漁撈以外の生業をいとなむ世帯が1世帯のみ確認された．この世帯はナマコ漁や網漁といった漁撈をおこなう傍ら，おもに塩干魚をあつかう仲買業もいとなむ世帯である．この世帯があつかっている塩干魚は，おもにフィリピン領のシタンカイ島（図1参照）へと卸されている．海サマ世帯の多くは，鮮魚販売のほかに塩干魚の加工にも従事しており，これらの塩干魚は各世帯によってセンポルナの魚商に販売される場合と，シタンカイ島で販売される場合がある．調査で確認された仲買世帯は，このうちの後者の場合に，他の海サマ世帯にかわって塩干魚をシタンカイへ運び，その利息を得ていることになる．

ブンブン島のH村に隣接する海サマ集落では8世帯が確認されたが，この集落では各世帯の構成人数や世帯主の年齢，漁船や漁具の所有状況などに関する詳細な世帯調査はおこなっていない．ただし聞き取り調査では，これら8世帯はいずれも網漁をおもな漁法とする漁家世帯であったことを確認している．

以上の状況をまとめると，陸サマ村に隣接するこれらの海サマ集落では，ほぼすべての世帯が漁撈をおもな生業としており，とくに網漁への比重が高い点を指摘できる．ただし，本書で対象としたこれらの海サマ世帯は，すでに指摘しきたように，マレーシア国籍をもたない政治難民としての性格も強い．これに対し，センポルナ郡には1960年代頃から定住化し，現在ではマレーシア国籍をもつ海サマも少なくない．これら定住化した海サマ世帯で，生業としての漁撈への依存度が低下していることは，セイザーや長津による研究からも明らかである（Sather 1984, 1997; 長津 1999）．したがって，ブンブン島周辺を対象とした私の調査で確認された状況が，必ずしもセンポルナ郡における他の海サマにも共通するわけではないことは強調しておく必要がある．

3.2 サマの漁撈活動

つぎに現在のサマによって実際におこなわれている漁撈活動の内容と状況について整理する．ここでもまず「陸サマ」と「海サマ」世帯に分けた上で，両集団による漁撈活動を記述する．これは，同じサマでも居住や生業活動の内容において異なる面が多いためであり，そうした違いが漁撈活動にも反映されていることによっている．

表 5-5　陸サマ世帯による漁法の種類

漁法／形態	名前	方法	操業人数	漁場
(1) 網漁	angalinggi'	追い込み刺網	2-3 人	礁池―礁原
	amungsud	簗漁	1-2 人	礁池―礁原
		カニ刺網	1 人	礁池―礁原
(2) 釣り漁	amissi	手釣り	1-2 人	礁池―礁縁
	angullan	疑似餌釣り	2-5 人	礁池―礁原
(3) 突き漁	anu'	棒突き	1-3 人	礁原
	magpana'	潜水＋水中銃（銛）	1-2 人	礁原・礁縁
	magbat	ナマコ突き	1-3 人	礁原
(4) 籠漁	bubu	籠，筌	1-2 人	礁原・礁縁
(5) 毒漁	anua'	毒漁	1-2 人	礁内の浅瀬
(6) シャコ罠漁	anahat	仕掛け罠	1-2 人	礁原
(7) ダイナマイト漁	animbak	爆発＋潜水	1-5 人	礁原・礁縁
(8) 採集	magalai	徒歩・手づかみ	1-5 人	礁原
(9) 海藻養殖	agaragar	アガルアガルの栽培	1-5 人	礁池―礁原
(10) 畜養殖		活魚の畜殖		礁池―礁原

出所：筆者による観察・聞き取りより

A：陸サマによる漁撈活動

　フィールドワーク中に確認することができた陸サマによる漁撈としては，(1) 網漁，(2) 釣り漁，(3) 突き漁，(4) 籠漁，(5) 毒漁，(6) シャコ罠漁，(7) ダイナマイト漁のほか，(8) 潮間帯での採集と (9) 海藻養殖業，(10) 畜養業といった活動があげられる（表 5-5）．このうち (1) ～ (6) までの漁法を用いた漁撈は，サマの伝統漁撈でおこなわれてきたものでもある．

　しかし，表 5-5 にも明らかなように (1) 網漁の種類は三つが確認されたのみで，かつての伝統漁撈に比べると多様性がみられなくなった．このうちの一つはかつて *anakop* とよばれた追い込み刺網漁である（写真 35：1-2）．追い込み刺網漁では，目合が 5 cm 前後の比較的大きいナイロン製網に，古いゴム草履などを浮きとして付けた上で，船上から網を投げ入れていく．網の設置が終わると，漁船の上から棒で水面を叩くか，水中に入って威嚇しながら獲物を仕掛けた網の方向へと追い込み，逃げ惑って刺し網にかかる魚類を獲得するのが一般的である．

　二つ目は簗漁で，サマ語で *bunsud*，マレー語では *kelong* と呼ばれる簗を設置

1-2　追い込み漁の風景．舳先に立ち，棒で海面を叩きながら，魚を網へと追い込む

3　簗は沿岸域の潮間帯に多く設置される

4　刺し網での漁獲風景

5-6　仕掛けた刺し網でワタリガニを捕獲

写真35　陸サマによる網を使った漁撈

する漁である（写真 35：3-4）．一般的な簗の構造は，2本の網が海岸の一点にむけて収束するよう設置され，設置網の長さは 50〜500 m とさまざまであった．獲物を誘い込む2本の設置網が交わる中心部には袋網が設置され，魚類はここに誘導され，閉じ込められる．簗の垣網の支柱にはマングローブなどの木材が利用され，網には底曳網が代用されることが多い．

　カニ刺網漁は，1990 年代になって頻繁に用いられるようになった新しい網漁で，夕方頃に砂地の海底に網を設置し，翌朝その仕掛けた網をあげてカニ *kagon* を漁獲するものである（写真 35：5-6）．この漁法が普及した背景には，1990 年代以降におけるセンポルナ郡でのカニ価格の高騰があった．

　(2) 釣り漁と (3) 突き漁は，現在の陸サマ世帯がもっとも頻繁におこなう漁法の一つである．ただし，陸サマ世帯でおこなわれる釣り漁は，手釣り漁とイカを対象とした疑似餌釣りが確認されたのみで（写真 36：1），延縄漁やサメ漁は現在ではおこなわれていなかった．突き漁でみられたのは，水中銃（銛）を使った潜水突き漁か（写真 36：2-3），夜間におこなわれる刺突漁（写真 36：4）やナマコ漁のみで，ウミガメやエイなどの大物を狙った銛漁はおこなわれていない．H村ではすでにナマコが枯渇しており，ナマコ漁をおこなう漁民はみられなかったが，S村ではナマコ漁をおこなう世帯が数世帯だが確認された．漁獲されたナマコは村内で水抜き加工し，直接あるいは仲買人によってセンポルナ市にすむナマコ業者へと販売される．

　(4) 籠・筌漁はマレー語で *bubu* とよばれる籠や筌を海底に設置し，さまざまな魚種を漁獲する漁法である．籠・筌漁はサマの漁撈ではそれほど頻繁におこなわれてきた漁法ではないが，最近では活魚を漁獲する目的から積極的に利用する世帯が確認された．

　(5) 毒漁には，*anuwa'* と呼ばれる伝統的な漁法と，化学薬品を使用する近代的な漁法の2つがある．このうち *anuwa'* は，マメ科デリス属の根より抽出される毒 *tuwa'* を使用することで，サンゴの岩陰に生息する魚類を一時的に麻痺させ，漁獲する．デリス属植物から抽出される毒は，海水と混ざるためにそれほど強くはなく，魚は気絶するのみで死ぬことはほとんどない．近年ではそれほど頻繁に利用されることがなくなったが，サンゴの裏側などに群れる習性があり，かつ背中に毒性の棘を持つゴンズイの捕獲には現在でもこの漁がおこな

1　イカを対象とした釣り漁の疑似餌 　　2　水中銃を使った潜水漁の様子

3　水中銃を使った潜水漁の漁獲 　　4　夜の突き漁風景，船の舳先にケロシンランプをつけ，その明かりで獲物を狙う（門田修氏提供）

写真 36　陸サマによる釣り漁と突き漁

われる（写真 37：1）．

　これに対し，化学薬品を使用する魚毒漁に使用される薬品は農薬の一種（シアン化合物）で，伝統的な魚毒漁で使用されるデリス属植物よりも毒性が高い．このため漁獲対象以外の小魚やプランクトンなどをも殺傷し，海中生態系を破壊する危険性が高いことから，現在ではサバ州政府によって禁止されている漁法でもある（写真 34：2）．

　（6）シャコ罠漁は，砂地に生息するシャコを狙った仕掛け漁で（写真 37：3-4），木の棒とロープよりなる罠をシャコ穴の上に仕掛けることで，出てきたシャコを生け捕りにする漁である．捕獲されたシャコは生きたままプラスチックボトルなどに保管され，活魚商品として販売されることが多い．シャコは個

1　毒漁で捕獲されたゴンズイ	2　違法漁を禁止するポスター
3　設置されたシャコ罠漁の仕掛け	4　捕獲されたシャコ

写真37　陸サマによる毒漁やシャコ罠漁

(3-4：門田修氏提供)

体同士で共食いすることが多いため，一匹ずつボトルに入れるのが一般的だ．近年ではそれほど頻繁におこなわれる漁ではなくなったが，センポルナでは時々見かけることができた．

　(7) ダイナマイト漁は，陸サマ漁民の間でも1970年代頃より頻繁に利用されてきた漁法の一つだ．サマが使用する爆薬は，市販の硝酸アンモニウムに油剤を混ぜた硝安油剤爆薬で（写真38：1），これをビールやコーラの空き瓶やプラスチック袋に詰め（写真38：2），海に投げこむ（写真38：3）．その際には，魚群が多いと判断した水深に応じて，導火線の長さを調節する．その結果，海底ないしは海中で爆発した起爆物の影響で（写真38：4），気絶・死亡した魚類

1　市販の硝酸アンモニウムに油剤を混ぜる 　　2　プラスチック袋に詰める

3　導火線の長さを調節して海に投げこむ 　　4　水中で爆発する爆薬

5　爆発の影響で死んだ魚たち 　　6　沈んだり浮かんでいる魚を集めている風景

写真38　ダイナマイト漁

(1-5：宮澤京子氏提供)

が海面や海上に浮上してくるところを，手網や素手で漁獲するという方法である（写真38：5-6）．海上・海面に浮上した魚群が沈んでしまう前に，短時間で収集しなければならないため，数人でおこなわれることが多い．

しかし，ダイナマイト漁をおこなう陸サマ漁民の数は，2000年頃より減り

| 1 家の周りで貝を採集する陸サマの女性 | 2 採集した貝を調理する陸サマ女性 |

写真39　採集活動と採集した貝を調理する陸サマの女性

つつある．その原因として，2000年にセンポルナ郡にあるシパダン島で起こったフィリピン系の犯罪組織であるアブサヤフによる誘拐事件以来，この海域でパトロールする海上警察や軍隊の数が急増したことがあげられる．またもう一つの要因として，漁業省の取締り強化により，ダイナマイト漁やシアン化合物による毒漁によって水揚げされた魚類の販売が禁止され，販売者自身が検挙される危険性がでてきたこともある．ただし，ダイナマイト漁は完全に消滅したわけでもなく，私の滞在中も陸サマ漁民によるダイナマイト漁を遠目に目撃にすることが何度かあった．

　(8) 潮間帯での採集は，おもに女性や子供によって日中おこなわれることが多い(写真39：1-2)．おもな漁獲対象は貝類やウニ類(*tayum, tehetehe*)である(口絵2：3参照)．採集活動は，村落の前面に広がる潮間帯で干潮時におこなわれるのが一般的であるが，特定の貝種やウニ等を採集する際には，対象種が生息する遠方の浅瀬や潮間帯でおこなうこともある．貝類やウニ類は，基本的に自家消費されることがほとんどである．このほかに採集される海産物としては，イソギンチャク*bobohan*(種名不明)や海ブドウ*lato'*(*Caulerpa lentillifera*)などの海藻類がある．

　(9) 海藻養殖は，1970年代にフィリピンより導入されたアガルアガルの養殖のことで，陸サマ世帯でこの海藻養殖がさかんになったのは1980年代以降である．養殖に必要な道具類は，アガルアガルの種苗を縛る(写真40：1)プラスチック製の紐と，それらを結びつける250〜500mほどの長さをもつロープ，

第 5 章　現代サマの漁撈

| 1　アガルアガルの種苗 | 2　プラスチックのボトルと紐に縛る |
| 3　成長してきたアガルアガル | 4　収穫したアガルアガルを天干しする |

写真 40　アガルアガル養殖のプロセス

ロープをつなぐ支柱となる棒，それに浮きの代わりとなるペットボトルの空き瓶のみである（写真 40：2）．種苗は，養殖の初期には購入する必要があるが，養殖が軌道にのれば，自家生産することも可能だ．

　海藻養殖の大まかな過程は，①種苗をプラスチックの紐で縛り（写真 40：2），②これらの種苗を養殖する海域に設置されたロープに一本ずつ縛りつける．やがて 1～2 か月が経過したら，(3) 成長したアガルアガルを収穫し（写真 40：3），(4) その中から新たな種苗を選択し，再び (1) からの過程を繰り返す．いっぽう，残ったアガルアガルは (5) 1～2 週間日干しし（写真 40：4），十分に乾燥したアガルアガルを袋に詰めて販売する．

　時間の経過とともに養殖面積を増やすことも理論上は可能であるが，実際には天候などの海洋条件によってアガルアガルが全滅することも少なくない．調

| 1 釣った活魚を業者へ売る海サマの漁師 | 2 活魚を畜養する生簀 |

写真 41　畜養のプロセス

査時におけるアガルアガルの相場価格は，乾燥アガルアガル 1 kg で 1.6 RM から 2.0 RM であった．販売の際の最小単位は 100 kg からが一般的である．

　(11) 畜養は，活魚として販売可能な魚類の一時的な飼育と販売である．畜養のおもな対象魚類は，ハタ科，フエダイ科，ミミガイ科の貝（*Haliotis* sp.），イセエビ科のエビ類（*Panulirus* sp.）など商品価値の高い水族となる．調査地では，おもに海サマ世帯によって漁獲された魚類を陸サマ世帯が購入し（写真 41：1），畜養をおこなうのが一般的であった（写真 41：2）．畜養されたこれらの魚類は，一定のサイズに達すると，センポルナ市近郊に集中する中国系マレーシア人らによる養殖業者へと販売される．センポルナ市近郊における養殖業者への販売価格は，ベラ科のメガネモチノウオ（*Cheilinus undulates*）が 1 kg あたり 70 RM，ハタ科のサラサハタ（*Cromileptes altivelis*）は 1 kg あたり 80 RM，スジアラ（*Plectropomus leoarudus*）などのハタ科魚種が 1 kg あたり 20〜40 RM であった．

B：海サマによる漁撈活動

　表 5-6 はフィールドワーク中に観察，あるいは確認された海サマの漁法を整理したものである．海サマ世帯によって利用される漁法は，(1) 網漁，(2) 釣り漁，(3) 突き漁，(4) 毒漁，(5) 潜水漁，(6) 籠漁，(7) シャコ罠漁，(8) 潮間帯での採集に分類できた．

　このうち海サマ世帯がもっとも頻繁に利用するのが (1) 網漁であり，その種類も陸サマ世帯に比べより多い．これらはすでに紹介したサマの伝統的な漁法

表 5-6　海サマ世帯による漁法の種類

漁法／形態	名前	方法	操業人数	漁場
(1) 網漁	amahang	蔓追い込み網漁	2-3 人	礁内水道
	anakop	追い込み刺網	2-3 人	礁池―礁原
	binankad	引き網漁	3-10 人	礁池―礁原
	amokot	巻き網漁	3-6 人	礁内の浅瀬
(2) 釣り漁	amissi	手釣り	1-2 人	礁池―礁縁
	angalaway	延縄	2-5 人	礁縁―外洋
	angullan	疑似餌イカ釣り	2-5 人	礁池―礁原
(3) 突き漁	anu'	棒突き	1-3 人	礁原
	magbat	ナマコ突き	1-3 人	礁原
	ahiyak pahi	エイ突き	1-3 人	礁原―外洋
(4) 毒漁	anua'	毒漁	1-2 人	礁内の浅瀬
(5) 筌漁	bubu	筌	1-2 人	礁原・礁縁
(6) 潜水漁	magpana'	潜水＋水中銃	1-2 人	礁原・礁縁
(7) シャコ罠漁	anahat	仕掛け罠	1-2 人	礁原
(8) 採集	magalai	徒歩・手づかみ	1-5 人	礁原

出所：筆者による観察・聞き取り

に類似するが，中でも頻繁にみられたのは蔦追い込み漁や追い込み刺網漁，巻き網漁である．蔦追い込み漁は，潮が満ちてくる頃にサンゴ礁内の水道に仕掛けられ，その間に数人の漁師が水道の両サイドから蔦を使って魚を威嚇し，設置した網へと追い込む漁だ．いっぽう，巻き網漁は，袋網がついた微小の目合の巻き網を利用し，おもにマングローブ域やその周辺の礁原域でおこなわれる（写真 42）．この漁は潮が引く頃にマングローブや沿岸域から礁原へと戻ってくるイワシ科やクロサギ科などの小型魚類を狙った漁である．

　(2) 釣り漁でもっとも頻繁におこなわれるのは手釣り漁であるが（写真 43：1-2），海サマ世帯では延縄漁をおこなう世帯も少数ながら確認された．延縄漁は，1 本の釣り糸に数 10〜100 本の大型釣り針を結びつけ，おもに外洋域でサメや回遊魚を狙う釣り漁である．この延縄漁やイカの疑似餌釣り漁は，夜間におこなわれる漁でもある．またこれらの漁は外洋域でおこなわれることもあり，集団で出漁するケースが多かった．

　(3) 海サマによる突き漁は，センポルナ海域ではそれほど頻繁にはおこなわれていない．ただし，サンゴ礁などの岩場に生息するトコブシやシャコガイな

1　袋網をしかける 　　　　　　　　2　網を引き揚げる

3　最後に魚が逃げ込む袋の部分を引き揚げる 　　4　漁獲されたイワシの仲間

写真42　海サマによる袋網を使った巻き網漁

どの貝類，サンゴ礁に多いアイゴ類など魚類を狙う潜水漁はよくみられた（写真43：3-4）．トコブシを狙った潜水漁は1990年代末ころから本格化したもので，S村に隣接する海サマ集落では頻繁におこなわれていた．海サマ世帯によって漁獲されたこれらのトコブシは，S村にすむ陸サマの仲買人に活魚の状態で売られ，センポルナ市にある業者へと運ばれている．また最近では少なくなりつつあるが，ウミガメの卵を狙ったウミガメ漁やイルカ漁などが突き漁としておこなわれることもある（写真43：5-6）．

（4）毒漁には，陸サマの場合と同じようにデリス属の根を利用する伝統的な方法とシアン化合物を利用する近代的な方法の二つが一般的である．このうち後者の漁法はサバ政府によって禁止の対象となっているわけだが，ダイナマイト漁とは異なり無音で気づかれにくく，また活魚の漁獲も可能なので，この毒

第 5 章　現代サマの漁撈

1　手釣り漁の風景
2　子供の参加も多く，実にうまい 
3　シャコガイを引き揚げる海サマの男 
4　潜水漁でアイゴを突く青年 
5　突いたウミガメから卵をとる海サマの男性 
6　捕獲されたウミガメの卵 
7-8　干潮の礁原で採集中の海サマ女性 

写真43　海サマによるその他の漁

(3-8：門田修氏提供)

漁を利用している海サマ世帯は少なくない．(5) 籠・筌漁もそれほど活発におこなわれている漁法ではなく，数世帯がこの漁法を利用しているのが確認された程度であった．同じく (7) シャコ罠漁も，現在では自家消費を目的として稀にしかおこなわれていない．

ダイナマイト漁をおこなう海サマ世帯も，私の調査中に確認することができなかった．すでに論じたように 2000 年より激増した海上警察によるパトロールの強化が，その要因として指摘できる．違法漁業が発覚したさいの量刑は，外国人に対してより厳しく設定されており，マレーシア国籍をもたない海サマ世帯によるダイナマイト漁は陸サマ世帯にくらべてよりリスクが大きい．

(8) 採集活動は女性や子供を中心に，海サマ世帯でも頻繁におこなわれていた (写真 43：7-8)．とくに海サマ世帯でよくみられたのは，女性によっておこなわれる野生アガルアガルの採集である．オマダル島の周辺にはアガルアガルが自生している海域があり，海サマ世帯はおもにこの海域でアガルアガルを採集している．採集されたアガルアガルは杭上家屋の軒先で乾燥され，フィリピン領となるシタンカイ島へ運ばれる．聞き取りによれば，センポルナ郡ではより質が高いとされる養殖アガルアガルのみが取引の対象となるが，シタンカイでは野生アガルアガルも商品として販売ができるためであるという．

いっぽう，海サマ世帯はアガルアガルの海藻養殖はおこなっていなかった．海藻養殖にはある程度の海域を利用する必要があるが，不法滞在者や外国人としてあつかわれている海サマ世帯にはその権利がないことや，これらの海サマ世帯がサバ州政府による支援事業の対象とはなっていないことなどがその要因として指摘できる．畜養をおこなう海サマ世帯も確認できなかったが，畜養をおこなう陸サマ世帯への活魚の提供者は，海サマ漁民が多くを占めていた．

3.3 漁法と漁獲効率

調査村における漁撈活動のうち，直接に観察できた漁撈活動は 17 回，出漁前後の記録を取れた漁撈活動は 84 回を数えた．これらの漁撈活動はいずれも村周辺の沿岸サンゴ礁海域でおこなわれたもので，礁外でおこなわれる大規模漁業による底曳網漁や巻き網漁は対象となっていない．このうち，陸サマによ

表 5-7 観察・記録された陸サマ漁撈の内訳

出漁者	漁法	回数	操業者数 (人・平均)	漁撈時間 (時間・平均)	漁獲高 (kg/時間)	漁獲効率 (kg/時間/人)
陸サマ	手釣り	19	1	7.1	1.2	1.2
	カニ刺網	7	1	1.5	1.8	1.8
	採集	7	2.3	3	0.4**	0.19
	潜水	6	1	2.9	1.2	1.2
	ナマコ突き	2	1	5.5	0.4*	0.4*
	突き	1	2	2.5	0.8	0.4
	刺網	1	2	7.5	1.6	0.8
小計		41	-	-	-	-

* 加工（煮沸・数日乾燥）後の重量 (0.4 kg = 14.8 匹分に相当) ** 可食部のみで計量（殻は含まず）
出所：筆者による観察・聞き取り

る漁撈活動が 43 回，海サマによる漁撈活動が 58 回である．ここではこれらの記録から陸サマおよび海サマによって利用された漁法を，その漁獲効率とのかかわりから検討する．

A：陸サマ世帯

表 5-7 は観察された陸サマ世帯による 43 回の漁撈活動の内訳を，平均操業者数，平均漁撈時間，平均漁獲高，漁獲効率別に整理したものである．表が示すように，陸サマ世帯でもっとも頻繁に観察された漁法は手釣り漁で，合計 19 回を記録した．これら観察された手釣り漁は，2004 年 11 月 6 日〜25 日の間に，H 村の R 氏宅で水揚げする陸サマ漁師によっておこなわれたものである．この他に，6 回の水中銃を用いた潜水漁（S 村），7 回の採集活動（S 村），1 回の刺網漁と刺突漁（H 村），2 回のナマコ突き漁（S 村）が観察された．

まず操業者数でみた場合，陸サマ世帯による漁撈では多くても 2 人でおこなわれ，1 人でおこなわれた漁撈も少なくない．平均では 2.3 人となった採集活動がもっとも多い．これは調査村での女性や子供たちが，複数で採集をおこなうことが多かった結果である．男性による漁撈では，刺突漁や刺網漁での操業者数が 2 人であり，手釣り漁や潜水漁，ナマコ突き漁は単独でおこなわれることが多かった．したがって，全体的に陸サマ世帯による漁撈は少人数でおこなわれる傾向が強い．

つぎに漁撈時間でみた場合，漁撈時間が長かったのは刺網漁と手釣り漁で，1回あたりの平均漁撈時間は約7時間である．これら観察・記録された手釣り漁と刺網漁はいずれもH村で漁撈をおもな生業とする成人男性によっておこなわれたものである．このほかに手釣り漁は，村の周辺で子供たちや女性らによってもおこなわれることがあるが，その場合の漁撈時間はより短く，長くても2時間程度であった．

　手釣り漁や刺網漁をのぞくと，他の漁法に費やされる漁撈時間はそれほど長くない．比較的長かったのは夜間におこなわれたナマコ突き漁で，平均漁撈時間は5.5時間であった．突き漁も夜間におこなわれることが多く，同行できた1例の漁撈時間は2.5時間であったが，同行中の観察ではさらに長い時間にわたって漁撈をおこなう漁船も多かった．したがって，サンプル数が増えれば平均漁撈時間はより長くなる可能性もある．このほかに，採集活動と潜水漁の平均漁撈時間は約3時間であった．

　最後に陸サマ世帯によっておこなわれた各漁法を，漁獲効率との関わりから検討したい．漁獲効率とは，各漁撈における漁獲高を，その漁撈に費やされた総時間と操業人数で割ったもので，1人当たりが1時間に獲得した漁獲量（kg／時間．人）を表したものである．陸サマ世帯による漁撈で漁獲効率がもっとも高かったのは手釣り漁で，その漁獲効率は1.2 kg／時間．人であった．

　これに対し，陸サマ世帯による刺網漁の漁獲効率は1回しか記録することができなかったが，0.8 kg／時間．人とやや低かった．同じく刺突漁の漁獲効率も0.8 kg／時間．人であった．しかし，突き漁も観察できたのは1回のみであり，漁獲も大漁というわけではなかった．したがって，サンプル数が増えれば刺網漁や突き漁の漁撈効率はより高くなる可能性がある．

　採集活動ではおもに貝類やウニを漁獲するが，これらには人間が食べることのできない殻の部分がある．そこで，採集の漁獲効率を純粋に1人が1時間に獲得できた肉量のみで計算すると，0.4 kg／時間．人となる．同じくナマコ突き漁での漁獲効率も，加工された乾燥ナマコの重量で計算すると，0.4 kg／時間．人であった．ただし，加工ナマコの重量は生ナマコの10～15％となるので，生ナマコの重量で計算すれば漁獲効率は2.6～4 kg／時間．人と高くなる．とはいえナマコの90％以上は水分であり，その可食部は限られている．

第 5 章　現代サマの漁撈

表 5-8　観察・記録された海サマ漁撈の内訳

出漁者	漁法	回数	操業者数 (人・平均)	漁撈時間 (時間・平均)	漁獲高 (kg/時間)	漁獲効率 (kg/時間/人)
海サマ	刺網	53	1.9	9.7	3.5	1.84
	手釣り	3	1.5	8.5	2	1.6
	巻き網	2	4	7	3.2	0.82
合計		58	–	–	–	–

出所：筆者による観察・聞き取り

B：海サマ世帯

　表 5-8 は，観察された海サマ世帯による 58 回の漁撈活動の内訳を，平均操業者数，平均漁撈時間，平均漁獲高，漁獲効率別に整理したものである．表が示すように，海サマ世帯でもっとも頻繁に観察された漁法は刺網漁で，合計 53 回を記録した．これら観察された刺網漁は，2004 年 11 月 6 日〜25 日間に，H 村の R 氏宅で水揚げする海サマ漁師によっておこなわれたものである．この他に，2 回の巻き網漁（S 村）と，3 回の手釣り漁（S 村）が観察された．

　海サマ世帯による漁撈では平均すると 2 人での出漁が多く，巻き網漁の場合は平均 4 人で出漁していた．H 村で観察された海サマ世帯の漁撈の刺網漁は，世帯（家屋）をともにする兄弟か従兄弟，あるいは父子関係にある男性らの協同によっておこなわれていた．全体的に海サマ世帯による漁撈も少人数でおこなわれるが，陸サマ世帯にくらべると 1 回の漁撈に参加する操業者数は多くなる傾向がある．このうち 1 回あたりの平均漁撈時間は，刺網漁で約 9.7 時間，手釣り漁が 8.5 時間，巻き網漁が 7 時間であった．刺網漁，手釣り漁の 1 回あたりの平均漁撈時間が 7 時間であった陸サマ世帯の漁撈時間に比べ，海サマ世帯の漁撈時間は 1.5〜2.7 時間ほど長くなる．

　漁獲高とのかかわりでは，刺網漁の 1 時間当たりの漁獲高は 3.5 kg ともっとも高い．ただし，海サマによる刺網漁は平均 2 名でおこなわれることが多かった．このため，1 人当たりに換算した漁獲効率は，1.84 kg/時間．人となる．巻き網漁での 1 時間当たりの漁獲高も 3.2 kg と高いが，1 人当たりに換算した漁獲効率は 0.82 kg/時間．人と低くなり，陸サマ世帯による刺網漁の漁獲効率とほぼ類似している．

　手釣り漁の 1 時間当たりの漁獲高は 2 kg だったが，1 人当たりに換算した

漁獲効率では1.6 kg / 時間. 人と高く, 陸サマ世帯による手釣り漁よりも高い漁獲効率を示した. 記録された海サマ世帯による3回の手釣り漁ではいずれもある程度の漁獲が確認されたが, 釣り漁は好漁時と不漁時の差が激しい漁法でもある. このため, サンプル数が増えれば, 海サマ世帯による手釣り漁の漁獲効率もより低くなる可能性がある. いずれにせよ, 漁獲効率という視点からは, 海サマ世帯による刺網漁や手釣り漁が, 陸サマ世帯によるそれよりも高い数値を示すことが指摘できよう.

3.4 漁法と漁獲される魚の種類

　前節までは陸サマと海サマによっておこなわれた漁撈の内容や, 各漁法の漁獲効率について検討してきた. ここではつぎにそれぞれの漁法でおもに漁獲された魚類の種類についてを整理しておく. その理由の一つは, このような漁法と漁獲対象との関係性に焦点をあてた定量的データが, 第3章でも指摘したように過去における漁撈活動を検討する上で有効な民族考古学データとなる可能性があるためだ.

　表5-9はフィールドワークで観察・記録されたそれぞれの漁法と, それらによって漁獲された魚類の関係について整理したものである. ここでは参考として, 実際に観察・記録できなかったbubu (筌) 漁や観察回数の少なかった突き漁についても, 聞き込みの際に得られた情報から整理した. この表が示すように, センポルナ郡周辺の海域でもっとも頻繁に漁獲されているのはアイゴ科, フエフキダイ科に属する魚類となった. 魚種としては, やや小型のブチアイゴ (*Siganus punctatus*) が多く, より大型で美味なゴマアイゴ (*Siganus guttatus*) がこれに続く. アイゴ科の魚類の多くは基本的に網漁によって獲られている.

　フエフキダイ科では, 体長が20 cm前後に満たないハマフエフキ (*Lethrinus nebulosus*), タテシマフエフキ (*Lethrinus ramak*), イソフエフキ (*Lethrinus mahsena*) の幼魚が目立った. フエフキダイ科の魚類は全体の70%近くが網漁によって獲られているものの, 残りの30%は釣り漁によっても獲られている点に特徴がある. また, フエフキダイ科の魚類は釣り漁において漁獲される魚類の中でもっともその漁獲量が多い魚科でもあった.

第 5 章　現代サマの漁撈　313

表 5-9　主要魚科の漁法別・漁獲頻度

順位	魚科 / 魚種	サマ語名	体長*	網	釣り	潜水	突き	採集	籠	毒	簗	合計
1	アイゴ科	belawis		12.57		1	2				○	882 kg
	Siganus punctatus	mugilap	10–20 cm	◎	○							
	Siganus canaliculatus	belawis	10–20 cm	◎	○							
	Siganus lineatus	berang	20–30 cm	○	○							
	Siganus guttatus	mugilap	20–30 cm	○	○							
2	フエフキダイ科	ketambak		5.84	6.5	2.5	2.5		○	○	○	552 kg
	Lethrinus nebulosus	anuping	15–40 cm	◎	◎							
	Lethrinus ramak	tilus	10–25 cm	○	○							
	Lethrinus olivaceus	lafusu	30–50 cm			○						
	Lethrinus mahsena	sakong	15–30 cm	○	○							
3	アジ科	daing poteh		1.37	○						○	96 kg
	Carangoides bajad	hande-hande	10–20 cm	◎								
	Carangichthys dinema		20–40 cm	○								
	Caranx melampygus	lumasan	20–40 cm	○								
4	ブダイ科	ogos		1.11	0.18	0.21			○		○	83.5 kg
	Scarus ghobban	bataban	15–35 cm	◎	○	○						
5	ベラ科	bukan		0.64	0.86	19			○	○	○	83 kg
	Choerodon anchorago	bukan	15–30 cm	◎	○	◎						
	Cheilinus fasciatus	lampet	15–30 cm									
6	イトヨリダイ科	kulisi		0.32	1.59	0.14			○		○	60 kg
	Nemipterus spp.	kulisi	15–25 cm		◎							
	Scolopsis bilineatus	sanengar	15–25 cm	○								
7	ダツ科	selo	30–50 cm	0.57	○		○					40 kg
8	ハタ科	kehapo'		0.04	1.4	1			○	○	○	35 kg
	Epinephelus ongus	bettan	15–25 cm		◎							
	Epinephelus merra	kukut	15–25 cm		◎							
9	ボラ科	belanak	30–40 cm	0.31							○	22 kg
10	フエダイ科	daing keyat		0.08	0.5				○	○	○	17 kg
	Lutjanus kasmira	malumiyat	15–25 cm									
11	ヒメジ科	timbungan		0.22		0.3						16.3 kg
	Parupeneus multifasciatus	kamuding	15–25 cm									
12	ワタリガニ科	kagon	10–20 cm	2.7				○	○		○ ○	16 kg
13	スズメダイ科	tibuk	10–20 cm	0.08		0.14						7 kg
14	ウニ類	tehe tehe	5–10 cm					1.5				
15	モンガラカワハギ科	tombad			0.09				◎			2 kg
	Pseudobalistes flavimarginatus	tombad tinus	20–40 cm		○				○			
	Balistapus undulates	kuput	15–25 cm		○				○			
16	エイ類	pahi/kihampau	20–40 cm	0.3			○					2 kg
17	イサキ科	leppe'	30–40 cm	○	◎	0.14						1 kg
18		keyot				○	○					
19	ハリセンボン科	buntal itigan	20–40 cm	○				0.15				1 kg
20	貝類	siput						0.15				
21	サメ類	kalitan			◎	○						
22	ナマコ	bat				◎	○					
23	イカ類	kanuus		◎	○	○						1 kg
24	タコ類	kuhita'				◎		○	○			
単位				kg	kg	kg	kg	kg				
サンプル数				70	22	7	4	6				

＊＝捕獲された魚種のみ　◎＝頻繁に漁獲　○＝漁獲あり

これらの魚科についで水揚げが大きい魚科として，アジ科，ブダイ科，イトヨリダイ科，ベラ科，サヨリ科，ハタ科，ヒメジ科，ボラ科に属する魚類が指摘できる．このうちアジ科魚類では，内湾やサンゴ礁周辺息に集中的に生息する小型のアジ科となるコガネアジ (*Carangoides bajad*) やイトヒラアジ (*Carangichthys dinema*)，カスミアジ (*Caranx melampyugus*) に属するアジ科魚類が集中的に獲られ，外洋域ややや深い海域に生息する中型から大型のアジ科魚類が漁獲されることはほとんど確認されなかった．アジ科魚類の多くは網漁での漁獲が目立っている．また，ブダイ科ではビブダイ (*Scarus ghobban*) の水揚げ量が高く，ヒメジ科ではインドヒメジ (*Parupeneus multifasciatus*) の漁獲が多く確認された．これらの魚科やボラ科魚類も網漁での漁獲が目立った．

　これに対し，ベラ科，イトヨリダイ科，ハタ科，フエダイ科の魚類は釣り漁や潜水漁での漁獲が目立っている．このうち，ベラ科としてはクサビベラ (*Choerodon anchorago*) の水揚げ量が圧倒的に高かった．クサビベラは大型のものでは体長 50 cm までに成長するが，おもに漁獲されるクサビベラのサイズは大きいものでも体長 30 cm 前後で，多くはより小型のサイズが確認されている．これら小型のベラ科魚類は網漁によっても多く漁獲されている．

　いっぽう，イトヨリダイ科やハタ科魚類は釣り漁での漁獲が圧倒的に高かった．ハタ科魚類で漁獲が多かったのは，サイズの小さいナミハタ (*Epinephelus ongus*) やカンモンハタ (*Epinephelus merra*) などであり，体長 30 cm を超える中型以上の魚類が漁獲されることはきわめて稀であった．フエダイ科でおもに漁獲が確認されたのは，小型のヨスジフエダイ (*Lutjanus kasmira*) が主流で，中型以上のフエダイ科魚類を確認することはできなかった．

　また，調査中には実際に観察できなかった *bubu*（筌）を利用する籠漁で，おもに捕獲される魚科として指摘されたものでは，モンガラカワハギ科の頻度がもっとも高かった．センポルナ海域でよく漁獲されるモンガラ種には，体長 40 cm 前後のキヘリモンガラ (*Pseudobalistes flavimarginatus*) や，体長が 30 cm 程度までにしか成長しないクマドリ (*Balistapus undulates*) がある．

　ところで漁獲された魚のサイズについては，網漁や釣り漁といった漁法の違いに関係なく，水揚げされている魚類のほとんどが，体長 30 cm 以下の小型魚類で占められていた．これは漁場との相関性でも検討するが，基本的に調査

村落で実践されていた漁撈活動の多くが，村落からそれほど遠くない村落周辺の海域内でおこなわれていることを背景としている．こうした村落周辺の頻繁に漁撈活動がおこなわれる海域は水深も浅く，魚類資源が減少しつつある近年では，中型以上の魚類の生物量も少ない．

3.5　漁場とのかかわり

　ここでは最後に，漁撈活動がどのような漁場で実践されたのかを整理しておきたい．漁場にかかわる民族誌的情報も，過去における漁撈活動を検討する上で重要な民族考古学データとなる可能性がある．ただし漁場の確認調査は，同行調査の場合は同行時に容易に確認が可能であったが，帰漁後の聞き込み調査の場合は正確な漁場を確認することは困難であり，かなり大まかな位置を確認するのが限度であった．それでも，これらの情報はそれぞれの漁法が頻繁に実践される漁場や，その結果として主要な生息魚科の分布をある程度には可視化させてくれる．

　聞き込みを実施するにあたり，漁撈者が好漁場と認知している漁場を事前に確認する目的から，独自の地名で呼ばれている漁場名の収集やその大まかな位置を確認した．図5-6は，各村落での聞き込みによって収集・確認された漁場名とその位置である．図中において点線によって囲まれている海域は，すべて潮間帯に相当する水深の非常に浅い礁原域であり，干潮時には礁湖など一部の海域を残してすべて陸地化する海域でもある．とくにブンブン島の南部からカリンディンガン島にかけて形成される礁原域は広大で，海底は砂状を基本としサンゴ礁も疎らにはみられるが，藻や海藻の発達した海域が目立つ．

　これに対し，オマダル島を起点として形成されるサンゴ礁域はより水深が深く，干潮時でも完全に水が干上がる海域はきわめて少ない．海底は基本的に砂状で，水深5m前後の礁湖も多く形成される．サンゴ礁はこうした礁湖に集中している．図5-6にある *Balintan* や *Halo Kapal* と呼ばれる漁場はいずれもこうした礁湖である．

　カリンディンガン島を中心とする広大な礁原と，オマダル島を中心とする礁原の間には水深のやや深い（10～20 m）水道が形成される．同様にカリンディ

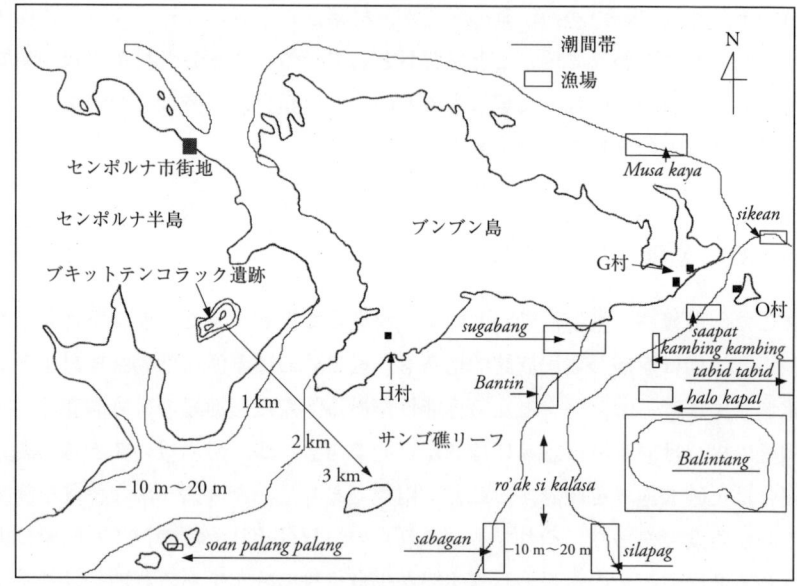

図 5-6 遺跡周辺のおもな漁場

ンガン島を中心とする礁原と，センポルナ半島の間にも同じような水深のやや深い水道が存在する．このうち，前者の水道沿いにはサンゴ礁が集中的に生息し，礁縁 angan を形成している．図 5-6 を参照してもわかるように，おもに命名されている漁場の多くがこの礁縁域に集中している．

センポルナ半島側の沿岸域は，その多くがマングローブ林で覆われているが，調査村落に居住する陸サマや海サマが，この海域で漁撈活動をおこなう事例は確認できなかった．これに対し，センポルナ半島とブンブン島を隔てている水深のやや深い水道域では，ダブル・アウトリガー舟から釣り漁をおこなう人びとをよく見かけた．またその沿岸域には，数箇所に築 bunsud が設置されているのを確認した．

スールー諸島のシタンカイ海域に居住する海サマの空間認識に関する研究をおこなった長津によれば，サマは沿岸のサンゴ礁空間から外洋域までにいたる海域を細かく分類して認識している (長津 1995, 1997)．その中でも重要な漁撈空間として認識されているのが，t'bba と称されるサンゴ礁海域である．

この t'bba はさらに細かく，①ビーチロックを伴う汀潮帯となる bihing deya'，

②海底が見える礁湖である halo，③干潮時に完全に水が干上がる礁原となる diyata' kud，④干潮時にもわずかだが水深のある礁原となる b'ttong ambiyul，⑤サンゴ礁の外海側の縁で海底の底が見える部分からなる angan，⑥それよりも深く海底が見えづらくなる bowa' angan，⑦さらに深くなり段上になる bowa' pepak，そして⑧海底が見えない水深 10 m 以上の海域は，すべて外海となる s'llang として認識分類される（長津 1997）．

　このうち，私が観察・記録できた漁撈活動のほぼすべては，サマの認識では t'bba と呼ばれるサンゴ礁海域で実践され，とくに halo や b'ttong ambiyul，angan に集中していることが確認された．漁場空間としては近いところで村落から 500 m 以内，遠いところでは 5 km 以上離れた漁場で漁をおこなう事例も少なくなかった．

　このほかに直接に観察することはできなかったが，より遠方に位置するレゲタンリーフなどの海域で数日間の漁をおこなう海サマも確認された．とはいえ，観察・記録された漁撈活動は一日のうちに帰村できる範囲でおこなわれるものがほとんどであり，長いものでも翌日に帰村する事例が海サマ世帯において確認されるのみであった．

4 ❖ 漁獲物の消費から廃棄までのプロセス

4.1　サマによる漁獲物の利用パターン

　サマの漁撈活動は自家消費を目的としておこなわれることもあるが，漁獲の販売による現金獲得を目的とした経済活動としての側面も強い．このため漁獲後における海産物の利用は，おもに 2 つのパターンに分けられる．すなわち，(1) 自家消費による利用か (2) 村内あるいは村外への販売の 2 つである．

　自家消費の場合，漁獲量が高ければ世帯以外に村落内の家族間で分配されることもあるが，世帯内で消費するのがもっとも一般的だ．また，漁獲を浜辺で他の村民に無料分与するような事例は確認されなかった．他の村民一般を対象とする際には，販売されるのが一般的である．この場合，魚種にかかわらず

1 kg 当たり 2 RM が相場であった．

　ただし，陸サマ世帯が漁獲を村内で売り歩くことはなく，陸サマ村内でみられた販売は，いずれも近隣の海サマ世帯によるものであった．こうした直売は女性や子供によって担われることが多い．これに対し，村落外へ販売する場合は陸サマの仲買世帯によっておこなわれることがもっとも多い．ただし陸サマの中には漁獲物を乗り合いバスや乗り合い船に載せて，自らセンポルナの市場へ運び販売する人びとも確認された．

　調査地における陸サマの仲買世帯の場合，その傘下にある海サマや陸サマの漁家世帯から，市場価格よりも安い値段で鮮魚を買い取る．こうして購入された鮮魚は氷を入れたプラスチック製のアイスボックスに保存され，40～60馬力の船外機を装備したスピードボートでセンポルナ市街地にある魚市場へと運ばれ，市場を拠点とする魚商人に売却される．魚商人は市場での販売権（ライセンス）をもっており，そのまま魚市場で販売する場合と，氷詰めにした鮮魚をトラックに積載し，さらにタワウやコタキナバルなどサバ州の都市部へ輸送する場合がある．ただし，センポルナを拠点とする魚商人の多くは中国系やタオスグ系世帯によって占められ，サマ世帯はそれほど多くなかった．

　このほかに調査地で確認された販売形態に，活魚の利用がある．調査村で活魚の仲買をおこなっていた世帯は，S村でのみ確認された．活魚の提供者（傘下漁民）はいずれも海サマ世帯であり，おもな魚貝種はスジアラやメガネモチノウオ，トコブシであった．これらの魚貝類は，仲買世帯の杭上家屋に隣接する生簀で畜養され，一定のサイズに達するとセンポルナを拠点とする中国系マレーシア人らの養殖業者に販売される．養殖業者によって購入された活魚は，さらにセンポルナ周辺の養殖場で畜養された上で，サバ州やマレー半島の都市部や香港などへ輸出されるのである．

　以上がサマによる一般的な漁獲物の利用パターンとなるが，ここでは（1）自家消費を含めた日々の食料としての利用状況と，（2）商品として販売する際の経済状況についてを，フィールドワークによって収集されたデータに基づき記述する．

第 5 章　現代サマの漁撈

表 5-10　調査村における食事調査の結果

	S 村 (14)*		H 村 (11)		海サマ集落 (14)	
食品	kcal	RM	kcal	RM	kcal	RM
コメ	802	72.2	585	85.5	428	47.3
小麦	216	14.7	210	30	270	22.8
キャッサバ	104	9.5	351	36	488	58.1
バナナ	45	7.4	22	9	32	6.5
麺	21	8.5	82	14	28	12.5
魚類	223	53.7	231	12	238	0
肉類	85	38.1	29	28	29	14.5
砂糖	294	21.3	216	33	258	22.6
加糖飲料	15	12.5	6	8	14	13.2
備考	1人/1日	家族/月	1人/1日	家族/月	1人/1日	家族/月

*（　）はサンプル世帯数
出所：筆者による食事調査より

4.2　漁獲物の自家消費

　漁撈活動によって獲得された魚介類が，実際にどのくらいの頻度で消費され，当該社会の食生活においてどのような役割を担っているのかを検討することは，過去における人びとの食生活や漁撈の役割を検討する上でも，必要不可欠なプロセスであろう．そこで筆者によるフィールドワークでは，調査村落における食料摂取の実態を確認する目的から，食事調査を実施した[77]．

　まず表 5-10 は，計量による食事調査によって得られた得られた結果から成人 1 人当たりの 1 日の平均摂取量を，聞き取り調査によって得られた結果から 1 世帯当たりの 1 か月間の食費量を算出したものである[78]．これらの結果

---

77) この調査ではまず，1 世帯当たりの 1 か月間に消費される食品群の総量と，総額を聞き込みによって収集した．その上で，各村落において異なる生業経済活動に従事している数世帯を対象とし，1 日 3 回の食事調査を実施している．この食事調査は，各村落で 3～5 日間の期間で実施し，コメ，小麦粉，キャッサバ，砂糖，調理油といった主食となる食品群は，毎回その重量を計測することで，1 回の食事における消費量を算出した．これに対し，魚，肉，野菜，果物，缶詰といった副食に当たる食品は，基本的には調理前後の時間帯を狙って計測をおこなった．
78) 各食品が有するエネルギー量，タンパク質量は，日本食品標準成分表（科学技術

を検討すると，成人男性1人が1日に摂取するエネルギー量は村落で若干の偏差があるものの，1762.5～2279 kcal で，平均 2013 kcal となった．したがってサマにおける成人1人当たりの1日のエネルギー摂取量は，おおむね 2000 kcal 前後とすることができよう．この数値は FAO によって提唱されているアジア人の1日における必要摂取エネルギー量（2300 kcal）よりも若干少ない（FAO/WHO 1972）．

これに対し，陸サマおよび海サマ世帯における魚類の摂取量は両世帯でともに高く，S村およびS村に隣接する海サマ世帯，H村での世帯調査によれば，成人男性1人が1日に摂取する魚肉量はS村で 185 g（223 kcal），海サマ集落で 198 g（238 kcal），H村で 192 g（231 kcal）となった．

副食である魚類の重要性は，摂取エネルギー量よりも人間が毎日摂取しなければならないタンパク質量と密接にかかわることになるが，調査村落において成人男性1人が1日に摂取するタンパク質量は，平均して約 58.7 g だった．FAO らによって指摘される1日当たりの必要摂取量が約 40 g であることを考慮するなら，調査村落における人びとのタンパク質摂取量は，必要摂取量を十分にクリアしていることになる．

いっぽう，1世帯が魚類を獲得するために1か月間に消費する魚の購入費は，S村の陸サマ世帯が 53.7 RM だったのに対し，海サマ世帯は 0 RM，H村の陸サマ世帯では 12 RM であった．とくに海藻養殖をいとなむ世帯が多いS村で魚類を購入する割合が高い．聞き取りと観察では，これらS村の陸サマ世帯は隣接する海サマ世帯から魚類を購入することが多かった．

このほかに漁撈とのかかわりで興味深いのは，陸サマおよび海サマ世帯におけるキャッサバの摂取量の格差である．キャッサバは 18～19 世紀以降，コメと同様にサマの重要な主食の一つとして利用されてきた食物である．またデンプン質でもあるキャッサバは「コメに比べて腹持ちがよく，とくに体力の消耗が激しい漁撈活動の際にはキャッサバを好む」という語りが，聞き取りでも頻繁に聞かれた（小野 2006, Ono 2006）．

表 5-10 が示すように海サマ世帯のキャッサバ摂取量は高く，成人男性1人

庁 1978）に基づいて換算した．

が1日に摂取するキャッサバ量は139 g (488 kcal) で，コメ摂取量の125 g (428 kcal) を超えた．ついで漁家世帯の多いH村の陸サマ世帯での消費が高く，その摂取量は1日あたり100 g (351 kcal) であった．これに対し，海藻養殖をいとなむ漁家世帯が多いS村でのキャッサバ摂取量は，1日あたり29 g (104 kcal) ともっとも低い．調査時におけるコメ1 kgの相場価格は2 RM，キャッサバは2〜3 RMであったため，この相違は経済的な理由ではなく，むしろ漁撈頻度とのかかわりを示していると考えられる．

　キャッサバと漁撈については，「この二つこそがサマが現在も維持するサマの伝統である」とする語りが，聞き取りでも頻繁に確認された．とくに陸サマによる語りからは，漁撈をおもな生業とし，キャッサバ消費量が高い海サマ世帯はより伝統的な生活を継続しているというイメージを陸サマ世帯がもっている可能性を示唆している．同じく「海サマは現在もサマの伝統的な生活をいとなむ人」と表現する陸サマ村民も多かった．

　ところでサマにおけるキャッサバの調理法は，粉末デンプン状に加工したキャッサバを土製，あるいはアルミ製のフライパンで炒めて食べるのがもっとも一般的である．この調理法で料理されたキャッサバはサマ語で*aggan*と呼ばれる[79]．中でも土製ストーブ*dapor kayu*を利用して，薪による火力で調理した*aggan*がより美味とされており，調査をおこなった世帯群では，キャッサバ料理の際に，土製ストーブを利用する場合が多く確認された（写真44：1）．また現在にまでいたるサマの土製ストーブの利用は，キャッサバの利用と相関関係をもつ可能性が指摘される（Ono 2006; 小野 2007）．

　最後にサマによる調理法について簡単に触れておくと，サマによる調理法の基本は煮る，焼く，揚げるの3つであり，基本的に生肉を食べることは少ない．またどの調理法を選択するかは，料理される魚科やサイズによって異なっている．たとえばモンガラカワハギ科の魚類であれば，大形のものは焼き魚として食され，小型のものであれば焼く以外に煮て食べられることもあるが，一般的には焼かれることが多い．同じく好んで焼かれる魚には，ブダイ科やゴマアイゴ，アジ科やサバ科などがある．キャッサバの調理と同様に，焼き魚の場合に

---

[79] キャッサバ料理には，このほかに粉末を水と混ぜてから蒸した*putu'*や，ココヤシと混ぜてお菓子にした*sanglag*, *tompah*などがある．

| 1 土製ストーブでキャッサバを炒める様子 | 2 土製ストーブでコガネアジを焼く様子 |

写真44　サマの調理風景

も土製ストーブが利用される事例が多く確認された（写真44：2）．いっぽう，小型のフエフキダイ科やアイゴ科の魚類は油で揚げるか，スープとして煮て食べることが多い．

4.3　漁獲物の販売

　漁撈を専業的におこなってきたサマ世帯にとって，漁撈活動は単なる生業活動だけではなく，現金の獲得を目的とした経済活動でもある．ここでは陸サマおよび海サマ世帯による漁獲物の販売を目的とした水揚げ頻度や水揚げ量，それによって得られた現金収入の額について整理し，漁家世帯におけるサマ漁撈の経済的側面について検討する．

　表5-11は2004年11月6日〜25日の19日間に，H村の仲買人であるR氏宅で水揚げをおこなったすべての漁を対象とし，その出漁者，出漁日，漁獲種，水揚げ高などを整理したものである．

　R氏は2004年現在において，H村でもっとも多くの傘下漁民をもつ仲買人であり，彼の傘下では海サマ世帯を中心に多くの漁家世帯が水揚げをおこなっていた．実際，私が観察をおこなった19日間にも，R氏宅での水揚げ回数は合計で71回におよんだ．このうち海サマ世帯による刺網漁の水揚げが53回，陸サマ世帯による手釣り漁の水揚げが18回である．

　水揚げ量は魚科別にR氏宅で計測され，それぞれの漁獲高に応じてすべて

表5-11 H村R氏宅での水揚げ量の記録（2004年11月6日～25日）

日付		2004年11月																			合計	平均
		6	7	8	9	10	11	12	13	14	15	16	17	18	19	20	21	22	23	24	25	(kg)	(kg)
海サマ世帯	A	–	51	–	–	39	–	–	–	37	–	–	–	–	9	–	–	–	27	20	–	183	30.5
	B	8	–	–	17	–	43	29	31	–	–	–	–	–	–	31	18	47	59	61	51	395	35.9
	C	–	46	–	–	–	–	–	–	–	35	38	–	16	21	–	–	–	–	–	–	156	31.2
	D	–	–	–	–	–	–	56	41	–	–	–	–	–	–	–	–	–	–	48	–	145	48.3
	E	–	–	–	–	–	48	13	–	25	–	–	–	18	–	–	–	–	–	–	–	104	26
	F	58	47	–	–	–	–	–	–	–	–	–	–	–	–	–	–	–	–	–	–	105	52.5
	G	47	–	–	38	–	–	–	–	–	–	–	–	–	–	–	–	–	–	–	–	85	42.5
	H	–	–	–	–	–	–	27	–	–	–	–	–	–	30	–	–	–	–	–	–	57	28.5
	I	–	–	–	–	–	36	–	–	–	–	–	–	26	–	–	–	–	–	–	–	62	31
	J	–	–	–	–	–	–	–	–	–	–	–	–	–	–	–	35	8	–	–	–	43	21.5
	他*	14	23	–	–	–	–	–	–	–	19	28	–	36	13	–	–	–	–	–	29	162	23.1
小計		127	167	0	55	39	43	169	112	37	79	66	0	52	69	114	26	47	86	129	80	1497	33.7
陸サマ世帯	a	6	–	–	15	–	–	–	–	–	–	–	–	–	10	–	–	–	16	–	–	47	11.7
	b	–	–	–	5	–	–	–	–	–	–	–	–	–	–	–	–	–	8	–	–	13	6.5
	c	–	–	–	–	–	–	–	–	–	–	–	–	–	–	–	–	13	10	–	15	38	12.6
	他*	–	–	–	–	–	–	–	–	–	–	–	–	–	–	–	–	–	–	13	13	26	13
小計		6	0	0	0	20	0	0	0	0	0	0	0	0	10	0	0	13	34	13	28	124	10.9
潮汐**		小	小	長	若	中	中	大	大	大	中	中	中	小	小	小	長	若	中				
月齢期		23	24	25	26	27	28	29	0	1	2	3	4	5	6	7	8	9	10	11	12		

* 他＝水揚げが1回しか記録されなかった漁師による漁獲量の合計
** 潮汐：小＝小潮，長＝長潮，若＝若潮，中＝中潮，大＝大潮
出所：筆者による聞き取りと観察

R氏へと販売された．漁獲の販売は現金取引でおこなわれるが，R氏からの前借がある場合はその分が相殺される．ただし，観測された漁撈活動は出漁者が漁獲をR氏宅で水揚げ・販売した場合に限られており，自給や他の仲買人への販売など，それ以外の目的でおこなわれた漁撈活動の詳細は不明である．また，観測期間中にR氏宅で水揚げを1回しかおこなわなかった漁師の漁獲は，すべて「他」に含めて整理した．

まず陸サマについて見てみると，観測期間中にR氏宅で2回以上の水揚げをおこなった陸サマ世帯は3世帯のみであった．これらははすべて手釣り漁による漁獲物の水揚げである．表5-11が示すように，調査期間中に陸サマ世帯によっておこなわれた水揚げ回数は少なく，もっとも多かったa世帯でも19日間に4回のみであった．b世帯およびc世帯の水揚げ回数は3回である．また陸サマ世帯による平均水揚げ量は1回当たり10.9 kgとなった．

これに対し，観測期間中にR氏宅で2回以上の水揚げをおこなった海サマ世帯は10世帯を数えた．したがってR氏宅で水揚げをおこなった頻度は，海サマ世帯のほうがより多いことになる．これらのデータに基づくなら，海サマ世帯による1回当たりの平均水揚げ量は33.7 kgであり，その水揚げ量も陸サマの約3倍である．

　ただし前述したように，これらの陸サマや海サマ世帯が必ずしもすべての漁獲物をR氏宅で水揚げし，販売しているわけではない．たとえば陸サマ世帯の中には，漁獲量が多ければ直接センポルナ市内にある魚市場へ運び，そこで販売することもある．海サマ世帯の場合，鮮魚はR氏に販売しつつ，同時に水揚げの一部を塩干加工している世帯もあった．これらの世帯は塩干魚をフィリピン領となるシタンカイへ運び，現地の問屋などに販売するという．したがって，ここで記したデータのみから陸サマ世帯や海サマ世帯が漁撈によってどの程度の収益を得ているかを判断するのはやや難がある．

　そこで私はそれぞれの漁家世帯に対し，自己申告という形式で毎月の推定平均収入についての聞き取りもおこなった．その結果を整理したのが表5-12である．これによれば，S村の陸サマ漁家世帯における平均月収入では，網漁などに従事する世帯が700 RMであったのに対し，海藻養殖に従事する世帯では588 RMであった．いっぽう，H村の陸サマ漁家世帯の場合，網漁に従事する世帯では573 RM，手釣り漁をおもな漁法とする世帯では390 RMであった．これらのデータは自己申告による推定収入であり，必ずしも正確なものではないが，それでも大まかな傾向を確かめることはできるであろう．

　これに対し，S村に隣接する海サマ世帯でおこなった聞き取りで，自己申告に基づき確認された推定月収額は，網漁をおもに利用する世帯で607 RMであった．さらにこのうちの4世帯が，1か月間に900 RM以上の収入があると自己申告している．このような状況は，表12において19日間に11回もの水揚げをおこなっている海サマのA世帯の存在などからも裏づけよう．実際，この11回での水揚げによってA世帯が得た売り上は864 RMであり，単純に計算すれば，1か月で1000 RM以上の収入を得ていることが推測できる．

　海サマ世帯でも，手釣り漁をおもな漁法としている世帯の推定月収額は475 RMと低くなった．したがって，両世帯を通して網漁をおもに利用してい

表 5-12 漁家世帯の自己申告による 1 か月の推定収入額（総利益）

村名	S村 (11)		H村 (17)		海サマ村 (19)	
世帯	網漁 (2)	海藻養殖 (9)	網漁 (6)	手釣り漁 (11)	網漁 (13)	手釣り漁 (6)
～299	0	0	0	4	1	1
300～599	0	5	4	5	6	4
600～899	2	2	2	2	2	1
900～1199	0	1	0	0	3	0
1200～	0	0	0	0	1	0
平均値 / RM	700	588	573	390	607	475
標準偏差	100	196	208	175	320	110

* () は対象とした漁家世帯数
出所：筆者による聞き取り

る世帯での月収入がより高くなる傾向が指摘できる．ただし表5-12の標準偏差からもわかるように，網漁をいとなむ海サマ世帯の推定月収額には世帯間のばらつきが大きく，高い月収額を申告した世帯があるいっぽうで，手釣り漁世帯と同じくらい低い月収入額を申告している世帯も少なくない．また全体としては，より頻繁に出漁し，長時間におよぶ漁撈をおこなっている海サマ世帯のほうが，より多くの収入を漁撈活動によって得ている傾向が指摘できる．

4.4 漁獲の廃棄

つぎに漁獲物の廃棄状況について記述する．廃棄状況などは文化人類学や社会人類学的なフィールドワークでは無視されがちであるが，人びとの生活の痕跡から過去における人間活動を検討する考古学研究の視点においては不可欠な情報であり，調査時現在における人びとの生業や資源利用を対象とした生態人類学的なフィールドワークにとっても重要な検討事項の一つであろう．

ただし，フィールドワーク中に確認できた漁獲物の廃棄状況は，いずれも漁獲物が村落内で消費された場合に限り，村落外へ販売されてしまった漁獲物までは確認することができなかった．そこでここでは漁獲物が村落内で消費された場合の廃棄過程についてのみ記述する．

漁獲物が食料として消費された場合，魚骨などの残滓が生じる．これらは各世帯で飼育されている猫によってさらに消費されるか，食事中あるいは食後に廃棄されることになる．サマの居住空間は，基本的に潮間帯上に杭上家屋として形成されているため，食事後の残滓はその他の廃棄物と同じく，家屋の下に広がる海に直接捨てられることになる．

　この際の廃棄の過程は，それが食事中の場合であれば，床板の合間などから床下へ捨てられることになるが，残飯して猫の餌として再利用されるか，窓などから捨てられることも多い．また床下や家屋周辺に廃棄された残滓は，干潮時に犬や猫によってさらなる消費の対象となることが多く確認された．このためか，私は干潮期に家屋の床下を踏査したことがあるが，魚骨と認められる残滓は少なく，また一括して分布が集中する事例も確認されなかった．類似する傾向は，マレー半島でおこなわれた後藤明による観察でも確認されている（後藤 1997, 2001）．

　こうした魚類の場合に対し，貝・ウニ類の残滓となる貝殻やウニ殻の廃棄は基本的に調理時においておこなわれ，食物となりえないこれらの残滓が猫や犬によって再利用されることもなかった．このため，廃棄された貝・ウニ類残滓は一定の場所に分布することが確認された．また，その際の分布域は調理時における廃棄を背景としてか，家屋の中でも日常的に調理の際に利用される空間周辺の床下に集中する．

　ただし，潮間帯に位置するサマ人の居住圏では廃棄された貝殻も潮汐の影響を受けるため，廃棄直後には一定空間に集積されても，やがては広範囲に分散してしまう．また現在のサマ世帯で貝・ウニ類が毎日のように食卓に上がるのは稀であり，その消費量は概して少ない．このためか廃棄された貝・ウニ類残滓が貝塚のような堆積層として形成されるような事例は確認されなかった．

5 ❖ 「近代」以降の漁撈戦略
—— ボルネオ島東岸域の様相

5.1 センポルナ郡におけるその他の漁業形態

　これまで検討してきたのは，いずれもセンポルナ郡の離島域に居住するサマによって個人あるいは親族単位を基本としておこなわる「近代」化以降の漁撈活動についてであり，基本的にこれらは小規模漁業として認識できる漁撈活動でもある．これに対し，現在のセンポルナ郡では，より大型の動力船や漁具を利用し，大規模におこなわれる商業的要素のより強い漁撈もおこなわれている．ここでは(1) 1回の漁において投下する労働量が少なく(1～4名前後の漁撈人数)，(2) 漁船が小さく(無動力船か5～60馬力までの動力船)，(3) 漁場がサンゴ礁の発達する沿岸域に限定される漁業を「小規模漁業」と定義したい．いっぽう，(1) 1回の漁において投下する労働量が大きく(5名以上の漁撈人数)，(2) 中型から大型漁船(60馬力以上の動力船)を利用し，(3) 漁場がサンゴ礁域をこえて外洋域にまで達する漁業を「中・大規模漁業」と定義した上で，これらセンポルナ港を基地としておこなわれている中・大規模漁業について紹介する．

　センポルナ郡においては，これまで検討してきたようにサマによる小規模漁業が個人・世帯単位でおこなわれるのに対し，中・大規模漁業は雇用関係を基礎とし，華僑を含むさまざまなエスニック集団が，大人数で従事する傾向がある．とくに大規模漁業における動力船や漁具の所有者は，その多くが資本力の高い中国系マレーシア人であり，サマが占める割合はそれほど高くない．むしろ大規模漁業におけるサマ漁民の多くは，船員として従事することが多いが，船員を構成しているエスニック集団は，サマのみが突出しているわけでもない．

　こうしたセンポルナ郡の中・大規模漁業は，おもに1960年代頃より本格化するエンジンの導入や，サバ州における急激な人口増加によるサバ州の魚肉需要の高まりとともに出現し，1990年代以降においては，外礁域でマグロやカツオをねらった巻き網漁やエビを狙ったトロール網漁(写真45)が活発におこなわれるようになった．

　その結果，センポルナのマグロやカツオの水揚げ量は，1992年の863トン

| 1 中型のトロール船 | 2 大型の動力漁船 |

写真45　中・大型の巻き網船やトロール船

から翌年の1993年には2445トンへと激増し，さらに1994年には3684トンとサバ州内でももっとも高い水揚げ量を記録した (Jabatan Perikanan Sabah 1993, 1994, 1995)．こうした外洋魚類を対象とした大規模漁業の発展は，動力船や新たな漁具の普及のみでなく，1960年代よりはじまった冷蔵施設の普及や，サバ州内をむすぶ幹線道路や飛行場建設による空路の開通といった一連の近代化を背景としている．

　もちろん，人口増加を端とする魚肉需要の急増も要因の一つであろう．いっぽう，サンゴ礁が発達するセンポルナ海域でのトロール網漁は漁場が限られており，センポルナ港を母港とするトロール船の多くは，実際には近隣のタワウやラハ・ダトゥ方面で数週間に渡って操業し，現地で水揚げをしてセンポルナへと戻ってくることが多い．このためセンポルナでのエビ類の水揚げはそれほど高くなく，タワウやラハ・ダトゥに比べかなり低い．

　いずれにせよ，これら中・大規模漁業の急速な発展により，センポルナ郡における水揚げ高は必然的に増加した．図5-7は，1975年から2000年におけるセンポルナ郡での水揚げ量の記録を整理したものであるが，センポルナ郡での水揚げ量は，1983年頃より2000～3000トン近く増加している．さらに1993年から1995年にかけては10000トン以上の増加を経験した．このうちの実に約6000トンがマグロ属の水揚げで占められており，センポルナは外洋魚の水揚げ港としても知られるようになった．

　ただし1996年以降には，一転して減少傾向にある (Jabatan Perikanan Sabah

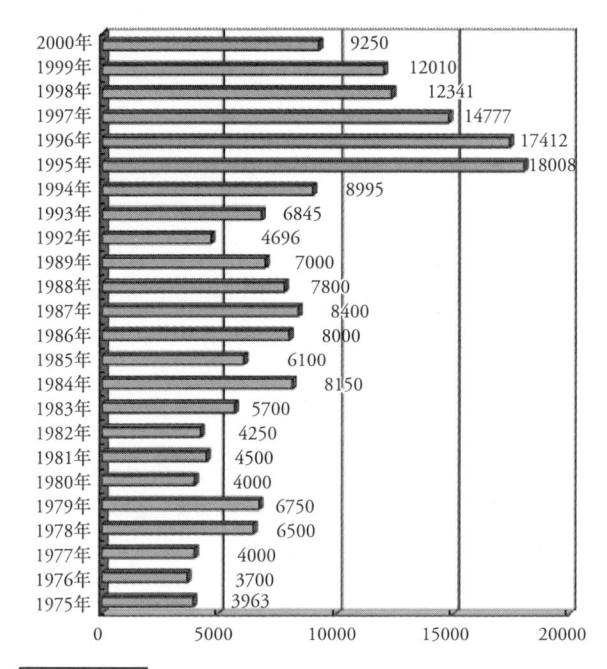

図 5-7　1975 年〜 2000 年におけるセンポルナの水揚げ量変化

年	漁獲量/mt
2000年	9250
1999年	12010
1998年	12341
1997年	14777
1996年	17412
1995年	18008
1994年	8995
1993年	6845
1992年	4696
1989年	7000
1988年	7800
1987年	8400
1986年	8000
1985年	6100
1984年	8150
1983年	5700
1982年	4250
1981年	4500
1980年	4000
1979年	6750
1978年	6500
1977年	4000
1976年	3700
1975年	3963

出典：Jabatan Perikanan Sabah 1974-1990, 1992-2001 より筆者作成

1993-2001）．これが一時的な現象なのか，あるいは乱獲により近隣の海産資源そのものが減少しているのかを判断するにはもう少し時間が必要である．しかし，センポルナにおいて登録されている漁船数にはそれほど変化がないことを考慮するなら（Jabatan Perikanan Sabah 1974-1990, 1992-2001），1990 年代に比べれば，センポルナでの水揚げ量が減少しているのは確かである．

実際，私のフィールドワークにおいても，沿岸資源（魚）の量がかつてと比べると減少しつつあると答えた漁民が大半を占めた．こうした状況に対し，センポルナ郡では保護海域の設定やコミュニティレベルでの資源管理プログラムはまだそれほど浸透しておらず，多くの漁場はオープンアクセスを基本としている．唯一の例外は国立公園の管理下にあるガヤ島周辺の海域だが，実際にはこの海域内でもパトロール船のいない隙を狙って漁業活動がおこなわれること

は多く，完全に保護されている海域というのは確認できなかった．いっぽう，コミュニティレベルでの資源管理として，州政府の指導下でおこなわれていたのはアガルアガルの海藻養殖のみであった．

しかしアガルアガルの養殖は，その方法こそ容易であるものの，実際に計画通りに収穫を得るのはそれほど容易でなく，養殖業が完全に定着した成功例は少ないようだった．本章でもオマダル島のS村でこの養殖事業が進んでいる状況を紹介したが，こうした政府主導による新たな漁業がどこまで浸透するかを見極めるのにももうしばらく時間が必要であろう．

このほかにセンポルナ郡で浸透しつつある漁業活動としては，活魚の輸出を目的とした畜養業があげられる．これはサマの場合はおもに陸サマ世帯で従事している世帯が確認されたが，その大半はセンポルナの市街地周辺で生簀を所有する華僑系の畜養業者で，陸サマ世帯の畜養業者の多くもその下部組織を形成しているにすぎない．

こうした活魚を対象とする漁業では，シアン化合物などを用いた毒漁がおこなわれることはしばしばあるが，ダイナマイト漁は対象漁獲を殺してしまうため利用することができない．このため，畜養業の浸透はダイナマイト漁の規制に間接的に影響する可能性はある．ただし，畜養の対象となる魚種は限られており，これらを提供する漁民側にとっては，こうした限られた魚種のみを狙って漁撈活動を続けるのは困難であり，畜養業者への漁獲の販売は数あるオプションの一つとして認識されているというのが現状であろう．

5.2 現代サマの漁撈戦略

本章ではボルネオ島東岸域に居住する現代サマの漁撈にかかわる民族誌を，大きく陸サマ集団と海サマ集団の二つに分けた上でやや詳細に紹介してきた．

ボルネオ東岸のサマを二つの集団に分けて論じたのは，これら二つのサマ集団がもつ歴史・社会的背景の違いとともに，両者にみられる漁撈戦略そのものにも違いがあることによる．まず陸サマ集団にみられる漁撈活動はそれほど専業的ではなく，むしろ副業的に実践されている傾向を指摘できよう．したがって，その背後にみられる漁撈戦略も，漁撈活動をもって主要な経済活動として

いる世帯は少なく，収入や食糧を得るための数ある選択肢の一つとして漁撈活動が位置している印象を受ける．

　海産資源を積極的に利用することで経済活動としている事例としては，仲買業を営む陸サマ世帯をあげられるが，これらの世帯も当事者が積極的に漁撈活動をしているわけではなく，彼らの多くは海サマ世帯を中心とする他の漁撈者が提供する漁獲物を購入し，市街地で販売するのが主な活動となる．したがって現代の陸サマ集団においては，釣り漁を中心に漁撈活動をおこなう人びとは多いものの，専業的に漁撈活動に従事していると認識できる世帯はかなり稀であると結論できる．

　これに対し，調査対象地における海サマ世帯の多くは専業的な漁民として日常的に漁撈活動に従事していた．また漁撈活動による現金収入の額も，これら海サマ世帯のほうが，陸サマ世帯で主な経済活動が漁撈だと回答した世帯に比べてより高くなることも確認された．そのいっぽうで，これら海サマ世帯はセンポルナ郡においては地元民とは認識されておらず，マレーシア人としての身分を有していないものも少なくない．

　さらに彼らの多くはセンポルナ郡に土地を持っておらず，沿岸のサンゴ礁域に杭上家屋を建てて短期的に居住，あるいは定住しているのが一般的である．したがって，都市部や内陸部へ移動しない限り，これら海サマ世帯にとって現金を獲得できる唯一の手段が漁撈なのである．こうして漁撈活動によって得られた現金で，海サマ世帯の人びとは主食となるキャッサバやコメのほか，生活を営む上での必需品を購入している．つまり海サマ世帯の漁撈戦略は，何よりも現金獲得により主食を購入し，生活を継続させる点に目的があると認識できる．

　これら海サマ世帯の生業は，「専業漁民」ともよべる．こうした専業漁民が，セレベス海域においては交易時代〜植民地時代期にかけて誕生したことはすでに記したとおりだ．したがって，現代の海サマ漁民による漁撈戦略は，その周囲における社会的状況は大きく変化しているものの，基本的にはこれら前近代期に確立された漁撈戦略と一致している．

　いっぽう，陸サマ世帯でおこなわれている漁撈活動はより副次的で，場合によっては現金獲得よりもその日の「おかず」を獲得する目的でおこなわれるこ

ともある．むしろ陸サマ世帯による漁撈は，「半農半漁」的な要素が強い．

ただしここで補足しておく必要があるのは，陸サマ世帯の多くはココヤシやキャッサバの畑を所有してはいるものの，日常的に食べている主食は現金で購入されたコメであり，またその現金の大半は農業以外の経済活動により獲得されている場合が多いことである．このため陸サマ世帯を農民世帯とみなすこともまた無理がある．より正確には，陸サマ世帯は多重経済を基本とした生業戦略をとっており，漁撈活動はそうした彼らの経済活動の一つとして実践されていると認識することができるかもしれない．

このように両者の漁撈活動には，選択される漁法や漁撈時間だけでなく，その背後にある漁撈戦略にも相違がある．ところがそのいっぽうで，食生活のパターンとしては共通性が高く，魚を中心とした海産物が副食となる頻度がきわめて高い．

このうち専業的な漁民である海サマ世帯は「おかず」となる海産物を現金で購入することは稀で，自らが漁獲した中から食べる分を消費している．これに対し，陸サマ世帯では「おかず」となる海産物を現金で購入する頻度がより高い．この場合，陸サマ世帯はセンポルナ市街地にある魚市場で購入するか，村内で適宜販売している魚介類を購入するのが一般的である．後者の場合は近隣に居住する海サマ世帯が販売者であることが多く，魚市場で購入する場合も沿岸性のサンゴ礁付き魚類であれば，その多くは海サマ世帯を中心とする専業漁民によって捕獲されたものということになる．

こうした状況に着目し，かつて私は不法滞在者でもある海サマ世帯がセンポルナ周辺の海域で漁撈活動が継続できる背景に，この海域のオープンアクセス性の高さと「おかず」である海産物を地元民である陸サマ世帯へ提供する役割が潜在している可能性を指摘したことがある（小野 2005）．

もちろん要因はこれだけでなく，サマという両者の言語や文化的共通性やサマ社会の許容性なども指摘できる．しかしマレーシアの市民権を所有している陸サマ世帯や海サマ世帯と，まだ市民権を所有していない海サマ世帯の社会的関係性が，漁撈を通して構築されるという現象は，すでに 1960 年代から 70 年代にかけてセンポルナ郡で調査をおこなったセイザーによっても指摘されており（Sather 1997），ここにも現代サマの漁撈における一つの特徴がみられる．

また陸サマ，海サマの両者を通じて共通するのは，その漁撈活動が沿岸のサンゴ礁域の中でおこなわれる点だ．この点においてサマの漁撈は現代においても「沿岸漁撈システム」を実践したものであることを改めて指摘したい．

　そのいっぽうで現代のセンポルナ郡では，外洋性資源であるサバ科魚類等を対象とした巻き網漁も操業されている．これらの魚類も市場では購入可能であるが，調査地のサマ世帯（とくに陸サマ）がこれらの魚類を購入し，消費するのは稀で，サンゴ礁付きの魚類を食べる頻度がより高い．このように現代サマの漁撈や海産資源利用は，沿岸資源の利用に特化した事例といえるが，サマの事例はあくまでその一つの様相であり，これが現代のセレベス海域における漁撈や海産資源利用のすべてではない．そこで次章では，より広い視野から近現代のセレベス海民による漁撈や漁撈戦略について検討する．

コラム6　サマによる土製ストーブの生産と利用

　サマの人びとが魚を調理する際，しばしば活躍するのが土製ストーブだ．土製ストーブを作るのは陸サマの女性であることが多い．彼女らは村の後背地から採取した粘土と砂浜の砂を混ぜ合わせ，土製ストーブをふくむ多様な土器へと作り変えていく（写真左）．しかし，現在のセンポルナで製作を続ける女性はわずか数名しかいない．その背景にガスコンロの普及がある．実際，ほぼ全ての陸サマ世帯が一家に一台はガスコンロを持っている．

　調理の際におもに利用されているのもガスコンロなのだが，なぜか魚を焼く時やキャッサバ澱粉を炒める際には土製ストーブが重宝されていた．その理由を尋ねたところ，「土製ストーブの方が美味しいから」だという．つまりガスの火よりも薪を燃やしてできる天然の火の方が美味い料理にのみ，土製ストーブが登場しているのである．また焼き魚やキャッサバ炒めといった料理が，いずれもサマにとっては長年親しんできた伝統的な料理である点も興味深い．

　サマによる土製ストーブの利用は，居住や移動にともなう船上生活の名残りという見かたもあるが，その携帯性や利便性だけでなく，調理法や味への嗜好性といった要素も無視できない．ガスコンロが普及する現代においても，人びとが土製ストーブを細々ながらも使い続けている理由もそのあたりにあるのかもしれない．

左：土製ストーブを作るサマ女性　　右：土製ストーブで魚を焼くサマ女性

第 5 章　現代サマの漁撈

土製ストーブでお湯を沸かす

焼きあがり，完成した土製ストーブ

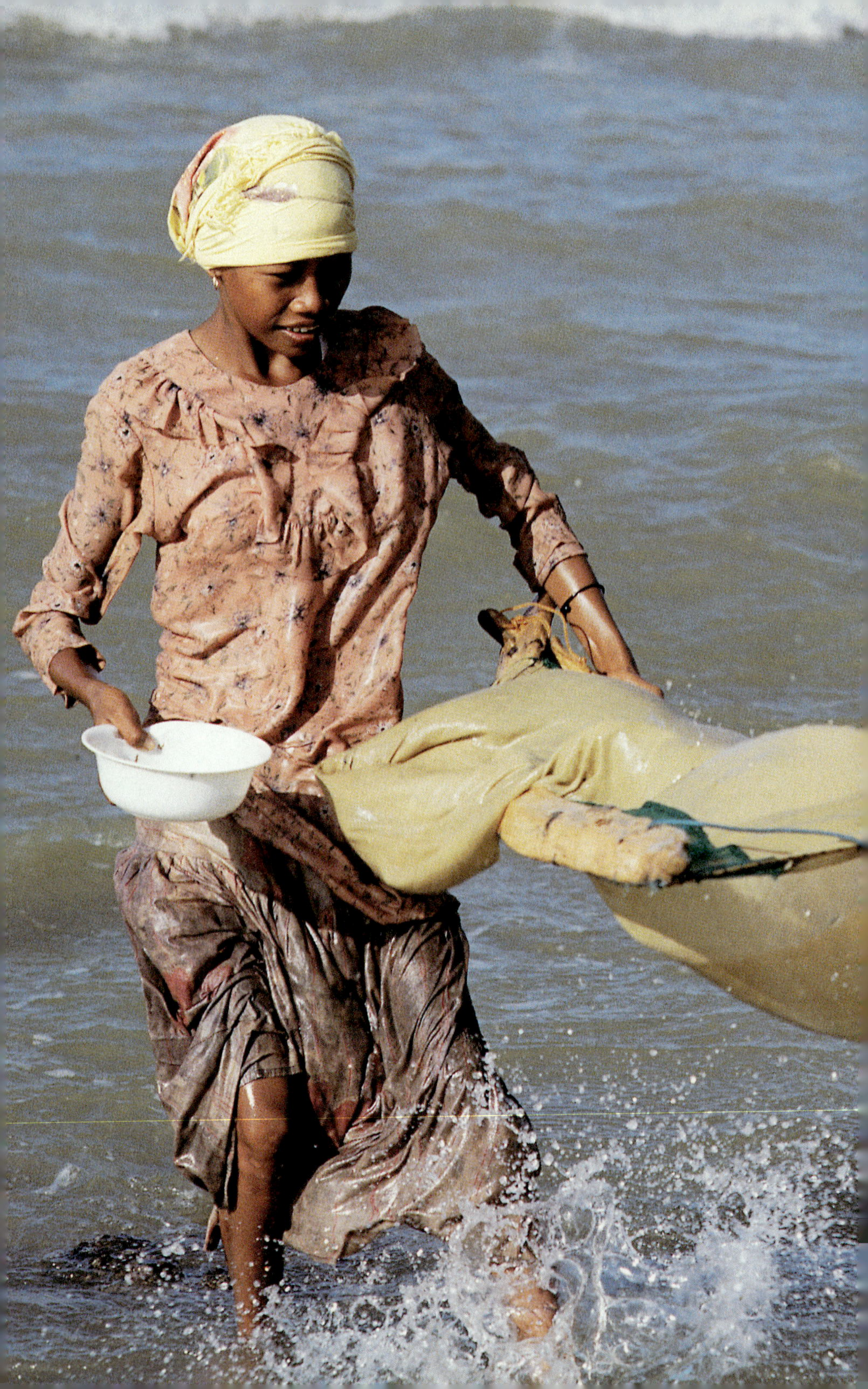

第6章 漁撈のインボリューション?
──近現代のセレベス海民

稚エビを捕るジャワの女性
（写真：門田修氏提供）

本章では，サマによる漁撈とは異なる近現代セレベス海域の漁撈活動について紹介する．ここではさらにセレベス海域の周辺域における近現代の漁撈や海の利用についても概観する．これらはビサヤ以北のフィリピン海域，インドネシア海域，そしてオセアニア海域の三海域だ．このように空間的な広がりの中から，近現代セレベス海域における漁撈文化を再確認するいっぽう，「近代化」にともなう漁具の進化が漁撈にどのような質的・量的変化を与えたのかについてまとめる．これらの検討の上で，近現代のセレベス海域に「漁撈のインボリューション」と呼べるような現象が起きたのか否かについて論じたい．

1　カジキを釣り上げるマルクの男

2　釣り漁から帰るタラウドの男

3　キハダマグロを捕獲する漁民

4　ルンポンの上で雄雌のシイラを持つ男（左：雌，右：雄）

5　ダツを漁獲するハルクの漁民

6　貝を採集する男たち

（1-2：筆者撮影，3-6　門田修氏提供）

はじめに

　前章ではボルネオ島東岸に居住する「近代」以降のサマの漁撈活動とその背後にある漁撈戦略について，フィールドワークの成果をふまえ総合的に検討した．しかし，検討の対象となったサマの漁撈活動は，伝統的な性格の強い小規模漁業であり，近代以降に発達した商業的性格のより強い中・大規模漁業は直接的な観察と詳細な検討はできなかった．

　またセレベス海域には，ボルネオ島東岸のセンポルナ郡のようにサンゴ礁が発達した沿岸環境とは大きく異なる沿岸域をもつ地域や，サマとは異なる生業文化を背景とした海民も存在する．たとえばサンギヘ諸島やタラウド諸島（最高海抜566 m）の海域は，その沿岸域でも水深がかなり深く，水深の浅いサンゴ礁が占める面積はかなり限られている．このような沿岸環境下においては，海産資源の利用や漁撈活動にもボルネオ島東岸におけるサマの事例とは異なる性格がみられる蓋然性は高い．

　そこで本章ではまずボルネオ島東岸以外のセレベス海域において，どのような海産資源の利用や漁撈活動がおこなわれてきたかを検討する．その上でセレベス海域の周辺地域における海洋資源の利用や漁撈活動と比較しながら，近代以降における漁撈や漁撈文化に起こった変化についても整理したい．

　これらの検討から，最終的に近代以降におけるセレベス海域の漁撈戦略の性格について論じるが，結論から先にいってしまうと，近現代のセレベス海域における漁撈，あるいは漁業活動は，植民地時代期まで発展的に継続されてきた「沿岸漁撈システム」を基本とし，新たな技術や需要を取り入れつつ，沿岸資源への依存度をさらに高めている性格を指摘できる．

　もちろん「近代」以降においては，単に沿岸資源のさらなる開拓だけが進んだわけではなく，外洋資源の開拓も同時に進んではいる．本章でもそうした現状について紹介するが，セレベス海域の沿岸域に暮らす海民にとって不可欠な存在となっているのは，やはり沿岸資源なのだという認識を私は強く持っている．近年，問題視されているダイナマイト漁にせよ，シアン化合物を利用した毒漁にせよ，あるいはアガルアガル養殖やハタやナポレオンフィッシュの活魚交易，交易・植民地時代から脈絡と続いている塩干魚やホシナマコ，フカヒレ

の生産と販売など，これらはいずれも沿岸資源利用の一形態であろう．

このような状況を長期的な視点で眺めると，かつてギアーツがジャワの農業経済史を例にあげて「農業のインボリューション（内向的発展）」と指摘したような歴史的プロセスと類似する流れが，セレベス海域における「沿岸漁撈システム」の歴史にも存在している一面がある．ただしその構造は，ジャワにおける農業のインボリューションと必ずしも一致するわけではない．これらの点も含め，本章の最後に「漁撈のインボリューション」というプロセスが，はたしてセレベス海域で存在するか否かについて，またセレベス海域の全域に対応できる歴史プロセスなのかについても改めて論じたい．なお本章においても，前章と同様にセレベス海域や東南アジア海域世界に国民国家が誕生して以降の時代を「近代」と定義する．したがって地域によって若干の年代差が生じることを指摘しておく．

1 ❖ 近現代のセレベス海民と漁撈活動

1.1 深い海と低い島の事例——タラウド諸島の漁撈

セレベス海の東端に位置するタラウド諸島は，第4章でも紹介したようにその周囲を深い海によって囲まれている．また諸島群の沿岸部は過去のサンゴ礁が隆起して形成された石灰岩によって形成され，島の標高はそれほど高くない．このタラウド諸島での近年における漁撈活動については，私が2004年に短期間でおこなった観察記録がある．

アランカア村の世帯と生業

まず漁撈活動にかかわる民族誌データが収集された調査地のミクロな生態・地理的状況についてのみ紹介すると，フィールドワークをおこなったアランカア村は，カラケラン島北岸の海岸線に沿って形成され，約200世帯の家屋が並ぶ．村落人口は約800人である．この村落は隆起した石灰岩（サンゴ）によって形成された大きな湾内の東側に立地し，村の西端には新石器時代遺跡のリア

ン・トゥオ・マナエ遺跡が立地する．

　いっぽう，海岸線からは直線距離にして約 100 m の幅をもつ浅い裾礁が，外海へ向かって形成されている．ただし，サンゴ礁の発達は村が形成されている湾の東側のみであり，河口が形成される湾の中央部一帯は砂浜が広がり，水深は海岸線から数 10 m で急激に深くなる[80]．同じく裾礁の縁部でも水深が急激に深くなる．村人からの情報によれば，湾内の水深は 200 m 前後で，湾の外では 1000 m 以上に達するという．タラウド諸島における沿岸環境は，概してこのアランカア村の沿岸環境と類似するが，アランカア村のように沿岸域に浅いサンゴ礁域が発達する地域はかなり限定される．

　こうした沿岸環境をもつアランカア村で私は，まず全人口の約 10％強に当たる 28 世帯の世帯主（男性）を対象として，聞き取り調査を実施した．聞き取り調査によって確認された情報は多岐に渡るが[81]，1 週間の漁撈時間と栽培時間に関する聞き取りからは 1 日の一人当たりの平均漁撈時間は 3.3 時間，平均栽培活動時間は 5.8 時間との結果が得られた．またアランカア村の漁撈活動は，早朝と夕方以降の 2 回の頻度でおこなわれるのが一般的だった．

　いっぽう，内陸地での栽培活動では，換金食物となるココヤシ，クローブ，ナツメグ，バニラなどの他，自給食物となる複数のタロイモ種，バナナ，キャッサバ，サツマイモ，トウモロコシ，野菜類などが焼畑で栽培されている．これら内陸地の畑は，徒歩で 2〜3 時間かかる場所から，15 分程度で到着する場所などさまざまな場所に分布しているが，平均すると徒歩 1 時間圏内に集中している．調査ではこれらの畑での一定期間における生産量や，漁撈活動によって得られる一定期間の収穫量は確認することができなかったが，活動に費やされる時間量の比較からは，漁撈活動と栽培活動への従事率はほぼ均衡していることが指摘できる．

アランカア村の漁撈活動

　ところでタラウド諸島で利用されている漁法には，手釣り漁，巾着網漁ソマ (*soma*)，トビウオ網漁，潜水漁，漬け木漁，サメ延縄漁，それに沿岸域での採

---

80) この情報は村民から聞き込みの結果得られた情報である．
81) その詳細なデータはアペンディクス 17 に整理したので，参照して頂きたい．

| 1 ロンデで夜の釣り漁に出発する風景 | 2 漁獲対象のムロアジ |

写真46　ロンデを利用した釣り漁

集活動があった．このうち自家消費を目的として世帯単位でおこなれている漁法は，ルンポン漁やサメ漁を除く4つの漁法であるが，刺し網漁やトビウオ網漁はアランカア村では確認されなかった．これに対し，アランカア村をはじめとして，タラウド諸島でもっとも頻繁に利用されている漁法が，手釣り漁だ．

アランカア村での聞き取りによれば，2年前より病気を患っている1名を除いた27名全員が，ロンデ（*londe*）と呼ばれる1人乗りの小型ダブル・アウトリガー舟を所有し，1週間内に必ず数回は手釣り漁をおこなうことが確認された（写真46：1）．このうち，早朝におこなわれる漁撈時間は平均1.8時間で，夕方以降におこなわれる漁労の平均活動時間である1.5時間よりもやや長い．いっぽう，潜水漁もおこなう世帯はわずかに2世帯のみであった．

このうち私が観察できたのは，早朝におこなわれた釣り漁（1回）と，夕方におこなわれた突き漁（1回）のみである．表6-1はこのうち，早朝の釣り漁の結果を整理したものだ．観察がおこなわれた早朝に確認された漁撈者は11人で，各自がロンデに乗り，湾の外縁部で手釣り漁をおこなった．各自の出漁時刻は1人を除き，朝の4時前後で，6時前後にほぼ全員が帰漁した．おもな漁獲種は *malalugis* と呼ばれるムロアジ（*Decapterus marudsi*）や小型のアジ（*Selar* sp.）で（写真46：2），出漁した漁師のうち3人は漁獲が無かった．このため前夜から漁をおこなっていた1名を除いた漁撈者の平均漁獲量は6.9匹であった．

漁獲種の重量を1匹平均200gとするなら，1人当たり1時間単位の漁獲量

表6-1　アランカア村における釣り漁の結果

2004年8/23の早朝漁

番号	出漁時刻*	帰漁時刻	漁撈時間	収穫
1	21：00	6：00	9時間	アジ科 (Selar sp.) (80)
1時間単位の漁獲量				8.8匹/1,769g
2	3：00	5：45	2.75時間	バラフエダイ (1)・アジ科 (4)
3	3：00	6：00	3時間	0
4	4：00	6：05	2時間	0
5	4：00	6：06	2時間	0
6	3：00	6：20	2.3時間	アジ科 (Selar sp.) (20)
7	3：00	6：20	2.3時間	アジ科 (Selar sp.) (5)
8	4：00	6：25	2.4時間	アジ科 (Selar sp.) (5)
9	4：00	6：25	2.4時間	アジ科 (Selar sp.) (5)
10	4：00	6：30	2.5時間	アジ科 (21) ムロアジ (2)
11	4：00	6：30	2.5時間	アジ科 (3) ムロアジ (3)
合計			24.15	69匹/13,800g
1人・1時間単位の漁獲量				2.8匹/575g

＊出漁時刻は聞き込みによるもの

は約0.56kgに過ぎない．いっぽう，前夜の21時頃から出漁した1名の漁獲量は80匹であり，1時間単位の漁獲量は1.78kgと高くなった[82]．また，夕方にリーフ域でおこなわれた潜水漁では，1時間の漁撈活動で，6匹のリーフ性魚類と小型のロブスター1匹が漁獲された（写真47：1-2）．その合計重量は約1kgである．したがって，1人あたりの1時間単位の漁獲量は1kgとなり，これは観察された早朝の釣り漁よりも，やや高い漁獲効率を示している．

タラウド諸島の商業的漁業

　こうした釣り漁に対し，漬け木漁やサメの延縄漁は商業漁業の性格がより強い．このうち漬け木漁は，竹筏などの浮体をアンカーロープと石おもりによって海底に固定し（写真47：3-4），人工的に魚群の集まるポイントを生み出した

---

82) ただし，村人によれば1晩の漁撈活動でも，漁獲が得られない場合もある．釣り漁における失敗率は後藤によるマライタ島の事例でも確認されている（後藤2001；Goto 1996）．いずれにせよ，長時間の釣り漁の結果は，ここではサンプル数が少なく，これを基にした議論はやや危険であろう．

1-2 沿岸のリーフ域でおこなわれた潜水漁

3-4 漬け木（ルンポン）漁に利用される竹筏と網

写真 47　その他のおもな漁撈活動と漁具

上で魚群を巻き網や袋網漁で漁獲する漁法である[83]．この漁をおこなうにはパジェコ（*pajeko*）船と呼ばれる10〜100トン級の木造船とエンジン（船外機も可）が必要で，網を引き上げるにも10人前後の労働力が必要になる．また網の購入にかかるコストもきわめて高い．このため，漬け木漁は完全に販売を目的とした商業漁業としておこなわれており，タラウド諸島では人口の集中する地域でおこなわれている漁法と認識できる．

かつて私はカラケラン島のベオでこの漁に同行したことがあるが，その時に

[83]　この漁法はインドネシア各地でみられ，ジャワの柴漬け漁を意味する *rumpon* という名称で呼ばれることが多いが，これに利用される技術や漁具は地域によってかなりの差がみられる．類似した漁法はフィリピンにおいてはパヤオ漁とも呼ばれ，現在では沖縄など熱帯島嶼海域で広範囲に普及する漁法の一つである．

第 6 章　漁撈のインボリューション？

1　漬け木となる竹筏を設置する
2　漬け木の竹筏を網の外へ出して揚網を開始 
3　この日の漁では大量のムロアジが捕獲された 
4　漁獲されたムロアジの多くは日干しされ，塩干魚としてスラウェシ北部へ輸出・販売される 

写真 48　パジェコ船による漬け木漁の様子

は夕方に出漁し，沿岸から約 10 km 離れた海域に設置した漬け木で漁がおこなわれた．この際に使用された網はリングネットの類である．ただし，実際に網が投げ込まれるのは翌朝で，12 人の漁民が乗ったパジェコ船は漬け木の近くで待機し，その間にロンデに乗った二人（老夫婦）がケロンシンランプで集魚をおこなった．

やがて陽が明けてくると，漬け木とアンカーロープを切り離し，アンカーロープは船上に用意したドラム缶に結んで海に離す．その後，切り離した竹筏を取り囲むように投網していく．船が投網開始地点に戻ると，網のロープを左右よりたぐりながら環網を締め，リングを閉じる．魚群を完全に包囲したら，漬け木の竹筏を網の外へ出し，揚網を開始し，最後に魚捕りをあげる（写真48）．漁獲のはほとんどはムロアジで，その日は 1 トン前後の水揚げだった．

1 サメ漁の延縄を準備する様子　　2 日干し加工されたフカヒレ
（門田氏提供）

写真 49　サメ漁

　船長によればこの日の漁獲は好漁で，日によって漁獲量には変動があるが，先に検討した個人単位でおこなわれる釣り漁に比べれば，その漁獲量がはるかに高いことは明らかだ．

　サメ延縄漁も商業的漁業の性格が濃く（写真 49：1），タラウド諸島ではおもにサンギヘ諸島から移住してきた漁民によって季節的におこなわれている漁撈であった[84]．したがって，これらの漁法はタラウド諸島における伝統的漁法とはみなせない．これらの漁法で漁獲されるムロアジやサメ類（フカヒレ）は塩干加工や燻加工された上で（写真 49：2），スラウェシ北部を拠点とする華僑系インドネシア人の仲買人らによって買い取られるのが一般的であった．ただしムロアジの場合は，浜辺で地元の女性らにも安値で販売され，女性達は浜で購入したムロアジをさらに村内で売り歩くため，漁獲されたムロアジの一部は村人によって食料としても消費されていることになる．

---

84)　タラウド諸島ではサリバブ島の東岸にサメ漁に従事する漁民の村が 1990 年代より形成された．この村では，サメ漁の季節となる 5 月から 7 月になると，約 1 か月以上に渡るサメ漁をおこなっており，その漁場はマルク諸島にまで及ぶ．

表6-2　タラウド諸島における伝統的漁法

漁法	漁具	方法	漁獲対象
釣り漁			
mangabon	釣り針とロタン製の紐	カヌーを漕ぎながら，沿岸10mの海域で満月前後に行う	イットウダイ科の魚類
mangaiis	No.10の釣り針とロタン製の紐	湾内・河口に入るアジ科を狙う	カスミアジ類
malarung	約100m長のロタン製紐とNo.100の釣り針	昼間にカヌー上から行う	フエダイ科
mamica	釣り針とロタン製の紐	淡水の貝を餌にし，昼間に行う	ヒメジ・ハタ科
mangujuwatta	No.10の釣り針とロタン製の紐	貝を餌に，夜間にカヌー上から行う	フエダイ科
mangabira	No.5の釣り針とロタン製の紐	カヌーおよび沿岸域で行う	スズメダイ・キンチャクダイ科
網漁			
mangrewn	アバカ繊維製の手網とココヤシの葉	干潮時にココヤシ葉で魚を追い出して網で捕獲	岩礁域の魚類
manire	アバカ繊維製の手網	河で行う網漁	エビ・淡水魚
marombo	アバカ繊維製の網	河口付近に入るボラを狙う	ボラ科
毒漁			
mabualo	pohon wualoと呼ばれる木の皮から取れる毒	夜間に30人前後で，木の皮を足で踏みつけ毒を出す	エビ・淡水魚
manurat	Derris属の毒	昼間，1-2人で海で行う	岩礁域の魚類
筌漁			
rot	竹製の筌	筌の中に焼いたココヤシを餌に入れて仕掛ける	河のエビ類
igi	大型のロタン製籠網・網はアバカ繊維	水深10-20mの海底に設置	様々な魚類

タラウド諸島の伝統的漁法

　これに対し，聞き取り調査では，現在はおこなわれなくなった伝統的といわれる漁法がいくつか確認された．これを整理したのが表6-2である．これらの漁法は大きく，釣り漁，手網漁，毒漁，筌漁の4つに分類できる（写真50）．

　興味深いのは，これらの漁法のいくつかが海ではなく，河や河口でもおこなわれる点にある．とくにマブアロ（*mabualo*）と呼ばれる漁法は，河でおこなわれる集団毒漁で，類似する漁法はボルネオ島の内陸部などでも多く確認されている．しかし漁法にみられる多様性は，やはり釣り漁においてもっとも多い．また網に使用される素材としてバナナの1種であるアバカ繊維（マニラ麻）が利用されている点も特徴的である（写真50：1）．北窓時男によればアバカを素

写真50　伝統的に利用されてきたタラウド諸島の漁具

材とした網の製作と利用は，マルク諸島やサンギヘ諸島でもおこなわれており（北窓2000），フィリピン諸島のミンダナオ島やビサヤ諸島でも一般的であった（Spoehr 1980）．

　タラウド諸島における事例はそのサンプル数が限られており，このデータのみから漁獲効率を正確にとらえるのは困難である．しかし，全体として釣り漁への比重がかなり高い傾向，そのいっぽうで釣り漁による漁獲率がやや低くなる傾向は確認できよう．また貝類などの採集活動は，タラウド諸島全域でかなりマイナーな生計活動になっており，合計60日間の滞在期間中に村人による貝採集や，貝類が食卓にあがることも確認できなかった．これに対し，魚類はほぼ毎日の頻度で食卓にあがっており，タラウド諸島の人びとにとってもっとも重要な副食，あるいはタンパク源の一つとなっている．

　ただし，アランカア村およびサリバブ島のサリバブ村でおこなった魚名および貝名の収集調査では，人びとがそれぞれ200種以上の魚種と貝種を個別に認識していることが明らかとなった．現在では貝類が積極的に採集され食されることは少なくなったものの，聞き取りの対象となった40代前後の村人たちが子供の頃には貝類の利用がまだ頻繁におこなわれており，豊富な貝の名称もそれを示唆している．すでに検討してきたように，タラウド諸島の先史遺跡群では魚類よりも貝類のバラエティや出土量が圧倒的に高かったが，タラウド諸島における多様な貝名の存在はその状況とも一致する．

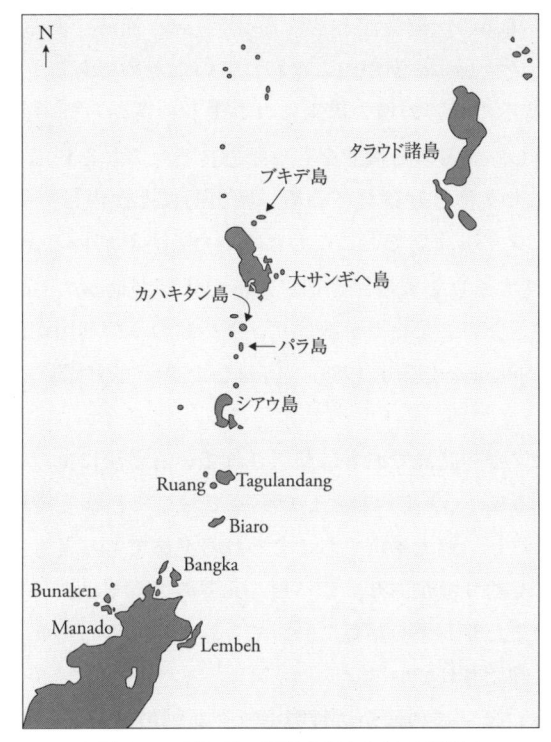

図6-1　サンギヘ諸島の島々とその位置

1.2　深い海と高い島の事例——サンギヘ諸島の漁撈

サンギヘ諸島のおもな漁法

　サンギヘ諸島はタラウド諸島と同じくミンダナオ島南岸とスラウェシ島北岸に位置し，タラウド諸島からは西南に約 100 km の距離にある島嶼群だ．サンギヘ諸島には面積のもっとも大きい大サンギヘ島を中心にその北部から南部にかけて小さな島々が連なり，その南部はスラウェシ島北部に近いシアウ島へと続く (図6-1)．これらの島々のうち，ここではマントジュロと秋道智彌によってパラ島，カハキタン島，バトゥデラン島，およびブキデ島で 1990 年代初頭に記録された漁撈活動 (Mantjoro and Akimichi 1996) を中心に検討する．

　マントジュロと秋道によれば，これらの島々が選択されたのは，これらの

島々でサンギヘ諸島の伝統漁法とされるセケ (*seke*) 漁法，あるいは 1970 年代に主流となったソマ (*soma*) 漁がおこなわれていたためである．*seke* とは，30～40 m の長さを持った竹製の柵の両端にココヤシの葉から作ったロープをつけた漁具で魚を脅し，誘導する機能をもった道具で，これを利用した追い込み網漁法が一般的にセケ漁と呼ばれている．歴史的にセケ漁は，約 400 年前の小王国時代からサンギヘ諸島でおこなわれていたとされているが (Wanhono et al. 1991)，現在ではナイロン製の浮き網ソマへの代替が進み，上記の島々で利用されているにすぎない．またセケ漁はサンギヘ島のみで利用が確認されている漁法でもあり (Subani and Barus 1988)，前述したタラウド諸島でも確認されなかった．

このほかにサンギヘ諸島でおもに利用されている漁法には，ムロアジの仲間やタカサゴ類 (*Caesio* spp.) を対象とした集団でおこなわれる袋網漁や巻き網漁がある．これに対し，個人単位でおこなわれる漁法でもっとも主要なのはタラウド諸島と同じく釣り漁があり，サバ類，大型のアジやハタ科魚類などが対象とされてきた．またサンギヘ諸島においても延縄を利用したサメ漁があり，トローリング漁も確認されている．

サンギヘ諸島には，このほかに竹製やラタン製の籠 (*bubu*) を使用して沿岸域に生息する魚種を漁獲する漁法や，Polypodium の葉とクモの巣を利用し，ダツを対象とした凧漁，それにデリス属の根から取れる毒を利用した毒漁などが確認されている．いっぽう，インドネシアで広く利用されているバガン漁やルンポン漁は大サンギヘ島の中心地であるタフナで，マルク諸島のティドレ島から移住してきた人びとの子孫とされる漁民によってのみ利用され，他の地域ではみられない (Mantjoro and Akimichi 1996)．

サンギヘ諸島でもっとも一般的に利用されている漁船は，タラウド諸島と同じロンデ (*londe*) と呼ばれる小型のダブル・アウトリガー舟であり (写真 51)，その全長は 4～7 m 程度である．このほかに袋網漁をおこなう際にはより大型のペラン (*pelan*) やパモ (*pamo*) とよばれる船が利用される．これらの中には船尾に船外機を装着できるように改良されたパジェコ (*pajeko*) 船の形態をもつものも多く，タラウド諸島で確認された状況と共通性が高い．

サンギヘ諸島においても魚はもっとも重要な副食の一つであり，タンパク源

写真51　サンギヘ諸島のロンデ
（門田修氏提供）

となっており，サゴやキャッサバのおかずとして日常的に利用されている．いっぽう，商業漁業としてパジェコ船などの袋網漁によって漁獲されたムロアジ類の多くは，塩干加工や燻加工された上で北スラウェシ州の首都であるマナドなどへ輸出され，サメ漁で取られたフカヒレもマナドを拠点とする中国系仲買人へ販売されるのが一般的であり，タラウド諸島の場合とほぼ一致している．

サンギヘ諸島のセケ (seke) 漁

　以上が近年のサンギヘ諸島でおこなわれている漁撈活動の概況であるが，ここではさらにマントジュロと秋道によって調査されたセケ (seke) 漁とソマ (soma) 漁について検討したい．このうちセケ漁は1991年当時でパラ島とバトゥデラン島でのみ利用が確認され，その他の島々ではすでに過去の漁法となっていた．記録によれば，セケ漁でもっとも漁獲されるのが malalugis や talang と呼ばれるムロアジの仲間 (Decapterus marudsi, D. russellii) で，ついでタカサゴ類やニザダイ類 (Naso spp.) が続く．ニザダイ類の魚名は，タラウド諸島や大サンギヘ島で私がおこなった魚名調査においても多数が確認され，その種類がサンギヘ・タラウド諸島で豊富に生息し，人びとによって漁獲・利用されてきた可能性が高い．

　セケ漁は1日のうち，早朝の5：00前後と夕方の17：30前後の2回おこなわれる漁であることがマントジュロと秋道によって確認されている．これは村

人によれば，この時間帯が魚の探餌時に相当し，より多くの漁獲が期待できるためであるが，こうした状況はタラウド諸島で観察された漁撈活動（釣り漁）とほぼ一致している．しかし，タラウド諸島でおこなわれていた釣り漁が個人単位を基本としておこなわれたのに対し，セケ漁は40～50世帯からなる親族関係に基づいたグループ単位でおこなわれ，それぞれのグループが一つのセケを所有している．

このように集団漁としておこなわれるセケ漁では，当然ながらその漁獲量も釣り漁の比ではない．マントジュロと秋道の記録によれば1991年の8月にパラ島で観察されたあるグループのセケ漁では，約4000匹の魚が漁獲されており，これらは漁に参加した世帯だけでなく，村長や教師など村の中で特別な地位にある世帯や個人らにも分配された．さらにセケ漁がおこなわれる漁場は島ごとに決められており，それぞれの漁場をそれぞれのグループが1年ごとに交代で利用する決まりになっている．また漁場の中には1年のうちに数か月のみしか利用が許されていない場もあり，海産資源の利用を意図的にコントロールし，維持する文化・社会的規制がある点もセケ漁の特徴である．

こうしたセケ漁に対し，1970年代以降に普及したのがソマ（soma）と呼ばれる巾着袋網を利用する漁である．マントジュロと秋道の記録によれば，ソマの所有と利用もグループ単位でなされることが多いが，その規模はセケに比べてより小さく，1グループ当たり15～23人の男性メンバーによって構成されるのが平均的である．その漁場も村や個人単位を基礎に決められているが，これらの漁場へのアクセスや利用規制はセケ漁ほど厳格ではなく，島によっても差異がみられる．

またソマ漁での漁獲は，メンバー間での分配はあるものの，村全体を対象とした分配は確認されていない．したがって，1990年代初頭においてもセケ漁を継続的におこなっていた島が2つしか残っていなかったサンギへ諸島においても，漁撈活動や個人や小規模なグループ単位で独自におこなわれつつある傾向を指摘できる．そのいっぽう，都市部など人口の集中する地域では，より商業的な性格が強く，その規模も大きいパジェコ船による漬け木漁や巻き網漁が活発化しつつあり，この点においてもタラウド諸島との共通性が高い．

1.3 深い海と大きな島の事例──ミンダナオ島沿岸の漁撈

　現在のフィリピン領内に位置するミンダナオ島は，ボルネオ島やスラウェシ島と同じくセレベス海域の中では大きな島として認識でき，おもにその南岸と西岸がセレベス海と接している．

　このうちその西岸はスールー諸島へと続く多くの島々が連なるいっぽう，深い海によって囲まれる南岸の沖合にはそれほど多くの島がなく，やや離れてサンギヘ・タラウド諸島が位置する地形的特徴をもっている．これに対しその東岸は太平洋に接し，やはり沖合に島はほとんどなく，深い海によって囲まれている印象を受ける．唯一，ミンダナオ島の北岸域のみはビサヤ海に接しており，沖合にもより多くの島々が連なっているが，これらは本書ではビサヤ海域の一部として認識しており，セレベス海域には含めていない．

バスニガン (basnigan) 漁の発達と普及

　スポアによれば，こうしたミンダナオ島も含めたフィリピン諸島における漁撈には，20世紀に入ってから漁具や漁法においていくつかの新たな革新があった (Spoehr 1980)．その一つがバスニガン (*basnigan*) と呼ばれる敷網漁で，網そのものは *basnig* と呼ばれる．これはインドネシアにおいてバガン (*bagan*) 漁として知られる敷網漁とほぼ類似しており，その語源も共通している可能性が高い．

　この漁法は東南アジア海域世界で生まれたか，外からの影響を受けて独自に発展したと考えられているが，その起源地については諸説がある．このうちフィリピンにおいてもっとも古い敷網漁の記述がみられるのが，ビサヤ海域で1930年代にまでさかのぼる (Talavera and Montalban 1932; Ferrer 1951)．さらにこの漁法は1940年代までにルソン島やミンダナオ島のサンボアンガ，スールー諸島にまで普及していたことが，いくつかの簡単な記述から確認されている．

　このバスニガン漁は，ビサヤ海域などで利用されてきたより原始的な固定式の敷網ビントル (*bintol*) より発達したと考えられており，いずれも夜間におこなわれる点で共通している．初期の網はアバカ繊維（マニラ麻）から製作され，月夜のない夜にココヤシやバナナの葉や枝を松明にして集魚をおこなっていた

ようである (Rasalan and Villadolid 1955). 1回の操業に必要となる人数は8人前後で，人力で網を引き揚げていた．

ところが1920年代頃よりケロンシンランプが導入されると，25フィート前後の小型のアウトリガー船にケロンシンランプを備え付け，80フィート前後のアバカ製の敷網で漁をするバスニガン漁が登場する (Ferrer 1951). また1940年代頃からは網の素材がアバカから木綿へと移行した．さらに1950年頃には新たに電灯と船内機を中心とするエンジンの利用が開始された．こうした漁船の動力化や電灯の利用により，バスニガン漁の漁獲効率はさらに高まり，ビサヤ海域からフィリピン諸島全域へと急速に拡散した．

サンボアンガ周辺でも1950年代になると，多数のビサヤ漁民がバスニガン漁をともなって移住を開始し，この漁法が一気に普及した．たとえば1967年のサンボアンガで生産される塩干魚の実に90％以上は，バスニガン漁によって漁獲されており，1976年までには市場で販売される鮮魚の90％以上もこの漁によって漁獲されるようになる (Spoehr 1980).

このうち塩干魚として加工された魚のほとんどは，華僑系仲買人を通じてマニラへと輸出されている．スポアによればバスニガン漁でおもに漁獲される魚種としては，イワシの仲間 (e.g. *Sardinella fimbriata, S. longiceps, S. perforata*) がもっとも多く，ついでニシン (*Dussumiera* sp.) やアンチョビの仲間 (e.g. *Stolephous indivus*), サバの仲間 (e.g. *Rastrelliger brachysomus*), カツオ (*Katuwonus* sp.) など外洋魚種が続く．ただし沿岸魚種としてはイサキの仲間 (*Haemulidae*) が頻繁に漁獲されるほか，イカ (*Loigo* spp.) やエビ (*Penaeus* spp.) などの水揚げも多い．

しかしフィリピン諸島全体としては，バスニガン漁のピークは1960年代の半ばにすでに達しており，その水揚げ量は1965年頃を境に下降していく．その結果，1970年代のサンボアンガはフィリピンにおけるバスニガン漁の中心地の一つともなった．スポアによれば，その他の中心地としてはパラワン島の北部があり，いずれもビサヤ諸島を出身とする漁民が出稼ぎを目的に移住し，バスニガン漁に従事していた点で共通している．したがって，1950年代以降におけるサンボアンガの漁撈活動は，その多くが新たに移住してきたビサヤ漁民によっても実施されていたことを指摘でき，類似した傾向はミンダナオ島全体においても認められる．

トロール網漁と巻き網漁の発達

　ルソン島やビサヤ諸島では，1950年代以降に新たに二つの漁法が外より導入され，商業漁業として普及した．これらがより大型の動力船によって操業されるトロール網漁と巻き網漁である．

　このうちトロール網漁はすでに1910年代よりマニラを中心に日系漁民によって開始されていたが（片岡1991：27[85]），これらがフィリピン漁民によっても頻繁に利用されだしたのは1940年代後半以降である．さらに1950年代に入ると，イギリスよりオッター・トロール網漁が紹介され，その高い漁獲効率から一気に普及し，トロール漁船の数は激増していく．

　いっぽう，20世紀初頭よりマニラに進出しだした日系漁民は，1910年代末頃よりミンダナオ南岸のダバオへも漁業展開をおこない，動力船を使った地曳き網漁を中心にカツオの一本釣り漁や巾着網漁にも従事したが，日系漁民らによるフィリピン海域での漁業活動は，太平洋戦争がはじまる1940年代までには激減し（片岡1991：38-44），戦後はほぼ消滅した．

　こうした動きに対し巻き網漁は，トロール網漁にやや遅れて1960年代にアメリカより導入されて以降，急速に普及し，1973年までにはフィリピン全域で470隻の巻き網船が登録されていた．その後も巻き網船の数は増加しつづけ，バスニガン漁から巻き網漁への移行が活発化した．サンボアンガを中心とするミンダナオ島においても1970年代以降はとくに巻き網漁が普及し，1980年代以降においては商業漁業としてはもっとも一般的な漁法となった．類似した状況は外洋資源の豊富なスールー諸島でも確認されているが，サンゴ礁も発達しているスールー諸島では，ボルネオ島東岸のセンポルナと同じく小規模漁業もさかんである．

　ところで1950年代以降に動力船や大型の網具，ケロシンランプや電灯の登場によって中・大規模漁業が普及するいっぽう，フィリピン諸島の小規模漁業においてはダイナマイト漁が1950年代より普及した．

　スポアによれば，ダイナマイト漁は第二次大戦以前より利用が開始されてい

85）片岡千賀之によれば，マニラ在住の日系漁民が1900年代より積極的に操業していたのは打瀬網漁業であり，トロール漁当初は失敗も多かったようである（片岡1991：26-27）．

たが，これがフィリピン諸島の全域に普及したのは1950年代に入ってからである．このダイナマイト漁が急速に普及した要因は，火薬さえあれば漁が可能で経済コストが安い上に，1回の漁における漁獲効率が高かった点にある．ダイナマイト漁がどこで最初に利用されたかは明らかではないが，ビサヤ海域では1950年代にこの漁が頻繁におこなわれていたことが確認されており（e.g. Spoehr 1980; Umali 1950），ミンダナオ島からスールー諸島にもビサヤ系漁民によってこの漁法が伝えられた可能性がある．

1.4　浅い海と小さな島々の事例——スールー諸島の漁撈

　ビサヤ諸島やルソン島でまず普及した新たな漁法は，1960年代頃より前述したサンボアンガやミンダナオ島だけでなく，サンゴ礁の発達するスールー海やスールー諸島へも広まった（Spoehr 1980）．

　とくにフィリピン諸島域でもサバ科やアジ科などの外洋資源が豊富なスールー海では，1960年代頃より新たに導入された巻き網漁によって重要な漁場の一つとなっていく．そのいっぽう，スールー諸島の島々では，豊富な沿岸資源を対象とした小規模漁業もさかんにおこなわれてきた．このうちタウィタウィ島やシタンカイ島を中心とするスールー諸島西部の島々で小規模漁業としての漁撈に従事してきたのが海サマ漁民である．

スールー諸島の海サマによる漁撈活動

　1990年代初頭のシタンカイ島で長津（1995）によって観察された海サマの漁撈活動では，合計で25の漁法が確認され，中でも網漁の種類がもっとも豊富だった．これらの網漁は蔦追い込み漁，棒追い込み漁，刺し網漁など，浅いサンゴ礁海域でおこなわれる追い込み系の網漁のほか，定置網漁，施網漁などであり，その多くは2〜6名前後で操業される．ただし，マガンビット（*magambit*）と呼ばれる棒追い込み漁のみは30〜100人でおこなわれる集団網漁で，古くは1930年代にも確認されている（Tylor 1930）．かつてほど頻繁ではないにせよ，1990年代初頭にもこの漁撈はおこなわれていた（写真52）．

　これらの網漁ではブダイやベラ，アイゴといったサンゴ礁に生息する魚類の

写真52 スールーの海サマによる集団漁マガンビット漁
(門田修氏提供)

ほか，施網漁ではクロサギ，マグセロ (*magselo*) と呼ばれる曳き刺し網漁ではダツがおもに漁獲される．ただし長津によれば，この漁は戦後にビサヤ漁民によって伝えられた新しい漁法の一つでもある (長津1995)．

　釣り漁や突き漁も，そのほとんどは沿岸のサンゴ礁域周辺でおこなわれ，外洋域でおこなわれることはほとんどない．唯一の例外として，サメやマグロ属を対象とした手釣り漁や延縄漁は，その頻度は少ないながらも水深10～30m前後の外礁域でおこなわれていたことが確認されている．長津によればこれらの漁は1970年代以前にはより日常的におこなわれていたが，1970年代の内戦による治安悪化によりフカヒレを購入していた華人が減少したことが延縄漁の頻度を減らした要因であった (長津1995)．

　いっぽう，突き漁にも村落周辺の沿岸域でおこなわれるものと，外洋の離礁でおこなわれるものがある．前者は夫婦で1組となって月のない凪の夜におこなわれることが多く，アカエイ，サンゴ礁棲のサメ，ナマコ，サヨリ，イカなどをケロンシンランプによる光で探し，船上からヤスで漁獲する．また満月前後の夜には，外洋からサンゴ礁に上がってくるマダラトビエイなどの大型エイを狙う突き漁が確認されている．後者は5月の凪の季節におこなわれるタイマイを狙った突き漁で，男性2～3人によって操業されることが多い．これら突き漁や前述した釣り漁の多くは夜間におこなわれる漁撈としても指摘できる．

　このほかに長津によって確認された漁撈活動には，デリス属の根を利用した毒漁，シャコ罠漁，ダイナマイト漁のほか，アガルアガル養殖がある．ダイナ

マイト漁は，海サマ漁民よりもシアシ系漁民やビサヤ系漁民によって頻繁におこなわれており（長津1995），漁法そのものも彼らによって伝えられた可能性が高い．いっぽう，アガルアガル養殖は1970年代半ばより開始され，1990年当時においては現金収入の手段として多くの海サマ漁民がこれに従事していることが確認されている．

　長津によってスールー諸島のシタンカイ島で観察された海サマ漁民の漁撈は，前章で検討したように，ボルネオ島東岸のセンポルナ郡で私が観察した陸サマや海サマ漁民のそれとほぼ共通する．これは両者がいずれも沿岸資源を狙った小規模漁業であることや，出自が近縁なサマ系漁民によっておこなわれていることを要因としている．しかしそのいっぽうで，センポルナ郡では1960年代より動力船や大型の漁具を利用した中・大規模漁業が一般化していったように，スールー諸島でも中・大規模漁業は1960年代以降より外洋域で，サマ以外の漁民を中心に活発におこなわれてきた．

　総じていえば，1950年代以降のスールー諸島やボルネオ東岸では，伝統的な要素の強い小規模漁業による多様な漁撈活動がおこなわれてきたいっぽうで，欧米や日本などの外来より導入された近代的でより規模の大きい漁撈が並行しておこなわれてきたことになる．さらに小規模漁業においては伝統的な漁撈経験の上に，新たに入ってきた近代的な漁撈技術や漁具を積極的に取り入れることで漁法の革新をおこなってきた面も指摘できよう．

　実はこうした傾向は1970年代のビサヤ諸島やフィリピン諸島のほぼ全域でもみられた現象であり（Spoehr 1980），インドネシア海域においても同じような現象が起こっていた可能性がある．そこで次節においては，これらセレベス海域周辺の海域世界における近代以降の漁撈活動を概観し，その共通点や相違点について検討する必要がある．

2 ❖ 周辺海域における漁撈と海産資源利用

2.1 ビサヤ以北のフィリピン海域

　ミンダナオ島と同じくビサヤ以北のフィリピン海域でも，1930年代頃に前述したバスニガン漁と呼ばれる敷網漁の利用が開始された．この敷網漁は1950年代頃よりフィリピン全域へと急速に普及し，1965年には総計1009隻の敷網漁船が登録され，全水揚げ量の約40％がこの漁法によって生産された．

近代的漁業の普及と発展

　このうち敷網漁船の数がもっとも集中していたのがビサヤ諸島で，1955年の段階ですでに300隻以上が確認されている (Rasalan 1957)．しかし敷網漁は1965年をピークに急激に減少し，1975年までにはビサヤ諸島ではほとんど操業されなくなった．そのいっぽうで1960年代頃より敷網漁を凌駕しつつあったのが，より近代的で大型の漁船を利用するトロール網漁や巻き網漁だ．

　トロール網漁がフィリピン漁民によって操業されるようになったのは，1945年からである．ただし，トロール網漁そのものはすでに1920年代に日系漁民によってマニラ湾周辺でおこなわれており，約60隻が操業していた (Montalban and Martin 1930)．このうち50隻近くがすでに船内機を積載した動力船であり，1930年代初頭までにはその操業域はビサヤ諸島まで拡大した (Umali 1932)[86]．また日系漁民によっておこなわれたトロール網漁では，大型のビーム・トロール網（桁網）が利用された．しかし，1945年の終戦までに日系漁民はフィリピン諸島を去り，それ以降はフィリピン漁民によって，残された漁船や漁具を使用する形でトロール網漁がマニラ湾やビサヤ諸島で開始される．

　これら終戦直後におこなわれたトロール網漁は，かつて日系漁民と同じくビーム・トロール網を利用したものであったが，1950年代までにはオッター・トロール網を用いたトロール網漁が主流となり，漁船数も激増した．

---

86) これら戦前にフィリピン諸島で漁撈に従事していた日系漁民の多くは沖縄出身者で占められていた (Martin 1963)．

さらに1950年代にフィリピン全域で100隻前後だったオッター・トロール漁船は，1960年代までに400隻を超え，1970年代には600隻以上に増えた．その結果，トロール漁船による水揚げ量は，1952年の約6万トン（全水揚げ量の30%）から1975年には約24万トン（全体の48%）にまで増加している．トロール網漁は日中に操業されることが多く，底網を漁船で弾き回すことで低棲種を一網打尽にする漁法であり，おもに漁獲される魚種はイトヨリダイ科やボラ科，ハタ科，フエダイ科，イカやエビ類などである．

　また1963年にはFAOによって巻き網漁の製作や操業が紹介され，1964年からフィリピン諸島でも本格的に導入された．その2年後の1966年には，すでにフィリピン全域で48隻の巻き網漁船が登録されており，1973年までにその数は470隻にまで激増した．巻き網漁は通常，50トン以上の中・大型船によって夜間に20名前後の男性によって操業され，1000ワットの電灯をいくつも照らすことで魚群を集魚して漁獲する．もっと多く漁獲されるのは群集性の強いアジ科魚類で全体の75%を占め，そのほかにマグロ属やサバ，イワシ類などの外洋魚種が続く（Spoehr 1980）．その水揚げ量は1969年で約8万トンであったが，急速に普及した結果，1973年には約23万トンを記録しており，ほぼトロール網漁に匹敵する主要な漁法となった．

　その後もトロール網漁や巻き網漁は，フィリピン海域における代表的な中・大規模漁業として操業されてきた．しかしそのいっぽうで，大型の漁船や漁具による漁獲量の激増が資源の乱獲を招き，フィリピン海域における水産資源量が低下しつつあることも事実である（e.g. Spoehr 1980; Ushijima and Zayas 1994）．

　このような状況に対し，フィリピンでは1970年代頃より伝統的に利用されてきた柴漬け漁を改良したアンカー式の浮魚礁漁（*payao*）も発展させてきた．これらの浮魚礁にはさまざまなタイプがあるが，竹を材料とした簡易型のものはアジ科やサバ，イワシなどを，金属製のものはカツオやマグロ類を対象としており，いずれも巻き網漁をおこなう際に利用される（鹿熊2006）．したがって，浮魚礁の多くも巻き網漁船を所有する船首や会社によって設置されている．これらの浮魚礁はフィリピン全域で2000年代までに4000〜5000基が設置されており，これらを利用した漁業での水揚げ量は年間約10万トンに達している（Dikson and Natividad 2000）．

ビサヤ以北における小規模漁業

　中・大規模漁業が普及するいっぽうで，ビサヤ諸島などでは小規模漁業もさかんにおこなわれてきた．その漁撈活動は多岐に渡り，伝統的に利用されてきた漁法を改良しながら再利用しているものも少なくない．

　このうちビサヤ諸島を中心とするフィリピン海域でもっとも頻繁に利用されてきた漁法に，沿岸に設置される簗漁 (e.g. *batak-batak, taba, baklad*) がある．その構造やタイプには多様性がみられるが，スポアによれば，これらの罠漁は戦前の商業漁業においても重要な漁法の一つであり，設置コストは高いが，安定した水揚げを見込める漁法でもある (Spoehr 1980)．このほかの罠漁としては，籠漁 (*bubo*) や固定式の敷網 (*tangkal*)，定置網 (*saluran*) などがあげられる．

　銛漁 (*sibat*) や手釣り漁 (*panunit*)，そして網漁の種類も少なくない．矢野敬生によればビサヤ諸島のパナイ島では15種類の網漁があり，これらには日系漁民によって導入された追込み漁となるムロアミ，底曳き網 (*sahid*)，刺し網 (*pukot*)，ミルクフィッシュを狙う手網 (*siper*)，それに敷網 (*basnigan*) などがある (Yano 1994)．いっぽう，釣り漁も豊富でイカを対象としたトローリング漁や，延縄漁などが頻繁におこなわれている．

　このほかにビサヤ諸島では季節的な移住をともなうパガヤウ漁 (*pangayaw*) が伝統的におこなわれてきた (e.g. Zayas 1994; 川田 1992; 関 1997, 2007)．ザヤス (Zayas 1994) によれば，パナイ島近隣のギガンデス諸島ではバタヤン島やボホール島，セブ島，サマル島，レイテ島，それにマスバテ島などからパガヤウ漁民が到来し，この漁に従事しているという．

　彼らは数か月から数年のスパンで漁撈に従事し，漁獲が減少するとまた別の島々へと移動を開始する．そのいっぽうで滞在中には地元の漁民から居住地や漁具，作業場 (*kamalig*) を借りる代わりに，家主に安価で漁獲を販売するなどの緩やかな契約関係が存在する点も特徴的である．この季節漁で利用される漁法は多様性があるが，ギガンデス諸島では1987年より延縄漁に従事する漁民が多かったようである (Zayas 1994)．

　これらの漁法以外に，ダイナマイト漁 (*lupok*) もビサヤ諸島を中心とするフィリピン海域では頻繁におこなわれてきた．ダイナマイト漁は前述したように戦前から利用されていた痕跡があるが，これが一般化するのは1950年代からで，

不法漁として取り締まりの対象になりながらも，継続的におこなわれてきた．ただし1970年代半ば頃からは規制が強化されたこともあり，減少傾向にあるとの報告もある (e.g. Yano 1994; Spoehr 1980)．しかし南沙諸島ではタカサゴ類を狙ったダイナマイト漁が近年においても活発におこなわれており (e.g. 赤嶺 2000b, 2002, 2010)，その頻度は地域によって差があるといえよう．

　破壊的漁業の性格が強いシアン化合物を用いた毒漁や，コンプレッサーを利用する潜水漁も1970年代より利用が開始された．赤嶺淳 (2000a) によればパラワン島沖のマンシ島で，コンプレッサーを利用したナマコ漁がさかんにおこなわれており，類似した状況はフィリピン各地でも認められる．その結果，フィリピンにおけるホシナマコの輸出量は増加傾向にさえあるという．こうした状況は，特殊海産物を対象とした沿岸漁撈が，近代以降においても新たな漁法により継続しておこなわれてきたことを如実に示している．

2.2　インドネシア海域の状況

近代化と漁獲量の増加

　1960年代以前のインドネシアでのおもな漁法には，刺し網漁 (*jaring*)，伝統的な敷網漁 (*bagan*) や巻き網漁 (*payan*)，それに各種の釣り漁があり (Subani 1972)，これらの漁法による水揚げ量は近年にいたるまでいずれも増加傾向にある．この結果，1975年のインドネシアにおける海面漁業の生産量が100万トンであったのに対し，1996年には338万トンと実に3倍以上に伸張した (北窓 2000：18)．その背景の一つとして，1970年代以降における動力船の増加が指摘できる．

　たとえば1975年に26万隻であった漁船のうち，動力船は1.5万隻でしかなかったのに対し，1996年には16.7万隻と10倍以上に激増しており，インドネシアにおける漁船総数の40%を占めるまでになった．また二つ目の要因として前述した漁法の他に，近代的な中・大規模漁業として新たに1970年代頃より導入された巾着網 (*pukat cincin*) やリングネット (*soma*) による漁獲量が激増したこともあげられる．

　新しく普及した巾着網やリングネット漁がインドネシアの全域で操業される

1　パヤン漁に利用されるマヤン船　　　　2　マヤン船による刺し網漁の風景

写真53　ジャワの漁撈活動

(門田修氏提供)

のに対し，伝統的な漁法はその操業地域に地域性がみられる．

パヤン漁の発達と普及

　伝統的な巻き網漁の中心地の一つはジャワ海域で，パヤン (*payan*) という名称もジャワを起源としている．ジャワ海域での巻き網漁ではマヤン (*mayan*) とよばれる漁船が利用され (写真53：1)，10数人によって操業される．1970年代まで巻き網漁船の多くは帆船であったが，1970年代以降は12〜18馬力の船内機を装着した動力船へと転換した．おもな漁獲種はムロアジで，ムロアジが海流に乗って到来する1〜3月と7〜9月が漁期となる (北窓2000：108)．

　パヤン漁は漬け木を利用する漁法でもあり，漬け木の設置による漁場利用がこの漁業の発展を支えてきた．漬け木はインドネシアで一般的にルンポン (*rumpong*) と呼ばれるが，その語源はジャワの内水でおこなわれていた柴漬け漁にあり，淡水域での漁法が海での利用に転換したと考えられている (北窓2000：11-12)．漬け木は東南アジア海域世界のみでなく，日本や中国などの東アジアから東南アジアの大陸部，さらにはインドやアフリカまで広範囲に認められる漁具であり (薮内1978)，インドネシアではジャワ島東部，スマトラ島北部，スラウェシ島の南部から中部にかけて，各地の漁法に取り入れられながらさかんに利用されてきた漁具でもある．

　さらにスラウェシ島以東の水深の深い海域では，スラウェシのマンダール湾やボネ湾で使われてきたルンポン・マンダール (*rumpon mandar*) と呼ばれる深

1　アンカーロープ用のロタン　　　2　発泡スチロールを利用した浮体

写真54　スラウェシ北部のルンポン

海用の漬け木がある．このマンダール人によって開発されたとされるこの漬け木は，北スラウェシやタラウド諸島でも利用されており，こうした漬け木や浮魚礁はインドネシア全域で3000基以上が確認されている（鹿熊2006）．

　北窓によれば，これはカツオやマグロなどの大型回遊魚を対象としてスールー海やフィリピン海域で普及してきたパヤオを適用したものであり，形態・機能的には一緒である．これら海上に固定される漬け木の構造は，浮体，錨留めロープ，アンカー，水中につくられる陰の四部分から構成され，浮体には竹筏（写真47：3を参照），アンカーには石おもり，水中で影をつくる部分にはヤシの葉が利用されてきた．

　アンカーロープには，ジャワではココヤシやバナナの繊維，スラウェシやマルクではロタンが利用されてきたが（写真54：1），現在では合成繊維が単独，あるいはロタンと組み合わせて使用されることが多いようだ（北窓2000：206）．浮体も現在では竹のほかに，発泡スチロールや合成金属などを使用した，より耐久性の強い近代化したものが増えてきている（写真54：2）．

巻き網漁の発達

　スラウェシの南部と北部，およびその周辺海域では，ジャワと同じく巻き網漁も伝統的に利用されてきた．このうちジャラロンポ（*jara ronpo*）と呼ばれる巻き網漁は，南スラウェシ半島を拠点とするブギス人，マカッサル人やマンダール人によって開始され，彼らの移動とともにその周辺域へと普及した．彼らの

第6章 漁撈のインボリューション？ 365

1 固定式バガンの一種（門田修氏提供）　　　2 移動式バガンの一種

写真55　バガン漁

巻き網漁でも漬け木が利用されるが，これらが深海用の漬け木となる．
　いっぽう，ソマ・タガホ (soma tagaho) と呼ばれる巻き網漁は，スラウェシの北部から東南部にかけて普及し，伝統的にアバカ製の網を利用しておこなわれてきた．1917年における記録ではこの漁は巻き網ではなく地曳き網漁であり，タラウドで産出された木の繊維から製作された網が利用されていた．しかし1988年に北窓によってバンガイ島で確認された漁は，袖網は天然漁具糸であったが，袋網はナイロン製で巻き網漁として利用されており（北窓 2000：203），近年では伝統的な要素を残しながらも巻き網漁へと変化した可能性が高い．

バガン漁の発達と普及

　そのほかの伝統的な漁法で，インドネシア各地でおこなわれてきた漁法に敷網漁となるバガン漁 (bagan) がある（写真55）．
　敷網漁は，すでに検討してきたようにフィリピン海域のビサヤ諸島でも1930年代頃よりおこなわれてきた漁法であるが，インドネシアにおいては1950年代に南スラウェシのブギス人がケロシンランプを用いた固定式バガン漁を開始し，彼らの移動によって各地へと普及したと考えられている．北窓 (2000：218) はそれ以前よりこうした漁法が南スラウェシなどで利用されてきた可能性を指摘しているが，フィリピンの状況も考慮するなら，東南アジア海域世界における敷網漁は南スラウェシからフィリピンのビサヤ諸島のどこかで

生まれた可能性が高い．

　いずれにせよバガン漁は1950年代以降のインドネシア各地で流行した．固定式バガンの数も1980年代までにジャワ島北岸で4500カ統以上，スマトラ東岸やスラウェシ南部で約3000カ統，カリマンタン沿岸で約2000カ統にまで達している．ところが1990年代の後半には，ジャワ北岸の固定式バガンの数は1500カ統にまで減少し，そのいっぽうでスマトラ島東岸では5000カ統へと激増した．その要因としてジャワ北岸の水産資源が乱獲により減少したことや，より効率的で大規模なリングネット漁などの普及により，バガン漁民がスマトラ東岸へ移動したか，新たに入植した人びとによってスマトラ島東岸でバガン漁が開始された可能性が指摘されている（北窓2000：221-22）．

　固定式バガンの数はスラウェシ南部でも減少しており，1996年には1000カ統以下にまで落ち込んだ．そのいっぽう，1970年代にやはり南スラウェシで登場した移動式バガンの数は1975年の約4000カ統から，1996年には1万3000カ統にまで激増する．すなわち南スラウェシにおける固定式バガンの減少は，新たに登場した移動式バガンへと漁民が移行したことによっていると考えられる．この移動式バガン漁は，ダブルカヌー船にバガンを設置するタイプなど多様な形態があり，フィリピン海域でダブル・アウトリガー舟に設置される移動式の敷網漁に比べると，インドネシアではよりバラエティがみられる．

　インドネシア全域における移動式バガン船の数ではスラウェシ南部がもっとも多く，1990年代まで2500～3000カ統が確認されているが，1993年以降は減少傾向にある．これに対し，スマトラ東岸やバリ，ヌサトゥンガラ諸島，マルク諸島では1990年代後半にかけてその数が増加傾向にあり，各地で1000カ統以上が確認された．こうした状況は，移動式バガンの担い手であるブギス人漁民が周辺地域へと分散した可能性（北窓2000：226）を示唆しているとも考えられよう．また固定式にせよ，移動式にせよ，バガン漁が1950年代以降のインドネシアに広く普及し，活発に利用されてきたことは確かである．

小規模漁業の発達と多様化

　これら網漁のほかに，インドネシアではマルク諸島や北スラウェシ周辺でカツオの一本釣りなど，釣り漁がさかんな地域もみられる．このうちカツオの一

写真56 マグロの手釣り漁

本釣り漁は，マルク諸島で16世紀頃までにさかのぼる可能性のあるフアテ (*huate*) と呼ばれる伝統性の高い一本釣り漁と，20世紀前半に日系漁民によって導入されたフナイ (*hunai*) と呼ばれる日本式の一本釣り漁があり，北スラウェシのマナドなどでは漁獲効率のより高い後者のフナイ漁がさかんだ．

また北スラウェシやマルク諸島では，漬け木を利用しての巻き網やリングネット網によるキハダマグロやムロアジを対象とした漁業が普及するいっぽうで，手釣りによってキハダマグロを狙う零細漁民も出現している (写真56)．私が2008年におこなったフィールドワークでも，北スラウェシ沿岸に居住するサマ系漁民がこれらの漁に従事していることが確認された[87]．

こうした零細漁民によるマグロの手釣り漁は，小規模漁業として認識できる．同じく小規模漁業として1950年代以降に普及した漁法が，ダイナマイト漁や

---

[87] 1980年代〜1990年代における北スラウェシのゴロンタロやマルク諸島の零細漁民によるマグロ漁については，北窓がその状況について論じている (北窓2000)．

| 1 ダイナマイト漁で捕獲されたタカサゴ | 2 ダイナマイト漁へ出漁する漁民 |

写真57　インドネシアのダイナマイト漁
(宮澤京子氏提供)

　シアン化合物漁などの破壊的漁法であろう．インドネシアにおいてこれらの破壊的漁業がもっとも頻繁におこなわれているのが，南スラウェシ近海のサンゴ礁域であり，取り締まりが強化されつつある近年においてもその状況はあまり変わっていない．たとえば1997年頃のスペルモンド諸島では漁民の約15％がこの漁に従事しており，全漁獲量の10～40％がダイナマイト漁によって供給されていたとするデータもある(鹿熊2006)．

　近年のインドネシアで使用される爆発物は実際にはダイナマイトではなく，窒素系肥料から作られており，おもな漁獲対象はタカサゴ類(写真57：1)，ニザダイ類のほかアジやサバ，イワシなどの外洋魚種も含まれている．さらに近年においては，15～20人以上でおこなわれる大規模なダイナマイト漁のほか(写真57：2)，遠隔地へと移動しながらダイナマイト漁をおこなう漁船も出現するなど，その状況はより複雑化しつつある．いっぽう，シアン化合物はハタや熱帯魚の活魚販売を目的とした漁撈に利用されるケースが増加している．漁獲されたハタや熱帯魚は生簀で蓄養され，さらに船や飛行機を利用してインドネシア外へと輸出される．

　特殊海産物を狙った漁撈は，これらの破壊的漁業のほかにもさかんにおこなわれている．ナマコの資源量は20世紀以前に比べ明らかに減少しているが，コンプレッサーを利用した潜水漁によって水深のより深い海域へと漁場が広がり，ナマコ資源への圧力はさらに高まった．またタラウド諸島でも確認されたように，フカヒレの販売を目的としたサメ漁も広くおこなわれており，アルー

諸島周辺のバンダ海域やスマトラ東岸のジャワ海域がフカヒレ産地としてとくに有名だ (e.g. 鈴木 1994). これらナマコやフカヒレの多くも，その輸出先は香港やシンガポールであり，そこから世界の各地へと再輸出されている．

　こうした特殊海産物を狙った沿岸漁撈は，近代以降のインドネシア海域においても，新たな漁法を取り入れながら継続されてきたといえよう．ただし，これまで見てきたように，近代以降のインドネシア海域では沿岸資源のみが利用されてきたわけでもない．むしろ近代以降に激増してきた人口と食糧需要に対して提供されてきた漁撈資源は，資源量に限りがあり価格も高い特殊海産物などの沿岸資源ではなく，一回の操業で大量に漁獲でき，資源量も豊富で値段も安いアジやイワシ，カツオといった回遊性の高い外洋資源だった．ここで紹介した漁法の多くも，基本的には回遊魚や外洋魚種を狙ったものといえる．

　さらに近年のスラウェシやマルク諸島では，世界的なマグロ需要の高まりなどから，零細漁民が手釣り漁でキハダマグロを追いかける姿も増えてきた．その同じ海ではカツオを狙うフハテやフナイといった一本釣り漁がおこなわれ，ルンポン漁やバガン漁により回遊魚種を狙う漁民もいる．もちろん特殊海産物を狙った沿岸漁撈も同じ海でおこなわれているのだが，全体的にはやはり外洋資源を狙った漁撈が主流になりつつあると認識できよう．

2.3　オセアニア海域の状況

　広大な海洋面積をもつオセアニア海域では，多様な沿岸環境や島嶼環境を背景にさまざまなタイプの漁法を用いた漁撈活動がおこなわれてきた．その漁法や漁撈にみられる多様性は，新石器時代期に出現したラピタ集団による漁撈にも認められる．

沿岸資源の利用
　これらオセアニア海域で伝統的におこなわれてきた漁撈活動は，漁業として見るならばいずれも小規模なものであり，基本的に自給を目的としておこなわれきたものでもある．これに対し第4章では，こうした伝統的な海産資源利用の中に新たにナマコやタカセガイ，シロチョウガイといった特殊海産物を対象

とした商業目的の漁撈が，東南アジア海域世界より新たに流入し，現地における生態環境や社会構造そのものへ大きな影響を与えた事例について紹介した．

海洋面積が広大なのに対し，オセアニア海域世界に点在する島々の多くはその島嶼面積が小さく，そのため沿岸資源にも限りがある．その結果，商業的な漁撈の活発化は特殊海産物を中心とする沿岸性資源の減少を招いた．とくに特殊海産物として乱獲の対象となったナマコやシロチョウガイといった特定種は，多くの島々で数年から数10年のうちに激減し，その結果として商業的な漁撈活動も短期間のうちに終焉することが少なくなかった．

近代以降のオセアニア海域でも，似たような状況が各地で確認されている(e.g. Dalzell et al. 1996; King 2005)．たとえばナマコなどの特殊海産物を対象とした漁撈は，華人系の仲買人の到来によって開始され，乱獲によって短期間で終わるといったサイクルを繰り返してきたようである (e.g. 赤嶺 2010)．こうした状況に対し，1990年代以降のオセアニア海域世界では，沿岸水産資源や生態系管理を目的としたLMMA (Locally Managed Marine Area) などのネットワーク型事業が開始され，各地で資源管理を対象とした保護区域の設定や，持続的な資源利用をめざした共同体ベースでの管理体制が敷かれつつある（鹿熊 2006)．

これら特殊海産物を対象とした漁撈のほかに，一般の沿岸性資源や外洋性資源を対象とした小規模漁業もオセアニア海域世界では継続的に，かつ活発におこなわれてきた．たとえば20世紀初頭にタカセガイなどの特殊海産物を対象とした日系漁民による漁撈が展開されたミクロネシアのパラオ諸島では，1980年代に刺し網漁，投網漁，定置網漁といった網漁のほか，釣り漁，突き漁，潜水漁などで沿岸性資源をおもな対象とした漁撈活動が確認されている (Masse 1988)．類似した状況は，19世紀にアメリカ人によってナマコ漁が開始されたフィジーにおいても確認され（鹿熊 2006)，多くの島々で同じような漁法が普及している状況が指摘できる．いずれにせよ，沿岸性資源の利用は在地の島民による小規模漁撈としておこなわれてきたといえよう．

外洋性資源の利用

これに対し，近代以降においてはオセアニア海域世界でも，外洋域での回遊性資源を対象とした中・大規模漁業が活発化しつつある．とくに広大な海洋面

積を誇るオセアニアでは，回遊性資源の量も豊富であり，これら中・大規模漁業にとっては格好の漁場ともなった．たとえば1970年代頃より増加を続けてきた中西部オセアニア海域のカツオ漁獲量は，1988年に50万トンを越え，さらに1990年代に100万トン前後，1998年以降においては120万トンを超えた．

しかし，オセアニア海域における中・大規模漁業の発達は，東南アジア海域世界の場合と比べ，根本的に異なっている．その最大の要因は，これら中・大規模漁業のほとんどが在地の漁民や漁業者ではなく，外国船によって展開されている点にある．実際，前述した中西部オセアニア海域でカツオ漁に従事しているのは，日本，台湾，アメリカ，韓国，パプアニューギニア，フィリピン，インドネシア，ソロモン，中国からの中・大規模漁船であり，その多くは近代的な巻き網か延縄漁を利用している．

このうち1970年代頃までは日本漁船による水揚げ量が突出し，30万トン前後を記録してきたが，近年では他国漁船の水揚げ量が軒並み増加する傾向にある．総漁獲量が激増しているのも，これら日本以外の漁船による水揚げ量の増加が背景にある．いずれにせよ，オセアニア海域では近代以前と同じように，商業性の強い漁撈が外来の漁民によっておこなわれている構造を指摘できよう．その状況は，在地漁民による中・大規模漁業がオセアニア海域世界の中でももっとも発達しているフィジーにおいても認められ，2001年のフィジーにおける漁獲量のうちの実に52％にあたる13653トンが外国船によるマグロ属の水揚げであり，在地漁民によるマグロ属の水揚げ量は全体の21％しかない（Parliament of Fiji 2002）．

近代以降におけるオセアニア海域世界での海産資源量は，植民地時代にみられたような構造が継続しながら，その漁獲量が激増している状況にあるとも認識できる．ここでも外洋性の回遊資源の漁獲量が激増している点は，近代以降における東南アジア海域世界と共通するが，その構造にはやはり大きな違いが認められる．そのいっぽう，沿岸性資源の利用においては，外資系資本のサポートの下で地方共同体や地方政府をベースとした資源管理が組織化され，進行しつつある．

3 ❖ 「近代」化にともなう漁撈と漁撈文化の変遷

　本章ではこれまでセレベス海域とその周辺海域での漁撈が，「近代化」に伴いどのような変化を遂げ，その結果として近年どのような状況にあるのかを概観してきた．いっぽう，前章ではその具体的事例の一つとして，ボルネオ島東岸に居住する現代サマによる漁撈活動の詳細を検討した．これらの情報を踏まえた上で，ここではセレベス海域や東南アジア海域世界における漁撈や漁撈文化のうち，「近代化」を経て大きく変容した側面と変容していないと考えられる側面について論じる．

3.1　漁船にみられる変化と伝統性

　セレベス海域を含む東南アジア海域世界の漁撈は，1950年代以降にいくつかの大きな変化がみられた．そのもっとも明確な変化の一つが，エンジンの普及による動力船の激増と漁船の大型化である．

　ボルネオ島東岸のセンポルナ群でも，1960年代までに小型の船内機が普及した．セイザーによれば，1965年に彼が調査した海サマ村の全世帯が，賃金労働による現金収入をもとに小型船内機を利用していた（Sather 1997）．さらにエンジンの普及による漁船の動力化は，漁撈時間の短縮と，漁獲の市場への運搬時間の短縮を可能にした．さらに運搬時間の短縮は鮮魚販売を可能にし，それまでの塩干魚中心の流通に加え，新たに鮮魚の販売と流通が開始された．

　またエンジンの普及は船のスタイルや構造にも変化を与えた．たとえば20世紀初頭頃よりサマの家船として利用されてきたレパ（lepa）は（写真58：1-2），1960年代におけるエンジンの普及以降，徐々にその数を減らし，レパを家船として利用するサマの姿は1990年代までにはほとんどみられなくなった．その要因の一つにも動力化の影響があった可能性がある．レパは船尾と船首が尖り，美しい彫刻が刻まれる点に特徴があったのだが，こうした構造は動力化するには不向きでもある．このため移動の際には帆を張った帆船として利用されるのが一般的であった．

第6章　漁撈のインボリューション？　　373

1　海サマの家船レパ　　　　　　2　進む際に帆を張るレパ（門田修氏提供）

3　現代の家船テンペル　　　　　4　テンペルの船尾は動力化のため垂直構造に
　　　　　　　　　　　　　　　　　なっている

写真58　レパとテンペル

(1：門田修氏提供)

　これに対し，レパに代わって主流となってきた家船となるテンペル（tempel）は船尾が垂直構造になっており，動力化しやすいスタイルになっている（写真58：3-4）．もちろんレパからテンペルへの変化は動力化だけが要因ではない．レパのもう一つの特徴は，船底に刳り舟を利用する点にあったが，1970年代以降における伐採と森林資源の減少により，刳り舟を作れるような木材の入手が困難になったことや，木材価格の上昇もレパの建造に打撃を与えた可能性が高い（門田1986）．実際，レパに代わって建造・利用されるようになったテンペルは合板を組み合わせた構造船で，刳り舟も必要としておらず，建造費もレパに比べて安価である．

　このようにエンジンの普及による漁船の動力化は，単に漁船の大型化だけでなく，零細漁民によって日常的に利用される小型の漁船や家船にも少なからず

1　プランクファースト方式によるシェル構造　　2　木釘による接合

3-4　スラウェシの木造船ピニシ

写真59　現代の船に見られる伝統性

影響を与えてきたが，そのいっぽうで，動力化されながらも昔ながらのスタイルを保っている面も少なくない．現在でもセレベス海域で建造される船は木造船が基本であり，その建造法もかつてと同じプランクファースト（シェル構造）が一般的で，接合に木釘が利用される点などは前近代と変わっていない（写真59：1-2）．また大型の運搬船には，スラウェシの木造帆船ピニシのように，動力化はしているものの近代以前のスタイルを残した船も活躍している（写真59：3-4）．

3.2　漁具や冷蔵技術の革新とその影響

二つ目の大きな変化は，漁具の革新にある．これらにはフィリピン海域やイ

ンドネシア海域で開始された敷網漁のように，伝統的な在地の漁具や漁法が「近代化」によって革新されたものと，トロール網漁や巻き網漁，リングネット網漁のように外来で開発された新しい近代的な漁法や漁具が導入されて起こった変革の2パターンがある．

これらの変化の中でもっとも画期的だったのは，網具を中心とした新たな素材の普及による漁獲効率や漁撈文化への影響と，ケロシンランプや電灯の普及による夜間漁の発達だ．ボルネオのセンポルナ郡でも1970年代にナイロン製網が普及したが，他の海域でもほぼ同じ頃に漁網がナイロン製へと転換されている．これら工場製品として生産されるナイロン製漁網は，それまでの木綿や植物繊維を利用した漁網に比べて数倍の強度をもつ上，重量も軽いため持ち運びも便利であり，網漁の種類にかかわらずその漁獲効率を増加させた．

またナイロン製網の強度の高さは，網を補修する作業時間の劇的な低下を可能にした．これにより漁撈に対する女性労働力の必要性は著しく低下し，サマによる漁撈 (e.g. 長津 1997；Sather 1984) にみられたように，漁撈活動はより男性中心になった．こうした漁撈の質的変化は他の東南アジア海域世界においても起こった可能性が高く，新たな漁具の普及が漁撈文化そのものに与えた変化をここに見ることができる．

漁具そのものではないが，1960年代頃より登場した製氷器などの冷蔵・冷凍技術の発達は，漁獲の鮮魚販売を劇的に増大させ，さらに鮮魚のまま諸外国へも輸出することを可能にした新たな技術として明記する必要がある．たとえばインドネシア海域では，トロール漁船によって乱獲されたエビ類の多くが日本へ冷凍輸出され，1980年代までにインドネシア海域のエビ資源は劇減し，1980年代以降は養殖によるエビの生産が活発化した (e.g. 村井 1988)．さらに近年のインドネシアではマグロ属やアジなどの外洋魚種の冷凍輸出がさかんであり，上質なものは日本へ，それ以外はカナダやアメリカのほか各地へ輸出されている．インドネシアのマグロ漁は大型の漁船による巻き網漁と，小型の漁船による手釣り漁の二つが一般的だが，後者の場合，近年ではマグロを釣り上げる小型漁船の近くでマグロを冷蔵する設備をもったより大型の運搬船が待機し，釣り上げた直後に冷凍保存して漁港へと運ぶ姿も頻繁にみられるようになってきた．

ただし塩干魚の販売と流通はその後も消えることはなく，フィリピンのビサヤ海域やインドネシアのジャワ海域で漁獲された海産物の多くは，1950年代以降においても塩干加工された上で利用されてきた．現在でもセレベス海域や東南アジア海域世界の各地では塩干魚の生産と販売がみられ，塩干魚に対する嗜好は根強いものがある．

いっぽう，大型の巻き網やトロール網，リングネット網の利用は，漁撈活動の大規模化を生み，網や船を所有する資本家とその下で雇用される漁民という，「パトロン―クライアント」的な社会関係の形成を促進させた．ただし，東南アジア海域世界でみられる資本家や仲買人と網子である一般漁民との間にみられる社会関係の緊張度はさまざまで，一口に「パトロン―クライアント関係」とは表現できないケースも多い．現代サマの漁撈にみられる漁民と仲買人の関係は，仲買人による資本の提供とそれに対しての漁民による漁獲の提供（販売）という関係が成立しつつも，最終的な販売先の選択権は漁民側にあり，仲買人が提供した資本の返却を強制することは倦厭される．

類似した関係性は，ビサヤ諸島でおこなわれてきた季節移動漁での漁具や居住地の提供者と移住漁民の間や，スマトラ島東岸における漁民と頭家 Tauke の関係性（北窓 2000）にも認めることができる．そしてこれらの事例にみられる社会関係は，北窓（2000）が指摘するように契約関係というよりも人間関係に価値をおく対人主義（立本 1991）に基づいていると考えられる．とはいえこれらの事例はいずれも小規模漁業に基づくものであり，全体として漁業の規模が大きくなるほど，そこで形成される社会関係の緊張度は強まる．

1950年代以降における中・大規模漁業の発達が，漁民の需要を生むことで一時的，あるいは継続的に零細漁民数を増加させたことは明らかだ．実際，セレベス海域を含む東南アジア世界海域のほぼすべての地域では，1950年代から2000年代にかけて漁船数は右肩上がりに増加し続けてきた．とくに動力船の数が激増してきた事実は，これらに乗船して漁撈に従事する漁民数も比例して激増してきたことを示唆している．

そのいっぽうでこうした急激な漁民数の増加は，東南アジア海域世界における労働力の流動性を如実に示しており，ここには近代以前から東南アジア海域世界でみられた漁撈文化，さらには生業文化が見え隠れしている．

たとえば前章で紹介した陸サマ漁民の事例のように，個人が時と場合に応じて漁民になり，あるいは漁撈とはまったく異なる生業（あるいは就業）に従事する状況はセレベス海域を含む東南アジア海域世界の各地でみられ (e.g. マンチェロ・片岡 1991；北窓 2000；立本 1999)，20 世紀初頭のマルク諸島でも確認されている（江川 1929）．すなわち，近代以降における大型の動力船や漁具の導入によって中・大規模漁業が飛躍的に普及した最大の要因も，漁民社会を含めた東南アジア海域世界の生業文化における高い流動性，あるいは移り身の早さといった性格にあったのではないだろうか[88]．

さらに漁具の革新による漁民や漁獲量の増加は，小規模漁業においても起こった．その最大の要因が，ダイナマイト漁などに代表される破壊的漁法の導入と普及にある．これら破壊的漁法がセレベス海域を含む東南アジア海域世界の全域へと短期間のうちに普及したのは，必要となる漁具 (e.g. 火薬やシアン化合物) が安価であり，漁法の習得が比較的容易な上に，1 回あたりの漁獲効率がきわめて高い点にあった．

しかしそのいっぽうで，これら破壊的漁業はとくに浅いサンゴ礁域では漁場そのものを破壊し，その結果として海産資源が著しく低下する危険性や，使用を誤れば漁民自身も大怪我を負うか，最悪の場合には死亡する可能性があるなど，高いリスクも負っているというマイナス要素をもっている．また破壊的漁業はどの地域においても政府や行政によって違法漁法に指定され，取り締まられてきた漁法でもある．

それにもかかわらず，これら破壊的漁業が小規模漁業や零細漁民の間で広く利用され，近年においても一部の地域で積極的におこなわれている背景には，1950 年代以降の東南アジア海域世界における人口増加とその結果としての食料としての海産物需要の高まりが指摘できる．1970 年代以降のセンポルナ郡でもダイナマイト漁は，サバ州における急激な人口増加を背景にもっとも頻繁に利用されるサマの漁法でもあった（長津 1999）．同じようにこうした海産物需要の高まりが，より多くの資本を必要としながらも大量の漁獲を見込める

---

[88] 立本成文はこのように海を生業活動の基盤としながら，時と場合によって漁民や航海民，商人，海賊などに化してきた移り見の早い性格をポリビアン (polybian < poly 多様な + bios 生き方) と呼んでいる（立本 1999）．

中・大規模漁業を急速に発達させた原因ともなった．

3.3 海産資源の乱獲と資源管理への動き

乱獲と海産資源の減少

　近代以降における中・大規模漁業の激増や破壊的漁業の普及は，漁撈の漁獲効率を明らかに高めた．さらに途絶えることない海産物需要の高まりは，漁民や漁船の数を激増させるとともに，その総水揚げ量も激増させてきた．

　しかしそのいっぽうで，ひたすら搾取される側であった海産資源は，1990年代以降，明らかに減少傾向にある．たとえばセンポルナ郡の水揚げ量は1995年をピークに減少している可能性があり，フィリピン海域やインドネシア海域においても類似した傾向が確認されている (e.g. 北窓 2000；鹿熊 2006)．

　こうした近年における海産資源の減少は，外洋性資源に関しては中・大規模漁業による乱獲，沿岸性資源に関しては小規模漁業による乱獲のほか，破壊的漁業による漁場の劣化や人間活動による水質汚染などによって起因したと考えられている．こうした資源利用が今後も継続すれば，東南アジア海域世界における海産資源量がさらに減少する危険性は高い．そのいっぽうで，東南アジアやオセアニアの海域世界では近代以前より，海産資源の持続的な利用を目的とした文化的規制が実践されてきた地域も存在する．

資源管理の伝統と変化

　東南アジアの海域世界では，マルク諸島以東で頻繁にみられるサシと呼ばれる資源管理のシステムが，遅くとも植民地時代から現代にいたるまで利用されてきた (e.g. 村井 1995, 1998)．オセアニアの海域世界でも，サシに類似した規制システムが多くの島々で確認されている (e.g. Akimich and Ruddle 1984; Johanes et al. 1993)．

　これに対し，東南アジア世界海域の西部においては，サシに代表されるような地域の共同体に根ざした伝統的な規制システムがそれほど明確には確立されていないか，ほとんど認められず，海産資源の利用は誰もが制限なく自由に資源を利用できる「オープンアクセス」を基本としている．

セレベス海域でも，サンギヘ諸島のセケ漁などに漁場や漁期に関する規制といった例外を除けば，「オープンアクセス」的な資源利用が基本であった．前章で検討したサマによる漁撈はまさにその典型的な事例であろう．そのいっぽうでこうした民族集団や個人を規定しない，自由な海産資源へのアクセス性がセレベス海域を含む東南アジア海域世界における漁民の活発な移動と，その結果としての新たな漁法や漁具の急速な普及を可能にしてきた．

　海産物需要の高まりに応じて漁民数が増加した背景にも，こうした海洋資源への自由なアクセス性があったと考えられる．またそれを可能にしてきたのが，熱帯圏に位置する東南アジア海域世界の豊かな海産資源と多様性だった．

　しかし，近代以降によける漁具や漁船の大規模化，そして漁具の革新による高い漁獲効率の達成が，かつては無尽蔵にあると考えられてきた海産資源の低下を促進させていることは紛れもない事実である．もちろん特定種に限れば，植民地時代にみられたナマコ資源の乱獲による減少に限らず，新石器時代以前から特定の沿岸資源への集中的な利用が，これらの資源の減少やサイズの小型化を招いた痕跡は，オセアニア海域世界の島々だけでなく，セレベス海域においてもタラウド諸島などでも認められ，近代以降に限る現象とはいえない．

　これに対し，近代以降における海産資源量の減少が問題なのは，それが特定資源の減少だけに止まらず，回遊資源も含めたほぼすべてが一様に減少傾向にある点にある．その結果として，近年では商業的性格が強く外洋資源から沿岸資源まで幅広く漁獲量を増加させてきた中・大規模漁業と，沿岸資源の利用に集中してきた小規模漁業の間に資源をめぐる軋轢や紛争が頻発化しつつある状況もみられるようなった（e.g. 秋道・岸上 2001；鹿熊 2006）．

　こうした現状に対し，持続的で恒常的な資源利用を目的として，伝統的な柴漬け漁や近代的な浮魚礁の利用が注目されている（e.g. Kleiber and Hampton 1994; 鹿熊 2004, 2006; Monintja and Mathews 2000; Zerner 1997）．またフィリピン海域では共同体を基本とした沿岸資源の管理プログラムが，地方政府や NGO の主導によって展開されつつあり，漁獲規制の適用も開始されつつある（e.g. 鹿熊 2005, 2006; Pomeroy and Carlos 1996）．

　いっぽう，インドネシア海域では地元の大学や NGO 主導による沿岸資源の管理プログラムが試みられてはいるが，政府主導による資源管理を目的とした

活動はほとんどみられず，違法漁業の取り締まりも効果を発揮していないと指摘されてきた (e.g. 鹿熊 2006; Pet-Soede et al. 1999).

セレベス海域における状況も全体的にはインドネシア海域と似たような傾向にあり，マレーシア領となるボルネオ島東岸のセンポルナ郡でも，政府やNGO の主導による資源管理のプログラムはほとんど確認できなかった．唯一の例外はアガルアガル養殖が政府（サバ州）主導で進められていることであるが，このプログラムに参加している漁民や村落は，前章でも論じたようにセンポルナ全体としては非常に限られており，センポルナ郡全体をカバーした資源管理システムとして機能しているとは現時点では認識できない．

減少しつつある海産資源量という現実の中でどのような漁撈を展開していくのか，あるいは資源量を回復させていくのかが，現在の東南アジア世界海域における海産資源利用と向き合う上での最大の課題でもある．

4 ❖ 漁撈のインボリューション？
「近代」以降におけるセレベス海域の漁撈戦略

近代以降の漁撈にみられる特徴

前章ではボルネオ島東岸に居住するサマの漁撈活動，本章においてはタラウド諸島やサンギヘ諸島，ミンダナオ島からスールー諸島にかけて，セレベス海域に位置する各地の漁撈や海産資源利用の状況について検討してきた．

植民地時代以前や新石器時代などに比べれば，近代以降のセレベス海域における漁撈や海洋資源利用に関する情報や記録は明らかに増加してはいるものの，やはり資料的な制約があることは否めない．もちろんこうした状況はセレベス海域に限らず，東南アジア海域世界やオセアニア海域世界の全体においても指摘できることでもある．

したがって，本書で検討することができた漁撈や海産資源利用の状況がそのすべてを示しているわけではない．それでもこれまでの検討からは，近代以降におけるセレベス海域の漁撈活動が，自給を目的とした生業活動としての性格もわずかながらあるいっぽうで，全体的には現金獲得を目的とした経済活動へ

とシフトしたことを指摘できる.

　第4章でも論じたように，こうした傾向は交易時代における特殊海産物の登場によって出現し，植民地時代以降には特殊海産物に限らず，多様な魚種が現金獲得を目的として漁獲されるようになっていた．近代以降には，こうした傾向にさらに拍車がかかったことになるが，そのいっぽうで漁撈戦略の枠組みそのものは，植民地時代のそれと比べて大きくは変化していないともいえる.

　しかし植民地時代以前における漁撈が，自給目的と商業目的の両方を兼ね揃えて実践されていたのに対し，近代以降における漁撈には，中・大規模漁業の出現によって完全な商業目的による漁撈とそれに従事する漁民が登場した点に最大の特徴がある．これに対し，サマの漁撈活動に代表されるような小規模漁業においては，植民地時代以前と同じく自給的漁撈と商業的漁撈（漁業）という二つの性格を現在でも認めることができる.

　近代以降の漁撈にみられるもう一つの大きな特徴は，沿岸性資源だけでなく，外洋性資源をも積極的に対象とする漁撈が展開されている点にある.

　カツオやアジといった外洋性資源を狙った漁撈は，沿岸性資源が乏しいいっぽうで回遊魚が季節的に近海へと到来する北スラウェシやタラウド諸島では，植民地時代以前においても積極的におこなわれてきた痕跡があるが，沿岸性資源も豊富なスールー諸島やボルネオ島東岸では，外洋性資源の利用は皆無ではなかったものの，それほど積極的におこなわれてはいなかった.

　ところが近代以降においては，中・大規模漁業によってスールー諸島やボルネオ島東岸の近海でも外洋性魚種を対象とした漁撈が活発に展開されている．実際，近年におけるセレベス海域の水揚げ量の大部分を占めているのも，これら外洋性魚種であることはすでに論じてきたとおりである．したがって，人びとによって漁獲され利用されている資源量から見た場合，近代以降のセレベス海域では外洋性資源の利用量が，沿岸性資源のそれを遥かに凌駕しており，植民地時代以前の資源利用と逆転した状況も認められる.

　こうした状況はセレベス海域に限らず，東南アジア海域世界の各地で認められ，新石器時代期より外洋性資源の利用がより活発におこなわれていたオセアニア海域世界においてはその傾向がさらに顕著である．そのいっぽうで両海域世界においては，セレベス海域も含め，商品価値の高い沿岸性資源となる特殊

海産物の捕獲と輸出が，在地の漁民や島民によって積極的におこなわれてきた．これら特殊海産物を対象とした漁撈は，植民地時代以前においては日系漁民の事例にみられるように，外来からの移住漁民によっておこなわれる頻度も高かったが，近代以降においてはその頻度が低下し，在地の人びとによって新たに導入された漁法を用いながら実践される傾向が強い．

これに対し中・大規模漁業で利用されるトロール網や巻き網，リングネット網，巾着網などの近代的な大型網具の普及は，漁撈技術や漁撈文化の均一化を促進し，商業目的により外洋性魚種を大量に漁獲しようとする新たな漁撈戦略を拡大させた．いっぽう，小規模漁業においては前述した特殊海産物だけでなく，ダイナマイト漁に代表される破壊的漁業やナイロン製の刺し網といった近代的な漁具を積極的に利用することで，沿岸性資源を中心にその漁獲量をできる限り増加させる戦略がとられてきた．

ただし，サマやタラウド島民による漁撈にみられたように，漁獲の一部が自家消費されていることも確かであり，小規模漁業としての漁撈活動には植民地時代以前にまでさかのぼる伝統的な側面も強く残している．このことは小規模漁業で利用される破壊的漁法以外の漁法や対象魚種が，植民地時代や交易時代，さらには新石器時代における漁撈活動で利用されてきた漁法や対象魚種とも共通性が高い点においても指摘できる．また特定魚種や漁法の選択にも柔軟性と多様性が認められ (e.g. 赤嶺 2010)，多くの漁師が時と場合（価格や季節，資源量など）に応じてつねに捕獲対象を選定している面にも，伝統的な沿岸漁撈システムの一面を垣間みれよう．中・大規模漁業の普及とその結果としての漁民数の増加にも，その背後にセレベス海域や東南アジア海域世界の漁撈にみられる伝統的な側面を指摘できるかもしれない．

すなわち東南アジア海域世界における漁撈活動は，数ある生業手段，あるいは現金獲得手段として，その気になれば誰にでもおこなえる自由度やアクセス性の高い活動でもあった．前述したように新石器時代における漁撈は，農耕や狩猟といった陸産資源を対象とした生業活動を補う目的からおこなわれてきた可能性が高く，交易時代や植民地時代においては専業的な漁民だけでなく，海賊業や交易に従事する集団によっても季節的に漁撈がおこなわれ，タラウド諸島などでは半農半漁的に漁撈がおこなわれてきた．また海産資源の利用がオー

プンアクセスを基本としてきたことも，セレベス海域における漁撈戦略の特徴の一つであろう．

　近代以降における漁民の数を一時的，あるいは継続的に増加させた要因の一つも，こうしたセレベス海域，さらに東南アジア世界海域における漁撈戦略にあったと考えられる．ここには先に指摘した，人びとの「移り身の早さ」やポリビアン（立本 1999）とも表現できる生業文化の性格を指摘することもできよう．すなわち，近代以降における漁撈戦略が，基本的には交易・植民地時代に形成された戦略の延長上にあり，そのいっぽうで新石器時代にまでさかのぼる可能性がある伝統的な側面も強く残していることを改めて指摘したい．

ギアーツの「インボリューション」論

　最後に本章の「はじめに」でも触れたように，近代以降におけるセレベス海域の漁撈戦略とその発展過程が，近代以降におけるジャワの農業経済史にみられたような「農業のインボリューション」と類似する歴史的プロセスを持っているかについて検討してみたい．

　インボリューションとは，「限定されたいくつかの単位要素の多様な組み合わせによって，結果として繊細なところで複雑化がとどまることなく進む過程」（原 2001：13）であり，「内旋的」発展や拡大とも表現される．このインボリューションが 19〜20 世紀のジャワで起こったとするのが，ギアーツの『農業のインボリューション Agricaltual Involution』（Geertz 1963）だ．

　この作品でギアーツが農業のインボリューションと呼んだ現象とは，まず (1) 水田農耕（サワ）という生態文化的な土台があったところに，(2) 植民地時代のオランダによる砂糖などの商品価値の高い農作物の栽培を目的とした強制的なプランテーション農業という搾取的な土地利用が加わったことで，その後の人口増加で新たに生まれた労働力が，再び伝統的な農業経済へと吸収されてしまったプロセスとその結果にある．

　一般的には，人口が増加しても土地には限りがあるため，一定の段階で人口増加に歯止めがかかる．ところが，技術の革新や工夫によっては単価あたりの収穫率をさらに増やせるジャワの伝統的な水田稲作農耕と，増加した人口を農民として搾取し続けようとしたオランダの植民地政策が，近代以降においても

ひたすら農民人口のみを増加させる現象を引き起こしてしまった．またそれを可能にした生態文化的な要因として，ギアーツはオランダの重商政策によって新たに栽培が促進された商品作物であった砂糖が，水田農耕の二期作として，稲作と共生的な関係にあったことを指摘している．

また近代化による人口増加に対し，ジャワの伝統的な生業文化であった水田稲作農耕の技術や，土地利用法をより精緻化させることで対応した現象をギアーツは農業の「インボリューション」と呼んだのである．しかし，ジャワにおけるこのインボリューションは，増加した人口を農業部門にのみ分配してしまったことで，経済的パイの断片化を引き起こし，結果的に貧困の共有化という大きな問題を近現代のインドネシアに残した．

これに対し，ギアーツはジャワと西スンダ列島以外のすべての島嶼域を外インドネシアと区別したうえで，これらの地域で伝統的におこなわれてきた焼畑を基本とする農業経済においては，ジャワで起こったようなインボリューションはみられなかったと結論している．その要因は大きく二つあり，一つはこれら外インドネシアで商品作物として焼畑地域で積極的に栽培されるようになったタバコが，生態的には焼畑で栽培される米と共生的な関係になかったことにある（Geertz 1963: 108）．

つまり，タバコは機能的に代替物でしかなく，焼畑農耕における補完物とはならなかった．その結果，タバコ農園と焼畑耕作者の住み分けが進み，焼畑耕作者が土地を追い出されることも多かったようだ．これに付随してもう一つの要因となるのが，外インドネシアにおける人口の希薄さで，拡大していくタバコ・プランテーションの労働者となったのが，おもに中国やジャワから連れてこられたクーリーであった点である（Geertz 1963: 110-11）．こうした新たなプランテーション栽培の外インドネシアにおける広がりは，焼畑農耕民の貧困化を招くことにはなったが，少なくともジャワでみられたインボリューションが起こることはなかったのである．

ところが外インドネシアでは，20世紀に入って登場してきた新たな商業作物であるゴムによって，その農業経済の仕組みに劇的な変化が生じた．同じくこの時期に商品作物として生産されるようになったのがココヤシを原料とするコプラである．これらの作物は焼畑農業への統合がより容易であり，一部の資

本家による巨大なエステートの必要もなく，伝統的に焼畑をおこなってきた小農レベルでの栽培が可能だった．その結果，外インドネシアから輸出されるゴムやコプラの輸出量が急増したが，そのほとんどが小農によって生産されたものだった．

このうち，コプラの総輸出量の3分の1以上が，北スラウェシで生産されたものであったという事実は，ギアーツによって論じられた外インドネシアにおける状況が，セレベス海域においても同様に認められる可能性を示唆している．したがって，農業経済とその歴史という点においては，セレベス海域でもジャワでみられたようなインボリューションは起こらず，ギアーツの言葉を借りれば，農業特化や個人主義，社会的対立，そして文化的合理化へと向かった（Geertz 1963: 123）．

漁撈のインボリューションはあったのか？

ではセレベス海域の漁撈経済においてはどうだったか．まずジャワの農業でみられたようなインボリューションとまったく類似した現象が起きたかといえば，もちろん答えは否であろう．すでに論じたように，植民地時代期を通して，セレベス海域や外インドネシアで急激な人口増加を経験した島々はほとんどなかった．むしろ人口の増加が起きたのは近代以降，それも第二次世界大戦後のこの半世紀にかけてである．

そこでつぎにこうした近年の人口増加に対する処置として，人びとが伝統的な漁撈スタイルをより精緻化させることで対応するような現象が起きたかという点に絞って検討するなら，沿岸資源における捕獲種や漁獲量の増加という点においては認められるかもしれない．たとえば人口の増加にともなう海産物需要の高まりや，海産物の商品価値の高まりに対して，漁民がダイナマイト漁などの破壊的漁業や，コンプレッサーを使用してのナマコ漁などを導入することで，その技術や道具を精緻化することで対応してきた現象は，「沿岸漁撈システム」のインボリューション（内旋的拡大）とも映る．

しかし，これらの現象はあくまで漁獲量の増加という点に集約されており，植民地時代から近代以降のジャワでみられたように，増加した人口の多くを漁民として吸収するような現象が起きたわけではなかった．もちろん新たに漁業

に参入し，漁民になった人びとも少なくないが，人口のマジョリティが漁民となることはなかった．また漁業に参入した人が必ずしもそのまま漁民でいるとも限らず，昨日の漁民が今日の農民や商人になっていることは，陸サマの例をあげるまでもなく，セレベス海域ではよくある事象であり，この点においても増加人口の多くが農民として吸収されたというジャワの現象とは一致しない．

むしろセレベス海域では，増加人口を漁撈など多様な生業経済に吸収し，さらに各生業経済に従事する労働人口を循環させることで，近年の急激な人口増加にも対応してきたように映る．もちろんこのプロセスの中で人びとの島嶼内や島嶼外への活発な流動や移住という動きも起こった．こうした人口や生業経済の循環性は，ギアーツが外インドネシアの基本的なエコシステムとして指摘した，多様な作物，生物間を移動する栄養素の循環，そしてデリケートな均衡より特徴づけられる焼畑農耕の性格を背景としている可能性は無視できない．

さらに焼畑農耕だけでなく，伝統的にオープンアクセス性の強かった漁撈や海産資源の利用形態も，セレベス海域における増加人口の流動性や生業経済における循環性を強めたのではないか，というのが私のここでの主張である．もしこうした仮説が認められる場合，伝統的な枠組みの中での精緻化や複雑化の拡大という点では，セレベス海域の漁撈経済にもインボリューションと呼べるような現象が起こったといえるかもしれない．しかしこの海域ではインボリューションだけでなく，アウターボリューションともよべる外延的拡大も同時に起きた．

田中耕司は東南アジア海域世界を，投機的な経済活動，人口の流動性，多民族社会といった特徴をもつ「フロンティア社会」と呼び，こうしたフロンティア空間は外延的拡大と内延的拡大という二つの現象が同時に起こることで持続していくと指摘した（田中 1999）．田中によれば新規に開拓された農地では，その時々のブームとなる商品作物が栽培される傾向にある．これに対し，開拓荒時間を経て安定した農村では開拓当時にブームだった商品作物に加え，その時々のブームとなる商品作物も栽培される．その結果，新たな開拓による外延的拡大と，それ以前からおこなわれてきた作物栽培にみられるような内延的拡大の二つが同時進行する，というのが彼の指摘である．

同じく赤嶺淳はフィリピンのマンシ島を事例に，高級なナマコ種を求め，漁

民が新たな漁場を開拓する現象を開拓前線の外延的拡大とするいっぽう，同じ漁場で商業的価値の異なるナマコを獲ったり，ロブスターやミミガイなども複合的に漁獲するような漁業活動を内延的拡大に相当すると指摘している（赤嶺 2010：119）．つまり，人口の増加に対し，移住により新たな農村や漁場を開拓したり，新たな商品作物や海産物の栽培や捕獲の開始といった現象は，外延的拡大と認識できるという理解である．

このような理解に従い，あらためてセレベス海域や外インドネシアの漁撈経済を長期的な視野から検討するなら，新石器時代期から脈々と続けられてきた沿岸漁撈や沿岸資源の利用を，技術の革新などにより高めていく現象はやはり内延的拡大，すなわち漁撈のインボリューションと認識できよう．セレベス海域では，その西部に位置するスールー諸島からボルネオ島東岸に暮らすサマによる漁撈などには，この傾向が強いと考えられる．

これに対し，金属器時代から植民地時代にかけて新たに開拓された外洋資源の利用が，近代においてより積極的に実践され，それにともなう漁場の拡大，漁船や漁具の大型化，操業漁民の増加が起こった現象は，漁撈の外延的拡大，あるいはアウターボリューションと呼べるかもしれない．セレベス海域においては，とくにその東部に位置し，深い海に囲まれるミンダナオ南岸からサンギヘ・タラウド諸島，そしてスラウェシ北部に続く島嶼群で，この傾向が強い．

もちろん，これらは相対的なものであり，実際にはこれら二つの現象がセレベス海域のいたるところで起こっている．セレベス海域の東部でもナマコの捕獲やダイナマイト漁，ハタを狙った活魚漁はおこなわれてきたし，今後もさまざまな形態や漁法により沿岸資源の開拓は続くであろう．セレベス海域の西部でも，前章で見てきたようにサマの沿岸漁撈がおこなわれている隣で，中・大型漁船によるサバ科やサッパ資源を狙った巻き網漁が日夜操業されている．さらに改めて強調しておきたいのは，こうした二つの拡大のプロセスの中で，人口も流動的に動いているという循環性である．まさにここにこそ，近代セレベス海域の漁撈や漁撈経済においてもっとも注目すべき特徴がある．

ところで，こうした現象はセレベス海域や外インドネシアだけでなく，ジャワ島の漁撈経済においても起こっていた可能性がある．それを検討するには，ジャワの漁撈を長期的に検討する研究が求められるが，こうした研究は残念な

がらまだない．

　ギアーツによる論考はあくまで農業経済に立脚したインボリューション論であり，ここでは漁撈（あるいは漁業）を含む他の生業活動は完全に無視されている．それが当時の資料的な制約を背景にしているのだとしても，また人口や労働投資の面において農業がジャワ経済や人口問題の中で圧倒的に大きな位置を占めていたとしても，そこからジャワの経済史やインドネシア全域の将来を検討するには，やはり片手間である感は否めない．それがギアーツのインボリューション論に対する，私の唯一の批判でもある．

　農業だけでなく，漁業からみた近代ジャワの経済史も検討してみたら，また違った側面が見えてくる可能性は十分にあるのではないか．

　同時にこの批判は本書にも向けられるかもしれない．本書ではあくまで漁撈に焦点をおき，長期的な視点から論じてきたが，より総合的にセレベス海域の生業文化や生業戦略について検討するには，やはり漁撈だけでなく，農業や畜産業，林業など他の植物・動物資源の利用も含めた多角的な議論が必要だ．こうした研究や議論の実践も今後の研究にたくされた大きな課題である．

コラム7　海域世界の資源管理制度「サシ」

サシで守られるドリアンの木

サシの解禁によりロンパを獲る
ハルクの女性（門田修氏提供）

海のサシが実施中であることを示す標

陸のサシが実施中であることを示す標

　セレベス海域ではほとんど見られないが，お隣のマルク諸島で知られる資源管理制度がサシである．村レベルを基本とし，漁撈の場合は禁漁期間の規制などがおこなわれ，違反者には罰が科されるシステムだ．サシの対象は海だけでなく，山や川の資源も対象になる．北マルクのモロタイ島では村のドリアンの木がサシの対象となっていたし（写真左上），南マルクのハルク島では季節的に回遊し，川で産卵するロンパという小魚がサシの対象に含まれている（写真右上）．いずれも解禁期間のみ，全ての村人がアクセス可能という点で共通する．1年を通して漁獲が見込めるサンゴ礁域での漁撈と異なり，回遊魚を対象とした季節漁が多いといった海洋環境が，マルク諸島でサシが生まれた背景にあるのかもしれない．

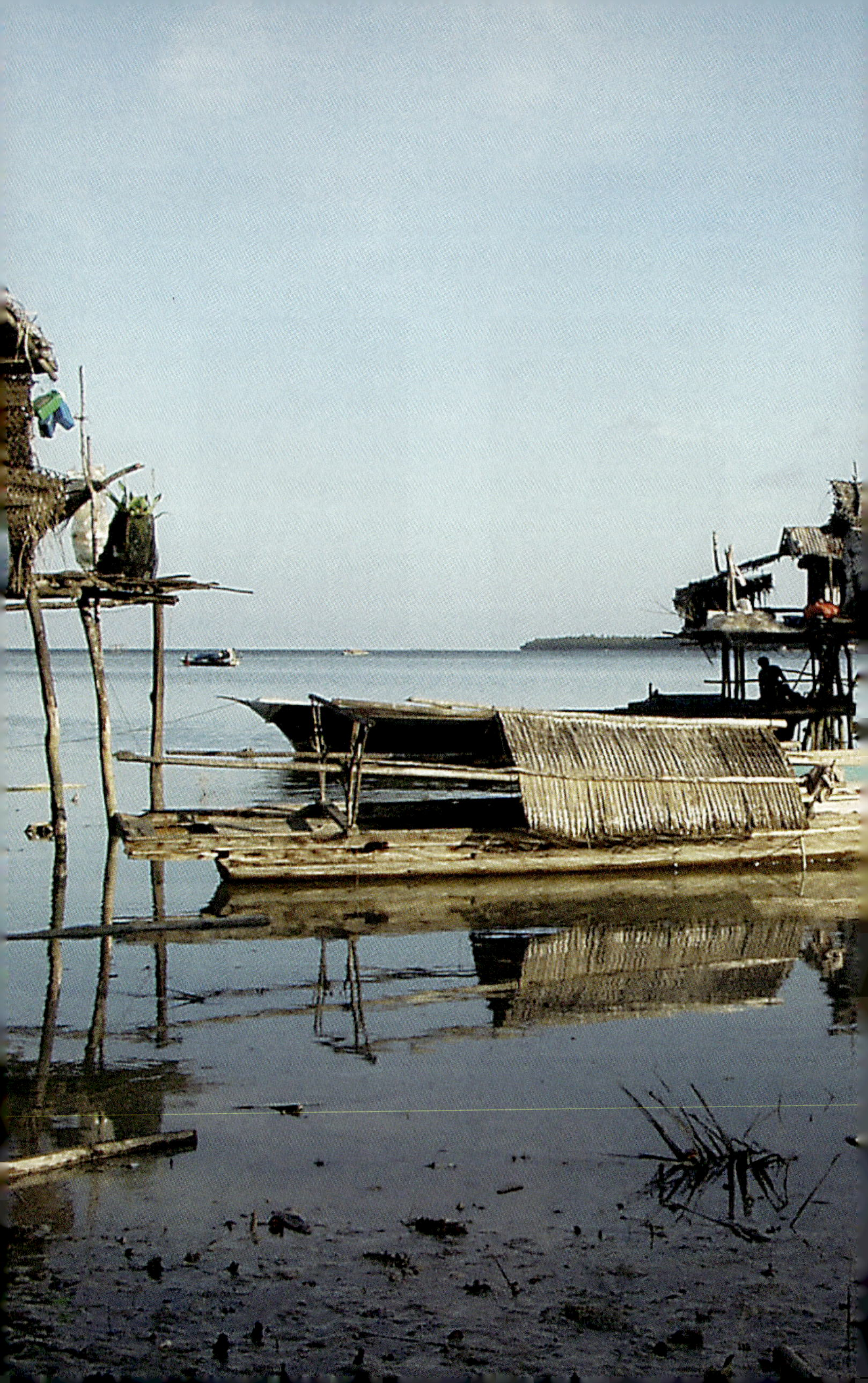

第7章 漁撈からみた東南アジア海域世界の海域像

海サマの杭上家屋と家船（テンペル）

本章では再び民族考古学のアプローチを援用し,「現在から過去」と「過去から現在」という二つの視点から改めてセレベス海域の漁撈と生業文化について検討する.ここでは過去の漁撈活動を復元するため,サマの漁撈データやオセアニア海域の漁撈データから抽出された民族考古学モデルに注目する.その上で過去から現在へといたるセレベス海域の漁撈戦略や海の利用における共通性や相違性を明らかにすることで,最終的にセレベス海域,そして東南アジア海域世界の海域像へとアプローチしたい.

1　魚を売り歩くパラワン島の少年

2　地曳き網漁をおこなうハルク島の男と子供たち

3　突き漁をおこなうサマの少年

4　ウミガメ漁をおこなうサタワル島（ミクロネシア）の青年たち

5-6　集団網漁でサンゴ礁の魚を水揚げし,平等に分配するトケラウ環礁（ポリネシア）の男たち

(1-4：門田修氏提供, 5-6：筆者撮影)

はじめに

　本書ではセレベス海域における更新世後期から植民地時代にいたる生業文化の枠組みを整理した上で，新石器時代から近代以降における漁撈を中心とする海産資源の利用，そして漁撈戦略について検討を試みてきた．最終章である本章ではこれまでの議論を総括し，本書の序章において指摘してきたいくつかの課題について検討したい．

　まず本書が掲げる民族考古学的アプローチのもつ醍醐味は，「現在から過去」という視点と「過去から現在」という二つの視点からの検討が可能であるところにある．このうち「現在から過去」へのアプローチとして，ここでは第3章で検討したブキットテンコラック遺跡における人びとの漁撈を，第5章で整理したサマによる漁撈を中心として民族考古学的に再検討し，新石器時代期のセンポルナ周辺における漁撈と海産資源の利用について考察を加える．こうした民族考古学的な考察を踏まえた上で，セレベス海域における漁撈と海産資源の利用が，新石器時代以前の時代から新石器時代を経て，最終的に「近代」以降へといたる長期間にどのように変遷してきたかを「過去から現在」への視点からまとめる．

　いっぽう，本章の後半では多様な生業活動がおこなわれてきた東南アジアの海域世界で，漁撈という生業活動に注目することで見えてくるセレベス海域の生業文化について論じる．セレベス海域という地域概念は，東南アジア海域世界を構成する一つのミクロな海域世界として，恣意的に設定されたものだが，その目的は序章でも論じたように，よりミクロな世界単位から東南アジア海域世界という，よりマクロな世界単位をも論じることにあった．そこで最終章となる本章では，これまで検討してきたセレベス海域の漁撈を軸として，東南アジア海域世界の海域像へもアプローチしてみたい．

1 ❖ 民族考古学的考察

サマの漁撈に基づく季節モデル

　第3章ではボルネオ島東岸のセンポルナ半島に位置するブキットテンコラック遺跡より出土した魚骨の分析により，考古学的情報に基づく当時の漁撈活動について可能な限りの検討を試みた．

　しかし，考古学的情報だけでは机上の推論レベルでしか語れない多くの制約があることも指摘したとおりである．これに対し，センポルナ半島周辺でおこなわれてきたサマによる漁撈活動の詳細は，机上の推論レベルから，少なくともより蓋然性の高い推論を導き出す橋渡し的な役割を担ってくれる可能性を持っている．そこでここでは第5章で論じた現代サマのサンゴ礁域における漁撈に関する定量的データを中心に，セレベス海域やオセアニア海域世界での漁撈に関する民族誌情報も交えながら，サンゴ礁漁撈を中心とした民族考古学的モデルの構築を試み，その上で改めてブキットテンコラック遺跡における漁撈活動やタラウド諸島における漁撈活動について検討したい．

　まず第5章で整理したサマによる漁撈活動に従えば，東南アジア海域世界のサンゴ礁域における漁撈活動が，月齢周期や潮汐リズムといった自然のサイクルによる制約を強く受けながら実践されていることは明らかだ．そこでここでは，これら自然のサイクルによって規定される漁撈活動を月齢・潮汐モデルとして整理した（図7-1）．

　このモデルでまず指摘できるのは，新月および満月前後の週に相当する大潮期における漁撈活動の活発化である．第5章でも論じたように，センポルナでは大潮の時期に漁撈活動がより活発化する．いっぽう，漁撈活動がもっとも活発となる時間帯は，干潮時から満潮時への移行期であった．こうした月齢・潮汐サイクルの重要性は，人びとの月齢に関する知識や語彙の多さからもうかがえる．サマは月齢期を細かく分類し認識しており，類似した状況はタラウド諸島でも確認された．こうした月齢・潮汐モデルは，1か月間という短期間における漁撈・採集活動を規定する生態要素となる．

　これに対し，季節風モデルは（図7-2），1年間というやや長い期間に漁撈・

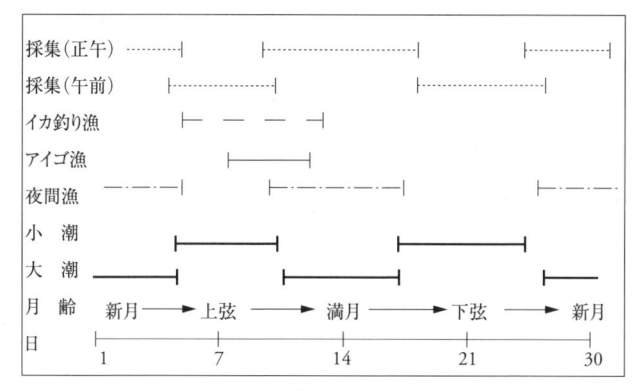

図 7-1 セレベス海域の月齢・潮汐モデル

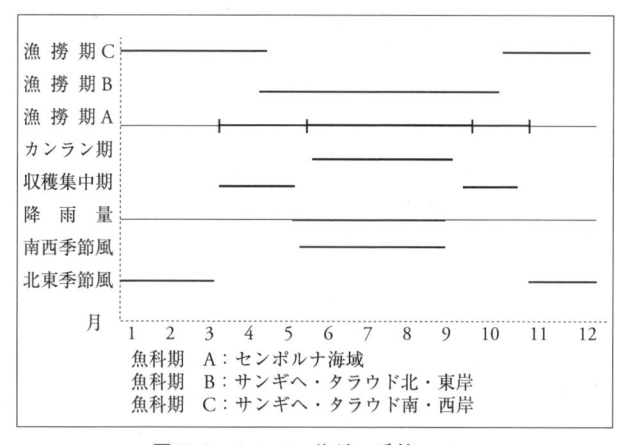

図 7-2 セレベス海域の季節モデル

採集活動を規定する生態要素を抽出する．

　セレベス海域を含む東南アジア海域世界において漁撈活動にもっとも大きな影響を与える季節変化が，風質や風向き，そして降雨量の変化だ．こうした季節変化は，各島嶼域で微妙に異なるが，セレベス海域においては，12月から2月にかけて卓越する北東季節風と，8月から10月にかけて卓越する南西季節風による影響がもっとも大きい．セレベス海域の西部に位置するセンポルナ海域では，北東季節風の時期は降雨量が減少するとともに，もっとも風が強まるのがこの季節であり，漁撈活動にも制約が生じる．

いっぽう，南西季節風の時期にも風が強まるが，夜間には風が弱まり，降雨量も高くなる傾向がある．この時期は夜間における突き漁や，釣り漁が積極的に利用される時期でもある．南西季節風は，マグロやカツオなどの回遊魚を連れてくる役割も担っている．ただし，外海域を中心に回遊するこれらの魚類を，先史時代のボルネオ島東岸域で積極的な漁獲の対象としていた可能性は，考古学情報やサマによる漁撈データを基礎とする限りきわめて低い．これに対し，セレベス海域の東部に位置するサンギヘ・タラウド諸島や北スラウェシでは，北東季節風および南西季節風の時期にはいずれも降水量が激増する．

水深の深い海域で囲まれ，浅いサンゴ礁も発達していないこれらの島嶼域では，風が強いと沿岸域でも波の荒れが大きい．そのため，島の北や東側の海岸域では北東季節風の時期に漁撈活動が大幅な制約を受け，島の南や西側の海岸域では南西季節風の時期に漁撈活動が大幅に制約される．この時期における人びとの漁撈活動も，徒歩でも可能な沿岸域での貝類の採集や内水での漁撈に集中した可能性が高い．

その反対に北東季節風の影響は，島の南岸や西岸で，南西季節風の影響は島の北岸や東岸で弱くなり，風の影響をあまり受けない湾内などでは漁撈活動も可能となる．いっぽう，これら二つの季節風の移行期にあたるのが，5～6月，そして10～11月にかけての時期だ．季節風の影響がもっとも少ないこの時期は風が弱まり，漁撈活動がもっとも容易となる時期でもある．

オセアニアの海域世界も貿易風による風の変化や，降雨量の変化を受ける中で漁撈や農耕の季節サイクルが形成されてきた．たとえばメラネシアのレンネル島におけるヤムイモの収穫期は，貿易風によって降雨量が増加する3～4月以降の5月前後か，東南貿易風の以降に来る小雨季を経た11月頃に集中する．また季節性の強いトビウオ漁は東南貿易風が吹く10月頃に集中するという（近森1988）．またメラネシアのマライタ島では，8～10月にかけてカンランの季節がはじまるが（Ross 1973），セレベス海域においても7～8月はカンランの季節であった．

いっぽう，近森正（1988）によればレンネル島において野生種の採集活動が活発化するのは，栽培植物の収穫が限定される1～3月の時期である．この時期はセレベス海域においても，北東季節風の強くて乾いた風が吹きつける時期

第 7 章　漁撈からみた東南アジア海域世界の海域像

であり，漁撈活動の減少や収穫量の減少が生じ，1 年のサイクル中でもっとも厳しい時期となる．また，限られた資源を最大限に利用する目的から，野生植物種や貝類資源などを対象とした積極的な採集活動が集中した可能性も高い．その傾向は，強風が吹くとほとんど出漁することができなくなるサンギへ・タラウド諸島や北スラウェシ北部で強まったであろう．

　オセアニア海域世界とセレベス海域における季節風に関する決定的な違いは，オセアニア海域世界における島嶼群の多くがサイクロンや台風といった突発的な暴風雨による被害を受けやすいのに対し，セレベス海域が台風やサイクロンによる暴風圏の外に位置している点にある．このことは，セレベス海域が海洋環境や天候においてより安定した環境下にあり，人びとが利用できる自然資源（とくに陸産資源）の量においても，オセアニア海域に比べればより豊かであった可能性を示唆している．

　いずれにせよ，セレベス海域における海産資源利用やその他の生業活動は，短期的には潮汐・月齢サイクルによって規定され，長期的には季節風のサイクルによって規定されてきたことは強調しておきたい．

漁法と対象魚科の関係

　ところでブキットテンコラック遺跡では，28 科に渡る海産魚類が出土した．これらの考古学的データと，遺跡周辺のセンポルナ海域での漁撈活動や，その他の熱帯島嶼域における漁撈活動に関する漁法，それに対応する漁獲対象魚にかかわる民族誌データとを対比することで，遺跡において頻繁に利用された漁法や，利用度の高かった魚科の特定が可能となる．

　第 5 章で紹介したように，センポルナ海域で観察・記録された現代サマの漁撈活動は合計 113 回だった．しかし，漁法ごとに観察された回数は一定しておらず，とくに網漁の観察回数が圧倒的に高い（表 7-1）．

　この表からまず指摘できるのは，現代サマの漁撈におけるフエフキダイ科とアイゴ科の漁獲量の圧倒的な高さであり，ついでベラ科・イトヨリダイ科・ハタ科・ブダイ科・アジ科が続く．これに対し，ブキットテンコラック遺跡から出土した主要魚科のランクはブダイ科がもっとも高く，ついでフエフキダイ科，ハタ科，ベラ科，フエダイ科，モンガラカワハギ科などの魚類が続く．し

表7-1　センポルナ海域における漁撈活動と獲得魚科（2001-2003年）

順位	魚科名	学名	生息地	網漁	釣り漁	突き漁	潜水漁	合計	筌漁	毒漁	エリ漁
1	フエフキダイ科	Lethrinidae	リーフ/底	5.84	6.5	2.5	＊	14.84	＊	＊	＊
2	アイゴ科	Siganidae	リーフ内	12.57		1	＊	13.57			＊
3	ベラ科	Labridae	リーフ/底	0.64	0.86		2.71	4.21	＊	＊	＊
4	イトヨリダイ科	Nemiopetridae	リーフ内	0.32	1.59		0.14	2.05			＊
5	ハタ科	Serranidae	外海/リーフ	0.04	1.4		0.14	1.58	＊	＊	＊
6	ブダイ科	Scaridae	リーフ内	1.11	0.18	＊	0.21	1.5			＊
7	アジ科	Caranx spp.	リーフ/外海	1.37	＊		＊	1.37			＊
8	フエダイ科	Lutjanidae	外海/リーフ	0.08	0.5		＊	0.58		＊	＊
9	ダツ科	Belonidae	外海/リーフ	0.57		＊		0.57			
10	ボラ科	Mugilidae	リーフ/砂地	0.31				0.31		＊	＊
11	ヒメジ科	Mulidae	リーフ/砂地	0.22			0.04	0.26	＊		＊
12	スズメダイ科	Pomacantidae	リーフ内	0.08		＊	0.14	0.22		＊	＊
13	イサキ科	Haemulidae	リーフ/礁縁	＊	＊	＊	0.14	0.14			
14	モンガラカワハギ科	Balistidae	リーフ/底		0.09	＊	＊	0.09	＊	＊	
1回当りの平均漁獲量（KG）				23.15	11.12	3.5	3.52				
観察回数				70	22	2	7	101			

たがって現在，そして過去においても，センポルナ海域で漁獲される主要魚科には，ある程度の類似性がみられる．しかし，その漁獲頻度においては，いくつかの興味深い差異もみられる．

　たとえば考古学的な発掘調査においては，オセアニア海域における遺跡も含めて，必ず上位にランクされるブダイ科魚類が，実際の漁撈活動においては必ずしも突出した漁獲量を示さない．いっぽう，サイズが小さく遺存体としての残存率も低いと考えられるアイゴ科やイトヨリダイ科の魚類が，サマによる漁撈ではもっともよく獲られる主要魚科にランクしている．とくにアイゴ科の漁獲量は突出しており，その傾向はオセアニア海域においても認められる（表7-2）．イトヨリダイ科の漁獲量もセンポルナ周辺，およびオセアニア海域において上位にランクしている．ブキットテンコラック遺跡からのアイゴ科出土量も少なくはないが，これがランク的に突出している状況は確認できない．さらにイトヨリダイ科やアジ科の魚類にいたっては，その出土量はきわめて少ない．

　こうした考古学データと，民族誌情報にみられる差異からは，とくに体長が小さい魚類遺存体の残存率に，遺跡形成過程でのバイアスが加わった可能性を指摘できる．先史時代においても，これら比較的小型で残存率の低いアイゴ科，イトヨリダイ科魚類の占める割合は，出土量以上に高かった可能性がある．同

第 7 章　漁撈からみた東南アジア海域世界の海域像

表 7-2　タラウド・オセアニア島嶼域における漁撈活動と獲得魚科（1980-2004 年）

魚科名	学名	生息地	突き漁	手釣り漁	底釣り	外海釣り	ルアー	潜水漁	投網	刺し網	合計
イットウダイ科	Holocentridae	リーフ/礁縁	0.8	7.75			77.3	1.1			86.95
ブダイ科	Scaridae	リーフ内	5.4					7.44	5	50	67.84
アイゴ科	Siganidae	リーフ内	51					10.8			61.8
メアジ	Selar spp.	外海		14.5			15.6	0.11		21.5	51.71
カスミ/ギンガメアジ系	Caranx spp.	リーフ/外海		0.25		1.75		0.11			2.11
フエダイ科	Lutjanidae	外海/リーフ		16.35	0.2	7.5		0.5			24.55
フエフキダイ科	Lethrinidae	リーフ/底		15.3				1.33			16.63
ボラ科	Mugilidae	リーフ/砂地		4.06				0.33	9		13.39
ニザダイ科	Acanthridae	リーフ/礁縁						7.6		5	12.6
ハタ科	Serranidae	外海/リーフ	0.2	6		5		0.22			11.42
ヒメジ科	Muraenidae	リーフ/砂地	8.8			1.25		1.11			11.16
カマス科	Sphyraanidae	外海/リーフ	0.2	0.37	5.4						5.97
モンガラカワハギ科	Balistidae	リーフ/底		3							3
サバヒー	Chanidae			1				1			2
イサキ科	Haemulidae	リーフ/礁縁						1			1
ベラ科	Labridae	リーフ/底						0.44			0.44
ハリセンボン科	Diodontidae	リーフ内	0.4							*	0.4
フグ科	Tetradontidae	リーフ/砂地	0.2							*	0.2
コチ科	Platycephalidae	リーフ/砂地	0.2								0.2
マンジュウダイ科	Ephippidae	リーフ内						0.11			0.11
イトヨリダイ科	Nemiopetridae	リーフ内		0.06							0.06
イカ	Decapodiformes	リーフ内	2.8								2.8
エイ	Rajiformes	外洋域	1								1
サメ	Elasmobranchii	外洋/砂底	0.2								0.2
1 回の平均漁獲量（匹）			71.2	68.64	5.6	15.5	92.9	33.2	14	76.5	
観察回数			5 回	26 回	5 回	4 回	3 回	9 回	1 回	2 回	55 回

Masse 1989; Rolett 1989; 著者によるタラウドでの観察より

様な傾向を指摘できる魚科として，アジ科，ダツ科，ボラ科，ヒメジ科などがあげられよう．

ただし，ブキットテンコラック遺跡からは，これらの魚科以外にも多くの魚類が出土した．ところが，113 回におよぶサマによる漁撈活動で漁獲された魚類は，合計でもわずかに 14 科を数えるに過ぎなかった[89]．このため遺跡から

---

[89]　この結果は，センポルナ周辺における魚類の生物量や多様性が減少した可能性と，新石器時代の漁撈活動が，筆者によって観察された現代サマによる漁撈活動よりもより多様な漁場でおこなわれた可能性の 2 つが指摘される．

表7-3 民族誌情報に基づく漁法と獲得魚類の関係

魚科名	学名	生息地	網漁	集団漁	採集	突き漁	潜水漁	手釣り漁	底釣り	表層釣り	筌漁	毒漁	エリ漁
ハリセンボン科	Diodontidae	リーフ内	＊	＊	＊	＊							＊
ニザダイ科	Acanthuridae	リーフ内	＊	＊		＊	＊＊	＊				＊	
ウツボ科	Muraenidae	リーフ/岩礁				＊	＊	＊				＊	
タイ科	Sparidae	リーフ/礁縁						＊					
マンジュウダイ科	Ephippidae	リーフ/礁縁	＊			＊	＊						
タカサゴ科	Caesionidae	リーフ/礁縁	＊					＊					
イスズミ科	Kyophosidae	リーフ/礁縁				＊	＊	＊					
フグ科	Tetradontidae	リーフ内	＊	＊									＊
コチ科	Platycephdidae	リーフ/砂地				＊					＊		
ハマギギ科	Tetradontidae	リーフ/泥										＊	＊
イカ類	Decapodiformes	外洋/リーフ			＊	＊	＊	＊					
ウミガメ類	Cheloniidae	外洋/リーフ				＊＊	＊						
エイ類	Rajiformes	外洋/リーフ	＊	＊		＊＊						＊	
サメ類	Elasmobranchii	外洋		＊				＊＊					
カマス科	Sphyraanidae	外洋域						＊＊	＊	＊			
サバ科	Scombridae	外洋域	＊			＊		＊＊	＊	＊			

出土した魚科のすべてを対象として，その漁法を検討することができない．

そこで，実際に漁獲が観察・記録されなかった残りの14魚科に対応する漁法を，私の聞き取りによって得られた情報や，その他の民族誌情報に基づいて整理したのが表7-3である．ここで整理された民族誌情報と考古学データを対比することで，ブキットテンコラック遺跡から出土した魚科群が，どのような漁法によって，どのような場所で獲られたかを改めて検討したい．

この表からまず指摘できるのは，過去および現在のセンポルナ周辺での漁獲量が高いフエフキダイ科，ハタ科，それにフエダイ科魚類の多くが，釣り漁で捕獲されていることである．ただしフエフキダイ科の魚類は，網漁での漁獲量も少なくないが，これら網漁で漁獲される魚種はいずれも体長が小さく，より大型の魚種は釣り漁で漁獲される傾向がより強かった．

これに対し，ハタ科やフエダイ科魚類は網漁での漁獲もややみられるが，全体的には釣り漁による漁獲量が圧倒的に高い．このほかに釣り漁での漁獲が集中している魚科として，イトヨリダイ科の魚類がある．オセアニア海域ではイットウダイ科の魚類も釣り漁で漁獲される傾向が強い．これらの魚科は1回の漁で多数の漁獲が可能であるが，1個体の肉量はそれほど大きくない．

センポルナ周辺での漁獲量が高いブダイ科やアイゴ科の魚類は，圧倒的に網

漁で漁獲される傾向が強い．ただし，ブダイ科魚類は釣り漁や潜水漁においても漁獲され，アイゴ科は網漁の他に突き漁や潜水漁で漁獲される場合がある．またその漁場としては，これらの魚類がもっとも多く生息し，かつ網漁や突き漁がもっとも有効となる礁原などの浅いリーフ域が指摘される．

　網漁で漁獲されることが多かったその他の魚科に，ボラ科やダツ科の魚類がある．ボラ科やアイゴ科の魚類は産卵期になると群れをなして礁原域へと入り，産卵後により深い海域へ移動する習性がある．サマによる網漁でも，こうした魚類の習性を利用し，これらの魚類が産卵後に移動する動きに合わせて網漁がおこなわれていた．こうした魚類の習性とそれに対応する漁法や漁場の選択は，海洋資源を有効に利用する上で必要不可欠な知識であり，先史時代においてもこうした沿岸生態系や魚類の習性や季節サイクルによる変化に対する知識の蓄積がおこなわれていたことは容易に想像できよう．

　ところで水中眼鏡や水中銃を用いる潜水漁は20世紀以降に開始された新しい漁法であり，それ以前におこなわれていた潜水漁と単純には比較できない．ただし，少なくとも水中銃以前の時代に潜水漁で利用されていた漁具は銛やヤスであったこと，また視界もより制限されたであろう20世紀以前の潜水漁の漁獲効率が，現在の潜水漁のそれに比べて低かったことは指摘できる．しかしそのいっぽうで，潜水漁や突き漁には個人の技能によって漁獲が大きく変動する性格も強いため，高い技能をもった個人による漁撈では，先史時代においても十分な漁獲を見込めた可能性は十分にある．

　ちなみに現在のセンポルナ周辺で，潜水漁によってもっとも多く漁獲されていた魚類にベラ科の魚種（クサビベラ）がある．低棲魚類であるベラ科は，表7-3にもあるように釣り漁でも多く漁獲されてもいる．先史時代においても，ベラ科魚類は網漁よりも，釣り漁や潜水をともなう突き漁によって漁獲された可能性が高い．

　ブキットテンコラック遺跡から出土した主要魚科のうち，サマによる113回の漁撈活動で漁獲がほとんど確認されなかった魚類には，サメやエイの軟骨魚類，イカ類，モンガラカワハギ科などがあげられる．私の観察や聞き取り調査，および過去における民族誌情報によれば，エイの多くが突き漁によって捕

獲されるいっぽう[90]．サメの多くは近代的な延縄漁も含まれるが釣り漁で捕獲される事例が圧倒的に多かった（Sather 1997；長津 1995[91]）．いっぽう，イカは夜間におこなわれる手釣り漁（トローリング漁）か，突き漁で漁獲される事例が多い．私の聞き取りでは，サマによるイカ釣り漁の時期として満月前後の夜か新月前後の夜を指摘する回答がもっとも多く，この時期にイカ釣り漁へ出漁するサマ村民の姿を頻繁に見かけた．

モンガラカワハギ科の魚類も釣り漁で捕獲される傾向がみられる．サマの聞き取りでは，この他に筌や籠漁でもモンガラカワハギ科の魚類が多く捕獲できるとの回答を得ている．オセアニア海域のミクロネシアに位置するパラオ諸島の伝統的漁法には，この魚科が漂木に集まる習性を利用した網漁があり（Masse 1989），類似した漁法は，サンギヘ諸島での聞き取りでも確認された．メラネシアのソロモン諸島では突き漁での漁獲も確認されている（Shanker 1997）．さらにパラオ諸島の南西に位置するトビ島ではあえて釣り漁の対象として狙われることが多く，モンガラカワハギ科の魚類を釣り漁で漁獲できることが漁撈に習熟した高い技能の保持者としての証明とされてきた（e.g. Black 1968; Johanes 1988）．

ハリセンボン科の漁獲について私が観察できたのは，いずれも女性による採集活動の際にこの魚科が捕獲された事例であった．このほかにセンポルナでの聞き取りでは，浅い礁原での網漁（追い込み漁）によってもこの魚科が漁獲されている．オセアニア海域でもハリセンボン科魚類は礁原内での追い込み漁や，毒漁，あるいは突き漁によって漁獲されることが報告されている（Kirch and Dye 1974；近森 1988; Masse 1989）．

モンガラカワハギやハリセンボン科など，多様な漁法で獲得が可能な魚類は，漁法による選択よりも，漁撈活動がおこなわれる漁場によって，これらが漁獲されるか否かが決定する要素が強い．たとえばモンガラカワハギは，やや深み

---

90) 夜間の突き漁に同行していた際に，他の漁師が大型のトビエイを突き漁にて漁獲していたのを目撃したことがある．また私が同行した漁師も3匹のアカエイを捕獲した（小野 2001）．

91) サマによるサメ漁では，オセアニア海域世界でも頻繁にみられる，ココヤシの殻を使用した誘い寄せ漁が1990年代のシタンカイで確認されている（長津 1994）．

のある礁湖や礁縁部にて漁撈がおこなわれた場合に，漁獲量は少ないながら，必ず何匹かは漁獲される魚科の一つとなる．いっぽう，ハリセンボンの場合，浅い礁原での漁撈で，やはり何匹かが漁獲される可能性が高い．

　共通した傾向がみられる魚科には，①砂底によって形成されるリーフに多いフグ科やヒメジ科，②岩礁によって形成されるリーフに多いスズメダイ科やマンジュウダイ科，③礁縁や礁湖の深みなどに多いイサキ科，タイ科，イスズミ科，タカサゴ科などがある．これらの魚類は，サマにおける魚名分類でも二次的個別名によって指示されることが多く，生息地や形態的特長のいずれかを付けることで，種レベルの命名がなされる場合が多い．

　いっぽう，直接に観察することができなかったものの，表7-3から漁法や漁場がかなり特定できる魚科に，ウツボ科やニザダイ科の魚類がある．ウツボは岩礁の間などに生息しており，突き漁や釣り漁で漁獲されることが多い．ニザダイ科の魚類も礁縁域の深い海域を群で泳ぐ性質があり，潜水漁や突き漁でもっとも効率的に漁獲される．稀に小型のニザダイが浅い礁原域などに紛れ込むことがあり，このような場合は網漁での漁獲も可能であるが，少なくともセンポルナ周辺では確認することができなかった．

　ニザダイ科の魚類はオセアニア海域では好んで漁獲される傾向があり，こうした傾向は考古学遺跡からの出土量にも反映されている．これに対し，ブキットテンコラック遺跡におけるニザダイ科魚類の出土数はそれほど多くない．むしろ，センポルナ周辺ではサマの漁撈においてもニザダイ科よりアイゴ科への漁獲量が高いのである．その背景として，ニザダイ科が好んで生息する礁縁やドロップといった海底環境がセンポルナ周辺ではあまりみられないか，より遠方に位置していることを指摘できる．

　ここまで検討してきた魚科の多くは，そのミクロな生息域には相違があるものの，基本的にはいずれもサンゴ礁域に多く生息する魚科で占められている．ただし，ハタ科やフエダイ科といった魚科の中には，より深い外礁域を好む魚種も少なくない．このほかに外礁や外洋域に好んで生息する魚科には，サバ科やカマス科，アジ科などの回遊性魚類が多いが，これら回遊性魚類はサンゴ礁内で基本的におこなわれるサマの漁撈対象とはなっていなかった．いっぽう，表7-2にみられるようにタラウド諸島やオセアニア海域では，これらの魚類

はいずれも外礁域や外洋域での釣り漁やトローリング漁によって漁獲されており，これらの魚種を漁獲するには，釣り漁という選択とともに，外礁から外洋域という漁場を選択する必要が出てくる．

2 ❖ セレベス海域における海洋適応・漁撈技術・海産資源利用

更新世後期における海洋適応

　セレベス海域を含む東南アジア海域世界では，新石器時代にオーストロネシア語族集団による新たな拡散や植民が開始され，3500年前頃にはオセアニア海域世界への植民が起こったことは第2章でも確認したとおりである．

　このような海を越えた長距離移動や植民の背景には，人びとの海洋適応や積極的な海産資源の利用があった．実際，セレベス海域の新石器時代遺跡群では貝類や魚骨，貝製品といった遺物の出土量が明らかに増加する．しかし海産貝類の食料としての利用は，すでに3万年前にさかのぼる更新世後期のタラウド諸島でも確認され，同時期の東ティモール沿岸などウォーラシア海域の各地で確認されつつある (e.g. O'Connor 2007; Ono et al. 2010; Szabo et al. 2007)．

　さらに更新世後期においても，近隣の島から100 km近く離れていたタラウド諸島に人類が居住していた事実は，この頃までに人びとが少なくとも100 km前後の距離であれば，女性や子供を連れての渡海も可能であったことも意味している．また100 km前後の渡海技術は，人類が5万年前頃までにはオセアニアのサフル大陸（オーストラリア）への移住に成功している事実からも，かなり以前に達成されていたことがうかがえる．

　これらの状況証拠からは，人類が更新世後期までにはある程度の海洋適応を果たしており，より発達した航海術や海洋知識も兼ね備えていた可能性が指摘できよう．さらに完新世初期に入ると，ティモール島では早くも貝製釣り針の製作と利用が開始され (O'Connor and Veth 2005)，タラウド諸島でもより多様な海産貝類の利用が開始されている．これらの状況は漁撈活動の際に利用する漁法や捕獲対象のバラエティが，更新世後期から完新世初期にかけてさらに増加

したことを物語っている．

　こうした人類の海洋適応はオセアニアのサフル大陸においても確認でき，3万年前頃までには人びとがニューギニアの離島域やソロモン諸島への移住に成功していたことが，近年の発掘によって明らかとなりつつある．これらの島々に渡るには，更新世後期においても50〜200 kmの海を渡海しなければならないが，すでにサフル大陸への渡海を成功させていた人類にとってはそれほど難しくなかったであろう．

　むしろより困難だったと想像されるのは，動物や植物資源がより貧弱であったこれらの離島域での継続的な居住だ．これに関し，発掘調査では遺跡からニューギニア原産のクスクスやワラビーといった動物種が出土しており（e.g. Gosden 1992; Spriggs 1997; Allen and Gosden 1996; Leavesley and Allen 1998; White et al. 2000），人びとが移住先の島々へ動物資源を持ち運んでいたことが明らかとなってきた．また遺跡群から頻繁に出土するニューブリテン島産の黒曜石は，直線距離でも約350 km離れたニューアイルランド島東部の遺跡まで分布することが判明し，人びとがこれらの資源を携えて移動や交流を繰り返していた可能性も高い．このような島嶼間での往復航海からも，更新世後期における人びとの海洋適応の一面をうかがえよう．

　これら新石器時代以前におけるウォーラシア海域を中心とする東南アジア海域世界，そしてオセアニア海域世界の状況は，人びとの海洋適応や活発な海産資源利用が，新石器時代期に入って突如として起こったのではなく，遅くとも更新世後期から数万年の時をかけて精錬，蓄積されてきたものであることを示唆している．

新石器時代における海洋適応

　それでは新石器時代に出現した新たな海洋適応とは何であったか．その一つが海に関する知識（e.g. 海産生物や海鳥の生態や習性，海流や風，季節性）の蓄積とより高度な航海術の成立にあったことは間違いない．おそらくその過程で現在，そして歴史時代のオーストロネシア語圏でもっとも頻繁に利用されてきたアウトリガー舟の誕生と普及が起こったのではないだろうか．その結果，新石器時代には新たに東南アジア海域世界からオセアニア海域世界への人類集団の

移住と拡散が起こった．

　これら新たにオセアニア海域世界へと拡散した集団と，かつて更新世後期にサフル大陸を中心としたオセアニア世界へと拡散した人類集団との決定的な違いも，その渡海距離にある (e.g. 印東 2003；後藤 2003)．

　前述したようにオセアニア世界へと移住し，居住してきた更新世集団はニューギニアの離島域やソロモン諸島といった有視界島嶼への拡散と移住に成功した．しかし，その先に広がる有視界航海のできない島々までは到達できなかった．これに対し，新たに東南アジア海域世界から到来した人びとは，これらさらなる東方に位置する人類未到の地であった島々への拡散と移住を成功させた．実際，彼らはオセアニア海域世界へと到来してわずか数百年の間に，ソロモン諸島を超えフィジーを含むメラネシアのほぼ全域への移住を達成し，さらに西ポリネシアに位置するサモアやトンガへの拡散に成功したのである．

　こうしてメラネシア島嶼の全域からさらに西ポリネシアへの拡散を達成した人びとは，考古学研究において「ラピタ土器」と命名された特徴的な土器との関係から，ラピタ系集団とも呼ばれてきた．さらにラピタ系集団は，新たな島への移住後も移住前に居住していた島やその他の島々との積極的な資源交換を継続している．考古学的にその痕跡が確認されている資源には土器や黒曜石のほか，家畜となるブタ (*Sus scrofa*) などの動物資源があげられる．このうち黒曜石や動物資源の島嶼間での移動と利用は，前述したようにすでに更新世集団によってもオセアニア海域ではおこなわれていた．

　しかし，その分布距離は最長で 350 km 程度であり，ニューアイルランド島東部までに限られる．これに対し，ラピタ集団による黒曜石の移動と分布は，産地となるニューブリテン島のタラセア半島から約 5000 km 東南に位置するフィジー諸島にまでおよび，さらに約 5000 km 西方に位置するボルネオ島東岸のブキットテンコラック遺跡からも出土が確認されたわけである．

　したがって産地を中心に据えた場合，最低でも半径 5000 km の範囲で黒曜石の移動がおこなわれていたことになる．同時にこのことは，直接的か間接的かは不明なものの，東南アジア海域世界とオセアニア海域世界の間に，すでにこの時代に活発な人間や資源の行き来があった可能性を示唆している．このことはラピタ集団が新たに持ち込んだ動物資源が，ニューギニア原産の有袋類で

はなくアジア原産の家畜をオセアニア海域の離島群へと持ち込んでいた事実からも補強できよう．

こうした人や資源の長距離移動を可能にした航海術の発達は，明らかに新石器時代における海洋適応の一つであろう．そして二つ目にあげられるのが，海産資源利用の活発化と多様化だ．前述したように活発な海産資源の利用はすでに更新世後期より認められるが，新石器時代におけるそれはより多様な海産資源の利用が展開された点に特徴がある．

ただし，新石器時代に漁撈技術の革新が起こり，多様な漁法が一斉に誕生したと考えるのは早急である．このことは航海術の発達にもいえるが，実際には更新世から完新世にかけて蓄積され，徐々に形成されていった漁撈技術や航海術にかかわる知識体系が，新石器時代に一つの完成期を迎えたと考えるのがより妥当な解釈ではないだろうか．

新石器時代における海産資源利用の特徴

新石器時代により活発で多様な海洋資源の利用が起こったことは，少なくとも考古学的痕跡においては明らかである．そのもっとも大きな変化の一つが魚骨の出土量の増加だ．東南アジア海域世界においてその傾向をもっとも顕著に示したのが，本書でも検討してきたブキットテンコラック遺跡である．第3章でも論じたように，この遺跡から出土した海洋資源は，更新世後期や完新世初期の遺跡で豊富に出土する貝類よりも魚類遺存体の量が卓越するが，こうした傾向も新石器時代以降における特徴の一つであろう．

いっぽう，出土した魚骨の同定分析では，遺跡周辺における人びとの海洋資源利用が，沿岸の広大なサンゴ礁域に集中しておこなわれてきたことを明らかにした．これに前節で試みた民族考古学的な考察を加えるならば，遺跡周辺でおもに利用された漁法には，網漁，釣り漁，突き漁の3つがまず指摘され，これに補助的に筌や籠を用いた罠漁や，デリス属といった植物の根から抽出した毒による毒漁が利用された可能性が高い[92]．また漁法の選択は，対象とする

---

92) センポルナ海域における毒漁で，もっともよく漁獲されていた魚科はギギ科のゴンズイやハタ科であり，おもに礁原内にある小さな礁池などでおこなわれた（小野 2001）．

魚類や漁場，漁をおこなう時間帯や潮の状態，それに目標とする漁獲量といった条件に基づいて決定されたと考えられる．

たとえば遺跡周辺のマングローブ域や，やや水深の深い湾内においては，突き漁や釣り漁が選択される他，筌や籠を用いた罠漁がおこなわれた可能性が高い．浅い礁原域であれば，網漁や毒漁が選択される可能性が高くなる．いっぽう，リーフ内でもやや水深の深い礁湖や礁縁域での漁撈活動には，釣り漁がより積極的に利用されたであろう．また夜間漁としては，ココヤシの葉を松明代わりとしての突き漁が推測され，このほかに釣り漁も有効である．アイゴやボラ科魚類の産卵期が近づく満月前後の大潮期であれば，その魚群を効率よく漁獲できる礁原での網漁が個人，あるいは集団単位でおこなわれた可能性もある．

ウミガメ漁も動物性脂肪の確保を目的とし，積極的におこなわれた痕跡がある．多くの民族誌情報によって示唆される一般的なウミガメ漁は，銛を使用した突き漁となり，おもに男性によっておこなわれる．ウミガメは外洋域を回遊もするが，リーフ内でも，その餌となる藻場に集まる習性がある．また，産卵したウミガメは砂浜のある沿岸域に上陸し，そこで産卵する．このため人びとは外洋域にまで出なくとも，リーフ内で十分にウミガメ漁が可能であったことが推測される．

ブキットテンコラック遺跡からも多くのウミガメが出土した．その出土量は魚骨に比べれば少ないが，他の陸産動物群に比べれば圧倒的に多い．このことは，遺跡を形成した人びとが，生きていく上で必要となる動物性脂肪の摂取を，ウミガメの積極的な利用によって達成してきたことを示唆している．ウミガメはブキットテンコラック遺跡で暮らしてきた人びとにとって，魚類ほど日常的に利用された海洋資源ではなかったにせよ，重要な海洋資源として認知され，利用されていたことは間違いない．

そのいっぽうで，ブキットテンコラック遺跡を含め，東南アジア海域世界の新石器遺跡群からは漁具がほとんど出土していないことは第2章でも指摘した通りだ．しかし遺跡で利用された魚類のバラエティは，これらを捕獲するために人びとが多様な漁法や漁撈技術を持っていたことを強く示唆している．とくに低層に好んで生息するハタやベラ科魚類が多く出土している状況は，釣りや毒漁などによって，藻食性のブダイ科や大小さまざまなサンゴ礁魚類の出土は，

第 7 章　漁撈からみた東南アジア海域世界の海域像　409

これらが網漁や突き漁，場合によっては籠や筌，石干日漁などによって漁獲されていた可能性を示唆している．

　それにもかかわらず，遺跡から漁具がほとんど出土しない要因は，水深の浅い沿岸域での漁撈には遺物として残りやすいサイズが大きくて頑丈な釣り針や，漁錘などを必要としなかったためとも考えられる．むしろ浅いサンゴ礁域では，小型の網の方が破損する恐れも少なく，また十分に食べられるだけの魚を漁獲することができ，たとえ漁錘が必要な場合でも貝殻などで代用することも十分に可能である．

　これに対して釣り針は，前述したようにティモール島で完新世初期より出土が確認されており，新石器時代の人びとがこれらの技術や知識を持っていなかったとは考えられない．このような状況は，オセアニア海域世界へと移住したラピタ集団が，その初期より釣り針やトローリング用のルアーをすでに利用していることからも指摘できよう．ただしルアーに関しては，これが東南アジア海域世界ではほとんど利用されていなかったか，あるいはまったく利用されておらず，むしろオセアニア海域世界へと移住したラピタ集団によって独自に開発された可能性が残されている．

　いっぽう，セレベス海域の東部に位置するタラウド諸島での海産資源利用は，ボルネオ島東岸域と比べると異なる様相を示している．タラウド諸島の新石器時代遺跡となるリアン・トゥオ・マナエ遺跡からは合計で 94 種という多種に渡る大量の貝類が出土したにもかかわらず，魚類やウミガメがほとんど出土しなかった．

　これに関し，第 6 章で検討したリアン・トゥオ・マナエ遺跡周辺のアランカア村での現代タラウド島民による漁撈活動は，遺跡における出土状況を解釈する上で重要な情報を提供してくれた．すなわちアランカア村での沿岸漁撈は，そのほとんどが釣り漁であり，漁獲対象魚もアジ科の小型魚類か，季節性の強いサバ科のカツオといった回遊魚種であった．さらに私が観察した釣り漁の約30％は失敗に終わっており，タラウド諸島沿岸域の釣り漁が，漁獲効率という視点から見た場合かなり低く，不安定な要素を持っていることを指摘できる．

　このように漁獲の失敗率が高く，季節風の影響によって約半年間は出漁さえ

困難となるタラウド諸島沿岸域では，人びとが利用できる海産資源は明らかに限られている．その結果，人びとの海産資源利用が不安定で獲得困難な魚類資源よりも，より安定的で獲得も容易な貝類資源に集中したことが，リアン・トゥオ・マナエ遺跡における大量で多種におよぶ貝類の出土へと帰結したのではないだろうか．

　しかしタラウド諸島の漁撈活動は，外礁域や外洋域のみで展開されたわけではない．ボルネオ島東岸に比べればその面積は非常に小さくなるが，タラウド諸島にもわずかながらサンゴ礁の形成があり，こうした海域では網漁や突き漁，筌漁などさまざまな漁法が実践された可能性が高い．このことは，タラウド諸島の伝統漁撈にみられる漁法の多様性や，タラウド諸島で沿岸魚種を中心とする250以上の魚名が分類されていることからも指摘できる．

　さらにタラウド諸島では，センポルナ周辺では確認されなかった淡水域での漁撈活動も確認された．こうした淡水域での漁撈活動も，制約された海産資源の利用に対する人びとの漁撈戦略が見事に反映されている．同じく北スラウェシ沿岸や内陸では，淡水魚の養殖池の積極的な利用が遅くとも20世紀初頭までにははじまった．

　タラウド諸島や北スラウェシにみられる水産資源の利用は，ボルネオ島東岸のセンポルナ周辺における水産資源利用とは，その内容や状況が大きく異なっているような印象を受ける．しかし，そのどちらの資源利用の実態も，先史セレベス海域における水産資源，そして海産資源利用の姿を如実に示している．

　すなわち新石器時代期のセレベス海域では，大きくその東部と西部で異なる海洋資源の利用がおこなわれていたことになる．このうちボルネオ島東岸やスールー諸島では魚類や貝類を含め，沿岸性資源の利用に集中する傾向が高い．これに対し，タラウド諸島では沿岸性資源の利用だけでなく，外礁から外洋性資源の利用も季節や潮の状況に応じておこなわれた．とくにタラウド諸島では，沿岸の定性資源である貝類の利用が活発におこなわれた痕跡がある．

「沿岸漁撈システム」の発展過程

　いっぽう，本書の第4章では，新石器時代のセレベス海域にみられた海産資源の利用における基本的な枠組みである「沿岸漁撈システム」が，金属器時代

を経て，交易・植民地時代においても共通して認められることを確認した．

とくに交易・植民地時代に入ると，外洋資源の利用も含めた「沿岸漁撈システム」の発展が起こる．さらに特殊海産物として高い商品価値をもつナマコや真珠の捕獲を目的とした新たな漁撈活動も開始された．これらの海産資源を専業的に漁獲する漁民集団の形成が起こった痕跡は，数少ない文献資料から断片的ながらも認められる．

ここで重要なのは，これら特殊海産物として新たな付加価値がついた海産物の多くも，やはり沿岸性資源であった点にある．その結果，ボルネオ島東岸やスールー諸島での沿岸性資源への依存や利用はさらに強まった．北スラウェシでも17世紀にはナマコの捕獲と販売に関する記録があり，この頃までには沿岸域でのナマコ資源の利用はセレベス海域の全域，さらには東南アジア海域世界中へと広がった可能性がある．

またこれら特殊海産物やその他の交易品の輸送を目的とし，ジョン船など大型の構造船の建造と利用も活発化したが，漁撈活動の際に利用された漁船の多くはアウトリガー舟や刳抜き舟であり，その基本的な造船技術には，新石器時代期に形成された技術が踏襲されてきた可能性が指摘できる．

沿岸性資源の利用が中心だったこともあってか，漁撈技術にも大きな変化はみられなかった．ただし鉄など金属の利用による釣り針の製作や利用が活発化した痕跡はみられ，タラウド諸島でも17世紀以降になると遺跡より出土する魚類に外洋魚種が出現してくる．18世紀のスールー諸島でも，外礁域や外洋域で大型の回遊魚種を対象とした釣り漁が海民らによっておこなわれていた．現時点ではまだ断片的な痕跡しかないが，遅くとも17世紀頃までにはセレベス海域の各地で，釣り漁による外礁から外洋性資源の捕獲と利用がより一般化しつつあった可能性を指摘したい．

ところで18世紀以前の東南アジア海域世界における人口密度は，当時の近隣諸国に比べかなり低かった[93]．リードによればその最大の要因は，オーストロネシア系集団が出産における文化的規制によって出生率を意図的に低下

---

93) リードによれば大陸部も含めた17世紀における東南アジアの人口密度は1km四方あたり約5.5人で，これは南アジアの33人や中国の37人という人口密度と比べ遥かに少ない（Read 1988）．

させてきた点にあったという (Read 1988). ジャワやシャム (タイ) で，17～18世紀にかけて長期化した戦争もその要因の一つであったようだ.

これに対し，18世紀後半以降における東南アジア海域世界の人口はかなり高い上昇率で増加に反転する．その要因の一つには宗教，とくに西洋人によって布教されたキリスト教への改宗とキリスト教的価値観の普及にあった．その証拠にスペイン人によってキリスト教の布教と改宗が進められたフィリピンでは，18世紀半ばより継続的で急速な人口増加が起こり，平均して1%を超える増加が確認されている．

ジャワにおいても1755年に戦争が終結して以降は，1年に1%を超える増加がはじまり，その人口は1845年に1000万人，1880年には2000万人にまで達した (Richlefs 1986; Owen 1987)．さらに19世紀から20世紀に入ると，こうした高い人口増加は東南アジア海域世界の全域でみられるようになり，1～3%というきわめて高い増加が起こっている (Read 1988).

セレベス海域のスールー諸島からミンダナオ島では，18～19世紀にかけて活発化した海賊行為と奴隷交易によっても人口の増加が起こり，北スラウェシからサンギヘ・タラウド諸島にかけてはキリスト教への改宗が進み，人口の増加が促進された (Henley 2005)．ボルネオ島北部でも1881年にはじまるイギリスの北ボルネオ勅許会社による統治時代に，新たな労働移民の流入によって人口の増加が起こる (長津 1999).

こうした植民地時代期における東南アジア海域世界の急激な人口増加は，食料（副食）としての海産物需要を高め，その結果として漁獲量は著しく増加した．とくに強調すべき点は，中国向け特殊海産物よりも国内あるいは地域内への販売を目的とした塩干魚の生産がより活発化した点である．その結果，20世紀初頭のサマによる漁撈活動にも認められるように，より大量の漁獲を狙える集団網漁といった漁法が頻繁に利用されるようになった．

しかし20世紀初頭においても，ボルネオ島東岸からスールー諸島では相変わらず沿岸性資源への依存が高く，サマによる漁撈も沿岸のサンゴ礁域に集中していた (e.g. Taylor 1931)．いっぽう，北スラウェシやサンギヘ諸島では沿岸性資源だけでなく，カツオやムロアジなどの回遊性魚類を対象とした一本釣り漁もおこなわれている．さらに1925年以降からはマナドを拠点とする沖縄出

身の日系漁民によって，トロール網や一本釣り漁によるカツオ漁やムロアジ漁が開始され (e.g. 仲原 1942)，外洋性資源への依存度はさらに増加する．

　ボルネオ島においても，1930年代後半より日系漁民によるカツオ漁がセンポルナ周辺で開始され (e.g. 望月 2001)，セレベス海域でも本格的な外洋性資源の利用がはじまる．すなわちセレベス海域における近代的な漁法の導入と積極的な外洋性資源の漁獲は，日系漁民の先導によって開始された．

　こうした状況は前章でも論じたように同時代のフィリピン諸島やインドネシアの南スラウェシにおいても確認されており，第二次大戦後の1940年代後半からは，日系漁民によって導入されたトロール網漁など，動力船と大型の漁具を用いた近代的な漁法が，在地漁民たちによっても積極的に利用されはじめた．こうして東南アジア海域世界に国民国家が出現し，セレベス海域がこれらの国家によって分断されて以降，近代的な中・大規模漁業による外洋性資源を対象とした漁撈が活発化し，セレベス海域における海産資源の利用は大きく変貌を遂げる．

　そのいっぽうで，20世紀以降においても特殊海産物の捕獲とその加工，および輸出はセレベス海域における重要な漁撈の一つとして継続されてきた．このうち20世紀初頭においてはボタンの材料としてタカセガイやシロチョウガイの価値が高まり，特殊海産物としてさかんに捕獲された．シロチョウガイの捕獲と輸出は，サマなど在地の漁民だけでなく新たに進出してきた外来の日系漁民によっても活発におこなわれており，ここにも20世紀以降における新たな変化が認められる．

　しかし日系漁民による特殊海産物の捕獲や流通は1940年代までであり，それ以降は再び在地漁民によって捕獲と加工がおこなわれた上，華僑系の仲買人らによって買い取られ，彼らによって香港やシンガポールへと輸出される特殊海産物ネットワークが再形成された．これにより近年ではホシナマコの他にトコブシやフカヒレが特殊海産物として利用されている．

　また輸出技術の発展にともない，香港やシンガポールへの活魚の輸出が激増し，その対象となるハタやメガネモチノウオ，観賞用の熱帯魚などの新たな利用も注目に値する．このほかさまざまな加工品の安定剤として利用される海藻アガルアガルなども，現代における特殊海産物として認識することが可能であ

ろう．これらの特殊海産物はフカヒレを除けばその多くが定着性の高い沿岸性資源であり，個人単位の小規模レベルでの漁撈活動によって漁獲や生産がおこなわれてきた点にその特徴がある．

小規模漁業においても，近代以降には新たな漁法が導入されている．網漁においてはナイロン製の刺し網のほか，多種におよぶ漁網が導入され，釣り糸もナイロン製が一般化した．夜間におこなわれることの多い突き漁では，ケロシンランプの利用が活発化し，潜水漁においては水中眼鏡，水中銃，そして防水性の懐中電灯が利用されるようになった．

さらに伝統的な漁法における漁具の革新だけでなく，まったく新しい漁法の導入と活発な利用も開始された．ダイナマイト漁やシアン化合物による毒漁といった破壊的漁業の登場である．その結果，小規模漁業に従事する漁民によって漁獲されてきた沿岸性資源の水揚げ量はさらに増加した．しかし，中・大規模漁業による高い漁獲効率での生産性の強化や，小規模漁業における破壊的漁業による生産性の強化や沿岸漁場への負担の増加は，そのいっぽうでセレベス海域の海産資源や海洋生態を圧迫しつつある現状がある．

セレベス海域の漁撈と三つの画期

以上が更新世後期から完新世初期，新石器時代期を経て，その後の金属器時代から交易・植民地時代，そして近代以降へといたるセレベス海域の漁撈と海産資源利用にみられる大まかな変遷だ（表7-4）．ただし，新石器時代以前やそれ以降の時代における考古学的情報はまだきわめて限られており，現時点では断片的な痕跡から推測を余儀なくされている部分も少なくない．それを承知であえて論じるならば，セレベス海域における漁撈活動には大きく三つの画期があったと考えられる．

これらは（1）釣り漁，網漁，突き漁，罠漁，毒漁といったもっとも基本的な漁法を組み合わせる「沿岸漁撈システム」が確立する新石器時代期，（2）沿岸漁撈を中心としながらも外洋域での漁撈技術が導入され，「沿岸漁撈システム」が発展するとともに特殊海産物の生産を目的とした漁撈が活発化し，専業的に漁撈に従事する漁民集団や集団漁などが出現する金属器から植民地時代，そして（3）トロール網漁など大型の漁具と動力船による近代的な漁法や，ダイナマ

表7-4 セレベス海域の漁撈と海産資源利用の変遷

時代/年代	主な漁法	漁具の革新	船/造船技術	特殊海産物	利用資源	資源量
更新世後期 (3万～1万年前頃)	採集 突き漁？	ヤス・銛？	筏舟 刳り抜き舟	×	沿岸性中心	2
完新世初期 (1万～4000年前頃)	採集 突き漁？ 釣り漁 罠・網漁？ 毒漁？	ヤス・銛？ 貝製釣り針 籠・網？ Derris属？	筏舟 刳り抜き舟 +アウトリガー？	×	沿岸性中心	3
新石器時代 (4000-1500年前頃)	採集 突き漁 釣り漁 網漁 罠漁 毒漁	ヤス・銛 貝製釣り針 網具・漁錘 籠 Derris属	筏舟 刳り抜き舟 アウトリガー船 (帆船)	△ 特定の貝種？	沿岸性中心	3
金属器時代 (5c-12c頃)	同上	同上 金属製釣り針	同上 +準構造船 (帆船)	△ ナマコ？	沿岸性中心	3
交易時代 (12c-16c頃)	同上 トローリング漁？	同上	同上 +大型構造船 +大型アウトリガー船 (帆船)	ナマコ 真珠 燕巣 塩干魚	沿岸性中心	3
植民地時代 (16c-1940年代)	同上 集団網漁 トローリング漁 一本釣り漁	同上 大型釣り針 疑似針 大型釣り針	同上 +小～中型構造船 (帆船)	ナマコ フカヒレ シロチョウガイ 塩干魚	沿岸性(大) 外洋性(小)	2
近代以降 (1950年代～現在)	同上 巻き網漁 トロール網漁 大型網漁 小型網漁 破壊的漁法 延縄漁	同上 大型巻き網 トロール網 リングネット網 ナイロン製網 火薬・薬品 延縄	同上 +中・大型漁船 (動力船/船内機) +小型動力船 (船外機)	ナマコ フカヒレ アガルアガル トコブシ カニ・ロブスター ハタ・ベラ類 (活魚)	沿岸性(大) 外洋性(大)	1

1：明瞭に減少　2：一部が減少　3：減少がみられないか不明瞭

イト漁やシアン化合物漁などの破壊的漁法によって沿岸資源の利用がさらに激化すると同時に，巻き網漁や延縄漁などの導入により外洋性資源の利用も飛躍的に増加する近代以降の三時期である．

これに対し利用の対象となった海洋資源の種類は，漁撈技術よりも周辺の沿岸環境や海洋生態によって決定された傾向が強い．サンゴ礁の発達するボルネオ東岸からスールー諸島にかけては沿岸性資源に集中する利用が顕著で，中・大規模漁業の発達により外洋性資源の開拓が進んだ近代以降においても，サマの漁撈にみられるように沿岸性資源を対象とした漁撈は活発におこなわれている．いっぽう，沿岸性資源に制限があるものの，回遊魚種を中心とした外洋性資源へのアクセスがより容易なサンギヘ・タラウド諸島や北スラウェシ域では沿岸性資源の利用と同時に，外洋性資源の利用を目的とした漁撈が発達したという見方が成り立つであろう．

こうした長期的な視点からは，セレベス海域の漁撈は新石器時代期に確立した「沿岸漁撈システム」を基礎とし，技術的発展や人口増加による食糧（副食）需要の増加といった植民地時代期以降の大きな変化に対しても，とくに沿岸性資源への依存度を高める方向で「沿岸漁撈システム」をさらに発展させてきたという構図も浮かび上がる．こうした状況は，サンゴ礁の発達した浅い海が広がるセレベス海域の西部にかけてとくに顕著であり，前章で論じたように「漁撈のインボリューション」と呼ぶことができる面もある．

いっぽう，深い海によって囲まれるスラウェシ北部からサンギヘ・タラウド諸島，ミンダナオ島南岸からなるセレベス海域の東部では，技術的発展や人口増加による食糧需要の増加といった変化に対し，サバ科やアジ科，イワシ類といった外洋資源への依存度を高めることで対応してきた傾向が強い．

もちろんセレベス海域の西部においても「沿岸漁撈システム」は残っており，副食としての沿岸魚類への嗜好性はセレベス海域の全域を通じて高い．水揚げ量全体としては外洋魚類のそれに劣るものの，沿岸資源の開拓と利用は同じくみられる．とはいえセレベス海域全体として，「沿岸漁撈システム」を基礎とした漁撈のインボリューションが起こったとするにはやや無理があり，漁撈や漁業の発展史は，ギアーツがジャワの農業史において指摘した構造とは類似している面もあるものの，一致するものではない．

3 ❖ 漁撈からみたセレベス海域の生業文化

セレベス海域の生業文化

　本書での生業文化とは，人びとが日々の生活の糧を得る目的からおこなうさまざまな活動（＝生業）と，これらの活動と密接に結びついている文化の諸側面やその背後にある戦略，あるいはその総体を意味する．したがって，セレベス海域における漁撈文化や漁撈戦略も，その生業文化の一部を構成する重要な要素となる．

　ただし生業文化は漁撈だけでなく，農耕や家畜飼育，狩猟や採集といった多様な生業活動の総合的なバランスの中で形成されるものであり，理想的にはこれらすべての生業活動を詳細に検討した上で語られるべきものでもある．

　本書では，第2章において生業文化の視点から更新世後期より植民地時代までの資源利用について概観したものの，漁撈活動以外の生業活動についてはそれ以上の検討をおこなってこなかった．これは本書が漁撈と海産資源の利用を主題としてきたことのほかに，農耕や家畜飼育，狩猟や採集活動にかかわる考古学的情報がきわめて限られていたことにもよる．したがって将来的には，これら漁撈以外の生業活動に関する考古学および民族考古学的情報を新たに収集した上で，改めてセレベス海域や東南アジア海域世界の生業文化について総合的に検討する必要があるであろう．

　これに対し，本節では漁撈活動を中心としながらも，他の生業活動にかかわる断片的な情報も参考にしながらセレベス海域の生業文化を考察する．その上で，鶴見によって指摘されてきた東南アジア海域世界における「移動分散型社会」の形成過程について，生業文化の視点から再検討してみたい．

「移動分散型社会」の形成と背景

　本書では第2章や第3章において，新石器時代期のセレベス海域における生業文化が，漁撈による海産資源の利用よりも，むしろ陸上での栽培や採集，狩猟活動による陸産資源の利用を軸に形成されてきた可能性を指摘した．

　すなわち，より安定的な海産資源を積極的に利用することで漁撈に費やす時

間をできる限り短くし，より多くの時間や労働力を不安定要素の高い陸産資源の生産や獲得に当てる戦略が取られていたと考えられる．新石器時代期にブキットテンコラック遺跡を形成した人びとが，遠方に位置する外礁域や外洋域での漁撈活動を積極的におこなわず，もっぱら遺跡周辺の沿岸域での多様な海産資源の利用に集中した背景にも，この生業文化が見え隠れしている．

同時にこの栽培活動を基礎とする陸産資源と沿岸性の海洋資源という二つの資源を対象とした生業文化は，状況に応じてオールタナティブに必要となる生業活動のバランスを選択できる柔軟で幅広い知識と技術によって形成されていた．こうした新石器時代のセレベス海域でみられるこの生業文化の性格は，さらなる適応変化を遂げて，その後の時代におけるセレベス海域の生業文化にも受け継がれたと考えられる．

たとえば新石器時代前期のセレベス海域では，ブキットテンコラック遺跡のように遺跡の立地が沿岸域に集中する傾向が強いのに対し，その後期から金属器時代にかけては，マダイ洞窟群遺跡に象徴されるようにより内陸部へも活動域が拡散し，海産資源の利用を捨てて，陸産資源の利用に集中することで生計を可能とした集団が登場している．

さらに交易・植民地時代においては，ボルネオ東部の内陸地におけるプナンのように，交換経済を基礎としながら，狩猟や採集活動を中心とした生業に特化する集団も出現した．これに対し，やはり交換経済を基礎として，沿岸域で漁撈活動を中心とした生業に特化した集団にサマが指摘できよう．このように特定の生業や資源利用に特化した集団の出現と活躍が，新石器時代期に形成されたセレベス海域における生業文化の「結晶」(Geertz 1963) として認識することもできよう．

ところでブキットテンコラック遺跡においては，遺跡周辺での海洋資源や陸産資源の利用のほかに，遙かに 5000 km 以上も離れた遠隔地で産出された黒曜石の利用が確認された．また遺跡では第 3 章でも紹介したように，瑪瑙やチャートを石材とした細石器の製作と利用も確認されている．現在のところ，これら細石器の活発な製作や利用の痕跡を残している地域は日本を含む東アジアや東北アジアが主流であり，更新世後期から完新世前期にかけて積極的な利用が確認されてきた．ところがこうした細石器文化の痕跡は，東南アジア海域

世界ではその前後の時代も含めてほとんど確認されていない．

　このような考古学的状況は，ブキッテンコラック遺跡を利用した人びとがその資源利用や技術の獲得において，外部世界とも密接なつながりをもった開放的なネットワークを基礎とした生業文化を形成させていたことを如実に示している．同じくニューギニア離島産の黒曜石の存在は，間接的か直接的かは不明なものの，かなり遠方にある資源の移動を可能にするだけの海上航海の知識や技術を人びとが十分に持っていたことを示唆する．

　さらにブキッテンコラック遺跡とほぼ同時期に，ニューギニアの離島域に出現したオーストロネシア語集団とされるラピタ集団のオセアニア海域世界への拡散は，こうした資源や技術のネットワークの中で，人間による移動と新たな土地への移住が新石器時代に活発化したことを物語っていよう．

　これらの痕跡はいずれも「移動分散」的な社会や文化が，すでに新石器時代期のセレベス海域において形成されていた可能性を示唆している．私の主張は，こうした移動分散型社会や文化が，多様な資源利用の技術や知識を武器に，多様な生態環境に柔軟に対応するオールタナティブな生業戦略，そして生業文化を基礎として形成されたとする仮説の提唱にある．

　ただし，陸産資源と海産資源という両資源の利用に基づくオールタナティブな生業戦略が，言葉を換えれば単なる「半農半漁」的な生活となり，そのような生活形態は世界中の多くの地域，とくに先史時代の沿岸域において一般的にみられたものであり，セレベス海域や東南アジア海域世界に特別なものとはいえないとする反論もあるであろう．私もこうした反論を否定するつもりはない．実際，狩猟採集社会の事例をあげるまでもなく，定着的な農耕社会が発達する以前における人類の社会がより「移動分散」的だったことは明らかである．

　これに対し，セレベス海域や東南アジア海域世界における「移動分散」的な社会や文化が特徴的なのは，それが農耕や栽培活動が活発におこなわれていたはずの新石器時代期やそれ以降の時代においても顕著に認められ，むしろその性格が時代を重ねるごとにより強くなっていく傾向すら見える点にある．

　その要因はどこにあったか．その一つに，前章でも論じた移動性や循環性の高い焼畑農耕に代表される栽培活動が定着性の高い水田稲作ではなく，タロイモやヤムイモ，バナナなどの根菜植物や陸稲の栽培，森林物産の採集を主体と

していた陸産資源の利用形態にあったことを指摘できよう．

　東南アジア海域世界の他地域においても，新石器時代期に稲作が活発におこなわれていた痕跡はほとんど確認されていない．ただし第2章で指摘したように，ボルネオ島西部のグア・アンジン遺跡では稲作の痕跡が4000年前にさかのぼって確認されており，東南アジア海域世界の西部においては稲作がより活発におこなわれていた可能性がある．

　ただし，それが水田稲作であったかは不明な点が多い．東アジアや東南アジア大陸部におけるこの時代の稲作や水田稲作が，石包丁などの物質文化を伴うものであったことを考慮するなら，こうした物質文化が確認されていないボルネオ西部の稲作は，より古い伝統をもつ焼畑による陸稲栽培であった可能性も高い．

　むしろ，東南アジア海域世界で新石器時代期にまでさかのぼり水田稲作が開始されていた可能性がもっとも高い地域は，肥沃な土壌をもつジャワ島やスラウェシ南部などである．しかし，これらの地域では良好な新石器時代遺跡そのものがまだ発見されておらず，残念ながら考古学的な可視性がきわめて低く，当時の状況がよくわかっていない．

　いっぽう，リードによれば東南アジアで交易時代がはじまる15世紀までにはコメはどこでも容易に成長し，かつもっとも好まれる穀物となっていた (Read 1988)．考古学的にも10世紀頃までには稲作がジャワやバリ，スラウェシ南部で主要な農耕活動の一つとなっていた痕跡が確認されている (e.g. Bellwood 2005; Glover 1973)．これらの地域はいずれも交易・植民地時代までに東南アジア海域世界内の主要なコメ産地となり，その性格は今でも変わっていない．

　ところがスラウェシ南部を本拠地とするブギスやマカッサル人のように，稲作に従事する農民でありながら，高い造船技術や漁撈技術を持ち，海上交易や他地域への移住も活発におこなってきた人びとが少なくなく，こうした稲作地帯においてさえ「移動分散」的な社会や文化はやはり認められる．このことはたとえ東南アジアの海域世界における稲作文化が，東アジアや南アジアに比べてより遅れて発達したことを考慮したとしても，その「移動分散」的な社会や文化が定着性の高いはずの稲作農耕による影響の有無にかかわらずやはり形成

されたことを示唆しており，陸産資源の利用形態だけでは説明しきれない．

これに対し，二つ目の要因としてあげられるのが，セレベス海域や東南アジア海域世界に顕著な資源の商品性である．

商品性とは北窓の言葉を借りれば，資源や生産物が商品になりやすい性質であり，多様な資源を生み出す熱帯域の生態的特徴を背景に，それらを市場へ持ち込むための流通網が多様に広がっている状態を意味する（北窓2000）．たとえば新石器時代期には，ブキットテンコラック遺跡でニューギニア離島産の黒曜石が利用されていたが，こうした遠隔地産の資源が遺跡で利用されていたという事実は，黒曜石を得るために何らかの資源が交換された可能性を示唆する．ブキットテンコラック遺跡において，そうした交換に利用された資源が何だったのかは不明である．それは大量に出土した土器だったかもしれないし，東南アジア海域世界の遺跡では他に出土が確認されていない瑪瑙製の細石器だったかもしれない．あるいはそれらの素材となる粘土や石材に商品としての付加価値が認識されていたかもしれないし，遺跡周辺に豊富に生息していたイノシシやシカ肉，あるいは希少価値の高い海産物だった可能性もある．

いずれにせよここで強調したいのは，そうした資源がすでに新石器時代には何らかの文化・経済的な付加価値をもち，地元では生産できない貴重な資源と交換されていた可能性である．またその交易ネットワークは，黒曜石の産地が遥かに5000 kmの彼方にあったことを考慮するなら，直接的に持ち込まれたとするよりも，その間に広がる海域においても形成されていたであろう交易ネットワークを経由して間接的に持ち込まれたと考えるのが妥当であろう．実際，遺跡から出土した黒曜石のサイズがいずれも小さく，少量であったことは，その可能性を強めている．

何よりも重要な点は，人間自身もこれらの交易ネットワーク連鎖の中で移動や移住を活発におこなった可能性にある．その痕跡は東南アジア海域世界における新石器時代遺跡の形成がほぼ同時代的に重なる点や，同じく東南アジア海域世界から新たにオセアニア海域世界へと拡散したラピタ集団にみられる移住状況においても確認することができよう．すなわち，こうした資源の商品性を背景とした開放的なネットワークの形成と存在が，セレベス海域や東南アジア海域世界における移動分散的な社会や文化を促進させた要因の一つとして指摘

できる．

　そして三つ目の要因としてあげられるのが，漁撈活動に代表される海産資源の利用だ．ブキットテンコラック遺跡において顕著にみられるように，多様な海産資源の活発な利用は新石器時代期のセレベス海域でもっとも一般的におこなわれてきた資源利用でもあった．しかしその活発な利用は沿岸性資源に限られていたことも事実である．その背景として，ボルネオ島やスールー諸島などの豊富な沿岸性資源や，漁獲の容易性をあげられる．

　そのいっぽう，魚種の多様性は漁法の多様性を促進する結果ともなったが，ここで重要なのは，その漁法の多くは習得が比較的容易で，個人差や経験差はもちろんあったにせよ，経験の浅い者でも生計維持が可能な程度の漁獲を得ることは容易にできた可能性が高いことである．もちろんそのもう一つの要因として，とくにサンゴ礁が発達する沿岸域での豊富な海産資源量も指摘できよう．

　新石器時代期におこなわれていたと推測される漁法のほぼすべてが，漁具における素材の変化はあったにせよ，交易・植民地時代においても一般的に利用されていたことは，人口の増加や海産物の商品性の高まりという変化に対しても革新的でより高度な漁法を考案する必要性がなかったことを示唆している．

　実際，20世紀の前半に南スラウェシ沿岸のバジャウ漁民による漁撈や，北スラウェシ沿岸における在地漁民の漁撈を観察した日本人である仲原（1942）は，彼らの漁撈がいずれもきわめて稚拙であるとの感想を述べている．彼によるこの指摘は，少なくとも東アジアの温帯域に位置する島国で育った当時の日本人の視点から見れば，東南アジアの海域世界における漁撈や漁法は，専業的な漁民や海洋民として知られてきたバジャウによる漁撈でさえ，かなり原始的で技術性の低いものに映ったことを意味している．

　いずれにせよ彼による記録は，サンゴ礁の発達する沿岸域での漁撈を好むバジャウやサマの漁撈が，少なくともその漁法や漁具においてはかなり原始的で，日本人が漁撈や漁法を発展させてきたほどには，漁撈や漁法にみられる発展がなかった可能性を示唆している．同じく現代におけるボルネオ島東岸のサマによる漁撈が，破壊的漁法の導入や漁具における素材の変革は経験していたものの，日常的にはそれほど複雑で大規模な漁具を必要としない網漁や手釣り漁，突き漁といった基本的な漁法によっておこなわれていたことは，私の

フィールドワークでも確認された.

　このような漁撈そのものの容易さ，豊富な海産資源，そしてこれらを背景として誰もが容易に海産資源を利用できるオープンアクセス性によって，新石器時代期だけでなく，その後に続く時代に生きた人びとにとっても，漁撈は身近な生業活動の一つともなった.

　また新たに移住してきた人びとのアクセス性に制限のある農耕や栽培，狩猟活動といった生業活動に対し，海産資源の高いオープンアクセス性を背景に，漁撈活動が移住初期や何らかの経済危機的な状況などに際して，人びとの基本的生活を補う役割を果たしていた可能性をここでは強調したい.

　実際，現代の東南アジア海域世界においても，新たな移住に際して移民集団がまず漁撈に従事する事例はインドネシアの各地で確認されており (e.g. 江川 1929；マンチェロ・片岡 1993；北窓 2000；口蔵ほか 1997), 私が観察した海サマによる漁撈にもその性格が指摘できる. また前述したように，近年における中・大規模漁業の発達にともない漁民数がにわかに増加した背景には，経済状況や個人の社会的な状況に応じて，人びとがその生業選択において漁撈を選ぶという，その選択性の高さもアクセスの容易さと同じく指摘できる.

　すなわち，生業活動において漁撈が果たしたこの役割と性格こそが，セレベス海域や東南アジア海域世界における移動分散的な社会や文化を時間とともにさらに発展させた要因の一つにあったのではないかというのが，本書において提案したいもう一つの主張だ.

　さらに新石器時代期のセレベス海域においてこれら指摘した三つの要素がいずれも確認できた状況は，その具体的な社会組織や文化形態まで論じることが現時点では難しいものの，その後のセレベス海域や東南アジア海域世界において認められてきた移動分散型社会の原型が，遅くとも新石器時代期までにはすでに生成されていたことを，生業文化の視点からは改めて指摘できるのである.

4 ❖ 漁撈からみた東南アジア海域世界——その海域像

生態環境からみたミクロな世界海域

　セレベス海域は実在するセレベス海を中心として，その生態環境，人類史的系譜，物質文化，そして生業文化を軸として恣意的に認識された空間領域である．その目的はセレベス海域というミクロな世界単位を検討することで，最終的によりマクロな世界単位となる東南アジア世界海域とその海域像について考察することにあった．ここでは最後に，漁撈や海産資源利用の視点から，セレベス海域を軸としてその周辺海域も含めた東南アジア海域世界の海域像について考察を加えたい．

　ところで東南アジア海域世界には，本書におけるセレベス海域のように生態環境や歴史，文化的な特徴によって，いくつかのミクロな海域世界を見出すことが可能であり，それらが相互的に人とモノのネットワークによって結びつきながら，全体として大きな海域世界を構成していると私はとらえている．これらミクロな海域世界の空間領域をどのように設定するかは，さまざまな側面のうちのどこに着目するかによって微妙に異なる可能性があるが，ここではこれまで検討してきた漁撈や海産資源の利用を中心とした生業文化の視点から他の海域世界を設定してみたい．

　まず東南アジア海域世界におけるミクロな小海域世界を設定するにあたり，生態環境に着目して検討を進めるなら，大きくはかつてのスンダ大陸域とウォーラシア海域に二分できるであろう．このうちスンダ大陸域を形成してきたおもな島々にはマレー半島，スマトラ島，ジャワ島，バリ島，そしてボルネオ島があげられる．

　これらの島々を結ぶ海は，水深が深いところでも 150 m 前後で，その沿岸域にはマングローブが発達する反面，サンゴ礁の発達はそれほどみられない特徴をもっている．いっぽう，陸産資源の利用にかかわる生態文化に着目した場合，森林産物や焼畑による栽培農耕が長らく主要な生業経済となってきたマレー半島やスラウェシ，ボルネオ島と，肥沃な火山性土壌を背景に古い時代から稲作農耕が主要な生業経済となってきたジャワやバリ島とに大きく二分できる．

漁撈からみたミクロな海域世界

　これらの分類の上に，ここではさらに漁撈や海産資源利用の視点からも検討を加えてみたい．このうち漁撈においては漁法や漁撈文化の性格が，海産資源の利用においてはその中心地，すなわち歴史的に商品性が高かった海産物が集まる流通拠点が，海域を設定する上での重要な要素となる．たとえば20世紀以降における漁法や漁撈文化に着目するなら，スマトラ島東岸からマレー半島にかけての沿岸域では半農半漁民による定置漁法となる張網漁や籠漁がさかんにおこなわれてきたほか (e.g. 田和 2000；北窓 2000)，近隣のリアウ・リンガ諸島ではオラン・ラウトと呼ばれてきた海洋性の高い家船漁民による漁撈文化が形成されてきた (e.g. Sopher 1965)．

　これに対しジャワ島北岸からボルネオ島南岸にかけては，沿岸性資源が乏しいことから回遊性資源を対象としたパヤンと呼ばれる巻き網漁が，やはり半農半漁民によってさかんにおこなわれてきた (e.g. 北窓 2000)．中でもジャワ島に隣接するマドゥーラ島民の活躍が有名であるが，彼らも基本的には半農半漁民としての性格が強く，ジャワ近海では家船漁民に代表されるようなより海洋性の強い漁撈文化は発達しなかった．

　ボルネオ島西岸域でも家船漁民による漁撈文化は顕著でなく，漁撈はもっぱら沿岸域や河口域でマレー系やイバン系の半農半漁民によっておこなわれてきた．現在でもこの地域には大きな漁港がみられず，近代以降における中・大規模漁業の発達によって水揚げ量そのものは増加しているものの，漁業はそれほど大きな経済活動とはなっていない．

　唯一の例外は，ボルネオ島西南岸からリンガ・リアウ諸島へと続く海域の島々と，ボルネオ島北西岸のコタキナバル周辺で，前者においてはオラン・ラウト系の家船漁民が，後者においてはサマ・バジャウ系の漁民や家船漁民が独自の漁撈文化を築いてきた (e.g. Sopher 1965)．実際，現在のマレーシア・サバ州の州都でもあるコタキナバルに居住するサマの人口は，サバ州全体のサマ人口の約3分の1を占めるほどに多い．

　つぎに歴史的に海産物が集まる流通拠点となってきた都市や港という視点からみるなら，その中心地となりうる拠点としてはかつてのパレンバンやバンテン，現在のジャカルタを中心とするスマトラ南部からジャワ西部域がその一つ

としてあげられる．いっぽう，スマトラ島東部からマレー半島にかけてはマラッカ，そしてより後の時代に発展したシンガポールがある．このほかにスマトラ島北部にはインド洋に面した拠点となるアチェがあるが，海産物の集積地としてはそれほど知られてこなかった．ただし近年においてはインド洋でのマグロ漁の水揚げ地がスマトラ西岸に形成され，新たな拠点となりつつある．アチェやマラッカはその地理的環境からも，東南アジア海域世界の産物が集積され，さらにその外世界へと運ばれる拠点としての性格が強かった．

いっぽう，ボルネオ島ではその東南部に位置するバンジャルマシン，そして北西部に位置するブルネイが海産物も含めた産物の集積地として発展した．このうちジャワ海に面するバンジャルマシンは歴史的にジャワとの結びつきが強く，前章でも論じたように海産物の多くもジャワへと向けて輸出されてきた．南シナ海に面するブルネイはマラッカやジャワ西部との結びつきが強かったほか，その地理的環境を生かして中国やベトナム沿岸部との交易活動も発展させてきた．とくに特殊海産物は，スールーが発展する以前においてはブルネイ経由で中国方面へと輸出されている．

東南アジア海域世界の西と東

以上の諸要素や歴史的状況を整理するなら，かつてのスンダ大陸域を形成してきた東南アジア海域世界の西部においては，3つのミクロな海域世界の存在を認識できる．これらは(1)マレー半島からスマトラ島東岸を中心とするマラッカ海域，(2)ボルネオ島西岸から北岸からマレー半島，さらにはベトナムや中国の沿岸によって形成される広大な南シナ海域，そして(3)スマトラの南岸からジャワ北岸，ボルネオ島南岸によって形成されるジャワ海域である．このほかにスマトラ島のアチェに代表されるように，さらにその西方に広がるインド洋海域世界の一部を形成する拠点も指摘できる．

こうした東南アジア海域世界の西部に対し，その東部とほぼ一致するのがウォーラシア海域を形成してきたスラウェシ島，スンダ列島，フローレス島，ティモール島，マルク諸島，ハルマヘラ島，アルー諸島などの島々である．セレベス海域を形成するサンギヘ・タラウド諸島もウォーラシア海域の北端に位

置しており，その領域に含めることが可能であろう．またさらにその北方にはミンダナオ島やスールー諸島，ビサヤ諸島からルソン島へと続くフィリピン諸島が東南アジア海域世界の北部を形成してきた．

　ウォーラシア海域からフィリピン諸島へと続く，東南アジア海域世界の東部における海洋環境の大きな特徴は，水深が深く，太平洋から流れる海流や潮流による影響がより顕著であるいっぽう，スールー諸島やビサヤ諸島などサンゴ礁の発達した沿岸域をもつ島々が存在する点にある．

　また生業文化においては，その多くが歴史的には稲作よりもタロイモやサゴといった根菜類やヤシ類を中心とした焼畑による農耕文化を基本としてきたいっぽうで，南スラウェシの沿岸域や北スラウェシのトンダノ湖，それにミンダナオ島のラナオ湖周辺など，スポット的に水田稲作による農耕文化が発達した地域も存在する点にある．これら水田稲作による農耕文化は，交易・植民地時代以降にはさらに普及し，現在ではルソン島全域でみられるほか，多くの島々で見ることができるが，ウォーラシア海域にあたる島々では現在においてもサゴや根菜類はコメと並ぶ主食として頻繁に利用されている．

　これに対し，第6章でも論じた近現代の漁撈や海産資源の利用という視点からは，まず漁法や漁撈文化の分布において大きく4つの領域を指摘することができる．これらは(1) 20世紀よりその利用が活発化した敷網漁バスニガン(*basnigan*)や活発な移動をともなう漁撈文化が発達したビサヤ諸島を中心とするフィリピン諸島からなる領域，(2) サンゴ礁での追い込み漁やさまざまな沿岸漁法や，サマなどの海洋民による漁撈文化が発達したスールー諸島からボルネオ島北東岸からなる領域，(3) 一本釣り漁など釣り漁の普及やサシとして知られる資源管理のシステムが発達したマルク諸島やバンダ海周辺における島々からなる領域，そして(4) ブギスやマカッサル，バンダール人によって活発に利用されてきた敷網漁バガン(*bagan*)が普及するいっぽう，バジャウ系漁民による沿岸漁撈文化もみられたスラウェシ南部やマカッサル海峡，フローレス海周辺における島々からなる領域である．

　こうした漁法や漁撈文化の分布域とほぼ重なるように，海産物の集積地も17世紀以降に限定すれば，大きく4つの中心地を指摘できる．これらはルソン島に位置するマニラ，スールー諸島に位置するホロ，マルク諸島に位置する

テルナテ，そして南スラウェシに位置するマカッサルである．このうちもっとも古くから海産物を含む熱帯産物の集積地として知られてきたのがテルナテなどに代表されるマルク諸島であり，ついでゴワやルウといった王国が16世紀以降より形成された南スラウェシが続き，より新しい集積地としてマニラやホロが登場した．

　いっぽう，より古くから発展してきたテルナテやマカッサルが，東南アジア海域世界内におけるその他の集積地と密接につながったネットワークを形成し，域内交易における集積地としての性格も強かったのに対し，植民地時代以降に発展したマニラやホロは中国市場への輸出港としての性格がより強い点でやや異なっている．とくにスペインによる植民地経営の拠点として発展したマニラではその傾向が強く，またその立地環境おいてもマニラは先に論じた南シナ海域世界の一部を形成する中心地として指摘できる．

　いずれにせよ，これまで検討してきた諸要素や歴史的状況を整理するなら，東南アジア海域世界の北部から東部にかけては，セレベス海域のほかにさらに3つのミクロな海域世界の存在を認識できる．

　これらは(1)ルソン島からビサヤ諸島，そしてパラワン島東岸にかけて広がるビサヤ海域，(2)マルク諸島を中心にその周辺のスラウェシ北東岸やアルー諸島などのバンダ海に浮かぶ島々からなるマルク—バンダ海域，そして(3)南スラウェシからマカッサル海峡を経て対岸のボルネオ島東南岸や西のフローレス海にかけて広がるマカッサル—フローレス海域である．そしてビサヤ海域の先にはオセアニアのミクロネシア海域が続き，セレベス海域やマルク—バンダ海域の先にはニューギニアやオーストラリアからなるサフル海域，そしてメラネシア海域が続く．

東南アジアにおける7つの海域世界

　図7-2は，ここまで論じてきた東南アジア海域世界におけるミクロな海域世界の大まかな領域を図面化したものである．このうちその空間領域としてもっとも大きい海域となるのは，東南アジア海域世界だけでなく，対岸において中国やベトナムなどアジア大陸もその一部を形成する南シナ海域であろう．同じくスマトラ島のアチェやマレー半島のマラッカ海域の先には広大なインド

図7-2　東南アジアとその周辺の海域世界

洋海域が広がっており，ビサヤ海域やセレベス海域，マルクーバンダ海域の先にはさらに広大なオセアニア海域が広がっている．

　南シナ海域を中心とするこれらの海域は，東南アジア海域世界の周辺に広がる外世界と直接的につながる海域世界としても認識できる．このうち歴史的に中国を中心とする大陸からの進んだ技術や物質文化を受容する上で，東南アジア海域世界において重要な役割を果たしてきたのが南シナ海だった．

　南シナ海域は，東南アジア海域世界で産出された海産物をはじめとするさまざまな商品を中国や東アジアへと輸出する上でも，重要な役割を果たしてきた海域でもある．いっぽう，アチェを中心とするスマトラ島北岸や西岸域，それにマラッカを中心とするマレー半島西岸域が面しているインド洋海域もインドを起源とする文化や宗教を受容する上で大きな役割を果たしてきた．その証拠に，東南アジア海域世界に出現した初期の王国や都市（港）の多くは，いずれも南シナ海やインド洋に面した沿岸域に立地する．

　これに対し，時代はさらに新しくなるものの東南アジアの海域世界でもっとも人口が集中し，域内交易の拠点として発展したのが，ジャワ海域とマカッサ

ル―フローレス海域だ．このうち産物の集積地としては，歴史的にはジャワ海域の発達がより古い．遅くとも9世紀頃までには，マルク―バンダ海域を産地とする白檀や香辛料などの物産はジャワ海域へと集積された上で，さらに南シナ海域やマラッカ海域を経由して外世界へと運ばれるようになった．

　産物の集積地としてのマカッサル―フローレス海域の登場がいつ頃までさかのぼられるかは不明な点が多いが，遅くとも15世紀までにはマカッサルを中心としてこの海域での交易活動や産物の集積が活発化した．鶴見 (1987) によれば，ジャワを経由することなく，マカッサル海峡を使うことでより短距離での交易ルートが中国方面との間に確立されたことが，その発展の背景にあったと想定できる．

　ところで東南アジア海域世界において，オセアニア海域世界と接しているのはビサヤ海域，マルク―バンダ海域，そしてセレベス海域である．このうちビサヤ海域は，その北部のルソン島や西部のパラワン島で南シナ海域にも接しており，距離的には東南アジア海域世界の中でももっとも中国を中心とするアジア大陸部に近い．このため新石器時代には，土器や磨製石斧といった新たな物質文化やオーストロネシア語の祖語が新たな人の移動により，中国南部辺りから台湾を経由してビサヤ海域へと最初に流入したとする仮説が指摘されてきた．さらに新石器時代には，ビサヤ海域付近からミクロネシア海域のパラオ諸島やマリアナ諸島へと新たな人の移住が起こった痕跡が考古学的に確認されている．

　しかし，台湾とルソン島北部を隔てるバシー海峡は潮流の流れが強く，船による渡海の難易度が高かったこともあり，中国との間を直接に結ぶ主要な交易ルートとしては発達しなかった．むしろ中国と東南アジア海域世界を結ぶネットワークは，前述した南シナ海域でより活発化する．その結果，ビサヤ海域においては南シナ海域に接するルソン島の北岸や西岸，パラワン島の西岸でより古くから大陸から伝わったと考えられる金属器やガラス製品などが出現しており，陶磁器の出現もこれらの地域でより早い．むしろ全体の性格としてはルソン島やパラワン島西部は南シナ海域の一部として認識すべきかもしれない．

　これらの海域に対して，ビサヤ海域の中心となるビサヤ諸島の特徴は，その多島性とサンゴ礁の発達にある．私はこうした発達したサンゴ礁の存在が，浅

いサンゴ礁海域で座礁しやすいジャンク船を好んで利用してきた華人商人の到来を阻んだもう一つの要因だったとも考えている．いっぽう，人類史的な視点から見た場合，ビサヤ海域は新石器時代期に出現したオーストロネシア語族集団が，サンゴ礁の発達した多島海域を背景として新たな海洋適応を経験した最初の海域世界とも認識できる．その結果として，ビサヤ海域からは新たにパラオ諸島やマリアナ諸島といったミクロネシア海域への移住と拡散が起こった．さらに同じ頃，土器や石斧といった物質文化をもったオーストロネシア語族集団と推定される人類集団はその南に位置するセレベス海域へも拡散した．

　こうしたビサヤ海域と対照的なのが，ウォーラシア海域の中心に位置するマルク―バンダ海域だ．第一にこの海域は東南アジア海域世界の中でももっとも東に位置しており，中国やインドだけでなく，東南アジア大陸世界からももっとも遠い距離にある．ところがそのいっぽうで，この海域は白檀や香辛料といった特殊森林産物の生産地でもあり，遅くとも5世紀までにはジャワ海域や南シナ海域を経由して，中国やインドとの交易ネットワークが形成されていた．このうち歴史的には白檀交易がより古く，香辛料が商品としてさかんに輸出されるのは14〜15世紀頃からである．

　さらにその後，16世紀頃からはナマコなどの特殊海産物がこれらに加わった．こうした商品性の高い産物を生産してきたマルク―バンダ海域では交易により富の集中も起こり，社会の階層化が進んだ．16世紀初頭にマゼラン艦隊が東南アジア海域世界を訪れた時，ビサヤ海域では首長レベルの王しか存在していなかったのに対し，マルク―バンダ海域ではテルナテ島やティドレ島に強大な権力をもつ王が存在していたことからもその違いがよくわかる．

　また漁撈や海産資源の利用においては，特殊海産物を輸出していたことからもうかがえるように沿岸性資源の利用もさかんであったが，太平洋から回遊してくる外洋性資源も豊富なこの海域では回遊魚を狙った外洋での釣り漁も発達した．本書でも何度か論じてきたように，東南アジアの海域世界でもっとも古く釣り針の出現が確認されているのも，マルク―バンダ海域に位置するティモール島である．

セレベス海域の海域像

　さて，以上が東南アジア海域世界において認識できるミクロな海域世界群の大まかな特徴と歴史的背景となる．それでは本書がこれまで対象としてきたセレベス海域を，東南アジア海域世界における一つのミクロな海域世界として認識する際に指摘できる特徴，すなわち海域像はどこにあるだろうか．

　まず指摘できるのは，その地理的関係からも明らかであるが，セレベス海域が東南アジア海域世界の中においては，その北部を形成するビサヤ海域とその東部を形成するマルク―バンダ海域の中間に位置し，両海域の生態文化的な遷移帯として存在している点である．とくにその遷移性は，海洋生態と海産資源の利用において顕著である．すなわちそれはビサヤ海域に特徴的なサンゴ礁域における多彩な漁法による沿岸性資源の利用から，マルク―バンダ海域に特徴的な外洋域における釣り漁による回遊性資源の利用への遷移として認識できる．このうち前者に代表される海産資源利用は，セレベス海域においてはボルネオ島東岸からスールー諸島にかけて，後者はサンギヘ・タラウド諸島から北スラウェシにかけて確認された．

　いっぽう，人類史的視点から見た場合においても，セレベス海域は両海域の中間に位置する遷移帯として認識できる．すなわち新石器時代にビサヤ海域へと拡散し，サンゴ礁の発達する海洋生態への海洋適応を果たした人びとが，さらにサンゴ礁海域から水深の深い外洋域での漁撈や資源利用にかかわる技術や知識を蓄積させた海域がセレベス海域だったのではないだろうか．またより広い視野で見た場合，東南アジア海域世界からオセアニア海域世界へのオーストロネシア語族集団の拡散においても，セレベス海域はその遷移帯として認識することが可能であろう．

　ところでこのような生業や資源利用にかかわる遷移帯の存在から，東南アジア海域世界における人びとの高い移動性や分散性を指摘した先行研究に，鶴見（1990）による「階段の踊り場」説や田中（1993, 1999）による「フロンティア」論があることは序章でも紹介した．これらの論考を踏まえるなら，ビサヤ海域からマルク―バンダ海域への中間に位置し，両海域にみられる性格をどちらも持つセレベス海域は，生業文化や人類史的視点においてまさに「階段の踊り場」であり，「フロンティア空間」として存在してきたことになる．

セレベス海域は，新石器時代期に東南アジア海域世界からオセアニア海域世界へと人びとが移動や拡散をおこなう際にも，「階段の踊り場」であった可能性が高い．その痕跡は，ブキットテンコラック遺跡から出土したニューギニア離島産の黒曜石の出土からも確認できる．
　しかし実際には，東南アジア海域世界からオセアニア海域世界への人びとの移住や拡散における「階段の踊り場」となったのは，セレベス海域だけではなかった．前述したように，新石器時代にはビサヤ海域からもミクロネシア海域のパラオ諸島やマリアナ諸島へ人びとの移住があった．その意味ではビサヤ海域も「階段の踊り場」であり，「フロンティア空間」であった．新石器時代期のマルク―バンダ海域からも，ニューギニアやオーストラリア方面への人びとの移動や拡散がおこなわれた痕跡がある．
　この海域ではゲベ島やアルー諸島，ティモール島辺りから，更新世後期に人類史上初となるオーストラリア大陸（当時のサフル大陸）への人びとの移住もおこなわれた可能性があり，新石器時代以前においてもマルク―バンダ海域は「階段の踊り場」として存在してきたことになる．さらにティモール島は，17世紀にオーストラリアのカーペンタリア湾へとナマコを求めて到来したマカサン集団が，その移動を開始する直前の「階段の踊り場」ともなっていた可能性が鶴見によって指摘されており（鶴見1990），異なる時代や状況，人間集団において「階段の踊り場」であり続けてきた．
　私はここにこそ東南アジア海域世界における海域像の一端がみられることを指摘したい．すなわち東南アジア海域世界における「階段の踊り場」，そして「フロンティア空間」は，その主体や時代によってさまざまな場所，あるいは海域に生成されてきた．
　そのもう一つの根拠は，これまで論じてきたミクロな海域世界が実際には明確な領域をもたず，かなりあやふやで不明瞭な状態をもちつつ他の海域世界と結びついている点にある．これは究極的には海に境界が存在していないことによっている．当たり前といえば至極当たり前であるが，南シナ海とジャワ海は同じ海としてつながっているし，フローレス海とバンダ海も同じく海としてつながっている．さらに太平洋とセレベス海や南シナ海，そしてインド洋もやはり同じ海としてつながっているのである．このため海に明確な境界を引くのが

難しいように，その海を舞台とする人間の活動や生活も同じく明確に線引きすることは難しい．

むしろ海を舞台とする人間の活動や生業文化は，徐々に遷移していくと考える方が理解しやすい．

かつて立本 (1999) はフロンティアを「中心に属しない周辺部，規制の伝統・境界にとらわれない社会空間」と定義し，田中 (1993) はフロンティアが国家や制度の周辺部だけでなく，生態学でエコトーンとよばれる二つの生態系の移行帯でもあることを指摘した．このような見解は，東南アジア海域世界ではあやふやながらも，何となく存在してきたこれらミクロな海域世界が別の海域世界と交わる遷移的な空間に，「階段の踊り場」や「フロンティア空間」が形成され続けてきたとする私の理解とも一致する．

そこには，新たな未開拓の土地や資源を求めた人びとの生活や人生があった．その上で，本書で改めて強調したいのは，こうした「階段の踊り場」や「フロンティア」の生成を可能とした要因の一つに，豊かで多様な資源を背景としたオープンアクセス性の高い海産資源利用のあり方，そして技術的な修得が比較的容易でバラエティに富んだ漁撈の存在があったことである．海産物をはじめとする，さまざまな生物資源の高い商品性を背景とした交易ネットワークの形成も，その要因の一つであろう．

本書ではこうした資源の交換や交易ネットワークが，遅くとも新石器時代には形成されつつあったことを指摘した．また新石器時代のオセアニア海域世界におけるラピタ集団による移住と拡散にみられるように，東南アジアの海域世界で生成された生業文化や資源利用が，新たな移住先の島々でも継続的におこなわれた痕跡は，田中 (1999) の指摘する「開拓前線の外延的拡大」と認識することも可能であろう．

いっぽう，オセアニア海域世界において新たに利用が開始された黒曜石や，オセアニア海域世界において発展的に誕生した可能性の高いシングル・アウトリガー舟やトローリング漁などの東南アジア海域世界での利用は，田中 (1999) によって指摘された「開拓前線の内延の重層」という現象とも共通するかもしれない．すなわち，東南アジア海域世界における海洋文化や漁撈文化は，開拓前線でもあるオセアニア海域世界への進出を達成しただけでなく，両

海域の相互的な人間や資源の移動ネットワークを持続することによって，さらなる発展を可能としてきたのではないだろうか．

　東南アジア海域世界は，生態系の移行帯に産出される生物資源の生産や流通をめぐってさまざまなネットワークが形成され，人びとが積極的に移動を繰り返す世界として指摘されてきた（e.g. 立本 1999；田中 1993, 1999；鶴見 1987, 1990）．

　これら生態系の移行帯に「階段の踊り場」が生まれ，新たな「フロンティア」空間が形成されていったが，その空間は都市や国家を主体とした中心地からみれば，いつの時代においても周縁世界として位置づけられてきた．しかし，東南アジア海域世界の本質が「階段の踊り場」や「フロンティア」空間の形成にあるならば，海域世界においてはこれら周辺や周縁世界こそが「中心」であるという見方も成り立つ．

　序章でも論じたように，現代のセレベス海域は国家や都市の視点からみれば，いずれの国家においてもその周縁に位置してきた海域世界である．実際この海域は，人類史的にもアジア大陸で生成された文明的要素や知識，新たな技術が，東南アジア海域世界の中でももっとも遅れて到来した空間でもあった．

　すなわち，陸に根ざした文明的視点，あるいは国家の視点から見た場合，その周縁世界としてあり続けてきたのがセレベス海域であったともいえる．そしてこのことが逆説的に，セレベス海域が東南アジア海域世界における「階段の踊り場」や「フロンティア」空間であり，海に根ざした文明的視点においては「中心」であり続けてきたことを主張したい．

　海域世界と向き合っていくには，このように陸の視点に根ざした常識や価値観とは逆転した発想がしばしば求められる．陸や国家を中心とした視点や常識だけでは海域世界の本質は見えてこない．それがまだ年月は浅いながらも，私が東南アジアの海域世界を歩きながら感じてきたことでもあり，本書におけるもう一つの主張でもある．

5 ❖ 課題と展望

成果と課題

　ボルネオ島東岸のセンポルナ半島における魚骨や魚名の収集調査，そしてブキットテンコラック遺跡での発掘調査とそれに続くサマの人びととの生活や漁撈調査は，私にとってセレベス海域における最初の長期的なフィールド調査ともなった．このフィールド調査から，私は魚類遺存体の分析のみならず，実に多くのことを学ばせてもらってきた．

　その後に開始したセレベス海域の東部に位置するサンギヘ・タラウド諸島や北スラウェシでフィールド調査は漁撈だけでなく，植物資源や動物資源の利用にかかわる生活の過去における痕跡と現在について思考を進める多くのヒントを与えてくれた．とくにサマによるサンゴ礁での漁撈とはまったく異なる漁撈活動を眼の当たりにできたことは，新たな知的好奇心とセレベス海域に対する認識を得る機会ともなった．

　改めて自分の足で現場を歩くことの大切さを知ったのもスラウェシやサンギヘ・タラウド諸島での体験によっている．セレベス海域を含め東南アジア海域世界はまさに多様性の世界であり，こちらの常識があちらの常識ではないことは肝に銘じておかねばならない．東南アジア海域世界は広大であり，私がまだ知らない島々や海域も少なくない．今後もできる限り東南アジアの海域世界を自分の足で歩いていきたいと思っている．

　いっぽう，先史セレベス海域における漁撈や生業研究はまだその端緒についたばかりであり，残されている課題はもちろん少なくない．たとえば遺跡から出土した動物遺存体の多くは，研究地での現生標本の不足から，十分に実施することができていない．さらに植物遺存体を対象とした分析研究はもっとも遅れており，考古学的な分析がほとんどできていない現状にある．魚骨や貝類遺存体のみでなく，これら動物遺存体や植物遺存体の本格的な分析と現生標本の作製を進めることで，改めて先史時代のセレベス海域における生業活動について検討することは，今後の研究に残された大きな課題の一つである．

　ところでセレベス海域は，沿岸域のみで成立していたわけでもない．セレベ

ス海域における中心地が，沿岸域にあったことは確かであるが，これら沿岸域が中心地となれたのは，何よりもその背後に豊かな森林資源や，栽培資源を提供する後背地としての内陸域があったからでもある．したがって，セレベス海域を形成するボルネオ島やミンダナオ島，スラウェシ島といった「大きい島」の内陸地へと拡散・適応した人類集団を対象とした研究も，今後の研究に残された課題の一つであろう．

　序章において論じたように，本書は民族考古学のアプローチから海域世界の地域研究に挑戦する試みでもあった．その試みがどこまで達成できたかは読者の判断に任されているが，民族考古学のもつ方法論と研究の方向性が，地域研究にも十分に貢献できる可能性を持っていることを改めて強調したい．

　民族考古学のもつ徹底的なフィールドワークを基礎とする方法論は，研究者が自らの足で歩き，眼で見，五感でもって現場と接することから出発する，地域研究の姿勢と一致している．さらに考古学研究から生まれた方法論である民族考古学研究では，単に過去のみを見ようとするのではなく，むしろ過去から現在を見る視点を持つことにより，歴史的視点から現場をとらえることができる可能性がある．

　本書はこうした民族考古学的な方法論を武器に，地域研究に取り組んできた10数年間におよぶ試行錯誤の航跡でもある．とはいえ，現時点で扱えるデータにはまだまだ多くの制約があることはすでに指摘した通りである．また新石器時代から現代までという4000年近くにおよぶ時間設定に対する批判も少なくはないであろう．

　しかし，かつてアンソニー・リードによっても指摘されたように，それぞれの時代を描くには素材はどうしようもなく断片的だが，それを一緒に扱うことで地域全体の生活や文化の流れが一貫した構図として浮かび上がってくる可能性は否定したくない　そのいっぽうで本書のように広大で長期的なアプローチは表面的でわかりきったところに行きついてしまう危険性も大きい．しかしそのために専門領域に閉じこもったままでいることも，時にはより深刻なリスクを伴うということも同じく指摘されてきた．

　本書も同じようにそのリスクを負っているが，現時点ではまだ不明瞭な部分が多いながらも，東南アジア海域世界を読み解く新たな視点，そして海域像へ

のアプローチに少しでも貢献できたとしたら，その試みは無駄ではなかったことになる．

これからの地域研究と海域世界

　序論においても書いたように，本研究を進める上で絶えず念頭にあったのは，鶴見や立本によって表現されてきた東南アジア海域世界の「移動分散型社会」や「移動ネットワーク社会」，そして田中による「フロンティア空間」という枠組みであった．これに対する私の試みの一つが，東南アジア海域世界における移動分散型社会やフロンティア空間の形成が，遅くとも新石器時代期にまでさかのぼれる可能性を示すことにあった．東南アジア海域世界に存在する多様な活動や文化，社会的動態の中において，その一つの側面でしかない漁撈活動や海産資源の利用から，その可能性を十分に証明できたかははなはだ自信がないが，少なくともその可能性の一片は指摘しえたと考えている．

　今後は先に指摘した他の生業活動についての検討を進めると同時に，セレベス海域だけでなく，開かれたエトスとして結びついている他の海域世界においてもフィールド研究を進め，改めて東南アジア海域世界と向き合っていく必要をひしひしと感じている．

　より現実的にはセレベス海域の東部域と同じくウォーラシア海域に位置し，東南アジア海域世界とオセアニア海域世界のまさに境界圏ともなるマルクーバンダ海域を積極的に歩き，フィールドワークをおこなう必要性を意識しつつある．すでに前節でも指摘したように，東南アジアの海域世界において更新世後期にまでさかのぼる本格的な海洋適応が起こったのも，またより多様な海洋資源の利用が展開されたのもこの海域であった可能性を，これまで検討してきた考古学的情報や民族誌的情報が示しているからでもある．

　序章でも指摘したように，地域研究にはまだ確立された方法論やディシプリンがなく，地域研究はアカデミズム世界の中ではきわめて若い研究分野でもある．ここには一定した枠組みがないために議論や研究の視点が曖昧となり，その成果がとらえどころのないもので終わってしまうリスクがあるいっぽうで，既存の学問体系ではたどり着けなかった新たな地平線にわれわれを導いてくれる可能性もおおいに秘めている．

おそらくは，地域研究がある程度に確立された方法論群（一つに限る必要性はない）によって一つの知識体系として認められるには，もうしばらくの時間が必要であろう．しかしその歩みは着実に前へと向かっていると私は感じている．その証拠に現在の日本のアカデミズムにおいては，地域研究を専攻し，地域研究において博士号を取得した研究者が活躍し，新たな研究を展開しつつある現状が指摘できる．そしてこれら新たに登場してきた地域研究者によって，地域研究がアカデミズムの中で確固とした領域を築けるかが，今後の地域研究には問われている．

地域研究の未来は，フィールドで培われた問題意識を出発点とし，既存の学問の垣根を批判的に乗り越え新たな地平線を見出そうとする研究者各自の強い意思と好奇心，そして対象とする地域に暮らしてきた人びとの視点に立って物事を見直そうとする姿勢にこそ残されている．本書で挑戦してきたやや無謀とも思える試みが，そうした新たな地域研究をめざす試行錯誤の一つの結晶となれれば幸いである．

少なくとも私にとっては，本書は地域研究をめざす模索の旅の出発点となった．視界は必ずしもいつも良好とはならないが，新たな目的地をめざし，再び地平線にむかって漕ぎ進んでいきたい．

コラム8　海域世界と子供たち – 小さな海民の活躍

左：船頭を務める海サマの少年 　　　右：人懐こい陸サマの子供たち

左：真黒に日焼けした男の子たち 　　右：海に飛び込むマルクの少年

　東南アジアの海域世界を歩く中で，強く印象に残っているのが子供たちだ．どこの世界でもそうなのかもしれないが，新しくやってきたよそ者である私に最初に近づいてきてくれたのも好奇心旺盛な子供たちだった．セレベス海域に散らばるサマの村々でもそうだったし，タラウド諸島やお隣のマルク諸島の村々でもそうだった．陽気で人懐こく，遊びながらもなかなかによく働く．そんな彼ら彼女らの一番の遊び場が海だった．泳いだり，水浴びしたり，小型の舟を漕ぎまわったり，釣りをしたり，時にはお母さんと一緒に貝やウニを拾ったりと，遊びは無数にある．また場合によっては，彼らの遊びの成果がその日の晩御飯のおかずになることだってある．海サマの男の子たちの釣りの腕は大人顔負けで，子供たちが釣りあげてきた魚介類も馬鹿にできない．海域世界の子供たちは小さいながらもう立派な海民だった．こうして物質文化の変化やグローバリゼーションの影響を受けながらも，海民たちの暮らしの知恵や技術，そして倫理が親から子へと受け継がれ，海域世界は今後も形成され続けていく．そんな海域世界に逞しく生きる子供たちの成長を見守りつつ，これからも海域世界を歩いていきたい．

Appendix

アペンディクス1　土器片の出土状況（2001年）

D3

層位	1層	2層	3層	4層	5層	6層	合計	%
口縁部	33	66	65	62	159	20	405	6.2
側部（>5 mm）	373	657	744	836	2112	358	5080	77.9
側部（>5 mm）	101	207	205	157	215	29	914	14
有文土器片	12	30	22	7	41	3	115	1.7
総計	519	960	1036	1064	2527	410	6516	100
重量（g）	3127	6374	8435	8690	8630	1967	37223	
%	7.9	14.7	15.8	16.3	38.7	6.2	100	

F3

層位	1層	2層	3層	4層	5層	6層	合計	%
口縁部	46	54	91	88	103	51	433	5.1
側部（>5 mm）	565	693	1189	1303	2210	738	6698	83
側部（>5 mm）	191	70	289	236	161	57	1004	12
有文土器片	11	19	71	60	36	12	209	2.5
総計	813	836	1640	1687	2510	858	8344	100
重量（g）	3365	4379	10132	9515	8244	3275	38910	
%	9.7	10	19.6	20.2	30	10.2	100	

C1

層位	1層	2層	3層	4層	5層	6層	合計	%
口縁部	0	0	28	58	10	?	96	4.7
側部（>5 mm）	0	43	424	696	159	?	1327	66.1
側部（>5 mm）	0	1	276	269	48	?	602	30
有文土器片	0	2	19	31	10	?	61	3
総計	0	46	747	1054	146	?	2005	
重量（g）	0	219	4003	4756	1966	?	10956	
%	0	2.2	37.2	52.5	7.2	?	100	

アペンディクス2　石製品の出土状況 (2001年)

トレンチ F3

石材	タイプ	1層	2層	3層	4層	5層	6層	合計
メノウ	ドリル状	7	10	34	40	2	1	94
	スクレーパー状	9	15	23	26	3	1	77
	石刃状	1	3	7	7	2	1	21
	石核	2	0	1	5	0	0	8
	破片状	7	9	16	9	1	0	42
	塊状	0	1	4	1	0	0	6
合計		26	38	85	88	8	3	248

トレンチ D3

石材	タイプ	1層	2層	3層	4層	5層	6層	合計
メノウ	ドリル状	0	1	14	9	2	0	26
	スクレーパー状	0	2	12	5	3	0	22
	石刃状	1	0	7	4	0	0	12
	石核	0	1	0	2	0	0	3
	チップ状	2	2	6	1	1	0	12
	塊状	0	1	1	0	1	0	3
合計		3	7	40	21	7	0	78

トレンチ C1

石材	タイプ	1層	2層	3層	4層	5層	6層	合計
メノウ	ドリル状	0	1	11	34	8	?	54
	スクレーパー状	1	0	3	27	4	?	35
	石刃状	0	0	0	8	0	?	8
	石核	0	0	1	5	0	?	6
	チップ状	0	0	10	14	0	?	24
	塊状	0	0	3	3	1	?	7
合計		1	1	28	91	13	?	134

アペンディクス3　南岩陰区より出土した貝類の同定結果（Chia 1997 より作成）

科・種名	学名	生息環境	1層	2層	3層	4層	5層	6層	合計
スイショウガイ科	Stombidae	沿岸域							
スイショウガイ	*Leavistrombus canarium*	20–60 m			12	11	3	13	39
オハグロガイ	*Canarium urceus*	0–10 m	1		64	86	5	9	165
ムカシタモトガイ	*Canarium mutabilis*	0–10 m	3	6	131	215	78	44	477
不明	不明					1			1
不明	不明				1	3	1		5
クダマキガイ科	Turridae	沿岸域							
不明	不明					1	1		2
フデガイ科	Mitridae	沿岸域							
不明	不明				1	1		1	3
イモガイ科	Conidae	沿岸域							
不明	不明				7	4		4	15
フジツガイ科	Cymatidae	沿岸域							
不明	不明		5	5	57	81	6	20	174
イトマキガイ科	Fasciolariidae	沿岸域							
イトマキボラ	*Pleuroploca trapeizum*	20–40 m				4	1	1	6
不明	不明		1		66	167	18	23	275
アッキガイ科	Muricidae	沿岸域							
テングガイ	*Chicoreus ramosus*	20–40 m			54	203	31	20	308
リュウテン科	Turbinidae	リーフ							
チョウセンサザエ	*Turbo argyrostomus*	3–20 m			1			1	2
不明	不明				1				1
ニシキウズ科	Trochidae	リーフ							
ギンタカマハ	*Tectus pyramis*	4–10 m			4	8	3	5	20
タケノコカニモリ科	Cerichiidae	潮間帯							
不明	不明							1	1
タカラガイ科	Cypraeidae	潮間帯							
不明	不明					2		5	7
エゾタマキビ科	Littorinidae	潮間帯							
タマキビ	*Littorina brevicula*				10	38	4	13	65
アマオブネ科	Neritidae	汽水・潮間帯							
シマカノコガイ	*Vittina turrita*	汽水				3			3
アラスジアマガイ	*Retina undata*	潮間帯		1	13	18	2	5	39
不明	不明					2			2
カワニナ科	Pleuroceridae	淡水・汽水							
不明	不明				1	38	11	82	132
ウミニナ科	Potamididae	汽水・泥地							
センニンガイ	*Telescopium telescopium*	マングローブ			1				1
			10	12	424	886	164	247	1743

科・種名	学名	生息環境	1層	2層	3層	4層	5層	6層	合計
カブラツキガイ科	Lucinidae	潮間帯							
シワツキガイ	Eamesiella corrugata	0–5 m	29	72	611	542	95	82	1426
シャコガイ科	Tridacnidae	潮間帯							
シャゴウ	Hippopus hippopus	0–5 m			1	2	21	4	29
不明	不明		41	41	79	112	49	145	462
マルスダレガイ科	Veberidae	潮間帯							
ケマンガイ	Gafrarium divaricatum	0–5 m			25	21	30	23	52
不明	不明			2	19	100	30	23	170
ザルガイ科	Cardiidae	リーフ							
リュウキュウザルガイ	Vasticardium flavum	0–10 m			14	8		3	25
イタボガキ科	Ostreidae	リーフ							
不明	不明	0–10 m	3	5	147	43	14	53	245
フネガイ科	Arcidae	リーフ							
サルボウ	Anadara subcrenata	0–10 m(泥底)	51	29	456	741	137	276	1688
イタヤガイ科	Pectinidae	リーフ							
リュウキュウオウギ	Co, ptopallium radula	0–20 m			12	7		2	21
小計			124	149	1364	1576	376	611	4118

出典：Chia.1997

アペンディクス4　収集された現生標本リスト

魚科名	学名	種数	合計	魚科名	学名	種数	合計
ダツ科	Belonidae	2	2	イトヨリダイ科	Nemipeteridae	2	4
イサキ科	Haemulidae	4	8	ウツボ科	Gymnothoridae	1	2
サヨリ科	Hemiramphidae	1	3	ギンカガミ	Menidae	1	2
ハタ科	Serranidae	10	17	タカサゴ科	Caesionidae	1	2
アジ科	Carangidae	5	10	エソ科	Elopidae	1	2
フエダイ科	Lutjanidae	16	23	タイ科	Sparidae	2	2
フエフキダイ	Lethrinidae	4	12	イットウダイ	Holocentridae	1	4
ヒメジ科	Mullidae	10	5	ボラ科	Mugilidae	1	4
ブダイ科	Scarridae	5	11	コチ科	Plalycephdidae	1	2
ベラ科	Labridae	8	11	ゴンズイ科	Plotosidae	1	2
マンジュウダイ	Ephippidae	2	4	イスズミ科	Kyphosidae	1	2
アイゴ科	Siganidae	3	6	ハマギギ科	Aridae	2	3
ニザダイ科	Acanthuridae	4	4	キンチャクダイ	Pomacantidae	2	2
カマス科	Sphyraanidae	2	2	カレイ目	Psettodidae	1	1
サバ科	Scombridae	5	11	キツネアマダイ	Malacanthidae	1	2
モンガラカワハギ	Balistidae	3	4	アカエイ科	Dasyatidae	2	2
ハコフグ科	Ostraciidae	1	2	トビエイ科	Myliobatidae	1	1
フグ科	Tetradontidae	1	2	メジロザメ科	Charcharhinidae	1	1
ハリセンボン	Diodontidae	2	4	合計	38科	111	181

アペンディクス5　主要部位の出土傾向

部位	J19	G17	D3	F3	合計
前上顎骨	199	272	304	40	815
歯骨	179	180	341	48	748
主上顎骨	98	89	196	17	400
咽頭骨（下部）	98	114	157	18	387
角骨	64	66	192	19	341
方骨	55	50	181	19	305
擬鎖骨	54	30	186	15	285
前鰓蓋骨	39	60	173	8	280
舌顎骨	53	28	160	9	250
咽頭骨（上部）	84	73	72	19	248
角舌骨	19	19	104	12	154
上擬鎖骨	18	9	97	5	129
口蓋骨	17	22	83	4	126
主鰓蓋骨	11	9	99	3	122
歯の一部	19	23	51	7	100
後側頭骨	13	20	58	1	92
肩甲骨	8	5	40	4	57
上舌骨	9	7	48	4	68
ハリセンボンの針	21	33	165	4	223
モンガラの刺	15	10	16	3	44
小計	846	1027	2339	259	4212
脊椎骨（硬骨）	624	1028	1611	210	3473
脊椎骨（軟骨）	45	80	100	24	249
脊椎骨（尾骨）	65	66	214	11	356
小計	734	1174	1925	245	3833
鰭刺					
頭蓋骨の一部					
未同定破片	1503	2334	8097	545	12479
合計	1580	2201	4264		8045

アペンディクス6　主要部位の出土傾向

表1　南部岩陰区より出土した魚骨の同定結果（MNI／脊椎骨なし）

順位	科名	生息地	1層	2層	3層	4層	5層	6層	合計	%
1	ブダイ科	サンゴ礁・岩礁域	61	61	77	32	10	14	248	28
2	ベラ科	サンゴ礁低層域	27	30	44	27	7	4	139	15.7
3	ハタ科	サンゴ礁低層域	20	34	44	30	3	7	138	15.5
4	フエフキダイ科	サンゴ礁低層域	17	28	29	12	8	3	97	10.9
5	フエダイ科	礁縁・低層域	7	28	43	7	1	2	88	9.9
6	モンガラカワハギ科	サンゴ礁低層域	14	12	18	5	2	1	51	5.7
7	ハリセンボン科	サンゴ礁・岩礁域	6	9	11	6	1	2	31	3.5
8	イサキ科	礁縁・低層域	7	3	9	4	3	2	28	3.1
9	スズメダイ科	サンゴ礁・岩礁域	3	3	7	2	2	3	20	2.2
10	タイ科	礁縁・低層域	3	3	9	3	0	1	19	2.1
11	軟骨魚類	沿岸・内湾域	1	1	1	1	1	1	6	0.6
12	ハマギギ科	サンゴ礁―汽水域	0	2	2	0	0	0	4	0.4
12	ボラ科	内湾域	2	0	1	0	0	1	4	0.4
14	アジ科	沿岸・内湾域	1	2	0	0	0	0	3	0.3
14	アイゴ科	サンゴ礁・岩礁域	0	2	0	1	0	0	3	0.3
16	ウツボ科	サンゴ礁・岩礁域	0	1	1	0	0	0	2	0.2
16	イトヨリダイ科	サンゴ礁低層域	0	1	1	0	0	0	2	0.2
18	ヒメジ科	砂底	0	1	0	0	0	0	1	0.1
18	コチ科	砂底	0	1	0	0	0	0	1	0.1
	合計　19科		169	222	297	130	38	41	885	

表2　南部岩陰区より出土した魚類群（NISP／脊椎骨なし）

科名	学名	生息地	1層	2層	3層	4層	5層	6層	合計	%
ブダイ科	Scaridae	reef, rock	29	133	76	53	11	6	308	30.7
ハタ科	Serranidae	reef, sand bottom	4	107	18	31	18	8	186	18.5
ベラ科	Labridae	reef bottom	9	70	38	32	1	2	152	15.1
フエフキダイ科	Lethrinidae	reef, reef edge	3	65	13	19	6	2	108	10.7
フエダイ科	Lutjanidae	reef, reef edge	3	35	8	3	1	2	52	5.1
モンガラカワハギ科	Balistidae	shallow water–40 m	9	22	10	7	2	1	51	5.0
ハリセンボン科	Diodontidae	shallow water–50 m	1	6	7	13	4	2	33	3.2
イサキ科	Haemulidae	reef, reef edge	0	15	4	12	0	1	32	3.2
タイ科	Sparidae	shallow water–30 m	0	4	11	1	0	1	17	1.7
スズメダイ科	Pomacantidae	reef, reef edge	0	3	2	1	2	0	8	0.8
アイゴ科	Siganidae	reef, rock	0	6	0	1	0	0	7	0.7
ウツボ科	Muraenidae	shallow water–50 m	0	2	2	0	0	0	4	0.4
イトヨリダイ科	Nemipetiridae	reef bottom	0	1	0	0	0	0	1	0.1
小計	小計		58	468	189	173	45	25	959	95.6
ヒメジ科	Mulidae	sand bottom	0	1	0	0	0	0	1	0.1
コチ科	Plalycephdidae	sand bottom	0	1	0	0	0	0	1	0.1
小計	小計		0	2	0	0	0	0	2	0.2
ハマギギ科	Aridae	reef-eustraine	0	2	0	0	0	0	2	0.2
ボラ科	Mugilidae	inner bay	0	0	1	0	0	0	1	0.1
アジ科	Carangidae	coastal sea	0	2	0	0	0	0	2	0.2
軟骨魚類	Cartilaginous	coastal sea	4	15	12	9	1	1	42	3.7
小計	小計		4	19	13	9	1	1	47	4.2
合計	合計		62	485	197	182	46	26	1006	99.8

Appendix 447

表3 北部岩陰区より出土した魚類群（NISP/脊椎骨なし）

順位	科名	学名	1層	2層	3層	4層	5層	6層	合計	%
1	ブダイ科	Scaridae	14	53	166	119	149	12	513	21.4
2	ハタ科	Serranidae	5	22	109	106	137	12	391	18.1
3	フエフキダイ科	Lethrinidae	5	29	161	83	104	10	392	17.4
4	フエダイ科	Lutjanidae	0	14	61	49	80	7	211	8.9
5	ベラ科	Labridae	6	19	87	50	40	3	205	8.8
6	ハリセンボン科	Diodontidae	0	6	93	34	32	0	165	7.7
7	軟骨魚類	Cartilagenus	4	4	29	33	36	1	107	5.2
8	モンガラカワハギ科	Balistidae	3	12	40	15	16	3	89	3.9
9	アイゴ科	Siganidae	1	4	25	21	15	0	66	3.0
10	イサキ科	Haemulidae	2	3	26	9	15	1	56	2.3
11	ウツボ科	Muraenidae	0	3	6	1	2	0	12	0.4
12	タイ科	Sparidae	1	1	0	4	5	0	11	0.4
13	スズメダイ科	Pomacantidae	0	0	2	4	3	0	9	0.3
14	ボラ科	Mugilidae	0	0	3	0	4	1	8	0.4
15	ハマギギ科	Aridae	0	0	5	0	0	0	5	0.3
15	ヒメジ科	Mulidae	0	0	4	0	1	0	5	0.3
15	イトヨリダイ科	Nemipetiridae	0	0	3	0	2	0	5	0.3
18	コチ科	Plalycephidae	0	0	0	0	2	0	2	0.2
18	カマス科	Sphyranidae	0	0	0	2	0	0	2	0.1
20	フグ科	Tetradontidae	0	0	1	0	0	0	1	0.1
	合計 20 科		15	55	800	524	641	52	2073	100

表4 南部岩陰区（J19）より出土した魚類群（NISP/脊椎骨を含む）

科名	学名	生息地	1層	2層	3層	4層	5層	6層	合計	%
ブダイ科	Scaridae	reef. rock	29	133	76	53	11	6	308	30.7
ハタ科	Serranidae	reef, sand bottom	4	107	18	31	18	8	186	18.5
ベラ科	Labridae	reef bottom	9	70	38	32	1	2	152	15.1
フエフキダイ科	Lethrinidae	reef, reef edge	3	65	13	19	6	2	108	10.7
フエダイ科	Lutjanidae	reef, reef edge	3	35	8	3	1	2	52	5.1
モンガラカワハギ科	Balistidae	shallow water–40 m	9	22	10	7	2	1	51	5.0
ハリセンボン科	Diodontidae	shallow water–50 m	1	6	7	13	4	2	33	3.2
イサキ科	Haemulidae	reef, reef edge	0	15	4	12	0	1	32	3.2
タイ科	Sparidae	shallow water–30 m	0	4	11	1	0	1	17	1.7
スズメダイ科	Pomacantidae	reef, reef edge	0	3	2	1	2	0	8	0.8
アイゴ科	Siganidae	reef, rock	0	6	0	1	0	0	7	0.7
ウツボ科	Muraenidae	shallow water–50 m	0	2	2	0	0	0	4	0.4
イトヨリダイ科	Nemipetiridae	reef bottom	0	1	0	0	0	0	1	0.1
小計	小計		58	468	189	173	45	25	959	95.6
ヒメジ科	Mulidae	sand bottom	0	1	0	0	0	0	1	0.1
コチ科	Plalycephdidae	sand bottom	0	1	0	0	0	0	1	0.1
小計	小計		0	2	0	0	0	0	2	0.2
ハマギギ科	Aridae	reef-eustraine	0	2	0	0	0	0	2	0.2
ボラ科	Mugilidae	inner bay	0	0	1	0	0	0	1	0.1
アジ科	Carangidae	coastal sea	0	2	0	0	0	0	2	0.2
軟骨魚類	Cartilaginous	coastal sea	4	15	12	9	1	1	42	3.7
小計	小計		4	19	13	9	1	1	47	4.2
合計	合計		62	485	197	182	46	26	1006	99.8

表5　北部岩陰区（D3）より出土した魚類群（NISP／脊椎骨あり）

科名	学名	生息地	1層	2層	3層	4層	5層	6層	合計	%
ブダイ科	Scaridae	reef. rock	29	133	76	53	11	6	308	30.7
ハタ科	Serranidae	reef. sand bottom	4	107	18	31	18	8	186	18.5
ベラ科	Labridae	reef bottom	9	70	38	32	1	2	152	15.1
フエフキダイ科	Lethrinidae	reef, reef edge	3	65	13	19	6	2	108	10.7
フエダイ科	Lutjanidae	reef, reef edge	3	35	8	3	1	2	52	5.1
モンガラカワハギ科	Balistidae	shallow water −40 m	9	22	10	7	2	1	51	5.0
ハリセンボン科	Diodontidae	shallow water −50 m	1	6	7	13	4	2	33	3.2
イサキ科	Haemulidae	reef, reef edge	0	15	4	12	0	1	32	3.2
タイ科	Sparidae	shallow water −30 m	0	4	11	1	0	1	17	1.7
スズメダイ科	Pomacantidae	reef, reef edge	0	3	2	1	2	0	8	0.8
アイゴ科	Siganidae	reef, rock	0	6	0	1	0	0	7	0.7
ウツボ科	Muraenidae	shallow water −50 m	0	2	2	0	0	0	4	0.4
イトヨリダイ科	Nemipetiridae	reef bottom	0	1	0	0	0	0	1	0.1
小計	小計		58	468	189	173	45	25	959	95.6
ヒメジ科	Mulidae	sand bottom	0	1	0	0	0	0	1	0.1
コチ科	Plalycephdidae	sand bottom	0	1	0	0	0	0	1	0.1
小計	小計		0	2	0	0	0	0	2	0.2
ハマギギ科	Aridae	reef-eustraine	0	2	0	0	0	0	2	0.2
ボラ科	Mugilidae	inner bay	0	0	1	0	0	0	1	0.1
アジ科	Carangidae	coastal sea	0	2	0	0	0	0	2	0.2
軟骨魚類	Cartilaginous	coastal sea	4	15	12	9	1	1	42	3.7
小計	小計		4	19	13	9	1	1	47	4.2
合計	合計		62	485	197	182	46	26	1006	99.8

アペンディクス7　各魚科における脊椎骨の直径幅と実質サイズの範囲

科名／直径サイズ	$\phi < 5.5$ mm	5.5–9.0 mm	9.1–15 mm	$\phi > 15$ mm
ブダイ科（体長）	< 30 cm	30–50 cm	50–75 cm	> 75 cm
ベラ科（体長）	< 30 cm	30–45 cm	45–70 cm	> 70 cm
体重幅	< 600 g	600–2,600 g	2,600–6,000 g	> 6,000 g
レベル	小型	中型	大型	超大型

科名／直径サイズ	$\phi < 6.0$ mm	6.0–9.0 mm	9.1–15 mm	$\phi > 15$ mm
フエダイ科（体長）	< 30 cm	30–50 cm	50–80 cm	> 80 cm
ハタ科（体長）	< 35 cm	35–50 cm	50–80 cm	> 80 cm
体重幅	< 1.000 g	1,000–3,000 g	3,000–7,000 g	> 7,000 g
レベル	小型	中型	大型	超大型

科名／直径サイズ	$\phi < 4.5$ mm	4.6–7.0 mm	7.1–9.0 mm	$\phi > 9.1$ mm
フエフキダイ科（体長）	< 20 cm	20–40 cm	40–50 cm	> 50 cm
体重幅	< 300 g	300–1,000 g	1,000–2,000 g	> 2,000 g
レベル	小型	中型	大型	超大型

科名／直径サイズ	$\phi < 4.5$ mm	4.6–7.0 mm
アイゴ科（体長）	< 20 cm	20–40 cm
体重幅	< 100 g	100–1,000 g
レベル	小型	中型

アペンディクス8　ブキットテンコラック遺跡における主要魚科のサイズ分布

D3

魚科	直径	推定体長	NISP	%
ブダイ科（小型）	φ＜5 mm	＜25 cm	135	40.6
ブダイ科（中型）	5 mm–9 mm	25–40 cm	131	39.4
ブダイ科（大型）	10 mm–15 mm	40–80 cm	61	18.3
ブダイ科（特大型）	φ＞15 mm	＞80 cm	5	1.5
計			332	100

魚科	直径	推定体長	NISP	%
ベラ科（小型）	φ＜5 mm	＜25 cm	26	45.6
ベラ科（中型）	5 mm–9 mm	25–40 cm	28	49.1
ベラ科（大型）	10 mm–15 mm	40–80 cm	3	5.2
ベラ科（特大型）	φ＞15 mm	＞80 cm	0	0
計			57	100

魚科	直径	推定体長	NISP	%
ハタ科（小型）	φ＜5 mm	＜25 cm	51	21.7
ハタ科（中型）	5 mm–9 mm	25–40 cm	158	67.2
ハタ科（大型）	10 mm–15 mm	40–80 cm	25	10.6
ハタ科（特大型）	φ＞15 mm	＞80 cm	1	0.4
計			235	100

魚科	直径	推定体長	NISP	%
フエダイ科（小型）	φ＜5 mm	＜25 cm	12	15.1
フエダイ科（中型）	5 mm–9 mm	25–40 cm	52	65.8
フエダイ科（大型）	10 mm–15 mm	40–80 cm	13	16.4
フエダイ科（特大型）	φ＞15 mm	＞80 cm	2	2.5
計			79	100

魚科	直径	推定体長	NISP	%
フエフキダイ科（小型）	φ＜4 mm	＜20 cm	36	41.8
フエフキダイ科（中型）	4 mm–9 mm	20–50 cm	40	46.5
フエフキダイ科（大型）	φ＞9 mm	＞50 cm	10	11.6
計			86	100

魚科	直径	推定体長	NISP	%
アイゴ科（小型）	φ＜4 mm	＜20 cm	29	43.2
アイゴ科（中型）	4 mm–9 mm	20–40 cm	38	56.7
計			67	100

J19

魚科	直径	推定体長	NISP	%
ブダイ科（小型）	φ＜5 mm	＜25 cm	13	7.1
ブダイ科（中型）	5 mm–9 mm	25–40 cm	101	55.1
ブダイ科（大型）	10 mm–15 mm	40–80 cm	52	28.4
ブダイ科（特大型）	φ＞15 mm	＞80 cm	17	9.2
計			183	100

魚科	直径	推定体長	NISP	%
ベラ科（小型）	φ＜5 mm	＜25 cm	2	6.6
ベラ科（中型）	5 mm–9 mm	25–40 cm	20	66.6
ベラ科（大型）	10 mm–15 mm	40–80 cm	4	13
ベラ科（特大型）	φ＞15 mm	＞80 cm	4	13
計			30	100

魚科	直径	推定体長	NISP	%
ハタ科（小型）	φ＜5 mm	＜25 cm	12	12
ハタ科（中型）	5 mm–9 mm	25–40 cm	73	73
ハタ科（大型）	10 mm–15 mm	40–80 cm	9	9
ハタ科（特大型）	φ＞15 mm	＞80 cm	6	6
計			100	100

魚科	直径	推定体長	NISP	%
フエダイ科（小型）	φ＜5 mm	＜25 cm	7	12.7
フエダイ科（中型）	5 mm–9 mm	25–40 cm	35	63.6
フエダイ科（大型）	10 mm–15 mm	40–80 cm	12	21.8
フエダイ科（特大型）	φ＞15 mm	＞80 cm	1	1.8
計			55	100

魚科	直径	推定体長	NISP	%
フエフキダイ科（小型）	φ＜4 mm	＜20 cm	1	3.2
フエフキダイ科（中型）	4 mm–9 mm	20–50 cm	22	70.9
フエフキダイ科（大型）	φ＞9 mm	＞50 cm	8	25.8
計			31	100

魚科	直径	推定体長	NISP	%
アイゴ科（小型）	φ＜4 mm	＜20 cm	1	16.6
アイゴ科（中型）	4 mm–9 mm	20–40 cm	5	83.3
計			6	100

アペンディクス9　魚類の全長・体重・脊椎骨サイズに関するデータ

学名	種	体長/cm	重量/g	脊椎骨/mm	参考
ベラ科	Labridae				
クサビベラ	Choerdon anchorago	25	730	5.0 mm	小野 2001
ヤシャベラ	Cheilinus fasciatus	25	650	4.0-6.5 mm	小野 2001
トカラベラ	Halichperes hortulanus	25	380	4.0-5.0 mm	小野 2001
	Hologymnosus doliatus	35	1,300	5.5-7.0 mm	小野 2001
シロクラベラ	Choerdon shoenleinii	45	2,000	?	沖縄 2005
クサビベラ	Choerdon anchorago	60	?	12.0-13.0 mm	小野 2001
メガネモチノウオ	Cheilinus undulatus	70	6,300	?	沖縄 2005
ブダイ科	Scaridae				
ヒブダイ	Scarus ghobban	25	280	4.0 mm	小野 2000
ブチブダイ（メス）	Scarus niger	25	300	?	沖縄 2005
カワリブダイ（オス）	Scarus dimidiatus	27	400	?	沖縄 2005
イロブダイ（メス）	Bolbompetopon bicolor	27	300	?	沖縄 2005
ハゲブダイ	Scarus sordidus	28	500	?	沖縄 2005
ナンヨウブダイ	Scarus gibbus	28	500	?	沖縄 2005
ヒブダイ	Scarus ghobban	30	500	5.0 cm	小野 2003
ブチブダイ	Scarus niger	32	600	?	沖縄 2005
イチモンジブダイ	Scarus forsteni	35	1,100	?	沖縄 2005
スジブダイ	Scarus rivulatus	35	1,000	?	沖縄 2005
ヒブダイ	Scarus ghobban	35	1,300	?	小野 2001
?	Scarus microhinos	35	1,200	7.2 mm	小野 2003
カンムリブダイ	Bolbometopon muricatum	40	1,300	7.5-8.5 cm	小野 2000
オビブダイ（オス）	Scurus schlegeli	40	1,000	?	沖縄 2005
ニシキブダイ	Scurus prasiognathos	40	1,700	?	沖縄 2005
ヒブダイ（オス）	Scarus ghobban	50	2,600	?	沖縄 2005
カンムリブダイ	Balbametapon muricatus	50	2,600	?	沖縄 2005
ナンヨウブダイ（オス）	Scarus gibbus	60	4,300	?	沖縄 2005
カンムリブダイ	Bolbometopon muricatum	70	5000＋	13.0-14.0 cm	小野 2001
フエダイ科	Lutujanidae				
ニセクロホシフエダイ	Lutjanus fulvifamma	22	150	4.0 mm	小野 2000
マダラタルミ	Macolor niger	23	200	4.5 mm	小野 2000
ヨコスジフエダイ	Lutjanus vitta	25	210	4.0 mm	小野 2003
ハチジョウアカムツ	Etelis carburculus	29	380	5.5-6.0 mm	小野 2005
センネンダイ	Lutjanus sebae	34	600	6.0 mm	小野 1999
クロホシフエダイ	Lutujanus rusllii	30	400		沖縄 2005
イチヒキフエダイ	Symphorus nematophorus	48	2,400	?	小野 2005
イチヒキフエダイ	Symphorus nematophorus	50	2,800	9.0 mm	小野 2001
ゴマフエダイ	Lutjanus argentimaculatus	59	3,800	?	小野 2005
ハチジョウアカムツ	Etelis carburculus	65	4,300	11-12 mm	小野 2001
ナガサキフエダイ	Pristipomoides multident	85	?	15.0-16.0 mm	小野 2001
フエダイ	Lutujanus spp.	100	10,600	?	沖縄 2005

学名	種	体長/cm	重量/g	脊椎骨/mm	参考
ハタ科	Serranidae				
カンモンハタ	Ephinephris merra	22	280	4.0–5.0 cm	小野 2001
サラサハタ	Clomileptes altirelis	25	320	5.0–5.5 cm	小野 2001
バラハタ	Variola louti	30	520	?	小野 2001
コクンアラ	Plectropomus laevis	30	600	?	沖縄 2005
キビレハタ	Epinephelus quyannus	29	510	4.5–5.0 cm	
アカマダラハタ	Ephinephelus fuscoguttatus	35	900	?	沖縄 2005
アオノメハタ	Cephalopholis argus	35	1000	?	沖縄 2005
アズキハタ	Anyperodon leucogramics	35	900	6.0 cm	小野 1999
クロハタ	Aethaloperca rogaa	40	1000	?	沖縄 2005
オオアオノメアラ	Plectropomus areolatus	53	4,800	?	小野 2005
フエフキダイ科	Lethrinidae				
ムネアカクチビ	Lethrinus xanthochilus	15	65	?	沖縄 2005
ムネアカクチビ	Lethrinus xanthochilus	14	60	?	沖縄 2005
マトフエフキ	Lethrinus harak	23.5	280	5.0 mm	小野 2001
シモフリフエフキ	Lethrinus lentjan	25	310	5.5–6.0 mm	小野 2001
ハマフエフキ	Lethrinius nebulosus	25	280	5.0–5.5 mm	小野 2003
アマミフエフキ	Lethrinus miniatus	26	300	?	海老沢 1995
ヨコシマクロダイ	Monotaxis gradoculs	34	650	6.0 mm	小野 2003
アマミフエフキ	Lethrinus miniatus	35	700	?	海老沢 1995
シモフリフエフキ	Lethrinus lentjan	37	500	6.0 mm	小野 2001
アマミフエフキ	Lethrinus miniatus	40	1200	?	海老沢 1995
アマミフエフキ	Lethrinus miniatus	45	1600	?	海老沢 1995
アマミフエフキ	Lethrinus miniatus	48	2,000	?	海老沢 1995
ヨコシマクロダイ	Monotaxis gradoculs	50	?	9.0–9.5 mm	小野 2002
アマミフエフキ	Lethrinus miniatus	50	2,300	?	海老沢 1995
アマミフエフキ	Lethrinus miniatus	52.6	2,650	?	海老沢 1995
アマミフエフキ	Lethrinus miniatus	53.3	2,760	?	海老沢 1995
アマミフエフキ	Lethrinus miniatus	54.1	2,890	?	海老沢 1995
アマミフエフキ	Lethrinus miniatus	54.8	3,000	?	海老沢 1995
キツネフエフキ	Lethrinus olivaceus	54	3,000 +	12–13 mm	小野 2002
アイゴ科	Siganidae				
ブチアイゴ	Sigannus chrysospilos	35	405	6.0 mm	小野 2003
?	Sigannus trispilos	25	210	5.5 mm	小野 2001
ブチアイゴ	Sigannus chrysospilos	25	200	?	小野 2003
ブチアイゴ	Sigannus chrysospilos	25	216	?	小野 2003
ヒフキアイゴ	Sigannus unimaculatus	21	140	4.5 mm	小野 2001
アイゴ	Sigannus fuscescens	15	70	3.0 mm	小野 2003
アイゴ	Sigannus fuscescens	12	38	3.5–4.0 mm	小野 2003
アイゴ	Sigannus fuscescens	12	38	?	小野 2003
アイゴ	Sigannus fuscescens	10	30	?	小野 2003

アペンディクス 10　魚骨の部位別出土頻度（リアン・ブイダ遺跡）

部位	Buida 2005 NISP 左	右	合計
歯骨	38	38	76
前上顎骨	28	30	58
主上顎骨	24	23	47
方骨	23	20	43
角骨	21	22	43
前鰓蓋骨	17	15	32
擬鎖骨	14	13	27
上擬鎖骨	7	8	15
舌顎骨	3	12	15
後側頭骨	5	5	10
主鰓蓋骨	4	3	7
口蓋骨	1	5	6
後鰓蓋骨	3	2	5
鰭刺		440	
脊椎骨（硬骨）		209	
ハリセンボンの針		47	
第一鰭刺		26	
脊椎骨（軟骨）		14	
脊椎骨（尾骨）		11	
角舌骨		10	
Scute		9	
咽頭骨（下部）		7	
咽頭骨（上部）		7	
上舌骨		7	
鱗		5	
歯（軟骨）		5	
歯（硬骨）		4	
頭骨の一部		4	
その他		9	
破片		1115	
合計		2161	

アペンディクス 11 リアン・ブイダ遺跡における魚骨の分析結果 (NISP)

科名	生息域	1層 1	1層 2	2層 3	2層 4	2層 5	2層 6	2層 7	3層 8	3層 9	3層 10	3層 11	合計
ハタ科	沿岸・低層域	2	11	15	27	18	12	17	7	8	0	1	118
ハリセンボン科	沿岸・岩礁域	0	1	1	0	1	10	9	13	11	1	1	48
フエダイ科	沿岸・低層域	0	5	4	8	6	1	4	6	1	0	0	35
ベラ科	沿岸・低層域	1	1	5	7	8	0	2	1	1	0	0	26
モンガラカワハギ科	沿岸・低層域	0	1	3	6	2	0	4	6	0	0	0	22
フエフキダイ科	沿岸・低層域	0	1	4	3	2	4	2	5	1	0	0	22
ブダイ科	沿岸・岩礁域	0	4	0	2	1	5	5	0	2	1	0	20
イトヨリダイ科	沿岸・岩礁域	0	0	3	0	3	2	3	0	1	0	0	12
ニザダイ科	沿岸・岩礁域	0	0	1	3	2	0	4	1	0	0	0	11
アジ科	内湾・外洋域	1	3	0	5	1	0	0	0	0	0	0	10
サメ類	内湾・外洋域	0	0	0	0	1	2	1	2	1	2	1	10
サバ科	内湾・外洋域	0	1	2	2	2	0	0	0	0	0	0	7
アイゴ科	沿岸・岩礁域	0	0	0	2	2	0	1	0	0	0	0	5
カマス科	内湾・外洋域	0	0	2	1	0	0	1	0	0	0	0	4
ウツボ科	沿岸・低層域	0	0	0	1	2	0	1	0	0	0	0	4
小計		4	28	40	67	51	36	54	41	26	4	3	354
合計（層単位）		32		248					74				354

アペンディクス 12 魚骨の部位別出土頻度（ブキットティウィン遺跡）

部位 / 層	1層	2層	3層	合計
棘	9	52	3	64
脊椎骨	2	11	0	13
前上顎骨	2	3	2	7
主上顎骨	0	5	0	5
咽頭骨	0	5	0	5
歯骨	1	4	0	5
口骸骨	0	3	1	4
上擬鎖骨	0	1	1	2
方骨	0	2	0	2
角骨	0	1	0	1
	14	89	9	112

アペンディクス 13　ブキットティウィン遺跡における魚骨の分析結果（NISP）

科名	学名	主な生息地	1層 1	1層 2	2層 3	2層 4	3層 5	3層 6	合計
ブダイ科	Scaridae	サンゴ礁・岩礁域	0	2	4	1	0	0	7
ハタ科	Serranidae	サンゴ礁低層域	1	0	2	2	0	1	6
フエフキダイ科	Lethrinidae	サンゴ礁低層域	0	0	4	2	0	0	6
フエダイ科	Lutjanidae	礁縁・低層域	0	0	2	0	1	1	4
モンガラカワハギ科	Balistidae	サンゴ礁低層域	0	0	3	0	1	0	4
ニザダイ科	Acanthuridae	礁縁・低層域	0	0	3	0	1	0	4
サバ科	Scombridae	外洋	0	0	4	1	0	0	5
ハリセンボン科	Diodontidae	サンゴ礁・岩礁域	0	0	2	1	0	0	3
フグ科		サンゴ礁・岩礁域	0	0	0	0	1	0	1
キンチャクダイ		サンゴ礁・岩礁域	0	0	0	1	0	0	1
小計	小計		1	0	20	7	4	2	34

アペンディクス 14　聞き取り調査による漁撈活動の記録

漁撈活動データ② (2004)

番号	日時	村名	漁法名	人数	関係	出漁時刻	月齢期	潮汐期	潮の状態	天候	帰村時刻	合計 (h)	kg	漁獲詳細
31	6.24.04	H	amissi	1	兄	9:00	6	中潮	満ち潮	晴れ	19:00	8	14	フエフキダイ
32	6.24.04	H	amissi	1	弟	9:00	6	中潮	満ち潮	晴れ	19:00	8	16	フエフキダイ・ベラ
33	6.25.04	H	lingiq	2	?	前夜	7	小潮	?	晴れ	11:30	12+	4	ボラ
34	6.25.04	H	amissi	1	兄	10:00	7	小潮	満ち潮	晴れ	19:30	8	11	フエフキダイ
35	6.25.04	H	amissi	1	弟	10:00	7	小潮	満ち潮	晴れ	19:30	8	6	フエフキダイ
36	6.26.04	H	lingiq	2	?	前夜	8	小潮	?	晴れ	9:00	12+	56	アイゴ 54 kg・ボラ 2 kg
37	6.26.04	H	lingiq	2	?	9:00	8	小潮	満ち潮	晴れ	21:00	12	22	ゴマアイゴ・クサビベラ・ヤシベラ等
38	6.28.04	H	lingiq	2	?	5:00	10	長潮	引き潮	曇り	14:00	8+	54	アイゴ・ハタ等
39	6.28.04	H	lingiq	3	父・子	5:00	10	長潮	引き潮	曇り	14:30	8+	10	アイゴ (大) 7匹・ハタ・フエフキダイ・クサビベラ
40	6.29.04	H	lingiq	2	?	5:00	11	若潮	引き潮	晴れ	14:00	8	23	アイゴ・フエフキダイ
41	6.29.04	H	Magalingiq	2	父・子	5:35	10	若潮	引き潮	晴れ	14:30	8	12	フエフキダイ 70匹・アイゴ 16匹他
42	11.06.04	H	amissi	1	K	6:00	23	小潮	干潮	晴れ	10:30	4	6	フエフキダイ
43	11.06.04	H	lingiq	2	父・子	前夜	23	小潮	満ち潮	晴れ	11:00	12+	14	フエフキダイ・ハタ
44	11.06.04	H	lingiq	2	従兄弟	前夜	23	小潮	満ち潮	晴れ	11:00	12+	58	フエフキダイ 54 kg・アイゴ (大) 4 kg
45	11.06.04	H	lingiq	2	?	前夜	23	小潮	満ち潮	晴れ	11:30	12+	47	ゴマアイゴ
46	11.06.04	H	lingiq	2	兄弟	前夜	23	小潮	満ち潮	晴れ	11:30	12+	8	ゴマアイゴ
47	11.07.04	H	lingiq	2	父・子	前夜	24	小潮	満ち潮	晴れ	11:00	12+	51	アイゴ 40 kg・ブダイ・ベラ・アジ等
48	11.07.04	H	lingiq	2	Ericson	0:00	24	小潮	満ち潮	晴れ	6:00	30+	46	アジ科 36 kg・マアジ 10 kg
49	11.07.04	H	lingiq	2	Abirun	0:00	24	小潮	満ち潮	晴れ	6:00	30+	47	アジ科 42 kg・ブリ 5 kg
50	11.07.04	H	lingiq	2	Kindak	0:00	24	小潮	満ち潮	晴れ	13:30	12+	23	アイゴ 20 kg・その他 3 kg
51	11.08.04	H	lingiq	2	Oa'	18:00	25	長潮	満ち潮	晴れ				
52	11.09.04	H	lingiq	2	Parson	5:00	26	若潮	引き潮	晴れ	13:30	7	17	プチアイゴ
53	11.09.04	H	lingiq	2	Lebel	5:00	26	若潮	引き潮	晴れ	18:00	12+	38	フエフキダイ・イトヨリダイ・スズメダイ

番号	日時	村名	漁法名	人数	関係	出漁時刻	月齢期	潮汐期	潮の状態	天候	帰村時刻	潮の状態	合計(h)	kg	漁獲詳細
54	11.10.04	H	amissi	1	Apan	6:00	27	中潮	引き潮	晴れ	13:00	満ち潮	6	5	フエフキダイ
55	11.10.04	H	amissi	1	Kais	6:00	27	中潮	引き潮	晴れ	13:00	満ち潮	6	15	フエフキダイ
56	11.10.04	H	lingiq	2	O'a'	前夜	27	中潮	満潮	晴れ	16:00	満ち潮	20	39	フエフキダイ 36 kg・アイゴ 3 kg
57	11.11.04	H	lingiq	2	Parson	5:00	28	中潮	満潮	晴れ	13:00	干潮	6	43	アイゴ 11 kg・ゴマアイゴ 12 kg・フエフキダイ他 20 kg
58	11.12.04	H	amissi	1	Kais	6:00	29	大潮	引き潮	晴れ	18:00	満ち潮	10	12	フエフキダイ・ブダイ
59	11.12.04	H	lingiq	1	Isaganan	6:00	29	大潮	引き潮	晴れ	16:00	満ち潮	8	48	フエフキダイ・アイゴ
60	11.12.04	H	lingiq	2	Parson	6:00	29	大潮	引き潮	晴れ	14:00	満ち潮	8	29	ゴマアイゴ
61	11.12.04	H	lingiq	2	Buntal	6:00	29	大潮	引き潮	晴れ	15:00	満ち潮	8	56	フエフキダイ 40 kg・ブダイ 15 kg
62	11.12.04	H	lingiq	2	Londo	6:00	29	大潮	引き潮	晴れ	15:00	満ち潮	8	36	フエフキダイ・ブダイ
63	11.13.04	H	lingiq	1	Isaganan	5:00	0.5	大潮	引き潮	晴れ	15:00	満ち潮	8	13	ゴマアイゴ
64	11.13.04	H	lingiq	2	Buntal	5:00	0.5	大潮	引き潮	晴れ	16:00	満ち潮	9	41	フエフキダイ
65	11.13.04	H	lingiq	2	Ogen	5:00	0.5	大潮	引き潮	晴れ	16:00	満ち潮	9	27	ゴマアイゴ
66	11.13.04	H	lingiq	2	Parson	5:00	0.5	大潮	引き潮	晴れ	16:00	満ち潮	9	31	ゴマアイゴ
67	11.14.04	H	lingiq	2	O'a	6:30	1	大潮	引き潮	晴れ	14:00	満ち潮	6	37	ゴマアイゴ
68	11.15.04	H	lingiq	2	Ericson	4:30	2	大潮	引き潮	晴れ	16:00	満ち潮	8	35	ゴマアイゴ
69	11.15.04	H	lingiq	1	Isaganan	4:30	2	大潮	引き潮	晴れ	16:00	満ち潮	8	25	フエフキダイ
70	11.15.04	H	lingiq	2	Engo	4:30	2	大潮	引き潮	晴れ	16:30	満ち潮	8	19	ゴマアイゴ
71	11.16.04	H	lingiq	2	Ericson	4:30	3	中潮	引き潮	晴れ	16:00	引き潮	8	38	フエフキダイ・ブダイ・ヒメジ
72	11.16.04	H	lingiq	2	Opoi	4:30	3	中潮	引き潮	晴れ	14:00	満潮	6	28	フエフキダイ
73	11.18.04	H	lingiq	2	Haji Ati	4:00	5	中潮	引き潮	晴れ	16:00	引き潮	6	36	
74	11.18.04	H	lingiq	2	Ericson	4:00	5	中潮	引き潮	晴れ	16:00	引き潮	6	16	
75	11.19.04	H	lingiq	2	O'a	前夜	6	中潮			7:30	満ち潮	8	9	フエフキダイ・ブダイ
76	11.19.04	H	lingiq	2		前夜	6	中潮			8:45	満ち潮	8	26	ゴマアイゴ・フエフキダイ・ブダイ
77	11.19.04	H	amissi	1		9:00	6	中潮	満ち潮		19:00	満ち潮	8	10	フエフキダイ・ベラ
78	11.19.04	H	lingiq	2	Istilino	9:00	6	中潮	満ち潮		20:00	満ち潮	9	13	ゴマアイゴ
79	11.19.04	H	lingiq	2	Ericson	9:00	6	中潮	満ち潮		20:00	満ち潮	9	21	フエフキダイ・ブダイ・ベラ

番号	日時	村名	漁法名	人数	関係	出漁時刻	月齢期	補汐期	潮の状態	天候	帰村時刻	潮の状態	合計(h)	kg	漁獲詳細
80	11.20.04	H	lingiq	2	Parson	8:00	7	小潮	満ち潮		14:00	引き潮	4	31	ゴマアイゴ
81	11.20.04	H	lingiq	2	Helson	8:00	7	小潮	満ち潮		14:00	引き潮	4	35	ゴマアイゴ
82	11.20.04	H	lingiq	1	Isaganan	8:00	7	小潮	満ち潮		14:00	引き潮	4	18	ゴマアイゴ
83	11.20.04	H	lingiq	2	Ogen	8:00	7	小潮	満ち潮		14:00	引き潮	4	30	ゴマアイゴ
84	11.21.04	H	lingiq	2	Parson	7:00	8	小潮	干潮		17:00	引き潮	8	18	ゴマアイゴ
85	11.21.04	H	lingiq	2	Helson	7:00	8	小潮	干潮		19:00	干潮	10	8	ゴマアイゴ
86	11.21.04	H	panah	1	Pamsara	6:00	8	小潮	干潮		14:00	満潮	6	7	タコ
87	11.22.04	H	lingiq	2	Parson	7:00	9	小潮	干潮		12:30	満ち潮	4	47	ヨスジフエダイ・ハタ・クサビベラ
88	11.22.04	H	amissi	1	asan	7:00	9	小潮	干潮		15:30	満潮	9	13	ゴマアイゴ
89	11.23.04	H	lingiq	2	Oa'	前夜	10	長潮	?		5:00	引き潮	12	27	フエフキダイ 15 kg・アジ 12 kg
90	11.23.04	H	amissi	1	Apan	5:00	10	長潮	引き潮		12:30	満ち潮	6	8	フエフキダイ
91	11.23.04	H	amissi	1	?	5:00	10	長潮	引き潮		12:30	満ち潮	6	16	フエフキダイ
92	11.23.04	H	lingiq	2	Parson	5:00	10	長潮	引き潮		13:00	満ち潮	6	59	フエフキダイ
93	11.23.04	H	amissi	2	Asan	5:00	10	長潮	引き潮		13:00	満ち潮	6	10	フエフキダイ
94	11.24.04	H	amissi	1	Salai	5:30	11	若潮	引き潮		14:00	満ち潮	7	7	フエフキダイ
95	11.24.04	H	lingiq	2	Parson	5:30	11	若潮	引き潮		13:30	満ち潮	6	61	ボラ 16 kg・ヒメジ 12 kg・アグイ 9 kg・フエフキダイ 5 kg他
96	11.24.04	H	amissi	2	Buntal	5:30	11	若潮	引き潮		13:30	満ち潮	6	48	フエフキダイ
97	11.24.04	H	amissi	1	Sanan	5:30	11	若潮	引き潮		13:00	満ち潮	6	4	フエフキダイ
98	11.24.04	H	lingiq	2	O'a	5:30	11	若潮	引き潮		3:00	翌日	20	20	フエフキダイ 4 kg・フエアイ 1 kg・アイゴ 1 kg
99	11.25.04	H	lingiq	2	Parson	18:00	12	中潮	引き潮		5:00	引き潮	11	51	ゴマアイゴ
100	11.25.04	H	lingiq	2	Konel	6:00	12	中潮	引き潮		15:30	満潮	9	29	ゴマアイゴ
101	11.25.04	H	amissi	1	asan	6:00	12	中潮	引き潮		15:30	満潮	9	15	フエフキダイ
102	11.25.04	H	amissi	2	Manadin	6:00	12	中潮	引き潮		15:30	満潮	9	10	フエフキダイ
103	11.25.04	H	amissi	1		6:00	12	中潮	引き潮		15:30	満潮	9	3	フエフキダイ

アペンディクス15　同行調査

漁撈活動データ①

番号	日時	村名	漁法名	人数	出漁時刻	月齢期	民族分類	潮の状態	天候	漁場A	漁場B
1	9.12.00	Tongalloh	Anuq	2	20:00	13月	t'llak	引き潮	晴れ		
2	9.16.00	Tongalloh	Anahat	2	10:00	17月	t'llak	引き潮	晴れ		
3	9.17.00	Tongalloh	Magalingiq	3	10:30	18月	t'llak	引き潮	晴れ		
4	9.21.00	Tongalloh	Magalingiq	2	8:30	22月	abaseq	引き潮	晴れ		
5	9.22.00	Tongalloh	Magalingiq	2	8:00	23月	lendoman	引き潮	晴れ		
6	10.12.03	Kg.G.M	amissi	1	8:00	17月	t'llak	引き潮	晴れ	8:15	
7	11.12.03	Kg.G.M	magalui	4	8:00	18月	t'llak	引き潮	雨	8:30	8:45
8	12.12.03	Pantau	Anuq	1	22:00	19月	abaseq	引き潮	晴れ	22:45	
9	12.20.03	Kg.G.M	Anuq	2	20:00	28月	amatay	引き潮	晴れ	20:15	
10	12.21.03	Kg.G.M	palang	1	20:00	29月	amatay	引き潮	晴れ	20:10	
11	1.05.04	Kg.G.M	amissi	1	20:00	11月	abila	引き潮	晴れ	20:15	23:15
12	1.05.04	Kg.G.M	Anuq	1	20:00	11月	abila	引き潮	晴れ	20:20	
13	1.15.04	Omadal	Panah	1	15:00	22	abaseq	干潮	晴れ	15:05	
14	1.16.04	Omadal	Panah	1	11:00	23	lendoman	引き潮	晴れ	11:30	
15	1.19.04	Omadal	amissi	5	7:20	26	lendoman	引き潮	晴れ	8:00	9:40
16	1.21.04	Omadal	Panah	1	13:00	29	amatay	満ち潮	晴れ		
17	1.22.04	Omadal	magalemak	4	8:10	1	anak	引き潮	晴れ	13:20	11:00
18	1.23.04	Omadal	Panah	1	11:00	2	anak	干潮	晴れ	9:15	
19	1.24.04	Omadal	Panah	1	11:30	3	anak	干潮	晴れ	11:10	
20	1.24.04	Omadal	amissi	1	7:00	3	anak	引き潮	晴れ	11:35	
21	1.24.04	Omadal	amissi	2	7:00	3	anak	引き潮	晴れ	7:45	
22	2.03.04	Menampilik	kagon	1	6:30	12	t'llak	引き潮	晴れ	7:30	
23	2.03.04	Menampilik	kagon	1	5:00	12	t'llak	引き潮	晴れ	6:37	
24	2.03.04	Menampilik	kagon	1	5:00	12	t'llak	引き潮	晴れ	5:30	
25	2.03.04	Menampilik	kagon	1	6:15	12	t'llak	引き潮	晴れ	5:10	
26	2.05.04	Menampilik	kagon	1	6:30	14	t'llak	引き潮	晴れ	6:30	
27	2.05.04	Menampilik	kagon	1	6:15	14	t'llak	引き潮	晴れ	6:45	
28	2.06.04	Menampilik	kagon	1	6:15	15	t'llak	引き潮	晴れ	6:25	
29	2.08.04	Omadal	magalemak	3	9:20	17	t'llak	引き潮	晴れ	9:55	10:40
30	6.29.04	Hempalan	Magalingiq	2	5:35	10	abila	引き潮	晴れ	7:15	13:00

による漁撈活動の記録
(2000-2003)

漁場 C	帰漁時刻	帰村時刻	潮の状態	合計 (h)	匹	kg	漁獲詳細
	2:30	3:00	干潮	6	30	1.5	アイゴ・イカ・エイ・カニ
	14:00	15:00		3.5	7	1	シャコ・ヘラ
	14:30	15:15		3.5	125	20	アイゴ・ヘラ・エイ・サヨリ
	9:45	10:15		2	50	8	スズメダイ
	10:00	10:30		2.5	200	30	アイゴ・アジ・スズメダイ
	10:45	11:00	引き潮	3	23	0.5	フエフキダイ・ダツ
	11:45	12:30	満ち潮	4	100	4	ウニ
	3:15	3:30	満ち潮	5	90	2.5 (乾)	ナマコ
	22:15	22:30	引き潮	2.5	49	2	アイゴ・ダツ・コチ
	22:00	22:10	引き潮	2	21	1	アイゴ・ダツ
	0:00:00	24:20:00	満ち潮	4.5	2	0.5	イカ
	2:30	3:00	満ち潮	7	73	2.1	ナマコ
	17:50	18:00	満ち潮	3	13	3	クサビベラ 6 匹・スズメダイ 5 匹・コショウダイ 1 匹・アイゴ 1 匹
	14:30	15:00	満ち潮	4	12	3	ブダイ 5 匹・ヘラ 1 匹・コショウダイ 1 匹・コロダイ 1 匹・シマイサキ 3 匹
12:10	12:45	13:45	干潮	5.7	130	15	イトヨリタイ
	15:00	15:20	満ち潮	2	1	0.3	シマイサキ 1 匹
13:10	14:20	15:00	満ち潮	7		23	イワシ
	13:50	14:10	満ち潮	3	30	6	クサビベラ 30 匹
	16:15	16:30	満ち潮	5	25	6	クサビベラ 22 匹・ハタ 2 匹・ヒメジ 1 匹
	15:10	16:00	満ち潮	9	150	15	イトヨリタイ 100 匹・フエタイ 30 匹・ハタ 20 匹
		15:00	満ち潮		50	5	
	7:10	7:20	引き潮	1	6	1.2	カニ 5 匹・アイゴ 1 匹
	7:30	8:00	引き潮	3	27	4.5	カニ 27 匹
	7:10	7:20	引き潮	2.5	11	2	カニ 11 匹
	7:35	7:50	引き潮	2	4	0.8	カニ 4 匹
	7:40	7:45	引き潮	1	25	3	カニ 25 匹・アイゴ 1 匹・エイ 4 匹・ヒラメ 2 匹・貝 6 個
	6:50	7:00	引き潮	0.5	32	5	カニ 25 匹・ロブスター 7 匹
	6:50	7:00	引き潮	0.5	18	2.5	カニ 16 匹・エイ 2 匹・マンジュウダイ 2 匹・マングローブカニ 1 匹
12:20	14:20	14:50	干潮	5	0	0	収穫なし
	13:15	14:00		7.5	118	12	フエフキダイ 70 匹・スズメダイ 16 匹他

アペンディクス 16　サマの魚名リスト

サマ語名	学名	和名
Kerapu	Serranidae	ハタ科
kubin	*Cromilepts altivelis*	サラサハタ
manolon kuvah	*Anyperodon leucogrammicus*	アズキハタ
akung akung	*Cephalopholis boenak*	ヤミハタ
tambojeg	*Cephalopholis miniata*	ユカタハタ
kubapa tengol	*Cephalopholis sonnerati*	アザハタ
kuhaton	*Epinephelus amblycephalus*	?
b'tta	*Epinephelus caeruleopunctatus*	?
kuba	*Epinephelus corallicora*	?
bagahat	*Epinephelus fuscoguttatus*	アカマダラハタ
kutkut	*Epinephelus merra*	カンモンハタ
bettan	*Epinephelus ongus*	ナミハタ
sunu'depang	*Plectropomus areolatus*	オオアオノメアラ
Daing Keyat	Lutujanidae	フエダイ科
guntel	*Aprion virescens*	アオチビキ
malapisan	*Symphorus nematophorus*	イトヒキフエダイ
m'gagat	*Lutjanus aregentimaculatus*	ゴマフエダイ
aha'an	*Lutujanus bohar*	バラフエダイ
langisiq	*Lutjanus monostigma*	イッテンフエダイ
malumiyat	*Lutjanus kasmira*	ヨスジフエダイ
meya-meya	*Lutjanus erythropterus*	ヨコフエダイ
kanjali	*Lutjanus carponotatus*	?
tampagau	*Lutjanus malabaricus*	?
Katumbang	*Lutjanus rivulatus*	ナミフエダイ
bahaba'	*Lutjanus fulviflamma*	ニセクロホシフエダイ
tampaku'	*Lutujanus russellii*	クロホシフエダイ
tiasang	*Macolor macularis*	ホホスジタルミ
dapak	*Lutjanus sebae*	センネンダイ
dapak	*Lutjanus gibbus*	ヒメフエダイ
ketambak	Lethrinidae	フエフキダイ科
togisan	*Gymnocranius gradoculus*	シロダイ
kelamber	*Monotaxis grandoculis*	ヨコシマクロダイ
lafusu	*Lethrinus olivaceus*	キツネフエフキ
anuping	*Lethrinus nebulosus*	ハマフエフキ
anuping	*Lethrinus laticaudis*	?
kutut	*Lethrinus xanthochilus*	ムネアカクチビ
sakong	*Lethrinus erythropterus*	アマクチビ
sakong	*Lethrinus mahesena*	イソフエフキ
tilus	*Lethrinus ramak*	タテシマフエフキ
unas-balu	*Lethrinus kallopetrus*	アマクチビ
ketambak	*Lerheinus harak*	マトフエフキ
balik papa	*Lethrinus lentjan*	シモフリフエフキ

サマ語名	学名	和名
Daing Poteh	Carangidae	アジ科
mahomata	*Caranx ignobilis*	ロウニンアジ
lumasan	*Caranx melampygus*	カスミアジ
inggatan	*Caranx sexfasciatus*	ギンガメアジ
matibag	*Caranx plagiotaenia*	インドカイワリ
lamdayo'	*Gnthanodon speciousus*	コガネシマアジ
mangapahan	*Alectis ciliaris*	イトヒキアジ
kehet boteq	*Trachinotus baillonii*	マルコバン
tulay	*Selaroides leptolepis*	ホソヒラアジ
turung poga	*Kaiwarinus equula*	カイワリ
hande-hande	*Carangoides bajad*	コガネアジ
koloheq	*Carangoides ferdau*	クロヒラアジ
tungap/landeyoq	*Carangoides fulvoguttatus*	ホシカイワリ
langohan	*Carangoides orthogrammus*	ナンヨウカイワリ
ung ung	*Seriola lalandi*	ヒラマサ
lali	*Scomberoides tula*	イケカツオ
tangtang	*Scomberoides Isyan*	
Bukan	Labridae	ベラ科
bukan	*Choerodon anchorago*	クサビベラ
lamun-lamun	*Choerodon ahoenleinii*	シロクラベラ
mommol	*Choerodon robustat*	ミヤコベラ
tanglag	*Cheilio inermis*	カマスベラ
lampet	*Cheolinus fasciatus*	ヤシャベラ
langkawit	*Cheilinus undulatus*	メガネモチノウオ
Ogos	Scarridae	ブダイ科
Kaat	*Bolbometopon muricatum*	カンムリブダイ
ulapay	*Hipposcarus longiceps*	キツネブダイ
bataban	*Scarus ghobban*	ヒブダイ
ogos	*Scarus* spp.	ブダイ科全般
Belawis	Siganidae	アイゴ科
mugilap	*Siganus punctaus*	ブチアイゴ
belawis	*Siganus fuscescene*	アイゴ
berang	*Siganus lineatus*	ゴマアイゴ系
lag	*Siganus doliatus*	ヒフキアイゴ系
Kumai	Acanthuridae	ニザダイ科
kumai	*Naso annulatus*	ヒメテングハギ
kumai	*Naso brevirostris*	ツマリテングハギ
kumai	*Naso brachycentron*	オニテングハギ
indagan	*Acanthurus nigricans*	メガネクロハギ
dorong	*Acanthurus olivaceus*	モンツキハギ

サマ語名	学名	和名
Tombad	Balistidae	モンガラカワハギ科
keput	*Balistapus undulatus*	クマドリ
pinggaugan	*Abalistes stellatus*	オキハギ
tombad tinnus	*Balistoides viridescens*	キヘリモンガラ
tombad ketboa	*Pseudobalistes fuscus*	イソモンガラ
peteg	Monacanthidae	カワハギ科
peteg	*Cantherhines pardalis*	アミメウマヅラハギ
peteg	*Eubalichthys caeruleoguttatus*	
Tabukan	Ostraciidae	ハコフグ科
tabamga bamga	*Lactoria cornuta*	コンゴウフグ
tabukan bulang	*Lactoria diaphana*	ウミスズメ
Buntal	Tetradibtidae	フグ科
unas	*Arothron hispidus*	サザナミフグ
buntal daing	*Arothron stellatus*	モヨウフグ
buntal peeg	*Arothron mappa*	ケショウフグ
buntal itigan	Diodontidae	ハリセンボン科
itigan tempatang	*Diodon liturosus*	
Ketong	Holocenturidae	イットウダイ科
Ketong	spp.	イットウダイ科
ketong itam	*Myripristis adusta*	ツマグロマツカサ
ketong keat	*Sargocentron rubrum*	アヤメエビス
talum bakar	*Sargocentron diadema*	ニジエビス
tihik-tihik	*Neoniphon sammara*	ウケグチイットウダイ
lambeh	*Sargocentron spiniferum*	トガリエビス
Leppe'	Haemuridae	イサキ科
lepp'	*Diagramma pictum*	コロダイ
leppe' bas	*Diagramma labiosum*	
pasenko	*Plectorhinchus orientalis*	コショウダイ属
lahundung	*Plectorhinchus gibbosus*	
baku'ku	*Plectorhinchus picus*	アジア・チョウチョウコショウダイ
Togeng	Hemiramphidae	サヨリ科
patihan	*Arrhamphus sclerolepis*	
togeng jung jung	*Zenarchopterus buffonis*	
lengu'	*Hemiramphus far*	
toteng halo	*Hyporhamphus quoyi*	
Buna'	Ephipidae	マンジュウダイ科
sahasa	*Platax pinnatus*	アカククリ
tenga'	*Platax teira*	ツバメウオ
buna'	*Platax orbicularis*	ナンヨウツバメウオ

サマ語名	学名	和名
Barukang	Aridae	ハマギギ科
mamsa' laru	*Arius thalassinus*	ハマギギ科
barukang	*Arius graefei*	ハマギギ科
timbungan	Muridae	ヒメジ科
kamuding	*Mulloidichthys flavolineatus*	
timbungan	*Parupenus chrysopleuron*	マルクチヒメジ
tiam	*Uoebeus* spp.	ヒメジ属
Belanak	Mugilidae	ボラ科
bonte	*Liza subviridis*	コボラ？
kepen	*Liza vaigiensis*	
belanak	*Valamugil buchanani*	
kulisi	Nemipetridae	イトヨリダイ科
kulisi	*Nemipterus* spp.	イトヨリダイ属
sanengar	*Scolopsis monogramma*	ヒトスジタマガシラ
Baki	Plotosidae	ゴンズイ科
baki	*Plotosus lineatus*	ゴンズイ
sambelang	*Paraplotosus alibilabris*	
Pangaluwan	Sphyraenidae	カマス科
pangaluwan	*Sphyraena barracuda*	オニカマス
lenko'	*Sphyraena qunie*	
tinduk tinduk	*Sphyraena obtusata*	ヤマトカマス？
Kapo'	Scorpaenidae	フサカサゴ科
laluang	*Pterois radiata*	ミノカサゴ類
Kapo'	*Rhinopias aphanes*	フサカサゴ類
tamalengkeng	*Scorpaenodes* spp	
Panit	Scombridae	サバ科
panit	*Thunnus obesus*	マグロ属
puyan	*Katsuwonis pelamis*	カツオ
tungili	*Acanthocybium solandri*	サワラ
sampagalai	*Scomveromorus commerson*	ヨコシマサワラ
sobad langat	*Sarda orientalis*	
lumahan	*Rastrelliger kangaurta*	グルクマ
sobad	*Euthynnus affinisa*	スマ
ande ande	*Grammatorcynus bilineatus*	ニジョウサバ
kanderan	Istiophoridae	マカジキ科
tagakemak	*Istiophorus platypterus*	
manonbo'	*Xiphias gladius*	

サマ語名	学名	和名
Selo	Belonidae	ダツ科
selo tabbah	*Ablennes hians*	
selo bung	*Platybelone platyura*	ヒメダツ
selo pelat	*Strongylura leiura*	
selo batang/halo	*Tylosurus crocodilus*	オキザヨリ
selo sellang	*Tylasurus gavialoides*	
Sulig	Caesionidae	タカサゴ科
Sulig	*Carasio/Pterocaesio* spp.	タカサゴ属
handahan	*Caesio lunaris*	
lalih bandung	*Coryphaena hppurus*	シイラ
berang berang	*Chaetodon* spp.	チョウチョウオ科
bengkeh	*Cypselurus* sp.	トビウオ科
managian	*Eleutheronema tetradactylum*	
ilak	*Kyphosus* spp.	メジナ科
kerang pera'	*Psetodes erumai*	ヒラメ科
sempit	*Taxotesus* spp.	
tariluk	spp.	キンチャクダイ科
tibuk	spp.	スズメダイ科
langat	*Pelates quadrilineatus*	シマイサキ科
kilong kilong	*Teraponus* spp.	シマイサキ科
barobok	*Sillagonus* spp.	
pating	*Apogonus* spp.	テンジクダイ科
gelama	*Protonibea diacanthus*	
	Pempherisus spp.	ハタンポ科
unduk unduk	*Hippocampusus* spp.	ヨウジウオ科
n'gok	*Fistularianus* spp.	ヤガラ科
kamang	*Platycephalusus* spp.	コチ科
tibais	*Synodusus* spp.	エソ科
ote ote	spp.	ウミヘビ科
tago	spp.	ウツボ科
pahi	Rajiforms	エイ目
pendon	*Aptychotrema/Rhynchobatus* spp.	サカタザメ科
donpa	*Rhina ancylostoma*	シノノメサカタザメ
kihampau	Dasyatidae	アカエイ科

サマ語名	学名	和名
kihampau basu	*Dasyatis kuhlii*	ヤッコエイ
	Dasyatis leylandi	
pahi lan	*Himantura undulata*	ヒュウモンオトメエイ
	Taebiura lymma	マダラエイ
	Pastinachus sephen	
	Myliobatidae	トビエイ科
pasa/saga	*Manta birostris*	オニイトマキエイ
	Aetomyleus nichofi	
pahi manok	*Aetobatus narinari*	マダラトビエイ
kalitan	Elasmobranchi	サメ類
belas	*Pristis zijsron*	ノコギリザメ科
bankas	*Squatina* sp.	カスザメ科
tutugan	*Carcharhinus albimarginatus*	メジロザメ科
pamingkogang	*Sphyrna* spp.	アカシュモクザメ

アペンディクス17 タラウド諸島・アランカア島・アランカア村における世帯調査結果

世帯	早朝漁撈	栽培活動	夕方漁撈	針番号	漁法	主要魚科	ブタ	ヤギ	鶏	カヌー	畑面積	備考
1	12	42	12	7-100	釣り	M, D, T	2	1	0	ロンデ	1	土曜日8時間の漁撈
2	8	40	0	10	釣り	IM, C, D	2	0	5	ロンデ	3	
3	18	36	12	6,8,10,15	釣り	M, D, T	4	0	15	ロンデ	2	
4	0	27	0				3	0	3	0	1	2年間病気で漁できない
5	12	30	12	6,8,10,15	釣り	M, D, T	1	0	0	ロンデ	6	
6	15	27	15	5-100	釣り	M, D, T	2	0	2	ロンデ	2	
7	12	48	12	6,8,10,15	釣り	M, D, T	2	0	2	ロンデ	2	
8	25	40		6,8,15	釣り	M, D, T	2	0	7	ロンデ	5	
9	18	48	18	5-50	釣り・網	M, D, T	0	0	13	ロンデ	4	
10	12	30	18	5-50	釣り	A, M, D, T	3	1	8	ロンデ	4	
11	12	20	18	6-40	釣り・水中銃	M, D, T, IB	0	1	3	ロンデ	2	
12	9	36	0	5,10,15,80	釣り	M, D, T	0	3	0	ロンデ	1	
13	18	48	18	6-200	釣り	M, D, T	8	0	5	ロンデ	1.5	
14	2	48	3	5,6,8,10,15	釣り	M, D, T	1	0	1	ロンデ	2	
15	4	24	0	5,6,15,20,25	釣り	M, D, T	3	0	0	ロンデ	1	
16	9	42	6	5,10,15	釣り	M, D, T	9	5	7	ロンデ	1.5	
17	12	42	12	5-30,150	釣り	ハタ・アジ	2	0	1	ロンデ	1.5	
18	9	54	9	5,6,8,10	釣り	M, D, T	0	0	0	ロンデ	1.5	
19	15	30	15	5,6,8,10,15	釣り	M, D, T	3	0	5	ロンデ	2	
20	18	36	0	6,8,10,40,60	釣り	M, D, T, IB	2	0	5	ロンデ	1.5	
21	6	24	0	6,5,11,12,17	釣り	M, D, T	0	0	0	ロンデ	1	
22	9	54	9	5,6,7,8,15	釣り	M, D, T	0	0	0	ロンデ	1	
23	10	27	10	6,8,10	釣り	M, D, T	0	0	0	ロンデ	1	
24	3	24	3	5,6,8,10	釣り	M, D, T	1	0	0	ロンデ	1	
25	6	20	12	5,6,15,50,100	釣り	M, D, T	1	0	1	ロンデ	5	
26	24	48	24	6,7,8,9,10	釣り	M, D, T	2	0	1	ロンデ	7	
27	0	6	12	6,8,10,15,30	釣り・水中銃	M, D, T	2	0	0	ロンデ	1.5	
28	6	24	6	6-90	釣り	M, D, T	0	0	0	ロンデ	1.5	
合計	304	975	256				53	10	84		64.5	
平均	10.8	34.8	9.1				1.8	0.3	3		2.3	
1日	1.8	5.8	1.5	号			頭	頭	羽		ha	
備考	時間	時間	時間									

* M=ムロアジ, D=インドマルアジ, T=ホンビラアジ, A=バラフエダイ, IB=サンゴ礁付の魚類

あとがき

　東南アジアの海域世界を歩きながら，これまで多くの人びとに逢い，いろいろな方々の人生の一場面に遭遇させてもらってきた．もちろんそれは同時に，私自身の人生の一場面でもある．とくに本書で論じたセレベス海域では，家族同様に私を迎え入れてくださり，その後も現在に続くまで交流をもつ友人も少なくない．

　最初のフィールドワークをおこなったセンポルナでお世話になったアヒド氏もその一人であり，彼とその家族の方々との思い出はつきない．アヒド氏はセンポルナ市街地に近い村に住むサマ人で，年齢は私とほとんど変わらないが，出会った時にはすでに素敵な奥さんと可愛い娘さん，二人の男の子がいた．その後，毎年のように再会するたびに子供の数が増え続け，出会ってから3年後には合計で5人のお子さんに囲まれ，彼の杭上家屋はやや手狭になるとともに，とても賑やかになった．

　面白いことに，再会するたびに子供が増えるだけでなく，彼の職業もコロコロと変わった．そもそも最初に会った時には対岸のブンブン島で乗り合いバスの運転手をしており，たまたま彼の運転するバスに乗り合わせたのがおつきあいのはじまりだったのだ．ところがその翌年にセンポルナを訪ねた時，彼はすでに運転業を辞め，センポルナの市場で鶏肉を売る販売者になっていた．その後，彼は鶏肉販売を弟に任せ，同じ市場内で喫茶店のオーナーになる．私が最後に会った時の彼の職業がそれだったが，果たして今は何をしているのか，次回に再会するのが楽しみでもある．

　もう一つ，アヒド氏の人生を思う際に興味深いのが，彼の奥さんだ．とても素敵な方なのだが，彼女の父親はサマではなく，1960年代にティモールから非難してきたティモール人であり，その彼とサマ系のお母さんから生まれたのが彼女である．つまりこの奥さんにはサマのほかにティモール系の血も入って

いることになり，そのせいか他のサマ女性と比べ，非常に特徴的な顔立ちをされていたのを記憶している．いっぽうのアヒド氏も，彼の両親はフィリピンのスールー諸島出身のサマだが，海サマか陸サマといえば，出自的には海サマ系のグループに属していた人びとでもある．

こうしたアヒド氏の例にも明らかなように，東南アジアの海域世界では常に人びとの移動や同化があり，一世代前には別の民族集団にカテゴライズされていた人びとが，次世代においてはまた別の集団に転移したり，場合によってはそうした現象が一世代中におこなわれることすらある．サマの血を受け継ぐアヒド氏はこれまで漁撈に従事したことがないものの，彼のこれまでの人生を考えるなら，やはり彼も立派な海民の一人であろう．

つまり，アヒド氏の人生においても象徴されるように，その生業（職業）だけでなく，時には自らが所属する民族集団や言語，居住地などをコロコロと変えてしまうような柔軟な生活スタイルにこそ，セレベス海域を含む東南アジア海域世界に生きる海民の本質がある．かつて鶴見さんや立本先生らが指摘してきた東南アジア海域世界の「移動性」や「ネットワーク性」というのも，これら海民の人びとによる社会や文化と密接に結びついているといえよう．

ところで本書は，2005 年に上智大学大学院に提出した博士号論文（地域研究）を大幅に加筆，修正したものである．

博士論文を執筆してからすでに 5 年の月日が流れていることになり，その間に新たに蓄積された自身のデータや他の研究者による新たな研究成果もできる限り追加した．本書の第 4 章で紹介したリアン・ブイダ遺跡やブキットティウィン遺跡の発掘とその分析結果は，いずれも博士論文を提出して以後の研究で得られた新たな資料であり，これらのデータがなければ本書は書ききれなかったであろう．

個人的な話になるが，博士論文を提出してから今日までの 5 年間，私は大阪の国立民族学博物館，京都の総合地球環境学研究所，そしてオーストラリアのキャンベラにあるオーストラリア国立大学に所属させてもらいながら，研究を続けてきた．また現在は静岡の清水にある東海大学にて教育・研究に従事させ

てもらっている．その間にセレベス海域のみならず，さらに多くの海域世界を訪ねる機会を得ることができた．

　先に紹介したサンギへ・タラウド諸島でのフィールドワークは国立民族学博物館でお世話になっていた頃の成果だが，民博時代には新たにオセアニアの海域世界に位置するミクロネシアの島々を訪ねる機会があった．これらは国立民族学博物館の印東道子先生によるパラオ諸島のトビ島とカロリン諸島のファイス島での調査，そして関西外国語大学の片岡修先生によるポンペイ島ナンマドール遺跡の考古学調査に参加させていただいたことで実現したものである．

　さらにオーストラリア国立大学に所属した2年間には，新たにポリネシアのトケラウ環礁，メラネシアのヴァヌアツ諸島，そして東南アジアの東ティモールでのフィールドワークに参加させてもらう機会を得た．これらのフィールドワークを通して，オセアニアの海域世界を自分の足で歩き，直にその現場に立てたことは本書を書きあげる上で必要不可欠な経験であったと思う．今後も東南アジアとオセアニアの二つの海域世界を歩くことで，両世界を相互に比較しながら海域世界の地域研究を続けていきたい．

　また本書は多くの方々によるご指導，ご協力そしてご理解を得て執筆することができた．まず何よりも，ボルネオ島やサンギル・タラウド諸島，それにスラウェシ島で私を暖かく受け入れてくださった多くの友人たちに心より感謝したい．彼らや彼女らが，よそ者に過ぎない私を受け入れてくれたことで，本研究をここまで続けられることができたと感じている．ここでお世話になったすべての方々のお名前を列記することはできないが，すべての友人たちに改めて感謝の言葉を捧げる．

　セレベス海域における発掘調査やフィールドワークにおいても，多くの人びとのご協力とご理解を頂いた．ボルネオ島での調査・研究においては，マレーシア科学大学のズライナ・マジッド先生をはじめ，モクター・サルディン先生およびステファン・チャー先生からは多くの貴重なアドバイスと温かい励ましの言葉を頂いた．また魚骨分析の際には，マレーシア科学大学に新たに設立されたマレーシア考古研究センターの1室を提供して頂いたほか，さまざまなご

配慮をして頂いた．こうした方々のご指導やご尽力がなければ，大量の魚骨を相手にした分析は完了することができなかったであろう．

いっぽう，ボルネオ島においてはサバ博物館館長のジョセフ・グンタビッド氏をはじめ，考古学部局のピーター・クーン氏，ピーター・モリジョウ氏，ジョセフ・タダム氏らをはじめとする諸氏にお世話になった．同じくインドネシアのサンギヘ・タラウド諸島での発掘調査および民族考古学調査は，インドネシア考古研究センター所長のトニー・ジュビアントノ氏，マナド考古支局のボニー・トーイ氏，サントソ・ソエゴンド氏，ジョコ・シスワント氏をはじめとする多くの方々からの惜しみない協力によって実現したものである．

そして，私をセレベス海域での地域研究へと導いて下さり，配慮の足りない私をいつも暖かく見守ってくださった上智大学の青柳洋治先生（現名誉教授）に感謝の礼を申し上げたい．青柳先生からは，学問するということのみならず，人間として生きる道そのものを教えて頂いたと感じている．マレーシアで長期に渡って調査をおこなうことができたのも，ひとえに青柳先生のご尽力によっている．

また上智大学の地域研究専攻課程においては，故石井米雄先生，石沢良昭先生，村井吉敬先生（現・早稲田大学教授），寺田勇文先生，川島緑先生から，東南アジアを研究することの意義と地域研究の可能性を教えて頂いた．考古学や歴史研究のことしか知らなかった私が，地域研究を通して考古学や東南アジア歴史研究の新たな方向について模索することができたのも，諸先生方のゼミや講義から受けた刺激によるところが大きい．とくに故石井米雄先生からは考古学を方法論としながら地域研究を続ける私に在学中より叱咤激励を頂き，博士論文を出版するよう勧めてくれたのも石井先生であった．先生が鬼籍に入られる前に本書を完成できなかったのは大変悔やまれるが，先生から受けた激励と研究に対する真摯な姿勢を忘れず，今後も地域研究の新たな可能性へ向けて挑戦し続けたい．

総合地球環境学研究所の秋道智彌先生からは，人びとの生き方を海からの視点で学ぶ面白さと奥深さを教えて頂き，早稲田大学の樋泉岳二先生からは魚骨

分析の手法を，現生標本の作製段階から丁寧にご指導して頂いた．また，北海学園大学の須田一弘先生からは生態人類学的な食事調査やフィールドワークの手法をご指導して頂いた．

民族考古学の意義とその面白さを教えて下さったのは，慶応義塾大学の近森正先生（現名誉教授），南山大学の後藤明先生，そして東京外国語大学の小川英文先生である．とくに小川先生や田中和彦先生によるフィリピンのラロ貝塚遺跡群の発掘調査は，私にとって東南アジア海域世界での最初のフィールドワークとなったと同時に，その後の私の進路を決定付けるほど，新たな刺激と発見に満ち溢れた調査であった．

東南アジアの中でも海域世界を対象とした地域研究の意義とその面白さを教えて頂いたのは，京都大学の田中耕司先生，総合地球環境学研究所の立本成文先生，東洋大学の長津一史氏，名古屋市立大学の赤嶺淳氏らの諸先生方との研究会や交流を通してであった．とくにサマ研究においては長津・赤嶺の両氏からは文献の紹介をはじめ貴重なアドバイスを頂いてきた．先輩でもある彼らの精力的な研究活動そのものが，私への叱咤激励となり，サマの人びとのもとへ通い続けることができたと思っている．

さらにサマやセレベス海域での研究において大先輩にあたる海工房の門田修さんと宮澤京子さんからは，毎度お会いするたびにお酒を片手に深夜遅くまで，多くの知識と刺激を頂いてきた．またお二人には本書の原稿に対する貴重なコメントとアドバイスを頂いたほか，素晴らしい写真のいくつかをご提供して頂いた次第である．

今振り返ってみると，これらの諸先生方に出会えたのも，私が上智大学にて東南アジア学を学ぶことができたのも，すべては高校時代に読んだ鶴見良行さんの『ナマコの眼』からはじまったような気もしている．もちろん高校生だった私がこの作品をどれほど理解できたかは怪しいものだが，とにかく「なんだか面白そうだな」という青臭い率直な感想があったのは明瞭に覚えている．ここで再び個人的な話で恐縮だが，上智大学へと進学を決めた理由の一つにも，上智にいけば鶴見さんに会えるのかなという勝手な期待があった．

しかし，いざ上京してみると鶴見さんはすでに京都の龍谷大学の先生になられており，上智大学では講義をされておらず，さらに残念なことにその翌年，鬼籍に入られてしまった．このため私自身は生前の鶴見さんには結局一度もお会いする機会がなかった．したがって彼から受けた刺激のすべては彼が書き残した書物からということになるのだが，実際には生前の彼を知り，また鶴見さんより多くの影響を受けた方々との交流を通して，いつもそこに鶴見さんがいるような気がしてならない．

本書は鶴見さんによって提示されてきた問題意識を一つの出発点とし，私なりのやり方で批判的かつ発展的に追究してきた現時点での結果でもある．それがどこまで達成できたかははなはだ自信がないが，細部においてはまだまだ発展途上の面が多くあることは明らかだ．研究に終わりがないのは自明だが，本書を新たな出発点として再び海域世界を歩いていきたい．

このほか，本書でまとめたこれまでの研究を進めるにあたりお世話になってきた飯田卓，池谷和信，石村智，江上幹子，大西秀之，大濱永亘，岡嶋格，鹿熊信一郎，川崎一平，河野元子，岸上伸啓，小島曠太郎，田和正孝，佐藤孝治，角南総一郎，田口理恵，辻貴之，長岡卓也，西村昌也，野島洋子，信田敏宏，量博満，橋村修，宮本勝，室岡克孝，山内太郎，山口徹，山本博之，デヴィッド・アディソン，アソール・アンダーソン，スチュアート・ベッドフォード，ピーター・ベルウッド，ジュディス・キャメロン，ジャネット・デヴィッドソン，ロビン・ハイド，ジョハン・カミンガ，ジーン・ケネディ，ジェフリー・クラーク，フォス・リーチ，ピーター・マシューズ，スー・オコナー，グレン・サマヘイズ，マシュー・スプリッグス（敬称略）の諸先生方に，末筆ながら記して謝意を述べたい．

また大学での学究生活を共に歩み，会えば一緒に酒を飲みつつ，時には朝方まで語り合ってくれた丸山清志，丸井雅子，田畑幸嗣，平野裕子，川村佳男，小野淳，柏山滋，隅田登紀子，笹川秀夫，福武慎一郎，辰巳頼子，江村（宮崎）美紀（敬称略）の諸氏をはじめとする多くの先輩・同輩の皆様に感謝の意を表したい．彼ら彼女らをはじめとする多くの友人たちとの交流と声援がなけれ

ば，本書を完成させることはできなかったように思う．

　これまでに受けたさまざまな研究助成も本書の完成には欠かせない要素であった．2000年度日本学術振興会特別研究員DC（研究課題「新石器時代以降マレー多島海域における生計活動と生態環境の歴史的変遷の解明」），2003年度日本学術振興会特別研究員（研究課題「東南アジア・オセアニア島嶼地域における生業・経済形態の歴史的変遷と実態の解明」），そして2007年度日本学術振興会海外特別研究員（研究課題「東南アジア・南太平洋における動・植物資源の利用と生業史」）などの交付を受けたことで，これまでの調査や国内外での研究が可能となったことを明記しておきたい．

　ところで本書の最終章で，私は東南アジアの海域世界においては引き続きセレベス海域でのフィールドワークをおこなっていくと同時に，今後はその隣に広がるマルク―バンダ海域の現場を歩き，フィールドワークをおこなっていく必要があると書いた．実はこの一文を入れた最終章の原稿を書きあげてからも，すでに2年が経過している．そして今年の8月から9月の今日現在にかけて，私はようやくマルク諸島を訪ね，自分の足で歩く機会を得ることができた．これまでの私にとっては未知の世界だったマルク―バンダ海域の一端をようやく自分の眼で見，体で感じることができたわけだが，この海域は確かにセレベス海域よりもオセアニア海域世界の匂いが濃い．

　しかし同時にセレベス海域や東南アジア海域世界に広がる他の海域世界とのつながりもいたるところでみられた．興味深いのはそうしたつながりの多くが，この海域世界に張り巡らされている「海道」によって成り立っている可能性である．この「海道」という概念も早くから鶴見さんによって使われてきた言葉だが，マルク―バンダの海域を歩きながら常に感じざるを得なかったのが何よりもこの海道の歴史，文化，社会的な存在意義についてだった．私のマルク―バンダ海域でのフィールドワークはまだはじまったばかりだが，今後は「海道」の形成とそれが果たしてきた歴史的な意義，それを東南アジア海域世界だけでなく，オセアニアの海域世界までを含めたより広い視野から検討する必要をひしひしと感じている．

また本書の出版を受け入れていただいた京都大学学術出版会，とくに編集長の鈴木哲也さんと桃夭舎の高瀬桃子さん，的確かつ有益なコメントとアドバイスを下さった三名の査読者の方々に心からお礼を申し上げたい．なお本書刊行に際しては，京都大学東南アジア研究所国際共同拠点出版助成の交付を受けた．
　最後に常日頃より私を励まし支えてきてくれた妻の結子と義母である原和代，そしてこれまでの私の研究と人生を温かく見守り，かつ励まして続けてくれた両親，小野有五と小野妙子に心から感謝の意を表したい．

2010 年 9 月
マルク諸島テルナテ島にて

小野林太郎

参考文献

(英語文献)

Abbott, T. 1991. Sea shells of South East Asia. Graham Brash.
Adriani, N, and A. C. Kruyt.1950. *De Bare'e sprekende Toradjas van Midden-Celebes*. Amsterdam: Noord-Hollandsche Iotgevers Maatschappij. Four vols.
Akamine, J. 1997. Notes on Sinama languages: Phonolofy, orthography and wordlins. 「上智アジア学」15: 3-11.
Akimichi, T., and D. Surpriadi 1996. Marine resources use in the Bajo of North Sulawesi and Maluku, Indonesia. In Akimichi, T. ed. *Coastal Foragers in Transition*, pp. 105-120. Senri: National Museum of Ethnology.
Akimichi, T., and K. Ruddle. (eds.) 1984. *The Historical development of territorial rights and fishery regulations in Okinawan inshore water*s. Senri: National Museum of Ethnology.
Allen, G. 2000. Marine fishes of South-East Asia. Parth: Western Australian Museum.
Allen, J. and P. Kershaw. 1996. The Pleistocene-Holocene transition in Greater Australia. In L. G. Straus, B. V. Eriksen, D. R. Yesner (eds.), Humans at the end of the Ice Age. Plenum Press.
Ambrose, W. R. and R. G. Green. 1972. First millennium BC transport of obsidian from New Britain to the Solomon Islands. *Nature* 237: 31.
Amesbury, J. R., D. R. Moore, and R. L. Hunter- Anderson. 1996. Cultural adaptations and late Holocene sea level change in the Marianas: Recent excavations at Chalan Piao, Saipan, Micronesia. *Bulletin of the Indo-Pacific Prehistory Association* 15: 53-69.
Anderson, A. 2000. Slow boats from China: Issues in the prehistory of Indo-Pacific seafaring. In S. O'Connor and P. Veth eds, *East of Wallace's Line; Studies of past and present marinetim cultures of the Indo-Pacific region*, pp. 13-50. Rotterdam: Balkema.
Anderson, B. 1972. *Imagined Communities: Reflections on the Origin and Spread of Nationalism*.London: Verso.
Anderson, D. 1990. Lang Rongrien Rockshelter: A Pleistocene - Early Holocene Archaeological Site from Krabi, Southwestern Thailand. University Museum Monograph 71. Philadelphia: University Museum.
Andaya, L. 1992. Interactions with the Outside Workd and Adaptaion in Southeast Asian Society, 1500-1800. In N. Tarling ed. The Cambridge History of Southeast Ais vol. 2, pp. 1-57. Cambridge: Cambridge University Press.
Anell, B. 1955. *Contribution to the history of fishing in the Southern Seas*. Studid Ethnographica Upsaliensia 9.
Aoyagi, Y 1983. General survey in Northern Luzon. In Shirakihara, K (ed.) *Batan Island and Northern Luzon*, pp. 69-87, 116-119, 157-161. Kumamoto University.
Aoyagi, Y., H. Ogawa and K. Tanaka 1997. Excavation and ornaments discovered at the Magapit shell-midden site in Nortehrn Luzon. 『上智アジア学』 15: 167-180.
Athens, S. 1980. *Archaeological Investigation at Nan Madol: Islet Maps and Surface Artifacts*. Monograph Series 2. Guam: Pacific Studies Institute.

Audley-Charles, M. G. 1987. Dispersal of Gondwanaland: Relevance to evolution of the angio-sperms. In T. C. Whitmore (ed.), Biogeographical Evolution of the Malay Archipelago: 5–15..

Audley-Charles, M. G., and D. Hooijer. 1973. Relation of Pleistocene migration of pygmy stegodonts to island arc tectonics in eastern Indonesia. *Nature* 241: 197–198.

Ayres, W. S. 1983. Archaeology at Nan Madol, Pohnpei. *Bulletin of the Into-Pacific Prehistory Association* 4: 135–142.

Bailey G. N 2004. World prehistory from the margins: the role of coastlines in human evolution. *Journal of Interdisciplinary Studies in History and Archaeology* 1: 39–50.

Bailey, H. 1960. A method of determining the warmth and temperateness of climate. *Geografiska Annaler* 43(1): 1–16.

Balai Arkeologi Manado 1996. Laporan penelitian arkeologi Islam di Kotamadya Mando dan sekitarnya Sulawesi Utara. Departemen Pendidikan dan Kebudayaan Pusat Penelitian Arkeologi Nasional. Balai Arkeologi Manado.

Balai Arkeologi Manado 1998. Laporan penelitian arkeologi di Situs Megalitik, Kecamatan Motoling, Kabupaten Minahasa, Propinsi Sulawesi Utara. Departemen Pendidikan dan Kebudayaan Pusat Penelitian Arkeologi Nasional. Balai Arkeologi Manado.

Balai Arkeologi Manado 1999. Peninggalan arkeologi di Kabupaten Gorontalo, Propinsi Sulawesi Utara. Departemen Pendidikan dan Kebudayaan Pusat Penelitian Arkeologi Nasional. Balai Arkeologi Manado.

Balai Arkeologi Manado 2000. Peninggalan arkeologi di Situs Kaawngkoan, Kecamatan Airmadidi, Kabupaten Minahasa, Propinsi Sulawesi Utara. Departemen Pendidikan dan Kebudayaan Pusat Penelitian Arkeologi Nasional. Balai Arkeologi Manado.

Balai Arkeologi Manado 2001. Kajian Permukiman Masyarakat Megalit di Situs Guaan, Sulawesi Utara dan Studi Arsitekutral Benteng Oranye di Kwandang, Propinsi Gorotalo. Kementerian Negara Kebudayaan dan Pariwisata, Pusat Penelitian Arkeologi. Balai Arkeologi Manado.

Balai Arkeologi Manado 2002. Kajian Ruang di Situs Oluhuta Kecematan Bonepantai, Kabupaten Gorontalo, Propinsi Gorontalo. Kementerian Negara Kebudayaan dan Pariwisata, Pusat Penelitian Arkeologi. Balai Arkeologi Manado.

Balai Arkeologi Manado 2003. Kajian Permukiman Kuno di Sekitara Danau Tondano, Sulut dan Kajian Megalitik di Situs Lolah, Kabupaten Minahasa, Sulut. Kementerian Negara Kebudayaan dan Pariwisata, Pusat Penelitian Arkeologi. Balai Arkeologi Manado.

Batchelor, B. C. 1979. Discontinuously rising late Cenozoic sea levels, with special reference to Sundaland, Southeast Asia. Geologie en Mijnbouw 58: 1–20.

Barker, G. 2005. The archaeology of foraging and farming at Niah Cave, Sarawak. *Asian Perspectives* 44: 90–106.

Barker, Graeme, Dana Badang, Huw Barton, Paul Beavitt, Michael Bird, Patrick Daly, Chris Doherty, David Gilbertson, Ian Glover, Chris Hunt, Jessica Manser, Sue McLaren, Victor Paz, Brian Pyatt, Tim Reynolds, Jim Rose, Gary Rushworth, and Mark Stevens 2001 The Niah Cave Project: The second (2001) season of fieldwork. Sarawak Museum Journal 56 (n. s. 77): 37–119.

Barker, Graeme, Huw Barton, Michael Bird, Franca Cole, Patrick Daly, David Gilbertson, Chris Hunt, John Krigbaum, Cynthia Lampert, Helen Lewis, Lindsay Lloyd-Smith, Jessica Manser, Sue McLaren, Francesco Menotti, Victor Paz, Phil Piper, Brian Pyatt, Ryan Rabett, Tim Reynolds, Mark Stephens,

Gill Thompson, Mark Trickett, and Paula Whittaker 2002 The Niah Cave Project: The third (2002) season of fieldwork. Sarawak Museum Journal 57 (n. s. 78): 87−177.

Barker, Graeme, Huw Barton, Michael Bird, Franca Cole, Patrick Daly, Alan Dykes, David Gilbertson, Chris Hunt, Helen Lewis, Lindsay Lloyd-Smith, Jessica Manser, Sue, McLaren, Francesco Menotti, Phil Piper, Brian Pyatt, Ryan Rabett, Tim Reynolds, Mark Stephens, Gill Thompson, and Mark Trickett 2003 The Niah Cave Project: The fourth (2003) season of fieldwork. Sarawak Museum Journal 58 (n. s. 79): 45−119.

Bartstra, G. J. 1983. The vertebrate-bearing deposits of Kedungbrubus and Trinil, Java, Indonesia. Geologie en Mijnbouw 62: 329−338.

Bartstra, G. J., and D. A. Hooijer.1992. New finds of fossil vertebrates from Sulawesi, Indonesia. Lutra 35: 113−122.

Bartstra, G. J., S. G. Keats, Basoeki, and Bahru Kallupa.. 1991. On the dispersion of Homo sapiens in eastern Indoensia: The Palaeolithic of South Sulawesi. *Current Anthropology* 32: 317−320.

Bautista, A. 2002. An analysis of animal remains recoverd from Balobok Rockshelter, Sanga-Sanga, Tawi-Tawi Province. In Abstracts for 17th Congress of Indo-Pacific Prehistory Association: 13.

Bayliss-Smith, Timothy. 1990. Atoll production systems: Fish and fishing on Ontong Java Atoll, Solomon Islands. In Douglas Yen and M. J. Mummery (eds.) Pacific production systems: Approaches to economic prehistory: 57−69. Occasional Papers in Prehistory 18. ANU, Canberra.

Bellwood, P. 1976. Archaeological research in Minahasa and Talaud islands, Northern Indonesia. *Asian Perspecitives* 19: 240−288.

Bellwood, P. 1980. The Buidane Culture of the Talaud Islands, North-Eastern Indonesia. *Bulletin of the Indo-Pacific Prehistory Association* 2: 69−127.

Bellwood, P. 1985. A hypothesis for Austronesian origins. *Asian Perspectives* 26(1): 107−117.

Bellwood, P. 1988. *Archaeological Research in Southern Sabah*. Sabah Museum Monograph 2, Kota Kinabaru: Sabah Museum.

Bellwood, P. 1989. Archaeological investigations at Bukit Tengkorak and Segarong, southeastern Sabah. *Bulletin of the Indo-Pacific Prehistory Association* 9: 122−162.

Bellwood, P. 1997. *Prehistory of the Indo-Malaysian Archipelago*. Revised edition. Hawaii: University of Hawaii Press.

Bellwood, P. 2005. *First Farmers: The Origins of Agricultural Societies*. Wiley-Blackwell.

Bellwood, P, and P. Koon. 1989. Lapita colonists leave boats unburned, *Antiquity*, 63: 613−622.

Bellwood, P. and E. Dizon. 2008. Austronesian cultural origins: out of Taiwan, via the Batanes Islands, and onwards to western Polynesia. In Alicia Sanchez-Mazas, Roger Blench, Malcolm D. Ross, Ilia Peiros and Marie Lin eds, Past Human Migrations in East Asia: Matching Archaeology, Linguistics and Genetics, pp. 23−39. London: Routledge

Bellwood, P. G. Nitihaminoto, G. Irwin, Gunadi, A. Waluyo and D. Tanudirjo. 1998. 35000 years of prehistory in the Northern Moluccas. *Modern Quaternary Research in Southeast Asia*15: 233−75.

Bellwood, P. A. Waluyo, Gunadi, G, Nitihaminoto, and G. Irwin. 1993. Archaeological research in the northern Moluccaas. *Bulletin of Indo-Pacific Prehistory Association* 13: 20−33.

Beyer, H. O. 1947. Outline review of Philippine archaeology by islands and provinces. Philippine Journal of Science 77(3−4): 205−390.

Bergh, G. van den, B. Mubroto, Fachroel Aziz, P. Sondaar, and J. de Vos. 1996. Did zhomo errectus reach the island of Flores ? *Bulletin of Indo-Pacific Prehistory Association* 14: 27–36.

Binford, L. R. 1962. Archaeology and Anthropology. *American Antiquity* 28(29: 217–225.

Binford, L. R. 1978. *Nunamiut ethnoarchaeology.* Academic Press.

Binford, L. R. 1980. Willow smoke and dog's tail: Hunter-gatherer settlement systems and archaeological site formation. *American Antiquity* 45(1): 4–20.

Blair, E. H., and J. A. Robertson eds. 1903–09. *The Philippine Islands 1493–1898, 55vols.* Cleveland: Arhtur H. Clark.

Blankhart, D. M. 1951. *Voeding en leverziekten op het eiland Sangir in Indonesie.* Ph. D Thesis, Riijksuniversiteit te Utrecht.

Bleeker, P. 1856. *Reis door de Minahasaa en den Mplukschen archipel, gedaan in de maaneden September en October 1855 in het gevolg van den gouverneur-generaal Mr. A. J. Duymaer van Twist.* Batavia: Lange. Two vols.

Blust, R. 1985. The Austronesian homeland: A linguistic perspective. *Asian Perspectives* 26(1): 45–67.

Blust, R. 1995. The prehistory of the Austronesian-speaking peoples: A view from language. *Journal of World Prehistory* 9: 453–510.

Blust, R. 1999. Subgrouping, circularity and extinction: Some issues in comparative linguistics. In E. Zeitouna and P. J. – K. Li, eds, *Selected papers from the Eighth International Conference on Austronesian Linguistics*, pp. 31–94. Taipei: Academia Sinica.

Birdsell, J. B. 1949. The racial origin of the extinct Tasmanians. *Records of the Queen Victoria Museum, Launceston* 2: 105–122.

Birdsell, J. B. 1972. *Human Evolution.* Chicago: Rand McNally.

Birdsell, J. B. 1993. *Microevolutionary Patterns in Aboriginal Australia.* New York: Oxford University Press.

Bowdler, S. 1990 The Silver Dollar site, Shark Bay: An interim report. *Australian Aboriginal Studies* 2: 60–63.

Bowler, J. M., R. Jones, H. Allen and A. G. Thorne 1970 Pleistocene human remains from Australia: A living site and human cremation from Lake Mungo, western New South Wales. *World Archaeology* 2: 39–60.

Brace, C. L. 1976. Tooth reduction in the Orient. *Asian Perspecticves* 19: 203–219.

Brace, C. L. 1980. Australian tooth-size clines and the death of a stereotype. *Current Anthropology* 21: 141–164.

Brace, C. L., D. P. Tracer, and K. D. Hunt. 1991. Human craniofacial form and the evidence for the peopling of the Pacific, *Bulletin of Indo-Pacific Prehistory Association* 12: 247–269.

Brothwell, D. R. 1960. Upper pleistocene human skull from Niah Caves, Sarawak. *Sarawak Musium Jarnal* 9: 323–349.

Braudel, F. 1949 La Méditerranée et le Monde Méditerranéen a l'époque de Philippe II. Paris: Armand Colin.

Brooks, S. T., R. Hegler, and R. H. Books. 1977. Radiocarbon dating and palaeoserology of a selected burial series from the Great Cave of Niah, Sarawak, Malaysia. *Asian Perspectices* 20: 21–31.

Brown, P, T. Sutikna, M, J. Morwood, R. P. Soejono, JAatmiko, E. W. Saptomo and R. A. Due. 2004. A new small- bodied hominin from late Pleistocene of Flores, Indonesia. Nature 431: 1055–1061.

Bulbeck, D. 1981. *Continuities in Southeast Asian evolution since the late Pleistocene.* Unpublished M. A. thesis, Australian National University.

Bulbeck, D. 1982. A re-evaluation of possible evolutionary processes in Southeast Asia since the late Pleistocene. *Bulletin of Indo-Pacific Prehistory Association* 3: 1–21.

Bulbeck, D and Bagyo Prasetyo 2000. Two millennia of socio-cultural development in Luwu, South Sulawesi, Indonesia. *World Archaeology* 32(1): 121–137.

Bulbeck, D and Nasruddin 2002. Recent insights on the chronology and ceramics of the Kalumpang site complex, South Sulawesi, Indonesia. *Bulletin of Indo-Pacific Prehistory Association* 22(6): 83–99.

Bulbeck, D, M. Pasqua, and A. D. Lello. 2001. Culture history of the Toalean of South Sulawesi, Indonesia. *Asian Perspectives* 39: 71–108.

Burton, L. 1977. Settlement and burial sites in Butuan city: a preliminary report. *Philippine Studies* 25: 95–112.

Butler, V. L. 1988. Lapita fishing strategies: The faunal evidence. In Kirch, P. V. and T. L. Hunt (eds.) *Archaeology of the Lapita cultural complex: A critical review*, pp. 99–115. Thomas Burke Memorial Washington State Museum Research Report 5. Seattle.

Butler, V. L. 1994. Fish feeding behaviour and fish capture: The case for variation in Lapita fishing strategies. *Archaeology in Oceania*, 29: 81–90.

Carson, T. 2008 Refining earliest settlement in Remote Oceania: renewed archaeological investigation at Unai Bapot, Saipan. *Journal of Island and Coastal Archaeology*, 3: 115–139

Casino, E. 1976 *The Jama Mapun: A changing samal society in the Southern Philippines.* Manila Ateneo de Manila University Press.

Casttel, R. W. 1976. *Fish remains in archaeology and paleo-environmental studies.* Academic Press.

Cavelli-Sforza, L. L. 1986. African Pygmies: An evaluation od the state of research. In L/L/Cavalli-Sforza (ed.). African Pygmies: 361–426. Academic.

Chang, K. C. 1969. Fengpitou, Tapenkeng and the prehistory of Taiwan. New Heaven: Yale University Publication in Anthropology 73.

Chang, K. C. 1970. Prehistoric archaeology in Taiwan. Asian Perspectives 13: 59–78.

Chang, K. C. 1986. The Archaeology of Ancient China. Yale University Press.

Chappell, J. 1982. Sea levels and sediments: some features of the context of coastal archaeological sites in the tropics. Archaeology in Oceania 17: 69–78.

Chappell, J., and Shackleton, N. J. 1986. Oxygen isotopes and sea level: *Nature* 324: 137–140.

Cherry, R. 1978. An analysis of the lithic industry of Buad Island, Samar. Philippine Quarterly of Culture and Society 6: 3–80.

Chia, S. 1997. The prehistory of Bukit Tengkorak as a major pottery making site in Southeast Asia. Unpublished P. H. D. Dissertation. University of Sains Malaysia.

Chia, S. 2001. The prehistory of Bukit Tengkorak, Sabah, Malaysia. Journal of Southeast Asian Archaeology 21: 146–159.

Chia, S. 2003. *The prehistory of Bukit Tengkorak as a major pottery making site in Southeast Asia*. Sabah Museum Monograph No. 8. Kota Kinabalu: Sabah Museum.

Chia, S. and H. Matsumura 2009. Late prehistoric burials in Melanta Tutup, Semporna, Sabah. In M. Marui (ed.), *Archaeological Studies on the Cultural Diversity in Southeast Asia and Its Neighbors.* Tokyo: Yuzankaku Press, pp. 307–20.

Clark, D. L. 1968. Analytical Archaeology. Columbia University Press.

Climate Information Monitoring and Prediction Center, Philippines 2005. Seasonal Climate Outlook for the Philippines. Electrical Report. (http://www.pagasa.dost. gov.ph)

Clark, G. 2005. A 3000–year culture sequence from Palau, western Micronesia. *Asian Perspectives* 44: 349–380.

Clark, G., F. Petchey, O. Winter, M. Carson and P. O'Day 2010 New Radiocarbon Dates from the Bapot–1 Site in Saipan and Neolithic Dispersal by Stratified Diffusion. *Journal of Pacific Archaeology* 1(1): 21–35.

Coon, C. S. 1962. The origin of races. London: Jonathan Cape.

Cranbrook, Earl. 1979. A review of domesticated pig remains from archaeological sites in Sarawak. Sarawak Museum Journal 48: 79–86.

Cranbrook, Earl. 1988a. The contribution of archaeology to the zoogeography of Borneo. Fieldiana Zoology, new series 42.

Cranbrook, Earl. 1988b. Report on bones from the Madai and Baturong cave excavations. In P. Bellwood Archaeological Research in South-Eastern Sabah: 142–154.

Craib, J. L. 1993. Early occupation at Unai Chulu, Tinian, Commonwealth of the Northern Mariana Islands. *Bulletin of the Indo-Pacific Prehistory Association* 13: 116–134.

Crawfurd, J. 1820. *History of the Indian Archiopelago, 3 vols*. Edinburgh: A. Constable.

Crawfurd, J. 1856. *A Descriptive Dectionary of the Indian Islands and Adhacent Coutries*. London: Bradbury.

Cushner, N. P. 1970. *Spain in the Philippines: From Conquest to Revolution*. Quezon City: Institute of Philippines Culture.

Cushner, N. P. 1977. *Landed Estates in the Colonial Philippines*. New Haven.

Dalzell, P., T. J. H. Adams and N. V. C. Polunin. 1996. Coastal Fisheries in the Pacific Islands. *Oceanography and Marine Biology: an Annual Review* 34. 395–531.

David, B., R. Roberts, C. Tuniz, R. Jones and J. Head 1997 New optical and radiocarbon dates from Ngarrabullgan Cave, a Pleistocene archaeological site in Australia: Implications for the comparability of time clocks and for the human colonization of Australia. *Antiquity* 71: 183–188.

David, N. and C. Kramer. 2001. *Ethnoarchaeology in Action*. Cambridge World Archaeology. Cambridge University Press.

DeFant, D. G 2008 Early human burials from the Naton Beach site, Tumon Bay, Island of Guam, Mariana Islands. *Journal of Island and Coastal Archaeology* 3: 149–153.

Deetz, J. 1965. *The dynamics of stylistic change in Arikara ceramics.* University of Illinois Press.

De la Costa. 1967. *The Jesuits in the Philippines 1581–1768*. Cambridge, Massachusetts: Harvard University Press.

Dampier, W. 1697. *A New Voyage round the World*. Editied by Sir Albert Gray. London: Argonaut Press, 1927.

Dampier, W. 1699. *Voyages and Discoveries*. Edited by C. Wilkinson. London: Argonaut Press, 1931.

Dalrymple, A. 1770. *An Historical collection of the several voyages and discoveries in the South Pacific Ocean*. London.

Department of Statistics Malaysia. 1999. *Buku Tahunan Perangkaan* 1999. Kuala Lumpur: Department of Statistics Malaysia.

Dewall, H. von 1885. Aanteekeningen Omtrent de Noordoostkust van Borneo. *Tijdschrift voor Indische Taal-, Land- en Volkenkunde* 4: 423–58.

Dickson, J. O. & A. C. Natividad. 2000. Tuna Fishing and a Review of Payaos in the Philippines. *Proceedings: Tuna Fishing and Fish Aggregating Devices*, pp. 141–158. Martinique.

Diamond, J. and Bellwood, P. 2003. Farmers and their languages: the first expansions. *Science* 300: 597–603.

Dinter, B. C. A. J. van 1899. Eenige geographische en ethnographische aanteekeningen betreffende het eiland Siaoe. *Tijdschrift voor Indische Taal-, Land- en Volkenkunde (TBG)* 41: 324–389.

Dizon. E. 1983. The metal age in the Philippines: An archaeo-metallurgical investigation. National Museum of the Philippines Anthropological Paper No. 12. Manila: Philippine National Museum Publication.

Dizon. E. 2003. New direct dating of the human fossils from Tabon cave, Palawan, Philippines. *Proceedings of the Society of Philippine Archaeologists* 1: 63–67.

Dizon, E. Z. and Pawlik, A. F. 2009. The Lower Palaeolithic Record in the Philippines. Quaternary International doi: 10.1016/j.quaint.2009.10.002

Dizaz-Trechuelo, L. 1966. The role of the Chinese in the Philippine domestic economy (1570–1770). In Flex, A. ed. The Chinese in the Philippines 1550–1770, pp. 175–210.

Dobney, K., T. Cicchi, and G. Larson 2008. The pigs of Island Southeast Asia and the Pacific: New evidence for taxonomic status and human-mediated dispersal. *Asian Perspectives* 47(1): 59–74.

Doran, E. 1981. *Wanga, Austronesians canoe origins*. College Station, TX: Texas A&M University.

Duff, R. 1970. Stone Adzes of Southeast Asia. Christchurch: Canterbury Museum Bulletin 3.

Dune, F. L, and D. F. Dunn. 1977 Marine adaptations and exploitations of marine resources in Sundaic Southeast Asian prehistory. Modern Quaternary Research in Southeast Asia 3: 1–28.

Dye, T. 1983. Fish and fishing on Niuatoputapu, Tonga. Oceania 53: 242–271.

Dye, T. 1990. The causes and consequences of decline in the prehistoric Marquesan fishing industry. In Douglas Yen and M. J. Mummery (eds.) Pacific production systems: Approaches to economic prehistory: 70–84. Occasional Papers in Prehistory 18. ANU, Canberra.

Elmberg, J. 1959. Further Notes of the Northern. Mejbrats (Vogelkop, Western New Guinea). *Ethnos* 35(1–2): 70–80.

Emery, A. R. 1978. The bases of fish community structure: Marine and fresh water comparisons. Environmental Biology of Fishes 3(1): 33–47.

Empoli, G. 1514. Letter to Lionardo his father. In A. Bausani. ed, *Lettera di Giovanni da Empoli*. Rome: Istituto Italiano per il Medio ed Estremo Oriente 1970, pp. 107–161.

Evans, Ivor H. N. 1952. Notes on the Bajaus and other coastal tribes of North Borneo. Journal of the Malaysian Branch of the Royal Asiatic Society 25(1): 48–55.

Evans, Ivor H. N. 1955. Bajau pottery. Sarawak Museum Jarnal 6: 297–300.

FAO. 1993. Forest resources assessment 1990. FAO Forestry Paper 112, Rome: FAO.

FAO/WHO. 1972. Energy and protein requirements. Food and Agriculture Organization of the United States.

Felix, A. 1966. Father Juan Coba's account. In Flex, A. ed. *The Chinese in the Philippines* 1550–1770, pp. 133–142.

Fernando, P., T. N. C Vidya, J. Payne, M. Stuewe, G. Davison, R. J Alfred, P. Andau, E. Bosi, A. Kilbourn, and D. J Melnick. 2003. DNA Analysis Indicates That Asian Elephants are native to Borneo and are therefore a high priority for conservation. PLoS Biology October 1(1): 7–11.

Ferrer, G. 1951. Rigging motor vessels as basnigan. *Bulletin of the Fisheries Society of the Philippines* 2: 28–40.

Finney, B. 2006. Canoes. In K. R. Howe, ed, *Vaka Moana: Voyages of the Ancestors*, pp. 100–153. Auckland: Bateman.

Fisher Jr., J. W. and H. C. Strickland. 1989. Ethnoarchaeology among Efe Pygmies, Zaire: spatial organization of campsites. American Journal of Physical Anthropology 78: 473–484.

Fitzpatrick, S. M. 2003 Early human burials in the western Pacific: Evidence for a c. 3000 year old Occupation on Palau. *Antiquity* 77: 719–731.

Fitzpatrick, S. M. and O. Kataoka 2005. Prehistoric fishing in *Palau*, Micronesia: Evidence from the northern Rock Islands. *Archaeology in Oceania* 40: 1–13.

Fitzpatrick, S. M. and G. C. Nelson 2008. From limestone caves to concrete graves: 3000 years of mortuary practice in the Palauan archipelago of western Micronesia. *International Journal of Osteoarchaeology*, 18: 439–457.

Flannery, T. 1995. Mammals of the South-West Pacific and Moluccan Islands. Reed Books.

Flenley, J. R. 1969. The vegetation of the Wabag region, New Guinea Highlands: a numerical study. Journal of Ecology 57: 465–490.

Flenley, J. R. 1985. Quaternary vegetational and climatic history of Island Southeast Asia. Modern Quaternary Research in Southeast Asia 9: 55–64.

Flenley, J. R., and R. J. Morley 1978. A minimum age for the deglaciation of Mt. Kinabalu, East Malaysia. Modern Quaternary Research in Southeast Asia 4: 57–62.

Flinders, M. 1814. *A Voyage to Terra Australis: Undertaken for the Purpose of Completing the Discovery of that Vast Country, and Prosecuted in the Years 1801, 1802, and 1803, in His Majesty's Ship the Investigator*. London: G. and W. Nicol.

Follett, H. 1945. Men of the Sulu Sea. New York: Cherles Scribner.

Forster, J. G. 1777. *A voyage round the world in his Britannic Majesty's Sloop 'Resolution*, commented by Captain James Cook, during the years 1772, 3, 4, and 5. 2vols. London.

Forrest, T. 1779. *A voyage to New Guinea, and the Moluccas, from Balambangan*. London: J. Robson. Reprint as A voyage to New Guinea and the Moluccas 1774–1776. Kuala Lumpur: Oxford University Press, 1969.

Fox, R. B. 1967. *Pre-history of the Philippines*. Manila: National Museum.

Fox, R. B. 1970. *The Tabon Caves*. National Museum Monograph 1. Manila: National Museum.

Frederickson, C., M. Spriggs, and W. Ambrose.. 1993. Pamwak rockshelter: A Pleistocene site on Manus Island, Papua New Guinea. In M. Smith, M. Spriggs, and B. Frankhauser (eds.), Sahul in Review: 144–154.

Frieswijck, E. 1902. Aanteekeningen betreffende den gegrafischen en ethnografischen toestand van het eiland Tagoelandang (afdeeling Saingi- en Talaut Eilanden). Tijdschrift van het Binnenlandshc Bestuur 22: 426–38, 569–89.

Furnivall, J. S. 1939. *Netherlands India: A Study of Plural Economy*. Canbridge.

Gajdusek, D. C. 1970. Physiological characteristics of Stone Age man. Engineering and Science 33: 26–33, 56–62.

Galvao, A. 1544. *A Treatise on the Moluccas, Probably the Preliminary Version of Antonio Galvao's Lost Historia das Molucas*. Translated by H. Jacobs. Rome: Jesuit Historical Institute, 1971.

Gates, R. R. 1961. The Melanesian dwarf tribe of Aiome, New Guinea. Acta Geneticae Medicae et Gemellologiae 10(3): 277–311.

Geertz, C. 1963. *Agricultural Involution: the process of ecological change in Indonesia*. University of California Press.

Gilbertson, David, with Michael Bird, Christopher Hunt, Sue McLaren, Richard Mani Banda, Brian Pyatt, James Rose, and Mark. Stephens. 2005. Past human activity and geomorphological change in a guano-rich tropical cave mouth: Initial interpretations of the Late Quaternary succession in the great cave of Niah, Sarawak. *Asian Perspectives* 44(1): 16–41.

Gibbons, A. 1996. Human origins: *Homo erectus* in Java: A 250,000-year anachronism. *Science* 274(5294): 1841–1842.

Glover, I. 1976. Ulu Leang cave, Maros: a preliminary sequence of post-Pleistocene cultural development in South Sulawesi. *Archipel* 11: 113–54.

Glover, I. 1981. Leang Burung 2: An Upper Paleolithic rock shelter in South Sulawesi, Indonesia. *Modern Quaternary Research in South East Asia* 6: 1–38.

Glover, I. 1986. *Archaeology in Eastern Timor*. Canberra: Department of prehistory, Research School of Pacific Studies, Terra Australis.

Gordon, R. G. Jr. 2005. Ethnologue: Languages of the World, Fifteenth edition. Dallas: SIL International. Online version: http://www.ethnologue.com/.

Gosden, C. 1989. Prehistoric social landscapes of the Arawe islands, West New Britain Province, P-apua New Guinea. *Archaeology in Oceania* 24: 45–58.

Gosden, C. 1991. Towards an understanding of the regional archaeological record from the Arawe Islands, Wes New Britain, Papua New Guinea. In J. Allen and Gosden, C. (eds.) Report of the Lapita Homeland Project: 205–216.

Gosden, C. 1995. Arboriculture and agriculture in coastal Papua New Guinea. *Antiquity* 69: 807–817

Gosden, C. and Robertson, N. 1991. Models for Matenkupkum: interpreting a late Pleistocene site from Southern New Island, Papua New Guinea. In J. Allen and Gosden, C. (eds.) *Report of the Lapita Homeland Project*, pp. 20–91.

Goto, A. 1986. *Prehistoric Ecology and Economy of Fishing in Hawaii: An Ethnoarchaeological Approach*. Ph. D. Thesis, University of Hawaii.

Goto, A. 1990. Prehistoric Hawaiian fishing lore: An integrated approach. *Man and Culture in Oceania* 6: 1–34.

Goto, A. 1996. Lagoon life among the Langalanga, Malaita Island, Solomon Islands. In T. Akimichi (ed.), *Coastal Foragers in Transition*, pp. 11–54. Senri Ethnological Studies 42. Osaka; National Museum of Ethnology.

Gould, R. A. 1971. The Archaeologist as Ethnographer: A case from the Western Desert of Australia. *World Archaeology* 3(2): 143–177.

Gould, R. A. 1980. *Living Archaeology*. Cambridge University Press.

Gould, R. A. (ed) 1978. *Explanation in ethnoarchaeology*. University of New Mexico Press.

Green, R. C. 1975. Adaptation and change in Maori culture. In G. Kuschel ed. *Biography and Ecology in New Zealand*. The Hague.

Green, R. C. 1976. Lapita sites in the Santa Cruz group. In R. G. Green and M. M. Cresswell (eds.) Southeast Solomon Islands Cultural History: A preliminary survey: 245–265. Wellington: The Royal

Society of New Zealand.
Green, R. C. 1986. Lapita fishing: the evidence of site SE-RF-2 from the main Reef Islands, Santa Cruz group, Solomons, In A. Anderson (ed) Traditional Fishing in the Pacific: 19–35. Pacific Anthropological Records 37.
Griffin, P. B. 1984. Forager resource and land use in the humid tropics: the Agta of northeastern Luzon, the Philippines. In C. Schrire (ed.) Past and present in hunter- gatherer studies: 95–122. New York: Academic Presss.
Griffin, P. B. 1985. Ethnoarchaeology and ethnography of Agta foragers. CT: Pictures of Record.
Haddon, A, and J. Hornaell. 1997. *Canoes of Oceania.* Honolulu: Bishop Museum Press.
Hall, R. 1947. Area studies: with special reference to their implications for research in the social sciences. Science Research Council.
Haniwara, T. 1989. Affinities of the Philippine Negritos with Japanese and the Pacific populations I . Journal of Anthropological Society of Nippon 98: 12–27.
Haniwara, T. 1993. Craniofacial features of Southeast Asians and Jomonese: a reconsideration of their microevolution since the Late Pleistocene. *Anthropological Science* 101: 25–46.
Handy, E. S. C 1923. The native culture in the Marquesas. Bishop Museum Bulletin 9.
Haq, B. K., W. A. Berggren, and J. A. van Couvering. 1977. Corrected age of the Pliocene-Pleistocene boundary. Nature 269: 483–488.
Hardenberg, J. D. F. 1931. *The Fishfauna of the Rokan Mouth, Treubia,* vol XIII, pp. 81–82.
Harrison, B. 1967. A classification of stone age burials from Niah great cave, Sarawak. Sarawak Museum Journal 15: 126–200.
Harrison, T. 1957. The great cave of Niah. Man 57: 161–166.
Harrison, T. 1958. Niah: A history of prehistory. Sarawak Museum Journal 8: 549–595.
Harrison, T. 1959. New archaeological and ethnological results from Niah Caves, Sarawak. Man 59: 1–8.
Harrison, T. and B. Harrison. 1970. The prehistory of Sabah. Sabah Society Journal 5, Kota Kinabaru: Sabah Museum.
Harrison, T. and S. O'Connor. 1969. *Excavation of the Prehistoric Iron Industry in West Borneo, 2 vols.* Ithaca: Cornell Universtiy Southeast Asia Program.
Hayase, S., Domingo M. Non and Alex K. Ulaen 1999. Silsilas/Tarsilas (Genealogies) and Historical Narratives in Sarangani Bay and Davao Gulf Regions, South Mindanao, Philippines, and Sangihe-Talaud Islands, North Sulawesi, Indonesia. Kyoto: Kyoto University, Center for Southeast Asian Studies.
Hayes, L. T. 1992. *Plant macroremains from archaeological sites in the Arawe islands, Papua New Guinea: A study of tree exploitation, and the interpretation of archaeological remains in Melanesian prehistory.* PhD Thesis, La Trobe University.
Headland, T. N. 1986. Why foragers do not become farmers; A historical study of a changing ecosystem and its effect on a Negrito hunter-gatherer group in the Philippines. Ph. D. dissertation. University Microfilms International.
Headland, T. N. 1987. The wild yam question; how wekk could independent hunter-gatherers live in a tropical rain forest ecosystem ? *Human Ecology* 15: 463–491.
Headland, T. and L. A. Reid. 1989. Hunter-gatherers and their neighbours from prehistory to the present. *Current Anthropology* 30: 43–66.

Heekeren, H. R. van. 1958. The Bronze-Iron Age of Indonesia. The Hague: Nijhoff.

Heekeren, H. R. van. 1972. The stone age of Indonesia. The Hague: Nijhoff.

Heine-Geldern, R. 1932. Urheimat und früheste Wanderungen der Austronesier. *Anthropos* 27: 543–619.

Henley, D. 2005. *Fertility, Food and Fever: Population, Economy and Environment in North and Central Sulawesi 1600–1930*. Leiden: KITLV Press.

Hill, J. N. 1968. Broken K Pueblo: prehistoric social organization in the American Southwest, In Binford, S. R. and L. R. Binford. (eds.) *New perspectives in archaeology*: 103–142. Aldine, Chicago.

Hodder, I. 1982. *Symbols in Action: Ethnoarchaeological Studies of Material Culture*. New York: Academic Press.

Hopley, D and Suharsono (eds.) 2000. The status of coral reefs in Eastern Indonesia. GCRMN (Global Coral Reef Monitoring Network), Australian Institute of Marine Science.

Hooijer, D. A. 1975. Quaternary mammals east and west of Wallace's Line. *Modern Quaternary Research in Southeast Asia* 1: 37–46.

Hoop, A. N. van der. 1932. *Megalithic remains in South-Sumatra*. Zutphen: Thieme.

Hornell, J. 1936. Boat construction in Scandinavia and Oceania. *Man* 36: 200–232.

Howells, W. W. 1973. The Pacific Islanders. New York: Scribner's.

Howells, W. W. 1976. Physical variation and history in Melansia and Australia. American Journal of Anthropology 45: 641–650.

Hudson, J. (ed.) 1993. From bones to behavior: ethnoarchaeological and experimental contributions to the interpretation of faunal remains: 156–168. Occasional Paper 21. Southern Illinnoi University.

Hung, Hsiao-Chun. 2008. *Migration and cultural integration in southern coastal China, Taiwan, and northern Philippines, 3000 BC to AD 1: The early history of the Austronesian speaking population*. Unpublished PhD Thesis, Australian National University.

Hung, Hsiao-Chun, Yoshiyuki Iizuka, Peter Bellwood, Kim Dung Nguyen, Bérénice Bellina, Praon Silapanth, Eusebio Dizon, Rey Santiago, Ipoi Datan and Jonathan. Manton 2007. Ancient jades map 3000 years of prehistoric exchange in Southeast Asia. Proceedings of the National Academy of Sciences (USA) 104: 19745–50.

Hunt, C. O, and G. Rushworth, 2005. Cultivation and human impact at 6000 cal yr B. P. in tropical lowland forest at Niah, Sarawak, Malaysian Borneo. *Quaternary Research* 64: 460–468.

Hunt, C. O, G. Rushworth, and A. P. Dykes 2007. UV-fluorescence microscopy and the coherence of pollen assemblages in environmental archaeology and Quaternary geology. *Journal of Archaeological Science* 34: 562–571.

Hunt, J. 1812. Sketch of Borneo of Sulo Kalamantan. Communicated by J. Hunt Esq. in 1812, to the Honorable Sir T. S. Raffles. Late Lieut. Governor of Java. In J. H. Moor (ed.), *Notices of the Indian Archipelago and Adjacent Countries*. London. (reprint, London: Cass 1967)

Hunt, J. 1837. Some particulars relating to Sulu in the Archipelago of Felicia. In J. H. Moor (ed.), *Notices of the Indian Archipelago and Adjacent Countries*. London. (reprint, London: Cass 1967)

Hutterer, K. L, 1973. *An archaeological picture of prehispanic Cebuano community*. Cebu City. University of San Carlos Press.

Hutterer, K. L, 1974. The evolution of Philippine lowland societies. Mankind 9(4): 287–299.

Hutterer, K. L, 1976. An evolutionary approach to the Southeast Asian cultural sequence. Current Anthropology 17: 221–242.

Hutterer, K. L, 1977. Economic exchange and social interaction in Southeast Asia: Perspectives from prehistory. Michigan Papers on South and Southeast Asia No. 13. Ann Arbor: University of Michigan Center for South and Southeast Asian Studies.

Hutterer, K. L, 1981. Bais Anthroporigical Project, phase II: a first preliminary report. Philippine Quarterly of Culture and Society 9(4): 333–341.

Hutterer, K. L., and W. K. Macdonald. 1979. The Bais Anthropological Survey: A first preliminary report. Philippine Quarterly of Culture and Society 7: 115–40.

Hutterer, K. L., and W. K. Macdonald. 1982. Houses Built on Scattered Poles: Prehistory and Ecology in Negros Oriental, Philippines. Cebu City: University of San Carlos Press.

Intoh, M. 1996. Multi-regional contacts of prehistoric Fais Islanders in Micronesia. *Bulletin of the Indo-Pacific Prehistory Association* 15: 111–117.

Intoh, M. 1997. Human dispersals into Micronesia. *Anthropological Science* 105(1): 15–28.

Intoh, M. 2008. Ongoing archaeological research on Fais Island, Micronesia. *Asian Perspectives* 47(1): 121–138.

Intoh, M and R. Ono 2006. Reconnaissance Archaeological Research on Tobi Island, Hatohobei State, Palau. *People and Culture in Oceania* 22: 53–82.

Ipoi, D. 1993. Archaeological excavations at Gua Sireh and Lubang Anjin (Gunung Mulu National Park), Sarawak, Malaysia. *Sarawak Musium Jarnal* 45: Special Monograph 6.

Ipoi, D., and P. Bellwood. 1991. Recent research at Gua Sireh and Lubang Anjin (Gunung Mulu National Park), Sarawak. *Bulltin of the Indo-Pacific Prehistry Associaltion* 11: 386–405.

Irwin, G. 1992. *The prehistoric exploration and colonization of the Pacific.* Cambridge: Canbridge University Press.

Irwin, G. 1998. The colonaization of the Pacific: Chronoligical, navigational, and social issues. *Journal of the Polynesian Society* 107: 111–144.

Irwin, G. 2008. Pacific seascapes, canoe performance, and a regiew of Laputa voyaging with regard to theories of migration. *Asian Perspectives* 47(1): 12–27.

Jabatan Perangkaan Malaysia 1999. Buku Tahunan Perangkaan 1999.

Jabatan Perikanan Sabah. 1974–2001. *Laporan tahunan Perikanan* 1975–2000.

Jacob, T. 1967. Some problems pertaining to the Bronze history of the Indonesian region. Drukkerij Neerlandia.

Johannes, R. E. 1981. *Words of the Lagoon: Fishing and marine lore in the Palau district of Micronesia.* Berkeley: University of California Press.

Johannes, R. E., K. Ruddle & E. Hvding. 1993. *The Value of Traditional Management and Knowledge of Coastal Marine Resources in Oceania, Workshop on People, Society and Pacific Island Fisheries Development and Management.* Noumea: Secretariat of the Pacific Community.

Jonesm R, and I. Johnson 1983 Deaf adder gorge: Lindner site, Nauwalabia 1. In Rhys Jones (ed.), *Archaeological research in Kakadu National Park.* Australian National Parks and Wildlife Service, Special Publication 13, pp. 165–223.

Junker, L. L. 1999. *Raiding, Trading, and Feasting: The Political Economy of Philippine Chiefdoms.* Hawaii: University of Hawaii Press.

Kennedy, J. 1981. Lapita Colonisation of the Admiralty Islands? *Science* 213: 757–759

King, M. 2005. Problems with Centralised Fisheries Management in Pacific Islands. In N. Kishigami ed,

Indigenous Use and Management of Marine Resources, Senri Ethnological Studies No. 67, pp. 81–195. Osaka: Natinal Museum of Ethnology.

Kitchener, D. J., Boeadi, L. Charlton and Maharadatunkamsi. 1990. Wild mammals of Lombok Islands. Western Australian Museum.

Kirch, P. V. 1984. *The evolution of Polynesian chiefdoms.* Cambridge: Cambridge University Press.

Kirch, P. V. 1988a. *Niuatoputapu: The Prehistory of a Polynesian Chiefdom.* Burke Museum.

Kirch, P. V. 1988b. The Talepakemalai site and Oceanic prehistory. *National Geographic Research* 4: 328–342.

Kirch, P. V. 1989. Second millennium BC arboricultural in Melanesia: Archaeological evidence from the Mussau Islands. *Economic Botany* 43: 225–240.

Kirch, P. V. 1997. *The Lapita Peoples: Ancestors of the Oceanic World.* Blackwell.

Kirch, P. V. 2000. *On the road of the winds: An archaeological history of the Pacific Islands before European contacts.* University of California Press.

Kirch, P. V. and T. S. Dye. 1979. Ethno-archaeology and the development of Polynesian fishing strategies. *Journal of Polynesian Society* 88: 53–76.

Kirch, P. V. and D. E. Yen. 1982. Tikopia; The prehistory and ecology of a Polynesian Outlier. B. P. Bishop Museum Bulletin 238.

Kirch, PV., T. L. Hunt, M. Weisler, and M. S. Allen. 1991. Mussau Islands prehistory: Results of the 1985–6 excavations. In J. Allen and C. Gosden (eds.) Report of the Lapita Homeland Project: 144–163. Occasional Papers in Prehistory 20. Canberra.

Kirch, P. V. and M. Sahlins. 1992. *Anahulu: The Anthropology of History in the Kingdom of Hawaii.* Chicago: University of Chicago Press.

Kirk, H. J. K. 1962. The geology and mineral resources of the Semporna peninsula, North Borneo, Geological survey department, Memoir 14, Kuching: Government printing office.

Kleiber, P. and J. Hampton. 1994. Modeling Effects of FADs and Islands on Movement of Skipjack Tuna (Katsuwonus pelamis), Estimating Parameters from Tagging Data. *Canadian Journal of Fisheries and Aquatic Science* 51: 2642–2653.

Kramer, C. 1979. *Ethnoarchaeology: implications of ethnography for archaeology.* New York: Columbia University Press.

Kummer, D. M. 1992. *Deforestation in the postwar Philippines.* Chicago: The University of Chicago Press.

Kurais, Muhammad. 1975. Boat building of the Sama. Mindanao Journal 1, no. 4: 67–125.

Kurashina, H. and R. N. Clayshulte. 1983. Site formation processes and cultural sequence at Tarague, Guam. Bulletin of the Indo-Pacific Prehistory Association 4: 114–122.

Laarhoven, R. 1987. The Chinese at Maguindanao in the seventeenth century. Philippine Studies 35: 31–50.

Laarhoven, R. 1989. Triumph of Moro Diplomacy: The Maguindanao Sultanate in the 17th Century. Quezon City: New Day Publishers.

Laarhoven, R. 1990. Lords of the great river: The Magindanao port and polity during the 17th century. In J. Katherithamby-Wells, and J. Villiers, (eds.), The Southeast Asian port and polity: Rise and demise. Singapore, Singapore University Press.

Lam, H. J. 1932. Miangas (Palmas). Batavia: Kolff.

Lapian, A, and K. Nagatsu. 1996. Research on Bajau communities: Maritime people in South-east Asia.

Asian Research Trends: A Humanities and Social Science Review 6: 45–70.
Lazarus, D. M. and H. G. Beasley. 1937. Live bait fishing in Ontong Java. Man 37: 57–60.
Leach, B. F., Davidson, J. M, G. K. Ward, and J. Craib. 1988. Prehistoric fishing at Mochong, Rota, Mariana Island. *Man and culture in Oceania*, 4: 31–62.
Leach, B. F., Davidson, J. M, and J. Stephen Athens. 1996 Mass harvesting of fish in the waterways of Nan Madol, Pohnpei, Micronesia. In Davidson, J. M, Irwin, G., Leach, B. F., Pawley, A. and Brown, D., (eds.) Oceanic Culture History: Essays in Honour of Roger Green. New Zealand Journal of Archaeology Special Publication: 319–341.
Leach, F., J. Davidson, M. Robertshawe, and P. Leach. 2001. The estimation of live fish size from archaeological cranial bones of New Zealand red cod *Pseudophycis bachus*. Tuhinga 12: 17–38. Te Papa Museum of New Zealand.
Leavesley, M., and J. Allen 1998. Dates, disturbance and artefact distributions: another analysis of Buang Merabak, a Pleistocene site on New Ireland, Papua New Guinea. *Archaeology in. Oceania* 33(2): 63–82.
Lee, r. and O. Devore. 1968. Man the Hunter. Aldine, Chicago.
Leinders, J. J. M., F. Aziz, P. Y. Sondaar, and J. de Vos. 1985. The age of the hominid- bearing deposits of Java: State of the art. Geologie en Mijnbouw 64: 167–173.
Li, K-C. 1983. Report of Archaeological Investigations in O-luan-pi Park on Southern Tip of Taiwan. National Taiwan University Press.
Li, K-C. 1985. Report of Archaeological Investigation in Kenting National Park. National Taiwan University Press.
Lieng, C. 1989. The interrelationship of Taiwan's prehistoric archaeology and ethnography. In K-C Li et al. eds. Anthropological Studies of the Taiwan Area: 173–192.
Lieng, C. 1991. The Neolithic archaeology of Taiwan and the Peinan excavations. Bulletin of the Indo-Pacific Prehistory Association 11: 339–352.
Lieng, C. 1993. Pei-nan: A Neolithic village. In G. Burenhult ed, People of the Stone Age: 132–133.
Lilley, I. 1991. *Lapita and post-Lapita* developments in the Vitiaz Strait – West New Britain Area. *Bulletin of the Indo-Pacific Prehistory Association* 11: 313–322.
Lincoln, G. A. 1975. Bird counts either side of Wallace's Line. Journal of Zoological Society of London 177: 349–361.
Liu, Y. C. 2007. The earliest Austronesians and their movements inside Taiwan: Settlement patterns and possible forcing factors. In Chiu, Scarlett and C. Sand (eds), *From Southeast Asia to the Pacific: Archaeological Perspectives on the Austronesian Expansion and the Lapita Cultural Complex*. Taipei: Center for Archaeological Studies, Acadenia Sinica, pp. 49–64.
Liu, Y. P. 2006. Genetic relationship of Chinese and Japanese gamecocks revealed by mtDNA sequence variation. *Biochemical Genetics* 44: 18–28.
Loarca, M. 1582. Relation of the Filipinas Islands. In Blair and Robertson 1903–09 V: 34–187.
Lodewycksz, W. 1598. D'eerste Boeck: Historie van Indien vaer inne verhaelt is de avontueren die de Hollandtsche schepen bejeghrnts zijn. In G. P. Rouffae and J. W. Ijzerman eds, *De eerste schipvaart der Nederlanders naar Oost-Indie onder Cornelis de Houtman, 1595–1597*, vol. I. Hague: Martinus Nijhoff, 1915.
Loy, T., M. Spriggs, and S. Wickler. 1992. Direct evidence for human use plants 28,000 years ago.

Antiquity 66: 898-912.

Logeman, F. H. W. J. R. 1922. *Memorie van overgave van de residentie Menado.* Na MvO MMK 304.

Longacre, W. 1968. Some aspects of prehistoric society in east-central Arizona. In New Perspectives in archaeology. Binford, S. R. and L. R. Binford. (eds.). 89-102. Chicago.

Longacre, W. 1970. *Archaeology as anthropology: A case study.* Anthropological papers of the. University of Arizona 17. Tucson: University of Arizona Press.

Longacre, W. 1991. *Ceramic Ethnoarchaeology.* Tucson: University of Arizona Press.

Ma, H. 1433. *Ying-yai Sheng-lan: The Overall Survey of the Ocean's Shores.* Translated by J. V. G. Mills. Cambridge: Hakluyt Society, 1970.

Macintosh, N. W. G. 1977. The Tabon Cave mandible. *Archaeology and Physical Anthropology in Oceania* 13: 1 43-159.

MacKinnon, J. 1997. *Protected areas systems review of the Indo-Malayan realm.* Canterbury, UK: The Asian Bureau for Conservation (ABC) and The World Conservation Monitoring Center (WCMC)/World Bank Publication.

MacKinnon, J., and K. MacKinnon. 1986. *Review of the Protected Areas System in the Indo- Malayan Realm.* Gland, Switzerland and Cambridge, UK: IUCN/UNEP publication.

Macknight, C. C. 1969. *The Macassans: a study of the early trepan industry along the Northern Territory coast.* PhD Thesis, Australian National University Press.

Macknight, C. C. and W. J. Gray 1970. Aboriginal stone pictures in Eastern Arnhem Land. Canberra: Australian Institute of Aboriginal Studies.

Madeleine P. 1980. World wildlife fund expedition to Semporna Bodgaya group of islands 25th August to 12th September. Report on human settlement to Sabah Museum

Medway, L. 1972. The Quaternary mammals of Malaysia: A review. In P. and M. Ashton (eds.), *The Quaternary Era in Malaysia* 63-83.

Medway, L.1977. The Niah excavations: And an assessment of the impact of early man on mammals in Borneo. *Asian Perspectives* 20: 51-69.

Main, D. and R. Fox. 1982. The Calatagan earthernwares: a description of pottery complexes excavated in Batangas Province, Philippines. Manila: National Museum.

Malaysia, Department of Statistics 1972. Laporam Am Banci Penduduk 1970. Kuala Lumpur.

Maloney, B. K. 1996. New perspectives on possible early dry land and wet land rice cultivation on highland North Sumatra. Occasional paper 29. University of Hull.

Maloney, B. K. 1986. Man's impact on the rainforest of west Malaysia: the palynological record. Journal of Biogeography 12: 537-558.

Mantjoro, E., and T. Akimichi. 1996. Sea tenure and its transformation in the Sangihe Islands of North Sulawesi, Indonesia: The Seke purseseine fishery. In Akimichi, T. ed. Coastal Foragers in Transition: 121-146.

Masse, W. B. 1986. A millenium of fishing in the Palau Islands, Micronesia. In Anderson, A. T. (eds.) Traditional fishing in the Pacific: Ethnographic and Archaeological papers from the 15th Pacific science congress: 85-117.

Masse, W. B. 1990. The Archaeology and Ecology of Fishing in the Belau Islands, Micronesia. Ph. D. Thesis, Southern Illinois University.

Marck, J. 1978. *Interim Report of the 1977 Laulau Excavations, Saipan, NMI.* Manuscript on file. Saipan,

Commonwealth of the Northern Mariana Islands: Division of Historic Preservation.

Martin, C. 1963. The Flying Industry- An Important Food Source. In R. E. Huke ed, *Shadows on the Land*, pp. 369–393. Manila.

Matsu'ura, S. 1982. A chronological framing for the Sangiran hominids. Bulletin of the National Science Museum, Tokyo 8: 1–53.

Metcalfe, Ducanan and K. Renee Barlow. 1992. A model for exploring the optimal trade-off between field processing and transport. *American Anthropologist* 94: 340–356.

Miller, J. 1973. The economic importance of Silut Bay to the local population. *The Philippine Scientists* 10: 85–99.

Montalban, H. R. and C. Martin. 1930. Two Japanese Fishing Methnods Used by Japase Fishermen in Philippnes Waters. Philippine Waters. *Philippines Journal of Science* 42: 465–480.

Monintja, D. R. & C. P. Mathews. 2000. The Skipjack Fishery in Eastern Indonesia: Distinguishing the Effects of Increasing Effort and Deploying Rumpon FADs on the Stock" Proceedings: Tuna Fishing and Fish Aggregating Devices. *Martinique*: 435–448.

Morga, A. 1598. *Report of Conditions in the Philippines, 8 June 1598*. In Blair and Robertson 1903–09, No. 10: 75–102.

Morga, A. 1609. *Sucesos de la Islas Filipinas*. Translated by J. S. Cummins. Cambridge: Halluyt Society, 1971.

Morwood, M. J., F. Aziz, P. O'Sullivan, Basruddin, D. R. Hobbs and A. Raza. 1997. Archaeological and palaeontological research in central Flores, east Indonesia: results of fieldwork 1997–1998. Antiquity 73: 273–286.

Morwood, M. J., R. P. Soejono, R. G. Roberts, T. Sutikna, C. S. M. Turney, K. E. Westaway, W. J. Rink, J.- X. Zhao, G. D. Van Den Bergh, R. Awedue, D. R. Hobbs, M. W. Moore, M. I. Bird and L. K. Fifield. 2004. Archaeology and age of new Hominin from Flores, eastern Indonesia. Nature 431: 1087–1091

Mulvaney, J and J. Kamminga 1999. *Prehistory of Australia*. NSW: Allen and Unwin Pty Ltd.

Mulvaney, J and P. R. Soejono 1971. Archaeology in Sulawesi, Indonesia. *Antiquity* 45: 26–33.

Murdock, G. P. 1967. Ethnographic atlas; a summary. *Ethnology* 6: 109–236.

Musser, G. G. 1987. The mammals of Sulawesi. In T. C. Whitmore (ed.), Biogeographical Evolution of the Malay Archipelago: 73–93.

Newsome, J., and J. R. Flenley. 1988. Late Quaternary vegetational history of the Central Highlands of Sumatra. Journal of Biogepgraphy 15: 555–578.

Nimmo, H. A. 1968. Reflections on Bajau History. Philippine Studies 16(1): 32–59.

Nimmo, H. A. 1986. Recent population movements in the Sulu Archipelago: Implications to Sama culture history. Archipel 32: 25–38.

Nimmo, H. A. 1990. The boats of the Tawi-Tawi Bajau, Sulu Archipelago, Philippines. Asian Perspectives 29(1): 5 Alexander A. Jothy. (eds.) 19821–88.

Nisimura, M. 1988. Long distance trade and the development of complex societies in prehistory of the central Philippines – The Cebu Archaeological Projects: basic concepts and first results. Philippine Quarterly of Culture and Society 16: 107–157.

Nisimura, M. 1992. Long distance trade and the development of complex societies in prehistory of the central Philippines: the Cebu central settlement case. Ph. D. dissertation, University of Michigan.

O'Connor, Sue 1995 Prehistoric occupation in the Kimberley Region, W. A. *Australian Archaeology* 40: 58–59.

O'Connor, Sue 2007 New evidence from East Timor contributes to our understanding of earliest modern human colonization east of the Sunda Shelf. *Antiquity* 81: 523–535.

O'Connor, Sue, Matthew Spriggs, and Peter Veth 2002 Excavation at Lene Hara Cave establishes occupation in East Timor at least 30,000–35,000 years ago. *Antiquity* 76: 45–50.

O'Connor, Sue, Matthew Spriggs, and Peter Veth, eds. 2005 *The Archaeology of the Aru Islands, Eastern Indonesia*. Terra Australis 23. Canberra: Pandanus Books.

O'Connor, Sue, and Peter Veth 2005 Early Holocene shell fish hooks from Lene Hara Cave, East Timor establish complex fishing technology was in use in Island Southeast Asia five thousand years before Austronesian settlement. *Antiquity* 79: 1–8.

Ogawa, H. 1998. Problems and hypotheses on the prehistoric Lal-lo, Northern Luzon, Philippines: Archaeological study on the prehistoric interdependence between Hunter-Gatherers and Farmers in the tropical rain forest. Journal of Southeast Asian Archaeology 18: 123–166.

Omoto, K. 1981. The genetic origins of the Philippine Negritos. *Current Anthropology* 22: 421–422.

Omoto, K. 1987. Population genetic studies in the Philippines. *Man and Culture in Oceania* 3: 33–40.

Ono, R. 2001. Final Report for Ethno-Archaeological Research in Semporna area 1999–2001. Unpublished Paper submitted to Sabah Museum, Malaysia.

Ono, R. 2003. Prehistoric Austronesian fishing strategies: A tentative comparison between Island Southeast Asia and Lapita Cultural Complex. Sand, C. (ed.) *Pacific Archaeology: assessments and prospects*, pp. 191–201.

Ono, R. 2004. Prehistoric fishing at Bukit Tengkorak rock shelter, east coast of Borneo Island. *New Zealand Journal of Archaeology* 24: 77–106.

Ono, R. 2005. Preliminary report of an archaeological and ethno-archaeological research on settlement and subsistence patterns at Sangihe-Talaud Islands, North Sulawesi Province. Manuscript submitted to LIPI, Indonesia.

Ono, R. 2006. Ethnoarchaeology of pottery stove production and use among the Sama, east coast of Borneo. *People and Culture in Oceania* 22: 31–51.

Ono, R. In press. Ethnoarchaeology and the early Ausutornesian fishing strategies in near-shore environments. *Journal of the Polynesian Society*.

Ono, R, and D. Addison, 2009. Ethno-Ecology and Tokelauan fishing lore from Atafu atoll, Tokelau. SPC Traditional Marine Resource Management Knowledge Information Bulletin. 26: 3–22.

Ono, R and G. Clark In press. A 2500 years of marine use at Ulong Island, Republic of Palau. *International Journal of Osteoarchaeology*.

Ono R, and M. Intoh, In press. Island of pelagic fishermen: temporal change of prehistoric fishing on Fais, Micronesia. *Journal of Island and Coastal Archaeology* 5.

Ono, R. and S. O'Connor 2009. Tunas and trevallies exploitation during the Late Pleistocene to Middle Holocene in East Timor: Efficiency of vertebra analysis and size estimation. Paper presented in The 19th Congress of the Indo-Pacific Prehistory Association, Hanoi, Vietnam.

Ono, R. and S. Soegondoh. 2004. Short report for the re-excavation at Leang Sarru site, Talaud Islands. *Jejak-Jejak Arkeologi* 4: 37–50.

Ono, R, S. Soegondoh, and M. Yoneda 2010. Changing marine exploitation during Late Pleistocene in northern Wallacea: Shellfish remains from Leang Sarru rockshelter in Talaud Islands. *Asian Perspectives* 48(2): 318–341.

Oppenheimer 2003. *Out of Eden: The Peopling of the World*. London: Constable.

Oppenheimer 2004. Austronesian spread into Southeast Asia and Oceania: where from and when. In C. Sand ed. *Pacific Archaeology: Assessments and Prospects*. Les Cahiers de l'Archéologie en Nouvelle Calédonie 15. Nouméa: Museé de Nouvelle Calédonie, pp. 54–70.

Osborne, D. 1966. The Archaeology of the Palau Islands: An Intensive Survey. Honolulu: Bernice P. Bishop Museum Bulletin 230.

Ozawa, T. 2004. Present state of studies of ancient DNA-in relation to preservation condition of samples. The DNA Archaeology Society Newsletter.

Padtbrugge, R. 1866. Bescgrijving der zeden en gewoonten van de bewoners der Minahassa, Bijdragen tot de Taal-. Land- en Volkenkunde van Nederlandsch-Indie 13: 304–331.

Pallsen, K. 1985. *Culture contact and language convergence, Linguistic Society of the Philippines*. Monograph Series, No. 24, Manila: Linguistic Society of the Philippines.

Parliament of Fiji. 2002. Fisheries Department Annual Report for the Year Ending 2001.

Pawley, A., and M. Pawley. 1994. Early Austronesian terms for canoe parts and seafaring. In A. Pawley and M. Ross, eds, *Austornesian terminologies: Continuity and change*, pp. 329–361. Canberra: Australian National University.

Pawlik, Alfred F. 2004. The Palaeolithic site of Arubo 1 in Central Luzon, Philippines. Bulletin of the Indo-Pacific Prehistoric Association Congress 24, 3–2. Taipei Papers vol. 2.

Pawlik, Alfred F. 2009. Is the functional approach helpful to overcome the typology dilemma of lithic archaeology in Southeast Asia ? Bulletin of the Indo-Pacific Prehistoric Association Congress 29, 6–14.

Paz, V. 2002. Island Southeast Asia: spread or friction zone ? In P. Bellwood and C. Renfrew eds. Examining the Farming/Language Dispersal Hypothesis (eds). Cambridge: McDonald Institute for Archaeological Research, pp. 275–86.

Paz, V. 2005 Rock Shelters, Caves, and Archaeobotany in Island Southeast Asia. *Asian Perspectives* 44(1): 107–118.

Peterson, J., G. Hope, W. Hantoro, and M. Prentice. 1996. Irian Jaya glaciers and late Quaternary tropical temperature estimates. Abstract paper presented in Seminar of Environmental and Cultural History and Dynamics of the Australian- Southeast Asian Region, Monash University, Melbourne.

Peterson, W. 1974. Summary Report of Two Archaeological Sites from North-Eastern Luzon. *Archaeology and Physical Anthropology in Oceania* 9: 26–35.

Pet-Soede, C., H. S. J. Cesar, and J. S. Pet 1999. An Economic Analyses of Blast Fishing on Indonesian Coral Reefs. *Environmental Conservation* 26(2): 83–93.

Phelan, J. L. 1959. *The Hispanization of the Philippines: Sapnish Aims and Filipino Responses 1565–1700*. Madison.

Pigafetta, A. 1524. *First Voyage around the World*. Translated by J. A. Robertson. Manila: Fipipiniana Book Guild, 1669, pp. 1–101.

Pires, T. 1515. *The Suma Oriental of Tome Pires*. Translated by A. Cortesao, 2 vols. London: Hakluyt Society, 1944.

Prentice, M. L. and G. H. Denton 1988. The deep-sea oxygen isotope record, the global ice sheet system and human evolution. In F. Grine (ed.), Evolutionary History of the Robust Australopithecines: 383–404.

Polak, B. 1975. Character and occurrence of peat deposits in the Malaysian tropics. *Modern Quaternary Research in Southeast Asia* 1: 71–82.

Polo, M. 1298. *The Travels of Marco Polo.* Translated by Ronald Latham. Harmondsworth, PenguinBooks 1598.

Pomeroy, R. S. and M. Carlos. 1996. Community-based Coastal Resource Management in the Philippines: A Review and Evaluation of Projects, 1984–1994. *Marine Policy* 21(5): 445–464.

Pope, G. G. 1984. The antiquity and palaeoenvironment of the Asian Hominidae. In R. O. Whyte (ed.), The Evolution of the Asian Environment, Vol. 2: 822–847. University of Hongkong.

Porter, D. 1822. Journal of cruise made to the Pacific Ocean in the United States Frigate Essex, 1812, 1813, 1814. 2 vols. 2nd edition.

Raffles, S. 1817. *History of Java, 2 vols.* London: John Murray. Reprinted Kuala Lumpur, OUP, 1965, 1978.

Rasalan, S. B. 1957. Marine Fisheries of the Central Visayas. Philippines Journal of Fisheries 5: 53–89.

Rasalan, S. B., and C. V. Villadolid 1955. The Basnig: A bag net for pelagic fishing in the Philippines. *Philippines Journal of the Fisheries* 3: 1–29.

Rayner and Bulbeck 2001. Dental morphology of the 'Orang Asli' aborigines of the Malay Peninsula. In Causes and Effects of Human Variation (ed. M. Henneberg). Adelaide: Australasian Society for Human Biology, The University of Adelaide.

Riely, J. 2002. Mammals on the Sangihe and Talaud Islands, Indonesia, and the impact of hunting and habitat loss. *Oryx* 36(3): 288–296.

Reid, L. A. 1988. Southeast Asia in the Age of Commerce, 1450–1680, vol. 1: The Lands below the Winds. New Heaven: Yale University Press.

Riedel, J. G. F. 1872. De Minahasa in 1825, Bijdrage tot de kennis van Noord-Selebes. *Tijdschrift voor Indische Taal-, Land- en Volkenkunde* (TBG) 18: 458–568.

Roep, B. 1917. Hygiene op de Talaudeilanden. Tijdschrift voor het Binnenlandsch Bestuur 53: 414–433.

Ronquillo, W. P. 1981. The technological and functional analyses of lithic flake tools from Rabel Cave, Northern Luzon, Philippines. Manila: National Museum. Anthropological Papers 13.

Ronquillo, W. P, R. A. Santiago. S. Asato and K. Tanaka. 1993. The 1992 Archaeological re-excavation of the Balobok rock shelter, Sanga Sanga, Tawi Tawi Province, Philippines: A preliminary report. Okinawa Prefectural Library 18, Okinawa, Japan.

Rollet, B. 1989. Hanamiai: Changing subsistence and ecology in the prehistory of Tahuata (Marquesas Islands, French Polynesia). Ph. D. Thesis, Yale University.

Rosenfeld, A. 1997 Excavation of Buang Merabak, Central New Ireland. *Indo-Pacific Prehistory Association* 16: 213–224.

Ross, H. M. 1996. Baegu: Social and ecological organization in Malaita, Solomon Islands. Illinois Studies in Anthropology No. 8.

Sahlins, M. D. 1958. *Social stratification in Polynesia.* University of Washington Press.

Sartono, S. 1969. Stegodon timorensis: A pygmy species from Timor. Koninklijk Nederlands Akademie van Wetenschappen, Proceedings Series B 72: 192–202.

Sartono, S. 1973. On an additional Stegodon timorensis Sartono. Geological Survey of Indonesia.

Publikasi Teknik, Seri Palaeontologi 5: 1–10.
Sather, C. 1978. The Bajau Laut. In King, V. T. (eds.) Essays on Borneo Societies. Hull Monographs on Southeast Asia. No, 7: 172–192. Oxford University Press. London.
Sather, C. 1984. Sea and Shore People: Ethnicity and Ethnic Interaction in Southern Sabah. Contributions to Southeast Asian Ethnography 3: 3–27.
Sather, C. 1985. Boat Crew and Fishing Fleets: The social organization of maritime labor among the Bajau Laut of Southern eastern Sabah. Contributions to Southeast Asian Ethnography 4: 165–214.
Sather, C. 1995. Sea nomads and rain forest hunter-gathers: Foraging adaptations in the Indo-Malaysian Archipelago. In Bellwood, P., Fox, J., and Tryon, D. (eds.) The Austronesians: Historical and comparative perspectives: 229–268. Canberra: The Australia National University.
Sather, C. 1997. The Bajau laut. Oxford University Press.
Scheans, D. J., K. L. Hutterer and R. L. Cherry. 1972. A newly discovered blade tool industry from central Philippines. Asian Perspectives 13:
Schiffer, M. B., A. P. Sullivan, and T. C. Klinger 1978 The design of archaeological surveys. *World Archaeology* 10: 1–28.
Shackleton, N. J. 1987. Oxygen isotopes, ice volume and sea level. Quaternary Science Reviews 6: 183–190.
Shanker, A. 1997. Customary marine tenure and artisanal fishing in the Roviana and Vonavona lagoons: The evolutionary ecology of resource management. Ph. D. dissertation, University of Hawaii. UMI.
Sheppard, M. 1962. Megaliths in Malacca and Negri Sembilan. Federation Museums Journal 7: 70–85.
Shirakihara, K (ed.) 1983. Batan Island and Northern Luzon. Kumamoto University.
Sheppard, P. J. 1992. A report on the flaked lithic assemblage from three Southeast Solomons Lapita sites. In J. C. Galipaud (ed.) Poterie Lapita et Peuplement, Actes du Colloque LAPITA: 145–154.
Sheppard, P. J. 1993. Lapita lithics: Trade/exchange and technology. A view from the Reef/Santa Cruz. Archaeology in Oceania 28: 121–137.
Shutler, R., M. J. Head, D. J. Donohue, A. J. Jull, M. M. Barbetti, S. Matsuura, J. de Vos, and P. Storm. 1994. Wadjak AMS bone apatite C14 dates. Paper given at 15th Congress of the Indo-Pacific Prehistory Association, Chiang Mai.
Silberbauer, G. B. 1972. The G/wi Bushmen. In M. G. Bicchieri (ed.) Hunters and gathers today: 271–326.
Sinoto, Y. 1970. An archaeologically based assessment of the Marquesas as a dispersal center in East Polynesia. In R. C. Green and M. Kelly (eds.), Studies in Oceanic Culture History Vol. 1: 105–132. Pacific Anthropological Records 11.
Sieveking, G. 1954. Excavations at Gua Cha, Kelantan 1954. Part1. Federation Museums Journal 1 and 2: 75–143.
Sieveking, G. 1956. The iron age collections of Malaya. Journal of the Malaysian Branch of the Royal Asiatic Society 29(2): 79–138.
Sim, R. and A. Thorne. 1990. Pleistocene human remains from King Island, South-eastern Australia. Australian Archaeology 31: 44–51.
Smith, D. R. 1983. Palauan Social Structure. Rutgers University Press. New Brunswick.
Smith, K. D. 1984. The language of Sabah: A tentative lexicostatistical classification. In King, J. K., and King, J. W. (eds.) Languages of Sabah: A Survey Report. Pacific Linguistics series No, 78: 1–49.

Canberra: The Australia National University.
Snow, B. E., and Shutler. 1986 Evidence of early rice cultivation in the Philippines. *Philippine Quarterly of Culture and Society* 14: 3–11.
Soegondho, S. 1996. Penelitian lepurbakalaan di Desa Aboru, Kacamatan Pulau Haruku, Maluku Utara. Report Ambon: Proyek Penelitian Purbakala Maluku.
Soegondho, S. 2003. Kajian permukiman dan matapencaharian hidup manusia masa lalu di KaPulauan Sangihe dan Talaud, Sulawesi Utara (1). Laporan Penelitian Arkeologi, No. 13. Manado: Kementerian Negara Kebudayaan dan Pariwisata, Pusat Penelitian Arkeologi. Balai Arkeologi Manado.
Soegondho, S. 2006. Laporan penelitian arkeologi gua Liang Buida di desa Pangeran Kabupaten Kepulauan Talaud. Manado: Departmen Kebudayaan dan Pariwisata, Balai Arkeologi Manado.
Soegondho, S. 2008. Laporan penelitian kajian permukimn dan matapencaharian hidup di gua Liang Buida, Kecamatan Mangaran Kabupaten Kepulauan Talaud Tahun 2008. Manado: Departmen Kebudayaan dan Pariwisata, Balai Arkeologi Manado.
Soejono, R. P. 1969. On prehistoric burial methods in Indonesia. Bulletin of the Archaeological Institute of the Republic Indonesia 7.
Solheim, W. G. 1968. The Batungan cave site, Masbate, Philippines. *Asian and Pacific Archaeology series* 2: 21–62.
Solheim, W. G. 1975. Reflections on the new data of Southeast Asian prehistory: Austronesian origins and consequence. *Asian perspectives* 18: 146–160.
Solheim, W. G. 1988. The Nusantao hypothesis: the origin and spread of Austronesian speakers. *Asian Perspectives* 23: 167–176.
Solheim, W. G. 1996. The Nusantao and north-south dispersals. *Bulletin of the Indo-Pacific Prehistory Association* 15: 101–9.
Solheim, W. G. 2006. *Archaeology and Culture in Southeast Asia: Unraveling the Nusantao*, Diliman, Quezon City: University of the Philippines Press.
Solheim, W. G, A. M, Legaspi, and S. Neri. Jaime. Archaeological survey in Southeastern Mindanao. Monograph No. 8. Manila: National Museum of the Philippines and the University of Hawaii.
Sondaar, P. Y. 1981. The Geochelone faunas of the Indonesian archipelago. Modern Quaternary Research in Southeast Asia 6: 111–119.
Sondaar, P. Y. 1984. Faunal evolution and the mammalian biostratigraphy of Java. In P. Andrews and P. L. Franzen (eds.), The Early Evolution of Man: 219–236.
Spoehr, A. 1957. *Marianas Prehistory: archaeological survey and excavations on Saiapn, Tinian, and Rota*. Fieldiana: Anthropology Vol. 48.
Spoehr, A. 1968. Archaeological Survey of Southern Zamboanga and the Sulu Archipelago. *Asian Perspectives* 9: 177–185.
Spoehr, A. 1973. *Zamboanga and Sulu: An archaeological approach to ethnic diversity.* Ethnology Monographs No. 1. Pittsburgh: University of Pittsburgh.
Spoehr, A. 1980. *Protein from the sea: Technological change in Philippine capture fisheries.* Ethnology Monographs No. 3. Pittsburgh: University of Pittsburgh.
Specht, J. and C. Gosden 1997. Dating Lapita pottery in the Bismarck Archipelago, Papua New Guinea. *Asian Perspectives* 36(2): 175–199.

Spriggs, M. 1989. The dating of the Island Southeast Asian Neolithic: an attempt at chronometric hygiene and linguistic correlation. *Antiquity* 63: 587–613.

Spriggs, M. 1991. Nissan, the island in the middle. Summary report on excavations at the north end of the Solomons and the south end of the Bismarcks. In J. Allen and Gosden, C. (eds.) Report of the Lapita Homeland Project: 222–243..

Spriggs, M. 1997. *The island Melanesians*. Cambridge: Blackwell.

Spriggs, M. 2007. The Neolithic and Austronesian expansion: Within Island Southeast Asia and into the Pacific. In Chiu, Scarlett and C. Sand (eds), *From Southeast Asia to the Pacific: Archaeological Perspectives on the Austronesian Expansion and the Lapita Cultural Complex*. Taipei: Center for Archaeological Studies, Acadenia Sinica, pp. 104–125.

Stephens, M., J. Rose, D. Gilbertson and M. Canti, 2005. Micromorphology in cave sediments in the humid tropics: Niah Cave, Sarawak, *Asian Perspectives* **44** (1): 42–55.

Steward, J. 1950. Area Research, Theory and Practice. Social Science Council Bulletin 63: 7.

Steward, J. 1955. Theory of Cultural Change. Urbana University of Illinois Press.

Steemis, C. G. G. J. van. 1965. Concise plant-geography of Java. In C. A. Backer and R. E. Bakhuizen van den Brink (eds.), Flora of Java, vol. 2: 1–72.

Stiles, D. 1977 Ethnoarchaeology: a discussion of methods and applications. Man 12: 87–103.

Stone, R. L. 1962. Intergroup Relations among the Taosug, Samal and Badjaw of Sulu. *Philippine Sociological Review* 10(3–4): 107–133.

Storm, P. 1995. The evolutionary significance of the Wajak skulls. *Scripta Geologica* 110: 1–247.

Subani, W. 1972. *Alat dan Tjara Penangkapan Ikan di Indonesia Djilid I*. Jakarta: Lembaga Penelitian Perikanan Laut.

Subani, W., and H. R. Barus. 1988. Alat Penangkapan Ikan dan Udang Laut di Indonesia. *Jurnal Penelitian Perikanan Laut* 50. Jakarta: Balai Penelitian Pereikanan Laut, Badan Penelitian dan Pengembangan Pertainian, Departmen Pertanian.

Summerhayes, G. R. 2001. Defining the chronology of Lapita in the Bismarck Archipelago, in Clark, G. R., Anderson, A. J. and Vunidilo, T. (eds), *The Archaeology of Lapita Dispersal in Oceania*, pp. 25–38. Terra Australis 17 Canberra: Pandanus Books: 25–38.

Summerhayes, G. R., E. Matisoo-Smith, H. Mandui, J. Allen, J. Specht, N. Hogg and S. McPherson 2010 Tamuarawai (EQS): An Early Lapita Site on Emirau, New Ireland, PNG. *Journal of Pacific Archaeology* 1(1): 62–75.

Sutayasa, I, M. 1973. The study of prehistoric pottery in Indonesia. *Nusantara* 4: 61–75.

Szabó, Katherine, Adam Brumm, and Peter Bellwood 2007 Shell artefact production at 32,000–28,000 B. P. in Island Southeast Asia: Thinking across Media ? *Current Anthropology* 48(5): 701–723.

Szabó, Katherine, Adam Brumm, and Peter Bellwood 2010. Shell Artefacts and Shell-Working within the Lapita Cultural Complex. *Journal of Pacific Archaeology* 1(2): 115–127.

Szanton, M. 1972. *A Right to Survive: Subsistence Marketing in a Lowland Philippine Town*. University Park and London: The Pennsylvania State University Press.

Stuijts, I., J. C. Newsome, and J. R. Flenley. 1988. Evidence for late Quaternary vegetational change in the Sumatran and Javan highlands. *Review of Palaeobotany and Palynology* 55: 207–216.

Sutayasa, I. M. 1973. The study of prehistoric pottery in Indonesia. *Nusantara* 4: 67–82.

Swadling, P., N. Araho, and B. Ivuyo. 1990. Settlements associated with the inland Sepik-Ramu Sea.

Bulletin of The Indo-Pacific Prehistory Association 11: 92–112.

Takamiya, H. 2006 An unusual case ? Hunter-gatherer adaptations to an island environment: A case study from Okinawa, Japan. *Journal of Island and Coastal Archaeology* 1: 49–66.

Takayama, J. and M. Intoh 1976. *Archaeological Excavation of Latte Site (M–13), Rota in the Marianas*. Reports of Micronesian Archaelogical Survey 4.

Talavera, F. and H. R. Montalban. 1932. Fishing appliances of Panay, Negros and Cebu. *Philippines Journal of Science.*48(3);; 429–483.

Tanudirdjo, D. 2001. Islands in Between: Prehistory of the Northeastern Indoneseian Archipelago. Unpublished Ph. D. Thesis for The Australian National University.

Tanudirdjo, D. 2005. Long-continues or short-occasional occupation?: The human use of Leang Sarru rockshelter in the Talaud Islands, North eastern Indonesia. *Bulletin of Indo Pacific Prehistory Association* 25: 15–19.

Taylor, C. N. 1930. The Bajaos: Children of the sea. *Philippine Magazine* 27, no. 8: 158–59, 176; no. 10: 290–91, 322–24, 326.

Taylor, C. N. 1931. The sea gypsies of Sulu. Asia: *Journal of the American Asiatic Association* 31: 476–83, 534–35.

Taylor, W. 1968. A study of archaeology. Southern Illinois University Press.

Tenazas, R. 1974. A progress reprot on the Magsuhot excavations in Bacong, Negros Oriental. Philippine Quarterly of Culture and Society 2: 133–155.

Tergast, G. C. W. C. 1936. Schets van den landbouw op de Sangihe- en Talaud- eilanden. Landbouw 11: 125–145.

Terrell J. E. 1986. Prehistory in the Pacific Islands. Cambridge: Cambridge University Press.

Theunissen, B., J de Vos, P. Sondaar, and F. Aziz. 1990. The establishment of a chronological framework for the hominid-bearing deposits of Java: A historical survey. In L. F. Laporte (ed.), Establishment of a geological framework for paleoanthropology: 39–54. Geological Society of America Special Paper 242.

Thiel, B. 1989. Excavations at the Lal-lo Shellmiddens, Northern Luzon, Philippines. *Asian Perspectives* 27(1): 71–94.

Thiel, B. 1990a. Excavations at Arku Cave, Northern Luzon, Philippines. *Asian Perspectives* 27(2): 229–264.

Thiel, B. 1990b. Excavation at Musang Cave, northeastern. Luzon, Philippines. *Asian Perspectives* 28(1): 61–81.

Thorne, A. G. 1980. The longest link in human evolution in Southeast Asia and the settlement of Australia. In J. J. Fox (ed.), Indonesia: The Making of a Culture: 35–44.

Thorne, A. G. and M. Wolpoff. 1981. Regional continuity in Pleistocene hominid evolution. *American Journal of Physical Anthropology* 55: 337–350.

Torrence R. and Stevenson C. 2000. Beyond the beach: changing Lapita landscapes on Garua Island, PNG. In Anderson A. and Murray, T. (eds.), *Australian Archaeologist: Collected Papers in Honour of Jim Allen*, pp. 324–345. Canberra: Coombs Press.

Trevor, J. C. and D. R. Brothwell. 1962. The human remains of Mesolithic and Neolithic date from Gua Cha, Kelantan. *Federation Museums Journal* 7: 6–22.

Tsang, C. H. 1992. Archaeology of the P'eng-hu Island. Taipei: Academia Sinica, Institute of History and Philology.

Tsang, C. H. 1995. New archaeological data from both sides of the Taiwan Strait. In P. J-K. Li et al eds. *Austronesian Studies Relating to Taiwan*, pp. 185–226.

Tsang, C. H. 2007. Recent archaeological discoveries in Taiwan and Northern Luzon: Implications for Austronesian expansion. In Chiu, Scarlett and C. Sand (eds), *From Southeast Asia to the Pacific: Archaeological Perspectives on the Austronesian Expansion and the Lapita Cultural Complex*. Taipei: Center for Archaeological Studies, Acadenia Sinica, pp. 75–94.

Tsang, C. H. , C. Y. Chen, and Y. C. Liu 2004. *General survey of archaeological sites in Kao-hisung Country and Kao-hisung City*. Taipei: Ministry of Interior Affairs.

Tsukada, M. 1966. Late Pleistocene vegetation and climate in Taiwan. Proceedings of National Academy of Sciences 55: 543–548.

Tsukada, M. 1967. Vegetation in subtropical Formosa during Pleistocene glaciations and the Holocene. *Palaeogeography, Palaeoclimatology and Palaeoecology* 3: 49–64.

Tuggle, D. H., and K. L. Hutterer. 1972. Archaeology of the Sohoton area, southern Samar, Philippines. *Leyte-Samar Studies* 6(2).

Turner, C. G. 1987. Late Pleistocene and Holocene population history of East Asia based on dental variation. *American Journal of Physical Anthropology* 73: 305–21.

Turner, C. G. and D. R. Swindler. 1978. The dentition of New Britain West Nakanai Melanesians. *American Journal of Physical Anthropology* 49: 361–372.

Umali, A. F. 1932. Japanese beam trawl used in Philippin waters. *Philippine Journal of Science* 48: 389–410.

Umali, A. F. 1950. Guide to the classification of fishing gear in the Philippines. Washington: U. S. Department of the Interior, Fish and Wildlife Service, Research Report 17.

UNESCO 1997. The UNESCO mangrove programme. Science & Technology in Asia and the Pacific Co-operation for Development: 173–179.

Ushijima, I., and C. N. Zayas ed. 1994. *Fishers of the Visayas*. Quezon City: University of the Philippine Press.

Vaea, H. and W. Straatmans. 1954. Preliminary report in a fishing in Tonga. Journal of Polynesian Society 63: 199–215.

Valentijin, Francois 1856. Ued en Nieuw oost-Indien's-Gravenhage: H. C. Susan, C. Hzoon, 1856–58 (reprint, originally in 1724–26), 3 volumes.

Veth, P; M. Spriggs; S. O'Connor 2005 Continuity in Tropical Cave Use: Examples from East Timor and the Aru Islands in Maluku. *Asian Perspectives* 44(1): 180–192.

Vorderman, A. G. 1899. Aanteekeningen bij het opstel van den aspirant controleur B. C. A. J. van Dienter over het eiland Siaoe sub aardvruchten. *Tidschrift vooe Indische Taal-. Land- en Volkenkunde* 41: 390.

Vos, J. de., S. Sartono, S. Hardja-Sasmita, and P. Y. Sondaar. 1982. The fauna from Trinil type locality of Homo erectus: A reinterpretation Geologie en Mijnbouw 61: 207–211.

Wang, S. C. 1984. The Neolithic Site of the Chih-shan-yen. Taipei Municipal Cultural Heritage Commission, Taiwan.

Wanhono, A. D. Wardiat, and T. Ju-Lan. 1991. Bebalang: Memudarnya Fungsi Seke. Jakarta: Pusat Penelitian dan Pengebangan Kemasyarakatan dan Kubudayaan Lembaga Ilum Pengetahuan

Indonesia.

Watanabe, N. and D. Kadar. (eds.) 1985. Quaternary Geology of the Hominid Fossil Bearing Formations in Java. Geological Research and Development Center.

Ward, R. G. 1972. The Pacific beche-de-mer trade with special reference to Fiji. In Ward, R. G. (ed.), *Man in the Pacific Islands: Essays on Geographical Change in the Pacific Islands*, pp. 91–123. Oxford: Clarendon Press.

Warren, C. 1983. Ideology, identity, and change: The experience the Bajau Laut of East Malaysia 1969–1975. Southeast Asian Monograph Series. No, 14. Queensland: James Cook University of North Queensland.

Warren, J. F. 1971. The North Borneo Chartered Company's Administration of the Bajau, 1878–1909. Center for International Studies, Southeast Asia Series, No. 22. Ohio University Press.

Warren, J. F. 1981. The Sulu Zone, 1768–1898. Singapore University Press.

Warren, J. F. 2002 Iranun and Balangingi: Globalization, Maritime Raiding and the Birth of Ethnicity. Hawaii: University of Hawaii Press.

White, L. 1949. The Science of Culture. New York: Farrar Straus.

White, L. 1959. The Evolution of Culture. New York: McGraw- Hill.

Wood, B. 1986. Area Studies. In International Encyclopedia of the Social Sciences: 401–407.

Walker, D. and J. R. Flenley. 1979. Late Quaternary vegetational history of the Enga District of Upland Papua New Guinea. Biogeography 286: 265–344.

Wallace, A. R. 1869. The Malay Archipelago, the land of the orang utan and the bird of paradise. London: MacMillan.

Wallace, A. R. 1876. The geographical distribution of animals: with a study of the relations of living and extinct fauna. London: MacMillan.

Whickler, S. 1995. Twenty-nine thousand years on Buka: long term cultural change in the northern Solomon Islands. Unpublished PhD thesis, University of Hawaii.

Whickler, S and M. Spriggs. 1988. Pleistocene human occupation of the Solomon Islands, Melanesia. Antiquity 62: 703–6.,

Whitmore, T. C. (ed.) 1981. Wallace's line and Plate Tectonics. Oxford: Clarendon Press.

Whitmore, T. C. (ed.) 1987. Biogeographical Evolution of the Malay Archipelago. Oxford: Clarendon Press.

Widianto, H. and R. Handini. 2002. New evidence for early human occupation during the Pleisto-Holocene boundary period in Java: Recent research on three prehistoric caves (Keplek, Braholo, and Tritis) in Southern Mountains. In Abstracts for 17th Congress of Indo-Pacific Prehistory Association: 311.

Wing, E. and S. Scudder 1983. Animal exploitation by prehistoric people living on a tropical marine edge. In C. Grigson and J. Clutton-Brock (eds.): 197–210.

Winters, N. J. 1974. An application of dental anthropological analysis to the human dentition of two early Metal Age sites, Palawan, Philippines. *Asian Perspectives* 17: 28–35.

Wolff, J. 1994. The place of plant names in reconstructing Proto Austronesian. In A. K, Pawley and M. Ross (eds.) *Austronesian Terminologies, Continuity and Change*, pp. 511–540.

Wood, E. 1979. Ecological study of coral reefs in Sabah, World Wildlife Fund, Project Malaysia, 15, London.

Yano, T. 1994. The characteristics of fisherfolk culture in Panay: From the viewpoint of fishing gound exploitation. In Ushijima, I., and C. N. Zayas eds, *Fishers of the Visayas*, pp. 3-52. Quezon City: University of the Philippine Press.

Yap, B. L. 1978. Sistem Kepercayaan Orang Bajau Omadal, Sabah. Jabatan Pengajian Melayu. No. 21. Universiti Malaya.

Yen, D. E. 1974. Aboriculture in the subsistence of Santa Cruz, Solomon Islands. Economic Botany 28(3): 247-284.

Yen, D. E. 1990. Environment, agriculture and the colonization of the Pacific. In Douglas Yen and M. J. Mummery (eds.) Pacific production systems: Approaches to economic prehistory: 258-277. Occasional Papers in Prehistory 18. ANU, Canberra.

Yoneda, M., A. Tanaka, Y. Shibata, M. Morita, K. Uzawa, M. Hirota, and M. Uchida 2002. Radiocarbon marine reservoir effect in human remains from the Kitakogane site, Hokkaido, Japan. *Journal of Archaeological Science* 29(5): 529-536.

Zayas, C. N. 1994. Pangayaw and tumandok in the maritime world of the Visayan Islands. In Ushijima, I., and C. N. Zayas eds, *Fishers of the Visayas*, pp. 75-132.. Quezon City: University of the Philippine Press.

Zerner, C. 1997. Shares, Sites, and Property Rights in Mandar: Changes in an Indonesian Deep Water Raft Fishery Fish Aggregating Devices in Developing Countries: Problems & Perspectives. *ICMRD*: 27-63.

Zorc, R. D. 1994. Austronesian culture history through reconstructed vocabulary. In A. K, Pawley and M. Ross (eds.) *Austronesian Terminologies, Continuity and Change*, pp. 541-595.

Zuraina M. 1982. The west mouth, Niah: in the prehistory of Southeast Asia. Sarawak Museum Journal 31.

Zuraina M. *1972*. The Tampanian problem resolved. Modern Quaternary Research in Southeast Asia11: 71-96.

Zuraina M. (ed.) 1994. The excavation of Gua Gunung Runtuh and the discovery of the Perak Man in Malaysia. Department of Museums and Antiquity Malaysia.

（日本語文献／あいうえお順）

青柳洋治．1983．「パラワン島アビオグ洞穴出土の貿易陶磁器」『上智アジア学』1：102-115.

青柳洋治．1992a.「交易の時代」（9〜16世紀）のフィリピン—貿易陶磁に基づく編年的枠組み—」『上智アジア学』10：144-176.

青柳洋治．1992b.「陶磁貿易から見た東南アジア」，上智大学アジア文化研究所編『入門東南アジア研究』，pp. 75-87.

青柳洋治，メルチョール・アギイレラ，小川英文，田中和彦．1988.「ラロ貝塚の発掘」『上智アジア学』6：63-104.

青柳洋治，メルチョール・アギイレラ，小川英文，田中和彦．1991.「ラロ貝塚の発掘 (3)」『上智アジア学』9：49-137.

青山和佳．2006．『貧困の民族誌：フィリピン・ダバオ市のサマの生活』東京：東京大学出版会

赤嶺淳．2000a.「熱帯ナマコ資源利用の多様化：フロンティア空間における特殊海産物の一事例」『国立民族学博物館研究報告』25(1)：59-112.

赤嶺淳．2000b.「ダイナマイト漁に関する一視点：タカサゴ塩干魚の生産と流通をめぐって」『地

域漁業研究』40(2)：81-100.
赤嶺淳. 2002.「ダイナマイト漁民社会の行方：南シナ海サンゴ礁からの報告」秋道智彌・岸上伸宏編 2002「紛争の海：水産資源管理の人類学」84-106
赤嶺淳. 2010.『ナマコを歩く：現場から考える生物多様性と文化多様性』東京：新泉社
秋道智彌. 1995.『海洋民族学──海のナチュラリストたち』東京大学出版会
秋道智彌. 2001.「空飛ぶ熱帯魚とグローバリゼーション」『エコソフィア』7：34-43.
秋道智彌・岸上伸宏編. 2002.「紛争の海：水産資源管理の人類学」人文書院
安里嗣淳，ロンキリオ・ウィルフレド，サンチャゴ・レイ，田中和彦. 1993.「バロボク岩陰遺跡発掘調査概報」『史料編集室紀要』18 号
安齋正人. 1990.『無文字社会の考古学』六興出版
安齋正人. 1994.『理論考古学──モノからコトへ──』柏書房
アンソニー・リード. 1997.『大航海時代の東南アジアⅠ』平野秀秋・田中優子訳　東京：法政大学出版会
網野善彦. 1966.『中世荘園の様相』東京：塙書房
網野善彦. 1978.『無縁・公界・楽──日本中世の自由と平和』東京：平凡社
網野善彦. 1992.『海と列島の中世』東京：日本エディタースクール出版部
網野善彦. 1994.『海から見た日本史像──奥能登地域と時国家を中心として』東京：河合文化教育研究所
網野善彦. 1998.『海民と日本社会』東京：新人物往来社
井門富二夫. 1988.「地域研究の過去と現在─学際過程の展開を追って─」『筑波大学地域研究』6：1-25.
石井米雄. 1987.「タイの近代化をめぐって：伝統思想と西欧近代思想の相克」，河野健二編『近代革命とアジア』名古屋：名古屋大学出版
石澤良昭共編. 1987.『地域研究：方法論と地域像の検証』上智大学アジア文化研究所
石澤良昭共編. 1989.『地域研究：カリキュラムと地域研究方法論』上智大学アジア文化研究所
市川光雄. 1986.『森の狩猟民──ムブティ・ピグミーの生活』人文書院
印東道子. 2003.『オセアニア暮らしの考古学』東京：朝日選書
江川俊治. 1929.『南洋水産資源　第3巻』南洋協会台湾支部
岡村収・尼丘邦夫編・監修. 1997.『日本の海水魚』山渓社
小川岳人. 2001.『縄文時代の生業と集落』未完成考古学叢書 3，東京：アム・プロモーション
小川英文. 2000.『ラロベ塚の発掘調査─東南アジア島嶼部先史時代の考古学調査』平成 7～9 年度科学研究費補助金研究成果報告
小野林太郎. 1999.「東南アジア・オセアニアの貝斧について─ミクロネシアにおける貝斧の型式分類と比較研究─」『東南アジア考古学』17：19-55.
小野林太郎. 2001.「ボルネオ島東岸域における新石器時代漁労活動の特色と環境利用圏：魚骨資料の分析とセンポルナ海域での民族調査からの検討」『動物考古学』17：1-24.
小野林太郎. 2004.「ボルネオ島東岸域における新石器時代遺跡の諸特徴とその系譜：遺物組成・生計戦略・立地環境からの比較と検討」『東南アジア考古学』24：19-53.
小野林太郎. 2006a.「土器・陶磁器から見たセレベス海域の交易・歴史時代：交易ネットワーク・複合社会の発展過程に関する歴史考古学的試論」『上智アジア学』23 号：179-200.
小野林太郎. 2006b.「変わる"生計活動"と変わらぬ"資源利用"：東南アジアの漂海民の場合」印東道子編『西太平洋の生活と文化─環境利用の資源人類学─』pp. 105-126，東京：明石

書店.
小野林太郎. 2007a.「ボルネオ島サマ人による漁撈の「近代化」と「伝統」：陸サマと海サマによる漁撈の比較をとおして」『国立民族学博物館研究報告』31(4)：497-579.
小野林太郎. 2007b.「後期更新世期のセレベス海域における貝利用：インドネシア・タラウド諸島の事例から」青柳洋治先生退職記念論集編集委員会編『地域の多様性と考古学：東南アジアとその周辺』東京：雄山閣, pp. 321-334.
小野林太郎. 2007c.「消えた土器と残った土器：ボルネオ島サマ人による土製焜炉の利用」後藤明編『土器の民族考古学』東京：同成社, pp. 95-110.
小野林太郎. 2007d.「北スラウェシの過去における海洋資源利用：タラウド諸島の事例を中心に」田中耕司編『インドネシア地方分権下の自然資源管理と社会経済変容：スラウェシ地域研究に向けて』(平成16年度～平成18年度科学研究費補助金・基盤研究 (A) 究成果報告書), pp. 373-392.
小野林太郎. 2008.「東南アジア・オセアニア域におけるサメ利用：その歴史と現在」『生物の科学・遺伝』62巻5号：72-75.
小野林太郎. 2009a.「サンゴ礁漁撈の民族考古学―ボルネオ島サマによるサンゴ礁漁撈の定量データ分析を通して―」『考古学研究』55(4)：75-94.
小野林太郎. 2009b.「東南アジアからオセアニアへの移住と居住戦略」吉岡秀徳監修『オセアニア学1：環境・資源・歴史』京都：京都大学学術出版会
小野林太郎，サントソ・ソエゴンド，ジョコ・シスワント. 2008.「植民地時代期のセレベス海離島域における自然資源の利用と生業戦略：インドネシア・タラウド諸島ブキット・ティウィン遺跡の事例から」『東南アジア考古学』25：149-165.
海部陽介. 2005.『人類がたどってきた道"文化の多様性"の起源を探る』東京：日本放送出版協
鹿熊信一郎. 2004.「フィリピンにおける沿岸水産資源共同管理の課題と対策―パナイ島バナテ・ネグロス島カディス・ミンダナオ島スリガオの事例―」『地域漁業研究』45(1)：1-34.
鹿熊信一郎. 2005.「フィジーにおける沿岸資源共同管理の課題と対策 (その1) ― FLMMA と沿岸水産資源管理の状況―」『地域漁業研究』46(1)：261-282.
鹿熊信一郎. 2006.『アジア太平洋島嶼域における沿岸水産資源・生態系管理に関する研究―問題解決型アプローチによる共同管理・順応的管理にむけて―』博士論文
科学技術庁. 1978.『日本食品成分表』東京：大蔵省印刷
片岡修. 2006.「遺跡から見た海洋資源の利用：ポンペイ島ナンマドール遺跡の場合」印東道子編『西太平洋の生活と文化―環境利用の資源人類学―』pp. 197-217，東京：明石書店
片岡千賀之. 1991.『南洋の日本人漁業』東京：同文館
加藤普章編. 2000.『エリアルスタディ入門：地域研究の学び方』京都：昭和堂
川田牧人. 1992.「島のうちそと―フィリピン・ビサヤ小島漁業展開誌―」『民族学研究』57(3)：345-357.
黒潮文化の会. 1972.『黒潮列島の古代文化：黒潮の古代史』東京：角川書店
口蔵幸雄，野中健一，須口一弘，須田和代. 1997.「移住と生業戦略：インドネシア，セラム島の農村における生業活動と食物利用」『国立民族学博物館研究報告』22(2)：425-459.
北窓時男. 2000.『地域漁業の社会と生態―海域東南アジアの漁民像を求めて』東京：コモンズ
後藤明. 1992.「小規模漁村における活動空間と動物遺存体の形成―マレーシア漁村における遺跡形成的調査」『宮城学院女子大学・人文社会科学研究所論業』2：65-91
後藤明. 1997.「実践的問題解決過程としての技術―東部インドネシア・ティドレ地方の土器製

作—」『国立民族学博物館研究報告』22(1)：125-188.
後藤明．2001．『民族考古学』東京：勉誠社
後藤明．2003．『海を渡ったモンゴロイド』講談社メチエ　東京：講談社
後藤明．2010．『海からみた日本人：海人で読む日本の歴史』講談社選書メチエ463　東京：講談社
小林泉．2002．『地域研究概論』東京：晃洋書房
駒井和愛編．1972．『考古学概説』東京：講談社
柴田紀夫．1992．「バジャウ語」亀井孝・河野六郎・千葉栄一編『三省堂世界言語学辞典』第3巻：136-143.
鈴木一郎．1990．『地域研究入門：異文化理解への道』東京：東京大学出版会
鈴木隆史．1994．『フカヒレも空を飛ぶ—インドネシア・カランソン村のサメ漁民と食をファッション化した日本人』東京：梨の木舎
関恒樹．1997．「フィリピン・ビサヤ地方の移動漁民に関する一考察」『民族学研究』62(3)：294-314.
関恒樹．2007．『海域世界の民族誌：フィリピン島嶼部における移動・生業・アイデンティティ』京都：世界思想社
高谷好一．1985．『東南アジアの自然と土地利用』東京：勁草書房
高谷好一．1991．「地域とは何か」矢野暢編『地域研究の手法』pp. 23-45.　東京：弘文堂
高谷好一．1996．『「世界単位」から世界を見る』京都：京都大学学術出版会
高山伊太郎．1914．『南洋之水産』東京：農商務省水産局
高山純・甲斐山佳子．1993．『珊瑚礁の考古学—中部太平洋キリバス共和国』東京：大明堂
立本（前田）成文．1991．『東南アジアの組織原理』東京：勁草書房
立本（前田）成文．1998．「流動『農』民ブギス」秋道智彌編著『海人の世界』東京：同文舘, pp. 143-167.
立本（前田）成文．1999．『地域研究の問題と方法：社会文化生態力学の試み』京都：京都大学学術出版会
田中和彦．2000．「フィリピンにおける交易時代の展開—長距離交易と複合社会の発展—」小川英文編『交流の考古学』pp. 95-133.　東京：朝倉書店
田中耕司．1993．「東南アジア海域世界と農業フロンティアの拡大—インドネシア南スラウェシ州の事例から」『東南アジア研究』30(4)：427-443.
田中耕司．1999．「東南アジアのフロンティア論に向けて—開拓論からのアプローチ」坪内良博編『〈総合的地域研究〉を求めて：東南アジア像をてがかりに』pp. 75-102.　京都：京都大学学術出版会
田和正孝．1998．「ハタが動く：インドネシアと香港をめぐる広域流通」秋道智彌・田和正孝『海人たちの自然誌』pp. 33-55，西宮：関西学院大学
田和正孝．2002．「マラッカ海峡の資源をめぐるコンフリクト：華人漁村パリジャワのかご漁」秋道智彌・岸伸宏編『紛争の海：水産資源管理の人類学』pp. 60-83.　東京：人文書院
丹野正．1986．「ムブティ・ピグミーの生活と物質文化」伊谷純一郎・田中二郎編『自然社会の人類学—アフリカに生きる—』東京：アカデミア出版
近森正．1988．『サンゴ礁の民族考古学』東京：雄山閣出版
辻貴志．2005．「パラワン島南部におけるモルボッグの漁撈活動の展開：焼畑低迷後の市場化とその今日的意義」『エコソフィア』16：73-86.

坪内良博．1991．「専門分野と地域研究」矢野暢編『地域研究の手法』49-69．東京：弘文堂
坪内良博編．1999．『〈総合的地域研究〉を求めて：東南アジア像を手がかりに』京都：京都大学学術出版会
鶴見良行．1984．『マングローブの沼地で：東南アジア島嶼文化論への誘い』東京：朝日新聞社
鶴見良行．1987．『海道の社会史』東京：朝日新聞社
鶴見良行．1990．『ナマコの眼』東京：筑摩書房
寺田勇文．1996．「スールー海域のサマ族：海洋民の『国民化』過程をめぐって」綾部恒雄（編）『国家の中の民族―東南アジアのエスニシティ』pp. 217-252．東京：明石書店
樋泉岳二．1994．「遺跡産魚骨同定の手引き（1）」『動物考古学』第 2 号：23-38
樋泉岳二．1995．「遺跡産魚骨同定の手引き（2）―魚骨の骨格構成と同定部位―」『動物考古学』第 5 号：11-38
樋泉岳二．2002．「脊椎動物遺体からみた奄美・沖縄の環境と生業」木下尚子編『先史琉球の生業と交易―奄美・沖縄の調査から―』，pp. 47-66．熊本：熊本大学文学部
樋泉岳二．2006．「脊椎動物遺体にみる奄美・沖縄の環境と生業」木下尚子編『先史琉球の生業と交易 2 ―奄美・沖縄の調査から―』，pp. 101-114．熊本：熊本大学文学部
床呂郁哉．1992．「海のエスノヒストリー」『民族学研究』57(1)：1-20．
床呂郁哉．1999．『越境』東京：岩波書店
トメ・ピレス．1966．『東洋諸国記』生田滋等訳注　東京：岩波書店・大航海時代叢書 5 巻
中楯興．1987．『日本における海洋民の総合研究―糸満系漁民を中心として』福岡：九州大学出版会
長津一史．1995．「フィリピン・サマの漁撈活動の実態と環境観―民俗環境論的視点から―」京都大学人間環境学研究科提出修士論文
長津一史．1997a．「海の民サマ人の生活と空間認識：珊瑚礁空間 tʼbba の位置づけを中心にして」『東南アジア研究』35 (2)：261-299．
長津一史．1997b．「西セレベス海域におけるサマ人の南下移動―素描―」『上智アジア学』15：99-131．
長津一史．1999．「海サマとダイナマイト漁」『日本熱帯学会ニューズレター』37
長津一史．2001．「海と国境―移動を生きるサマ人の世界」村井吉敬編『海のアジア　第 3 巻』：173-202　東京：岩波書店
長津一史．2002．「周辺イスラームにおける知の枠組み：マレーシア・サバ州，海サマ人の事例（1950-70 年代）」『上智アジア学』20：173-191．
長津一史．2004．「『正しい』宗教をめぐるポリティックス：マレーシア・サバ州，海サマ人社会における公的イスラームの経験」『文化人類学』69(1)：45-69．
長津一史．2010．「開発と国境：マレーシア境域における海サマ社会の再編とゆらぎ」長津一史・加藤剛編『開発の社会史：東南アジアにみるジェンダー・マイノリティ・境域の動態』東京：風響社，pp. 473-517．
仲原善徳．1942．『ボルネオとセレベス』東京：宝雲会
南洋庁．1937．『世界主要地に於ける真珠介漁業』南洋庁
農商務省水産局．1918．『海外ニ於ケル本邦人ノ漁業状況』東京：農商務省水産局
野林厚志．2008．『イノシシ狩猟の民族考古学：台湾原住民の生業文化』東京：御茶の水書房
羽原又吉．1963．『漂海民』東京：岩波書店
早瀬晋三．2003．『海域イスラーム社会の歴史：ミンダナオ・エスノヒストリー』東京：岩波書

店

原洋之介．2001．「今なぜギアーツの『インボリューション』か」クリフォード・ギアーツ著，池本幸生訳『インボリューション：内に向かう発展』, pp9-21．東京：NTT出版

原子令三．1977．「ムブティ・ピグミーの生態人類学的研究―とくにその狩猟を中心として―」伊谷純一郎・原子令三編『人類の自然史』東京：雄山閣出版

パリノサーベイ株式会社．2005．「ブキット・ティウィン遺跡出土土器の胎土分析報告」東京：パリノサーベイ株式会社

福家洋介．1997．「東インドネシア海域世界と北オーストラリア：ヒト・モノ・カネの移動」『上智アジア学』15：153-166

フェルナン・ブローデル．1991-1995．『地中海Ⅰ～Ⅴ』浜名優美訳　東京：藤原書店

ポーロ・マルコ．1983．『東方見聞録』青木富太郎訳　東京：社会思想社

松浦勉．2002．「マングローブ汽水域の持続的生産システム　中央水研ニュース No. 28

丸山清志．2001．「マルケサス諸島の釣り針：ポリネシア先史時代後半の物質文化の規格化」『考古學雜誌』86(3)：49-84．

マンチェロ・エディ，片岡千賀之．1993．「インドネシア，北スラウェシのカツオ漁業」『漁業経済論集』32：58

マンチェロ・エディ，北窓時男．1994．「インドネシア地方都市における漁業発展とその特質―マルク州アンボン市の事例」『漁業経済論集』35(2)：218-219．

三原正三・官本一夫・小池裕子．2002．「佐賀県大友遺跡出土人骨の14C年代と海洋リザーバー効果」『月刊地球』24(2)：807-812．

宮本常一．1964．『海に生きる人びと』日本民衆史3　東京：未来社

宮本常一．1975．『海の民』宮本常一著作集20　東京：未来社

民族考古学研究会編．1998．『民族考古学序説』同誠社

望月雅彦．2001．『ボルネオに渡った沖縄の漁夫と女工』東京：ボルネオ史料研究室．

モルガ・アントニオ．1966．『フィリピン諸島誌』神吉敬三，箭内健次訳，東京：岩波書店

門田修．1986．『フィリピンの漂海民―月とナマコと珊瑚礁』東京：河出書房出版

門田修．1996．『海が見えるアジア』東京：めこん

村井吉敬．1988．『エビと日本人』東京：岩波書店

村井吉敬．1995．「東インドネシア諸島における伝統的資源保護慣行・サシについての覚書」『社会科学討究』117：95-121．

村井吉敬．1998．『サシとアジアと海社会』東京：コモンズ

矢野暢編．1991．『地域研究の手法』東京：弘文堂

葉文程．1985．「宋・元・明代における東南アジアへの中国陶磁輸出について」『三上次男博士喜寿記念論文集　陶磁編』：343-366．

吉田集而・堀田満・印東道子編．2003．『イモとヒト』平凡社

吉田昌夫．2002．『地域研究入門：世界の地域を理解するために』古今書院

家島彦一．2006．『海域から見た歴史―インド洋と地中海を結ぶ交流史』名古屋：名古屋大学出版会

柳田國男．1961．『海上の道』東京：筑摩書房

藪内芳彦．1978．『漁撈文化人類学の基本的文献資料とその補説的研究』東京：風間書店

山口博一．1991．『地域研究論』アジア経済研究所

山本博之．2002．「英領北ボルネオ（サバ）におけるバジャウ人アイデンティティの形成」『東南

アジア―歴史と文化』31：57-78.
リード・アンソニー．1997．『大航海時代の東南アジア』平野秀秋・田中優子訳　東京：法政大学出版局
リー・クワンチー．2000．「台湾南部・ウーロワンピー地域における先史漁撈」松井章編『考古科学研究法から見た木の文化・骨の文化』クバプロ，pp. 71-87.
渡部忠重・小菅貞男．1973．『原色世界貝類図鑑：熱帯太平洋編』保育社
渡部忠世（監修）．1997．『稲のアジア史』1～3巻　東京：小学館
渡辺仁．1990．『縄文式階層化社会』東京：六興出版

索引（事項／地名・遺跡名／生物・生物遺存体／人名）

事項索引

MNI（最小個体数） 162, 163, 167, 170, 172, 194, 214, 216, 218-219, 221, 227, 228, 229, 231, 232

NISP（同定・分類可能資料数） 162, 163, 170-172, 214, 216, 218, 229, 231-232, 449, 450, 454

アウトリガー 19, 20, 45, 72, 243, 244-248, 284, 316, 342, 350, 354, 366, 405, 411, 415, 434

赤色スリップ式土器 25-26, 103, 149

アナール学派 12, 13

アバカ繊維 347, 353 →生物名索引参照

アブサヤフ 302

アボリジニ 91, 258

海人 17

網 197, 265, 304, 313
　網漁 184-185, 234, 240-241, 255, 264, 282-283, 294-296, 305, 312, 314, 324-325, 347, 356, 360-361, 370, 397-398, 400-403, 407-410, 414-415, 422

アラブ 135

家船 45, 274-275, 284, 372-373, 425

石日干漁 185, 409

石包丁 420

イスラーム 8, 14, 59, 67-69, 71, 74, 133-134, 252, 275

一本釣り漁 62, 266, 355, 366-367, 369, 412-413, 415, 427

移動ネットワーク社会 13-14, 438

移動分散型社会 6, 8, 14, 44, 417, 419, 421, 423, 438

稲作 53, 67, 69, 74, 111, 133, 136, 420, 427

イバン 70, 425

イラヌン 133, 134, 135, 238, 247, 248, 249, 267

インボリューション 338, 340, 380, 383-388, 416

ウォーレス線 21, 58 →人名索引も参照

浮魚礁 364, 379
　浮魚礁漁 360

筌 184, 234, 284, 298, 305, 312, 314, 402, 407-409
　筌漁 185, 283, 305, 347, 398, 400, 410

ウタセ網 242

内延的拡大 386, 387

内延的重層 434

海サマ 266, 272, 275

海民 6, 15-18, 42, 49, 65, 66, 69, 71, 74-75, 138, 142-143, 188, 235, 239, 242, 247-248, 263, 267, 333, 339, 411, 440

刳抜き舟 411

エネルギー 319, 320

エリ漁 398, 400

沿岸 62-64, 74, 87-88, 90, 97, 102, 132, 143, 156, 165-166, 182, 184-185, 187-191, 195-197, 218-220, 232-235, 240, 248, 252, 255, 257, 263, 266, 274, 281, 316, 327, 329, 331, 333, 339-341, 344, 350, 354, 356-357, 358, 361-362, 369-371, 378-379, 381, 385, 387, 396, 401, 409-411, 414-416, 418, 422, 425, 431-432, 436, 437, 455
　沿岸漁撈システム 143, 187, 196-197, 202, 235, 262, 266-267, 333, 339-340, 382, 385, 410-411, 414, 416

追い込み網漁 184, 350 →網漁

追い込み刺網漁 305, 296 →網漁

追い込み漁 297, 356, 402, 427

オーストラロ・メラネシア系集団 91, 119, 137

オーストラロイド系集団　99
オーストロネシア　404, 405, 411, 431, 432
　オーストロネシア語　10, 20, 65, 188, 419
　　原オーストロネシア語　101-102, 117-119
　　オーストロネシア語族集団　8, 10, 19, 25, 45, 70
オープンアクセス　329, 332, 378, 379, 382, 383, 386, 423, 434
陸稲　53, 55, 72, 419-420
オラン・ラウト　425
オランダ人　221　→地名索引参照

外延的拡大　386, 387, 434
貝　→生物名索引も参照
　貝斧　110, 112, 138, 157
　貝製釣り針　113-114, 404, 415　→釣り針
　貝製品　97, 98, 110, 112, 113, 119, 129, 197, 204, 206, 211, 212, 213, 234, 404
外海　418
海産資源　49, 88, 90-91, 94, 98, 111, 113-114, 120, 135, 137, 142, 157, 179, 181, 188, 196-197, 202-203, 232-236, 239-240, 251-252, 257-258, 261-263, 266-267, 329, 331, 333, 339, 352, 359, 369, 371, 377-380, 382, 386, 393, 397, 404-405, 407, 409-411, 413-415, 417-419, 422-425, 427, 431-432, 434, 438
海上交易　8, 129, 132, 134, 251-252, 420
階層化　121, 132, 133, 135, 137, 249, 253, 257, 267, 431
　階層化社会　130
海藻養殖　320, 321, 324, 330
階段の踊り場仮説　6, 8, 432, 433, 434, 435
海面変動　87, 94
外洋　62-63, 88, 90, 165-167, 171, 182, 184, 187, 193-194, 196-197, 219-220, 234-235, 240, 252, 256-257, 263-264, 282, 289, 291-292, 305, 316, 327-328, 333, 339, 354, 356-358, 368-371, 375, 378-379, 381-382, 387, 404, 408, 413, 415-416, 431-432, 455-456
　外洋域　410
　外洋性　221
海洋
　海洋資源　180, 401, 408, 416
　海洋適応　78, 83, 95, 195, 404, 405, 407, 431, 432
　海洋文化　235, 236, 240, 434
　海洋リザーブ / 海洋リザーバー効果　107, 205, 223
外来　222
貝類　→生物名索引参照
貝類遺存体　113, 142, 144, 189, 190, 202, 204, 216, 223, 229-230, 436
カカップ船　246
華僑　70-71, 239-240, 250, 330, 346, 354, 413
籠　197, 284-285, 298, 313, 350, 402, 407-409, 415
　籠漁　234, 237, 296, 304, 308, 314, 361, 425
華人　242, 250-251, 259, 262, 357, 370, 431
　華人移民　261
　華人系漁民　241
活魚　296, 304, 306, 308, 318, 330, 339, 368, 387, 415
カットマーク　227, 228
カニ刺網漁　298　→網漁, 生物名索引参照
甕棺　25, 26
ガレイ　247, 248
完新世　78-79, 83-85, 91, 95-99, 101-102, 112-115, 120, 137, 144, 197, 404, 407, 409, 414-415, 418
間氷期　21, 79, 81
疑似餌　185, 283, 296, 298, 299, 305
疑似針　255, 415
季節風　49, 50, 278-279, 394, 396, 397, 409
基層文化　42, 44, 137
北ボルネオ勅許会社　265, 273, 412
キナバタンガン系集団　69
旧石器時代　24-27, 33, 36

索引

漁獲効率　241-242, 308-312, 343, 348, 354-356, 367, 375, 377-379, 401, 409
漁業　67, 69, 70, 71, 74
漁具　90, 202, 213, 233, 276, 283, 284, 295, 327, 338, 350, 353, 359, 361, 363, 374-377, 379, 387, 408-409, 413-415, 422
漁場　277, 282, 314-317, 329, 346, 352, 356, 363, 368, 371, 377, 379, 387, 399, 401-403, 408
漁錘　110, 113-114, 142, 181, 185, 202, 207, 211-213, 234, 409, 415
漁船　276, 283, 295, 327, 329, 350, 359, 360, 363, 372-373, 375, 378, 387, 411, 415
漁法　277, 282-283, 292-296, 298, 304, 308-309, 312-313, 332, 344, 346, 350, 353-354, 356-359, 361-363, 365, 367, 375, 379, 382, 397, 400-404, 407, 410, 412-415, 422, 425, 427, 432, 468
魚名　289, 290, 292, 348, 403, 410, 436, 462　→生物名索引参照
漁網　241
漁撈　15-16, 28, 43, 113, 135, 137, 142-143, 176, 180-181, 184-185, 187-188, 194, 197, 202-203, 234-241, 248-253, 255-256, 258, 264-266, 272-274, 277-278, 281-284, 288, 292-297, 308-312, 315, 317, 319-320, 322-324, 327, 331-333, 338-339, 341-343, 349, 352-353, 356, 358-359, 361, 368-370, 372, 375-376, 378-382, 385-388, 392-397, 402-404, 407-409, 413, 415-417, 422-425, 427, 431-432, 434, 436, 438, 457, 468
漁撈戦略　251, 263, 267, 272-273, 330-333, 339, 381-383, 392-393, 410, 417
漁撈文化　425, 427, 434
網漁　184-185, 234, 240-241, 255, 264, 282-283, 294-296, 305, 312, 314, 324-325, 347, 356, 360-361, 370, 397-398, 400-403, 407-410, 414-415, 422
石日干漁　185, 409
一本釣り漁　62, 266, 355, 366-367, 369, 412-413, 415, 427
浮魚礁漁　360
筌漁　185, 283, 305, 347, 398, 400, 410
エリ漁　398, 400
追い込み漁　297, 356, 402, 427
籠漁　234, 237, 296, 304, 308, 314, 361, 425
巾着網漁　341, 350-352, 355
刺網漁　310, 322, 342, 356, 362, 370
敷網漁　353, 362, 365-366, 375
柴漬け漁　268, 360, 363, 379
集団追い込み網漁　284
小規模漁業　327, 339, 355-356, 358, 361, 366-367, 370, 376-379, 381, 382, 414
潜水漁　233, 283, 292, 298-299, 304, 305, 306, 307, 309, 314, 341-344, 362, 368, 370, 398-401, 403, 414
底曳網漁　308
大規模漁業　328
ダイナマイト漁　292, 296, 300-302, 306, 308, 330, 339, 355-358, 361-362, 367, 368, 377, 382, 385, 387, 414
凧漁　255, 350
地曳き網漁　355, 365, 392
中・大規模漁業　327, 339, 355, 358, 360-362, 370-371, 377-379, 381-382, 413-414, 416, 423
突き漁　184-185, 187, 234, 265, 283, 296, 298, 304-306, 310, 312-313, 357, 370, 392, 396, 398-403, 407-410, 414-415, 422
漬け木漁　341, 343, 344, 352
釣り漁　88, 90, 184-186, 187, 190, 195, 241-242, 255, 257, 282-283, 293, 294, 296, 298-299, 304-305, 312-314, 316, 331, 338, 342-343, 346-348, 350, 352, 357, 361-362, 366, 370, 396, 398, 400-404, 407-408, 411, 414-415, 427, 431-432, 468
定置網漁　370, 425
手釣り漁　237, 296, 298, 305, 307, 309-310, 311-312, 322-325, 341-342,

357, 361, 367, 369, 375, 399-400, 402, 422
投網漁　370
毒漁　184-185, 241, 250, 283, 296, 298-300, 302, 304-306, 308, 347, 350, 357, 362, 398, 400, 402, 407-408, 414-415
トローリング漁　88, 190, 214, 234-235, 257, 282, 350, 360-361, 402, 404, 409, 415, 434
トロール網漁　355, 360, 375, 414
延縄漁　298, 341, 343, 357, 361, 371, 402, 416　→漁撈
破壊的漁業　368, 377-378, 382, 385, 414-416, 422
パガヤウ漁　361
バガン漁　350, 353, 365, 366, 369, 427
バスニガン漁　353-355, 359, 427
パヤオ漁　344, 364
パヤン漁　363, 425
フアテ漁　367
袋網漁　344, 350, 351
フナイ漁　367, 369
フハテ漁　369
マガンビット漁　356-357
巻き網漁　308, 350, 352, 355-356, 360, 362-365, 375, 387, 416, 425
銛漁　241, 282, 361
簗漁　185, 237, 296, 361
リングネット網漁　375
ルンポン漁　268, 338, 342, 344, 350, 363, 369
罠漁　241, 407, 408, 414
キリスト教　61, 67, 69, 71, 74, 134, 221, 412
金属器時代　25-26, 42-43, 79, 121-125, 202-204, 219, 235, 240, 251-252, 262-263, 267, 387, 410, 414-415, 418
巾着網　362, 382
　巾着網漁（ソマ）　341, 350-352, 355　→漁
　巾着袋　352
杭上家屋　272, 308, 318, 326, 331
グバン船　246

刳り舟　243, 284, 373, 415
クンピット船　284, 292
月齢　286, 288, 394-395, 397
ケロシンランプ　345, 354-355, 357, 365, 375, 414
原オーストロネシア語　101-102, 117-119　→オーストロネシア語
原人　81, 82
現生標本　3, 157, 160-162, 173, 216, 220, 229, 436
交易時代　79, 125-129, 132-133, 135, 137, 219, 242, 251, 263, 266-267, 339, 381-383, 414-415, 418, 420, 422, 427　→植民地時代
航海術　256, 258, 404-407
更新世　20-22, 78-85, 87-88, 90-92, 94-95, 97, 120, 137, 151, 197, 227, 393, 404-407, 414-415, 417-418, 433
構造船　243-245, 248, 284, 373, 411, 415
黒曜石　129, 151-153, 181, 257, 405-406, 418, 421, 433, 434
国家　23, 24, 413, 434, 435
　国民国家　12
コラコラ船　244-246, 247
コンプレッサー　362, 368, 385

採集　296, 302, 304-305, 307-310, 313, 341, 348, 394-397, 400, 402, 415, 417-418
最終氷期　21, 79, 81-85, 87-88
細石器　181, 418, 421
竿釣り　282
サシ　378, 389, 427
刺網　241, 285, 297, 309, 311, 361, 382, 399, 414
　刺網漁　310, 322, 342, 356, 362, 370　→漁撈
サタワル　392
サマ　2, 4, 17, 43, 45, 48, 55, 66, 68, 69-70, 138, 177, 199, 238, 265, 267, 272-286, 288-313, 316-318, 320-327, 330-334, 338-339, 356-358, 367, 372, 375-377,

索引

379–382, 386–387, 392–394, 396–399, 401–403, 412–413, 416, 418, 423, 425, 427, 436, 440, 462
サマ・バジャウ系　67
サマル人　132–134, 238, 241, 243, 246–249, 267, 275, 361
サリシパン船　246
サンギル系集団　66, 67, 71–73
サンゴ礁　48, 62–63, 70, 95–97, 142, 144, 156, 165–166, 170–171, 176, 182, 185, 188–189, 191, 194–197, 232, 234, 237–238, 241, 252, 263–265, 274, 278, 279, 281–283, 290, 305–306, 314–317, 327–328, 331–333, 339–341, 355–357, 368, 377, 392, 394, 396, 403, 407–410, 412, 416, 422, 424, 427, 430–432, 436, 456, 468
シアシ　358
シアン化合物　299, 302, 306, 330, 339, 362, 368, 414, 416
塩干魚　2, 236, 242, 252, 265–266, 274, 295, 324, 339, 345, 354, 372, 376, 412, 415
敷網　359, 361, 427
敷網漁　353, 362, 365–366, 375　→漁撈
資源管理　329–330, 370–371, 378–380, 389, 427
自然遺物　149, 155, 206
柴漬け漁　268, 360, 363, 379　→漁撈
シャコガイ製斧　78, 98　→生物名索引参照
シャコ罠漁　283, 296, 299–300, 304–305, 308, 357
シャム　242, 412
ジャンク船　245, 246, 247, 252, 264, 431
集団追い込み網漁　284　→漁撈
首長制社会　130, 131, 248, 249, 257, 275
狩猟採集　34, 35, 36, 37, 68, 84, 90, 99, 137, 417–419, 423
ジョアンガ船　244, 246
小王国　131, 350
小規模漁業　327, 339, 355–356, 358, 361, 366–367, 370, 376–379, 381, 382, 414　→漁撈

硝酸アンモニウム　300, 301
植民地時代　42–43, 70, 126–127, 137, 202–204, 221, 227, 232, 235, 240, 251, 261–263, 267, 273, 339, 371, 378–383, 385, 387, 393, 412, 415–417, 428
ジョン船　244–245, 247, 411
人工遺物　149, 206, 224
真珠　237, 238–249, 411, 415　→生物名索引参照
新人　81, 82, 83, 84, 91
新石器時代　3, 8, 10, 15, 16, 25, 26, 27, 37, 42, 60, 78, 79, 100, 101, 102, 103, 106–108, 110–121, 125, 137–138, 142–143, 148, 154, 159, 185–188, 191, 194–198, 214, 235, 242–243, 252, 262–264, 267, 340, 369, 379–380, 382–383, 387, 393, 399, 404–405, 407–408, 410–411, 414–423, 430–434, 437–438
新石器時代遺跡　106
水中銃　284–296, 298–299, 305, 401, 414, 468
水田稲作　17–18, 68, 73–74, 383–384, 419–420, 427
水稲　53
斉一主義　34, 35, 36, 40
製塩　15, 16, 240, 242–243
生業戦略　43, 44, 262, 263, 332, 388, 419
生業文化　24, 74, 75, 79, 84, 94–95, 100, 102, 120–121, 125–126, 129, 136–137, 143, 235, 248, 249–250, 263, 339, 376–377, 383–384, 388, 392–393, 417–419, 423–424, 427, 434
生態文化　135, 384, 432
青銅器　121–124
世界単位　9, 12–13, 44, 424
セケ　350–352, 379
専業漁民　250, 253, 275, 331, 332
潜水漁　233, 283, 292, 298–299, 304, 305, 306, 307, 309, 314, 341–344, 362, 368, 370, 398–401, 403, 414　→漁撈
船内機　372
造船技術　240, 243, 257–258, 278, 411, 415,

420
底曳網　361, 298
　　底曳網漁　308　→漁撈
ソサエティ　256
袖網　365
ソマ　→巾着網漁

大規模漁業　328　→漁撈
ダイナマイト漁　292, 296, 300-302, 306,
　　308, 330, 339, 355-358, 361-362, 367,
　　368, 377, 382, 385, 387, 414　→漁撈
タウィタウィ島　95, 188, 189, 238, 249, 356
タオスグ系集団　17, 66, 67, 68, 69, 133, 249,
　　274, 275, 318
凧漁　255, 350　→漁撈
漂海民　17
ダブルカヌー　257, 366
単式釣り針　78, 98, 114, 240, 255-257
　　→釣り針
炭素年代　148, 177, 204-205
タンパク源　84, 160, 191, 172, 196, 197, 234,
　　255, 263, 319, 320, 348, 350
畜養　296, 304, 308
地曳き網　241
　　地曳き網漁　355, 365, 392　→漁撈
チャート製剥片石器　83, 87-88, 91-92,
　　148, 151
中範囲理論（ミドルレンジセオリー）　34,
　　37
中国陶磁　127, 251
中・大規模漁業　327, 339, 355, 358, 360-
　　362, 370-371, 377-379, 381-382, 413-
　　414, 416, 423　→漁撈
長距離交易　112, 120
潮汐　286-288, 326, 394-395, 397
突き漁　184-185, 187, 234, 265, 283, 296,
　　298, 304-306, 310, 312-313, 357, 370,
　　392, 396, 398-403, 407-410, 414-415,
　　422　→漁撈
漬け木　344, 345, 363, 364, 365, 367
　　漬け木漁　341, 343, 344, 352　→漁撈

釣り針　110, 111, 113-114, 142, 181, 185-
　　186, 190, 195, 197, 202, 211, 213, 234,
　　238, 240-241, 255-257, 264, 282, 284,
　　347, 409, 411, 415, 431
　　貝製釣り針　113-114, 404, 415　→釣り
　　　針
　　単式釣り針　78, 98, 114, 240, 255-257
　　鉄製釣り針　211, 214　→釣り針
　　トローリング用釣り針　190, 194　→釣り
　　　針
　　骨製釣り針　195　→釣り針
　　ルアー用釣り針　113, 114　→釣り針
釣り漁　88, 90, 184-186, 187, 190, 195, 241-
　　242, 255, 257, 282-283, 293, 294, 296,
　　298-299, 304-305, 312-314, 316, 331,
　　338, 342-343, 346-348, 350, 352, 357,
　　361-362, 366, 370, 396, 398, 400-404,
　　407-408, 411, 414-415, 427, 431-432,
　　468　→漁撈
手網　361
定置網　361
　　定置網漁　370, 425　→漁撈
定量的データ　43, 312
鉄器　121, 135
鉄製品　204, 206, 223, 224, 225, 226
　　鉄製釣り針　211, 214　→釣り針
手釣り漁　237, 296, 298, 305, 307, 309-310,
　　311-312, 322-325, 341-342, 357, 361,
　　367, 369, 375, 399-400, 402, 422　→漁
　　撈
伝統　286
伝播論　27
テンペル　373
投網　241, 399
　　投網漁　370　→漁撈
銅器　121
陶磁器　204, 206, 223-226, 430
ドゥスン系集団　69
特殊海産物　62-63, 237-239, 249-250, 253,
　　261, 266, 274, 362, 368-370, 381-382,
　　411-415, 426, 431
毒　197, 313

索 引

毒漁　184-185, 241, 250, 283, 296, 298-300, 302, 304-306, 308, 347, 350, 357, 362, 398, 400, 402, 407-408, 414-415　→漁撈
土製ストーブ　150, 208, 321, 322, 334
土製漁錘　129
トビウオ漁　396
奴隷　250, 259, 274
　奴隷交易　134, 136
トローリング漁　88, 190, 214, 234-235, 257, 282, 350, 360-361, 402, 404, 409, 415, 434　→漁撈
　トローリング用釣り針　190, 194　→釣り針
トロール網　327, 328, 359, 376, 382, 413, 415
　トロール網漁　355, 360, 375, 414　→漁撈
　トロール船　328
ドンソン系集団　124, 125
ドンソン・ドラム　125
　雲南起源説　125
　　ベトナム起源説　125

ナッツクラッカー　151, 153-154, 209-210, 226, 229
ナマコ突き漁　282, 294　→生物名索引参照
南西季節風　395, 396
南方モンゴロイド　99, 101, 119, 120
日本　15, 16, 17, 18, 45, 54, 62, 111, 121, 126, 136, 137-138, 195, 363, 371, 375, 418, 422
　日本人　239
　　日系漁民　242, 250, 260-262, 266, 355, 359, 361, 367, 382, 413
ニューアケオロジー運動　32, 33, 38
農耕　255, 396, 417, 419, 423-424

延縄　283-285, 305, 350, 415
　延縄漁　298, 341, 343, 357, 361, 371, 402, 416　→漁撈

破壊的漁業　368, 377-378, 382, 385, 414-416, 422　→漁撈
パガヤウ漁　361　→漁撈
バガン漁　350, 353, 365, 366, 369, 427　→漁撈
剥片石器　84, 91, 92, 93, 129, 151, 152, 153
パジェコ　344, 345, 350, 351, 352
バジャウ人　4-5, 17, 43, 66, 69, 132, 177, 249-250, 258, 273-274, 422, 425, 427
バジョ　48, 274
バスニガン漁　353-355, 359, 427　→漁撈
パトロン―クライアント　376
パヤオ漁　344, 364　→漁撈
バヤン漁　363, 425　→漁撈
バランガイ船　245
半農半漁　17-18, 262, 332, 382, 419, 425
翡翠製品　108, 111-112
ピニシ　374
白檀　430
　白檀交易　431
氷期　21, 79, 81, 95
ビンロウ　52, 53
フアテ漁　367　→漁撈
フカヒレ　132, 238, 265, 282, 339, 346, 351, 357, 368-369, 413-415
ブギス人　7, 13, 17, 254, 258, 275, 364, 365, 366, 420, 427
袋網　365
　袋網漁　344, 350, 351　→漁撈
不定形剥片　91, 92, 108, 112　→剥片石器
フナイ漁　367, 369　→漁撈
フハテ漁　369　→漁撈
ブランクファースト　248, 374
プランテーション　384
フローレス/フローレス海　59, 82, 89, 115, 426, 427, 433
プロセス考古学　39
　ポスト・プロセス考古学　39
フロンティア　8, 432-433, 438
　フロンティア社会　386
　フロンティア論　7, 44
プンジャジャブ船　246, 248

貿易陶磁器　126, 127
北東季節風　395, 396
ホシナマコ　259, 260, 261, 362, 413
ポスト・プロセス考古学　39　→プロセス考古学
ボッゴ　284
哺乳類　58-60, 84, 90, 94, 98, 115, 157-158, 227, 262
骨製品　110, 129, 204, 206, 211, 213, 223-224, 226-227, 233
骨製釣り針　195　→釣り針

マカサン　258, 259, 433
マガンビット漁　356-357　→漁撈
巻き網　305-306, 311, 327-328, 333, 359, 367, 371, 376, 382
　巻き網漁　308, 350, 352, 355-356, 360, 362-365, 375, 387, 416, 425　→漁撈
磨製貝斧　119
磨製石斧　112, 154, 155, 430
磨製石器　100, 102, 111, 119
マナド考古局　83, 204, 211　→地名索引参照
マヤン　363
マラナオ系集団　66, 67, 68, 69, 135
マングローブ　50, 52, 64, 95-97, 143, 156, 189, 298, 305, 316, 408, 424, 461
ミナハサ系集団　61, 71, 72, 73, 75
民族考古学　28, 31-36, 38, 40-41, 177, 273, 315, 392-394, 407, 417, 437
民族誌情報　41, 398, 400, 408
民族誌的類推法　33-34, 36, 38-39
ムスリム　61
ムロ網　242, 361
銛　181, 187, 211, 213-214, 234, 241, 284-285, 298, 401, 408, 415
　銛漁　241, 282, 361　→漁撈

モンゴロイド　65, 99, 100, 101, 102, 103, 114, 119, 120, 137, 188

焼畑　67-71, 73-74, 341, 384-386, 424, 427
ヤス　181, 187, 197, 241, 285, 357, 401, 415
　ヤス漁　250
簗　297, 298, 313, 316
　簗漁　185, 237, 296, 361　→漁撈

ラノン船　246, 247, 248
ラピタ　105, 145, 214, 257, 369, 409, 419, 421, 434
　ラピタ遺跡　78, 109, 111, 113-114, 117, 191-192, 194-196
　ラピタ系集団　256
　ラピタ式土器　78, 103, 106, 406
　ラピタ文化複合　144
ラランヌサ式土器　206-209, 224
竜骨　243, 244, 245
漁　→漁撈
リングネット網　362, 366-367, 376, 382, 415
　リングネット網漁　375　→漁撈
ルアー　264, 399, 409
　ルアーシャンク　195, 211-214, 234
　ルアー用釣り針　113, 114　→釣り針
ルンポン漁　268, 338, 342, 344, 350, 363, 369　→漁撈
ルンポン・マンダール漁　363
レパ　372, 373
ロンデ　72, 342, 345, 350, 351
ロンパ　389

罠　415
　罠漁　241, 407, 408, 414　→漁撈

地名・遺跡名索引

アーネムランド　258
アジア　12, 99-101, 123, 320, 407, 428, 430, 435
アチェ　426, 428-429
アニール島　105, 109
アパリ　251
アフリカ　12, 53, 81-82, 100, 363
アメリカ　31-32, 53, 136, 238, 259-260, 355, 370-371, 375
アラウェ島　105, 109
アランカア村　340-343, 348, 409, 468
アランダンガナ洞穴遺跡　203, 207
アルー諸島　21, 89, 96, 426, 428
アルー島　261, 433
イースター島　10, 256, 257
イギリス　56, 135-136, 259, 265, 273, 355, 412
イリアンジャヤ　75, 125
インド　53, 153, 253, 363, 429, 431
インドシナ半島　125
インドネシア　4, 23-25, 42, 57, 62, 83, 85, 125, 129, 136-137, 153, 239, 241-242, 250-252, 254, 259, 261, 274-275, 338, 344, 346, 350, 353, 358, 362-366, 368-369, 371, 374, 376, 378-380, 384, 385-388, 413, 423
　東インドネシア　119, 134, 245, 253, 255
インド洋　14-15, 45, 97, 426, 429, 433
ヴァヌアツ　106
ウォーラシア　21, 22, 59, 115, 404, 405, 424, 426, 427, 431, 438
エミラウ島　105, 109
エロアウア島　191
大サンギヘ島　131, 349-350, 351
オーストラリア　21, 60, 82, 89, 91, 95, 258, 261, 404, 428, 433
沖縄　106, 138, 195, 239, 344, 359, 412
オセアニア　10-11, 20, 25, 42, 45, 95, 97, 99, 101-103, 107, 113-114, 119-120, 138, 163, 167, 185, 191, 193-194, 196, 214, 243, 251, 254, 256-260, 264, 266, 338, 369-371, 378-381, 392, 394, 396-399, 402-407, 409, 419, 421, 428-430, 432-434, 438
オマダル島　274, 278-280, 292, 294, 308, 315, 330
オランダ　56, 74, 129, 133-136, 245, 259, 383-384
オロフタ遺跡　240

カーペンタリア湾　258, 259, 433
カガヤン　237
カナダ　375
カハキタン島　349
カバルアン島　134, 204-205, 207, 209
カピンガマランギ島　193
ガヤ島　329
カラケラン島　53, 188-189, 205, 340, 344
カラハリ砂漠　37
カリブ海域　173
カリマンタン島　7, 9, 69, 274, 366
カリンディンガン島　315
ガルア島　105, 109
韓国　371
カンドリアン島　105, 109
広東　132
カンボジア　237
ギガンデス諸島　361
キキ遺跡　191
北スラウェシ　48, 57
グア・アンジン遺跡　420
グアム島　10, 105, 109
クアラルンプール　23
クパン遺跡　129
ケニア　38
ゲベ島　90, 96-98, 433
ゲンドルワシ半島　125
コタキナバル　318, 425
コタバト　242, 247

ゴロ洞窟遺跡　89-90, 96-98, 105, 109, 111, 117
ゴロンタロ　2, 71, 72, 73, 240, 367
ゴワ王国　259, 428
コンベ島　105, 109

サイパン島　105, 109
サバ州　3-4, 24, 136, 143, 276, 278, 280, 292-293, 299, 318, 328, 377, 380
サフル　404-405, 406, 428
　サフル大陸　21, 81, 82, 95
サモア　257, 406
サラワク　124, 159
サランガニ島　66, 68
サリババブ島　80, 83, 205, 209, 223, 228, 346, 348
サンギヘ・タラウド諸島　9, 18, 19, 25, 50, 57-56, 59-61, 64, 71-73, 130, 136, 250-251, 353, 387, 395-397, 412, 416, 426, 432, 436
サンギヘ諸島　27, 53, 68, 75, 84, 128, 131, 133, 134, 211, 226, 227, 339, 346, 348, 349, 350, 351, 352, 380, 402
サンギヘ島　62, 72, 134, 262, 351, 379
サンダカン　49, 70
サンタクルス諸島　191-192, 193
サンボアンガ　130, 353-356
シアウ島　131, 134, 349
ジェリマライ遺跡　78, 88-90, 96, 98
シタンカイ島　274, 280, 288, 290, 295, 308, 316, 324, 356, 358, 402
シパダン島　302
ジャカルタ　23, 425
ジャワ島　18, 21, 24, 53, 59, 81-82, 95, 124-125, 130, 134, 136, 239, 242-243, 245, 249-250, 252-253, 258, 261, 264, 340, 344, 363-364, 366, 369, 376, 383-388, 412, 416, 420, 424-426, 430-431
ジャワ海　97, 426, 429, 430, 433
シュリービジャヤ王国　253
小スンダ　274

シンガポール　261, 369, 413, 426
スールー　66, 132, 134-135, 144, 197, 236-237, 243, 288, 290, 316, 357, 410-412, 416, 422, 426-427, 432
　スールー王国　68-69, 73, 133-134, 136, 274-275
　スールー海　364
　スールー諸島　9, 18, 19, 23, 26-27, 50, 53, 56, 59, 62-68, 70, 74, 95, 96, 107, 122, 127-131, 133-134, 136, 188-190, 238-239, 242, 245-250, 259, 261, 263-264, 266-267, 274-275, 353, 355-356, 358, 380-381, 387
スペイン　56, 66, 128, 129, 134-135, 239, 241, 246, 250, 412, 428
スペルモンド諸島　368
スマトラ島　21, 81, 95, 124-125, 134, 239, 250, 252-253, 261, 363, 366, 369, 424-426, 428-429
スラウェシ　7, 9, 13, 17-19, 21, 25-26, 50-51, 53, 55-56, 58-62, 64-65, 70-75, 82, 88-89, 96, 104-106, 108-109, 115, 118, 124-125, 134, 136, 137, 211, 226-227, 239-240, 242, 250, 254, 258-259, 261-263, 266, 274, 345, 349, 351, 353, 363-369, 374, 381, 385, 387, 396-397, 410-413, 416, 420, 422, 426-428, 432, 436-437
スンダ　59, 424, 426
　スンダ大陸　21, 22, 81, 82, 95, 98
セピック河　118
セピロック　50
セブ島　236, 240-241, 361
セレベス海域　2, 8-9, 12-13, 15-16, 18-19, 20-25, 27, 37, 41-44, 48-50, 52-58, 60-65, 74-75, 78-83, 87-88, 90-99, 100-101, 103-104, 106-108, 110, 113-115, 119-130, 132-137, 142-143, 187-188, 195-197, 202-203, 235-236, 239-242, 245-251, 253, 258-259, 261, 263-264, 266-267, 272-274, 286, 338-340, 353, 358, 372, 374, 376-377, 379-383,

索 引

385–389, 392–397, 404, 409–419, 421–424, 426, 428–433, 435–437, 440
センポルナ / センポルナ海域　3–5, 8, 74, 143–144, 161, 274, 276, 278–280, 286, 288, 290, 295, 298, 300, 302, 304, 305, 314, 316, 318, 324, 327, 328–334, 339, 355, 358, 372, 375, 377–378, 380, 393, 394, 395, 397–403, 407, 410, 413, 436
外インドネシア　18
ソロモン諸島　89, 118, 371, 402, 405–406, 406

タイ　53, 112, 412
太平洋　427, 431, 433
台湾　45, 102, 104, 106, 108, 111–112, 114–115, 117, 118–120, 195, 371
タグダラン島　131
ダバオ湾　26, 355
タフナ　350
タボン洞窟遺跡　88, 89, 91, 96, 97, 197
タラウド島　2, 71–72, 232, 268, 338, 348, 365, 382, 399, 409–411
タラウド諸島　9, 21, 26–27, 42–43, 53, 55, 62, 73, 80, 83–84, 87, 89, 91, 95–96, 107, 122, 126–128, 131, 133–135, 153, 188–190, 203–205, 209, 211–212, 214, 221, 223, 226–227, 235, 240–241, 262–264, 267, 339, 340–342, 344, 346–347, 349–352, 364, 368, 379–381, 394, 403–404, 440, 468
タラセア　120, 144, 153, 406
タレパケマライ遺跡　109, 111, 117–118, 191
タワウ　70, 318, 328
チェベンジ　82
地中海　12, 15
中国　53, 62, 101–102, 106, 121, 123, 125–126, 128–130, 135, 237–239, 245, 249, 251, 253, 266, 275, 278, 304, 318, 327, 351, 363, 371, 384, 411, 426, 428–429, 431

ティコピア島　191–193
ティドレ島　253, 350, 431
ティモール島　78, 82, 88–90, 94, 96, 98, 105, 109, 404, 409, 426, 431, 433
ティンカユ遺跡　80, 87, 88, 89, 92, 93, 94
テニアン島　105, 109
テルナテ　130, 131, 253, 428, 431
東南アジア　115, 196, 235, 236, 258, 363, 378, 411, 420, 429, 434, 440
東南アジア海域世界　6–7, 10, 11, 13, 14, 17, 20, 23–24, 44–45, 63, 81–82, 98–102, 111–114, 117–120, 122, 124, 131, 135–136, 138, 153, 159, 167, 185, 197, 214, 237, 239–240, 242–245, 247–248, 250–251, 253–254, 258, 261, 264, 266, 340, 353, 363, 365, 370–372, 375–383, 386, 392–395, 404–409, 411, 412–413, 417–424, 426–432, 433–438
東北アジア　418
トケラウ環礁　392
トミニ　71, 72
トビ島　194, 214, 402
トラック諸島　261
トンガ諸島　192, 257, 406
トンダノ湖　427

ナウワラビア遺跡　89
ナヌサ諸島　95, 98, 188
ナラブルガン遺跡　89
南沙諸島　362
ナンマドール遺跡　193, 254, 255
ニア洞窟遺跡　88–91, 96–99, 104, 109–110, 117, 159
ニウアトプタブ島　191–193
西スンダ　384
西ティモール　59
ニューアイルランド島　105, 109, 405–406
ニューカレドニア　261
ニューギニア　10, 21, 54, 59, 75, 82, 89, 91, 95, 98–100, 115, 118–120, 144, 405–406, 419, 421, 428, 433

ニュージーランド　10, 173, 256
ニューブリテン島　153, 405
ヌクオロ諸島　193
ヌサトゥンガラ諸島　366

バガンシアピアピ　261
ハゴップビロ洞窟遺跡　88-89, 149
バシー海峡　430
バシラン島　66
バセマ高原　125
バダ　125
バタネス諸島　104, 106, 107, 108, 112, 252
バタヤン島　361
バチャン島　274
バトゥデラン島　351
バトゥンデラン島　349
パナイ島　361
パプアニューギニア　153, 371
バベルダオブ島　254
バラ島　349, 351-352
パラオ諸島　10, 103, 105, 106, 109, 111, 117, 194, 214, 254-255, 261, 370, 402, 430-431, 433
パラギンギ遺跡　242, 243, 246, 247
パラワン島　88, 89, 91, 96-97, 104, 106, 108, 112, 122, 127, 138, 197, 237, 354, 362, 392, 428, 430
パラギンギ島　134
バリ島　21, 59, 124-125, 366, 420, 424
バリンコ　38
ハルク島　338, 389, 392
バルト島　66
ハルマヘラ島　21, 59, 426
パレンバン　425
バロボク洞窟遺跡　26, 95-97, 104, 107, 108, 110, 116, 122, 188-190, 197
ハワイ　10, 26, 173, 256, 257
バンガイ島　365
バングタラン　249
バンジャルマシン　252, 426
バンダール　427

バンダ海　369, 427-428, 433
バンテン　245, 425
東アジア　45, 121, 240, 363, 418, 420, 422, 429
東インドネシア　119, 134, 245, 253, 255
　→インドネシア
ビサヤ諸島　25, 66, 252, 338, 348, 354-359, 361, 365, 376, 427-428, 430-433
ビサヤ海域　14, 104, 108, 353, 428, 429
ビスマルク諸島　89, 103, 105-106, 109, 113, 118
ビルマ　245
ファイス島　194, 255-256
フアヒネ遺跡　193
ブアンメラバク遺跡　89
フィジー諸島　259-260, 406
フィリピン　9, 14, 20, 23-26, 51, 57, 60, 66, 81, 92-93, 99, 101-102, 107, 118-119, 125, 128-129, 131, 134, 136, 138, 144, 159, 236, 239-242, 244-245, 251-252, 255, 260-261, 275-276, 237, 280, 295, 302, 308, 324, 338, 344, 348, 353-356, 358-361, 364-366, 371, 374, 376, 378-379, 386, 412-413, 427
ブカ島　89
ブキットティウィン遺跡　129, 203-205, 209, 211, 223-226, 229, 231-235, 262, 456
ブキットテンコラック遺跡　3, 5, 8, 16, 24-25, 42-43, 104, 107-108, 110, 116, 143-145, 147, 149-150, 152, 154-155, 159-160, 167, 169, 174, 177, 180-181, 184-191, 193-197, 199, 218, 220, 231, 272-273, 292, 316, 394, 397-401, 403, 406-408, 418-419, 421-422, 433, 436, 451
ブキデ島　349
福建省　250, 261
ブトアン遺跡　240, 243
ブラギ河　130, 134, 135
ブルネイ　128, 129, 130, 245, 248-249, 426
ブンブン島　5, 274, 278-281, 293-295, 315-316

索 引

ベオ 344
ペグー 245
ベトナム 53, 112, 426, 428
ボネ王国 259, 363
ボネ湾 259
ボホール 361
ポリネシア 10, 194, 255, 256, 257, 258, 259, 392, 406
ポルトガル 128, 134-135, 221, 237, 244-245, 247, 252, 264
ボルネオ 3, 9, 16, 18-19, 21, 24-25, 27, 42-43, 49-53, 56-59, 62-65, 69-70, 74, 80-82, 87-92, 94-96, 98, 104, 106-107, 109, 112, 118, 122, 124, 125, 127, 128, 129, 130, 132, 136, 143, 149, 188, 189, 203, 237, 239, 242, 245, 246, 261, 265, 272-275, 339, 347, 353, 355, 358, 372, 375, 380, 381, 387, 394, 396, 406, 409-413, 416, 420, 422, 424-427, 432, 436-437
ホロ島 53, 66, 136, 238-239, 249, 427, 428
ボロド島 243
ボロブドゥール寺院 243, 244
香港 413
ポンペイ 193, 254, 255

マーシャル諸島 255
マカオ 132
マカッサル 17, 57, 75, 254, 258, 259, 364, 420, 427, 428, 430
マカッサル―フローレス海域 428, 429
マギンダナオ 66, 67, 68, 74, 130, 132-135, 236
　　マギンダナオ王国 68, 134
マザーナ島 245
マジャパイト王朝 130, 249
マスバテ島 361
マダイ洞窟遺跡 24, 95-98, 104, 110, 116, 127, 129, 132, 188-189, 191, 418
マダガスカル島 45
マテンクブム遺跡 89

マドゥラ島 19, 425
マナド 26, 63, 72-73, 137, 239, 351, 367, 412
マニラ 23, 26, 132, 134, 238-239, 241, 250-251, 260, 354-355, 359, 427-428
マヌス島 105, 109
マライタ島 343, 396
マラクナンジャ遺跡 89
マラッカ／マラッカ海域 245, 247, 252, 426, 428-430
マリアナ諸島 103, 105-106, 109, 111, 113, 117, 193-194, 254-255, 430-431, 433
マルク海域 96-97, 105, 109, 247, 338, 364, 369, 378, 426
マルク―バンダ海域 428-433, 438
マルク諸島 21, 57, 59-60, 73, 75, 89-90, 98, 115, 130-131, 133, 138, 153, 244-245, 253, 274, 346, 348, 350, 366-367, 377, 389, 427-428, 440
マルケサス諸島 193, 194, 256, 257
マレー 23, 24, 71-72, 81, 95-96, 99, 125, 134, 284, 296, 298, 318, 326, 424-426, 428-429
マレーシア 3, 23, 24-25, 43, 51, 57, 136, 145, 157, 160, 273-278, 280, 284, 295, 304, 308, 318, 327, 331-332, 380, 425
マレ島 75
マンゴー湖遺跡 89
マンシ島 362, 386
マンダール 363, 364
ミクロネシア 10, 103, 107, 113, 138, 194, 214, 254-256, 261, 370, 392, 402, 428, 430-431, 433
南アジア 411
南カリマンタン 252
南シナ海 21, 80, 106, 112, 426, 428-431, 433
ミンダナオ島 9, 18-19, 21, 23, 25-27, 50-53, 56-60, 65, 66-68, 70, 72, 74, 84, 106, 122, 127-128, 130, 134, 136, 211, 226-227, 237-238, 240, 242-243, 246-247, 249, 251, 263, 267, 348-349, 353, 355-

356, 359, 380, 387, 412, 416, 427, 437
ムサウ島　105, 109, 118, 191-193
ムランピット島　188
メラネシア　10, 60, 78, 103, 107, 113, 114, 144, 145, 153, 255, 259, 396, 402, 428
モーチョン遺跡　193, 194
木曜島　261
モルッカ諸島　241-242
モロタイ島　96, 389
モンゴウドウ　73

八重山諸島　138
ユーラシア大陸　81, 82, 125
ヨーロッパ　12, 121

ラチトゥ洞窟遺跡　89
ラナオ湖　73, 130, 134, 427
ラハ・ダトゥ　328
リアウ・リンガ諸島　425
リアン・サル遺跡　80, 83-86, 88-89, 91-92, 94, 96-97, 205, 233
リアン・タフナ遺跡　95-98, 104, 107-108, 110, 116, 188, 190-191, 197
リアン・トゥオ・マナエ遺跡　188-191, 196, 205, 233, 340, 409, 410
リアン・バラギンギ遺跡　206
リアン・ブイダ遺跡　122, 203-207, 211-212, 214, 219-220, 223-229, 231-234, 262, 454-455
リアン・ブルン遺跡　88, 89
リアン・レンブドゥ遺跡　89
リーフ島　190, 193, 196
ルウ　428
ルソン島　92, 103-104, 106-108, 112, 136, 237, 240, 246, 250-353, 355-356, 427-428, 430
レイテ島　245, 361
レゲタンリーフ　317
レネハラ洞窟遺跡　78, 89, 98, 105, 109, 111, 117
レベス海域　17
レンネル島　396
ロタ島　194
ロックアイランド　105, 109
ロロカ遺跡　191
ロンボック海峡　57

生物・生物遺存体索引

アイゴ　165, 166, 168, 170-171, 174, 176, 179, 181-184, 199, 218-219, 222, 238, 281, 289, 307, 313
アオウミガメ　238
アガルアガル　70, 282, 292-294, 296, 302-304, 308, 330, 339, 357-358, 380, 413, 415
アジ　62, 73, 166, 167, 170-172, 182, 184, 193, 218-219, 221-234, 238, 266, 289, 313-314, 321, 342, 350, 356, 360, 368-369, 375, 381, 397-399, 403, 409, 416, 448-450, 455, 463
アバカ　354, 365
アブラヤシ　56, 57
アマオブネ　62, 85, 86, 95, 189, 216-217, 229-230, 233
イカ　61, 64-65, 238, 291, 298-299, 305, 313, 354, 357, 360-361, 399-402, 461
イトヨリダイ　193
イヌ　60, 61, 114-116, 176, 227-228, 263
イノシシ　59-60, 90, 94-95, 98, 114-115, 157-158, 160, 228, 421
イルカ　306
ウシ　60, 61, 262
ウニ　48, 64, 85, 94, 219, 234, 302, 310, 313, 326, 440, 461
ウミガメ　61, 94, 96, 116, 142, 157-158, 160, 187, 190, 215, 227, 234, 236-237,

索引

263, 282, 298, 306-307, 392, 400, 408-409
エイ　62, 165, 168, 176, 182, 184, 187, 199, 238, 266, 283, 289, 291, 298, 305, 313, 357, 399-401, 461, 466
エビ　61, 64, 237-238, 261, 327-328, 347, 354, 360, 375
オランウータン　58, 90, 95

貝類　61, 62, 83, 84, 85, 86, 87, 88, 90, 94, 95, 97, 143, 145, 148, 155, 156, 181, 182, 188, 197, 199, 216, 218, 219, 223, 225, 233, 239, 262, 263, 282, 292, 293, 302, 310, 313, 326, 348, 396, 397, 404, 410, 445　→事項索引を参照
カツオ　62-63, 72-73, 88, 169, 195, 242, 256, 263, 266, 327, 354-355, 360, 364, 366, 369, 371, 381, 396, 409, 412-413, 465
顎骨　167, 182-183, 220, 223, 227-228, 447, 454-455
カニ　61, 64, 85, 94, 157, 187, 219, 234, 237, 238, 282, 309, 415, 461
カンラン　52-53, 153-155, 159, 210, 216, 226, 229, 263, 396
キハダマグロ　169
キャッサバ　52-53, 55, 319-321, 331, 332, 334, 341, 350
棘皮類　61, 64, 219
魚骨　3, 85, 143, 145, 155, 160-163, 166, 173, 176, 180-181, 186-191, 193, 197, 199, 202, 207, 214-215, 218-219, 225, 227, 231-232, 234, 255, 326, 394, 404, 407-408, 436, 448, 454-455, 456
魚類　61, 62, 84, 87, 90, 94, 95, 113, 116, 239, 263, 292, 304, 315, 319, 320, 348, 396-397, 399, 400-403, 408-410, 449-450, 452
魚類遺存体　42, 173, 177, 189, 193, 398, 407, 436
キリンサイ　61, 292

クスクス　84, 90, 227, 405
クローブ　56, 57, 72, 341
クロチョウガイ　48, 62, 264, 274
甲殻類　61, 64, 157, 182, 219
コウモリ　58-60, 84, 94, 96, 227
ココヤシ　18, 52-54, 57, 69, 72-73, 117-118, 143-144, 260, 268, 321-332, 341, 347, 350, 353, 364, 384, 402, 408
コプラ　54, 137, 384, 385
ゴム　56, 57, 384, 385

サゴヤシ　18, 52, 53, 54, 55, 72, 75, 117-188, 243, 350, 427
サトウキビ　52, 57, 117, 118
サバ　49, 51, 57, 166, 167, 171, 182-184, 187, 193-194, 199, 218-219, 222, 232, 274-275, 425
サメ　62, 142, 165, 176, 182, 184, 187, 194, 218-220, 222, 234, 237-238, 255-256, 282, 289, 291, 298, 305, 313, 341-343, 346, 350-351, 357, 368, 399-402, 455, 467
サンゴ　255, 298
シカ　58, 59, 90, 94, 95, 98, 115, 116, 157, 158, 160, 421
シャコガイ　48, 62, 95-96, 98, 112, 138, 155-157, 189, 212-214, 217, 231, 305, 307, 461, 446
主上顎骨　161, 162
植物遺存体　115, 117-118, 158-159, 204, 216, 223, 229, 436
シロチョウガイ　63, 261, 369-370, 413, 415
真珠貝　264, 266
脊椎骨　163, 165, 167, 169, 173-174, 176, 215, 219, 228, 447-450, 452-455
前上顎骨　161, 162

タカセガイ　114-115, 261, 369, 370, 413
タコ　61, 64, 238, 291, 313
タコノキ　52-54, 117-118

タバコ　56, 57, 384
タロイモ　18, 52-54, 72, 99, 117-118, 341, 419, 427
鳥類　59, 215
デリス　298, 299, 306, 350, 357, 407
動物遺存体　27, 35, 42, 95, 144-145, 160, 204, 206, 214, 227-228, 262, 436
トコブシ　305-306, 318, 413, 415

ナツメグ　56-57, 341
ナマコ　2, 61, 63, 65, 132, 135, 237-239, 243, 249-250, 253, 258-260, 264-266, 274, 282-283, 295-296, 298, 305, 309-310, 313, 339, 357, 362, 368-370, 379, 385-387, 411, 415, 431, 433, 461
ニシキウズガイ　62, 63, 85-87, 95, 189, 214, 217-218, 229-230, 233, 445
ニッパヤシ　243
ニワトリ　60, 61, 114, 115, 468
ネズミ　58, 60, 94-95, 215, 227-228

ハタ　62-63, 95, 142, 163-164, 166, 170-176, 178-184, 186, 189, 191, 193, 199, 218-222, 232, 234, 238, 264, 266, 281, 289-291, 304, 313-314, 339, 347, 350, 360, 368, 387, 397-400, 403, 408, 413, 415, 448-450, 455, 456, 461-462
爬虫類　58, 59, 158, 187, 215
バナナ　18, 52-54, 57, 117-118, 319, 341, 353, 364, 419
ハリセンボン　163, 165, 170-171, 181-182, 184, 193, 199, 218-220
フエダイ　62, 163-164, 166, 170-171, 174-176, 178-182, 184, 186, 193, 199, 218-221, 222-235, 266, 289, 304, 313-314
フエフキダイ　62, 163, 165-166, 170-171, 174, 176, 181-182, 186, 193, 199, 218-222, 232, 234, 238, 281, 289, 313
ブタ　59-61, 98, 114-116, 157-158, 160, 214-215, 223, 226-228, 262, 406, 468
ブダイ　48, 62, 95, 142, 163-164, 166, 170-171, 174-176, 179, 180-184, 189, 191, 193-194, 199, 218-222, 232, 234, 265-266, 281, 289, 313-314, 321, 356, 397-401, 408, 448-450, 455-456
ベラ　62, 142, 163-164, 166, 170-171, 174-176, 179-182, 184, 186, 193, 199, 218-220, 222, 281, 289, 313-314

マグロ　62, 88, 195, 238, 242, 255-256, 263, 290, 292, 327-328, 338, 360, 364, 367, 369, 371, 375, 396, 426, 465
ムロアジ　62-63, 268, 342, 345-346, 350-351, 363, 367, 412-413, 468
モンガラカワハギ　163-166, 170-171, 179, 181-182, 193, 199, 218-222, 232, 234, 291, 314

ヤギ　60, 61, 215, 227-228, 262, 468
ヤム　52, 53

リュウテン　62-63, 85-86, 95, 189-190, 216-218, 229-230, 233, 263, 445
両生類　58, 59
ロタン　364

人名索引

赤嶺淳　362, 386
秋道智彌　349, 351, 352
安里嗣純　26

網野善彦　13, 15-18
アンダーソン, A.　14
石井米雄　31

索引

ウィング, E. 173
ウォーレス, A. R. 21, 58
ウォレン, J. F. 134, 238, 246, 247, 250, 275
大濱永宣 138
尾本惠一 99

カーチ, P. V. 191
片岡千賀之 355
ギアーツ, C. 18, 340, 383-386, 388, 416
北窓時男 347, 364, 367, 376, 421
クラーク, G. 33
グリフィン, P. B. 37
クローバー, A. L. 33
クロフォード, J. 239
クーン, P. 146
ケッペン, W. P. 49
後藤明 17, 75, 326, 343

ザヤス, C. N. 361
篠遠喜彦 194
スチュワード, J. 33
ストーン, R. L. 275
スポア, A. 26, 250, 353, 354, 355, 361
関恒樹 14
セイザー, C. 276, 288, 295, 332
ソルハイム, W. 26
ソファ, A. 265

ダーウィン, C. 58
ダールリンプル, A. 237, 238, 243
立本成文 13, 14, 377, 434, 438
田中和彦 26
田中耕司 7, 386, 432, 434
タヌディルジョ, D. 26, 83, 85, 92, 207
田畑幸嗣 226
ダンピル, W. 237
近森正 396
坪内良博 29-30
鶴見良行 6, 11, 14, 23, 239, 258, 259, 260, 430, 433, 438
鄭和 236
テイラー, W. 33, 266
チャー, S. 145-146, 148, 155
床呂郁哉 275

長津一史 265, 287, 288, 290, 295, 316, 356, 357, 358
仲原善徳 422
ニモ, H. A. 276

バーカー, G. 159
バズ, B. 159
ハッテラー, K. L. 132
羽原又吉 17
早瀬晋三 14, 133
ハリソン, T. 24
ハント, J. 238, 264
ピガフェタ, A. 236, 241, 245, 252, 253
ピレス 245
ビンフォード, L. R. 32-39
フォレスト, T. 238, 242, 243, 246, 264
フリンダース, M. 259
ブレイス, C. L. 99
ブローデル, F. 12, 13
ベイリー, G. N. 35
ヘッドランド, T. N. 37
ベルウッド, B. 24, 25, 26, 87, 144, 181, 206, 208
ヘンリィ, D. 131
ホダー, I. 38-40
ホワイト, R. 33

マゼラン, F. 236, 245, 253, 431
マードック, G. P. 35
マルコ・ポーロ 236
丸山清志 257
マントジュロ, E. 349, 351, 352
宮本常一 17

モルガ，A.　237, 241, 246, 252
門田修　249, 282

家島彦一　14-15
柳田国男　17
矢野敬生　361
山口博一　31

リーチ，F. J.　173
リード，A.　411, 420, 437
ローレット，B.　194
ロザラン，S. B.　241

ワード，R. G.　260

著者紹介
小野林太郎（おの　りんたろう）
1975年島根県生まれ．2003年，上智大学外国語学研究科地域研究専攻博士課程単位取得退学．日本学術振興会特別研究員（国立民族学博物館），総合地球環境学研究所研究プロジェクト推進支援員，日本学術振興会海外特別研究員（オーストラリア国立大学）などを経て，2010年より東海大学海洋学部海洋文明学科専任講師．博士（地域研究）．専門は東南アジア，オセアニア地域研究，および海域世界の人類学，考古学，民族考古学．

おもな著作に，Ethnoarchaeology and the early Ausutornesian fishing strategies in near-shore environments (*Journal of the Polynesian Society* 119(3), 2010)，「東南アジアからオセアニアへの移住と居住戦略」（吉岡政徳監修『オセアニア学』京都大学学術出版会，2009年），「ボルネオ島サマ人による漁撈の「近代化」と「伝統」：陸サマと海サマによる漁撈の比較をとおして」（『国立民族学博物館研究報告』31(4)，2007年），Prehistoric Austronesian fishing strategies: A comparison between Island Southeast Asia and Lapita Cultural Complex (C. Sand ed. *Pacific Archaeology: Assessments and Prospects*, Noumea: New Caledonia Museum, 2003) など．

海域世界の地域研究 ── 海民と漁撈の民族考古学
（地域研究叢書 24）　　　　　　　　　　　© Rintaro ONO 2011

平成23（2011）年3月30日　初版第一刷発行

　　　　　　　　著　者　　小野林太郎
　　　　　　　　発行人　　檜山爲次郎
　　発行所　　京都大学学術出版会
　　　　　　　　京都市左京区吉田近衛町69番地
　　　　　　　　京都大学吉田南構内（〒606-8315）
　　　　　　　　電　話（075）761-6182
　　　　　　　　ＦＡＸ（075）761-6190
　　　　　　　　Home page http://www.kyoto-up.or.jp
　　　　　　　　振　替　01000-8-64677

ISBN 978-4-87698-995-9　　　　印刷・製本　㈱クイックス
Printed in Japan　　　　　　　　定価はカバーに表示してあります

本書のコピー，スキャン，デジタル化等の無断複製は著作権法上での例外を除き禁じられています．本書を代行業者等の第三者に依頼してスキャンやデジタル化することは，たとえ個人や家庭内での利用でも著作権法違反です．